WERELD
REISGIDS

Australië

Inhoud

Rood land aan de andere kant van de wereld 10
Australië als reisbestemming 12
Hulp bij het plannen van je reis 15
Suggesties voor rondreizen 19

Land, volk en cultuur

Australië in het kort 24
Natuur en milieu 26
Economie en politiek 36
Geschiedenis 39
Jaartallen 46
Maatschappij en dagelijks leven 48
Architectuur en kunst 61

Reisinformatie

Reis en vervoer 70
Accommodatie 79
Eten en drinken 82
Sport en activiteiten 86
Feesten en evenementen 90
Praktische informatie van A tot Z 92

Onderweg in Australië

Hoofdstuk 1 – Het zuidoosten

In een oogopslag: het zuidoosten 114
Sydney 116
De wieg van de natie 116
The Rocks – de oude stad 117
Actief: Wandeling naar Sydneys mooiste uitzichtpunten 120
Downtown en Royal Botanic Gardens 123
Darling Harbour 131
Wijken ten oosten van Downtown 133
Actief: Te voet van Bondi Beach naar Clovelly 136

De noordzijde van Port Jackson 137
Ten westen van het centrum 138

Blue Mountains 153
Blue Mountains National Park 153
Actief: Bergwandeling naar de Wentworth Falls 154
Jenolan Caves... 160
Lithgow 160
Bells Line of Road 162
Aan de Hawkesbury River 162

Capital Territory en Great Dividing Range................. 163
Southern Highlands... 163
Canberra 164
Snowy Mountains... 174
Albury en omgeving 177
Beechworth 178
Victorian Alps.. 179
Verder naar Melbourne... 180

De kust tussen Sydney en Melbourne 183
Illawarra Coast 183
Sapphire Coast... 187
Gippsland 190
Actief: Rondwandeling op Wilsons Promontory 194

Melbourne en omgeving.................................. 200
Melbourne.. 200
Rond Melbourne.. 217

De kust tussen Melbourne en Adelaide 222
Van Melbourne naar de Great Ocean Road 222
Great Ocean Road.. 225
Van Port Campbell naar Mount Gambier 228
Naracoorte 232
Van Mount Gambier naar Adelaide 233

Gouden driehoek en Grampians National Park 235
Ballarat 235
Ararat 237
Actief: Voettocht naar Pinnacle Lookout 238
Grampians National Park 239
Verder naar Adelaide... 242
Goldfields en Murray River................................ 243

Goldfields 243
Aan de Murray River. 245
Actief: Woonbootvakantie op de Murray River 250

De outback van New South Wales 252
Van Sydney naar Dubbo. 252
Uitstapje vanuit Dubbo 254
Actief: Wandelen in het Warrumbungle National Park 256
Tussen Dubbo en Broken Hill 258
Broken Hill. 259
Burra 262

Adelaide en omgeving 263
Adelaide. 263
Rond Adelaide 272

Mid North en Flinders Ranges. 285
Yorke Peninsula 285
Port Augusta. 286
Flinders Ranges 286
Actief: Wandeling in de Wilpena Pound. 288
Actief: Rondrit door de Gammon Ranges 290

Hoofdstuk 2 – Het westen

In een oogopslag: het westen 294
Eyre Highway 296
Eyre Peninsula 296
Nullarbor Plain. 299

Goldfields. 302
Kalgoorlie-Boulder. 302
Coolgardie. 305
Great Eastern Highway naar Perth 305

Southern District. 306
Esperance en omgeving. 306
Van Esperance naar Albany. 307
Albany. 308
Van Albany naar Perth. 309

Perth en omgeving. 314
Perth 314
Rond Perth 322

Van Perth naar Darwin 328
Batavia Coast 328

Shark Bay 333
Gascoyne 335
Coral Coast 336
Actief: Zwemmen met walvishaaien 337
Pilbara..338
Van Port Hedland naar Broome 342
Kimberleys...343
Actief: Vliegsafari boven de Kimberleys 347
Actief: Per terreinwagen naar het Mitchell Plateau 352
Naar het Northern Territory...359

Hoofdstuk 3 – Het centrum en Top End

In een oogopslag: het centrum en Top End................ 362
Van de zuidkust het binnenland in........................ 364
Stuart Highway 364
Outbacktracks 368
Uluru-Kata Tjuta National Park...................................371
Actief: Te voet rond Uluru 374
Kings Canyon 377
Verder naar Alice Springs..379

Alice Springs en MacDonell Ranges 380
Alice Springs..380
MacDonnell Ranges..389
Actief: Met een terreinwagen door de Palm Valley.................390

Van Alice Springs naar Darwin 393
Tussen Alice Springs en Mataranka 393
Katherine..395
Nitmiluk National Park 397
Van Katherine naar Darwin 399

Top End 400
Darwin 400
De directe omgeving van Darwin..................................407
Arnhem Highway 408
Kakadu National Park 410
Van Top End naar de oostkust 415

Hoofdstuk 4 – Het oosten

In een oogopslag: het oosten 418
Van Townsville naar Cape York 420
Townsville en omgeving 420
Van Townsville naar Cairns 423

Cairns en omgeving...426
Atherton Tableland 431
Marlin Coast 435
Actief: Per terreinwagen naar Cape York 442
Cape York Peninsula...444

Great Barrier Reef... 445
Droomwereld onder water 445
De belangrijkste eilanden van zuid naar noord 447

Van Townsville naar Brisbane 456
Whitsunday Coast..456
Capricorn Coast..459
Actief: Wandeltocht door de Carnarvon Gorge 462
Actief: Vakantie op een cattle station 464
Fraser Coast...465
Actief: Walvissen kijken in de Hervey Bay 467
Sunshine Coast 469

Brisbane 472
Geschiedenis van de stad 472
Het centrum 473
Voorsteden 477
Rond Brisbane 482

De kust tussen Brisbane en Sydney 486
Gold Coast..486
Actief: Rondritten in de Tweed Valley en
   het Border Ranges National Park............................490
Summerland Coast...492
North Coast...494
Central Coast 497

Het binnenland tussen Brisbane en Sydney............... 500
Darling Downs...500
New England Tableland 501
Hunter Valley 506

Hoofdstuk 5 – Tasmanië

In een oogopslag: Tasmanië............................... 510
Hobart en omgeving 512
Hobart..512
Rond Hobart...519
Huon River Valley en Bruny Island...............................521
Rondreis Tasmanië 524
Forestier en Tasman Peninsula..................................524

Tasman Highway naar Launceston..................526
Launceston..531
Rond Launceston..................................533
Van Launceston naar Stanley......................534
Actief: Wandeling op de Overland Track...........536
Murchison Highway naar Queenstown................541
Lyell Highway naar Hobart........................544

Culinaire woordenlijst..................... **546**
Woordenlijst............................... **548**

Register **550**
Fotoverantwoording/colofon................. **560**

Thema's

Gehaat nationaal symbool 32
De boemerang: een staaltje aerodynamica...........53
De grote dorst....................................58
Ned Kelly: de Australische Robin Hood............181
De parade van dwergen in rokkostuum..............198
Opalen: vlammende stenen.........................260
ABC uit de ether 330
Een gevaarlijk importproduct – de kameel.........378
De vliegende dokters in de outback 381
De speelkameraadjes van Crocodile Dundee.........412
Kalmpjes aan – zo zijn de koala's................483
De geschiedenis van Tasmanië 517

Alle kaarten in een oogopslag

Het zuidoosten in een oogopslag......................... **115**
Sydney – The Rocks...............................118
Wandeling naar Sydneys mooiste uitzichtpunten ...120
Sydney – Downtown................................124
Te voet van Bondi Beach naar Clovelly............136
Agglomeratie Sydney..............................139
Bergwandeling naar de Wentworth Falls............154
Blue Mountains...................................158
Canberra...168
Rondwandeling op Wilsons Promontory..............194
Phillip Island...................................197
Melbourne..208
Agglomeratie Melbourne 221

Voettocht naar Pinnacle Lookout 238
Wandelen in het Warrumbungle National Park 256
Adelaide 266
Agglomeratie Adelaide 273
Wandeling in de Wilpena Pound 288
Rondrit door de Gammon Ranges 290

Het westen in een oogopslag 295
Perth 316
Fremantle 324
Broome 344
Kimberleys 351

Het centrum en Top End in een oogopslag 363
Te voet rond Uluru 374
Alice Springs 384
MacDonnell Ranges 389
Darwin 402
De omgeving van Darwin 409

Het oosten in een oogopslag 419
Townsville 421
Cairns 428
Per terreinwagen naar Cape York 442
Wandeltocht door de Carnarvon Gorge 462
Brisbane 474

Tasmanië in een oogopslag 511
Hobart 514
Launceston 530
Wandeling op de Overland Track 536

Los van alle bezienswaardigheden is alleen al een bezoek aan Melbournes restaurantscene de moeite waard, bijvoorbeeld aan Cutler & Co. of de iets goedkopere Supernormal Canteen.

Rood land aan de andere kant van de wereld

De combinatie van stadsleven en wilde natuur heeft Australië tot een populair vakantieland gemaakt. Na een paar dagen is de reiziger al betoverd door de mondaine Australische steden, de weelderige natuur en de kalmte van de inwoners, die het leven niet zo zwaar opvatten en zichzelf niet te serieus nemen.

De taxichauffeur zei: 'No worries, helemaal geen probleem om nu nog een hotelkamer te vinden.' Na een vlucht van 22 uur waren we tegen middernacht aangekomen in Brisbane. 'No worries', zei hij nogmaals toen de eerste twee pogingen om een kamer te vinden mislukten. Misschien had hij onze blikken op de taximeter gezien, waar al een behoorlijk bedrag op stond. 'No worries', zei hij nog een keer en zette de meter uit. Met piepende banden reed hij ons door de stad, tot we eindelijk een geschikt hotel hadden gevonden. *No worries*, geen zorgen, is in Australië geen holle frase maar een sympathiek levensmotto dat je heel vaak zult horen. Je kunt haast niet anders dan ze aardig vinden, die zongebruinde, onbezorgde Aussies vol levensvreugde, charme en openheid. Hun gastvrijheid doet de rest om je bij hen thuis te voelen.

Op het eerste gezicht is er veel dat vertrouwd lijkt. Wie na aankomst in Sydney, Melbourne of een andere Australische metropool een rustige rit door een savannelandschap met kudden kangoeroes verwacht, wordt snel uit de droom geholpen. In plaats daarvan rij je door uitgestrekte voorsteden en blijf je steken in hopeloos verstopte straten. Maar na een tijdje merk je dat het er in Australië toch vaak een beetje anders aan toegaat dan in onze regionen.

Down Under, zoals de Australiërs met enige zelfspot zeggen (het betekent zo veel als 'ergens onder de evenaar'), staan de jaargetijden op hun kop: de wijnoogst begint er in februari, de junikevers vliegen uit in december. Er zijn bomen die in de herfst hun schors afwerpen in plaats van hun bladeren te verliezen en zoogdieren die eieren leggen. Ook vertrouwde verkeersregels zijn omgedraaid: er wordt immers links in plaats van rechts gereden. En er is in Australië nog veel meer dat andersom gaat; zelfs het water dat wegloopt in de afvoer van de wastafel draait de andere kant op.

Hoewel Australië overwegend door mensen van Europese herkomst is gekoloniseerd, mag je het met recht een exotisch land noemen. Een land dat tegelijkertijd een continent is ter grootte van de Verenigde Staten, maar dan met ruim 24 miljoen inwoners, minder dus dan de Indonesische hoofdstad Jakarta. Bovendien is dit werelddeel, dat het verst van Europa is verwijderd en waarvoor kapitein Cook ooit speciaal op ontdekkingsreis ging, een land van superlatieven en extremen.

Alleen al de vele landschaps- en klimaatzones zijn adembenemend. Het brede spectrum omvat de koraaleilanden van het Great Barrier Reef (het grootste koraalrif op aarde) en de van regen verzadigde oerwouden in het tropische noordoosten, maar ook de outback met zijn eindeloze savannes en met stenen bezaaide woestijnen, waar veeboerderijen zo groot als een Nederlandse provincie liggen.

In Australië kun je makkelijk de eucalyptuskolder krijgen – de plant domineert met ongeveer 70% het boombestand, en wel verdeeld over ruim zeshonderd soorten.

Australië in het kort

Feiten en cijfers

Naam: The Commonwealth of Australia (Australisch Gemenebest)

Oppervlakte: 7.682.300 km^2
Hoofdstad: Canberra (400 000 inw.)
Officiële taal: Engels
Inwoners: 24,2 miljoen
Bevolkingsgroei: 1,55 %
Levensverwachting: Vrouwen 84 jaar, mannen 80 jaar (blanke Australiërs); vrouwen 68 jaar, mannen 61 jaar (Aboriginals)

Valuta: Australische dollar (A-$), verdeeld in 100 cent (c). Biljetten van A-$ 100, 50, 20, 10 en 5, munten van A-$ 2 en 1 en 50, 20, 10 en 5c.
Tijdzones: Eastern Standard Time (Midden-Europese Tijd plus 9 uur) in New South Wales (behalve Broken Hill), Victoria, Queensland en Tasmanië; Central Standard Time (MET plus 8.30 uur) in South Australia (en Broken Hill/NSW) en het Northern Territory; Western Standard Time (MET plus 7 uur) in Western Australia. De zomertijd in New South Wales,

South Australia, Victoria en Tasmanië, van de eerste zo. in okt. tot eerste zo. in apr., vergroot de tijdverschillen met een uur. De zomertijd in Europa verkleint de tijdverschillen met een uur voor heel Australië van de laatste zo. in mrt. tot de laatste zo. in okt. Als de zomertijden elkaar overlappen gelden de standaardtijdverschillen.

Landnummer: 0061
Nationale vlag: de Union Jack herinnert eraan dat Australië vroeger bij Groot-Brittannië hoorde; de grote ster met zeven stralen staat voor de zeven staten, terwijl de kleine sterren het Zuiderkruis vormen.

Geografie

Australië strekt zich uit tussen de Grote en de Indische Oceaan en is – als je Antarctica buiten beschouwing laat – het enige werelddeel dat volledig op het zuidelijk halfrond ligt. Vanwege zijn geïsoleerde ligging noemen de Australiërs hun continent ook 'Down Under', wat zoveel betekent als 'daar beneden'. Australië is een land van geografische superlatieven. Van noord naar zuid meet het (met Tasmanië erbij) bijna 3700 km; van west naar oost ongeveer 4000 km. Als je Australië op de kaart van Europa projecteert, reikt het van Madrid tot Moskou en van IJsland tot Istanbul. De kustlijn heeft een lengte van 36.750 km. Qua oppervlakte staat het van alle landen op de zesde plaats.

Geschiedenis

Vanaf circa 50.000 v.Chr. trokken de eerste bewoners via een landengte binnen vanuit Zuidoost-Azië. In 1770 ging James Cook in Botany Bay voor anker en nam het oostelijke deel van het continent voor de Britse kroon in bezit. Met zo'n duizend kolonisten, meest veroordeelde ballingen, bereikte Arthur Phillip op 18 januari 1788 Botany Bay; acht dagen later stichtte hij aan de nabijgelegen Port Jackson Bay de eerste Engelse nederzetting, het huidige Sydney. Het aantal oorspronkelijke bewoners bedroeg op dat moment tussen de 500.000 en 1 miljoen.

Het voortdurende gebrek aan voedsel in de beginjaren probeerde men op te lossen met de ontsluiting van voor landbouw bruikbare gebieden ten westen van de Great Dividing Range. In het midden van de 19e eeuw leidde de vondst van goud tot een economische opleving. Op 1 januari 1901 wordt in Sydney de *Commonwealth of Australia* uitgeroepen en werd Melbourne als hoofdstad aangewezen (vanaf 1913 Canberra).

In de Eerste Wereldoorlog vochten Australische vrijwilligers naast de Engelse soldaten; in de Tweede Wereldoorlog bombardeerden de Japanners Darwin en andere Noord-Australische steden. Dankzij een omvangrijk immigratieprogramma stroomden na 1945 miljoenen nieuwe burgers het land in, voornamelijk afkomstig uit Europa.

De versnelde winning van minerale grondstoffen leidde in de jaren 50 en 60 tot een snelle stijging van het nationaal inkomen. De economie leed onder zware recessies aan het begin van de jaren 70 en gedurende de jaren 80. Sinds het begin van de jaren 90 is er weer continue economische groei. Een essentiële factor daarbij zijn de geïntensiveerde handelsbetrekkingen met de landen in Oost- en Zuidoost-Azië.

Staat en Politiek

De *Commonwealth of Australia* is een parlementair-democratische monarchie en lid van de *Commonwealth of Nations*. Staatshoofd en in naam de hoogste uitvoerende macht is de Britse monarch, vertegenwoordigd door een gouverneur-generaal die door de Australische regering wordt voorgesteld. De wetgevende macht ligt bij het federale parlement, dat in Canberra zetelt en uit een Huis van Afgevaardigden en een Senaat bestaat. De lidstaten van de federatie hebben eigen grondwetten en onafhankelijke staatsparlementen, die voor hun gebied in hoge mate dezelfde legislatieve bevoegdheden hebben als de federale regering voor het land in zijn geheel. Sinds 2013 regeert er een centrumrechtse coalitie, die sinds eind augustus 2018 onder leiding staat van ex-minister van Financiën Scott Morrison.

Economie en toerisme

Australië is een grondstoffenrijk industrieland met een moderne land- en mijnbouwsector, maar het grootste deel van het bnp wordt in de dienstensector behaald. De belangrijkste exportproducten zijn wol, tarwe, rund- en kalfsvlees, suiker, steenkool, aardgas, ijzererts en bauxiet; de voornaamste handelspartners zijn Japan, de Verenigde Staten, de Volksrepubliek China, Nieuw-Zeeland, Zuid-Korea en EU-landen.

Van juni 2017 tot en met mei 2018 bezochten ruim 9 miljoen buitenlandse toeristen Australië. Ze kwamen vooral uit China (1,4 miljoen), Nieuw Zeeland (ruim 1,3 miljoen), de Verenigde Staten (790.000), het Verenigd Koninkrijk (742.000) en Japan (441.000). Nederland komt met 57.500 bezoekers op de 22e plaats, België met 21.400 op de 43e. Als economische bedrijfstak met toekomstmogelijkheden biedt het toerisme inmiddels werk aan ongeveer 600.000 Australiërs.

Bevolking en religie

In Australië wonen ruim 24 miljoen mensen, dat wil zeggen ongeveer een kwart meer dan in Nederland, dat wat oppervlakte betreft wel 185 keer in het continent past. De bevolkingsdichtheid bedraagt 3,1 inw./km^2; de inwoners zijn zeer ongelijkmatig verdeeld: 92% woont in plaatsen met meer dan 2000 inwoners, 70% in de tien grootste steden. De staat met het grootste inwonertal is New South Wales met 7,5 miljoen (Sydney alleen al 4,9 miljoen).

Circa 75% van de Australiërs is van Britse afkomst. Rond de 18% stamt uit andere Europese landen (vooral Italië, Joegoslavië, Griekenland, Duitsland) en 5% uit Azië en Afrika. Het aandeel van de Aboriginals is circa 2%.

De religieuze identiteit van immigranten is meestal door hun land van herkomst bepaald. Voor de Tweede Wereldoorlog was bijna 40% anglicaans; daarna nam de invloed van de rooms-katholieke kerk toe door immigranten uit landen als Ierland, Italië en Polen.

Natuur en milieu

Kangoeroes, koala's en mierenegels, eucalyptussen en acacia's: gedurende miljoenen jaren van isolement, omringd door de oceaan, ontwikkelden zich op het Australische continent soorten die geen equivalent hebben in enig ander deel van de wereld.

Geografische structuur

De opbouw van het Australische continent lijkt op een schotel met opstaande randen en een vlak middendeel. Er kunnen drie grote gebieden worden onderscheiden: het West-Australische Plateau, het Midden-Australische Laagland en het Oost-Australische Hoogland.

Het **West-Australische Plateau** (Great Western Plateau) heeft een licht golvend oppervlak en is gemiddeld 300 tot 500 m hoog; het reikt tot diep in het hart van het continent en neemt er ongeveer twee derde van in beslag. Hier en daar verheffen zich uit de enorme geërodeerde vlakten van het plateau bergketens, die deels hoogten van meer dan 1200 m bereiken. Op veel plaatsen rijzen geïsoleerd staande steile bergen omhoog: bijvoorbeeld Uluru, zoals de beroemde Ayers Rock in de taal van de oorspronkelijke bewoners heet. De dominante kleur is hier helrood door de oxidatie van het ijzer in het gesteente.

Rondom het 'rode hart' van Australië liggen uitgestrekte woestijngebieden, die tot de grootste ter wereld behoren en ongeveer 40% van de hele landmassa innemen. Omdat ze over het algemeen met meer dan 250 mm neerslag net boven de grens liggen waar de echte woestijn begint, zijn het eigenlijk halfwoestijnen of savannes.

Het **Midden-Australische Laagland** (Central Eastern Lowlands) strekt zich in wisselende breedte uit van de Golf van Carpentaria in het noorden tot de Spencergolf aan de zuidkust. Onder het oppervlak heeft zich in de loop van miljoenen jaren een reusachtige grondwaterbel gevormd: het Groot Artesisch Bekken (Great Artesian Basin). Dit grootste onderaardse waterreservoir ter wereld bestaat uit een watervoerende laag, die tussen ondoorlatende lagen ligt, en voornamelijk wordt gevoed door de rivieren die in het oostelijke randgebergte ontspringen.

Langs de Grote Oceaankust in het oosten ligt het 3200 km lange **Oost-Australische Hoogland** (Eastern Highlands). Grote delen van deze bijeengeschoven hoogvlakte, beter bekend als de Great Dividing Range, zijn door vulkanisme gevormd. Gletsjers uit de ijstijd hebben hun sporen achtergelaten in het centrale hoogland van Tasmanië en in de Australische Alpen in het zuidoosten van het continent, waar ook de hoogste bergen staan. Zo zijn in de Snowy Mountains een paar tweeduizenders te vinden, onder andere Mount Kosciusko: met zijn 2228 m Australiës hoogste top.

Zoals uit de naam blijkt, is de Great Dividing Range de belangrijkste waterscheiding tussen de kust- en de binnenlandse rivieren. De Range is tegelijk een klimaatscheidslijn. De vochtige luchtmassa's aan de oceaankant brengen regen aan de oostzijde; aan de westzijde ligt de droge zone. Oostwaarts daalt het hoogland bijna overal steil af naar een tot 150 km brede kustvlakte, die zeer vruchtbaar is. In deze streek met zijn gunstige klimaat zijn de belangrijkste steden en agrarische gebieden van het continent geconcentreerd.

Klimaatextremen

Door de reusachtige uitgestrektheid van Australië over meer dan dertig breedtegraden kent het land van noord naar zuid sterk uiteenlopende klimaatvarianten. De Steenbokskeerkring loopt bijna door het midden van het continent. Ten noorden van de keerkring ligt de tropische streek, waar de hoeveelheid neerslag erg wisselt in de loop van het jaar. De oorzaak van dit verschijnsel is de noordwestmoesson, die tijdens de zomermaanden veel vochtige lucht aanvoert vanaf de Indische Oceaan. In de regentijd valt het noorden altijd weer ten prooi aan verwoestende tropische cyclonen.

Tegenover de vochtige hitte van het noorden staat het warm-gematigde karakter van het zuidoosten en zuidwesten, dat op het klimaat rond de Middellandse Zee lijkt. In deze streken brengen subpolaire westenwinden in de Australische winter van juni tot augustus koude regen; op hoogten vanaf ongeveer 1000 m valt dan vaak sneeuw.

Tussen deze twee grote klimaatregio's in overheerst de subtropische hogedrukzone. Luchtmassa's die uit het gebied rond de evenaar afkomstig zijn, zakken in de buurt van de zuidelijke keerkring naar lagere luchtlagen en zorgen daardoor voor grote hogedrukgebieden, die garant staan voor langdurige perioden van mooi weer. Het gemiddelde van 2500 uur zonneschijn per jaar (ter vergelijking: Nederland krijgt gemiddeld 1500 zonuren) zorgt ervoor dat het zuiden en midden van Queensland het hele jaar door een heerlijke vakantiebestemming zijn.

Het hart van Australië valt totaal buiten dit klimaatschema. Het beslaat zo'n driekwart van het continent; de andere hoofdklimaatzones liggen er in bijna concentrische cirkels omheen. In het binnenland wordt het klimaat bepaald door extreem hete zomers, waarin temperaturen van 40°C heel gewoon zijn. Neerslag is hier iets kostbaars: de van vocht verzadigde wolken die van de Grote en de Indische Oceaan komen aandrijven, lossen hun regen al bij de bergketens en hoogvlakten in de kuststreken.

Na Antarctica is Australië met een jaarlijks neerslaggemiddelde van slechts 400 mm het werelddeel met de minste neerslag. Wel verschilt het gemiddelde aanmerkelijk per regio. Tully, gelegen in het tropische noorden van Queensland, is de natste plek van Australië en verdrinkt bijna in 4500 mm regen per jaar. De veeboeren in het zuidelijke Oodnadatta daarentegen geven een feestje als het plaatselijke neerslaggemiddelde een keer boven de gebruikelijke 115 mm per jaar uitkomt.

Net als in de tijd van de pioniers is de watervoorziening nog steeds Australiës voornaamste probleem. De hoofdsteden van de staten zijn alle aan mondingen van rivieren gebouwd. De Australische rivieren zijn echter geen indrukwekkende stromen: ze bevatten allemaal samen maar half zoveel water als de Ganges in India. En de meeste blauwe plekjes die op landkaarten zijn ingetekend, zijn in feite bijna voortdurend droogstaande zoutmeren.

Een groot deel van de enorme droge gebieden zou onbruikbaar zijn als landbouwgrond als de immense onderaardse voorraad aan artesisch water niet als levensbron van het land zou fungeren. Artesisch water is grondwater dat onder druk staat en dat door de aanwezigheid van bodemlagen die geen water doorlaten niet kan wegsijpelen of aan de oppervlakte tevoorschijn komen. Het Groot Artesisch Bekken, dat rond de 20% van het landoppervlak beslaat, wordt door meer dan 30.000 bronnen en boorputten bediend. Maar de grondwatervoorraad is niet onuitputtelijk. Opdrogende bronnen en de afnemende waterdruk duiden erop dat het aan het bekken onttrokken water niet voldoende door binnensijpelend regen- of rivierwater wordt aangevuld. Vanwege het hoge gehalte aan zout en andere mineralen is het artesische water alleen geschikt om vee te drenken en om akkerland te irrigeren. Omdat het brakke water voor mensen ook niet te drinken is, wordt op de boerderijen in de outback elke regendruppel op de daken van golfplaat opgevangen en in grote tanks opgeslagen.

Plantenwereld

De vegetatie van het nu overwegend droge continent heeft er miljoenen jaren heel anders uitgezien. Weelderige regenwouden be-

Natuur en milieu

dekten grote delen van het land. Met de uitdroging van het werelddeel, zo'n 2 miljoen jaar geleden, onderging de flora een radicale verandering. Plantensoorten die zich niet snel genoeg aan het veranderde klimaat konden aanpassen, stierven uit. Tegenwoordig overheersen soorten die zijn aangepast aan het hete klimaat en die lange perioden van droogte kunnen overleven.

Tot de grote (over)levenskunstenaars behoren de **eucalyptussen**, een geslacht van bomen uit de mirtefamilie met circa zeshonderd soorten. Zelfs experts hebben er vaak moeite mee de verschillende eucalyptusbomen *(gum trees* oftewel gombomen genoemd) op naam te brengen. Ze hebben allemaal gemeen dat ze in de herfst niet hun leerachtige dikke bladeren verliezen, maar hun bast afwerpen. De meeste eucalyptussen zijn dankzij hun keiharde hout bestand tegen schadelijke dieren en parasieten (zoals termieten en schimmels) en vooral ook tegen bosbranden.

Nog soortenrijker dan de eucalyptussen zijn de **acacia's** *(wattle)*, een geslacht uit de vlinderbloemenfamilie waarvan bijna zevenhonderd alleen in Australië voorkomende soorten bekend zijn. Net als de eucalyptus komen ze in alle klimaatzones voor. De variatie in verschijningsvormen is bijna onbegrensd: van een paar centimeter hoog in het binnenland tot prachtige bomen van 15 tot 25 m hoog in de hooglanden van de oostelijke kuststreek.

Gemeten naar het totaaloppervlak bezit Australië maar weinig bos. Slechts 5% is bebost, ongeveer 60% daarentegen zo goed als boomloos. Als een soort lappendeken bedekken tropische, subtropische en gematigde **regenwouden** delen van de oostkust, van de noordpunt van het continent tot aan het eiland Tasmanië. Overigens is tegenwoordig niet eens 1% van Australië nog met regenwoud bedekt.

Omvangrijker zijn de **hardloofbossen**, die men voornamelijk in de kustgebieden van het zuidoosten en zuidwesten aantreft. De term 'hardloof' heeft betrekking op het leerachtige karakter van de smalle, langgerekte eucalyptusbladeren, die ervoor zorgen dat de boom weinig water verdampt. In de hardloofwouden valt vooral de grasboom *(Xanthorrhoea)* op – *grass tree* of ook wel *black boy* genoemd. Deze eigenaardige bomen, die een kroon van op hard gras lijkende bladeren op hun stam dragen, worden tot 6 m hoog; maar met een jaarlijkse groei van nauwelijks 2 cm hebben ze daar erg veel tijd voor nodig.

Naarmate de neerslag afneemt, wordt de vegetatie van de kust naar het binnenland toe steeds kariger, totdat ten slotte zeer dunne **droogwouden** met smalstammige acacia's en eucalyptussen en open **savannes** het landschapsbeeld domineren. In de gebieden van het tropische noorden waar de droge tijd

Plantenwereld

langer dan twee maanden duurt, strekken zich zogenaamde **halfgroenblijvende wouden** uit met een dichte, vooral tijdens de regenperiode nauwelijks toegankelijke ondergroei. In de **vochtige savannes** van Noord- en Noordwest-Australië, waar de moessonachtige zomerregen nog kan komen, ligt het verspreidingsgebied van de baobab, die verder alleen in Afrika voorkomt en qua uiterlijk aan een dikbuikige fles doet denken. De vergelijking klopt nog ook, want deze bomen kunnen in hun omvangrijke, poreuze stam een flinke watervoorraad voor de droge tijd opslaan.

Naar het midden van het land toe gaan de savannes geleidelijk in **droge bush** over. Om te overleven hebben de bomen en struiken van de droge zone met name hun bladeren aan de verzengende hitte aangepast. Om ervoor te zorgen dat er minder vocht verloren gaat door de huidmondjes in het bladoppervlak rollen sommige planten bij droogte hun bladeren op. Andere bomen hebben bladeren die door een wasachtige laag of door een vachtje van witte haren worden beschermd, zodat de zonnestralen beter gereflecteerd worden. Om hun waterhuishouding te stabili-

Waar ken ik dit van? De bookleaf mallee (Eucalyptus kruseana) is een van de kleinere en mooiere exemplaren uit de eucalyptusfamilie en siert vaak bloemboeketten

Natuur en milieu

seren werpt een aantal acaciasoorten in droge perioden meer bladeren af.

In het hart van Australië versmelt de halfdroge zone van de droge bush ten slotte met een **woestijnachtig landschap**, dat echter in tegenstelling tot 'echte' woestijnen bijna helemaal met taai, hard gras begroeid is. Meestal gaat het dan om een zeer resistent steppegras van het geslacht *Triodia*, beter bekend als spinifex. Bijna een kwart van het totale oppervlak van Australië wordt in beslag genomen door spinifexgrasland. Maar het eentonige uiterlijk van de halfwoestijnen in het 'rode hart' verandert als bij toverslag wanneer in het binnenland rijkelijk regen valt – wat af en toe wel eens voorkomt. Miljoenen bloemen, waarvan het zaad maanden- of jarenlang in de bodem heeft liggen wachten, beginnen dan te bloeien en veranderen het anders zo dorre land in een bont bloementapijt.

Dierenwereld

Als een gigantische ark van Noach schoof het prehistorische Australië na zijn afscheiding van het oercontinent Gondwana bijna 50 miljoen jaar lang in noordelijke richting, zonder in aanraking te komen met andere aardschollen. Niet beïnvloed door wat er op de andere continenten gebeurde kon de natuur helemaal haar gang gaan en inheemse planten- en diersoorten vormen die geen enkel equivalent hebben in andere werelddelen. In dit 'laboratorium van de evolutie' vond een geheel op zichzelf staande ontwikkeling van de zoogdieren plaats. De aparte positie van de Australische fauna laat zich goed illustreren aan de hand van de vier ordes der buideldieren die er voorkomen.

Buideldieren

Wie aan Australië denkt, denkt bijna automatisch ook aan een diersoort: de kangoeroe. Kangoeroes behoren tot de buideldieren, een van de drie groepen zoogdieren, naast de eierenleggende cloacadieren en de placentadieren. Deze *Marsupialia* (van het Latijnse 'marsupium', buidel) konden in Australië in grote diversiteit overleven dankzij het langdurige isolement van het continent. Fossielen van naar schatting 120 miljoen jaar oud bewijzen dat buideldieren ooit wijdverbreid voorkwamen. In de meeste delen van de wereld werden ze echter verdrongen door placentale zoogdieren. In de loop van hun evolutie hebben de Australische buideldieren een unieke variatie aan vormen ontwikkeld. Er ontstonden 'specialisten' voor bepaalde habitats, voor extreme klimaatomstandigheden, voor bijzondere soorten voedsel. Pas sinds de mens het vijfde continent heeft gekoloniseerd en roofdieren zoals honden en katten heeft meegebracht, wordt een aantal van de ongeveer honderdvijftig soorten buideldieren bedreigd.

Een buideldier wordt, afhankelijk van de soort, 8 tot 42 dagen na de conceptie geboren. Zodra de voeding in het piepkleine, dooierarme eitje is opgebruikt, verlaat het embryo (zelfs bij de rode reuzenkangoeroe niet meer dan 25 mm lang en maar een paar gram zwaar) de baarmoeder (waarin een placenta ontbreekt). De voorste ledematen van de pasgeboren jongen zijn al zo sterk ontwikkeld dat ze door de vacht van hun moeder de weg naar de tepels in de buidel kunnen vinden. Daar zuigen ze zich aan vast en blijven in de volgende groeifase onafscheidelijk met hun moeder verbonden, totdat ze na twee tot zeven maanden hun 'springende wieg' verlaten.

De meest voorkomende buideldieren zijn **kangoeroes** (zie blz. 32). Naast dit nationale symbool is het beroemdste buideldier de **koala**, een vertegenwoordiger van de orde der klimbuideldieren, vaak planteneters (blz. 483). Wijd verbreid is de 's nachts actieve **voskoesoe** *(common brushtail possum)*. Vanwege hun zachte vacht werden ze vroeger druk bejaagd en bijna uitgeroeid. Tegenwoordig bevolken ze zelfs de bomen van stadstuinen en parken.

Het opvallendst zijn toch wel de vertegenwoordigers van de Australische buideldiersoorten die hebben leren vliegen, of beter gezegd: zweefvliegen. **Buideleekhoorns** hebben langs hun zijden twee vlieghuiden die tussen de voor- en achterpoten gespannen

Dierenwereld

zijn en met behulp waarvan ze in glijvlucht van de ene boom naar de andere kunnen zweven; de dikke staart helpt om het evenwicht te bewaren en dient tegelijk als roer.

Wombats daarentegen komen nooit van de grond. Deze plantenetende nachtdieren leven in holen in de aarde. Het zijn plompe, sterke buideldieren die tot 30 kg wegen, bekendstaan als vredelievend en nauwelijks natuurlijke vijanden hebben.

De meeste Australische buideldieren zijn strikte vegetariërs. Er zijn echter een paar soorten die wel vlees eten, de zogenaamde **roofbuideldieren**. Hieronder vallen de insectenetende buidelmuis, de om zijn aanvallen op kippenhokken gevreesde buidelmarter en de buidelwolf ofwel Tasmaanse tijger, die uitgestorven is. Ook de buidelduivel of Tasmaanse duivel is bijna uitgeroeid. Dit roofbuideldier, zo groot als een das, jaagt op vogels, reptielen en kleine zoogdieren en wordt tegenwoordig beschermd.

Cloacadieren

Cloacadieren zijn relicten uit de oertijd die worden beschouwd als afkomstig uit een overgangsstadium van reptiel naar zoogdier. Hiertoe rekent men het vogelbekdier *(platypus)* en de mierenegel *(echidna)*, twee dieren die alleen in Australië en Nieuw-Guinea overleefd hebben. De naam van hun orde is ontleend aan het feit dat hun achterlijf maar één opening heeft – de cloaca –, die als geslachtsorgaan en afvoer van uitwerpselen fungeert.

Toen het eerste exemplaar van het vogelbekdier in 1798 binnenkwam bij het British Museum in Londen dachten de wetenschappers dat het om een zoölogische grap ging. Een dier dat half reptiel en half zoogdier was, met een vacht als een zeehond, met zwemvliezen, een eendensnavel en een beverstaart – dat kon niet echt bestaan. Het duurde nog tachtig jaar voordat men erachter kwam dat deze merkwaardige schepsels weliswaar eieren leggen, maar hun jongen daarna zogen. Daarbij komt de moedermelk uit de poriën van zogenaamde melkvelden tevoorschijn en wordt door de jongen van de huid opgelikt.

Het **vogelbekdier** leeft in holen langs de oevers van de Oost-Australische en Tasmaanse binnenwateren; in de ijskoude beken van de Australische Alpen evengoed als in de warme rivieren van het tropische Queensland. Het dier meet 50 tot 60 cm en is uitstekend aangepast aan een leven in het water. Tussen zijn tenen zitten zwemvliezen; de dichte, vettige vacht beschermt tegen kou. Zijn snavel lijkt op die van een eend, maar is zacht als leer; daarmee zoekt hij meestal in de schemering naar waterinsecten en -larven, slakken en wormen op de bodem van het water. Het mannetje heeft aan zijn achterpoten een holle stekel die in verbinding staat met een gifklier; het gif kan een hond doden en veroorzaakt bij mensen een pijnlijke zwelling.

De **mierenegel** heeft qua uiterlijk bijna niets gemeen met het vogelbekdier. Hij houdt zich graag op in de ondergroei en voedt zich voornamelijk met mieren en termieten. Als relatief kleine landbewoner (slechts 30 tot 40 cm) moet de mierenegel zich tegen natuurlijke vijanden beschermen. Als er gevaar dreigt, kan hij zich in een paar seconden tijd verticaal in de grond ingraven, waarbij hij zijn schopachtige klauwen als een soort schoepenrad gebruikt.

Placentadieren

Tot de placentale landzoogdieren die – uit Azië gekomen – al voor de aankomst van de mens op het Australische continent voorkwamen, behoren alleen vleermuizen, vliegende honden, muizen en ratten. Van de in zee levende inheemse placentale zoogdieren (onder andere zeeleeuwen, robben, dolfijnen en walvissen) verdient vooral de **zeekoe** (doejong) bijzondere aandacht. Deze vegetariërs worden 3 tot 4 m lang en enige honderden kilo's zwaar en voeden zich uitsluitend met waterplanten.

Vogels

Van de ongeveer 720 vogelsoorten die tot dusver in Australië zijn ontdekt, zijn er 530 inheems. Bovendien doet het continent dienst

Gehaat nationaal symbool

Nog maar ruim twee eeuwen geleden hadden mensen uitsluitend respect voor de kangoeroes – tegenwoordig mag er in Australië op de grote buideldieren worden gejaagd. Met name runder- en schapenboeren eisen uitdunning van de vrij levende planteneters, bang als ze zijn voor hun ongebreidelde aanvallen op het schaarse weidegras.

En vale schemering ligt over de immense schapenweiden in het zuiden van de staat New South Wales. Bob gaat achter het stuur van zijn terreinwagen zitten, legt een zware buks met vizier op de bijrijdersstoel en rijdt de oprukkende duisternis in. Het is het uur van de jager, die op de boerderijen rond de kleine stad Deniliquin grijze schaduwen achtervolgt – kangoeroes, die hem bij daglicht met sprongen tot 12 m ver en snelheden tot meer dan 80 km/h moeiteloos zouden ontkomen. Maar 's nachts hebben de dieren geen enkele kans. Bob is een *kangaroo shooter*, een van de ongeveer tweeduizend professionele kangoeroejagers met een vergunning van de staat..

De jacht op de kangoeroe, die met de emoe tot nationaal symbool is gekozen, heeft het land in twee kampen verdeeld. Dierenbeschermers eisen een verbod op de jacht en ondervinden daarbij verbitterde tegenstand van de boeren. Die klagen dat de buideldieren het toch al spaarzame gras voor hun koeien en schapen wegeten. Bovendien geven ze de sterke springers de schuld van een groot deel van de schade aan hun hekken.

Zo'n twee eeuwen geleden waren Joseph Banks en Daniel Carl Solander de eerste Europeanen die de grote buideldieren zagen. De twee wetenschappers, die met Captain Cook aan de noordoostkust geland waren, keken gefascineerd naar de raadselachtige dieren. Solander meende dat de vorm van kop en oren op verwantschap met de haas duidde. Banks, die zich verwonderde over de snelheid van het dier, vergeleek kangoeroes met windhonden. Captain Cook zelf vroeg de inboorlingen naar de naam van het dier. Het antwoord, 'Kan-ga-roo', werd later met 'langneus' vertaald, maar intussen hebben taalkundigen vastgesteld dat het 'Ik begrijp je niet' betekent.

Kangoeroes behoren tot de familie van de *Macropodidae*, oftewel grootvoeten. Wie het over een kangoeroe heeft, denkt meestal aan de grijze of de rode reuzenkangoeroe (met een lichaamsgrootte tot 2 m). De habitat van deze grootste buideldieren van Australië wordt gevormd door de bush- en grasvlakten van het droge binnenland. Maar er springen nog zo'n vijftig andere soorten kangoeroes in het land rond. De grote verscheidenheid binnen deze familie wordt mooi geïllustreerd door de kangoeroes met een lichaamslengte tot maar 50 cm, zoals de quokka en de buidelhaassoorten, de kleinste vertegenwoordigers van de familie. Deze miniatuurversies lijken op onze knaagdieren.

Tot de zeldzame verschijningen onder de springbuideldieren horen de 50 tot 80 cm lange boomkangoeroes, die in bomen leven ondanks het feit dat hun bouw eerder geschikt is voor een leven op de grond. De bergkangoeroe is al uit grote delen van het vijfde continent verdwenen. Deze tot 80 cm lange 'gems' van Australië, (ook bekend als euro of wallaroe) springt zonder enige moeite over een kloof van 4 m breed. Voornamelijk in rotsachtige gebieden komen wallaby's voor, de elegante neefjes van de wat grotere grijze kangoeroe.

Een outdoorkinderwagen met trampoline-effect – het lijkt de kangoeroebaby's niet te deren: ze nestelen zich behaaglijk in de warme buidel en steken pas na zes maanden voor het eerst heel voorzichtig hun kopje uit de buidel

Een opvallende eigenschap van de meeste kangoeroesoorten is hun efficiënte voortplantingsmethode. Vanaf dat een vrouwelijk dier geslachtsrijp is en conceptie plaatsvindt, begint er een tijd van ononderbroken jongen grootbrengen. Een moederdier heeft tegelijkertijd drie jongen in verschillende ontwikkelingsstadia bij zich. Terwijl één kleintje al uit de buidel is maar nog wel van de moeder afhankelijk, groeit in haar buidel alweer een pasgeboren jong. Op hetzelfde moment bevindt zich meestal een nieuw embryo in de baarmoeder.

Kangoeroes zijn zonder uitzondering planteneters – dat is hun grootste vergrijp. Volgens voorlopige schattingen van de autoriteiten grazen er op het continent 40 tot 50 miljoen kangoeroes van verschillende soorten, dus meer dan twee per menselijke inwoner; een verdubbeling sinds de tijd van Captain Cook. Toegestaan is alleen de jacht op de zogenaamde reuzenkangoeroes: de Red, de Eastern Grey en de Western Grey Kangaroo. Ieder jaar sneuvelen er volgens dierenbeschermers 6 tot 7 miljoen kangoeroes in de georganiseerde jacht: ongeveer twee keer zoveel als toegestaan volgens het officiële quotum.

Ongeveer 60% van het kangoeroevlees eindigt in de etensbakjes van honden en katten – waarlijk een roemloos einde voor een nationaal symbool. Als voedsel voor mensen is kangoeroevlees in Australië niet bijzonder geliefd, hoewel het naar reebout smaakt en bovendien minder vet en meer eiwitten bevat dan bijvoorbeeld rund- of schapenvlees.

Natuur en milieu

Tot de dood ons scheidt: ondanks hun kleurige uitdossing leiden regenbooglori's, zoals alle papegaaiensoorten, een monogaam leven

als overwinteringsgebied voor veel kustvogels die op het noordelijk halfrond hun broedgebied hebben.

Het bekendst is de **emoe**, na de struisvogel de grootste vogel ter wereld met zijn kruinhoogte tot 2 m en gewicht tot 60 kg. Net als zijn Afrikaanse evenknie is de emoe een aan wijde vlakten aangepaste loopvogel die een logge indruk maakt, maar zeer snelvoetig is. Emoes hebben onderontwikkelde vleugels en kunnen dus niet vliegen, maar komen tot loopsnelheden van 60 km/h. Bovendien kunnen ze uitstekend zwemmen! Op het menu staan niet alleen insecten, maar ook allerlei grassen. Daarom hebben de Australische boeren de emoe net als de kangoeroe (samen sieren ze het wapen van het land) de oorlog verklaard als voedselconcurrent van hun vee en verwoester van hun hekken.

Uniek in de Australische vogelwereld is de **kookaburra**, een ijsvogel van zo'n 25 cm groot met een schorre roep die klinkt alsof er iemand lacht. De kookaburra geldt als vriend van de mens omdat hij als carnivoor niet alleen muizen en insecten eet, maar er ook niet voor terugschrikt een slang te vangen.

Een groot aantal van de 55 soorten **papegaaien** zijn lori's, waarvan de regenbooglori *(rainbow lorikeet)* de bekendste is. Deze lori is aan de oostkust te vinden, niet alleen in de vrije natuur, maar tot in de stadsparken aan toe. Andere papegaaiensoorten zijn bij ons voornamelijk als kooivogels bekend, bijvoorbeeld gras- en valkparkieten en rosella's. Zoals bij ons groepjes huismussen, wonen in Australië roze kaketoes *(galahs* genoemd) in de bomen.

Reptielen

Australië kent een uitzonderlijk soortenrijke reptielenwereld. Het wemelt er gewoon van de **hagedissen**, die in vijf families en zo'n vijfhonderd soorten in alle klimaat- en vegetatiezones voorkomen. Met bijna driehonderd soorten is de familie van de skinken het ruimst vertegenwoordigd. Gekko's zijn tot 25 cm lange nachtdieren die mensen graag in hun huis

Dierenwereld

hebben omdat ze bijna uitsluitend insecten eten. Tot de overdag actieve agamen behoren de bergduivel *(thorny devil)* en de kraaghagedis *(frilled lizard)*. Typisch voor Australië zijn ook varanen, waaronder zich de grootste hagedissen bevinden (tot 2,5 m).

Ongeveer 140 verschillende **slangen**, waarvan 75% giftig, zijn de reden dat Australië bekendstaat als het 'giftigste continent ter wereld'. Vooral in de familie Elapidae komen van de giftigste slangen enkele op aarde voor. Het meest gevreesd zijn de circa 1 m lange tijgerslang *(tiger snake)*, de tot 3,5 m lange taipan, de circa 75 cm lange doodsadder *(death adder)* en de tot 2,5 m lange zwarte slang *(black snake)*, die een rode buik heeft. Over het algemeen ongevaarlijk zijn de reuzen- of wurgslangen, die alleen in het tropische noorden van het land voorkomen.

Als bijzonder authentieke vertegenwoordigers van de Australische reptielenwereld gelden de **zee- en zoetwaterschildpadden** en de **zout- en zoetwaterkrokodillen** die in de rivieren van het tropische noorden voorkomen (zie blz. 412).

Ongewervelde dieren

Ook het rijk van de ongewervelden is van een schier onuitputtelijke diversiteit. Sommige soorten bereiken een indrukwekkende omvang, zoals de **reuzenlibel** met een spanwijdte tot 16 cm en de **bidsprinkhaan** met een lengte tot 25 cm. Van de **termieten** zijn de kompastermieten beroemd. Hun bouwsels worden alleen in de omgeving van Darwin aangetroffen en verder nergens ter wereld. De heuvels zijn tot 3 m hoog en ongeveer even lang, maar slechts 10 tot 20 cm breed. Door de exacte noord-zuidoriëntatie van de heuvels staat de zon 's ochtends en 's avonds op de brede zijden, maar op het heetst van de dag alleen op de smalle. Andere termietensoorten in Noord-Australië kunnen tot 10 m hoge 'wolkenkrabbers' doen verrijzen. Giganten vindt men ook onder de **wormen**. Zo leeft hier de *Megascolides australis*, met zijn lengte van ruim 3 m de grootste regenworm ter wereld.

'Geïmporteerde' dieren

De **dingo** is geen echte Aussie. Hij wordt beschouwd als het oudste 'geïmporteerde' dier en is vermoedelijk een afstammeling van de halfgedomesticeerde honden die uit Azië geïmmigreerde stammen 10.000 tot 12.000 jaar geleden meebrachten. De dingo verwilderde en ontwikkelde zich tot het meest voorkomende landroofdier.

Wilde konijnen zijn een gevaarlijke plaag geworden. Toen de voorname Engelse heren de konijnenjacht begonnen te missen, werden in 1858 in Victoria onverwijld uit Engeland geïmporteerde konijnen uitgezet. Niemand had voorzien wat voor catastrofale bevolkingsexplosie van de knaagdieren er zou volgen. Zonder natuurlijke vijanden vraten ze zich een weg door de bush, aten het gras voor de voeten van schapen, koeien en wilde dieren weg en veroorzaakten zelfs voor een deel de verandering van weidegronden in savanne. Alle maatregelen die werden getroffen om de plaag in te dammen, mislukten. Pas toen de verwekker van myxomatose (de dodelijke konijnenpest) bij konijnen werd ingespoten, stierf ongeveer 90% van de populatie. Intussen zijn veel konijnen echter immuun voor het virus geworden. Op het moment worden proeven met verschillende ziekteverwekkers gedaan om de konijnenpopulatie onder controle te houden.

Waterbewoners

Bij de zoetwatervissen valt een soort aan te treffen die vaak als levend fossiel wordt aangeduid: de **longvis**. Deze kwastvinnige kan 1,5 m groot en 40 kg zwaar worden en komt alleen nog maar in twee rivieren in het noorden van Queensland voor. Naast kieuwen hebben longvissen een primitieve long, waarmee ze ook lucht uit de atmosfeer kunnen inademen.

De wateren die Australië omringen bevatten een fabelachtige rijkdom aan levende wezens. De diversiteit van de Australische onderwaterfauna komt tot uitdrukking in ongeveer 2200 vissoorten, waaronder bijna honderd haaien- en meer dan vijftig roggensoorten.

Economie en politiek

Na zware crises in de jaren 80 laat de Australische economie sinds de jaren 90 weer een sterke opleving zien. Daar hebben onder andere de nauwere betrekkingen van Australië met zijn opkomende Aziatische buurlanden aan bijgedragen.

Het economische wonder

Er was eens een land helemaal aan de andere kant van de wereld waar het goed toeven was. Een land met een Noord-Amerikaanse levensstandaard en een Scandinavische klasseloze maatschappij: *the lucky country,* 'het fortuinlijke land', een land van melk en honing waar immigranten in drommen op afkwamen: Australië. Tot het midden van de 20e eeuw was de landbouw de basis van de Australische welvaart. Grootschalige irrigatie van vruchtbaar akkerland, de ontwikkeling van moderne landbouwmachines en nieuwe mogelijkheden om levensmiddelen te conserveren zorgden ervoor dat Australië in de eerste helft van de 20e eeuw een belangrijk exportland van landbouwproducten werd. Vooral door de uitvoer van wol, tarwe en vlees verwierf het land een van de hoogste inkomens per hoofd ter wereld.

Na de Tweede Wereldoorlog droeg de versnelde exploitatie van de immense bodemschatten van het land bij aan een verdere toename van het nationale inkomen. Australië begon zich te ontwikkelen tot een van de grootste leveranciers van minerale grondstoffen ter wereld. Met behulp van kapitaal uit het buitenland werden enorme voorraden steen- en bruinkool, goud- en zilvererts, bauxiet, koper, nikkel, mangaan, lood, zink, uranium en bovenal ijzererts aangeboord. Vooral Japanse staalgiganten investeerden in de winning van ijzererts om de grondstoffenvoorziening voor hun smeltovens veilig te stellen.

Ondanks hoge investeringskosten en grote technische inspanningen konden de bodemschatten – overwegend in dagbouw – goedkoop gewonnen worden. De hoogwaardige minerale en agrarische grondstoffen werden echter maar voor een klein deel in Australië zelf verwerkt. De omzetting van de voorraden in eindproducten werd aan industrieel georiënteerde landen als Japan en de VS overgelaten; daarmee werd de opbouw van een efficiënte maakindustrie in eigen land verwaarloosd. Niettemin ontstond Down Under dankzij het economische wonder de grootste middenklassenmaatschappij ter wereld, die na de VS en Canada de hoogste levensstandaard had. Overzee begon zich de mythe te vormen van Australië als immigratieland met alleen maar rooskleurige vooruitzichten.

'The party is over'

Ingedut door hun welvaart misten de Australiërs intussen nieuwe economische trends en wereldwijde veranderingen. Al in de jaren 60 van de vorige eeuw schatten buitenlandse deskundigen de Australische economie in als weinig innovatief en internationaal nauwelijks tot concurrentie in staat. In het land zelf werd dat echter helemaal niet als een handicap beschouwd, zolang de inefficiënte binnenlandse markt door invoerbeperkingen en hoge beschermende importheffingen tegen ongewenste buitenlandse concurrentie werd beschermd. De industrie raakte er in deze periode aan gewend dat elke potentiële dreiging van de kant van goedkope import werd afgewend door middel van overheidsinterventie. Bovendien werden de inkomsten uit industriële export niet bijzonder belangrijk gevonden, zolang de ogenschijnlijk ongelimiteerde productie en uitvoer van agrarische producten en minerale grondstoffen voldoende geld in de deviezenkas liet stromen.

Dit veranderde op slag toen Groot-Brittannië in 1972 tot de Europese Gemeenschap toetrad. Van de ene dag op de andere verloor de Australische landbouw het overzeese afzetgebied dat verreweg het belangrijkst was. Het was voor Australië een hele schok dat het ineens met zijn schapenvlees en tarwe bleef zitten. Maar het zou nog erger worden. Een sterke terugloop van de vraag op de internationale afzetmarkten bracht aan het begin van de jaren 70 en opnieuw begin jaren 80 ook de mijnbouwindustrie ernstig aan het wankelen. Doordat het land de ontwikkeling van goede eindproducten voor de export had verwaarloosd, kon ook de productie-industrie het inkomstenverlies uit de land- en mijnbouwsector niet opvangen.

Als resultaat van deze ontwikkelingen beleefde Australië tussen 1982 en 1984 de diepste economische crisis in zijn geschiedenis. De vette jaren leken ten einde. Op de welvaartsschaal van de OESO (Organisatie voor Economische Samenwerking en Ontwikkeling) zakte het land naar de vijftiende plaats, terwijl het na de Tweede Wereldoorlog nog de tweede en in het midden van de jaren 60 nog altijd de vijfde plaats had bekleed.

Bovendien werd duidelijk dat het wonder van de welvarende, sociale maatschappij lang niet alleen met zelfverworven middelen was bereikt, maar grotendeels ook met geleend buitenlands geld. In de roes van de opleveringsjaren hadden de beleidsmakers hun ogen gesloten voor het gevaar van een al te onbekommerde geldpolitiek. De berg schulden werd steeds hoger – tegenwoordig hoort Australië wereldwijd bij de landen met de hoogste schuld per hoofd van de bevolking. De kapitaaltoevloed uit het buitenland had het de Australiërs mogelijk gemaakt 'boven hun stand te leven'. Met stevige uitspraken probeerde de toenmalige minister-president Bob Hawke zijn landgenoten duidelijk te maken dat de buikriem moest worden aangesnoerd: 'The party is over – finito!'

Koerscorrectie

De tijd dat Australiërs met een minimum aan krachtsinspanning en ondernemerskwaliteiten hun hulpbronnen in klinkende munt konden omzetten, was definitief voorbij. Economische strategen schreven de stoffige Australische economie, waarvan de structuren deels nog uit de koloniale tijd stamden, een verjongingskuur voor. Loon naar prestatie, hogere productiviteit, privatisering van niet-renderende staatsbedrijven, inkrimping van de beschermende importheffingen en (omstreden) inperking van de macht van de vakbonden waren belangrijke componenten van de economische koerscorrectie, waarvan herstructurering en diversifiëring de pijlers werden.

In eerste instantie was het de bedoeling de economie een bredere en daardoor steviger basis te geven, dus werk te maken van een ruimer scala aan producten voor de export. Een speerpunt van de nieuwe strategie was de bevordering van het ter plaatse verwerken van grondstoffen met het doel hun exportwaarde te vergroten. Beleidsmakers ruimden verder een belangrijke plaats in voor het toerisme, dat al geruime tijd net zulke grote sprongen maakt als een zekere inheemse diersoort. In een tijdsbestek van tien jaar heeft de toerististenindustrie zich ontpopt als een van de belangrijkste takken van de economie, die direct en indirect in ongeveer 600.000 arbeidsplaatsen voorziet.

De Australiërs wilden ook verloren terrein terugwinnen door zich in geografisch opzicht op nieuwe handelspartners te oriënteren. 'De 19e eeuw behoorde toe aan Europa, de 20e aan Amerika en de 21e zal toebehoren aan Azië en het Pacifisch gebied,' profeteerden economen. Lange tijd hadden de Australiërs nauwelijks acht geslagen op het feit dat zeven van de tien snelst groeiende

Economie en politiek

Een dikke huid: dat hebben zowel schapen als schapenboeren nodig om in de huidige economische situatie het hoofd boven water te houden – in ieder geval geldt wol nog steeds als Australiës belangrijkste exportproduct

economieën ter wereld bij hen om de hoek zitten en hun Aziatische buren min of meer genegeerd. Langzaam drong het tot hen door dat ze hun geografische lot niet konden ontlopen en dat hun economische toekomst niet van Europa of de Verenigde Staten, maar van Azië afhangt.

Tegenwoordig gaat de helft van de export naar Oost- en Zuidoost-Aziatische landen, voor het grootste deel naar Japan. Het ertsverslindende Nippon koopt in Australië meer in dan de Europese Unie en de Verenigde Staten bij elkaar. De wens economisch en ook politiek toenadering tot Azië te zoeken wordt versterkt door het ontstaan van economische blokken in andere delen van de wereld. Sommige Australische economen, die hun land graag als onderdeel van Azië beschouwen, ontwikkelen al plannen voor een gemeenschappelijke Aziatische markt, waarin Australië een sleutelrol zou moeten gaan spelen.

De economisch-politieke koerscorrectie heeft niet alleen de neergang van het land afgeremd, maar zelfs de fundamenten gelegd voor een nieuw economisch wonder op bescheiden schaal. Sinds de jaren 90 laat de economie continue groei zien. De OESO prees de Australische regering voor haar verregaande economische hervormingen. De sinds eind augustus 2018 door Scott Morrison geleide nationaal-liberale coalitie streeft naar belastingverlagingen en vooral de aflossing van schulden. De uitgaven op het gebied van sociale zekerheid, gezondheidszorg en onderwijs worden aanzienlijk opgevoerd.

Intussen is de economische groei zo dynamisch geworden dat het geboortecijfer niet meer toereikend is om de arbeidsmarkt in voldoende mate van nieuwe arbeidskrachten te voorzien. Daarom gaf de regering in augustus 2012, en later opnieuw in 2016, in verschillende landen in Europa en Azië het startschot voor de grootste wervingsactie voor banen in Australië sinds vijftig jaar.

Geschiedenis

Fasen van een werelddeel: van onbekend land in het zuiden, thuisland van de Aboriginals, naar strafkolonie van Groot-Brittannië; van 'gevangenis' naar immigratieland; van federatie naar onafhankelijkheid; van voorpost van Engeland aan het andere eind van de wereld naar economisch wonderland en ideale reisbestemming.

Prehistorie en vroege geschiedenis

Het tijdstip van de vroegste kolonisatie van het Australische continent is evenzeer in nevelen gehuld als de precieze herkomst van de eerste Australiërs. Zeker lijkt alleen dat de migratie uit Zuidoost-Azië kwam en in een aantal golven plaatsvond. Archeologische vondsten leiden tot de conclusie dat de kolonisatie minstens 45.000 tot 50.000 jaar en waarschijnlijk nog heel wat verder teruggaat.

Zo'n 10.000 jaar geleden hield een ijstijd nog zoveel water bij de poolkappen vast dat de zeespiegel rond het Australische werelddeel 100 tot 200 m lager lag dan nu. De huidige eilanden Nieuw-Guinea en Tasmanië stonden met Australië in verbinding, het grootste deel van wat nu de Indonesische archipel is hoorde bij continentaal Azië. Over een keten van eilanden tussen de Aziatische en de Australische landmassa vonden de oerbewoners hun weg naar Australië. De immigranten van de ijstijd moesten echter binnen de toenmalige eilandenwereld zeestraten tot 100 km breed oversteken, terwijl ze noch de daarvoor nodige boten noch de benodigde kennis van navigatie kunnen hebben gehad. We moeten er dus van uitgaan dat ze zich op vermoedelijk primitieve vlotten, eerder door het toeval van een gunstige stroming dan door vooropgezet plan in de richting van de toenmalige kust van het Australische vasteland lieten drijven. Toen de zeespiegel na het einde van de laatste ijstijd weer ging stijgen, ongeveer 10.000 jaar geleden, keerde Australië geleidelijk terug naar het geografische isolement waarin het werelddeel zich na zijn afsplitsing van Gondwanaland miljoenen jaren had bevonden.

Het land in het zuiden

Al sinds de oudheid had het vermoeden van een legendarisch 'Zuidland' tot de verbeelding van sommige Europeanen gesproken. De mythe vermeldde zelfs de naam van het land: **terra australis incognita** – het onbekende land in het zuiden.

Met de ontdekking van de zeeroute rond Kaap de Goede Hoop en nadat Fernão de Magalhães erin geslaagd was onder Zuid-Amerika langs te zeilen, begon in Zuidoost-Azië de periode van het Europese kolonialisme. Weliswaar hadden de Spanjaarden het vooral op de specerijeneilanden (de Molukken) gemunt, maar ook Australië bleef niet gespaard voor de expansiedrang van de Europeanen. Het is overigens omstreden wie het vijfde continent eigenlijk heeft ontdekt. In de loop van de 16e eeuw beweerden verschillende zeelieden dat ze het Zuidland in zicht gekregen hadden en zelfs dat ze er geland waren, maar deze beweringen hielden bij later onderzoek geen stand. De eer van de daadwerkelijke ontdekking van het gezochte *terra australis* komt waarschijnlijk toe aan de Nederlanders, van wie als eersten vaststaat dat ze voet op Australische bodem hebben gezet. In het jaar 1605 had de drie jaar eerder in Amsterdam opgerichte Verenigde Oost-Indische Compagnie (VOC) vanuit Ban-

Geschiedenis

tam een schip onder bevel van kapitein Willem Janszoon uitgezonden met de opdracht veilige zeewegen van Nederlands-Indië naar de Republiek der Nederlanden te zoeken. Aan boord van de *Duyfken* voer hij in de Golf van Carpentaria langs de kust van het huidige Queensland om vervolgens aan land te gaan op schiereiland Cape York. De inboorlingen die hij tegenkwam, bleken hem vijandig gezind: bij een verkenningstocht kwam een aantal bemanningsleden om het leven. In zijn aantekeningen beschreef Janszoon de oerbewoners dan ook als 'bijzonder lelijk, wreed en verdorven'.

In de jaren daarna kwamen steeds weer Nederlandse schepen aan de Australische westkust of zelfs in de Grote Australische Golf (Great Australian Bight) terecht. Tijdens deze toevalslandingen en dwaaltochten verkenden de Nederlanders de hele west- en zuidkust van het continent, dat ze *Hollandia Nova* (Nieuw-Holland) noemden, en brachten die in kaart. De route langs de westkust ontwikkelde zich weliswaar in de loop der tijd tot een van de winstgevendste handelsroutes van de toenmalige wereld, maar het nieuw ontdekte werelddeel zelf interesseerde de Nederlanders niet. Ze vonden er geen handelspartners en ook geen begerenswaardige goederen zoals goud of specerijen.

Ook de Engelsen hadden van een nadere verkenning van het nog altijd grotendeels onbekende 'Zuidland' afgezien nadat William Dampier, meer vrijbuiter en avonturier dan ambitieus ontdekkingsreiziger, aan het eind van de 17e eeuw de taxatie van de Nederlandse kapiteins had bevestigd dat Australië economisch volslagen oninteressant was. Ontzet had Dampier na zijn eerste ontmoeting met oerbewoners in zijn logboek genoteerd: 'Dit is de meest troosteloze omgeving die op aarde bestaat. De inwoners van dit land zijn het armzaligste volk ter wereld. Als men hun menselijke uiterlijk buiten beschouwing laat, ziet men nauwelijks verschil met dieren.'

Kapitein James Cook was de eerste die een andere kijk op de zaak had. Op 26 augustus 1768 voer hij met de *Endeavour* de Engelse haven Plymouth uit. Zijn (geheime) opdracht: de zoektocht naar het 'grote Zuidland'. Als eerste Europeaan landde hij op 28 april 1770 aan de oostkust in Botany Bay, niet ver van het huidige Sydney. Wat de Engelsen zagen, deed hun hart sneller kloppen. Alles zag er weelderig groen, dichtbebost en naar het leek bijzonder vruchtbaar uit. Vanuit Botany Bay slaagde Cook erin langs de oostkust tot het Kaap York-schiereiland door te dringen. Op een eiland bij de punt van de kaap – tegenwoordig Possession Island geheten – hees hij de Britse vlag en eiste hij het door hem ontdekte oostelijke deel van het continent in de naam van koning George III op voor de Britse kroon. Hij noemde het New South Wales.

De strafkolonie New South Wales

James Cooks optimistische berichten werden in Groot-Brittannië met belangstelling, maar niet met luid gejuich ontvangen. Engeland had toen nog koloniën op het Amerikaanse continent en die waren veel gemakkelijker bereikbaar. Hier kwam echter in 1775 verandering in, toen het conflict met de Noord-Amerikaanse kolonisten tot de Onafhankelijkheidsoorlog escaleerde. In één klap had Engeland niet alleen een lucratief handelsgebied, maar ook een ballingsoord voor veroordeelden verloren. Toen de Britse gevangenissen uit hun voegen dreigden te barsten, werd besloten dat de deportatie van gevangenen naar een nieuw te stichten kolonie de eenvoudigste oplossing was – daarvoor leek dat land aan de andere kant van de wereld heel geschikt.

In oktober 1786 werd kapitein **Arthur Phillip** tot gouverneur van de kolonie New South Wales benoemd. Op 13 mei 1787 verliet een konvooi schepen de haven van Portsmouth – 772 ondervoede en door parasieten geplaagde gevangenen en 211 soldaten en zeelieden moesten de eerste blanke kolonisten worden. Na een zware reis gingen de schepen op 18 januari 1788 in Botany Bay voor anker. Het gebied rond de baai bleek echter ongeschikt om een nederzetting te stichten. Arthur Phillip vond een alternatief in de noordelijker gelegen baai van Sydney, die kapitein Cook op zijn ontdekkingsreis de naam Port Jackson had gegeven. Hier liet Phillip op 26 januari 1788 de Union Jack hijsen en stichtte daarmee officieel de eerste Britse kolonie op Australische bodem. Deze datum werd later een nationale feestdag, Australia Day.

In Port Jackson begonnen de nieuw aangekomenen met het bouwen van een nederzetting, de kern van het latere Sydney. Maar ook het land aan de baai van Sydney beantwoordde bepaald niet aan hun verwachtingen. In januari, op het hoogtepunt van de zomerhitte, was het land uitgedroogd en arm aan water. De uit Europa meegebrachte zaden waren niet geschikt voor het Australische klimaat; koeien en stieren verwilderden in de bush; de schapen, eigenlijk bedoeld om mee te fokken, werden niet alleen door hongerige ballingen maar ook door oerbewoners en dingo's opgegeten. Zonder regelmatige bevoorrading uit het moederland zou de nieuwe kolonie, waar steeds weer hongersnood uitbrak, niet levensvatbaar zijn geweest. Bovendien kwam het al snel tot bloedige conflicten met de oorspronkelijke bewoners – door de Britten *Aboriginals* (van het Latijnse *ab origine*, 'vanaf het begin') genoemd –, die zich heftig verzetten tegen de verdrijving uit hun gebieden.

Waar onder gouverneur Arthur Phillip, later bekend als 'vader van de blanke Australiërs', nog recht en orde in Groot-Brittanniës verre voorpost hadden geheerst, waren na zijn vertrek naar het moederland in december 1792 hebzucht en gewelddadigheden in Port Jackson aan de orde van de dag. Onder zijn opvolger, **Francis Grose**, gingen de corrupte militairen grotendeels hun eigen gang en trokken zij de macht over het beginnende economische leven van de kolonie naar zich toe. De invloed van de officieren nam toe naarmate zij de handel in rum – vanwege de grote vraag ernaar een veelgebruikt ruilmiddel – beheersten. De Britse regering werd steeds zenuwachtiger en stuurde een nieuwe gouverneur, generaal-majoor **Lachlan Macquarie**, die zijn eigen door de wol geverfde troepen meebracht en erin slaagde het Rumkorps (zoals de militairen onder Grose minachtend werden genoemd) zijn plaats te wijzen en de rust te herstellen.

Van 'gevangenis' tot kolonie

Iemand heeft eens ironisch opgemerkt: 'De eerste blanke inwoners van Australië zijn door de beste rechters ter wereld uitgezocht.' Onder de ballingen bevonden zich weliswaar ook zware misdadigers, maar de meesten waren voor kleine vergrijpen tot deportatie veroordeeld. Tot 1868, toen de 'heenzending' naar alle Australische koloniën gestaakt werd, verbande Engeland meer dan 160.000 gevangenen, van wie 15% vrouwen. Na afloop van hun straf bleven de meesten in Australië, omdat terugkeer voor hen over het algemeen onbetaalbaar was. Het grootste deel van de veroordeelden werd als goedkope arbeidskracht aan de vrije kolonisten toegewezen. Anderen werden door het koloniale bestuur tewerkgesteld bij publieke werken. Op deze manier leverden de gedeporteerden een bijdrage aan het geleidelijke opbloeien van de economie.

In de loop der tijd werd Australië ook voor veel immigranten aantrekkelijk. Al in 1793 waren de eerste Britten vrijwillig gekomen. Tegen 1830 bevolkten naast de 63.000 veroordeelden 14.000 vrijwillige immigranten het continent. Nog twintig jaar later waren de vrije kolonisten en burgers in de meerderheid. Generaal-majoor Lachlan Macquarie was de eerste gouverneur die het belang van de voormalige gevangenen voor de opbouw van het land onderkende. In 1810 liet hij zijn waardering blijken door hun na afloop van hun straf niet alleen landrechten, maar alle burgerrechten toe te kennen. Door de volledige rehabilitatie van de voormalige gevangenen bevrijdde hij Australië van de smet een strafkolonie te zijn.

Om andere Europese machten voor te zijn stichtten de Britten in alle kuststreken op strategische plaatsen nederzettingen, waaruit later een paar van de belangrijkste steden van het land ontstonden. Tegelijkertijd ontwikkel-

Geschiedenis

de zich een politiek bewustzijn, waardoor de roep om gedeeltelijk zelfbestuur steeds luider werd. Met de *Australian Colonies Government Act* van 1850 gaf Groot-Brittannië ten slotte zijn koloniën New South Wales, Tasmanië, Victoria en South Australia ook formeel verregaande autonomie, naar het voorbeeld van Canada. Queensland volgde in 1859 en Western Australia in 1890. Alle koloniën kregen in de loop der tijd een eigen grondwet en een eigen parlement. Pas in 1817 kreeg het continent op voorstel van de onderzoeker en reiziger **Matthew Flinders** officieel de naam Australië.

Het binnenland in

Het onmetelijke, gloeiend hete binnenland van het continent gold lange tijd als onbewoonbaar en vijandig. Zodoende was er in de tijd dat de kolonie New South Wales werd gesticht nauwelijks belangstelling voor het verkennen van de onbekende gebieden aan de andere kant van de bergketen die tegenwoordig de Blue Mountains heet. Deze houding veranderde pas toen het landbouwgebied rond Sydney niet meer groot genoeg was en het voortbestaan van de kolonie werd bedreigd door voortdurend voedseltekort. In 1813 slaagden de Britten **Gregory Blaxland**, **William Charles Wentworth** en **William Lawson** erin de bergen voor het eerst over te steken. Na hun terugkeer meldden ze dat er veel weidegrond was, waarop gouverneur-generaal Macquarie in recordtijd een weg liet aanleggen. Al in 1815 trokken de eerste kolonisten naar het 'beloofde land' ten westen van de bergen.

Omdat de vraag naar hoogwaardige wol bij de spinnerijen en weverijen in het Engelse moederland erg groot was, beproefden velen hun geluk in de schapenfokkerij. Wie niet over de financiële middelen beschikte om zich een stuk land aan te schaffen werd *squatter*, dat wil zeggen: dreef zijn meestal met een voordelig krediet gekochte schaapskudde de wildernis in, bezette een stuk land en verwierf pas later de wettelijke eigendomsverklaring.

De goudkoorts

Australië had het vooral aan de ontdekking van goud in het midden van de 19e eeuw te danken dat het zijn reputatie als strafkolonie kwijtraakte. In februari 1851 veroorzaakten vondsten in de omgeving van Bathurst bij Sydney een goudkoorts die al snel het hele continent in zijn greep had. Toen korte tijd later ook rijke goudaders ontdekt werden in Ballarat, Bendigo en Castlemaine ten noorden van Melbourne, begon er een ware exodus van de steden naar de goudvelden.

Op het hoogtepunt van de ontginning leverden de goudvelden in Victoria ongeveer een derde van de wereldproductie. Toen in de jaren 1870 ook in Queensland grote voorraden werden aangetroffen en aan het begin van de jaren 1890, tijdens een tweede grote *goldrush*, bij de West-Australische steden Kalgoorlie en Coolgardie de 'gouden mijl' werd ontdekt, veranderde het vijfde continent in het land van de onbegrensde mogelijkheden. De goudvondsten leidden tot een bevolkingsexplosie: binnen tien jaar steeg het inwonertal naar bijna 1,15 miljoen.

In toenemende mate zelfbewust geworden door het economische succes eisten nu steeds meer Australiërs democratische verhoudingen en onafhankelijkheid van Engeland. De aanleiding was de **Eureka stockade**, de eerste en enige grote gewapende opstand van burgers tegen regeringswillekeur in de geschiedenis van het land. In 1852 had de koloniale regering in Victoria vergunningsrechten voor de goudwinning ingevoerd, die de *diggers* moesten betalen ook als ze geen goud vonden. Uit protest verenigden de goudzoekers zich in december 1854 in Ballarat in de **Ballarat Reform League**. Naast hun eigenlijke doel, eerlijker tarieven voor de vergunning om goud te winnen, eisten ze jaarlijkse parlementsverkiezingen en een algemeen geheim stemrecht.

De situatie liep uit de hand toen rond de 150 gewapende *diggers* zich verschansten achter een van palissaden gemaakte barricade. De overheid gaf bevel de *Eureka stockade* te bestormen, waarbij 25 goudgravers en 4 soldaten het leven verloren. De opstand was weliswaar bloedig neergeslagen, maar niet lang daarna vervulde de regering de voornaamste wens van de rebellen: deelname aan het politieke besluitvormingsproces. In 1857 werd in Victoria en één jaar later in New South Wales het democratisch kiesrecht in de zin van *one man, one vote* ingevoerd. Vrouwen moesten nog tot 1906 wachten voordat ze naar de stembus mochten.

Australië wordt een natie

Tegen het eind van de 19e eeuw begonnen de bewoners van het vijfde continent zich Australiers te voelen. Geleidelijk ontstond de wens zich los te maken van de leiband van Engeland. Op initiatief van sir **Henry Parkes**, de toenmalige premier van New South Wales, hield de **Australia Federation Conference** zich vanaf 1890 bezig met het uitwerken van een grondwet naar het voorbeeld van de VS. Aangezien de Australische koloniën geen breuk met Groot-Brittannië voor ogen stond, was toestemming van het moederland nodig. De regering in Londen zette het sein op groen, maar behield zich het recht op inspraak voor inzake buitenlandse politiek, internationale economische betrekkingen en defensie. Met haar handtekening onder de grondwet verleende **Queen Victoria** in juli 1900 de Australische koloniën formeel onafhankelijkheid. 1 januari 1901 geldt als de geboortedag van de onafhankelijke natie, die als **Commonwealth of Australia** het politieke wereldtoneel betrad. Naast het ontwerp van de grondwet was de keuze van de hoofdstad de voornaamste kwestie. Vanwege de rivaliteit tussen Sydney en Melbourne koos men Canberra als hoofdstad, een stad die eerst nog tussen Sydney en Melbourne uit de grond gestampt moest worden.

De Eerste Wereldoorlog

Ook als natiestaat was Australië nog steeds stevig verankerd in het Britse Rijk. Toen Groot-Brittannië op 4 augustus 1914 Duitsland de oorlog verklaard had, trokken Australische soldaten als bondgenoten van de Engelsen naar de

Molshopen zo ver het oog reikt – zo werden de goudvelden van de late 19e eeuw afgebeeld

Geschiedenis

Europese slagvelden. Samen met Nieuw-Zeelanders vormden ze het **Australia and New Zealand Army Corps (ANZAC)**; meer dan 500.000 soldaten werden naar het andere eind van de wereld gestuurd.

Een groot deel van de vrijwilligers werd in 1915 door de Britse legerleiding op het schiereiland Gallipoli in de Dardanellen ingezet tegen Turkse en Duitse eenheden. Het werd een verschrikkelijk bloedbad. Australië had meer dan 8500 gevallenen te betreuren, Nieuw-Zeeland ongeveer 2700. Voor veel Australiërs was deze nederlaag vanwege het heldhaftige gedrag van hun soldaten niettemin een morele overwinning. Door de Slag om Gallipoli werd Australië definitief tot een natie samengesmeed. Nog steeds is 25 april, **Anzac Day**, zowel in Australië als in Nieuw-Zeeland een nationale herdenkingsdag.

De Tweede Wereldoorlog

Toen in september 1939 opnieuw oorlog uitbrak tussen Groot-Brittannië en Duitsland, was Australië als onderdeel van het Britse Rijk ook in oorlog. In tegenstelling tot de Eerste Wereldoorlog werd Australië dit keer zelf direct getroffen. Japans agressieve houding vormde een onmiddellijke bedreiging voor het land. Niettemin trokken na het uitbreken van de oorlog opnieuw duizenden jonge Australische mannen naar de ver weg gelegen slagvelden in Europa, het Midden-Oosten en Noord-Afrika.

Terwijl de Australische land-, lucht- en zeestrijdkrachten in overzeese strijdtonelen verwikkeld waren, begonnen de Japanners met hun overval op het Amerikaanse bruggenhoofd Pearl Harbor op 7 december de **oorlog in het Pacifische gebied**. Van het verre Groot-Brittannië hoefde Australië bij een gevreesde Japanse invasie geen hulp te verwachten. De situatie verergerde toen Japanse vliegtuigen op 19 februari 1942 Darwin bombardeerden – de eerste buitenlandse aanval op Australische bodem. Toen er korte tijd daarna Japanse bommen op Broome, Derby, Wyndham en andere kuststeden vielen en ten slotte in de baai van Sydney binnengedrongen Japanse kleine onderzeeërs torpedo's afvuurden, werd alle hoop op de nieuwe beschermingsmacht de Verenigde Staten gevestigd. Tienduizenden Amerikaanse soldaten werden in Australië gelegerd. Pas met de verdrijving van de Japanners uit Nieuw-Guinea door Australische en Amerikaanse landstrijdkrachten was het onmiddellijke gevaar van een invasie geweken. Aan het eind van de Tweede Wereldoorlog, die de relatie van Australië met Engeland definitief veranderde, had Australië 35.000 doden te betreuren. Na de oorlog twijfelden de bewoners van het vijfde continent er niet meer aan dat alleen een bondgenootschap met de Verenigde Staten hun veiligheid kon bieden.

Australië na 1945

De periode na de oorlog kenmerkte zich door het streven naar een heroriëntering in de buitenlandse politiek – een kwestie van evenwicht tussen het afbinden van de navelstreng met het moederland en het zoeken van toenadering tot de VS. Tegelijk deed Australië zijn best om een steeds zelfstandiger rol in de wereldgeschiedenis te spelen, wat bovenal toenadering tot de voordien meestal genegeerde Aziatische buurlanden nodig maakte.

Al snel na het eind van de Tweede Wereldoorlog beleefde Australië economische voorspoed van ongekende omvang. Een ronduit revolutionaire verandering vond plaats in de immigratiepolitiek. Men had ontdekt dat het continent, dat op dat moment slechts 7,5 miljoen inwoners telde, niet in staat was zichzelf te verdedigen. Omdat Australië bovendien dringend nieuwe arbeidskrachten nodig had, werd van start gegaan met een gericht immigratiebeleid. Onder het motto *'Populate or perish'* (bevolk het land of het gaat ten onder) richtte de immigratiepolitiek zich niet alleen op Britse staatsburgers, maar ook op andere Europese nationaliteiten, aanvankelijk vooral Oost-Europese vluchtelingen. Aziaten werden echter over het algemeen uitgesloten. In de periode van 1945 tot 1965 nam het inwonertal van het vijfde continent toe tot 11 miljoen mensen. Alle nieuw aangekomenen die met financiële ondersteuning van de Australische overheid waren geïmmigreerd, moesten hun schuld aflossen door te werken. Twee jaar lang moesten ze de over het algemeen lichamelijke arbeid verrichten die hun werd toegewezen.

De jaren van 1949 tot 1972, tot dan toe de langste ononderbroken regeringsperiode van de conservatieve partijen, werden gekenmerkt door politieke stabiliteit en snel groeiende welvaart – de tijd van het Australische economische wonder. Onder minister-president **Robert Gordon Menzies** kreeg het land de bijnaam *the lucky country*. Het Menziestijdperk was echter ook een tijd van culturele stagnatie en van afsluiting voor de Aziatische buurlanden.

Al in 1951 had Australië een veiligheids- en defensiepact met de VS en Nieuw-Zeeland gesloten (het **Anzus-verdrag**). De Australiërs gedroegen zich tegenover hun bondgenoten even loyaal als voorheen tegenover Groot-Brittannië en snelden de Amerikanen te hulp in de Koreaoorlog. Hetzelfde gebeurde in de Vietnamoorlog, althans in het begin. Nadat aan het einde van de jaren 60 de anti-Vietnamdemonstraties in Australië net als bij de meeste bondgenoten van de Verenigde Staten steeds luidruchtiger werden, trok Canberra in 1972 zijn gevechtseenheden uit Indochina terug.

Het land beleefde in zijn binnen- en buitenlandse politiek roerige tijden in de jaren 70, het 'post-Menziestijdperk'. Zo veroorzaakte de gouverneur-generaal (de vertegenwoordiger van de Engelse koningin in Australië) in 1975 een constitutionele crisis toen hij onder druk van de oppositiepartijen de toenmalige Laborpremier Edward Gough Whitlam en zijn kabinet ontsloeg en de conservatieve oppositieleider Malcolm Fraser tot hoofd van een overgangsregering benoemde. Veel Australiërs ervoeren deze stap als bijzonder choquerend en eisten een republikeinse grondwet.

Recente geschiedenis

Met de verkiezing van **Bob Hawke**, de toenmalige voorzitter van de Australian Labor Party, tot premier stabiliseerden de politieke en economische verhoudingen zich weer in 1983. Nadat Hawke zich bij vier opeenvolgende verkiezingen als minister-president had kunnen handhaven, moest hij in 1991 terugtreden na verhitte discussies binnen de partij over de toekomstige economische politiek van de Labor Party. Hij werd als premier opgevolgd door **Paul John Keating**. In 1996 maakte de overwinning van de conservatieve partijen bij de parlementsverkiezingen een eind aan de lange regeringsperiode van de Labor Party. **John Howard** (Liberal Party of Australia) werd tot premier gekozen.

De vraag of Australië een constitutionele monarchie in de Britse Commonwealth moest blijven was aan het eind van de jaren 90 Down Under aanleiding tot verhitte discussies. Hoewel de Union Jack in de Australische vlag tegenwoordig eigenlijk een anachronisme is, stemde bij een referendum in november 1999 meer dan de helft van de kiezers voor het behoud van de monarchie en tegen de stichting van een onafhankelijke republiek. Deze uitslag gold ook als een persoonlijk succes voor premier John Howard, die zich een overtuigd monarchist noemde.

Ondanks massale protesten betrok John Howard het land als trouwe bondgenoot van de toenmalige Amerikaanse president George W. Bush in maart 2003 bij de oorlog in Irak. In december 2007 maakte de Laborregering met een klinkende overwinning een eind aan elf jaar conservatieve heerschappij. Maar na zes jaar Laborregering eiste in september 2013 in de persoon van **Tony Abbott** weer een conservatief het premierschap op. Nadat Abbotts populariteit een dieptepunt had bereikt, werd **Malcolm Turnbull** – al lange tijd Abbotts tegenstander binnen de partij – in september 2015 tot nieuwe voorzitter van de Liberal Party gekozen en de dag erna beëdigd als premier. De parlementsverkiezingen van juli 2016 werden een klinkende overwinning voor de regeringscoalitie van Liberal en National Party. Maar onenigheid binnen de Liberal Party over Turnbulls beleid leidde eind augustus 2018 tot diens aftreden. Hij werd opgevolgd door zijn minister van Financiën **Scott Morrison**.

Jaartallen

Vanaf 50.000 v.Chr.	Over een landengte begint de immigratie van de eerste oerbewoners vanuit Zuidoost-Azië.
1606	De Nederlander Willem Janszoon zet op schiereiland Cape York vermoedelijk als eerste Europeaan voet op Australische bodem.
28 april 1770	De Engelse wereldreiziger James Cook gaat voor anker in Botany Bay (bij het huidige Sydney); kort daarop neemt hij het oostelijk deel van het continent formeel voor de Britse kroon in bezit.
1786	Na het verlies van de Noord-Amerikaanse koloniën sticht de Britse regering aan Botany Bay een strafkolonie.
18 jan. 1788	Onder bevel van kapitein Arthur Phillip komt de *First Fleet* ('eerste vloot') met circa duizend kolonisten, meest gedeporteerden, in Australië aan. Aan de baai Port Jackson wordt de eerste Engelse nederzetting gevestigd, het tegenwoordige Sydney.
1793	De eerste vrije kolonisten arriveren in Groot-Brittanniës koloniale buitenpost.
1817	Het continent krijgt officieel de naam Australië.
1829	Vrije kolonisten stichten de eerste nederzetting zonder veroordeelden in de buurt van het huidige Perth; Groot-Brittannië breidt zijn bezitsaanspraak uit tot het hele continent.
1851	Begin van de goudkoorts in New South Wales en Victoria.
1854	De *Eureka Stockade* in Ballarat (Victoria) markeert het begin van democratische tendensen in Australië.
1 jan. 1901	Uitroeping van de *Commonwealth of Australia* (samenvoeging van de zes Australische koloniën tot een onafhankelijke natie); Melbourne wordt als voorlopige hoofdstad aangewezen.
1902	Australië voert als tweede land ter wereld het vrouwenkiesrecht in.
1908	Canberra volgt Melbourne op als hoofdstad.
1914	Na het uitbreken van de Eerste Wereldoorlog sturen Australië en Nieuw-Zeeland meer dan 500.000 vrijwilligers naar Europa.
1927	Het parlement verhuist van Melbourne naar Canberra.

Op 3 september 1939 begint voor Australië de Tweede Wereldoorlog. Met het Japanse bombardement op Darwin op 19 februari 1942 breidt de oorlog zich uit naar Australische bodem.	**1939-1942**
Door het omvangrijkste immigratieprogramma van Australië stromen circa 3,5 miljoen nieuwe burgers het land binnen.	**1945-1965**
Met de verkiezingsoverwinning van Robert Gordon Menzies begint een 23 jaar durende regeringsperiode van de conservatieven.	**1949**
Australië, Nieuw-Zeeland en de VS sluiten het ANZUS-verdrag, een militair bijstandpact.	**1951**
In Melbourne worden de 16e Olympische Zomerspelen gehouden.	**1956**
De oorspronkelijke bewoners krijgen kiesrecht.	**1962**
Teruggave van Uluru (Ayers Rock) aan de Aboriginals.	**1985**
Bij een referendum stemt 55% van de kiezers voor de constitutionele monarchie en tegen de stichting van een onafhankelijke republiek.	**1999**
De 27e Olympische Zomerspelen worden gehouden in Sydney.	**2000**
Machtswisseling in Australië; Laborleider Kevin Rudd maakt met een verkiezingszege een eind aan de conservatieve heerschappij onder John Howard. De nieuwe premier biedt in zijn 'Sorry'-redevoering de Aboriginals officieel excuses aan.	**2007-2008**
Bij felle bosbranden in Victoria komen meer dan 170 mensen om.	**2009**
Na een partijrebellie tegen premier Rudd neemt Julia Gillard als eerste vrouwelijke premier de macht over. In het buitenland begint een grote wervingscampagne voor *Jobs in Australia*.	**2010**
Na de overwinning van een nationaal-liberale coalitie bij de parlementsverkiezingen wordt Tony Abbott de nieuwe minister-president.	**2013**
Australië is voorzitter van de G20-conferentie in Brisbane, waar de twintig belangrijkste industrielanden elkaar in februari treffen.	**2014**
De regeringscoalitie van Liberal en National Party weet zich te handhaven, eerst onder leiding van premier Malcolm Turnbull, die eind augustus 2018 wordt opgevolgd door Scott Morrison.	**2015-aug. 2018**

Maatschappij en dagelijks leven

Australië presenteert zich als een tolerante multiculturele samenleving waarin bijna ieder volk op aarde een plaats en een stem heeft. De oorspronkelijke bewoners blijven echter ondanks integratiepogingen nog altijd vreemdelingen in eigen land; hun cultuur is door buitenstaanders lang genegeerd of verkeerd begrepen.

Aboriginals – de eerste Australiërs

Lang voordat zich in het Nabije en Midden-Oosten en Europa hoogstaande culturen ontwikkelden, beleefde het Australische continent al de bloeitijd van een cultuur met sterk ontwikkelde gewoonten en levenswijzen en gevarieerde geloofsvoorstellingen. Het bestaan van deze rijke, complexe cultuur van de oerinwoners en de diepgang van hun scheppingsverhaal werden door de Europese 'ontdekkers' en kolonisten echter niet onderkend. De eerste kennismaking van de oer-Australiërs met mensen met een heel andere denk- en levenswijze en vooral een geweldige technische voorsprong stond aan het begin van een ontwikkeling waarin hun cultuur vernietigd werd, of in elk geval zo radicaal veranderd dat er slechts restanten van overbleven.

Pas sinds het midden van de 20e eeuw doet een gestaag groeiend aantal blanken moeite voor een dieper begrip en erkenning van de culturele verworvenheden van de Australische oerinwoners, die de oudste ononderbroken nog voortlevende cultuur van de mensheid bezitten. Helaas komen deze pogingen in veel gevallen te laat. Talrijke Aboriginalculturen worden met uitsterven bedreigd, veel andere zijn al vergeten. Op dit moment leven er vermoedelijk nog maar een paar honderd Aboriginals (van het Latijnse *ab origine*, 'sinds het begin') op de manier van hun voorouders, voornamelijk in afgelegen gebieden in Midden- en Noord-Australië. Doordat geen enkele stam een schrift kende, was de kennis van de traditionele cultuur geconcentreerd bij een paar oude mannen. Met de dood van deze dragers en doorgevers van het culturele erfgoed sterven echter ook de traditties van de Aboriginals. Als volk zullen de Australische oerinwoners wel overleven, maar of ook hun cultuur het eind van deze eeuw zal halen is de vraag.

Toch zijn er tekenen van een renaissance. Jonge Aboriginals verzamelen de orale tradities van de ouderen, vragen kunstenaars naar hun geheimen, openen kleuterscholen en scholen waar de oude talen worden onderwezen. Ook blanke Australiërs begrijpen in toenemende mate dat de cultuur van de Aboriginals misschien het authentiekste deel van de traditie van hun land is. Ze geven bergen en wouden, rivieren en meren hun oude namen terug en erkennen langzaam dat de oerbewoners duizenden jaren geleden al voordeden wat een nieuw milieudenken van blanken nu als modern inzicht wil verkopen: dat we voorzichtig moeten zijn met de aarde.

Stammen en talen

Geschat wordt dat er voor de aankomst van Europeanen op het vijfde continent vijf- tot zeshonderd verschillende inboorlingenstammen en ten minste tweehonderd aparte talen waren. Tegenwoordig zijn meer dan vijftig bekende Aboriginalidiomen niet meer in gebruik en talrijke andere zijn bijna uitgestorven. Grotendeels vergeten is intussen ook een gebarentaal die ooit is ontwikkeld om de onderlinge taalbarrières te overwinnen.

Aboriginals – de eerste Australiërs

Vergeleken met de bevolking van andere werelddelen waren de oorspronkelijke bewoners van Australië cultureel niet erg verschillend. Er ontwikkelden zich maar relatief geringe verschillen in sociale structuren en geloofsvoorstellingen. Wel hadden klimaat- en landschappelijke omstandigheden effect op de manier van leven. Zo bepaalden de regen- en droge tijden de trekroutes van de stammen en was de vruchtbaarheid van een gebied doorslaggevend voor de grootte van de groepen mensen.

Nomadische leefwijze

In principe leefden alle oer-Australiërs nomadisch, al hoefden de kuststammen dankzij het rijke voedselaanbod hun kamp minder vaak op te breken dan de Aboriginals in de droge gebieden. Er zijn geen aanwijzingen dat er akkerbouw en veeteelt waren voordat er blanke kolonisten naar het continent kwamen. De Aboriginals leefden van wat de natuur te bieden had. In duidelijk begrensde stamgebieden werd voedsel verzameld, gejaagd en vis gevangen.

De houding van Aboriginals tegenover landbezit geldt als gecompliceerd. Voor hen is het idee van landeigendom nog absurder dan voor ons het bezit van een ster. Niet het materiele bezit is waar het om gaat, maar de spirituele band met het territorium. Aboriginals geloven dat hun stamgebied door mythische schepperwezens is gemaakt. Elke stam was en is met zijn eigen territorium verbonden. Bijzondere herkenningspunten in het landschap symboliseren connecties met het mythologische verleden – de Droomtijd, een sleutelbegrip in de eigendomsopvatting van Aboriginals.

Door deze spirituele band met het land zagen de oerbewoners zichzelf niet als bedwingers van de natuur, maar als onderdeel van het geheel van land, mens, planten- en dierenwereld. De aarde was niet geschapen om te onderwerpen, nee, uit eerbied voor de mythische voorouders was elke destructieve verandering juist verboden. Het kon niet anders of de bezitsopvatting van de oorspronkelijke inwoners moest met de ideeën van de Britse immigranten in botsing komen. Tot op de dag van vandaag is het bij het toekennen van landrechten vaak onmogelijk binnen het Anglo-Australische rechtssysteem datgene te erkennen wat de Aboriginals onder *land rights* verstaan.

Uit deze opvatting kwamen ook de trektochten van de oorspronkelijke inwoners voort. Wat in de ogen van de Europese kolonisten op doelloos rondtrekken leek, was in werkelijkheid de systematische benutting van het natuurlijke voedselaanbod. In een vast seizoensgebonden ritme, bepaald door het voorkomen van verschillende soorten wild en de rijping van eetbare planten, trokken de Aboriginals jagend en verzamelend door strak begrensde stamgebieden. De territoria konden, afhankelijk van de grootte van de stam en het voedselaanbod, tussen een paar honderd en enige honderdduizenden vierkante kilometers groot zijn. In de bush- en woestijngebieden van Midden-Australië met hun langdurige droge perioden betekende rondtrekken overleven, terwijl op één en dezelfde plaats blijven gelijkstond aan zelfmoord.

Uitwisseling van cultuur en waren

Regelmatige ruilhandel tussen de stammen speelde een belangrijke rol. De sinds de oertijd vastgelegde handelsroutes, die ook een religieuze betekenis hadden, waren identiek met de droompaden van de mythische voorvaderen (zie blz. 52). De belangrijkste handelswaren bestonden uit oker, bepaalde schelpen, maalstenen, stenen bijlen, speren, speerpunten van kwartsiet en het licht verdovende middel *pitcheri*, waarop bij trektochten gekauwd werd tegen de dorst. Toch was de handel in materiële zaken maar een bijverschijnsel van de veel belangrijkere uitwisseling van immateriële cultuurgoederen zoals mythen, legenden, liederen en dansen. Op de snijpunten van handelsroutes lagen meestal ceremonieplaatsen. Hier werden, vaak volgens een vaste kalender, *corroborees* (dansfeesten met een sociale functie) gehouden, waarbij leden van verschillende stammen en clans hun Droomtijdverhalen uitwisselden.

Maatschappij en dagelijks leven

Dagelijks leven

De kampementen van de woestijn- en steppenomaden waren maar tijdelijk. Als een toereikend voedselaanbod het mogelijk maakte langere tijd op één plaats te blijven, legde men behalve een permanente vuurplaats ook een beschutte slaapplaats aan. Als onderkomen dienden eenvoudige afdakjes van boomschors of windschermen die uit een met plantaardig materiaal afgedekt takkengeraamte bestonden. Vanwege de langdurige regenperiode bouwden de oorspronkelijke bewoners van het tropische noorden relatief stevige onderkomens. Grotere, duurzame nederzettingen waren er alleen in de koudere streken van het zuiden.

Kleding in de betekenis die wij eraan geven kenden de Aboriginals niet voordat de Europeanen kwamen. Behalve aan de 's winters koude zuidkust, waar men zich in kangoeroevachten hulde, waren vrouwen en mannen naakt. Ter bescherming tegen de koude woestijnnachten wreven de oerbewoners van Midden-Australië zich in met vet en as.

Omdat Aboriginals steeds weer lange afstanden moesten afleggen, moesten hun gereedschappen makkelijk te vervoeren en multifunctioneel zijn. Zo kon hun houten speerslinger, de *woomera*, op een aantal manieren gebruikt worden. Dit gereedschap geeft de speer zoveel vaart dat hij met grote precisie doel treft tot een afstand van 100 m. Verder werd de *woomera* gebruikt als wrijfstok om vuur te maken en als trommel bij religieuze ceremonies. De belangrijkste jacht- en oorlogswapens van mannen waren speren, waarvan de punt van been of steen gemaakt werd. Ook knotsen en schilden hoorden bij de wapenuitrusting, net als boemerangs (zie blz. 53).

Het voornaamste gereedschap van vrouwen was de puntige stok die ze gebruikten om wortels, knollen, insectenlarven en kleine buideldieren uit te graven. Ook de *coolamon* was onmisbaar, een ronde, meestal uit één stuk hout gemaakte schaal die als watervat dienst deed, maar ook om kinderen te vervoeren en om naar termieten en ander voedsel te graven. Tot de weinige bezittingen van de Aboriginals behoorden bovendien stenen mes en bijl, zakken van plantenvezels en naalden van been. Absoluut noodzakelijk was een hardhouten draaitol om vuur te maken.

Woestijnnomaden konden op rotsachtige grond diersporen lezen en onder extreme klimaatomstandigheden in drinkwater voorzien door dauw op te vangen of de watervoorraden in planten en dieren te benutten. De Aboriginals hanteerden een strenge seksespecifieke verdeling van de taken. Mannen leverden extra voedsel door middel van de jacht; het waren echter de vrouwen die het basisvoedsel verzamelden, namelijk plantaardige producten en kleinere dieren. De jacht op grote dieren betrof vooral kangoeroes, wallaby's, emoes, kleine koeskoezen *(ringtail possums)*, grote hagedissen en slangen. De gedode dieren waren eigendom van de gemeenschap en werden volgens strenge regels verdeeld om ook de verzorging van de oude en zieke stamleden veilig te stellen.

Kindertijd en adolescentie

Volgens de opvatting van de oerbewoners had een kind twee vaders: een fysieke en een spirituele uit de mythische Droomtijd. Aan de biologische verwekking werd niet veel waarde gehecht; veel belangrijker was de geestelijke bevruchting door een wezen uit de Droomtijd. De stamoudsten hadden tot taak de geesten van de totemvoorvaderen te bezweren. Op deze manier geactiveerd plaatsten zij kinderkiemen in de schoot van de Aboriginalvrouwen. Zo waren de oerbewoners vanaf het prilste begin onlosmakelijk met de scheppers van de kosmos verbonden.

Kinderen werden liefdevol behandeld en weinig gestraft. Tot het moment van de initiatie was de opvoeding bijna anti-autoritair. De relatie tussen biologische ouders en kinderen was overigens tamelijk losjes; het was altijd de grootfamilie die verantwoordelijk was voor de opvoeding. De kleintjes leerden al vroeg zich te gedragen als deel van de gemeenschap, waar steeds het collectief telde en nooit het individu, dat voor Aboriginals nog steeds een vreemd en onbegrijpelijk fenomeen is.

Aboriginals – de eerste Australiërs

Met de initiatie van de oudere jongens, waarop de inwijding in de mythologische en spirituele geheimen van de stam volgde, was de scheiding van de geslachten compleet. De riten waarmee men jongens in de leeftijd van 12 tot 16 jaar in de gemeenschap der mannen binnenvoerde, waren per streek en stam verschillend. Eén ding hadden ze echter gemeen: het waren door pijn in het geheugen gegrifte ceremoniële handelingen die in het geheim plaatsvonden, ver van de blikken van vreemdelingen. Bij de Aranda's in de streek rond het huidige Alice Springs sloegen de stamoudsten de jongen net zolang met de vuisten tot er bloed uit zijn mond en neus liep. Het bloed werd aan de totemvoorvader geofferd en daarmee boette de ingewijde gelijk voor de zonden van zijn jeugd. Ook rituele besnijdenis vond plaats. Bij de pijnlijke lichamelijke ingrepen hoorden ook de doorboring van het neustussenschot, het uitslaan van snijtanden, het trekken van vingernagels en het 'hoofdbijten', waarbij de oudsten aan de schedels van de jonge mannen knaagden of die met scherpe speerpunten bewerkten.

Wat in de ogen van Europeanen barbaars was, was voor de oerbewoners beslist noodzakelijk. Enerzijds was het een voorbereiding op ontberingen in een onbarmhartige natuur, anderzijds verkregen alleen de geheel geïnitieerden de status van volwassen man die mocht trouwen en aan wie de geheimen van de godsdienstige mythen en heilige tradities werden toevertrouwd. Wie zich aan de initiatieriten onttrok, werd uit de gemeenschap verstoten.

Aan het eind van de inwijding, die jaren kon duren, ontving de volwassen man zijn *tjurunga*, de belichaming van zijn voorouders en vanaf dat moment voor hem het allerheiligste. Een *tjurunga* is een ovale, 40 tot 50 cm lange plaat die uit steen of hardhout is gesneden. In het oppervlak zijn tekens gegrift die de omzwervingen van de voorvader van de bezitter symboliseren. Naar de wetten van de Aboriginals mag iemand die niet is ingewijd nooit een blik op een *tjurunga* werpen.

Je hebt een terreinwagen nodig om het Laura Aboriginal Dance Festival op het schiereiland Cape York in Queensland te kunnen bezoeken – je krijgt dan wel de zeldzame kans authentieke dansen van de oerbewoners te zien

Maatschappij en dagelijks leven

Religie, mythen en cultus

De Aboriginals hebben gedurende een periode van duizenden jaren een spirituele wereld met een grote schat aan mythen en specifieke geloofsinhoud ontwikkeld, die in tegenstelling tot hun materiële cultuur buitengewoon complex is. Nog steeds vormt de (natuur)religie bij de traditioneel levende Aboriginals het middelpunt van hun bestaan. De sleutel tot het begrijpen van hun gedachtewereld is de Droomtijd, die overigens met onze voorstelling van dromen niets te maken heeft. *Lalai*, zoals een Aboriginalnaam voor Droomtijd luidt, omschrijft het proces van de schepping, vorm- en zingeving van alle leven door mythische personages, die tegelijk schepperwezens, helden en voorouders van de mens waren.

In den beginne, zo wil het scheppingsverhaal, was de aarde vlak, woest en ledig. Er was geen licht, geen warmte en geen leven. Toen ging de aarde open en reusachtige bovenaardse wezens – deels mens, deels dier, deels plant – begonnen met hun scheppingswerk. Op lange Droomtijdtochten over de vlakten van het continent schiepen de wezens met hun bovennatuurlijke energie en krachten alles wat er op aarde bestaat. Grotten en kloven ontstonden door het tevoorschijn komen van de oervaders uit het binnenste van de aarde; rivieren en meren werden gevormd door hun urine; waterplaatsen vonden hun oorsprong in rustplaatsen van de Droomtijdnomaden. Uit hun voetafdrukken begonnen planten op te schieten, hun vergoten bloed leidde tot de voor rituele handelingen zo belangrijke oker-afzettingen en de speren die ze wegslingerden veranderden in bomen en rotsen.

Tot het scheppingswerk van de mythische voorvaderen behoort naast de natuurverschijnselen ook alle leven dat nu op aarde te vinden is. De goddelijke voorouders leerden de mens met vuur om te gaan, jachtwapens te maken en voedsel te bereiden. Ze voerden ook de nog steeds geldende regels, wetten en taboes in, bijvoorbeeld de initiatieriten en de huwelijksvoorschriften.

Toen de schepperwezens hun aardse werk volbracht hadden, gingen ze op in het land. Ze trokken zich terug in rivieren, rotsen, grotten en waterputten, meestal goed zichtbare herkenningspunten in het landschap die nu voor de Aboriginals nog steeds gelden als plaatsen waarin de scheppende kracht van de Droomtijd is opgeslagen. Zo'n heilige plaats is bijvoorbeeld Uluru (Ayers Rock, zie blz. 360). Na het voltooien van de schepping vertrouwden de bovenaardse wezens de mens de taak toe het geschapene te bewaken. Daarom is het land voor de oerinwoners nog altijd heilig. Het mag niet veranderd en beplant, laat staan weggegeven of verwoest worden.

De Aboriginals beschouwen de helden van de Droomtijd als hun totemvoorouders. Elk van deze wezens had een nauwe band met een bepaald dier of een speciale plant. Zo kon een emoetotemvoorvader, die in menselijke gedaante over de aarde ging, zich ook in een emoe veranderen. Daarom geldt hij als voorvader van de emoes van alle gebieden waar hij op zijn Droomtijdtochten doorheen trok. Maar ook alle mensen die in dit territorium geboren zijn, geloven dat ze van hem afstammen. Ze beschouwen hem als mythische aartsvader en beschermer en voelen zich met hun totemdier de emoe verbonden. Een emoe doden en opeten is dus niet alleen broedermoord, maar ook kannibalisme. Daarom is de omgang van een Aboriginal-stam met zijn totemdier of totemplant geregeld door een gedragscode en strikte taboevoorschriften.

Om het voortbestaan van hun schepping te garanderen lieten de Droomtijdwezens op bepaalde heilige plaatsen een deel van hun scheppende energie achter. Toen hun wereld nog intact was, hernieuwden de Aboriginals deze kracht regelmatig volgens vaste rituelen, bijvoorbeeld door middel van een ceremonie waarbij een verbinding met de mythische voorvaderen tot stand werd gebracht. Bij deze cultushandelingen zorgden ingewijde mannen ervoor dat de band tussen Droomtijd en heden niet werd doorgesneden. De cultus had voor de oerinwoners veel meer betekenis dan bijvoorbeeld de zondagse kerkgang voor een christen. Door instincten gevormd, was het leven van Aboriginals met een gecompliceerd

De boemerang: een staaltje aerodynamica

Hoewel bij lange na niet het belangrijkste, is de boemerang wel het bij ons bekendste wapen van de Australische oerinwoners. Dit voor de Aboriginalcultuur typerende werphout is een eroud instrument.

In de veenbodem van een moerasgebied bewaard gebleven houtfragmenten tonen aan dat boemerangs reeds 10.000 jaar geleden in gebruik waren en toen al naar aerodynamische inzichten waren ontworpen. Overigens waren de projectielen niet in alle delen van het vijfde continent bekend: de Aboriginalstammen in Tasmanië en Noord-Australië gebruikten ze niet. Dat zou in de meestal zeer dichte bossen ook helemaal niet mogelijk zijn geweest.

Er worden twee soorten boemerangs onderscheiden: de niet terugkerende en de terugkerende variant. Bij de jacht gebruikten de Aboriginals bijna uitsluitend de niet terugkerende werphouten, die opvallen door hun zeer massieve vorm en in een rechte baan geworpen worden. Deze variant diende bij de jacht op kleinere dieren ook als slagwapen. De terugkerende boemerangs, perfecte meesterwerkjes van aerodynamica, zijn als jachtwapen maar beperkt geschikt – bijvoorbeeld om dieren op te drijven. Meestal worden ze louter gebruikt om mee te spelen.

Omdat het persoonlijke bezit van de rondtrekkende oerbewoners tot een minimum beperkt moest blijven, hadden boemerangs nog meer functies. Zo konden ze ook als sikkel fungeren om gras te maaien, maar even goed als graafstok bij het voedsel zoeken. Bij ceremoniële bijeenkomsten deden twee tegen elkaar geslagen boemerangs dienst als ritmisch instrument om de zangers te begeleiden.

Het scala aan vormen van de meestal van hardhout vervaardigde boemerangs is zeer breed; het gaat van bijna rechte via licht gebogen tot werphouten met een aantal bochten. Speciale betekenis werd toegekend aan decoratie en beschildering. Daarbij gebruikten de kunstenaars vaak ribbelpatronen of geometrische motieven met een bijzondere symbolische betekenis.

Een belangrijke rol spelen boemerangs ook in de mythologie en de geloofswereld van de Aboriginals. Het gekromde werphout symboliseert de regenboog en daarmee de mythische regenboogslang Wanambi, die allerbelangrijkste godheid van de oerbewoners. Als belichaming van de vruchtbaarheid staat Wanambi voor de oorsprong van alle leven. Tegelijkertijd is de regenboogslang de bron en de beschermster van de mystieke genezingsriten van de Aboriginal-sjamanen. Verder staat voor de oerbewoners de kromming van de boemerang voor de verbinding tussen tegengestelden, tussen hemel en aarde, tussen Droomtijd en ceremonie, tussen verleden en heden, en tussen de doden en de levenden.

religieus ritueel verbonden. Met mythische dansen, bezweringsrituelen en bloedoffers wilden ze hun als goden vereerde voorouders ertoe brengen het wankele evenwicht in de natuur te bewaren en hun bescherming en kracht te geven om te overleven in een mensvijandige omgeving. Het hoogtepunt van veel ceremonies was het bloedoffer, het heiligste en geheimste ritueel, waarbij de mannen hun bloed op de aarde lieten druppelen om de voorouders voor hun gunst te danken.

Voor de uitvoering en inhoud van de ceremonies golden strenge voorschriften, die van generatie op generatie werden doorgegeven. Het rituele beschilderen en versieren van het lichaam hoorde bij de voorbereidingen van de cultushandelingen, waarbij mythische dans en zang centraal stonden. Heilige okerkleuren en vaak met het eigen bloed opgekleefde donsveren veranderden de deelnemers in de totemgedaante van de oervader. Daardoor namen ze voor de duur van het ritueel zelf de gedaante van schepperwezens aan.

Ook de *walkabouts* golden als cultushandeling: het rondtrekken van de Aboriginals dat niets met voedselvoorziening te maken had maar een rituele reis was. De mythische schepperwezens hadden de mens een land nagelaten dat doorkruist werd door een labyrint van onzichtbare wegen – de droompaden van de helden uit de oertijd, die de heilige plaatsen met elkaar verbonden. Bij een *walkabout* zwierf een Aboriginal langs zijn droompad, hij volgde de sporen van zijn totemvoorvader en voltrok daarmee opnieuw diens scheppingswerk.

Het einde van de Droomtijd?

Toen de Britten het land veroverden, legden ze de kiem voor de haat en het diepe wantrouwen dat nog steeds latent bij veel afstammelingen van de toenmalige oerbewoners aanwezig is. De strafexpedities die schietgrage kolonisten en veeboeren in het begin op touw zetten, namen snel de proporties van volkenmoord aan. Al tegen 1845 waren er rond Botany Bay en de baai van Sydney, de zwaartepunten van de koloniale aanwezigheid, geen oorspronkelijke inwoners meer. Maar niet alleen moord en doodslag hadden de inboorlingen gedecimeerd, ook de door de Europeanen geïmporteerde ziekten eisten hun tol. Naar schatting zijn er veel meer Aboriginals aan pokken, mazelen, geslachtsziekten of griep gestorven dan door direct geweld van de witte kolonisten.

Het aantal oerinwoners zal aan het begin van de kolonisering tussen de 500.000 en 1 miljoen gelegen hebben. Rond 1920 waren er nog maar 60.000 Aboriginals. Tegelijkertijd was hun landbezit tot nul gereduceerd. Op het pas laat gekoloniseerde vijfde continent werden in de verlichte moderne tijd de misdaden van het vroege kolonialisme exact gekopieerd. Pas in de tweede helft van de 19e eeuw werd de roep gehoord van humanisten die wilden dat er een eind aan het moorden kwam. De overlevenden van verscheurde stamgemeenschappen waren bedelaars in de marge van de nederzettingen geworden, waar ze al snel met een andere slechte gewoonte van de blanke in aanraking kwamen: alcoholmisbruik.

Onder curatele gesteld en uitgebuit

Sinds ongeveer 1870, maar vooral sinds de jaren 20 van de vorige eeuw, werden duizenden Aboriginals gedwongen zich in reservaten of missieposten te vestigen. De christelijke zegenbrengers achtten het hun missie de oerbewoners te bekeren en ze aan een plaatsgebonden bestaan en bodembewerking te wennen. Zo raakten de Aboriginals in toenemende mate van hun traditionele levenswijze vervreemd en verdwenen hun laatste sociale structuren. Blanke opzichters waakten over zogenoemde protectoraten, afgezonderde gebieden voor oorspronkelijke bewoners. De taak van deze ambtenaren had eigenlijk het beschermen van de rechten van de bewoners moeten zijn. In feite echter kwam het leven in deze 'beschermde gebieden' neer op het volkomen monddood maken van de Aboriginals. Degenen die als arbeiders op boerderijen werden ingehuurd, werden al snel met

Aboriginals – de eerste Australiërs

schaamteloze uitbuiting geconfronteerd. Ze kregen kost en inwoning, maar geen geldelijke beloning voor hun werk.

Op last van de overheid werden tussen 1910 en 1970 duizenden Aboriginalkinderen van hun families en groepen gescheiden en in missiescholen, opvoedingskampen en weeshuizen ondergebracht of aan de hoede van witte pleegouders toevertrouwd. Daar moesten ze leren 'blank' te denken en te handelen. Toch konden deze Aboriginals vaak hun draai niet vinden in de blanke maatschappij. Door hun stam werden ze vervolgens meestal als 'zwarte Europeanen' verstoten.

Tot in de jaren 60 hadden de oorspronkelijke inwoners geen burgerrechten. De hoofdstad van Australië werd dan wel 'Canberra' genoemd, naar het woord voor verzamelplaats in een Aboriginaltaal, maar in de politieke verzamelplaats, het parlement, speelden de oerbewoners vooralsnog geen rol. Pas in 1960 werden ze als staatsburgers erkend, in 1962 kregen ze stemrecht, vanaf 1967 werden ze meegeteld bij volkstellingen en pas in 1971 werd een Aboriginal senator in het federale parlement.

Australiës derde wereld

Tot op de dag van vandaag leveren de oerbewoners een bovengemiddeld hoog aandeel in alle negatieve statistieken – of het nu om ziekte, werkloosheid of criminaliteit gaat. Zo is de levensverwachting van mannelijke Aboriginals 21 jaar korter dan die van blanke Australiërs; bij vrouwen is het verschil 16 jaar. De kans dat een Aboriginalkind vóór het eind van zijn eerste levensjaar sterft is vier maal zo hoog als bij een blank kind. Tussen de 25 en 50% van alle zwarte kinderen tot een leeftijd van drie jaar is ondervoed. Alcoholisme is bij alle gekleurde Australiërs een veel voorkomend probleem. Het aantal werklozen ligt zes keer zo hoog als bij blanken, terwijl het inkomen niet eens de helft bedraagt van wat er gemiddeld in Australië verdiend wordt. Het opleidingsniveau van Aboriginals is laag in vergelijking met de rest van de bevolking: 11% van alle zwarten boven de 15 jaar oud is nooit naar school geweest

(landelijk gemiddelde: 1%). Ondertussen zijn meer dan 20% van de gedetineerden in Australische gevangenissen Aboriginals. Programma's van de regering om verandering in deze situatie te brengen zijn mislukt en hebben de Aboriginals tot een gemeenschap met derdewereldproblemen gemaakt – en dat in een van de rijkste landen ter wereld.

Is integratie mogelijk?

Terwijl Aboriginals op het platteland in principe nog de mogelijkheid hebben een leven te leiden dat in de buurt van hun tradities blijft, leiden ze in de arme wijken van de steden vaak een leeg en geïsoleerd bestaan als ontvanger van een uitkering. Meestal hebben ze het contact met hun stamgenoten verloren en daarmee ook de mogelijkheid weer in de traditionele levenswijze te worden opgenomen. Van de jongere generatie zijn er maar heel weinig, meest halfbloeden, die een opleiding hebben voltooid en een beroep geleerd. Een groter contrast dan tussen de traditionele leefwijze van de Aboriginals en die van de moderne beschaving is nauwelijks denkbaar: hun houding tegenover werk, dat ze traditioneel alleen doen om in de behoeften van het moment te voorzien maar niet als voorzorg met het oog op de lange termijn, en hun concept van gemeenschappelijk eigendom, waarin geen individueel bezit voorkomt, en bovenal hun ideeën over tijd vormen een onoverbrugbare tegenstelling met de op concurrentie en consumptie gebaseerde maatschappij van de blanke Australiërs.

Vrijwillige apartheid

De vraag doet zich voor of integratie van de oerbewoners in het blanke Australië zinvol is. Inmiddels zien steeds meer Aboriginals hun enige overlevingskans in een soort vrijwillige apartheid, een verregaand van de blanke samenleving gescheiden ontwikkeling. Een nieuw begin in de woestijn of de bush lijkt mogelijk, sinds steeds meer oerbewoners naar hun traditionele leven in de voormalige stamgebieden terugkeren en in afgelegen

Maatschappij en dagelijks leven

Is het het idee van maden als delicatesse waarover de dame zich zo vrolijk maakt? Dat zullen we nooit te weten komen. Maar ga beslist eens op excursie met Aboriginals, dan maak je gegarandeerd een heleboel ongewone dingen mee

gebieden een gestaag groeiend aantal kleine nederzettingen stichten.

Daarbij is het landvraagstuk een centraal probleem. Weliswaar heeft het federale parlement in 1977 de *land rights*-wet geratificeerd en daarmee de bezitsaanspraak van de Aboriginals officieel erkend, maar de regeringen van de afzonderlijke staten kunnen tot op heden min of meer willekeurig met de landrechten van de oerinwoners omspringen. Ze maken bijvoorbeeld aanspraak op het recht op alle bodemschatten en het verlenen van exploitatievergunningen in autonome Aboriginalgebieden. Dit veranderde ook nauwelijks na het oordeel van het Hooggerechtshof in juli 1993, hoewel de uitspraak, door velen als de beslissing van de eeuw beschouwd, de Aboriginals als eerste bewoners van het continent erkent en daarmee de opvatting tenietdoet die twee eeuwen lang algemeen was onder de blanken: dat Australië bij de aankomst van de eerste Engelse kolonisten niemandsland was geweest.

Volk van volken

Al snel na het eind van de Tweede Wereldoorlog opende Australië zijn grenzen en werd het net als de Verenigde Staten en Canada een klassiek immigratieland. Terwijl tot in de jaren 30 bijna alle immigranten van de Britse eilanden kwamen, konden nu – dankzij het *Assisted Immigration Scheme*, een door de overheid gesubsidieerd immigratieprogramma – grote groepen Europeanen binnenkomen die noch Engels noch Iers waren. Eerst kwamen er Nederlanders, Duitsers, Oostenrijkers en Scandinaviërs, maar later verschoof het zwaartepunt van Noord-, West- en Midden-Europa naar het zuiden en het oosten. Italianen, voormalig Joegoslaven, Grieken, Maltezen, Polen en Balten behoren tegenwoordig tot de grootste etnische groepen in Australië. De immigratie van jaarlijks tot 200.000 nieuwe Australiërs in de jaren 50 en 60 was ook een van de drijvende krachten achter de economische opleving.

Doordat de immigratiequota zich in de loop van de tijd min of meer aanpasten aan de golfbeweging van economische pieken en dalen was in het midden van de jaren 70, toen de Australische economie zich in een zware recessie bevond, een duidelijke inzinking te zien. Inmiddels is het aantal nieuwkomers rond de 120.000 per jaar komen te liggen. Terwijl het land ooit een huis met wijd open deuren was, neemt Australië zijn nieuwe bewoners nu grondig onder de loep. Elke immigrant-in-spe wordt aan een strenge controle onderworpen, waarbij leeftijd, opleiding, talenkennis, burgerlijke staat en beroep een rol spelen.

Ondanks de royaal bemeten immigratiequota van vroeger jaren weerde Australië lange tijd mensen met een niet-Europese afkomst als permanente inwoners van het land. De *white Australia policy* was vooral een belangrijk uitgangspunt van de vakbonden, die gekleurde immigranten wilden weren om het hoge niveau van de lonen niet in gevaar te brengen. In het kader van de in 1901 aangenomen *Immigration Restriction Act* werd voor iedereen die wilde immigreren een verplicht dictee in een willekeurige Europese taal ingevoerd. Deze arbitraire selectie werd pas in 1959 afgeschaft. In 1972 kondigde de toenmalige Labor-premier Gough Whitlam het einde aan van de *whites only*-politiek.

De Australische grenzen gingen wat verder open voor de Aziatische buren toen het land zijn positie in het Aziatisch-Pacifische gebied opnieuw ging bekijken. Sinds het midden van de jaren 70 kwamen er met de Vietnamese vluchtelingen voor het eerst wat grotere aantallen Aziaten het land in. Vanaf het begin van de jaren 80 kwamen er in toenemende mate mensen uit Thailand, Maleisië, Indonesië en de Filipijnen, maar ook uit Turkije en Libanon naar Australië. Op het moment zijn vooral Chinezen welkom, omdat zij vaak veel geld en beroepskennis meebrengen. Tegenwoordig spreekt elke vierde Australiër Engels met een buitenlands accent, als hij of zij de taal überhaupt spreekt. Meer dan een kwart van de Australische bevolking is in het buitenland geboren. Op het vijfde continent leven vandaag de dag mensen uit meer dan honderd verschillende landen, die hun waarden en gewoonten, religies en culturen hebben meegebracht naar hun nieuwe thuis.

Tot het begin van de jaren 80 probeerden regeringen met assimilatieprogramma's hun nieuwe burgers snel en naadloos in de Australische samenleving in te voegen. Maar terwijl bijvoorbeeld de talrijke Nederlandse en Duitse immigranten bijna spoorloos in het leven van alledag opgingen, vormden zich in sommige grote steden uitgestrekte Griekse, Italiaanse en Aziatische wijken met eigen restaurants en winkels. Zo heeft Sydney niet alleen zijn Little Italy en zijn Chinatown, waar Italiaanse en Chinese families oude tradities in ere houden, maar ook zijn 'Vietnamatta' genoemde wijk voor immigranten uit Zuidoost-Azië. Niet alleen mensen van Zuid-Europese en Aziatische herkomst blijven graag onder elkaar en beperken het contact met 'oude' Australiërs tot het terrein van werk en economie; in het algemeen leven de verschillende bevolkingsgroepen meer naast dan met elkaar.

Australië – een vrijetijdsmaatschappij

Al na een paar dagen wordt het bezoekers duidelijk dat het wel lijkt alsof Australiërs voortdurend met hun vrije tijd bezig zijn. Veel meer dan elders wordt de vrije tijd hier bijzonder belangrijk gevonden. Tijdens het werk vermijdt men als het even kan alle drukte die in West-Europa tot stressgerelateerde ziekten leidt, en de werkdag wordt meestal zeer punctueel beëindigd. Daarna nemen de mensen de tijd voor de echt belangrijke dingen in het leven. Boze tongen beweren dan ook dat Aussies alleen maar werken om bij te komen van hun vermoeiende vrijetijdsbezigheden.

Het ritme van avonden en weekeinde wordt bepaald door barbecues en feesten, huis en haard, maar vooral door sport en spel. Het enthousiasme voor sportieve activiteiten is overal in het dagelijks leven in Australië doorgedrongen. Bankiers en managers zoeven in de vroege ochtend op de racefiets naar kantoor,

De grote dorst

Eén ding hebben de meeste Australische mannen gemeen: na het eind van de werkdag spoelen ze als schipbreukelingen aan bij de toog van hun pub, om daar met mannen onder elkaar een serieuze aanslag op lever en hersencellen te plegen. Daarbij breekt het drukkend hete Darwin alle records – nergens anders ter wereld loopt zoveel bier door droge kelen als daar; in een topjaar was het 230 liter per inwoner.

Elke Aussie heeft zijn eigen bierfilosofie, waarbij ook een behoorlijke portie lokaal chauvinisme een voorname rol speelt. In elke staat is er een speciaal, door grote brouwerijen geproduceerd biermerk. De landelijke marktleider is het ook internationaal bekende merk Fosters Lager, dat in Victoria en New South Wales wordt gebrouwen. In Western Australia drinkt men liever Swan Lager, in Queensland Castlemain XXXX – uitgesproken als 'Four Ex' –, in South Australia West End en in Tasmanië Cascade. Ook Victoria Bitter (Victoria), Coopers Sparkling Ale (South Australia), Powers Bitter en Tooheys Bitter (New South Wales) staan als goede biertjes bekend.

Niet alleen de biermerken verschillen van staat tot staat, maar ook de naam en de grootte van de glazen waaruit het gerstenat wordt gedronken. Als je een *glass of beer* bestelt, krijg je in Victoria en New South Wales een glas van 0,2 l, in Queensland een van 0,325 l. *Pot* betekent in Victoria en Queensland 0,285 l; in Western Australia maar liefst 0,575 l. Maar dit zijn eigenlijk louter academische problemen, want glazen zijn in veel pubs een uitzondering, vooral als er niet van het vat wordt getapt. De meesten nemen het edele vocht uit blikjes tot zich. De bierblikken *(cans)* en de kleine bierflesjes *(stubbies)* worden net boven het vriespunt geserveerd in bekers van leer of piepschuim, zodat ze zo lang mogelijk koud blijven. En mocht een Aussie toch een keer uit een glas drinken, dan moet het bevroren zijn, en het bier mag geen schuimkraag hebben.

De plek voor sociale drinkgelagen is in stad en land de pub. Vooral op het platteland vind je het 'hotel' (vroeger moesten er altijd een paar kamers beschikbaar zijn) in het centrum van het plaatsje, of beter gezegd: het is zelf het centrum, een plaats waar mensen elkaar ontmoeten om bij te praten en voor veel Australiërs het middelpunt van het sociale leven. 'Your shout, mate!' is de Australische variant op 'een rondje geven'. Het is een uitnodiging om ook aan de geliefde volkssport deel te nemen. Niet alleen voor de portemonnee, maar ook voor de lever is dit spel een hele opgave. Een ijzeren drinkregel schrijft voor dat iedereen in de kring van drinkers een rondje moet geven, meestal met de kreet 'It's my shout!' Als je scheve blikken krijgt, weet je dat het eigenlijk jouw beurt was. Maar als je de etiquette respecteert en een rondje geeft, hoor je er al snel bij.

Hoewel pubbezoek en bier drinken nog altijd met het cliché van de chauvinistische Australische man wordt geassocieerd, is de tijd voorbij dat kroegen uitsluitend het domein van mannen waren. Ook vrouwen horen tegenwoordig in veel cafés tot de stamgasten.

Australië – een vrijetijdsmaatschappij

werknemers joggen in hun lunchpauze door de straten, gehaaste klanten lopen met hun surfplank onder de arm winkels en banken binnen. Dat Australië een van de fanatiekst sportende landen ter wereld is geworden, hangt ongetwijfeld samen met het ideale klimaat en landschap. Heerlijke zomers en zachte winters zijn gunstig voor een 'openluchtland', waar op het gebied van sport vooral het motto geldt: *Do it yourself!* De Aussies maken kortom optimaal gebruik van de vrijetijdsmogelijkheden die hun land te bieden heeft.

Tot de populairste outdooractiviteiten behoren vissen en kajakvaren. Maar de meeste mensen komen toch om te wandelen in de talrijke nationale parken, die beschikken over voortreffelijke netwerken van wandelpaden. Behalve een hengel en wandelschoenen hebben veel Australiërs ook golfclubs in de kast staan. Dankzij het enorme beschikbare oppervlak aan vlak land heeft golf zich in Australië tot een ware volkssport ontwikkeld. Uitgesproken populair zijn bovendien tennis, squash, wielrennen, paardrijden en vooral hardlopen. Zelfs skiën is in Australië mogelijk, bijvoorbeeld in de Snowy Mountains en de Victorian Alps of in diverse skigebieden op het eiland Tasmanië. Enthousiast pakken Australiërs ook jongere sporten op, zoals *white water rafting*, waarbij snelstromende rivieren met grote rubberboten bevaren worden, en bungeejumping, waarbij waaghalzen zich met een rubberen koord aan hun voeten van hoge torens of kranen in de diepte laten vallen.

Australian footie

Australian football, een van de snelste en spectaculairste 'harde' sporten ter wereld, heeft zijn hoofdkwartier in Melbourne, maar krijgt in het hele land steeds meer aanhang en beoefenaars. Deze sport heeft zich ontwikkeld uit een ruwe vorm van het Gaelic football dat Ierse en Welshe goudgravers in het midden van de 19e eeuw in hun vrije tijd speelden bij de goudvelden van Ballarat in Victoria. Al in 1858 werd in Melbourne de eerste *football club* opgericht, en nog steeds staan in Victoria de zaterdagen in de wintermaanden helemaal in het teken van *King Footie* ('Koning Voetbal'). Honderdduizenden volgen in de stadions of op tv de prestaties van de veertien teams in de *Victorian Football League*. Bij de *Grand Final* komt in Melbourne ieder jaar in september het leven praktisch tot stilstand. Meer dan 120.000 toeschouwers: dat is tot zover het officiële record van een finale in het Melbourne Cricket Ground Stadium.

Op toeschouwers van overzee komt *footie* meestal over als een woeste, zich razendsnel afspelende vechtpartij, waarbij de achttien spelers van ieder team proberen een eivormige leren bal in de richting van het keeperloze doel van de tegenstander te krijgen, dat uit vier stangen bestaat. Slaagt het aanvallende team erin het leren ei tussen de twee dikke hoofdstangen door te trappen, dan krijgt het zes punten. Vliegt de bal tussen een hoge hoofd- en een lage bijstang door, dan telt dat maar voor één punt. Elke keer komt het bij het mannengevecht om het leren ei weer tot spectaculaire taferelen wanneer de speler die de bal heeft wordt aangevallen.

Rugby en soccer

In New South Wales en Queensland houden de fans meer van **rugby**, waarbij bijna alles mag. De spelers mogen de bal meedragen, laten rollen, schieten en ook zijwaarts of naar achteren gooien. Alleen naar voren gooien is verboden. Punten krijgt het aanvallende team als het erin slaagt de bal achter de basislijn van de tegenstander neer te leggen of als het lukt het leer over de 3 m hoge dwarslat van het doel van de tegenstander aan de voorkant van het veld te trappen.

Soccer, het in Europa als voetbal bekende veldspel, was vóór de Tweede Wereldoorlog in Australië bijna onbekend en werd nog niet zo heel lang geleden beschouwd als het domein van de immigranten uit het Europese vasteland. Pas sinds het enkel uit amateurs bestaande Australische nationale elftal zich in 1974 volkomen onverwachts kwalificeerde voor deelname aan de wereldkampioenschappen in Duitsland, groeit ook Down Under het enthousiasme voor de 'beschaafdste' voetbalsoort. Nog een krachtige impuls kreeg het Australische voetbal door de deelname van het nationale elftal aan de laatste drie WK's, in Zuid-Afrika, Brazilië en Rusland, hoewel het land alle keren al in de groepsfase werd uitgeschakeld.

Cricket en veldbowlen

Zomersport nummer één is **cricket**, een door en door Australisch instituut waar vroeger niet-Britse immigranten van waren uitgesloten. Op niet-ingewijden maakt deze sport met zijn gecompliceerde regels, die door een Amerikaanse journalist eens werd omschreven als *baseball in slow motion*, vooral een bijzonder saaie indruk. Een complete wedstrijd kan dagen duren, en er kunnen uren voorbijgaan voordat er op het veld iets spannends gebeurt.

Veldbowlen, een sport die door de Australiërs *lawn bowling* wordt genoemd, is vooral voor oudere mannen en vrouwen een favoriete vrijetijdsbesteding. De clubs waarin de liefhebbers van dit op jeu de boules lijkende spel zijn georganiseerd, tellen rond de 500.000 leden. Veldbowlen is echter meer dan een spel alleen; het wordt bijna als een soort ritueel beoefend, waarbij uniformachtige kleding – sneeuwwitte broeken, jurken, truien en zonnehoeden – beslist noodzakelijk is.

Paardensport

De meeste Australiërs zijn paardengek en als ze het over rennen hebben, bedoelen ze meestal **paardenrennen**. Het seizoen hiervoor duurt op het vijfde continent het hele jaar. De paardenrennen zijn de ideale combinatie van twee natuurlijke passies van de Australiërs: competitiedrift en goklust. Bovendien zijn paardenrennen ook altijd sociale evenementen. In de grote steden bieden ze de jetset een gelegenheid om te zien en gezien te worden. In kleine plaatsjes in de outback vormen ze het hoogtepunt in het meestal erg monotone verloop van het jaar en voorzien ze bovendien in een kader om naast het wedden nog aan een andere slechte eigenschap toe te geven: bier drinken met maten.

De paardenrace met het hoogste prijzengeld en de grootste bekendheid is de Melbourne Cup. Ieder jaar op de eerste dinsdag van november om 14.40 uur houdt heel Australië vijf minuten lang de adem in en kijkt in koortsachtige opwinding naar deze wedstrijd, die over een afstand van twee mijl verreden wordt.

Watersport

Veel Australische stranden zijn beroemd vanwege hun machtige golven. Sinds de surfplank in de jaren 30 vanuit Hawaii zijn weg naar de Australische kusten vond, is **surfen** niet alleen een volkssport maar bijna een soort religie geworden. Tienduizenden jonge Australiërs, vrouwen evengoed als mannen, leven schijnbaar alleen maar voor het surfen. In hun auto's, meest oude stationcars, surfplanken op het dak vastgesnoerd, rijden ze op sommige dagen van zonsopgang tot zonsondergang honderden kilometers heen en weer langs de kust, voortdurend op zoek naar de hoogste branding.

Minstens zo populair zijn **zeilen** en **motorbootvaren**. Al sinds de jaren 50 heeft het zeilen zich aan de kusten van het continent tot een geliefde vrijetijdsbesteding ontwikkeld. Anders dan bij ons worden zeilen en motorbootvaren Down Under niet als bijzonder dure en exclusieve bezigheden gezien. Tijdens mooie weekends wemelt het in havens en baaien in de buurt van steden dan ook van jachten en boten in alle soorten en maten.

Zeilregatta's, zoals de ongeveer 1100 km lange regatta van Sydney naar Hobart, mogen zich in een enorme populariteit verheugen. En dat Australiërs ook in internationale wedstrijden mee kunnen komen, bewezen ze in 1983. Toen zorgde de bemanning van het jacht Australia II voor een sensatie: het lukte ze de Amerikanen te verslaan in de belangrijkste regatta op volle zee ter wereld. Ze ontfutselden de Amerikanen de trofee die door sportzeilers het felst begeerd wordt: de *America's Cup*, die 132 jaar lang exclusief in Noord-Amerikaanse handen was geweest. De jubelstemming in het land kende geen grenzen; heel Australië raakte in een overwinningsroes.

Architectuur en kunst

Lange tijd hebben kunst en architectuur van de Australiërs zich op Engelse en Noord-Amerikaanse voorbeelden gericht. De zoektocht naar de eigen culturele identiteit begon pas met het opkomen van het Australische nationale bewustzijn aan het begin van de 20e eeuw. Tegenwoordig heeft het land een rijk gevarieerd cultureel leven en leeft de Aboriginalkunst, die bijna in vergetelheid was geraakt, weer op.

Architectuur

In de koloniale tijd en de eerste helft van de 20e eeuw weerspiegelde de Australische architectuur in hoge mate de mode in het moederland Groot-Brittannië. De 19e eeuw stond in het teken van neogotiek en neoclassicisme; de opvallende religieuze en seculiere gebouwen uit deze periode, bijvoorbeeld **St. Mary's Cathedral** en de **universiteit** in Sydney, **St. Patrick's Cathedral** in Melbourne en het **parlementsgebouw** in Adelaide, herinneren met hun historiserende karakter overduidelijk aan de Europese middeleeuwen. Een andere bouwstijl in de koloniale tijd was de georgiaanse stijl, waarvan de wegens valsheid in geschrifte naar Australië gedeporteerde architect **Francis Greenway** de belangrijkste vertegenwoordiger is. Nog steeds kan men in veel steden mooie laat-19e-eeuwse voorbeelden van de victoriaanse *terrace*-bouwstijl zien: in rijen gebouwde, smalle woonhuizen met rijk bewerkte smeedijzeren verandahekken en houtsnijwerk.

Aan het begin van de 20e eeuw won de Amerikaanse bouwstijl van de Nieuwe Zakelijkheid aan invloed. Zo ontstond in de jaren 20 naar een ontwerp van de Amerikaanse architect **Walter Burley Griffin** de **federale hoofdstad Canberra**. Maar als de echte architectonische prestatie van de 20e eeuw wordt de bouw van culturele monumenten beschouwd. Met name drie Australische gebouwen die een fase van culturele verandering symboliseren, horen wereldwijd bij de geslaagdste en belangrijkste voorbeelden van contemporaine architectuur: het **Victorian Arts Centre** in Melbourne, het **Festival Centre** in Adelaide en in het bijzonder het **Opera House** in Sydney, het architectonische symbool van Australië (dat overigens niet door een Australische architect, maar door de Deen **Jørn Utzon** ontworpen is). In 2002 trok de opening van **Federation Square** in Melbourne internationaal de aandacht. Federation Square is een groot complex met een aantal futuristische bouwwerken die musea, galeries, theaters, restaurants, cafés en boetieks herbergen.

Schilderkunst

De 'Heidelberg School'

Pas tegen het eind van de 19e eeuw begon met de oprichting van de **'Heidelberg School'** de zoektocht naar de identiteit van de eigen Australische schilderkunst. De leden van de kunstenaarskolonie Heidelberg, tegenwoordig een voorstad van Melbourne, ontdekten als eerste Australische schilders de bijzondere eigenschappen van het landschap van hun land: zijn weidsheid, zijn wildheid en zijn eenzaamheid. Beïnvloed door het Franse impressionisme schiepen ze een nieuwe, op zichzelf staande beeldtaal. Tot de voornaamste vertegenwoordigers van de tegenwoordig als zodanig erkende 'Heidelberg School', wier werk in alle belangrijke galeries van Australië te vin-

Architectuur en kunst

den is, behoren **Arthur Streeton** (1876-1943), **Charles Conder** (1855-1909) en **Thomas William Roberts** (1856-1931). De laatste was de oprichter van de groep kunstenaars en geldt daarmee als 'vader van de Australische landschapsschilderkunst'. In de traditie van de Australische impressionisten staat ook het werk van de in Duitsland geboren **Hans Heysen** (1877-1968), die erin slaagde in zijn aquarellen en olieverfschilderijen de kleuren en het licht van de outback te vangen.

Doorbraak naar de moderniteit

Moderne stromingen als expressionisme, surrealisme en abstracte schilderkunst beïnvloedden de Australische schilderkunst pas na de Tweede Wereldoorlog. Weliswaar leenden **William Dobell** (1899-1970) en **Russell Drysdale** (1912-1981) stilistische trekjes van Europese expressionisten, maar inhoudelijk bleven ze met de traditionele landschapsschilders van Australië verbonden. **Sidney Nolan** (1917-1992), **Albert Tucker** (1914-2000) en **Arthur Boyd** (1920-1999) daarentegen braken nadrukkelijk met de traditie. Hun artistieke voorbeelden vind je bij de Europese expressionisten en surrealisten, maar inhoudelijk brachten ze een revolutie in de Australische kunstscene teweeg: ze wezen het naturalisme van hun voorgangers af, evenals het nationalisme van hun tijdgenoten, en richtten zich sterk op maatschappijkritische thema's. Noch het publiek, noch de critici konden hier begrip voor opbrengen. Doordat ze steeds meer afstand namen van specifiek Australische thema's lukte het vooral Nolan, Tucker en Boyd internationaal door te breken. Hun werken hangen nu in toonaangevende musea over de hele wereld. In 1959 richtten ze samen met andere moderne Australische kunstenaars de vereniging '**De Antipoden**' op.

Van de jongere Australische schilders vallen vooral **Brett Whiteley** (1939-1992), **Pro Hart** (1928-2006), **John Peart** (1945-2013) en **Suzanne Archer** (geb. 1945) op. De in schitterende kleuren geschilderde werken van **Ken Done** (geb. 1940) winnen overal grote prijzen.

Literatuur

Australische poëzie: het begin

Het leven in de koloniën, de veroordeelden en immigranten en in het bijzonder de Australische bush, het ruige en onbekende land – dat waren in de 19e eeuw de centrale thema's van Australiës proza en poëzie. Overigens slaagden maar weinige van de vroege schrijvers erin de bijzondere eigenschappen van het land en de sfeer in de strafkolonie echt treffend te schilderen. Zo gaat het bij de drama's in verzen van **Charles Harpur** (1813-1868) en **Henry Kendall** (1839-1882), die als grondleggers van de Australische poëzie worden beschouwd, om nadrukkelijk geromantiseerde natuurbeschrijvingen. Ook de romanschrijver **Henry Kingsley** (1830-1876) verklaarde het barre Australië tot land van grote romantische charme.

Een realistische beschrijving van het leven in de strafkolonie slaagde pas bij auteurs die als veroordeelden binnenkwamen. **James Tucker** (1801-1866) verwoordt in zijn autobiografische roman *Ralph Rashleigh* indrukwekkend zijn lot als gedeporteerde gevangene. **Marcus Clarkes** (1846-1881) roman *For the term of his natural life*, een van de klassiekers van de Australische literatuur, is een aanklacht tegen de gruwelen van het deportatiesysteem. Een andere verschijnsel van die tijd werd behandeld door Thomas Alexander Browne alias **Ralph Boldrewood** (1826-1915) in zijn nog altijd populaire roman *Robbery under arms:* het leven van *bush rangers* en veedieven.

De bushbarden

Met het ontwakende nationale bewustzijn beleefde ook de literatuur aan het eind van de 19e eeuw een duidelijke opleving. De *Nineties*, de jaren vanaf 1890, gelden als de geboortejaren van de moderne, onafhankelijke Australische literatuur. Schrijvers hielden zich nu sterk met specifiek Australische thema's bezig, die ze in de vorm van ballades en korte verhalen goten. Vooral één stem was

Literatuur

voortaan niet meer te negeren: die van de bushbarden. Deze groep beschreef in vaak zeer drastische vorm de moeilijke levensomstandigheden op de onmetelijke vlakten van de outback, maar ook de kameraadschap van de veeherders en schapenscheerders. Vriendschap, heldendom en keihard uithoudingsvermogen waren de belangrijkste ingrediënten van hun werken. Daarnaast hadden ze aandacht voor een tot dan toe verwaarloosd thema: de ellendige sociale omstandigheden in de snel groeiende steden en de nood van mensen zonder privileges.

De opvallendste figuren in deze groep zijn **Andrew Barton (Banjo) Paterson** (1864-1941), die het in 1982 verfilmde verhaal *The man from Snowy River* en het onofficiële Australische volkslied *Waltzing Matilda* schreef, en **Henry Lawson** (1867-1922), 's lands bekendste auteur van korte verhalen. Zijn werk wordt gekenmerkt door engagement met de 'kleine luiden' en de roep om sociale hervormingen. Ethel Robertson alias **Henry Handel Richardson** (1870-1946) nam de betrekkingen tussen blanken en Aboriginals onder de loep in haar trilogie *The fortunes of Richard Mahoney*.

Auteurs van de 20e eeuw

De overheersende figuur in het Australische literatuurlandschap van de 20e eeuw is de romancier **Patrick White** (1912-1990), tot dusver de enige Australiër die de Nobelprijs voor de Literatuur heeft ontvangen (1973). In zijn vertellende werk houdt hij zich vooral met de grote conflicten van het menselijk bestaan bezig; de wildernis speelt in een aantal boeken een belangrijke rol. White zette zich in voor de rechten van Aboriginals en voor een beter milieu. Veel van zijn werken zijn in het Nederlands vertaald, onder andere *The vivisector* (1970; *De vivisector*, Arbeiderspers 1980), *A fringe of leaves* (1976; *Een krans van bladeren*, Atlas 2002), *Voss* (1957; *Voss*, Arbeiderspers 1982) en *The aunt's Story* (1948; *Het verhaal van Theodora Goodman*, Atlas 2006).

In het werk van **Xavier Herbert** (1901-1984), **Katherine Prichard** (1884-1969) en **Thomas Keneally** (geb. 1935) wordt een lans gebro-

Met haar gelijknamige galerie in Sydney is Roslyn Oxley al sinds het begin van de jaren 80 een van de invloedrijkste experts op het vlak van moderne Australische kunst

ken voor de rechten van de oorspronkelijke inwoners. Keneally's boeiende roman *The chant of Jimmie Blacksmith* beschrijft het lot van een jonge halfbloed die bloedig wraak neemt op zijn blanke belagers. Keneally's hoofdwerk, *Schindler's Ark* werd door Steven Spielberg verfilmd als *Schindler's List*. De relatie tussen blanken en oorspronkelijke bewoners is ook een belangrijk thema bij **David Malouf** (geb. 1934), die voor zijn roman *Remembering Babylon (Herinnering aan Babylon)* in 1993 de prestigieuze Prix Baudelaire ontving.

Even belangrijk als Keneally en Malouf is **Peter Carey** (geb. 1943), die in 2001 voor de roman *True history of the Kelly Gang (Het ware verhaal van de Kelly-bende*, Atlas 2001) zijn tweede Booker Prize kreeg, de belangrijkste literatuurprijs van het Britse Gemenebest. De eerste had hij in 1988 ontvangen voor *Oscar and Lucinda (Oscar en Lucinda)*, een boek dat door Gillian Armstrong verfilmd is met Ralph Fiennes en Cate Blanchett in de hoofdrollen. **Les Murray** (geb. 1938) maakte furore met zijn epos in verzen *Fredy Neptune*, waarin hij de geschiedenis van de 20e eeuw samenbalt. In zijn in 2004 gepubliceerde Australiëroman *Dirt music (Over de rand van de wereld*, De Geus 2004) vertelt **Tim Winton** (geb. 1960) de odyssee van twee mensen op zoek naar zichzelf en elkaar. Een van de bekendste toneelschrijvers is **David Williamson** (geb. 1942), die in zijn stukken het wereldbeeld van de middenklasse bekritiseert.

Wereldwijde bekendheid in het genre van de triviaalliteratuur verkreeg naast **Colleen McCullough** (1937-2015), de auteur van *The thorn birds (De doornvogels)*, **Nancy Cato** (1917-2000), wier hoofdwerk *Forefathers* heet.

Muziek

Klassiek

Nellie Melba (1861-1931) en **Joan Sutherland** (1926-2010), Australiës bekendste sopranen, zongen overal op de wereld al voor uitverkochte zalen voordat ze in eigen land erkenning kregen (naar de grote Melba is overigens een voor haar gecreëerd ijsdessert genoemd, de Pêche Melba). Ook de meeste Australische componisten van wereldklasse, bijvoorbeeld **Percy Grainger** (1882-1961), brachten een groot deel van hun scheppende leven buiten het vijfde continent door. Pas met de oprichting van de *Australian Opera Company* in het jaar 1956 kreeg klassieke muziek in het land meer waardering. Dit gezelschap is tegenwoordig in het Sydney Opera House gevestigd en verzorgt regelmatig gastoptredens in alle grote Australische steden. Na grootschalige promotie van klassieke muziek en opera in de jaren 70 kan Australië tegenwoordig trots zijn op verscheidene symfonie- en kamerorkesten en hebben bijna alle hoofdsteden van de staten een operahuis.

Country en folk

In tegenstelling tot klassieke muziek mochten country en folk zich van het begin af aan in grote populariteit verheugen. Zangers die niet alleen op het platteland erg populair zijn, zijn bijvoorbeeld **Chad Morgan** en vooral **Slim Dusty**, die de evergreen *The pub with no beer* ('De kroeg zonder bier') schreef. Een van de populairste liedjes op het continent is de al in 1895 door Andrew Barton (Banjo) Paterson geschreven ballade *Waltzing Matilda*, de nationale schlager en het officieuze volkslied van Australië. Het is het verhaal van een *swagman*, een rondtrekkende arbeider, die op zoek naar werk door de outback reist. Op een avond slaat hij zijn kamp op bij een meertje en steelt een schaap. Als de politie hem wil arresteren, springt hij in het water en verdrinkt. De op een oude Schotse melodie gezongen ballade bezingt voor Australiërs belangrijke deugden als trouw, onkreukbaarheid en vrijheidsliefde. Maar het is ook het lied van de arme drommel tegen wie de hele wereld samenspant.

Australian rock

Australië heeft een welig tierende moderne muziekscene. De eersten die zichzelf in de jaren 60 de internationale hitlijsten in speelden, waren de **Bee Gees** en de **Easybeats**. In de jaren 70 volgden bands als **The Little Ri-**

ver **Band**, **Air Supply**, **Flash and the Pan**, de hardrockers van **AC/DC** en de solisten **Olivia Newton-John** en **Rick Springfield**. In de jaren 80 was er een internationale doorbraak weggelegd voor onder andere de formaties **Men at Work**, **INXS**, **Mental as Anything**, **Go Betweens** en de solist **John Farnham**.

Een opvallende plaats in de moderne Australische muziekwereld wordt al sinds jaar en dag ingenomen door de rockgroep **Midnight Oil** met zijn toegankelijke gitaarbeat. Ze zijn ook bekend om hun engagement met de belangen van de Aboriginals en het milieu. Voor hun optreden bij de slotceremonie van de Olympische Zomerspelen in Sydney in 2000 koos de band zwarte kleding met de opdruk 'Sorry'. Zanger Peter Garrett schopte het in 2007 bij het aantreden van de nieuwe Laborregering tot milieuminister. Vooral in eigen land succesvol zijn **Redgum** (genoemd naar een eucalyptussoort) en **Goanna** (naar een grote hagedis). Zoals hun naam doet vermoeden, wijden deze twee groepen zich vooral aan Australische thema's en vermengen ze in hun muziek elementen uit de volksmuziek met rock en blues. Een opvallende carrière van tienersterretje tot zangeres met internationale bekendheid maakte **Kylie Minogue** in de jaren 90. Muzikale ambassadeurs van de *Australian Way of Life* zijn de **Germein Sisters**, wier melodieuze Aussie-pop makkelijk in het gehoor ligt.

Kunst van de Aboriginals

De kunst van de oorspronkelijke bewoners van Australië is wezenlijk anders dan datgene wat wij in het moderne westen onder kunst verstaan. De verschillende Aboriginaltalen kennen niet eens een begrip voor 'kunst' of 'kunstenaar'. Kunst was nooit een esthetisch doel op zich, maar diende altijd een doel in een diep religieuze betekenis. De diverse artistieke uitdrukkingsvormen dienden enerzijds om een verbinding tussen mensen en hun mythische voorouders tot stand te brengen, anderzijds moest het scheppingswerk symbolisch worden nagebootst. Aangezien de oerinwoners nooit een schrift hadden ontwikkeld, gaven ze hun overleveringen, met name hun oeroude scheppingsverhalen, aan de volgende generaties door via schilderingen (voornamelijk rotstekeningen) en liederen.

Dankzij de spirituele gedachtewereld van de Aboriginals had hun artistieke creativiteit steeds hun land met al zijn heilige droomplaatsen als thema. De motieven die werden gebruikt in de schilderkunst, bij het versieren van sacrale gesneden voorwerpen of van profane voorwerpen als boemerangs en speren, waren grotendeels gestandaardiseerd. De gebruikte tekens en symbolen, die altijd voor een verband met de Droomtijd staan, waren streng voorgeschreven door de wetten van de geheime rituelen. Alleen ingewijde mannen begrepen de symboliek van de spiralen en golvende lijnen, ruiten en bogen, strepen en slangenpatronen, kruisen en cirkels.

Tekeningen en schilderingen

In het domein van de beeldende kunst nemen **rotstekeningen**, geschilderd of ingekrast, een centrale positie in. Weliswaar kan men op ieder continent rotstekeningen vinden, maar de Australische oerinwoners zijn het enige natuurvolk dat van zijn vroegste geschiedenis tot nu zijn belevingswereld op rotswanden gestalte gaf, als een enorm prentenboek waar ze in lazen en nog lezen.. Uitsluitend geïnitieerde mannelijke stamleden hadden het recht – meer nog, de plicht – de getekende of ingekraste voorstellingen ritueel te vernieuwen of nieuwe te maken. Niet zozeer de voltooide afbeelding was belangrijk, alswel de rituele handeling van het schilderen of opfrissen.

De schilderkunst van de Aboriginals kent verschillende stijlen. Arnhemland in het tropische noorden is het gebied van de **röntgenschilderkunst**, waarbij de inwendige organen en botten van het afgebeelde levende wezen zijn ingetekend als op een röntgenfoto. Ook de zogenaamde **mimi-stijl** komt alleen in Arnhemland voor, en dan speciaal in het Kakadu National Park. Deze stijl kenmerkt zich door af-

Architectuur en kunst

beeldingen van mimigeesten, kleine antropomorfe wezens die doorgaans beschouwd werden als overwegend vriendelijke en schuwe geesten. Alleen in het uiterste noordwesten, in de bergketens van het Kimberleyplateau, komen **wandjinaschilderingen** voor. Wandjina's, die vermoedelijk mythologische schepperwezens symboliseren, zijn meestal op mensen lijkende gestalten met een 'aureool', maar zonder mond en oren. Niet tot een bepaalde streek beperkt zijn afbeeldingen van handen. De kunstenaar neemt dan kleurstof in de mond en 'sproeit' het motief op de ondergrond.

Sinds enige tijd beleeft de Aboriginalschilderkunst een renaissance. De afbeeldingen die hun voorouders op rotswanden maakten, schilderen moderne kunstenaars met acrylverf op linnen. De belangrijkste stroming is een soort **pointillisme** met cirkels, punten en lijnen van een hoog symbolisch gehalte. Bijna elk schilderij vertelt een verhaal uit de Droomtijd. Wat op ons overkomt als een Australische variant op abstracte kunst, is in werkelijkheid een illustratie van de tochten van de voorouders in de Droomtijd, een spirituele landkaart. Intussen kopen galeriehouders en verzamelaars uit de hele wereld schilderijen van Aboriginals op.

Houtsnijwerk

Ook de houtsnijkunst neemt een belangrijke plaats in de creativiteit van de oerbewoners in. De voornaamste centra zijn de eilanden Melville en Bathurst, gelegen voor de Noord-Australische kust. De Tiwi die daar wonen, versieren hun op totempalen lijkende grafpalen met rituele afbeeldingen van vogels, vissen en andere dieren en met mysterieuze patronen. Vooral in de houtsnijkunst is echter veel commercialisering opgetreden.

Muziek, zang en dans

Dansen, begeleid met muziek en zang, waren bij alle Aboriginalstammen bekend. In afgelegen gebieden, zoals bijvoorbeeld Arnhemland, worden bij ceremoniële bijeenkomsten nog steeds traditionele dansen opgevoerd. In deze rituele dansen worden voornamelijk de scheppingsdaden van de Droomtijdhelden uitgebeeld. Er zijn echter ook ceremonies zonder religieus karakter, zogenaamde *corroborees*, die alleen voor plezier en ontspanning dienen.

Bij de dansceremonies speelt het koor een belangrijke rol. De lange gezangen, die vaak honderden verzen tellen, vertellen meestal het scheppingsverhaal van de betreffende stam of clan. Als ritmische begeleiding fungeren boemerangs of *clap sticks* en vooral in het noorden de didgeridoo: een blaasinstrument van hout met een diep, sonoor geluid. De tot 3 m lange pijp wordt gemaakt van een door termieten uitgeholde, zo recht mogelijke eucalyptustak. Ook moderne Aboriginalbands gebruiken digeridoos. Een goed voorbeeld is **Yothu Yindi**, dat in zijn muziek een bijzonder klanktapijt weeft van hedendaagse en traditionele stijlinvloeden. Yothu Yindi ('Moeder en Kind') werd opgericht door Mandawuy Yunupingu (1956-2013), de eerste Aboriginal met een academische titel. De meeste door hem geschreven songs leveren kritisch commentaar op de geschiedenis en maatschappij van Australië.

Literatuur

In de jaren 60 ontwikkelde zich een Aboriginalliteratuur met een bijzondere uitdrukkingskracht. Tot de bekendste auteurs behoort **Sally Morgan** (geb. 1951), die in haar autobiografische roman *My place* een indringend beeld geeft van het pas in 1970 afgeschafte gebruik halfbloedkinderen onder dwang van hun ouders te scheiden. Van grote literaire kwaliteit zijn ook de gedichten van **Oodgeroo Noonuccal**, de romans van **Mudrooroo** en de verhalen van **Archie Weller**, die de gevoelswereld van de oorspronkelijke bewoners op subtiele wijze weten te verwoorden. De Aboriginal **Burnum Burnum** oogstte veel bewondering met zijn reisgids *Aboriginal Australia* (1988), die uitsluitend over Aboriginalvolken en hun woongebieden gaat.

Een instrument gemaakt door dieren: hoe lang zou het hebben geduurd voordat termieten deze eucalyptustak hadden uitgehold en veranderd in een didgeridoo?

Reisinformatie

Reis en vervoer
Accommodatie
Eten en drinken
Sport en activiteiten
Feesten en evenementen
Praktische informatie van A tot Z

Australië in drie beelden: van een oeroude natuur ...

... via de diepzinnige mythologie van de Aboriginals

... naar Sydney's moderne Darling Harbour

Reis en vervoer

Reisdocumenten

Bezoekers uit de Europese Unie dienen voor een verblijf in Australië in het bezit te zijn van een paspoort dat nog ten minste zes maanden geldig is. Kinderen van alle leeftijden hebben een eigen paspoort nodig. Bovendien moet een **Visitor Visa** worden aangevraagd, dat recht geeft op verscheidene bezoeken binnen één jaar, die telkens maximaal drie maanden mogen duren. Het visum wordt snel, eenvoudig en gratis als eVisitor online verstrekt. Houd er wel rekening mee dat voor reizigers van 75 jaar en ouder geldt dat ze eerst een keuring moeten ondergaan voor het visum wordt verstrekt. Het reisdocument is aan te aan te vragen op de Engelstalige website van de Australische immigratiedienst (www.border.gov.au/Trav/Visi). Daarbij moet je op een elektronisch formulier de paspoortgegevens van alle medereizigers en een e-mailadres opgeven. Je krijgt daarna vaak binnen een paar minuten een e-mail waarin staat of je toestemming hebt om Australië als eVisitors te bezoeken. Het visum is ook bij veel reisbureaus aan te vragen, die echter meestal administratiekosten berekenen. Het online visum moet minstens twee weken voor vertrek worden aangevraagd.

Voor een verblijf van meer dan drie maanden dien je het gebruikelijke papieren visum aan te vragen. Dit is sinds enige tijd niet meer mogelijk bij de Australische ambassade in Den Haag en Brussel. De ambassade raadt aan contact op te nemen met het European Service Centre in Londen (zie blz. 92). Maar het is ook mogelijk de formulieren te downloaden op de website van de Australische ambassade. Houd daarbij wel rekening met een verwerkingstijd van ongeveer drie tot vier weken.

Jonge mensen tussen de 18 en 30 jaar uit verscheidene landen, waaronder Nederland en België, kunnen een **Working Holiday Visa** aanvragen, waarmee ze een jaar lang door Australië kunnen reizen en onderweg baantjes kunnen aannemen om hun reis te bekostigen.

Informatie:

In het vliegtuig wordt een inreiskaart uitgereikt, die voor aankomst moet worden ingevuld. Zie voor meer informatie www.netherlands.embassy.gov.au, www.belgium.embassy.gov.au en www.homeaffairs.gov.au/trav/visi/visi-1.

Douane- en quarantainebepalingen

Goederen voor persoonlijk gebruik kunnen onbeperkt worden ingevoerd, bijvoorbeeld fototoestellen, smartphones en andere elektronische apparaten. Reizigers vanaf 18 jaar mogen 50 sigaretten of 50 g tabak plus 2,25 liter sterkedrank gratis invoeren. Andere waren die je dient aan te geven, kun je tot een bedrag van A-$ 900 (tot 18 jaar A-$ 450) belastingvrij invoeren. Voor de invoer van deviezen gelden geen beperkingen, maar bedragen boven de A-$ 10.000 in Australische of andere valuta moet je bij aankomst en vertrek aangeven.

Om de Australische landbouw te beschermen tegen de import van schadelijke dieren en ziekten, bijvoorbeeld mond- en klauwzeer en hondsdolheid, zijn er strenge quarantainebepalingen en invoerbeperkingen van toepassing voor levensmiddelen, planten en dieren. Het is verboden om verse en verpakte etenswaren (met uitzondering van brood en koek), groenten, vruchten en zaden in te voeren. Informeer bij twijfel bij de immigratieambtenaren in de aankomsthal, want bij overtredingen, riskeer je een bijzonder hoge boete. Gedetailleerde inlichtingen zijn verkrijgbaar bij de diplomatieke vertegenwoordigingen en lees je op de Australische websites **www.customs.gov.au** en **www.border.gov.au.**

Om te voorkomen dat er ongemerkt insecten worden meegevoerd, worden de interieurs van vliegtuigen met behulp van een door de Wereldgezondheidsorganisatie goedgekeurd middel gedesinfecteerd voordat de passagiers de cabine verlaten.

Houd er bij terugkomst in Nederland of België rekening mee dat het volgens het CITES-verdrag (Overeenkomst inzake de internationale handel in bedreigde dieren en planten) verboden is om beschermde soorten en producten daarvan in te voeren. Daartoe behoren ook souvenirs van reptielenleer, ivoor en schildpad, die te koop zijn op sommige Aziatische luchthavens die op tussenlandingen worden aangedaan.

Niet alleen bij het binnenkomen van Australië, maar ook aan de staatsgrenzen gelden strenge quarantainebepalingen. In Western Australia mogen geen groenten, fruit en zaden worden ingevoerd, want deze staat is vrij van schadelijke planten en dieren, die in andere staten wel voorkomen. Om de Tasmaanse landbouw te beschermen tegen de gevreesde *fruit fly*, mag geen fruit worden meegenomen naar het eiland. Soortgelijke bepalingen gelden ook bij reizen tussen Victoria en South Australia. Controles met honden zijn gebruikelijk. Op overtreding staan hoge geldboetes.

Reis

... met het vliegtuig

Australië wordt door circa dertig internationale luchtvaartmaatschappijen uit bijna de hele wereld aangevlogen. Dagelijks gaan er vliegtuigen uit Nederland en België via Azië of Amerika naar Australië. De meest gefrequenteerde route uit Europa voert over Zuidoost-Azië (oostroute).

De vlucht Amsterdam/Brussel-Sydney (circa 17.500 km) duurt minimaal 22 uur en je moet rekening houden met minimaal één transfer op een Aziatische luchthaven (bijvoorbeeld Singapore, Hongkong, Kuala Lumpur, Bangkok of op het Chinese vasteland). Bij veel luchtvaartmaatschappijen kun je – meestal zonder extra kosten – op de heen- en terugvlucht een stopover maken in een Aziatische metropool. Sommige maatschappijen bieden een aantrekkelijk stopoverprogramma aan, met voordelige accommodatie, stadsrondleidingen of een korte zwemvakantie.

Luchtvaartmaatschappijen met goede verbindingen op de Aziëroute zijn **KLM** (overstap in bijvoorbeeld Bejing of Hongkong), **Etihad** (via Abu Dhabi), **Emirates** (via Dubai), **Cathay Pacific** (via Hongkong), **Malaysia Airlines** (via Kuala Lumpur) en de nationale Australische luchtvaartmaatschappij **Qantas**. Maatschappijen als **Air China**, **China Airlines**, **Qatar Airways** en **Korean Air** stunten vaak met voordelige tarieven. Een interessant, maar duurder alternatief is de iets langere vlucht op de westroute via Noord-Amerika of Canada. Op deze route vliegen onder andere **KLM/Delta**, **Air Canada** en **United Airlines**. Er wordt overgestapt in onder andere Vancouver, Los Angeles, New York, Chicago of Toronto, Auckland en Grote Oceaaneilanden als Hawaii, Tahiti, Fiji, Cook Islands, Tonga of West-Samoa. Interessant zijn de vaak door samenwerkende luchtvaartmaatschappijen aangeboden vluchten rond de wereld.

De belangrijkste internationale **luchthavens** van Australië zijn Sydney, Melbourne, Adelaide, Brisbane, Perth, Darwin en Cairns. Je bespaart kostbare reistijd uit als je een open jaw-ticket neemt, waarbij je van een andere luchthaven terugvliegt dan waar je bent aangekomen. Je komt dan bijvoorbeeld aan in Sydney en vertrekt van Darwin. Tussen de luchthavens en het stadscentrum pendelen luchthavenbussen van 's ochtends vroeg tot 's avonds laat, over het algemeen om het halfuur. Bovendien staan er volop taxi's klaar. Van Kingsford Smith Airport in Sydney rij je met de trein binnen tien minuten naar de binnenstad.

De **tarieven** verschillen sterk per seizoen. Het hoogseizoen loopt van oktober tot half april, het laagseizoen van eind april tot juni en het tussenseizoen van juli tot september. De tickets zijn het duurst tussen 10 en 31 december. Afhankelijk van het seizoen waarin je reist, betaal je voor een ticket naar Australië in de economyclass circa € 950-1400. Houd er bij het vergelijken van de prijzen rekening mee of de (trein)reis naar de Europese luchthaven wel of niet bij de prijs is inbegrepen, of je in Australië een of meer binnenlandse vluchten gaat maken en of je voordelige coupons voor binnenlandse vluchten kunt krijgen (zie hieronder). Vanwege de grote vraag is het raadzaam om zo vroeg mogelijk te boeken

Binnenlands vervoer

Vliegtuig

Gemeten naar het geografische karakter van het land bezit Australië een efficiënt binnenlands vliegverkeernet. Circa 80% van alle langeafstandsreizen met het openbaar vervoer wordt afgelegd per vliegtuig. Kleine luchtvaartmaatschappijen vliegen op bijna alle plaatsen. Vluchten in kleine toestellen kunnen vanwege thermiek in de Midden-Australische droge gebieden echter wel af en toe te kampen krijgen met veel turbulentie.

Het luchtverkeer tussen de grote steden wordt voornamelijk verzorgd door de staatsmaatschappij **Qantas** en daarnaast door talrijke regionale lijnen.

Voordelige binnenlandse tarieven bieden de budgetmaatschappijen Jetstar (Sydney-Melbourne vanaf € 50) en Virgin Australia (Melbourne-Alice Springs vanaf € 145). Jetstar vliegt op 18 bestemmingen, overwegend aan de oostkust en op Tasmanië, en Virgin Blue op 24 bestemmingen in heel Australië. Bij de goedkope maatschappijen moet extra worden betaald voor consumpties en er zijn geen vaste zitplaatsen, dus als je bijvoorbeeld aan het raam wilt zitten voor het mooie uitzicht, moet je tijdig in de rij gaan staan.

De Australische luchtvaartmaatschappijen behoren tot de veiligste ter wereld, maar niet tot de goedkoopste. Tip: voor twee aansluitende vluchten binnen het continent gelden bepaalde **bijzondere tarieven** van Qantas. Alle luchtvaartmaatschappijen bieden standby fares aan reizigers met een flexibel tijdschema, dat wil zeggen 20% korting op de reguliere economytarieven. Studenten kunnen 25% korting krijgen als ze nog geen 26 jaar oud zijn, over een geldige studentenpas beschikken en een schriftelijke verklaring (in het Engels) van hun universiteit kunnen overleggen.

Qantas: tel. 13 13 13 (lokaal), tel. 020-20 35 425 (Amsterdam), www.qantas.com.au, 02-700 67 81 (Brussel), quantasbenelux@mindpearl.com.

Jetstar: tel. 13 15 38 (lokaal), 0061-3-96 45 59 99, www.jetstar.com.au.

Virgin Australia: tel. 13 67 89, 0061-7-32 95 22 96, www.virginaustralia.com.au.

Flight Centre: tel. 13 31 33, www.flightcentre.com.au, info over binnenlandse vluchten van alle luchtvaartmaatschappijen.

Trein

Alle grote steden, waaronder sinds 2004 ook Darwin, zijn aangesloten op het spoorwegnet, dat met een lengte van ongeveer 40.000 km voor internationale begrippen tamelijk bescheiden is. Het net is het dichtst in het oosten, zuidoosten en zuidwesten. Hier verbinden **regionale treinen** de hoofdsteden met grote plaatsen. De beide grote regio's zijn op hun beurt verbonden door een transcontinentale spoorlijn.

Langeafstandstreinen behoren niet bepaald tot de goedkoopste (bijvoorbeeld Brisbane-Cairns vanaf € 175) en snelste, maar beslist wel tot de aangenaamste vervoermiddelen van Australië. Vooral de nachttreinen zijn zeer comfortabel ingericht met airconditioning, slaapwagens, douches, toiletten en restauratiewagens. Bij al deze treinen heb je de keus tussen first class en economy class. Voor bagage tot 50 kg hoef je niet te betalen.

Voor reizigers die Australië per trein willen verkennen, biedt Rail Australia twee voordelige **passen**. Met de veertien dagen of één, drie of zes maanden geldige Discovery Pass (€ 154, € 182, € 197 of € 278) kun je met de treinen en bussen van NSW TrainLink naar 365 bestemmingen in New South Wales, Victoria, Queensland en de Australian Capital Territory reizen. Met de Rail Explorer Pass kun je twee of drie maanden (€ 380 of € 455) gebruikmaken van de exprestreinen The Ghan, Indian Pacific en The Overland. De Queensland Explorer Pass biedt de mogelijkheid een of twee maanden (€ 198 of € 258) onbeperkt op alle lange trajecten van

Queensland Rail te reizen. De passen zijn bij alle grote stations te koop.

Tot de boeiendste **spoorwegtrajecten** behoren die van de expresstreinen Indian Pacific en The Ghan. De Indian Pacific legt op de route van Sydney naar Perth 4352 km (circa 65 uur) af en is daarmee het op twee na langste treintraject ter wereld. Ten westen van Adelaide doorkruist de trein op de langste kaarsrechte spoorlijn ter wereld (478 km) de Nullarbor Plain. Een van 's werelds mooiste trajecten is de reis in The Ghan van Adelaide via Alice Springs naar Darwin (48 uur). Beide treinen beschikken over drie klassen: ruime zitplaatsen, een slaapwagen met airconditioning en tweepersoonscabines. Bij deze en andere lange trajecten, zoals The Overland tussen Melbourne en Adelaide en The Spirit of Queensland (Brisbaine-Cairns) is vroeg boeken aan te raden.

Het verstedelijkte deel van Australië kun je per openbaar vervoer verkennen

Incento Travel (vertegenwoordiger van Rail Australia in Nederland en België), Olmenlaan 8, 1404 DG Bussum, tel. 035-695 51 11, www.incento.nl, info@incento.nl.

Great Southern Railway: www.greatsouthernrail.com.au, reserveren in Australië via tel. 1800-70 33 57 (voor de Indian Pacific, The Ghan en The Overland).

NSW TrainLink: www.nswtrainlink.info, reserveren in Australië via tel. 13 22 32 (treinen en streekbussen binnen New South Wales).

Queensland Rail: www.queenslandrailtravel.com.au, reserveren in Australië via tel. 13 16 17 (treinen binnen Queensland).

V/Line: www.vline.com.au, reserveren in Australië via tel. 1800-80 00 07 (treinen en streekbussen binnen Victoria en enkele regio's in South Australia).

Een overzicht van de **dienstregelingen** in Australië vind je op www.railaustralia.com.au

Bus

Door de gunstige tarieven en goede verbindingen is de bus een veelgebruikt vervoermiddel in Australië. De moderne expresbussen, die 24 uur per dag tussen de belangrijkste plaatsen rijden, beschikken over airconditioning, een wasruimte, toilet, panoramaramen en verstelbare stoelen met hoofdsteunen. Onderweg wordt geregeld gepauzeerd. Vaak kun je bagage tot 20 kg gratis meenemen; voor meer koffers moet extra worden betaald. De grootste busmaatschappij is Greyhound Australia, die in bijna iedere Australische stad een kaartjeskantoor heeft. Telefonisch reserveren kan 24 uur per dag. Verder vind je in het hele land tal van kleine bedrijven die voordelige busdiensten aanbieden op regionale en lange trajecten.

Voor lange busreizen is het aan te raden een **netkaart** aan te schaffen. Met de **Kilometre Pass** van Greyhound Australia kun je bijvoorbeeld binnen 12 maanden 1000 tot 25.000 km afleggen (2500 km/A-$ 275, 5000 km/A-$ 520 en 10.000 km A-$ 950) waarbij bestemming en tracé vrij zijn. Als je al precies weet waar je naartoe wilt, is de **Hop on Hop off Pass** van Greyhound Australia ideaal. Hij is wat voordeliger dan de Kilometre Pass, maar is alleen geldig op een vaste route tussen twee bestemmingen, waarop je zo vaak kunt pauzeren als je wilt, bijvoorbeeld Sydney-Cairns A-$ 288, Melbourne-Cairns A-$ 350 en Brisbane-Melbourne A-$ 188. De pas blijft vanaf de eerste reis negentig dagen geldig. De reisdagen voor de afzonderlijke trajecten kunnen voor vertrek worden opgegeven, maar tijdig reserveren (telefonisch of online) is verplicht. Een goede busmaatschappij voor jongeren is Oz Experience.

Buskaarten zijn in de kantoren van busmaatschappijen, op de luchthaven, bij reis- en toeristenbureaus en in een groot aantal hotels te koop. Boeken via een Europese reisorganisatie is niet nodig, maar kan wel voordeliger zijn, bijvoorbeeld op **www.aroundthe globe.nl**. Pensioengerechtigden, studenten, leden van de jeugdherbergcentrale Stayokay of een Australische backpackersorganisatie krijgen 10% korting op busreizen in Australië. Voor meer informatie kun je terecht bij de betere reisbureaus, bij Tourism Australia (zie blz. 92) of direct bij Greyhound Australia, tel. 1300-47 39 46, www.greyhound.com.au; **Oz Experience**, tel. 1300-30 00 28, www.ozexperience.com. Een overzicht van alle busdienstregelingen is te vinden op de website **www.buslines.com.au**.

Veerboot

De twee passagier- en autoveerboten M.V. Spirit of Tasmania I en II van rederij TT Line varen eenmaal per dag, en in het hoogseizoen (december-januari) tweemaal per dag, tussen Melbourne en de plaats Devonport op het eiland Tasmanië. Laagseizoen: vertrek in Melbourne en Devonport om 19.30 uur, aankomst in de haven van bestemming de volgende dag om 6 uur; in het hoogseizoen: vertrek in Melbourne en Devonport om 9 en 21 uur, aankomst om respectievelijk 18 en 6 uur. Inlichtingen zijn verkrijgbaar bij ieder Tasmanian Travel Centre en bij **TT Line Reservations**, tel. 18 00-63 49 06, www.tt-line.com.au of www.spiritoftasmania.com.au.

Huurauto

Alle internationaal gerenommeerde autoverhuurbedrijven hebben vestigingen in de metropolen en de toeristische centra. Bovendien vind je in de grotere steden talrijke nationale autoverhuurders, die meestal heel gunstige voorwaarden bieden. Zeer voordelig zijn bedrijven die oude auto's verhuren, zoals **Rent-A-Wreck**, **Rent-A-Bomb** of **Wicked**. Ondanks hun ouderdom vertonen de wagens doorgaans geen technische mankementen. Voorts vind je in het hele land verhuurders die gespecialiseerd zijn in campers en terreinwagens.

De keuze van het **type auto** hangt af van de reisroute. Als je je op bekende attracties wilt concentreren, heb je genoeg aan een auto met tweewielaandrijving, waarmee je onder normale omstandigheden ongeveer 95% van alle toeristisch interessante plaatsen bereikt. Lokale touroperators bieden tochten aan naar landschappelijke hoogtepunten als de Palm Valley in het Finke Gorge National Park bij Alice Springs of de Jim Jim Falls in het Kakadu National Park, waar je alleen per terreinwagen kunt komen, maar je kunt ook ter plaatse een four wheel drive huren. Een jeep is alleen handig voor reizigers die uitsluitend in de outbackgebieden rondrijden. Met elk type huurauto, behalve terreinwagens, zul je moeite hebben met onverharde wegen, al zijn sommige niet-geasfalteerde wegen in de outback in ieder geval in de droge tijd ook goed berijdbaar met een robuuste personenauto en zelfs een camper. Sommige verhuurbedrijven bieden de mogelijkheid om verschillende soorten auto's te combineren, afhankelijk van de regio.

Je kunt het best al in eigen land reserveren, omdat de **tarieven** dan lager liggen. Een kleine auto kost vanaf € 25 per dag. De prijs van campers en terreinwagens verschilt per seizoen; in het hoogseizoen ben je soms tweemaal zo duur uit. Voor een eenvoudige camper moet je rekenen op € 60-90 per dag. Daar komt nog € 15-25 per dag bij voor aanvullende verzekeringen. Deze zijn niet verplicht maar wel zeer aan te raden. Benzine en diesel kosten afhankelijk van de regio € 1-1,25 per liter. Het is de moeite waard om een blik te werpen op de websites van verhuurders als **Holiday Auto**s (www.holidayautos.nl), **Aussie Rental** (www.aussierental.nl), **Australië online** (www.australieonline.nl) en **Campervan Rentals**, www.campervan-rentals.com. Vooral als je in het hoogseizoen een camper of terreinwagen wilt huren is het zeer raadzaam om vroeg te reserveren.

Informeer of bij de prijzen een onbeperkt aantal gratis kilometers (unlimited mileage) is inbegrepen, of je moet betalen voor het vervoer terug van de auto als je deze op een andere plaats wilt achterlaten dan waar je hem hebt opgehaald (dit is doorgaans mogelijk als je tussen grote steden reist), of je apart moet betalen voor de WA-verzekering en de collision damage waiver (vergoeding of reducering van het eigen risico bij schade aan voertuigen bij een WA-verzekering met beperkte cascodekking) en of het verhuurbedrijf een minimumleeftijd hanteert (voor een personenauto meestal 21 jaar, voor campers en terreinwagens vaak 25 jaar). De moeite waard zijn arrangementen van touroperators die vluchten aanbieden gecombineerd met een huurauto of camper (*fly-drive*). Bij het huren van een auto moet je een internationaal rijbewijs kunnen overleggen, en soms ook je nationale rijbewijs. Het is raadzaam om een creditcard mee te nemen, omdat je anders een grote borg moet betalen. Let goed op of op de afdruk van je creditcard het bedrag en *bond only* genoteerd staan. Onderteken nooit blanco kwitanties.

Een auto kopen

Bij een langer verblijf in Australië ben je voordeliger uit als je een gebruikte auto koopt. Diverse handelaars bieden naast een technische en mechanische garantie ook een terugkoopgarantie. Het voordeel hiervan is dat je de koop over het algemeen al voor vertrek kunt regelen en direct na aankomst in Australië de beschikking hebt over een auto. Bovendien ben je minder tijd kwijt aan de verkoop van de auto voor de terugreis. Het nadeel is dat je veel duurder uit bent dan bij de aanschaf van een auto zonder terugkoopgarantie. Huurkoop *(buyback guarantee)* is rendabel bij een verblijf vanaf twee maanden. Gerenommeerde bedrijven zijn onder andere. **Backpackers Auto Sales,** tel. 0061-3-96 89 79 97, www.backpackersautosales.com.au, **Travel Car Centre,** tel. 0061-2-99 05 69 28, www.travelcar.com.au, en **Travellers Autobarn,** tel. 0061-2-93 60 15 00, 06103-372 39 22, www.travellers-autobarn.com.au.

Liften

Vanwege de grote afstanden en de geringe verkeersdichtheid is Australië beslist geen ideaal land om te gaan liften (*hitchhike*). In dunbevolkte regio's moeten lifters vaak uren- of soms zelfs dagenlange wachttijden incalculeren.

Het is tijdbesparend en voordelig om tegen een bijdrage in de benzinekosten gebruik te maken van de mogelijkheid om **mee te rijden**. Aanbiedingen vind je op mededelingenborden in de jeugdherbergen en backpackershostels en op www.needaride.com.au.

Lokaal openbaar vervoer

Taxi's

In alle (middel)grote steden staan er taxi's met airconditioning op standplaatsen en voor grote hotels, maar je kunt ze ook aanhouden op straat of telefonisch bestellen. Alle grote taxibedrijven beschikken over auto's die toegankelijk zijn voor mensen met een beperking. Het starttarief is in de regel A-$ 4,50-5, de ritprijs hangt af van het aantal gereden kilometers en

---

SLUIT EEN VERZEKERING AF

Ook al zijn vooral bij campers en terreinwagens de bijkomende kosten hoog, toch is het verstandig om een **aanvullende verzekering** (collision damage waiver) af te sluiten, die in geval van schade de eigen bijdrage aan de kosten zo veel mogelijk beperkt. Bij schade – ook als de schuld duidelijk bij de andere partij ligt – incasseert de verhuurder per creditcard direct het bedrag ter hoogte van het eigen risico. Zodra de verzekering van de andere partij de schade heeft geregeld, wordt het geld teruggestort. In Australië geldt echter geen verzekeringsplicht voor motorvoertuigen. In het ergste geval moet de huurder dus, zelfs als hij het ongeluk niet heeft veroorzaakt, opdraaien voor de schade aan de huurauto tot de hoogte van het eigen risico.

de duur van de rit (Taxi Fare Calculator, www.taxifare.com.au). Roken is in taxi's verboden.

In Sydney en andere grote steden varen **watertaxi's**, Deze kun je het best telefonisch reserveren.

Bus en trein

Het lokale openbare vervoer in Australische metropolen bestaat uit stadsbussen, treinen uit en naar de voorsteden en metro's. In Melbourne rijden daarnaast nog trams. De stedelijke agglomeraties zijn ingedeeld in tariefzones, waarop de ritprijs is gebaseerd. Bijna overal zijn ook dag-, week- en maandkaarten verkrijgbaar. Ze zijn te koop in de vervoermiddelen, in tijdschriftenzaken, drogisterijen en bij speciale kiosken, waar je ook routekaarten, overzichtskaarten en informatie over speciale tarieven kunt krijgen. In sommige grote steden zijn combinatiekaarten te koop, waarmee je binnen een bepaalde tijdsperiode zo vaak met het openbaar vervoer kunt reizen als je wilt. Busritten in de binnenstad zijn voor een deel gratis. Het zeer dichte busnetwerk wordt vaak uitgebreid met sightseeinglijnen.

Tips voor automobilisten

Verkeersregels

Aan het links rijden raak je in de regel snel gewend. Denk eraan dat de **maximumsnelheid** op de meeste highways 100 km/h is. Uitzonderingen zijn de snelwegen in South Australia (110 km/h) en het Northern Territory (geen maximumsnelheid). In de bebouwde kom mag je maximaal 50 km/h rijden, tenzij borden anders aangeven. Op schooldagen gelden van 7.30-9 en van 14.30-16 uur voor scholen snelheidsbeperkingen die op borden staan vermeld. Vooral op Highway 1 houdt de politie strenge snelheidscontroles. Bij overschrijding volgt een fikse geldboete.

Omdat het **verkeer links rijdt**, geldt op kruisingen, rotondes, voetgangerswegen en vooral bij het oversteken van wegen de uiterst belangrijke regel: altijd eerst naar rechts kijken! Hoewel er links wordt gereden, heeft verwarrend genoeg het verkeer van rechts voorrang (*Give Way*). Auto's op een rotonde hebben altijd voorrang. Vooral als je rechts afslaat, moet je goed uitkijken. Dit geldt met name voor Melbourne, waar bestuurders die naar rechts gaan bij kruisingen met het bord *Right Turn From Left Only*, op de uiterste linkerrijstrook voorsorteren en vervolgens het verkeer dat rechtdoor gaat moeten laten passeren. Pas kort voordat het verkeerslicht voor het kruisende verkeer op groen springt, mag je rechts afslaan. Soms mag je bij rood licht links afslaan, mits er een bord staat met het opschrift *Turn Left At Any Time With Care* en het verkeer het toelaat.

VERBODEN GEBIEDEN

De gebieden die op grond van de Aboriginal Land Rights Act in 1976 zijn overgedragen aan de oorspronkelijke bewoners (Aboriginal Land), zijn alleen na toestemming toegankelijk voor niet-Aboriginals. Bezoekers moeten zich minimaal vier weken van tevoren schriftelijk tot de betreffende Land Council wenden (transit permits worden meestal kort voor je bezoek ter plaatse afgegeven):

... voor het Northern Territory (Top End):
Northern Land Council, 45 Mitchell St., P. O. Box 1222, Darwin, NT 0801, tel. 08-89 20 51 00, www.nlc.org.au

... voor het Northern Territory ('rode hart'):
Central Land Council, 27 Stuart Hwy, P. O. Box 3321, Alice Springs, NT 0870, tel. 08-89 51 62 11, www.clc.org.au

... voor South Australia:
Anangu Pitjantjatjara Council, PMB 227 Umuwa via Alice Springs, NT 0872, tel. 08-89 54 81 11, www.anangu.com.au

... voor Western Australia:
Aboriginal Permits Office, Capital Centre, 197 St. Georges Terr., Perth, WA 6000, tel. 08-92 35 80 00, www.daa.wa.gov.au

Het dragen van veiligheidsgordels is verplicht, ook op de achterbank. De **alcoholgrens** ligt bij 0,5 promille – er wordt veel gecontroleerd en overtredingen worden streng gestraft. Vooral in grote steden kunnen foutparkeerders rekenen op hoge boetes. Voor onbewaakte spoorwegovergangen zonder seininrichting moet je kort stoppen.

Wegennet en tankstations

Australië bezit een zeer uitgebreid **wegennet**. Snelwegachtige wegen, de *freeways* (Fwy), liggen alleen tussen de grote steden in het zuidoosten. Elders domineren tweebaanswegen, die worden aangeduid met *highway* (Hwy), als het hoofdroutes betreft. Inmiddels zijn in Australië alle hoofdverbindingswegen over de gehele lengte geasfalteerd. De Australische outback wordt buiten de hoofdwegen doorsneden door een dicht net van steenslagwegen (*gravel roads*) en onverharde landwegen (*dirt roads*).

In de grote steden en langs de grote wegen tref je veel **tankstations** aan, maar in het binnenland en buiten de hoofdwegen zijn dat er een stuk minder. Toch mag je om veiligheidsredenen alleen bij ritten in extreem verlaten gebieden een grote voorraad brandstof meenemen. Ook langs wegen in de outback ligt er meestal hooguit 300-400 km tussen de tankstations.

Bijzondere gevaren

Vooral in de avonduren is het risico op botsingen met kangoeroes en andere dieren bijzonder groot. Bovendien staat of ligt in agrarische gebieden het vee 's nachts graag op het warme asfalt. Wees voorts op je hoede voor road trains, de tot 50 m lange en tot 120 ton zware vrachtwagencombinaties bestaande uit een truck met drie aanhangers. Deze reuzen op wielen met de remweg van een goederentrein krijgen gewoonlijk voorrang. Verlaat zonodig de weg om niet in hun vaarwater te rijden. Bij het inhalen van een road train moet je de lengte incalculeren. Vooral bij bruggen met één rijbaan, en dan met name in Queensland, gebeuren vaak ongelukken.

Neem extra voorzorgsmaatregelen als je in de outback gaat reizen. Ondeugdelijke uitrusting en onbezonnenheid kunnen nog altijd mensen het leven kosten. Eerste vereiste is dat je auto in perfecte staat is. Tot de uitrusting behoren onder andere twee reservebanden, een sleepkabel, gereedschap, een schep, een bijl, een noodapotheek, de belangrijkste reserveonderdelen plus voldoende jerrycans met brandstof voor de route. Neem ook bij korte reizen door de outback genoeg water en levensmiddelen mee. In de Australische zomerhitte heeft een volwassene dagelijks circa vijf liter water nodig om te overleven.

Veel onverharde wegen in het centrum en de noordelijke regio's verkeren in de regentijd van november tot april vaak in een 'avontuurlijke' staat. Basisregel is: vraag altijd naar de toestand van de weg voordat je jezelf op *dirt roads* begeeft, en ga je een rit maken in een verlaten regio, licht dan voor vertrek de politie en de rangers van het betreffende nationaal park in over je reisroute en -duur, zodat bij nood een reddingsactie op touw kan worden gezet. Heb je autopech, blijf dan altijd bij je voertuig en wacht op hulp, zelfs als dit dagen duurt. Vanuit de lucht is een auto in de wildernis gemakkelijker te herkennen dan een mens. Bovendien heb je nauwelijks overlevingskansen als je probeert te voet de bewoonde wereld te bereiken. In zeer afgelegen gebieden moet je eigenlijk alleen in konvooi rijden.

Automobielclub

Leden van een automobielclub als de ANWB kunnen een beroep doen op de diensten van de **Australian Automobile Association** (AAA, www.aaa.asn.au). Deze is in iedere staat vertegenwoordigd met een onderorganisatie, bijvoorbeeld RACV (www.racv.com.au) in Victoria en RACQ (www.racq.com.au) in Queensland. Op vertoon van een geldige lidmaatschapskaart uit eigen land kun je hier gratis of zeer voordelig reisinformatie, kaartmateriaal, overzichten van hotels en caravanparken en dergelijke krijgen. Tot de service behoort ook noodhulp voor het geval je pech krijgt onderweg (*Breakdown Service*, tel. 13 11 11).

Vakantie aan het strand – hier in Broome's Cable Beach Club

Slapen in de Outback, hier in een karakteristiek highwaymotel

Fine dining in de City, hier in Melbourne's Prahran Hotel

Accommodatie

Het accommodatiespectrum loopt uiteen van luxehotels met suites van rond de € 500 tot backpackershostels, waar een bed rond € 20 per nacht kost. In alle categorieën zijn eenpersoonskamers maar weinig voordeliger dan tweepersoonskamers. Voor een extra bed moet worden bijbetaald. Kinderen onder de 12 jaar overnachten in de regel gratis op de kamer van de ouders. Het ontbijt is – behalve in bed and breakfasts – maar zelden bij de prijs inbegrepen. Hotels en resorts uit de hoogste prijsklasse baseren hun prijzen vaak op de vraag naar kamers.

Uitchecken (checkout) moet vaak al om 10 uur. Afhankelijk van de staat wordt er boven op de prijs van de kamer tot 10% belasting berekend. De prijzen in vakantiegebieden zijn in de regel gedeeltelijk onderhevig aan schommelingen. In het hoogseizoen (juli-sept., dec.-feb.) is het raadzaam om tijdig te reserveren, ook voor campings en caravanparken.

Buiten de vakantieperioden is het nog wel mogelijk op de bonnefooi een kamer te vinden. Maar reis je in het hoogseizoen, dan dien je zekerheidshalve op zijn minst voor de eerste nachten na aankomst accommodatie te reserveren, ofwel via een reisbureau ofwel online. Voor wie in het hoogseizoen op eigen gelegenheid gaat rondreizen is het dringend aan te raden tijdig telefonisch of online kamers te reserveren. Accommodatie reserveren kun je ook laten doen door de regionale toeristenbureaus.

Hotels en motels

Het belangrijkste verschil tussen hotels en motels is dat hotels moeten beschikken over een openbare bar. Vooral in plaatsen in de outback zijn deze 'hotelcafés' prima onderkomens voor toeristen, waar je zeer veel couleur locale kunt proeven.

Hotels van de hoogste categorie bieden kamers van internationale standaard plus meestal één of twee restaurants, cafés, bars, kleine winkels, wisselkantoren en reisagentschappen. Vaak beschikken ze ook over een zwembad, tennisbanen en een fitness- en wellnesscenter. In de hoogste categorie vallen ook de boetiekhotels – stijlvol gerestaureerde en gemoderniseerde kleinere hotels in koloniale gebouwen met 19e-eeuwse ambiance. De prijzen liggen rond de € 125-250 voor een tweepersoonskamer. Over het algemeen geldt dat de meeste tophotels aanzienlijk goedkoper zijn als je ze al in Europa boekt, dan wanneer je ze pas ter plaatse reserveert.

In **middenklassehotels** ben je wat betreft de inrichting van de kamer vaak maar weinig minder comfortabel uit. Vaak zijn ook een restaurant en een zwembad beschikbaar. De prijzen voor overnachtingen liggen doorgaans tussen € 75 en € 125, afhankelijk van de regio. Zelfs **eenvoudige hotels** hebben vaak een acceptabel niveau en bieden schone kamers met airconditioning en een badkamer. Er heerst meestal een gemoedelijke sfeer. Voor een overnachting moet je rekenen op € 50-75.

Hotels liggen vooral in de stadscentra, maar **motels** (of **motor inns**) vind je meestal aan doorgangs- en uitvalswegen van grotere plaatsen. Motels beschikken over afzonderlijke een- en meerkamerunits, vaak uitgerust met een keukentje en bijna altijd met een waterkoker (inclusief theezakjes, oploskoffie, melk en suiker). Motelketens als **Choice Hotels**, tel. 1800-11 60 04, www.choicehotels.com.au, **Golden Chain**, tel. 1800-02 39 66, www.gol denchain.com.au, **Best Western**, tel. 13 17 79, www.bestwestern.com.au, of **Budget**, tel. 1300-27 72 46, www.budgetmotelchain.com.au, bieden in het hele land accommodatie die op zijn minst voldoet aan een behoorlijke standaard. Op verzoek kun je gratis een clubkaart krijgen waarmee je bij iedere overnachting in een tot dezelfde keten behorend motel 10% korting krijgt.

Resorts

Aan de stranden in het tropische noorden en op eilanden van het Great Barrier Reef liggen luxueuze, in uitgestrekte tropische tuinen aangelegde **strandresorts**. Eersteklasrestaurants en verscheidene zwembaden zijn hier net zo vanzelfsprekend als een groot sportaanbod en vaak ook wellnessprogramma's. Soms liggen deze resorts zeer afgelegen of aan de rand van nationale parken en vormen ideale uitvalsbases voor het verkennen van de natuur. Een 'specialiteit' van Queensland zijn de **regenwoudresorts**. Overnachtingen in de resorts kosten € 125 of meer.

Vakantiewoningen

In alle grote steden en vooral ook in de belangrijkste toeristengebieden vind je een breed scala aan vakantiewoningen op basis van zelfvoorziening, zogeheten holiday flats of holiday units. Deze zijn ideaal voor vakantiegangers die wat langer in één plaats blijven. Normaal gesproken zijn ze in elk geval uitgerust met een slaap- en een zitkamer plus een keuken(tje). Afhankelijk van de inrichting en de ligging moet je op prijzen rekenen die overeenkomen met die in de middelste en hoogste hotelklasse. Vakantiewoningen worden over het algemeen per dag of per week verhuurd. Informatie op **www.airbnb.nl** en **www.stayz.com.au.**

Bed and breakfast

Tijdens een verblijf in de over het algemeen buitengewoon stijlvolle B&B's, die – vooral op het eiland Tasmanië – meestal in historische gebouwen zijn ondergebracht, kom je dikwijls in contact met de plaatselijke bevolking. Ook als betalende gast op een farm kom je meer over het dagelijkse bestaan in Australië te weten. Aangezien beide vormen van accommodatie doorgaans een zeer goede kwaliteit bieden, liggen de prijzen afhankelijk van de regio en de inrichting tussen de € 75 en 125 voor twee gasten in een tweepersoonskamer, inclusief ontbijt. Bij de meeste toeristenbureaus kun je terecht voor brochures over B&B's en farmstays en het reserveren van deze accommodaties. Voor meer informatie over B&B's in Australië kun je terecht op de websites van een van de volgende organisaties: **The Australian Bed and Breakfast Book,** www.bbbook.com.au, op de **Bed & Breakfast Site,** www.babs.com.au, bij **Homestay Worldwide,** www.homestay.com.au, bij

---

BUDGETTIPS

Je kunt veel geld besparen als je een kamer in een toeristenhotel uit de midden- of hoogste klasse bij een grote reisorganisatie boekt, want zij bieden juist de luxe- en all-inhotels vaak aan tegen zeer gunstige prijzen. Ook betaal je dikwijls aanzienlijk minder dan de officiële prijs als je online reserveert, maar dit is vaak alleen mogelijk bij hotels uit de hoogste categorieën. Middenklassehotels zijn over het algemeen wel via een reserveringsportaal op internet te reserveren tegen prijzen die soms wel 50% lager liggen dan de officiële tarieven. Handige websites voor het boeken van een middenklassehotel zijn: **www.hotel.com.au**, **www.australia-hotels.net**, **www.agoda.com**, **www.stayz.com.au**, **www.hostelworld.com**, **www.hotelscentral.com** en **www.takeabreak.com.au**.

In stadshotels uit de midden- en hoogste klasse worden doorgaans gunstige **weekend packages** aangeboden. In veel hotels in de toeristische gebieden worden in het laagseizoen goede deals aangeboden. Steeds populairder bij reizigers zijn **hotelvouchers**, die je in eigen land voor vertrek voordelig kunt aanschaffen. Bij een langer verblijf kun je in de regel een behoorlijke korting krijgen bij accommodatie van alle categorieën.

Hosted Accomodation Australia, www.australianbedand breakfast.com.au, bij de **Bed & Breakfast and Farmstay Association of Far North Queensland,** www.bnbnq.com.au, bij **Outback Beds,** www.outbackbeds.com.au, en bij **Australian Farm Tourism,** www.aftagriculturaltourism.com.au.

Backpackershostels en jeugdherbergen

Reizigers met een beperkt budget kunnen in Australië in een van de talrijke backpackershostels en jeugdherbergen terecht, ideaal om rugzaktoeristen uit de hele wereld te ontmoeten. Je overnacht in kamers met twee (€ 40-60) of meer bedden (€ 20-25 p.p.), vaak inclusief gebruik van de keuken. De Youth Hostel Association of Australia beheert circa 150 jeugdherbergen. Je maakt vaak meer kans op een plekje met een geldige jeugdherbergkaart of een gastkaart, die je voor weinig geld kunt aanschaffen. In veel grote steden vind je huizen van YMCA en YWCA (Young Men/Women Christian Association), vaak comfortabele overnachtingsgelegenheden in hotelstijl met tweepersoonskamers. De prijzen liggen duidelijk hoger dan die van de backpackershostels en het niveau doet vaak niet onder voor dat van een eenvoudig hotel.
Youth Hostel Association of Australia, tel. 02-95 65 16 99, www.yha.com.au; **VIP Backpackers Resorts International**, tel. 02-92 11 07 66, www.vipbackpackers.com.

Kamperen

Veel campings en caravan parks bieden zowel staanplaatsen voor campers (met/zonder elektriciteit) als voor tenten. Daarnaast vind je er wasmachines en -drogers op munten, vaak ook speeltuinen, zwembaden en picknickplaatsen met barbecues op gas of elektriciteit, die op munten werken. De grotere caravan parks beschikken bovendien veelal over **huurcaravans** (*on-site-vans*) en eenvoudige **huisjes** (*cabins*) en steeds vaker ook over heel gerieflijke

Zelfs op 's werelds grootste zandeiland, Fraser Island, vind je comfortabele resorts

vakantiehuizen (*chalets*, *villas*). In de regel zijn deze verblijven *self contained*, dat wil zeggen uitgerust met fornuis, koelkast, pannen en serviesgoed. Bij voordelige accommodatie moet je de sanitaire voorzieningen delen met de kampeerders; duurdere cabins beschikken over een eigen badkamer. Zeer goed zijn de terreinen van grote caravan park-ketens als **Big Four Holiday Parks** (www.big4.com.au) en **Top Parks** (www.topparks.com.au). Deze geven vaak gratis ledenpassen uit, die recht geven op korting. De prijzen op de meeste caravan parks liggen rond € 10-15 voor een tentstaanplaats, € 20-45 voor een camperstaanplaats met elektriciteitsaansluiting (*powered site*), € 35-60 voor *on-site-vans* en *cabins*, en € 75-125 voor *chalets*, die meestal plaats bieden aan vier tot zes personen.

Naast commerciële caravan parks zijn er ook **campings in nationale parken**, die worden beheerd door de natuurbeschermingsinstanties van de afzonderlijke staten. Het aanbod loopt uiteen van terreinen in de stijl van caravan parks tot eenvoudige bush camps met wc's zonder doortreksysteem. In sommige nationale parken kun je gratis kamperen, in andere wordt € 8-10 per persoon gevraagd. In het hoogseizoen zijn de campings in de nationale parken vaak totaal volgeboekt en is het daarom raadzaam om vroeg te reserveren.

Eten en drinken

De Australische keuken is net zo multicultureel als het land zelf. De grote steden bieden een enorme verscheidenheid aan specialiteitenrestaurants van over de hele wereld; de fantasievolle 'new Australian cuisine' vermengt Australische, Aziatische en Europese invloeden. De echte culinaire avonturier mag de 'bush tucker'-gerechten uit de Aboriginalkeuken niet missen.

Culinaire verscheidenheid

Multicultiverleiding

'Als je er goed wilt eten, moet je zelf koken,' merkte een vertwijfelde buitenlandse journalist op die in de jaren 50 over Australië schreef. Maar de tijd dat je Down Under alleen maar het nationale gerecht – biefstuk met spiegelei en *baked beans* uit blik – kon krijgen, is intussen allang voorbij. Het beste wat de Australische keuken (die lange tijd net zo eenvoudig was als de Britse) kon overkomen was de toestroom van creatieve koks uit Zuid-Europa en oostelijk Azië na de Tweede Wereldoorlog. De belangrijkste eigenschap van het gevarieerde gastronomische landschap van Australië is zijn inspiratie door de buitenwereld. Of zoals een culinair criticus het uitdrukte: zijn 'multiculturele verhemelte'. Alle Britse tradities ten spijt tref je de wereldkaart van regionale keukens in al zijn uitgestrektheid aan: van Argentinië tot Vietnam is praktisch ieder land vertegenwoordigd.

Het begon allemaal in de jaren 60 van de vorige eeuw, met Italiaanse espressobars en pizzeria's. En tegenwoordig horen kwaliteitsrestaurants uit alle windstreken bij het straatbeeld van bijna elke stad. Zelfs afgelegen gehuchten in de outback hebben nu hun eigen Chinees of Italiaan. Vooral Zuidoost-Aziatische etablissementen zijn inmiddels een vanzelfsprekendheid geworden in de culinaire scene. Voor liefhebbers van gastronomie uit het Verre Oosten loont het om in een grote Australische stad een wandelingetje door Chinatown te maken. Hier vind je praktisch alle regionale Chinese gerechten en bovendien, naast Indonesische, Maleise, Thaise en Vietnamese restaurants, allerlei specialiteitenzaakjes van immigranten uit Cambodja, Myanmar, Mauritius en Mongolië.

De 'modern Australian cuisine'

Voor deze invloeden van buitenaf ontvankelijke en vernieuwingsgezinde Australische chef-koks begonnen met het creëren van de 'moderne Australische keuken'. Al minstens sinds de Olympische Spelen van Sydney in 2000 zijn fijnproevers verrukt van de lichte gerechten uit de levendige, experimenteergrage *modern Australian cuisine*, die Europees aandoet maar een duidelijk Aziatisch-Pacifische stijl heeft.

De moderne Aussiekeuken kenmerkt zich door het gebruik van eenvoudige maar hoogwaardige ingrediënten, die bovendien steeds geraffineerder worden klaargemaakt. Sommige koks verrassen hun gasten met delicatessen als lamskoteletten met een macadamiakorstje, met oesters gevulde runderfilet, in een bananenblad gegaarde visfilet of gebakken zeeforel op bushkruidenaioli. Vooral vanwege de toenemende belangstelling van hun gasten staat kangoeroevlees, geroemd om zijn lage cholesterolgehalte, sinds kort ook op het menu: gebraden als wild, op Engelse wijze gestoofd, door de hachee zoals bij de Ieren, of als kangoeroestaartsoep.

Veel Australische chef-koks hebben ook bij de oorspronkelijke inwoners afgekeken en bereiden opwindende *bush tucker*-gerechten, maar dan verfijnd en aan de verwende smaak van stadsbewoners aangepast. *Tucker* betekent in de Australische omgangstaal 'eten'. Dus *bush tucker* is alles wat in het wild groeit en leeft dat voedzaam en lekker is. In sommige specialiteitenrestaurants kan de liefhebber behalve kangoeroe nog meer vleessoorten uit de zogenaamde bushkeuken proeven – bijvoorbeeld buffel-, emoe-, kamelen- of krokodillenbiefstuk. Krokodillenvlees komt alleen van gekweekte dieren; het smaakt als een combinatie van kip en vis. Fijnproevers zijn dol op gerechten als gebraden ekstergans met een saus van wilde pruimen, gemarineerde reepjes emoevlees met karamelperen of op een houtskoolvuur gegrilde wallabyfilet met wilde tijm.

Een paar restaurants laten zich voorstaan op delicatessen die nogal wat gewenning vragen en die oorspronkelijk tot het basisvoedsel van de Australische oerbewoners behoorden, zoals nachtvlinderlarven, mangrovewormen en andere insecten. De culinaire waaghals kan zich te buiten gaan aan het eten van *witchetty grubs:* de vingerdikke en zeer eiwitrijke larven van een nachtvlinder, die rauw naar hazelnoot en gaar naar ei met een klein beetje suiker smaken.

Seafood neemt een belangrijke plaats in op de Australische menukaart

Vis en zeebanket

Liefhebbers van vis, schaal- en schelpdieren komen in de Australische kuststreken helemaal aan hun trekken. Het *seafood* dat meestal vers gevangen uit Neptunus' schatkamer op tafel komt, wordt door kenners tot het beste ter wereld gerekend. Algemeen geprezen worden bijvoorbeeld *rock oysters* (rotsoesters, vooral in Sydney erg de moeite waard), *Moreton Bay bugs* (kleine schaaldieren, een specialiteit in Brisbane), *yabbies* (kleine zoetwaterkreeftjes), *mud crabs* (mangrovekreeften), *king prawns* (reuzengarnalen), *cray fish* (langoest) en *scallops* (jakobsschelpen). Uitstekende zeevissen zijn *snapper* (wit, zeer mals), *whiting* (witvis, lijkt op onze kabeljauw), *John Dory* (zonnevis, opvallende smaak, licht zoetig) en *trevalla* (stevig vlees). Bijzonder smakelijk is de wat op baars lijkende *barramundi*, die in de Noord-Australische binnenwateren wordt gevangen en die gebakken of gegrild geserveerd wordt.

Australische eigenaardigheden

Tot de culinaire eigenaardigheden van het vijfde continent horen de *Aussie meat pies* (vleespasteien met een mysterieuze vulling, die met een ferme scheut tomatenketchup worden gegarneerd), de *woppers* (extra grote sandwiches), *pavlova* (een gevaarlijk toetje van schuimgebak, vruchten en slagroom) en vooral de *vegemite* (een gistmeersel dat als broodbeleg dient en aan Marmite doet denken).

Ronduit een Australisch instituut is de barbecue. Ook al is *dining out*, 's avonds uit eten gaan in een chic restaurant, nog zo'n belangrijk onderdeel van de Australische lifestyle: veel Aussies kunnen zich niets mooiers voorstellen dan gezellig met vrienden in de tuin vlees staan grillen. De barbecue, kortweg *BBQ* of *barbie* genoemd, is een van de grote passies van de Australiër in zijn vrije tijd. Sommigen hebben het grillen tot een ware kunst verheven en weten zelfs de smaakpapillen van doorgewinterde culi's te strelen. Op de hete ijzeren platen van de moderne, meestal met elektriciteit of gas verhitte grills sissen niet alleen steaks en worsten, maar ook verse vis en gemarineerde kippenpoten, aardappelschijfjes en knapperige groenten of delicatessen als krabben en zeekreeften. De *barbie* is net zo typerend voor Australië geworden als de kangoeroe. Praktisch overal in het land kom je barbecueopstellingen tegen: in stadsparken en natuurreservaten net zo goed als op campings en in caravanparken.

Waar gaan we eten?

Dankzij de verwarrende Australische alcoholwetten laten de restaurants zich in drie hoofdcategorieën indelen. In sommige mag helemaal geen alcohol gedronken worden *(not licensed restaurants)*, andere hebben een vergunning en serveren alcoholische dranken, zij het in de regel alleen bij een maaltijd *(fully licensed restaurants)*, en de restcategorie van de zogenaamde *BYO's*. De afkorting staat voor *Bring Your Own* en betekent dat het restaurant geen vergunning heeft om alcoholhoudende dranken te schenken, maar dat gasten wel hun eigen wijn en bier mogen meebrengen. Hoewel *BYO*-restaurants 'kurkengeld' in rekening brengen voor het koud zetten en openen van de flessen, zijn de meeste eethuizen in deze categorie aantrekkelijker geprijsd dan restaurants met een volledige vergunning.

Uitgesproken duur zijn de toprestaurants, waarbij een telefonische reservering meestal noodzakelijk is en waar van gasten formele kleding wordt verwacht. Voor alle betere restaurants geldt: men neemt niet aan de eerste de beste tafel plaats – ook niet als die duidelijk vrij is – maar wacht tot een plaats wordt toegewezen. *Please, wait to be seated* heet deze vorm van etiquette. Uitvoerige informatie over de culinaire tempels van de grote steden vind je onder andere in de restaurantkolommen van de grote dagbladen en in de brochures uit de serie 'This Week in...' die bij toeristenbureaus te krijgen zijn.

Niet te duur, maar smakelijk en royaal zijn de *counter lunches* of *counter meals* die aan de bar van veel pubs en hotelcafés worden geserveerd. Hetzelfde geldt voor de ontelbare *take away*-restaurants, waar het aanbod meestal beperkt is tot *burgers* en *pies*. Voor een snelle snack kun je beter terecht bij een van de talrijke fish-and-chipsshops, waar goudbruin gefrituurde visfilets met grote bergen frites te krijgen zijn. Vergeleken met de hamburger-en-hotdogtentjes steken ook de Aziatische *take away*-restaurants duidelijk gunstig af.

Kleine, goedkope maaltijden worden ook geserveerd in veel bistro's en cafetaria's, die in Australië meestal, net als in de VS, worden aangeduid als *deli*. In grotere steden zijn fastfoodrestaurants van de bekende ketens te vinden, voornamelijk langs de belangrijke uitvalswegen.

Eetgewoonten

In navolging van de inwoners van Groot-Brittannië hechten de meeste Australiërs veel waarde aan een voedzaam **ontbijt**. In hotels en restaurants bestaat het ontbijt meestal uit een compleet menu (biefstuk, worst, eieren, spek en dergelijke). Ook populair als stevig begin van de dag zijn de zogenaamde *cereals*, havermout en cornflakes, die in allerlei combinaties met muesli worden genuttigd.

De **lunch** ziet er wat bescheidener uit en bestaat meestal uit iets lichts, zoals een sandwich of salade. Als tussendoortje aan het eind van de middag houden Australiërs die aan Britse tradities hechten van de **Devonshire tea**: thee en scones met jam en room. In de regel is **dinner**, het warme avondeten, de hoofdmaaltijd.

In hotels en restaurants wordt het ontbijt meestal tussen 7 en 10 uur, de lunch van 12 tot 2 en het diner van 6 tot 9 uur geserveerd.

Bier of wijn?

In de afgelopen jaren heeft het Australische bier, volksdrank nummer één, serieuze concurrentie van de binnenlands geproduceerde wijn gekregen. Steeds meer bewoners van het continent leren de voortreffelijke kwaliteit van hun eigen wijnen waarderen, en praktisch ieder restaurant en elke slijterij heeft tegenwoordig flessen wijn in het assortiment. Bijna twee derde van alle Australische wijnen komt uit South Australia, vooral uit de Barossa Valley (zie blz. 276).

Immigratieland Australië: saté op zijn Aziatisch   *Koffieland Australië: cappuccino als in Italië*

Wijnland Australië: bij elk gerecht een passende wijn

Sport en activiteiten

Duiken

Met het Great Barrier Reef voor de oostkust en het Ningaloo Reef bij Exmouth in het westen bezit het land twee van de grootste duikgebieden ter wereld, met prachtige, kleurige koraaltuinen. In andere kustgebieden zijn wrakken van oude zeeschepen te bewonderen. Uitrustingen zijn te huur in de toeristische centra, maar alleen als je in het bezit bent van een internationaal erkend duikbrevet. Vooral in het noordelijke deel van het Great Barrier Reef (bijvoorbeeld Airlie Beach, Cairns, Port Douglas) bieden talrijke duikscholen relatief voordelige cursussen aan. Je hoeft geen geoefende sportduiker te zijn om de koraalbanken in visperspectief te verkennen – een duikmasker met snorkel en zwemvliezen volstaan, want de grootste kleurenpracht vind je op maximaal 5 m diepte. Informatie: **www.australieduiken.nl**, **www.diveoz.com.au**.

Fietsen

In de grote steden liggen fietspaden en op het platteland voeren kleine, weinig bereden wegen door de prachtigste omgeving. Favoriet bij fietsers zijn de bochtenrijke Great Ocean Road in Victoria (zie blz. 216) en Tasmanië. Goed uitgeruste *extreme bikers* beproeven hun krachten graag op de Gibb River Road in de West-Australische Kimberleys. Fietsen worden op tal van plaatsen verhuurd, maar als je van plan bent om langere tochten te maken, kun je beter je eigen tweewieler meenemen. Let op: fietsers moeten een helm dragen. Informatie over fietspaden en tips over fietstochten geeft **Bicycling Australia,** www.bicyclingaustralia.com.au.

Golf

Golf is Down Under een massasport. De meeste van de talrijke golfterreinen zijn voor iedereen toegankelijk; een uitrusting kan gewoonlijk ter plaatse per uur of per dag worden gehuurd. De greenfee ligt tussen A-$ 50 en 75, maar bij topclubs vaak boven de A-$ 200. In het weekend kun je het best telefonisch reserveren. Leden van Europese golfclubs kunnen met een aanbevelingsbrief van hun eigen club doorgaans gratis gebruikmaken van de terreinen van de Australische partnerclubs. Voor meer informatie kun je bijvoorbeeld terecht op internet op **www.ausgolf.com.au** en **www.golf.org.au**.

Paardrijden

Voor liefhebbers van paardrijden bieden de ruige natuurgebieden van Australië onuitputtelijke mogelijkheden om eropuit te trekken. In iedere staat kun je een ruitervakantie houden – in de Snowy Mountains evengoed als in de halfwoestijnen in Midden-Australië. Tijdens trail rides, meerdaagse, georganiseerde ritten, overnacht je in gezellige blokhutten of in kampen in de openlucht.

Raften, kanoën en stand up paddling

Een sport die steeds populairder wordt, is **white water rafting**, per rubberboot rivieren met stroomversnellingen bevaren. Ook beginners en iedereen die niet veel aan sport doet, trotseren onder professionele leiding de stroomversnellingen van bekende 'raftingrivieren' als de Tully River in Noord-Queensland, de Gwydir River in New South Wales en de Franklin River in Tasmanië.

Wie zich liever wat gemakkelijker voortbeweegt, kan op veel plaatsen een **zeekajak** (seakayak) of **kano** huren voor een rustige excursie. Op steeds meer plaatsen kun je je ook overgeven aan de trendy sport stand up paddling ofwel

Een romantische rit bij zonsondergang, een meerdaagse trail of een verblijf op een paardenranch – voor paardenfans is Australië een land met onbegrensde mogelijkheden

'suppen'. Informatie geeft **Australian Canoeing,** tel. 02-81 16 97 27, www.canoe.org.au.

Sportvissen

Australië is een mekka voor sportvissers. Enkele van de populairste gebieden voor forelvissers zijn het Lake District van Tasmanië, de rivieren en meren van de Australische Alpen en ook de meren in de Snowy Mountains rond de plaatsen Eucumbene en Jindabyne. Op de gewildste vis van Australië, de barramundi, wordt gevist in de meren, rivieren en riviermondingen van het tropische noorden. Toplocaties voor Australische vissers op volle zee zijn Port Stephens ten noorden van Sydney, Bermagui aan de zuidkust van New South Wales, Port Lincoln, Ceduna en Kangaroo Island in South Australia, Bicheno en St. Helens aan de Tasmaanse oostkust plus talrijke havenplaatsen in het zuidwesten van Western Australia.

Van september tot december wordt voor de kust van Queensland jacht gemaakt op de tot 200 kg zware blauwe marlijn (blue marlin), en boten op charterbasis opereren vanaf Cairns en Lizard Island. In binnenwateren mag het hele jaar door worden gehengeld, maar er gelden wel vangstlimieten en gesloten perioden voor bepaalde soorten, die per staat verschillen. Voor exacte informatie kun je jezelf wenden tot politiebureaus, toeristenbureaus en sportwinkels ter plaatse. Hier kun je ook de noodzakelijke visvergunningen krijgen. Ook voor vissen op volle zee gelden regionale bepalingen.

Surfen en windsurfen

Surfen is in Australië een volkssport en een levensstijl. De beste surfstranden strekken zich uit aan de kust van South Australia, Victoria en New South Wales en ook in het zuiden van Queensland en Western Australia. In Queensland remt het Great Barrier Reef de golven van

Zoals hier in de Blue Mountains kun je in Australië – met droge of natte voeten – magische kloven verkennen

Wereldberoemde wandelklassieker: de Overland Track in Tasmaniës Cradle Mountain-Lake St. Clair National Park

Zowat rond het hele continent kun je je overgeven aan deze Australische volkssport: surfen

de Grote Oceaan af voordat ze het vasteland bereiken; hier heersen goede omstandigheden voor windsurfers. Meer informatie: **www.realsurf.com**, **www.surfingaustralia.com**, **www.coastalwatch.com**.

Tennis

Tennis ontwikkelt zich steeds meer tot een algemene sport. In het hele land liggen ontelbare openbaar toegankelijke tennisbanen en bijna overal zijn rackets te huur. Bovendien beschikken alle grote hotels over een of meer banen, waar professionele tennisleraren lesgeven.

Wandelen

Bijna 300.000 km² ongerepte bos- en bushgebieden staan in Australië onder natuurbescherming en zijn ontsloten door een netwerk van wandelpaden. Hier is alles mogelijk, van eenvoudige boswandelingen tot meerdaagse tochten die zelfs van verstokte outdoorfans het uiterste vergen. Goede wandelgebieden vind je verspreid over het hele land, van de ruige berggebieden op Tasmanië en de woestijnlandschappen in Midden-Australië tot de regenwouden in het tropische noorden. In bijna alle natuurgebieden zijn ook campings voorhanden.

Een van de bekendste wandelroutes in Australië is de 65 km lange Overland Track tussen Cradle Mountain en Lake St. Clair op Tasmanië, waarvoor je vier tot zes dagen moet uittrekken. Informatie en wandelkaarten zijn vaak verkrijgbaar bij de rangerstations van de nationale parken. Het is ook raadzaam om je hier te registreren als je van plan bent om een zware of lange tocht te ondernemen. Bij bergwandelingen in de zuidelijke landsdelen, vooral op Tasmanië, in de Snowy Mountains en in de Victorian Alps (Australische Alpen), moet je ook midden in de zomer rekening houden met plotselinge temperatuurdalingen. Neem daarom altijd warme kleding, goede regenkleding en robuuste bergschoenen mee, zelfs als je een wandeling van een halve dag maakt.

Wie geen ervaring heeft, kan zich aansluiten bij een van de vele georganiseerde wandeltochten, die op tal van plaatsen worden georganiseerd. Bekende organisatoren zijn **Echidna Walkabout**, tel. 0613-96 46 82 49, www.echidnawalkabout.com.au, en **Willis's Walkabout**, tel. 08-89 85 21 34, www.bushwalkingholidays.com.au. Voor meer informatie kun je terecht op **www.greatwalksofaustralia.com.au**.

Wintersport

De wintersportgebieden van Australië liggen in de hoogten van de Great Dividing Range tussen Sydney en Melbourne en in de bergen van Tasmanië. Ook de Australiërs vinden skiën echter een betrekkelijk dure sport, zodat het tot dusver door een minderheid wordt beoefend. Het skiseizoen duurt van juni tot september. In de wintersportcentra vind je een ruime keus aan accommodatie. Uitrusting kan worden gehuurd. Meer informatie: **www.aussiesnow.com.au**.

Zeilen

Zeilen is geen exclusieve tak van sport in Australië. In de weekends vaart op Port Jackson bij Sydney en op Port Phillip Bay bij Melbourne een ware armada van jachten. Een van de beste en mooiste zeilgebieden van Australië is dat rond de Whitsunday Islands bij het Great Barrier Reef ten noorden van Mackay; jachten (met of zonder bemanning) kunnen worden gehuurd in Airlie Beach en in de Shute Harbour. Andere populaire zeilcentra zijn Brisbanes Moreton Bay, de Gulf St. Vincent bij Adelaide, de wateren van Fremantle en de Swan River bij Perth plus de River Derwent bij Hobart op Tasmanië. Met een aanbevelingsbrief van hun club in eigen land kunnen zeilers vaak gebruikmaken van de uitrustingen en boten van Australische gastclubs. Meer informatie op **www.sailing.org.au**.

Feesten en evenementen

In het over het algemeen graag feestvierende Australië vormen tal van sportwedstrijden en soms wat zonderling aandoende evenementen de hoogtepunten van het jaar.

Hoe maffer, hoe Australischer

Todd River heet de rivier die door Alice Springs stroomt. Dat doet hij overigens maar heel af en toe, en dan meestal ook nog maar een paar dagen achter elkaar. Zodoende hebben de inwoners van Alice Springs (zie blz. 380) Todd River tot locatie van een merkwaardige 'bootrace' gemaakt: de **Henley-on-Todd Regatta** – naar het beroemde roeiparadijs Henley-on-Thames in Engeland, waar de Britse high society zich ieder jaar aan prestigieuze roeiwedstrijden vergaapt. De Australische versie is mogelijk de enige bootrace ter wereld die op land plaatsvindt. Omdat er geen water is, roeien de deelnemers niet, maar lopen ze met hun bootjes zonder bodem (vaak zeer originele constructies) door de stoffige bedding naar de finish. Net als bij gewone regatta's kan alleen die bemanning winnen die de boeg naar voren houdt en bij de finish nog iedereen aan boord heeft. Het idee kwam in 1961 van leden van de Rotary Club, die vonden dat bij een liefdadigheidsfeest ook een regatta hoorde. En omdat er wel een rivierbedding was maar er weer eens geen water in stond, deden ze het gewoon zonder. Intussen is de wedstrijd een grote attractie, die ieder jaar in augustus duizenden toeschouwers trekt. Maar één keer haalde het weer een streep door de rekening: het regende, en het evenement viel letterlijk in het water.

Een dergelijk dilemma hebben de organisatoren van het **Kynuna Surf Carnival** nog niet meegemaakt. De deelnemers en toeschouwers van dit vermaak wordt weliswaar al het mogelijke geboden, maar één ding ontbreekt: het surfen, want de dichtstbijzijnde branding is maar liefst 500 km verderop. Dus de deelnemers klemmen hun surfplank onder de arm en rennen om het hardst door het hete woestijnzand.

Na de Henley-on-Todd Regatta is de **Beer Can Regatta** de idiootste bootrace ter wereld. Die vindt elk jaar eind juli of begin augustus plaats in het noordelijk gelegen Darwin (zie blz. 400). Door de hoge bierconsumptie in Darwin werden de lege bierblikjes een milieuprobleem. Niets ligt in een havenstad meer voor de hand, dachten twee slimme inwoners, dan het uitschrijven van een regatta voor boten die van lege blikjes zijn geknutseld. Het recept voor het maken van een blikschip is simpel: lege, dichtgesoldeerde bierblikjes worden met waterdicht plakband aan elkaar vastgemaakt – 360 blikjes zijn al genoeg om een volwassene te dragen. De avontuurlijkste vaartuigen verschijnen aan de start: drakenboten, Vikingschepen en raderboten. De bierconsumptie op de dag van de wedstrijd levert overigens meteen genoeg bouwmateriaal voor de boten die volgend jaar zullen deelnemen.

Volksfeesten, rodeo's en country fairs

De Henley-on-Todd Regatta van Alice Springs, de Beer Can Regatta in Darwin en het Kynuna Surf Carnival horen bij de bekendste en mafste feesten van Australië. Maar in het hele land is er geen gehucht, hoe klein ook, met een beetje zelfrespect dat niet minstens eens per jaar een groot evenement organiseert. Vooral in landelijke regio's en in de outback, waar maar weinig sociale gelegenheden zijn, markeren **volksfeesten** de hoogtepunten van het jaar. Dan stromen de mensen toe van vaak honderden kilometers ver. In het middelpunt van een fatsoenlijk feest staat meestal een paardenrace voor amateurjockeys. Selectiewedstrijden vinden plaats op de eerste dag van het feest, meestal een zaterdag. 's Avonds volgt in de regel een bal met muziek en dans, waarbij formele kleding verwacht wordt. Zondag is dan gezinsdag met spelletjes en vermaak voor kleine en grote kinderen. Op maandag wordt doorgaans de finale van de paardenrace verreden.

Helemaal boven aan de favorietenlijst van Australiërs staan **rodeo's**, die in grotere plaatsen vaak in combinatie met **plattelandsmarkten** *(country fairs)* plaatsvinden. Publiekstrekkers zoals de elk jaar in augustus gehouden rodeo van Mount Isa in Queensland zijn goed voor duizenden toeschouwers. De rodeorijders zijn vaak professionals. In woonwagens trekken ze door het hele land van evenement naar evenement. Concurrentie krijgen ze ter plaatse van *stockmen* die op runderfarms in de omgeving werken. In het bijprogramma van een rodeo worden soms ook houthakwedstrijden gehouden.

Een andere attractie zijn **bokswedstrijden**, waarbij moedige amateurs voor een paar dollar tegen profboksers de ring in gaan. Iets minder gevaarlijk zijn de **bierbuikwedstrijden**. In een soort missverkiezing presenteren door de wol geverfde kerels hun jarenlang met veel liefde verzorgde bierbuik aan een uit vrouwen bestaande jury. De winnaar is natuurlijk degene met de imposantste *beer belly*.

Bijzondere evenementen

Bij nieuwe maan tussen 21 januari en 19 februari vieren de Australiërs met Chinese roots in de Chinatowns van Sydney, Melbourne, Brisbane en andere steden **Chinese New Year**, hun nieuwjaarsfeest. Hoogtepunten zijn de kleurige draken- en leeuwenoptochten en het prachtige vuurwerk.

In de zomermaanden tonen bijna ieder weekend zongebruinde *lifesavers* aan de stranden van Sydney en tal van andere Australische steden hun kunnen bij het **Surf Carnival**.

Op 31 december, **New Year's Eve**, wordt in alle metropolen vuurwerk ontstoken (erg mooi is dat boven de Sydney Harbour) en zijn er overal straatfeesten.

De rodeo is op het platteland het jaarlijkse culturele hoogtepunt, waarbij het randgebeuren – drinken, drinken, drinken ... – op evenveel enthousiasme kan rekenen als de wedstrijden zelf

Praktische informatie van A tot Z

Alarmnummers

Politie, ambulance, brandweer: 000
Hulp bij pech (Breakdown Service): 13 11 11

Alcohol

Alcoholhoudende dranken kun je in Australië niet gewoon in de supermarkt kopen, maar alleen in winkels met een vergunning, die namen dragen als *bottle shop, liquor store* of *winery*. De alcoholwetgeving is erg streng; zowel om het te mogen kopen als om het te consumeren moet je ten minste 18 jaar oud zijn. In veel steden is het verboden in de openbare ruimte alcohol te consumeren.

Ambassades en consulaten

In Nederland
Australische ambassade:
Carnegielaan 4, 2517 KH Den Haag,
tel. 070-310 82 00, fax 070-310 82 50,
ma.-vr. 8.30-17 uur,
austem_thehague@dfat.gov.au,
www.netherlands.embassy.gov.au.

In België
Australische ambassade:
Kunstlaan 56, 1000 Brussel,
tel. 02-286 05 00,
fax 02-286 05 76,
ma.-vr. 8.30-17 uur,
austemb.brussels@dfat.gov.au,
www.belgium.embassy.gov.au.

Let op: de Australische ambassades in Den Haag en Brussel nemen geen **visumaanvragen** meer aan. Nederlanders en Belgen kunnen voor vragen over visa en emigratie het best contact opnemen met de Europe Service Centre in Londen:

Europe Service Centre:
tel. 0044 20 74 20 36 90 (ma.-vr. 9.00-16 uur),
www.immi.gov.au. Op de website tref je een contactformulier aan.

In Australië
Nederlandse ambassade:
120 Empire Circuit,
Yarralumla ACT 2600, Canberra,
ma.-do. 9-12.30 en 14-16, vr. 9-12.30 uur,
tel. 02-62 20 94 00
can@minbuza.nl,
www.australie.nlambassade.org.

Belgische ambassade:
19 Arkana Street,
Yarralumla, ACT 2600 Canberra,
ma.-do. 9-12.30, 13-16, vr. 9-12.30, 13-15 uur,
tel. 02-62 73 25 01/02,
canberra@diplobel.fed.be,
www.diplomatie.belgium.be/australia.

Consulaten van **Nederland** zijn gevestigd in Adelaide, Brisbane, Hobart, Melbourne, Perth, Port Moresby en Sydney, consulaten van **België** in Adelaide, Brisbane, Darwin, Hobart, Melbourne, Perth en Sydney.

Australië op het internet

www.netherlands. embassy. gov.au
De website van de Australische ambassade in Nederland verschaft allerlei basisinformatie over Australië en is een goede bron van actuele reistips en info over bestemmingen.

www.belgium.embassy.gov. au
De website van de Australische ambassade in België met basisinformatie over Australië en actuele reistips en bestemmingen. In het Engels.

www.australia.com
De Australian Tourist Commission biedt algemene toeristische informatie over Australië op meer dan tienduizend pagina's. Deze website biedt een schat aan informatie voor elke bezoeker van Australië.

Do's-and-don'ts

Australiërs zijn in de regel zeer open en buitengewoon hulpvaardig tegenover vreemden – vooral in de eenzame outback is het een ongeschreven wet om mensen die in moeilijkheden zijn geraakt een helpende hand toe te steken. In de stad wenst men elkaar goedemorgen bij het joggen, en als twee auto's elkaar tegemoet rijden op een eenzame provincieweg, zwaaien de bestuurders elkaar gedag.

De toegankelijkheid en gastvrijheid gaan doorgaans echter niet zo ver dat ze vreemden uitnodigen in hun eigen huis, want my *home is my castle* – en wat dat betreft zijn de Aussies Britser dan de Britten. Voor contacten gaan ze liever naar gelegenheden als restaurants, pubs en clubs. Als je toch wordt uitgenodigd, is een fles wijn of sterkedrank meestal een geschikt presentje.

Down Under begroet men elkaar van oudsher met een hartelijk *How are you today?* Hierbij gaat het echter enkel om een holle frase, waarop als antwoord altijd *Thank you, fine!* wordt verwacht. Het is zeker niet de bedoeling dat je over je persoonlijke problemen begint of met '*bad*' antwoordt.

De meeste Australiërs zijn – ongeacht hun sociale status – uitgesproken *easy going* en cultiveren een levensgevoel dat zich goed laat omschrijven als *informal*, ongedwongen. Op etiquette letten ze gewoonlijk alleen in een voorname ambiance of bij heel bijzondere gelegenheden. Bankdirecteuren of managers daargelaten, zien de Aussies er eigenlijk bijna altijd uit alsof ze op het punt staan te gaan surfen of joggen. Even informeel zijn de Australiërs bij gesprekken – meestal spreken ze elkaar al na de eerste handdruk aan bij de voornaam

REGELS VOOR NATUURGEBIEDEN

– De planten- en dierenwereld van de natuurgebieden is beschermd. Neem daarom geen planten mee en kijk uit dat je nooit dieren laat schrikken (let vooral goed op als je foto's neemt).
– Jachtgeweren zijn verboden, net als honden, katten en andere huisdieren.
– Kamperen is in de meeste parken uitsluitend toegestaan op de daarvoor bestemde kampeerterreinen.
- Pas bijzonder goed op met open vuur. Eén vonkje kan een verwoestende bosbrand veroorzaken. Houd je altijd aan de zogeheten *days of total fire ban*. Gebruik zo mogelijk een gas- of spiritusstel.
– Neem al je afval mee. Vuilnis begraven is zinloos, omdat het meestal toch weer wordt opgegraven door wilde dieren. Menselijke uitwerpselen altijd met een dunne laag aarde bedekken.
– Rivieren, beken en drinkplaatsen nooit vervuilen met etensresten, afwasmiddelen of zeep.
– Denk eraan dat de plantengroei snel beschadigd raakt, dus blijf altijd op de voorgeschreven wegen.
– Loop zo veel mogelijk in kleine groepen, omdat grote gezelschappen de omgeving te zeer verstoren.
– Pleeg bij lastige tochten en tochten van meer dagen altijd overleg met de verantwoordelijke rangers.

en ze houden er niet van om om de hete brei heen te draaien, maar komen zonder omhaal ter zake.

Persoonlijke vragen zijn echter taboe. Bezoekers kunnen het best proberen zich aan deze oppervlakkige toon aan te passen, want overdreven beleefdheid kan gemakkelijk worden aangezien voor arrogantie. Ook kun je in gezelschap van een Aussie beter niet Australië bekritiseren of afkraken – de reactie van de bewoners kan uiteenlopen van hoofdschudden tot een vuistslag.

Drugs

Strenge wetten verbieden in Australië het bezit, de verkoop en het gebruik van drugs. Bij overtreding – ook als het maar om kleine hoeveelheden gaat – wordt zwaar gestraft.

Elektriciteit

De netspanning is 240/250 volt. Australische stopcontacten zijn geaard en hebben drie rechthoekige gaten. Voor gebruik heb je een een verloopstekker van type I (adapter Australië) of een wereldstekker nodig. Beide zijn verkrijgbaar bij de ANWB.

Feestdagen

Als een officiële feestdag op een zondag valt, is de maandag daarop een vrije dag.

1 januari – New Year.
26 januari – Australia Day (de stichtingsdag van de eerste Europese nederzetting op het continent).
Goede Vrijdag, tweede paasdag.
1e ma. in maart – Labour Day (Dag van de Arbeid) in WA.
2e ma. in maart – Labour Day, VIC.
3e ma. in maart – Labour Day, ACT.
25 april – Anzac Day (herdenking van de in de wereldoorlogen gesneuvelde Australiërs).
1e ma. in mei – Labour Day, QLD.
2e ma. in juni – Queen's Birthday, niet in WA.
14 september – National Aboriginal Day.
1e ma. in oktober – Labour Day, NSW.
2e ma. in oktober – Labour Day, SA.
25 december – Christmas Day.
26 december – Boxing Day, niet in WA; Proclamation Day, alleen SA.

Fooien

Taxichauffeurs, obers en kamermeisjes zijn altijd blij met een fooi (tip), al ben je natuurlijk niet verplicht die te geven. Als richtlijn geldt in restaurants van de hogere prijscategorie 5 tot 10% van het bedrag op de rekening. Bij taxiritten wordt de prijs gewoonlijk naar boven afgerond tot een heel bedrag. Maar je bepaalt natuurlijk in de eerste plaats zelf hoeveel fooi je geeft.

Fotograferen

Australië biedt ontelbare onderwerpen om te fotograferen. Op veel plaatsen zijn de inwoners verbluffend extravert en laten zich graag fotograferen. Je moet steeds proberen, ook bij wijze van hoffelijkheid, om te fotograferen met instemming van de gefotografeerde – vaak is een kort oogcontact of een vriendelijke glimlach genoeg. Houd er wel rekening mee dat veel Aboriginals (vooral vrouwen en oude mannen) niet graag op de foto gaan. Let goed op bij de grote belichtingscontrasten: vooral bij portretopnamen kun je het best met een flits de schaduwen oplichten. In musea heb je meestal speciaal toestemming nodig om te fotograferen. Voor militaire complexen en luchthavens gelden de gebruikelijke fotografeerverboden.

Wie met een digitale camera fotografeert, heeft gewoonlijk genoeg aan één of twee geheugenkaartjes, omdat in de meeste internetcafés de data van volle kaartjes op een cd of een dvd kunnen worden gebrand of naar een eigen USB-stick gekopieerd kunnen worden. Je kunt je foto's natuurlijk ook opslaan bij een clouddienst als iCloud, Dropbox of Google Drive.

Geld

Valuta

De nationale valuta is de Australische dollar (A-$), die is onderverdeeld in 100 cents (c). Er zijn bankbiljetten in omloop van A-$ 5, 10, 20, 50 en 100 en munten van 5, 10, 20 en 50 c en A-$ 1 en 2.

> **BANKPAS OF CREDITCARD BLOKKEREN**
>
> **Bij verlies of diefstal** kun je vanuit Australië 24 uur per dag en 7 dagen per week de onderstaande nummers in Nederland bellen. Geef de vermissing van je pas ook aan bij de politie!
>
> **Bankpassen**
> ABN Amro: 0031 20 651 59 27
> ING: 0031 20 228 88 00
> Rabobank: 0031 88 722 67 67
> Overige banken:
> 0031 88 385 53 72 (Bankpassen Meldcentrale)
>
> **Creditcards**
> American Express: 0031 20 504 80 00
> MasterCard: 0031 20 660 06 11
> VISA: 0031 20 660 06 11
>
> **Houd bij het bellen je pas- en rekeningnummer bij de hand!**

De wisselkoersen van Australische banken en wisselkantoren zijn altijd gunstiger dan in het buitenland. Het is echter raadzaam om bij aankomst wat contant geld bij je te hebben, bijvoorbeeld om taxiritten te betalen. Voor de bagagekarretjes op de luchthavens heb je munten van A-$ 1 nodig.

Wisselkoers augustus 2018: € 1 = A-$ 1,56, A-$ 1 = € 0,64. De actuele koers is te vinden op de website www.oanda.com, klik op de link 'Currency Converter'.

Betaalmiddelen in Australië

Met gangbare bankpassen en creditcards met het Maestro- of Cirrussymbool kun je contant geld opnemen bij de meeste geldautomaten (Automatic Teller Machines, ATM). Bij het gebruik van een bankpas hoef je de minste provisie te betalen. Met de passen van sommige banken kun je wereldwijd geld opnemen zonder kosten. Andere banken werken samen met Australische banken, waar je gratis geld kunt pinnen. Voor de zekerheid kun je het best ook enkele in Australische dollars uitgeschreven travellercheques meenemen.

Geldautomaten en wisselkantoren vind je op de luchthaven. Banken, die alle soorten deviezen wisselen tegen officieel vastgelegde wisselkoersen, zijn gevestigd in iedere grote plaats. Als je in afgelegen outbackgebieden rondreist, is het verstandig om voldoende contant geld bij je te hebben.

Creditcards van alle grote organisaties worden in Australië veel gebruikt en zijn vaak van groot belang, bijvoorbeeld bij het huren van een auto of het boeken van een hotel, waarbij je niet vooruit hoeft te betalen als je een creditcard kunt overleggen. Met alle internationaal gangbare creditcards kun je betalen in hotels, goede restaurants en supermarkten en in de meeste winkels en tankstations. Betalen kan echter uitsluitend met een creditcard die voorzien is van een pincode; alleen een handtekening zetten op de kwitantie is niet meer mogelijk.

Kleine bedragen tot circa A-$ 100 worden in Australië vaak contactloos betaald via payWave. Voordeel: het gaat sneller dan contant afrekenen of een normale creditcardbetaling. Het is mogelijk in winkels, restaurants enzovoort met het payWave-symbool.

Gezondheid

Op de volgende websites lees je uitvoerige informatie over gezondheidszaken die van belang kunnen zijn voor je reis naar Australië: **www.australie.nl/id/1/337/gezondheid_australie.html**, **www.gezondopreis.nl** en **www. lcr.nl**.

Op het moment zijn voor reizigers uit infectievrije gebieden geen vaccinaties voorgeschreven. Ook zijn preventieve maatregelen over het algemeen niet nodig – zelfs in het tropische noorden komt geen malaria voor. Wel kun je voor de zekerheid een herhalingsinenting tegen tetanus, polio en difterie halen.

Apotheken

De meeste in Europa gebruikelijke medicijnen zijn verkrijgbaar bij de *chemist*. Voor geneesmiddelen op recept moet je je tot een arts wenden, aangezien Australische apotheken geen buitenlandse recepten aannemen. Medicijnen en verbandmiddelen waarvoor je geen recept nodig hebt, haal je bij *drugstores*, die vaak te vinden zijn in supermarkten en winkelcentra.

Medische hulp

Australië beschikt over hooggekwalificeerde artsen en moderne ziekenhuizen (informeer bij de diplomatieke vertegenwoordigingen naar Nederlandssprekende artsen), zie blz. 92. Zelfs in de dunbevolkte outback is de medische zorg uitstekend geregeld. Daar zorgt de Royal Flying Doctor Service bij noodgevallen voor snelle hulp van een arts. Deze dienst is in de regel ook gratis voor toeristen, maar artsen en ziekenhuizen brengen hoge kosten in rekening voor hun behandeling, die contant of per creditcard moeten worden afgerekend.

Aangezien de meeste Europese verzekeringen de kosten van medische behandelingen in Australië niet vergoeden, is het raadzaam om een goede aanvullende ziektekostenverzekering af te sluiten (inclusief repatriëring). Je krijgt de gemaakte kosten alleen vergoed als je beschikt over een gedetailleerde factuur van de medische behandelingen.

Voorzorgsmaatregelen

Slip! Slop! Slap! – deze slogan vat samen hoe je het best kunt voorkomen dat je verbrandt en risico loopt op huidkanker: trek een T-shirt aan *(Slip on a shirt!)*, smeer je in met zonnebrandmiddel *(Slop on sunscreen!)* en draag een hoed *(Slap on a hat!)*. Vergeet niet om daarnaast een zonnebril met een goede uv-bescherming op te zetten.

Bij wandelingen en andere lichamelijke inspanningen moet je genoeg water of thee zonder suiker drinken. Je kunt het zonlicht het best helemaal mijden tussen 11 en 15 uur, als de uv-straling het sterkst is, en acht slaan op de burntime, die in de zomermaanden dagelijks op de radio wordt vermeld. Dit is de maximale tijdsduur waarin je je zonder risico op verbranding kunt blootstellen aan de gevaarlijke ultraviolette zonnestralen.

In het tropische noorden kunnen muskieten tropische ziekten als dengue- en de Ross Riverkoorts overdragen, waartegen je jezelf kunt laten inenten. Om te voorkomen dat je wordt gestoken, is het verstandig om in de ochtend- en avondschemering kleding met lange mouwen en een lange broek te dragen en je in te smeren met goede anti-insectenmiddelen, die bij drogisterijen verkrijgbaar zijn (zoals bijvoorbeeld Aerogard of Rid).

Homo's en lesbiennes

Wat de tolerantie ten aanzien van homoseksualiteit betreft, bestaan er zoals overal ter wereld in Australië grote verschillen. Terwijl in grote steden als Sydney homoseksualiteit verregaand geaccepteerd is, heeft men in kleine plaatsen nog altijd moeite met paren van hetzelfde geslacht. Hoe dieper in de outback, hoe zekerder je ervan kunt zijn dat men afwijzend staat tegenover homoseksualiteit. Als Australiës gaymetropool geldt Sydney, dat na San Francisco 's werelds grootste homo- en lesbogemeenschap bezit. Daar trekt het extravagante Gay and Lesbian Mardi Gras jaarlijks in februari rond een miljoen bezoekers.

Internettoegang

Al na een paar dagen in Australië kun je je niet aan de indruk onttrekken dat een groot deel van de Australiërs permanent online is. Dat is mede te danken aan de talloze wifi-hotspots in hotels, restaurants, cafés, winkelcentra en in openbare gebouwen, ja zelfs aan boord van streekbussen en veerboten. Meestal is het gebruik van de wifi-netwerken gratis, soms moet je er een klein bedrag voor betalen. Daarnaast zijn er in de grote steden en de toeristencentra internetcafés. En in provinciesteden vind je vaak ook in openbare bibliotheken computers met internettoegang. En dan is er natuurlijk altijd nog McDonald's, dat zijn klanten gratis wifi aanbiedt.

Kaarten

Voor routeplanning is de *BP Australian Road Atlas* aan te bevelen, die in veel boekwinkels verkrijgbaar is. Handig zijn ook de wegenatlassen die autoverhuurbedrijven hun klanten ter beschikking stellen. Kaarten van de afzonderlijke staten en stadsplattegronden zijn vaak gratis verkrijgbaar bij de verkeersbureaus. Leden van de ANWB kunnen bij de Australian Automobile Association (AAA), www.aaa.asn.au, gratis of zeer voordelig uitstekend kaartmateriaal en reisinformatie krijgen.

Een groot en vooral ook erg warm land vereist bijzondere maatregelen, zoals een minitent als bescherming tegen de zon

Kleding en uitrusting

Met lichte en losse vrijetijdskleding kun je jezelf het best aanpassen aan de zomerse temperaturen en de Australische look. Alleen voor formelere culturele evenementen en in duurdere restaurants en bars wordt chiquere kleding verwacht (jasje verplicht voor mannen). In de zuidelijke wintermaanden komt een regenjack en een warme trui goed van pas. Als je in de outback reist, heb je robuuste broeken en schoenen nodig. Mocht je niet de geschikte outdoorkleding bij je hebben, dan kun je die ook probleemloos ter plaatse aanschaffen.

Vanwege het stof en het felle licht doen dragers van contactlenzen er goed aan om een bril mee te nemen. Ook medicijnen op recept kun je het best ruim in voorraad hebben. Als je dieren wilt spotten, vergeet dan niet een verrekijker of een veldkijker mee te nemen.

Klimaat en reisperiode

Down Under zijn de jaargetijden tegengesteld aan de onze: de lente loopt van september tot november, de zomer duurt van december tot februari, de herfst van maart tot mei en de winter van juni tot augustus. Omdat het continent zich uitstrekt over verschillende klimaatzones, heerst er altijd wel ergens ideaal vakantieweer. De vuistregel voor de beste **reisperiode** luidt: van september tot april in het zuiden, mei tot oktober in het noorden en het binnenland. Als je binnen één reis het zuiden en het noorden wilt bezoeken, zou je een periode kunnen uitkiezen die op de scheidslijn van de seizoenen valt: april en november zijn goede compromissen als je in heel Australië wilt reizen.

De **zuidelijke streken** van New South Wales, Victoria, Tasmanië, South Australia en Western Australia zijn het mooist in de Australische lente en zomer (sept.-feb.), al kan het in december en februari extreem heet worden. Ook de herfst (mrt.-mei) is een goede tijd om te reizen; dat het af en toe regent zal West-Europeanen weinig kunnen schelen. De meeste neerslag valt in de winter (juni-aug.), waarin het echt koud kan zijn – met veel sneeuw in de bergen, maar nauwelijks vorst in de kustgebieden. De beste reisperiode voor Tasmanië zijn de maanden december, januari en februari, aangezien zich in de overige jaargetijden antarctische koudefronten met regen (en in de bergen) sneeuw laten gelden.

Voor het Australische **binnenland** zijn de wintermaanden aan te bevelen als beste reisperiode. Tussen juni en augustus kun je in het 'rode hart' rekenen op heldere, zonnige dagen en temperaturen van 20-25°C. 's Nachts heb je bij het kamperen echter wel een warme slaapzak nodig, omdat de temperatuur dan vaak kan dalen tot het vriespunt. In de zomer is de hitte bijna ondragelijk. Dagtemperaturen van 40°C en meer in de schaduw zijn geen uitzondering – en schaduw is er zelden te vinden. Bovendien valt in het centrum van het continent de spaarzame neerslag in de zomer, zodat het in dat jaargetijde vaak bewolkt is.

De seizoensverschillen worden kleiner naarmate je meer naar het **noorden** gaat. De door de Noordoost-Aziatische moesson beïnvloede weersgesteldheid ten noorden van de Steenbokskeerkring (Tropic of Capricorn) kent maar twee regionaal min of meer uitgesproken jaargetijden, die zich meer onderscheiden in de hoeveelheid neerslag dan in de temperatuur: de regentijd (The Wet) van november tot april en de droge periode (The Dry) van mei tot oktober. Kort voor en tijdens de regentijd heerst in het noorden een meestal ondraaglijk broeierig klimaat met iedere dag wolkbreuken. Door de geweldige regenval vinden dan regelmatig overstromingen plaats, die het reizen zeer lastig of geheel onmogelijk maken. Daarnaast komen in de regentijd vaak verwoestende wervelstormen voor. Omdat in de regenmaanden veel kwallen opduiken, is het van november tot april op veel stranden die niet met netten zijn beschermd verboden om te zwemmen. Aangenaam warm, rustig en veelal droog en 'kwallenvrij' zijn daarentegen het eind van de herfst en de winter. Informatie over het actuele weer in Australië is te vinden op de website **www.weeronline.nl**.

Bij het plannen van je reis is het ook raadzaam om op de **vakantieperiode** te letten. Tijdens de zomervakantie (half dec.-begin feb.) moet je rekening houden met volgeboekte accommodatie en knelpunten bij het vervoer (vooral bij het vliegverkeer). Dezelfde situatie geldt tussen juli en september.

Links

Informatie over de afzonderlijke staten

Op de Engelstalige websites van de toeristenbureaus in de afzonderlijke staten vind je nuttige informatie over bezienswaardigheden, tips over de routeplanning, hotels, eten en drinken, wetenswaardigheden over festiviteiten en eve-

nementen plus adressen van plaatselijke reisbureaus:
www.canberratourism.com.au: Canberra.
www.visitnsw.com.au: New South Wales.
www.destinationnsw.com.au: idem.
www.sydney.com: Sydney.
www.nttc.com.au: Northern Territory.
www.travelnt.com: idem.
www.queensland-australia.eu: Queensland.
www.queenslandholidays.com.au: idem.
www.drivenorthqueensland.com.au: idem.
www.southaustralia.com: South Australia.
www.tourism.sa.gov.au: idem.
www.discovertasmania.com: Tasmanië.
www.visitvictoria.com: Victoria.
www.tourism.vic.gov.au: idem.
www.backpackvictoria.com: idem.
www.visitmelbourne.com: Melbourne.
www.westernaustralia.com: Western Australia.

Informatie over nationale parken

www.atn.com.au/parks, www.deh.gov.au: overzicht van de nationale parken in heel Australië.

www.nationalparks.nsw.gov.au: informatie over nationale parken in New South Wales.
www.dtc.nt.gov.au (> Find a Park): Northern Territory.
www.nprsr.qld.gov.au: Queensland.
www.environment.sa.gov.au/parks: South Australia.
www.parks.tas.gov.au: Tasmanië.
www.parkweb.vic.gov.au: Victoria.
www.dpaw.wa.gov.au: Western Australia.
www.gbrmpa.gov.au: Great Barrier Reef Marine Park.

Algemeen

www.australie.nl: alles over reizen naar Australië: inspiratie, tips en informatie. Met links naar tal van Nederlandse aanbieders van Australiëreizen.

www.australia.com: op meer dan tienduizend pagina's presenteert zich hier het Australisch toeristenbureau met algemene toeristische informatie in heel veel talen.

www.theaustralian.com.au, www.smh.com.au, www.theage.com.au: de websites van de belangrijkste dagbladen van Australië met actuele artikelen over gebeurtenissen van de dag en handige links.

www.abc.net.au: website van de publieke omroep van Australië met het laatste nieuws en het weerbericht.

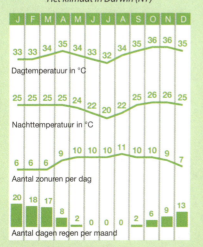

Het klimaat in Darwin (NT)

Literatuur

Novellen, romans, reisverhalen

Blackburn, Julia: *Daisy Bates in the desert*, 1994 (*Droomtijd*). Het leven van een vrouwelijke avonturier tussen de Aboriginals. Over het scheppingsverhaal en de legenden van de oorspronkelijke bewoners.

Bryson, Bill: *In a sunburned country*, 2000 (*Tegenvoeters. Een reis door Australië*). Met een scherpe blik voor al het vreemde en ongewone houdt de auteur bij zijn zwerftocht door het onbekende Australië de lezer in spanning.

Carey, Peter: *True history of the Kelly gang*, 2001 (*Het ware verhaal van de Kellybende*). Een Iers heldenverhaal uit de outback.

Chatwin, Bruce: *The songlines*, 1987 (*De gezongen aarde*). Boeiende introductie tot het leven en de cultuur van de Aboriginals.

Davidson, Robyn: *Tracks*, 1980 (*Sporen in de woestijn*). Een jonge vrouw doorkruist met vier kamelen en een hond het droge gebied van Australië.

Hughes, Robert: *The fatal shore: the epic of Australia's founding*, 1986 (*De fatale kust: het epos van Australië*). Een op dagboeken en brieven gebaseerd historisch beeld over de beginjaren van de gevangenenkolonie waaruit het land Australië zou voortkomen.

Hunt, Ken: *The xenophobe's guide to the Aussies*, 1994 (*Gids voor xenofoben – Dat zijn nou typisch Australiërs*). Grappige, ironische kennismaking met het land en de mensen.

Krabbé, Tim: *Vertraging*, 1993. Spannende roman waarin een Nederlandse schrijver met zijn vroegere liefde een tocht kriskras door Australië maakt in een poging aan haar schuldeisers te ontkomen.

Lindsay, Joan: *Picnic at Hanging Rock*, 1970. Op Valentijnsdag in 1900 verdwijnen in de Australische bush op een zeer raadselachtige wijze twee schoolmeisjes en hun lerares spoorloos.

Malouf, David: *Remembering Babylon*, 1994 (*Herinnering aan Babylon*). Het relaas van een scheepsjongen die lange tijd bij de Aboriginals woonde en later terugkeert naar de wereld van de blanken.

Marsden, John: *Winter*, 2000. Een meisje zoekt in het boerenland van New South Wales naar sporen van de dood van haar ouders. Een psychologische thriller waarin Hitchcocks bedrieglijke rust en Poe's latente verschrikkingen op de loer liggen.

McCullough, Colleen: *The Thorn Birds*, 1977 (*De doornvogels*). Familiesage die tot de klassiekers van de Australische literatuur hoort.

Murray, Les: *Fredy Neptune*, 1998 (*Fredy Neptune*). Verzenepos, waarin een hele periode – de eerste helft van de vorige eeuw – wordt geconcentreerd rond de lotgevallen van één man.

Temple, Peter: *Waarheid*, 2010. Melbourne, Victoria: het naakte lichaam van een jonge prostituee in een glazen badkuip, moordende politieagenten, managers en jongeren, drugs, stof en stank – Peter Temple laat zijn lezers een duistere kant van Australië zien.

Turner Hospital, Janette: *Oyster*, 1996, (*De zevende engel*). Spannend verhaal over een sekte, dat zich afspeelt in een opaaldelversstad in Queensland.

Vries, Dolf de: *Australië in een rugzak*, 2000. De Vries schrijft over zijn rondreizen door het onmetelijke land.

White, Patrick: *The vivisector* (1970; *De vivisector*, Arbeiderspers 1980), *The eye of the storm*, 1973; *A cheery soul*, 1963; *Flaws in the glass*, 1981; *Dead roses*, 1964, *The Tree of Man*, 1956, *Voss*, 1965. De werken van de winnaar van de Nobelprijs voor Literatuur (1973) zijn alleen nog antiquarisch verkrijgbaar.

Winton, Tim: *Dirt music*, 2001 (*Over de rand van de wereld*). Twee mensen die met zichzelf worstelen, treffen elkaar in een vissersdorpje bij Perth. Een reis door innerlijke werelden en ruige landschappen; bekroond met de Miles Franklin Award, de belangrijkste literatuurprijs van Australië.

Achtergrondinformatie en fotoboeken

Bachmann, Bill en Winton, Tim: *Local color: travels in the other Australia*, 1994. Prachtig fotoboek, dat Australië laat zien vanuit een bijzonder perspectief.

Lawlor, Robert: *Voices of the first day: awakening in the aboriginal dreamtime*, 1991. Kennismaking met de cultuur van de Aboriginals.

Roeper, V.D, *Het journaal van Abel Tasman, 1642-1643*, 2006. Een 'hertaling' van Abel Tasmans verslag van zijn expeditie om het Zuidland in kaart te brengen.

Maten en gewichten

Doorgaans wordt het metrische systeem gebruikt, maar een enkele keer worden hoogten aangegeven in feet (1 foot = 30,48 cm) en afstanden in yards (1 yard = 91,44 cm) of mijlen (1 mile = 1609,34 m).

Media

Radio en televisie

Naast de publieke radio- en televisieomroep ABC (Australian Broadcasting Corporation), die uitzendt van meer dan 1000 relaisstations verspreid in het land, telt Australië zo'n 140 particuliere radio- en circa 50 particuliere televisiemaatschappijen. Daarnaast zendt de door de staat beheerde Special Broadcasting Service (SBS) in Sydney, Melbourne en Canberra etnische programma's uit, uitsluitend in de talen van de immigrantengroepen. De Community Broadcasting Foundation (CBF) verzorgt met staatssubsidie de radio- en tv-zenders van de Aboriginals.

Langs de highways vermelden speciale borden met het opschrift Tourist Radio de frequenties waarop je in de auto nieuwsberichten, verkeers- en toeristische informatie kunt beluisteren.

Kranten en tijdschriften

In Australië verschijnen meer dan vijfhonderd kranten en tijdschriften, waaronder circa zeventig dagbladen. Het **dagblad** *The Australian* is landelijk verkrijgbaar. Enkele van de belangrijkste plaatselijke kranten zijn de *Sydney Morning Herald* en *The Daily Telegraph* (beide in Sydney), *Age* en *The Herald Sun* (beide in Melbourne), *The Advertiser* (Adelaide), *The Courier Mail* (Brisbane), *The West Australian* (Perth) en *The Canberra Times* (Canberra).

Enkele van de belangrijkste tijdschriften zijn de Australische edities van de nieuwsmagazines *Time* en *Newsweek*. In Australië verschijnen ook ongeveer zeventig buitenlandstalige dag- en weekbladen. Het enige landelijke tijdschrift van de Aboriginals is de *Koori Mail*. Het belangrijkste politieke tijdschrift is *Bulletin*, dat voor het eerst uitkwam in 1880.

In grote steden en vakantiecentra waar Nederlanders komen, zijn soms ook Nederlandstalige kranten verkrijgbaar, maar vanwege de grote afstanden meestal met een flinke vertraging.

Openingstijden

Toeristenbureaus: de openingstijden verschillen sterk per regio, vaak ma.-vr. 9-17 uur, soms ook za. en zo. een halve dag. Ook de openingstijden van **musea** verschillen per regio; op Goede Vrijdag, Anzac Day (25 apr.) en 25 dec. zijn ze meestal gesloten. **Kantoren:** ma.-vr. 9-17 uur; **postkantoren** in grote steden zijn soms ook za. 8.30-12 uur geopend.

De meeste **banken** zijn ma.-do. 9.30-16, vr. 9.30-17 uur geopend. Wisselkantoren op de internationale luchthavens en in grote hotels zijn doorgaans langer open.

Winkels zijn meestal geopend ma.-vr. 9-17.30 en za. 9-13 of 14 uur. In grotere steden zijn veel warenhuizen en supermarkten een- of tweemaal per week tot 21 uur geopend en zaken in de malls (voetgangersgebieden) vaak ook op zo. van 10-17 uur. Enkele levensmiddelenwinkels, zoals de milk bars (kleine kruidenierszaken) zijn meestal tot laat in de avond geopend, en vaak ook op zon- en feestdagen.

Post

Luchtpostbrieven naar West-Europa die je op hoofdpostkantoren in grote steden verstuurt, zijn vijf tot zeven dagen onderweg, maar bij postkantoren in provinciesteden duurt het aanmerkelijk langer voordat ze hun bestemming bereiken. Postzegels zijn verkrijgbaar op het postkantoor, bij automaten, bij tijdschriftenwinkels en in hotels. Luchtpostpakketten doen er tien tot veertien dagen over en mogen maximaal 20 kg wegen (in alle grote postkantoren zijn speciale dozen verkrijgbaar); bij pakketten die je per zeepost verzendt, moet je er rekening mee houden dat ze minimaal twee tot drie maanden onderweg zijn.

Telegrammen lijken uit de tijd, maar je kunt ze nog steeds versturen op het postkantoor of telefonisch (alleen als je per creditcard betaalt).

Reisbudget

Dankzij zijn sterke munteenheid is Australië in de afgelopen tijd een relatief prijzig vakantieland geworden. In vergelijking met Midden-Europese landen betaal je voor bepaalde producten en diensten – van hotelovernachtingen en restaurantbezoek tot het openbaar vervoer – soms wel 30% meer. De brandstofprijzen liggen in Australië echter lager dan bij ons, maar alcoholhoudende dranken en tabak zijn aanzienlijk duurder.

Accommodatie en consumpties zijn in de zuidelijke en oostelijke staten iets voordeliger dan in het noorden en in Western Australia (vooral ten noorden van Carnarvon). Vanwege de vervoerskosten ligt het prijsniveau in de Midden-Australische outbackgebieden behoorlijk hoog.

In vakantiegebieden wisselen de prijzen van de accommodatie sterk per seizoen. In de zuidelijke vakantieoorden loopt het hoogseizoen van oktober tot maart, het laagseizoen van april tot juni en het tussenseizoen van juli tot september. In het noorden en het centrum gelden de maanden mei tot oktober als het hoogseizoen. Een reis door het vijfde continent is het voordeligst aan het eind van de Australische zomer en het begin van de herfst.

Prijsniveau

Overnachten: zie blz. 79.

Eten: in een *food court* of *food mall* in een van de grotere steden zijn al gerechten vanaf circa € 7 te krijgen. Voor een diner exclusief drankjes betaal je in de betere restaurants € 20-25. Veel hoger zijn de prijzen in toprestaurants.

Drinken: voor een flesje cola (0,375 liter) betaal je in de supermarkt € 0,75 en in een restaurant € 1,75-3, Voor een kop koffie wordt gemiddeld € 2-3 gerekend. Een sixpack bier (0,375 liter) kost in de **bottle shop** ongeveer € 8-10. In bars en cafés betaal je voor een klein glas bier (0,2 liter) € 2,50-3, een klein flesje bier (0,375 liter) € 3-5 en een glas wijn € 4-6.

Toegangsprijzen: de prijzen van kaartjes voor bezienswaardigheden liggen op West-Europees niveau. Zo kost een bezoek aan een museum in een grote stad voor volwassenen € 3-6, een gezinskaart (twe volwassenen en twee kinderen) voor een dierentuin of een oceanarium € 30-40 en voor een openlucht- of een themapark € 60-70. Bijna alle bezienswaardigheden geven (soms flinke) kortingen voor kinderen en gezinnen. Nationale parken hanteren voor de entreeprijzen per staat hun eigen regels: terwijl in New South Wales, Queensland, Victoria en het Northern Territory slechts voor enkele grote nationale parken toegang hoeft te worden betaald (A-$ 5-25 per auto per dag), heffen in de overige staten alle nationale parken entree (per auto per dag in South Australia A-$ 10, in Western Australia A-$ 12, in Tasmanië A-$ 24).

Bespaarstips

Bij **accommodatie** kun je vooral door online te boeken veel geld besparen (blz. 80). Leden van de Australische backpackersorganisatie VIP Backpackers (www.vipbackpackers.com) betalen met de VIP Discount Card niet alleen minder voor overnachtingen, maar ook voor bus- en treinreizen en vluchten. Ook geeft deze kaart recht op korting bij enkele autoverhuurders en organisatoren van excursies en bij de aangesloten backpackershostels. Ook studenten en senioren kunnen op vertoon van een legitimatie in aanmerking voor kortingen.

In Sydney, Melbourne en enkele andere steden kun je geld besparen op de entrees voor **bezienswaardigheden** met een zogeheten Attractions Pass – je betaalt een keer een bedrag voor de pas en krijgt daarmee gedurende een bepaalde periode gratis toegang tot tal van bezienswaardigheden, en soms ook nog korting in bepaalde restaurants. Wel tot 50% goedkoper ben je uit als je je tickets voor bezienswaardigheden als de Sydney Tower online boekt.

Een andere aanrader voor het bezichtigen van steden zijn combitickets voor het **openbaar vervoer,** bijvoorbeeld in Melbourne de Metcard, waarmee je binnen een bepaald tijdsbestek gratis zo vaak als je wilt gebruik kunt maken van stadsbussen, treinen naar de voorsteden en voor een deel ook van veerboten. In sommige steden zijn bepaalde buslijnen die in of rond het centrum rijden overigens sowieso gratis.

Voor wie van plan is in South Australia, Western Australia of Tasmanië meer dan twee dagen een bezoek te brengen aan een of meer **nationale parken**, is de zogeheren Holiday Park Pass een aanrader. Deze pas geeft binnen een bepaald tijdsbestek gratis toegang tot alle nationale parken in een bepaalde staat (in SA A-$ 40 voor 8 weken, in WA A-$ 44 voor 28 dagen, in TAS A-$ 60 voor 8 weken). De parkpassen zijn bij de kassahokjes, in de bezoekerscentra van de parken en online verkrijgbaar.

En tot slot nog twee tips op het gebied van **eten:** stijlvoller en goedkoper dan in het hotel ontbijt je in het café ertegenover (bijvoorbeeld een omelet met spek, toast, koffie en vruchtensap voor € 8-10). En voor een bescheiden lunch zijn de Aziatische takeaways of de fish-and-chips-shops een aanrader – daar kun je vaak voor minder dan € 7 je buik rond eten.

Reizen met een beperking

In Australië wordt grote aandacht aan mensen met een beperking besteed, zodat ook rolstoelgebruikers en blinden, na een zorgvuldige voorbereiding, niet hoeven af te zien van een reis naar het land. De meeste openbare instellingen, hotels, restaurants, bioscopen en musea zijn toegankelijk voor bezoekers met een beperking. Steeds meer stadsbussen zijn uitgerust met gelijkvloerse deuren, veel stations hebben ingangen geschikt voor rolstoelen en hellingbanen en bij verkeerslichten voor voetgangers zijn de trottoirs afgevlakt.

Ook veel nationale parken zijn ten minste deels toegankelijk voor mensen met een beperking. Zo hebben de lokale kantoren van de National Parks & Wildlife Service in veel beschermde natuurgebieden paden voor rolstoelgebruikers en senses trails voor blinden aangelegd. Een bijzondere service biedt Quicksilver Connections, die cruises naar het Great Barrier Reef organiseert: met een speciale lift laat men mensen met een beperking in het water zakken, waar ze met zwemvest in de koraaltuinen van het buitenste rif kunnen snorkelen (www.quicksilver-cruises.com/reef-tour/disability-access).

Informatie biedt het overkoepelende orgaan van de Australische organisaties voor mensen met een beperking: **National Disability Services**, tel. 02-62 83 32 00, www.nds.org.au. Informatie over op mensen met een beperking ingestelde hotels, vervoermiddelen, activiteiten en overige hulporganisaties is bovendien verkrijgbaar bij het **National Information Communication Awareness Network** (NICAN), tel. 1300-65 55 35, www.nican.com.au.

Reizen met kinderen

Het grootste probleem voor kinderen is natuurlijk de lengte van de reis naar de andere kant van de wereld. Je zou daarom kunnen overwegen om de heen- en terugvlucht te onderbreken met een stopoverprogramma, dat door de meeste luchtvaartmaatschappijen wordt aangeboden, bijvoorbeeld een korte zwemvakantie in Thailand, Maleisië of op Bali.

Mits je afziet van extreem lange autoritten, is Australië een ideaal vakantieland voor het hele gezin. Rijd per dag niet meer dan 300 km over asfaltwegen en beperk een dagtocht over steenslagwegen tot maximaal 200 km. Kinderen tot 7 jaar moeten in een kinderzitje, dat je bij het verhuurbedrijf kunt huren.

Omdat de meeste caravanparken en kampeerterreinen zijn uitgerust met speeltuinen en zwembaden is het een leuk idee om met een camper op reis te gaan. Op campings sluiten kinderen tijdens het spelen binnen de kortste keren vriendschap met leeftijdsgenootjes. Vooral in bush camps in nationale parken hebben ze telkens spannende ontmoetingen met kangoeroes, emoes en andere dieren.

Veel hotels en motels zijn prima ingesteld op gezinnen en kinderen. Vaak beschikken ze over kamers met verscheidene bedden, kinderzwembaden en speeltuinen. Sommige hotels uit de hogere categorieën verzorgen een oppasdienst. Veel restaurants hebben ook kindermenu's op de kaart staan.

Attracties voor kinderen

Koddige koala's aaien, tamme kangoeroes en wallaby's voeren – zulke belevenissen doen de meeste kinderharten sneller slaan. Dit is mogelijk in veel Australische **dierentuinen**, zoals in de Taronga Zoo in Sydney, de Royal Melbourne Zoological Gardens, het Billabong Sanctuary bij Townsville en het Lone Pine Koala Sanctuary in Brisbane.

Ook leuk voor kinderen zijn **oceanaria**, waar haaien, roggen en andere zeebewoners in tunnels van plexiglas vlak langs de bezoekers zwemmen, bijvoorbeeld het Sydney Sea Life Aquarium, het Melbourne Aquarium, de Underwater World in Mooloolaba aan de Sunshine Coast ten noorden van Brisbane of het Reef HQ in Townsville.

In het midden van het land zijn **kameelfarms** een trekpleister. Hier kunnen kinderen ritjes maken op de **schepen van de woestijn**. In het tropische noorden lokken boottochten, waar je vlak in de buurt komt van krokodillen en andere dieren. Bezoeken aan **thema- en amusementsparken** staan ook garant voor onvergetelijke ervaringen, bijvoorbeeld Dreamworld en Sea World aan de Gold Coast ten zuiden van Brisbane of het Luna Park in Melbournes voorstad St. Kilda. Met waterglijbanen en kinderbaden biedt White Water World aan de Gold Coast ultiem zwemplezier.

Leuk voor schoolkinderen is **live les krijgen op de radio** in een *school of the air* ('radioschool'). Als ze al een beetje Engels spreken, mogen ze misschien wel via de radio met kinderen in de outback kletsen.

Een hoogtepunt voor kinderen en ouders is een **vlucht** in een propellertoestel of een helikopter, en al helemaal een **ballonvaart** over Uluru (Ayers Rock).

Veiligheidsmaatregelen

Vanwege het gevaar voor slangen is het van belang dat kinderen uitsluitend op overzichtelijke terreinen spelen en niet in hoog gras. Taboe als speelplaats in het tropische noorden zijn de oevers van rivieren en meren, drinkplaatsen, waar krokodillen op de loer kunnen liggen. Gevaarlijk zijn hier ook veel stukken strand aan zee, vooral in de buurt van riviermondingen.

Onderschat vooral niet de kracht van de Australische zon. Kinderen moeten beslist worden ingesmeerd, het liefst met een zonnebrandcrème met een beschermingsfactor 30 of hoger. Laat ze bovendien bij het zwemmen een breedgerand hoofddeksel en een T-shirt dragen. Bescherm kleintjes in de kinderwagen met een parasol. Ook een katoenen laken dat je over de hele auto kunt uitspreiden, komt van pas. Vanwege de grote hitte is het onverstandig om tussen december en februari met kinderen in het 'rode hart' te reizen.

Roken

Op veel plaatsen geldt een rookverbod. Een sigaret opsteken is taboe in openbare gebouwen, vliegtuigen, bussen en treinen, winkels en winkelcentra, bioscopen en theaters. In de meeste restaurants is een duidelijk herkenbare ruimte voor niet-rokers te vinden en in veel etablissementen mag helemaal niet worden gerookt. Ook bij het reserveren van een hotelkamer is het raadzaam om naar het rookbeleid te informeren.

Telefoneren

Overal vind je telefooncellen die op munten of telefoonkaarten werken. In grote steden en vakantieoorden worden bovendien steeds meer creditcardtelefoons geplaatst. Telefoonkaarten (van A-$ 5, 10, 20 en 50) zijn te koop in postkantoren, drogisterijen, tijdschriftenwinkels en tankstations. Een **lokaal gesprek** kost ten minste 50 c, maar in hotels meestal aanmerkelijk meer. Voor **interlokale gesprekken** bel je op de volgende tijden tegen daltarieven: ma.-vr. 18-22 uur en nog goedkoper ma.-vr. 22-8 uur en za. 18 uur tot ma. 8 uur. **Internationale gesprekken** kunnen worden gevoerd in telefooncellen met het opschrift ISD (International Subscriber Dialing), waarbij de tarieven van particuliere maatschappijen wezenlijk gunstiger zijn dan die van het staatsbedrijf Telstra. Het telefoneren is dan wel iets omslachtiger: je moet een speciale telefoonkaart (phone card, verkrijgbaar bij postkantoren en in internetcafés) kopen en dan eerst een telefooncentrale bellen en een meercijferige pincode doorgeven, voordat je een telefoongesprek kunt voeren. Het loont de moeite, want je belt voor nog geen €0,10/min. naar Nederland of België.

Mobiele telefoons hebben alleen in de buurt van steden ontvangst, niet in de outback. Uit Europa meegenomen mobieltjes met roamingservice kunnen in Australië worden gebruikt; informeer voor je reis bij je provider in eigen land om niet voor onaangename verrassingen te komen staan. Je belt voordeliger als je ter plaatse een Australische simkaart aanschaft, bijvoorbeeld bij Mojoknows, tel. 0061-3-97 72 12 79, www.mojoknows.com.au. Voor nog geen € 75 (inclusief € 25 beltegoed) wordt de simkaart bij je thuis of in je hotel bezorgd. Je kunt je mobiele telefoon opladen met prepaidkaarten van bijvoorbeeld Telstra en Vodafone, die onder andere in tijdschriftenwinkels en tankstations verkrijgbaar zijn.

Het **toegangsnummer** van Australië is 00 61. Voor gesprekken van Australië naar het buitenland geldt de volgende cijferreeks: 0011 + landnummer + netnummer zonder 0 + abonneenummer (landnummers: Nederland 31, België 32). Ongeveer vijftien seconden nadat je het nummer hebt ingetoetst, hoor je een melodieuze toon, die aangeeft dat de verbinding wordt gelegd. Na nog eens vijftien seconden klinkt het oproepsignaal van de abonnee. De netnummers van de staten van Australië luiden: 02 voor het Australian Capital Territory (ACT) en New South Wales (NSW), 03 voor Victoria (VIC) en Tasmanië (TAS), 07 voor Queensland (QLD), en 08 voor het Northern Territory (NT), South Australia (SA) en Western Australia (WA). Mobiele nummers beginnen in Australië altijd met een driecijferig netnummer dat begint met 4 (400 tot tot op heden 439).

Het nummer voor **inlichtingen** is 1222 (nationaal) of 1225 (internationaal). Gratis nummers beginnen met 1800. Met het netnummer 1300 en met alle zescijferige nummers die met 13 beginnen kun je in het hele land bellen tegen lokaal tarief. Handige websites zijn: www.whitepages.com.au (het algemene Australische telefoonboek) en www.yellow pages.com.au (de Gouden Gids).

Tijd

Vanwege de grote afstand tussen oost en west worden in Australië drie tijdzones gehanteerd: Eastern Standard Time (EST, Midden-Europese Tijd (MET) plus 9 uur) in New South Wales (behalve Broken Hill), Victoria, Queensland en Tasmanië; Central Standard Time (CST, MET plus 8.30 uur) in South Australia (inclusief Broken Hill/NSW) en in het Northern Territory; Western Standard Time (WST, Midden-Europese tijd plus 7 uur) in Western Australia.

In alle Australische staten, behalve Western Australia, Northern Territory en Queensland geldt tussen de eerste zo. in okt. en de eerste zo. in apr. de zomertijd *(Daylight Saving Time)*, waarbij de klok een uur vooruit wordt gezet (zie voor de tijdverschillen met de MET in verband met de zomertijden blz. 14).

Net als in Groot-Britannië en de Verenigde Staten worden in Australië tijdsaanduidingen gevolgd door a.m. (ante meridiem, 0-12 uur) en p.m. (post meridiem, 12-24 uur).

Uitgaan

Bars, clubs en disco's

Het uitgaansleven van Australië is voortdurend in beweging en vooral in de weekends is er in de metropolen van alles te doen. De meeste (cocktail)bars en (night)clubs, zoals de discotheken worden genoemd, hanteren strikte kledingvoorschriften: met shorts, T-shirt en sportschoenen of sandalen mag niemand naar binnen. In bijna alle discotheken wordt A-$ 10-30 entree (cover charge) gevraagd, waar vaak een drankje bij inbegrepen is. Tussen 18 en 20 uur houden veel bars happy hour, meestal onder het motto: *Pay one, get two!* Online is actuele informatie te vinden op **www.barsandnightclubs.com.au**.

Pubs

Minder formeel gaat het toe in de meeste pubs, een Engelse erfenis die net zo bij Australië hoort als de Ayers Rock. Zeer populair in de grote steden zijn de brewery pubs, waar het huisgebrouwen gerstenat wordt getapt. Vooral in de outback vormen de pints het sociale middelpunt – bushpubs ademen de karakteristieke sfeer van de outback en fungeren als waardevolle contact- en informatiecentra.

De meeste pubs dragen nog altijd de aanduiding 'hotel', die uit de tijd stamt dat men om de alcoholconsumptie te beperken een wet instelde die voorschreef dat drank alleen op bepaalde tijden en uitsluitend in hotels mocht worden geschonken. Nog altijd zijn er kroegen die, om hun tapvergunning niet kwijt te raken, ergens onder de balken enkele eenvoudige gastenkamers beschikbaar hebben. De pubs openen meestal rond lunchtijd en sluiten rond middernacht.

De Duitse beeldhouwer Otto Herbert Hajek maakte deze bontgekleurde blokken steen voor het Adelaide Festival Centre, het hart van het stedelijke culturele leven

Cultuur en amusement

In de metropolen van Australië wordt iedere dag en elke nacht cultuur gemaakt – in tientallen theaters en galeries en ook in fraai vormgegeven kunst- en cultuurcentra. Niet alleen in Sydney, Adelaide, Perth en Hobart, maar ook in provinciestadjes als Ballarat, Bendigo en Castlemaine heeft zich een cultuurleven ontwikkeld dat je hier misschien niet zo snel zou verwachten. Iedere avond worden er hedendaagse, soms ook experimentele Australische en buitenlandse drama's en 'klassiekers' op de planken gebracht en vinden er concerten van (internationale) rock- en popbands, musicals, kamermuziek, balletuitvoeringen of openingen van tentoonstellingen plaats. Filmliefhebbers genieten evenzeer van de nieuwste Hollywoodsuccessen als van uitstekende filmkunst die verre van mainstream is. Op verschillende podia tonen Aboriginaldanstheaters een fascinerende mengeling van traditionele dansen en moderne musicals.

Tot de hoogtepunten van het cultuurleven behoren evenementen als het Moomba Festival in Melbourne en het Adelaide Arts Festival, beide spektakels van verscheidene weken, en het Gay and Lesbian Mardi Gras in Sydney, een kleurrijk schouwspel van de na San Francisco grootste lesbo- en homogemeenschap ter wereld.

Kaartverkoop

Voor belangrijke culturele evenementen moet je beslist tijdig bij een van de grote voorverkoopadressen kaartjes bestellen, bijvoorbeeld bij **Ticketek** (www.ticketek.com.au) of **Ticketmaster** (www.ticketmaster.com.au). Boeken per creditcard kan ook; de kaarten kun je na reservering persoonlijk ophalen of laten toesturen.

In veel grote steden vind je bovendien veel zogeheten **Halftix** (lastminuteticketshop) die op de dag van de voorstelling vanaf 's middags overgebleven kaarten aanbieden voor half geld. Soms zijn er ook goedkope tickets voor sightseeingtochten te krijgen.

Veiligheid

Over het algemeen geldt Australië als een veilig vakantieland. Geweldsdelicten zoals roofovervallen of verkrachtingen komen zeer zelden voor. Wel worden in toeristische centra steeds meer diefstallen en auto-inbraken gepleegd. Je kunt het risico verkleinen door spullen van waarde en reisdocumenten in de hotelkluis te bewaren of ze zo onopvallend mogelijk op je lichaam te dragen.

De Australische regering gaat ervan uit dat het land een potentieel doel is van terroristische aanslagen en heeft de bevolking opgeroepen tot verhoogde waakzaamheid. Actuele informatie over de veiligheidssituatie vind je op **www.nationalsecurity.gov.au**.

'Wilde' dieren

In Australië moet je rekenen op confrontaties met 'wilde' dieren, maar geen paniek: als je jezelf behoedzaam gedraagt, heb je betrekkelijk weinig gevaar te duchten.

In het tropische noorden moet je uitkijken voor **krokodillen** (zie blz. 412). Sla altijd acht op waarschuwingsborden en houd je aan de regel: *Ask a local!* De plaatselijke bewoners weten het best waar de gevaarlijke dieren verscholen zitten.

Nergens ter wereld komen meer en giftiger **slangen** voor dan in Australië. Bij 20 van de 140 hier levende slangensoorten is de beet dodelijk. Omdat slangen schuwe dieren zijn, zul je ze in de vrije natuur echter zelden te zien krijgen. De volgende voorzorgsmaatregelen bieden de beste bescherming: trek nooit in je eentje door de natuur; vooral als je op onoverzichtelijke terreinen gaat wandelen, zijn stevige schoenen en een lange broek een must; laat je altijd horen; tik eventueel met een stok voor je op de grond; stap nooit in één keer over stenen of boomstammen, altijd eerst erop; rust niet uit op onoverzichtelijke plaatsen met veel stenen; wees voorzichtig bij poelen en drinkplaatsen; blijf altijd op afstand van een slang, ook als hij dood lijkt; versper nooit de vluchtweg van een slang. Ga bij een slangenbeet als volgt te werk: leg onmiddellijk een drukverband aan, dat wil zeggen, wikkel een zwachtel of iets dergelijks strak om het lichaamsdeel waar het slachtoffer is gebeten; spalk het been of de arm met een tak om de ledemaat stil te houden; laat het slachtoffer nooit alleen en stel het zo veel mogelijk gerust; mijd onnodige beweging en zoek direct medische hulp; dood de slang indien mogelijk en neem hem mee naar de dokter, zodat deze weet welk antiserum hij moet toedienen; snijd beetwonden nooit open en zuig ze ook beslist niet uit.

Van de circa 1500 verschillende **spinnen** in Australië zijn er 30 giftig. Maar twee giftige spinnen kunnen gevaarlijk zijn voor mensen: de trechterspin (funnelweb spider), die alleen voorkomt in Sydney en omgeving, en de roodrugspin (redback spider), die voornamelijk in droge gebieden leeft. Ga bij een beet van een trechterspin net zo te werk als bij een beet van een gifslang.

In de droge gebieden van Australië komen ook **schorpioenen** voor. Een steek van een schorpioen is voor mensen pijnlijk maar niet levensgevaarlijk. Hier gelden dezelfde voorzorgsmaatregelen als bij slangen: bij het kamperen schoenen en kleding voorzichtig uitschudden voordat je ze aantrekt; altijd eerst even met je voet tegen stenen tikken voordat je ze oppakt; vooral 's avonds en 's nachts niet rechtstreeks op de grond gaan zitten; en op bushcampings de wc's voor gebruik controleren.

In zeewater loop je het risico op gevaarlijke dieren te stuiten die een slag groter zijn dan die op het land. **Haaien** hebben in Australië tot dusver meer mensen aangevallen en gedood dan waar ook ter wereld. Houd je daarom aan de volgende voorzorgsmaatregelen: ga voor de zekerheid nooit in de ochtend- of avondschemering in zee zwemmen, omdat dit de jachttijd en actiefste periode van de haaien is. Zwem met name van december tot februari op tijden dat het gevaar voor haaien het grootst is alleen bij bewaakte of met netten beschermde stranden. Houd er bovendien rekening mee dat deze zeeroofdieren via rivieren ver landinwaarts kunnen doordringen.

In de hete Australische zomer kan zelfs een vonkje van een sigaret al verwoestende gevolgen hebben

Minstens even gevaarlijk als een haai is de **box jelly fish** (ook sea wasp of marine stinger genoemd), een kubus- of dooskwal, en de veelal piepkleine Irukandji jelly fish, die vooral voorkomt in ondiep water van tropische zeeën en tussen november en april de noordelijke kustwateren onveilig maakt. De tentakels van de lichtblauwe, bijna onzichtbare medusa's zijn aan de uiteinden uitgerust met netelcellen, die een sterk gif afscheiden. Deze substantie veroorzaakt naast pijnlijke plekken op de huid in veel gevallen ook een dodelijke verlamming van de ademhalingsorganen. Veel stranden van Noord-Australië zijn daarom in de zomer verboden voor zwemmers. Bij stukken strand die zijn afgeschermd met zogeheten stinger nets loop je geen gevaar. Veilig zwemmen kan ook bij de meeste eilanden in het Great Barrier Reef, behalve die in de buurt van het vasteland.

Zeestromingen

Vooral in de zuidelijke kustgebieden kan de oceaan op veel plaatsen zeer gevaarlijk zijn voor onervaren zwemmers. Verraderlijke **onderstromingen** (rips) hebben al menig zwemmer meegetrokken naar open zee. Ga daarom alleen bij stranden zwemmen die worden bewaakt door de Surf Life Saving Association (reddingsbrigade). En ook daar moet je jezelf alleen in het water wagen bij de met vlaggen gemarkeerde gedeelten (groene vlaggen: goede zwemomstandigheden; rood-gele vlaggen: bewaakt strand; gele vlaggen: pas op!; rode vlaggen: verboden te zwemmen).

Bushbranden en wervelstormen

In de hete Australische zomer ontstaan regelmatig bush- en bosbranden en in het tropische noorden bovendien wervelstormen. Reizigers lopen in de regel geen gevaar, zolang ze acht slaan op de waarschuwingen die via de radio en tv worden verspreid, en de aanwijzingen opvolgen van de autoriteiten. Op bepaalde dagen tijdens de zomermaanden zijn op veel plaatsen in het hele land open vuren in de buitenlucht streng verboden *(days of total fire ban)*. Let in risicogebieden altijd goed op borden die waarschuwen voor brandgevaar.

Verkeersbureau

Het Australisch verkeersbureau heeft geen vestigingen in Nederland en België. Voor algemene vragen over Australië kun je bellen met de Nederlandstalige **Aussie Helpline**. Je kunt hier ook een brochure *(Wegwijzer)* aanvragen met informatie over reizen in Australië.

Aussie Helpline:
Nederland: tel. 020-487 45 41,
België: tel. 02-714 31 99.
Of kijk op www.australia.com.

Vrouwen alleen op reis

Australië is een heel veilig vakantieland en alleenreizende vrouwen lopen, mits ze de gebruikelijke voorzorgsmaatregelen in acht nemen, geen grotere risico's dan mannen. Wees wel een beetje voorzichtig als je als vrouw alleen in landelijke streken naar een pub gaat, aangezien dit een mannenbolwerk is waar vaak een ruige sfeer heerst. Vrouwen kunnen over het algemeen beter niet gaan liften.

Water

In alle steden en wat grotere plaatsen kan het leidingwater zonder bezwaar worden gedronken. Vanwege het hoge gehalte aan minerale zouten, dat tot maag- en darmproblemen kan leiden, kun je in de outback maar beter geen leidingwater drinken. Je kunt daar wel zonder bezwaar regenwater drinken, dat in grote tanks wordt verzameld.

Winkelen

Markten

Verzamelaars en koopjesjagers ontdekken tussen veel oude rommel en curiosa vaak ook mooie souvenirs op de vlooienmarkten, die een vast onderdeel zijn van het dagelijkse leven in grotere steden. In steden als Sydney, Melbourne, Brisbane en Hobart worden in het weekend dikwijls straatmarkten met kunst en kunstnijverheidsproducten gehouden. Het aanbod omvat onder andere glas, keramiek, sieraden, houtsnijwerk en lederwaren.

Souvenirs

Typische souvenirs, maar niet goedkoop, zijn opalen en sieraden van opaal (zie blz. 260) en andere **edel- en halfedelstenen**, bijvoorbeeld agaat, saffier en topaas. In het tropische noorden, vooral in het West-Australische Broome, worden **kweekparels** aangeboden.

Meestal ook niet echt voordelig is de kunst (nijverheid) van de Aboriginals, zoals, tekeningen, schilderingen op boomschors, houtsnijwerk, boemerangs, vlechtwerk, speren en didgeridoos (traditionele muziekinstrumenten). Kwalitatief hoogwaardige producten zijn te vinden in de door de Aboriginals gedreven galeries en winkels. Iedere goed gesorteerde souvenirwinkel verkoopt cd's met traditionele muziek van de Aboriginals.

Praktische souvenirs zijn **lederwaren** en **wollen artikelen** (bijvoorbeeld truien van merinowol, schapen- en kangoeroevachten, kledingstukken van kangoeroeleer) en robuuste **outdoorkleding**, zoals die door *stockmen*, de Australische cowboys, wordt gedragen. Tot de klassieke uitrusting behoren een *akubra*, een breedgerande hoed van het vilt van konijnenhaar (vanaf circa A-$ 120), *moleskin jeans* in een eierschaalkleur (vanaf circa A-$ 150) en *Aussie boots*, halfhoge laarzen met een rubberen inzetstuk opzij en een lus achterop, die stevig genoeg zijn voor de bush en fraai genoeg voor de pub (vanaf circa A-$ 200). Een *driza bone* (vanaf circa A-$ 180) mag niet ontbreken. Deze jassen met een waslaag doen zelfs bij de hevigste tropische stortbui wat hun naam belooft: ze blijven dry as a bone – kurkdroog.

In grote steden en toeristische centra zijn allerlei soorten souvenirs te krijgen in **duty free shops** tegen betrekkelijk lage prijzen. Bezoekers van overzee kunnen hier inkopen doen op vertoon van hun paspoort en een internationaal vliegticket. De verzegelde verpakking van veel belastingvrije artikelen mag je pas na de terugreis openen.

Btw-teruggave

Australië behoort tot de landen die toeristen de omzetbelasting (goods and services tax, momenteel 10%) terugbetalen. Voorwaarde is dat elk van de ingediende rekeningen ten minste A-$ 300 bedraagt en dat je een door de verkoper afgegeven btw-bon met het elfcijferige btw-nummer kunt overleggen en de artikelen meeneemt in je handbagage. Je krijgt de btw terug bij de *refund counters* in de vertrekhallen van de internationale luchthaven, je kunt de artikelen het best laten zien in de oorspronkelijke verpakking. Trek voldoende tijd uit voor het afwikkelen van de formaliteiten.

Onderweg in Australië

'Persoonlijk vind ik dat de Australiërs alle reden hebben om er trots op te zijn dat ze vanuit het meest verkeerde en meest onaangename begin in een afgelegen en moeilijk land een bloeiende, dynamische samenleving hebben geschapen. Dat is toch een waanzinnige prestatie.'
Bill Bryson, *Tegenvoeters. Een reis door Australië*.

...een waanzinnige prestatie van de Australiërs is het ook, dat ze stukken van hun woeste natuur leefbaar hebben gemaakt – hier de Overland Track

Hoofdstuk 1

Het zuidoosten

Vanuit Sydney, Melbourne en Adelaide begon ooit de Europese kolonisatie van Australië. Tegenwoordig woont hier ongeveer de helft van de totale bevolking van het continent. De kosmopolitische wereldsteden, waar mensen uit alle delen van de wereld harmonieus samenleven, kunnen bogen op een rijke cultuur en voldoen daarnaast nog aan alle criteria die ze op de lijst van wereldsteden met de hoogste levenskwaliteit doen belanden: uitgestrekte parken, groenvoorzieningen langs de straten, zelfs in het stadscentrum, en zwemstranden in de buurt van de stad, waar je met de bus, de trein of de eigen auto snel bent. En niet te vergeten de enorme aantallen specialiteitenrestaurants, die uitnodigen tot een culinaire kennismaking met bijna alle landen ter wereld.

De combinatie van stedelijke beschaving met al zijn attracties en een afwisselend landschap met adembenemend natuurschoon heeft het zuidoosten van Australië tot een geliefde vakantiebestemming gemaakt. De streek is rijk aan contrasten met zijn regenwouden en savannes, bergen en meren, woestijnen en kusten, en staat tegelijkertijd synoniem voor vrijheid en avontuur.

Zuidoost-Australië is een regio van uitersten: glanzende kantoortorens tegenover blokhutten, wijn tegenover wildernis, stadscultuur tegenover oernatuur. Al is het zuidoosten het dichtstbevolkte deel van het continent, toch liggen ook hier nog uitgestrekte stukken ongerept bush- en weideland, dorre savannes en beschermde bergstreken, waar je geen mens zult tegenkomen in een indrukwekkende, overweldigende natuur. Voor het zuidoosten moet je ongeveer twee tot drie weken inplannen, als je naast de grote steden ook nog verscheidene kusten en nationale parken wilt bezoeken.

Een van 's werelds grootste en belangrijkste verzamelingen
van hedendaagse Chinese kunst is te zien in Sydney: de
White Rabbit Collection in de hippe wijk Chippendale

In een oogopslag: het zuidoosten

Hoogtepunten

⭐ **Sydney**: Australiës onofficiële hoofdstad met het Opera House en de Harbour Bridge (zie blz. 116).

⭐ **Canberra**: Australiës officiële hoofdstad werd ontworpen op de tekentafel van de architect Walter Burley Griffin (zie blz. 164).

🍀 **Phillip Island**: dit eiland is met zijn koalakolonie en pinguïnparade een must voor natuurliefhebbers (zie blz. 196).

⭐ **Melbourne**: de victoriaanse stad vol tuinen en parken met zijn Federation Square, Victorian Arts Centre en de Royal Botanic Gardens (zie blz. 200).

🍀 **Kangaroo Island**: Australië in zakformaat – een eiland met een ongelooflijk rijke flora en fauna (zie blz. 281).

Fraaie routes

Van Sydney naar Melbourne over de Princes Highway: deze weg langs de kust is een van de landschappelijk aantrekkelijkste routes in het zuidoosten van Australië (zie blz. 183).

Great Ocean Road: panoramaweg ten westen van Melbourne met spectaculaire rotsformaties (zie blz. 225).

Western Highway en Dukes Highway: deze route voert door oude gouddelversstadjes en door het ongerepte berglandschap van Grampians National Park, en geeft je alvast een voorproefje van de Australische outback (zie blz. 235).

Tips

Surf Carnival: in zomerse weekends worden er vaak krachtmetingen gehouden tussen reddingsteams op de stranden van de kuststeden. Het bekendst zijn de wedstrijden op Bondi Beach in Sydney (zie blz. 133).

De Great Ocean Road per fiets: actieve vakantiegangers die een weekje de tijd hebben, wacht ten westen van Melbourne een heel bijzonder hoogtepunt – op de fiets de Great Ocean Road verkennen (zie blz. 227).

Onderaardse overnachting: vanwege de hitte wonen in de opaaldelversstad White Cliffs veel mensen in ondergrondse schachten; er zijn ook grothotels (zie blz. 258).

Wandeling naar Sydney's mooiste uitzichtpunten: weergaloze uitzichten op de skyline bieden de Harbour Bridge, Milsons Point en McMahons Point (zie blz. 120).

Te voet van Bondi Beach naar Clovelly: kustpad langs kliffen en eindeloze stranden (zie blz. 136).

Bergwandeling naar de Wentworth Falls: watervallen en spectaculaire uitzichten op de Blue Mountains (zie blz. 154).

Rondwandeling op Wilsons Promontory: Australiës zuidelijkste punt biedt zandige baaien, bossen en moerassen (zie blz. 194).

Wandeling naar Pinnacle Lookout: een van de mooiste uitkijkpunten in het noordelijke deel van Grampians National Park is gemakkelijk te voet bereikbaar (zie blz. 238).

Met een woonboot over de Murray River: rustig varen over de rivier (zie blz. 250).

Tochten in Warrumbungle National Park: hier wacht je een natuurreservaat vol kloven en bizarre rotsformaties (zie blz. 256).

Wandelingen in Wilpena Pound: goed gemarkeerde wandelpaden ontsluiten dit stenen reuzenamfitheater in het hart van de Flinders Ranges (zie blz. 288).

Over onverharde wegen door de Gammon Ranges: onderweg passeer je ruige berglandschappen en uitgestrekte savannes met kangoeroes (zie blz. 290).

⊛ Sydney

▶ 1, U 15

De onofficiële hoofdstad van Australië, met 4,9 miljoen inwoners de grootste stad en het belangrijkste industriële, commerciële en financiële centrum van het land, fungeert tegelijk als een toonaangevend cultureel middelpunt op het vijfde continent. De meeste wereldreizigers zijn het erover eens: Sydney behoort tot de mooiste metropolen ter wereld.

Wat betreft zijn prachtige ligging aan vertakte baaien en op groene heuvels kent Sydney zijn gelijke niet op aarde. Wereldwijd is er nauwelijks een andere grote stad met zoveel stranden en parken. Daarnaast kent Sydney het hele jaar door een zonnig en warm klimaat. Het is dan ook geen wonder dat vrije tijd hier geen vies woord is, en Sydney zichzelf niet alleen presenteert als een commerciële metropool, maar ook als recreatieoord, en dat de stad vervuld is van levendigheid en levenslust. Naast deze pluk-de-daghouding ontwikkelde zich in de decennia na de oorlog, waarin de bevolking meer dan verdubbelde, ook nog een kosmopolitische atmosfeer. Immigranten uit de hele wereld maakten van Sydney een multiculturele samenleving. Sydney ontwikkelde zich echter niet tot een smeltkroes; de etnische groepen kozen er in de tolerante wereldstad voor om hun eigen culturele identiteit te behouden.

In een periode van zo'n tweehonderd jaar groeide Sydney van een kleine nederzetting uit tot een wereldmetropool. Niettemin kende de krachtige economische ontwikkeling in de periode 1960-1980 ook zijn schaduwzijden. Sydney wordt tegenwoordig met dezelfde moeilijkheden geconfronteerd als andere vergelijkbare miljoenensteden: lucht- en watervervuiling, een toenemende criminaliteit en grote verkeersproblemen. De economische bloei leidde echter vooral tot onbeteugeld bouwen, wat bij Port Jackson resulteerde in de grootste verzameling hoogbouw van het zuidelijke Grote Oceaangebied. Het feit dat tegenwoordig vooral in het centrum van Sydney de architectonische contouren van het verleden hard botsen met de moderne architectuur, ligt vooral aan de ooit onverschrokken inzet van de sloophamer. Intussen heeft de desinteresse voor historische bouwwerken plaatsgemaakt voor de behoefte om oude gebouwen te behouden.

De wieg van de natie

In april 1770 ging kapitein James Cook voor anker in de Botany Bay, vlak bij het huidige Sydney, en nam het land aan de oever namens de Britse koning in bezit. Achttien jaar later landde kapitein Arthur Phillip, de bevelhebber van de First Fleet, enkele kilometers verder noordelijk in Port Jackson, met 749 veroordeelde gevangenen aan boord. Bijna precies op de plaats waar tegenwoordig het operahuis staat loste Arthur Philip zijn vracht veroordeelden: de eerste blanken die zich op het vijfde continent vestigden. De nederzetting bij Port Jackson werd Sydney genoemd, ter ere van lord Sydney, de toenmalige Britse minister van Binnenlandse en Koloniale Zaken. Arthur Phillip werd de eerste gouverneur van New South Wales.

Na een moeilijk begin, waarbij het voortbestaan van de eerste Britse kolonie op het Australische continent vaak onzeker was, wist gouverneur Lachlan Macquarie Sydney te veranderen van een verzameling barakken in een modelnederzetting. De energieke Schot bouwde niet alleen het parlementsgebouw, maar ook kazernes en ziekenhuizen, scholen en kerken. Een belangrijke bijdrage werd daar-

The Rocks – de oude stad

Ieder bezoek aan het café van het Museum of Contemporary Art aan Circular Quay belooft weer een verrassing – wat voor 3D fotobehang zou er nu weer te zien zijn?

bij geleverd door Francis Greenway, een om valsheid in geschrifte veroordeelde architect. Zijn bouwwerken, zoals de St. James Church en de Hyde Park Barracks, zijn nu historische bezienswaardigheden.

Tot 1840 werden er Britse veroordeelden naar Sydney gedeporteerd. Geleidelijk kwamen er echter uit alle delen van de wereld steeds meer kolonisten uit eigen vrije wil naar het verre continent. Reeds in 1841 telde Sydney 30.000 inwoners. Tussen 1850 en 1890 groeide de bevolking – hoofdzakelijk als gevolg van de goudkoorts in Bathurst – van 60.000 naar 400.000 inwoners. Tijdens de Eerste Wereldoorlog passeerde het inwonertal van Sydney de één miljoen. Maar pas na 1945 werd het de grootste stad van Australië, een eer die tot dan de stad Melbourne ten deel was gevallen. Tegenwoordig leeft meer dan 20% van alle Australiërs in de 490 wijken en voorsteden van de metropool, die met 4100 km² zo groot is als de provincie Nood-Holland.

The Rocks – de oude stad

Plattegrond: zie blz. 119

Het historische hart van de stad ligt op enkele stappen verwijderd van de aanlegsteiger van de havenveren aan de Circular Quay – **The Rocks**, de oudste stedelijke nederzetting van Australië, waar de kolonisering van het vijfde continent begon. Zijn naam dankt The Rocks aan de eerste veroordeelden die in 1788 op het rotsige schiereiland hun hutten bouwden. In de loop der jaren vervielen The Rocks geleidelijk tot een sloppenwijk, waarin epidemieën woedden. Toen in 1900 de pest uitbrak en meer dan honderd mensen omkwamen, werden talrijke huizen afgebrand om te voorkomen dat de epidemie zich uitbreidde. Andere historische gebouwen werden bij de bouw van de Sydney Harbour Bridge aan het eind van de jaren 20 afgebroken.

Het verwaarloosde The Rocks dreigde in de jaren 60 ten prooi te vallen aan grondspeculanten en projectontwikkelaars, maar uiteindelijk begon men met restauratiewerkzaamheden, die met veel liefde voor detail werden doorgevoerd. Door veroordeelden gebouwde pakhuizen en overheidsgebouwen werden omgetoverd tot fraaie locaties voor winkels, restaurants en galeries. Hoewel zich nu tienduizenden mensen verdringen in de smalle straten en stegen van de oude stad, slaagde The Rocks erin om, in de schaduw van de glas- en neonskyline van het moderne Sydney, toch zijn stille, idyllische plekjes in ere te houden.

Sydney – The Rocks

Bezienswaardig
1. The Rocks Centre
2. Argyle Department Store
3. The Rocks Discovery Museum
4. Cadmans Cottage
5. Museum of Contemporary Art
6. Suez Canal
7. Nurses Walk
8. Susannah Place
9. Harbour Bridge
10. Sydney Observatory
11. Lord Nelson Hotel
12. Argyle Place
13. Hero of Waterloo Hotel
14. Pier Four
15. Pier One
16. The Rocks Market
17. Mercantile Hotel
18. Metcalfe Stores
19. Westpac Bank
20. Australian Steam Navigation Building
21. Campbells Storehouse
22. Old Mariners' Church
23. - 54 zie plattegrond blz. 124

Overnachten
1. - 5 zie plattegrond blz. 124
6. Harbour Rocks
7. - 10 zie plattegrond blz. 124
11. Sydney Harbour B & B
12. - 13 zie plattegrond blz. 124
14. Sydney Harbour YHA
15. zie plattegrond blz. 124

Eten en drinken
1. - 4 zie plattegrond blz. 124
5. Wolfie's Grill
6. - 7 zie plattegrond blz. 124
8. Supernormal Canteen
9. - 11 zie plattegrond blz. 124
12. MCA Café
13. - 14 zie plattegrond blz. 124

Winkelen
1. - 12 zie plattegrond blz. 124

Uitgaan
1. - 2 zie plattegrond blz. 124
3. Bangarra Dance Theatre
4. - 23 zie plattegrond blz. 124

Actief
1. - 9 zie plattegrond blz. 124
10. Bonza Bike Tours
11. BridgeClimb

The Rocks Centre en Argyle Department Store
www.therocks.com
Een aanbevelenswaardig beginpunt voor een drie tot vier uur durende rondwandeling door de historische wijk is **The Rocks Centre** 1, dat in het Penrhyn House op de hoek van Argyle Street en Playfair Street is gevestigd. Je kunt daar ook terecht bij het Sydney Visitor Centre (zie blz. 141) voor informatiemateriaal en om je op te geven voor rondleidingen door de oude stad. Op **The Rocks Square** in Playfair Street worden op zon- en feestdagen gratis openluchtconcerten gegeven.

Schuin tegenover het Rocks Centre is de **Argyle Department Store** 2 gevestigd, een chic winkelcentrum in een tussen 1826 en 1888 gebouwd complex van vier gerestaureerde opslagplaatsen en wolpakhuizen.

The Rocks Discovery Museum 3
Kendall Lane, tel. 02-92 40 86 80, www.rocksdiscoverymuseum.com, dag. 10-17 uur, toegang gratis
Aan de hand van archeologische vondsten, foto's, documenten, schilderijen, videofilms en interactieve displays informeert het **The Rocks Discovery Museum** over de geschiedenis van de historische wijk – van de tijd dat de Cadigal-Aboriginals hier leefden tot de kolonisatie en de huidige tijd.

Cadmans Cottage 4
In **Cadmans Cottage** aan George Street woonde ooit John Cadman. Deze café-eigenaar was als banneling in de strafkolonie beland en maakte een verbazingwekkende loopbaan, door het van gedetineerde tot hoofdinspecteur van de regeringsvloot te

Sydney

WANDELING NAAR SYDNEYS MOOISTE UITZICHTPUNTEN

Informatie
Begin: Harbour Bridge (blz. 121.
Einde: Circular Quay (blz. 123)
Lengte: 3,5-4 km
Duur: 3 uur
Hoe kom je er: bus 431-434 en Sydney Explorer halte Argyle/George Streets.

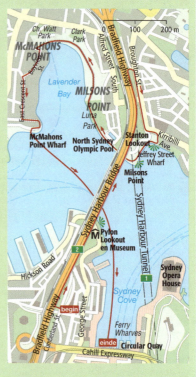

Als je over de **Harbour Bridge** wandelt, zal je vast snel duidelijk worden waarom cinemascope werd uitgevonden: het panorama van de oude stad, de haven en het operahuis gaat elk kader te buiten. Van het voetpad op de brug en vooral van de 89 m hoge zuidoostpijler kun je genieten van een grandioos uitzicht, dat over Sydney Cove met zijn in- en uitvarende havenveerboten helemaal tot Port Jackson reikt, waar een enorme vloot zeiljachten kruist.

Wie nog niet genoeg heeft van het fraaie panorama kan vanaf het **Pylon Lookout & Museum** (zie blz. 122) over de Harbour Bridge naar de noordoever van de Sydney Harbour lopen. Als je na de trappen aan de noordkant van de havenbrug op de Broughton Street rechts aanhoudt, kom je bij de **Stanton Lookout**, boven de Jeffrey Street Wharf. Ook bij het uitkijkpunt bij **Milsons Point** heb je een schitterend uitzicht.

Onder de brug door loop je verder naar de **North Sydney Olympic Pool**, ooit het strijdtoneel van de Australische wereldrecordzwemsters Dawn Fraser en Shane Gould. In de winter is het spectaculair gelegen openbare bad overdekt en wordt het verwarmd. Vlak ernaast ligt de ingang naar het **Luna Park** (zie blz. 150), een pretpark met een achtbaan en een reuzenrad.

Ook vanaf het wandelpad langs **Lavender Bay** kun je altijd genieten van schitterende vergezichten. De baai met zijn dobberende zeilboten werd vernoemd naar de Britse koloniale ambtenaar George Lavender. Vanaf het Luna Park loopt een houten steigerpad langs twee kleine plantsoe-

The Rocks – de oude stad

nen, **Clark Park** en **Charly Watt Park**, naar het voorname stadsdeel **McMahons Point**, dat een bevoorrechte woonomgeving combineert met een schitterend uitzicht over de haven.
Ongeveer halverwege blokkeren chique appartementencomplexen het oeverpad, zodat je moet uitwijken naar de hoger gelegen Bayview Street. Daar krijg je een goede indruk van het leven aan het water in Sydney – voor wie tenminste de daarvoor noodzakelijke financiële middelen heeft.
Vanaf **McMahons Point Wharf** kun je met een havenveerboot terugvaren naar **Circular Quay** (zie blz. 123) in de stad.

schoppen. Het in 1816 gebouwde zandstenen huisje geldt als het oudste bewaard gebleven gebouw van de stad. Het herbergt tegenwoordig het informatiekantoor van de **National Parks & Wildlife Service**, een belangrijk aanspreekpunt voor iedereen die een wandeling wil maken in de beschermde natuurgebieden rond Sydney (zie blz. 141).

Museum of Contemporary Art 5

Tel. 02-92 45 24 00, www.mca.com.au, ma.-wo. 10-17, do. 10-21, vr.-zo. 10-17 uur, toegang gratis, behalve tijdens speciale exposities

Achter de sobere art-decofaçade van het nabijgelegen **Museum of Contemporary Art** gaat een heiligdom voor moderne kunst schuil, dat met vaak provocerende wisselende exposities en performances van binnenlandse en buitenlandse kunstenaars voor internationale aandacht zorgt. Publiekstrekkers zijn ook de rijke permanente tentoonstelling moderne Australische en internationale kunst en regelmatige presentaties van audiovisuele kunst, schrijverslezingen en filmfestivals.

Suez Canal en Nurses Walk

Schuin tegenover het Museum of Contemporary Art begint een straat genaamd **Suez Canal** 6, die zo smal en donker is gebleven dat er maar weinig fantasie voor nodig is om in gedachten terug te gaan naar de tijd dat de Gabbage Tree Gang op ronddwalende, dronken zeelui loerde om ze te beroven.

Ten zuiden daarvan ligt **Nurses Walk** 7, een labyrint van kasseienstraatjes waar vroeger het eerste ziekenhuis van Australië stond. De zusters die hier van 1788 tot 1816 zieken en gewonden verpleegden, waren verbannen vrouwen. Zij kregen voor hun werk kost en inwoning, maar geen loon. In een tuin verbouwden ze geneeskrachtige kruiden.

Susannah Place 8

Tel. 02-92 41 18 93, www.sydneylivingmuseums.com.au, dag. 14-17, jan. en schoolvakanties dag. 10-18 uur, winkel gratis toegang, museum A-$ 12

In de armoedig aandoende bakstenen huizen aan **Susannah Place** tussen Cambridge en Gloucester Street, van 1840 tot midden 20e eeuw een arbeiderswijk, staat tegenwoordig een **museum** dat is gewijd aan de toenmalige woonomstandigheden. In het kruidenierswinkeltje in het hoekhuis verkoopt men traditionele Australische producten.

Harbour Bridge 9

Museum: tel. 02-92 40 11 00, www.pylonlookout.com.au, dag. 10-17 uur, A-$ 15

Als je The Rocks vanuit de lucht wilt zien, kun je vanaf Cumberland Street de trappen naar **Harbour Bridge** (zie blz. 120) beklimmen. Voordat het Opera House deze functie overnam, was de *coathanger* (kleerhanger), zoals de Sydneysiders de brug noemen, het symbool van de stad. De in 1932 ingewijde, met 503 m op een na langste boogbrug ter wereld, verbindt de City met de noordelijke stadswijken. Over de door veertienhonderd arbeiders in zes jaar tijd gebouwde stalen constructie lopen acht rijstroken voor autoverkeer, twee treinsporen en twee voet- en fietspaden.

Om de kosten van het onderhoud te financieren moeten forensen die de stad in rijden een tol van A-$ 3-5 per voertuig betalen. Alleen al voor het regelmatige schilderen is 30.000 liter verf nodig. Op de loonlijst van de brugschilders stond enige tijd ook Paul Hogan, die later bekend werd als 'Crocodile Dundee'. Het loont de moeite om de tweehonderd treden naar het **uitkijkplatform** in de zuidoostelijke pyloon te beklimmen – niet alleen vanwege het mooie uitzicht, maar ook omdat in het binnenste van deze pijler het bijzonder interessante **Pylon Museum** is ondergebracht, waar je alles te weten kunt komen over de ontstaansgeschiedenis van de brug.

In de wijk Millers Point

Via een voetgangerstunnel loop je van Cumberland Street onder de Harbour Bridge door naar Upper Fort Street in de wijk **Millers Point**, genoemd naar de eerste graanmolen van de kolonie. De wijk wordt gedomineerd door de koepel van het **Sydney Observatory** 10. De in 1858 in renaissancestijl gebouwde sterrenwacht dient tegenwoordig als astronomisch museum, maar je kunt hier tijdens speciale evenementen met behulp van een krachtige telescoop ook de fonkelende sterrenpracht aan de hemel van het zuidelijke halfrond bewonderen (tel. 02-92 17 01 11, www.sydneyobservatory.com, dag. 10-17 uur, toegang gratis; Day Tour elk uur 10.15-16.15 uur, A-$ 10; Night Tour op aanvraag, reserveren vereist, A-$ 20).

In het **Observatory Park**, dat zich uitstrekt rond de sterrenwacht, genieten velen tijdens een picknick van het uitzicht op de haven. Aan de voet van het park staat het in 1841 geopende **Lord Nelson Hotel** 11, tevens het oudste café van Sydney. Enkele stappen verder naar het westen, aan **Argyle Place** 12, kun je rond een parkje, dat als het oudste van Sydney geldt, goed geconserveerde georgiaanse en victoriaanse huizen bewonderen.

Op de hoek van Windmill Street en Lower Fort Street vind je nog een historische pub, het **Hero of Waterloo Hotel** 13 uit 1844. Aan het begin van de 20ste eeuw was dit de favoriete verblijfplaats van de schrijvers van avonturenverhalen Joseph Conrad en Jack London als ze in Sydney waren.

Zeilen op het droge – de architect en het ontwerp van het Sydney Opera House zijn evenzeer verguisd als geprezen

In de gerestaureerde pakhuizen op **Pier Four** 14 van de Walsh Bay Warves zijn tegenwoordig de **Sydney Theatre Company** (www.sydneytheatre.com.au) en de **Sydney Dance Company** (www.sydneydancecompany.com) gevestigd; een theatergroep en een dansgroep die zich met experimentele kunst bezighouden. Een mooi uitzicht op het Luna Park aan de overkant van Sydney Harbour biedt het eveneens gerenoveerde, meerdere verdiepingen tellende pakhuis aan **Pier One** 15, met diverse cafés en restaurants.

George Street en omgeving

Als je onder de Harbour Bridge door loopt, kom je via het **Dawes Point Park**, waar ooit een geschutsbatterij stond, terug in George Street, in het weekend de locatie van **The Rocks Market** 16. Duizenden mensen verdringen zich dan hier om het aanbod van vooral glas, aardewerk en zilver te bewonderen (www.therocksmarket.com, za., zo. 10-18 uur, 's winters tot 17 uur).

Wie van Guinness houdt, zal graag een bezoek brengen aan het historische **Mercantile Hotel** 17, met zijn fraaie, met art-decotegels versierde gevel. Schuin aan de overkant liggen de **Metcalfe Stores** 18, een elegante rij huizen waarin tegenwoordig boetieks en kunstnijverheidswinkels zijn gevestigd. Een stukje verderop, aan de andere kant van de straat, staat de in 1817 gestichte **Westpac Bank** 19, de eerste financiële instelling van Australië. Vlak bij de bank staat een zandstenen sculptuur, **First Impressions**, die herinnert aan de overlevingsstrijd van de eerste kolonisten.

Op de hoek van George Street en Hickson Road kun je het in 1883 in Vlaamse stijl gebouwde **Australian Steam Navigation Building** 20 bewonderen. Even ten noorden daarvan staat het **Campbells Storehouse** 21, enkele oude zandstenen pakhuizen die tegenwoordig het stijlvolle onderkomen van restaurants en bistro's vormen. De **Old Mariners' Church** 22, tegenover Circular Quay West, luidde in 1859 voor het eerst zijn klokken. Slechts een paar stappen zijn het van de kerk naar The Rocks Centre (zie blz. 119), het vertrekpunt van de rondwandeling.

Downtown en Royal Botanic Gardens

Plattegrond: zie blz. 124
Ondanks de uitgestrektheid van Sydney kun je de toeristisch interessante kern van de binnenstad probleemloos te voet verkennen.

Circular Quay 23

Het centrum van de metropool en het ideale beginpunt voor de rondwandeling vormt **Circular Quay**, waar alle verkeersaders samenkomen. Vanhier rijden bussen en trams naar alle delen van de stad en kun je met veer- en plezierboten alle havengebieden bereiken. Ondanks de weinig gezellige ambiance stromen hier dagelijks straatartiesten, muzikanten en goochelaars naartoe om vaak tot diep in de nacht het grootste openluchttheater van Sydney te vullen.

Sydney Opera House 24

Tel. 02-92 50 72 50, www.soh.nsw.gov.au, www.sydneyoperahouse.com, rondleidingen (1 uur) dag. ieder halfuur van 9-17 uur, A-$ 37; backstagetour (2 uur) dag. 7 uur, A-$ 165 inclusief ontbijt, reserveren verplicht

Vanaf Circular Quay loopt een oeverboulevard langs Sydney Cove naar Bennelong Point, een door kapitein Arthur Phillip op advies van de Aboriginals zo genoemde landtong. Daar staat op een bijna 2 ha groot terrein het fotogenieke **Sydney Opera House**. Het gebouw met zijn tien parelkleurige, op volle zeilen gelijkende dakschelpen, waarvan het silhouet als voorbeeld voor het logo van de Olympische Spelen in Sydney diende, was vanaf het leggen van de eerste steen op 2 maart 1959 tot de officiële opening door koningin Elizabeth II op 20 oktober 1973 zowel om esthetische als financiële redenen zeer omstreden. Het door de Londense *Times* tot 'gebouw van de eeuw' uitgeroepen bouwwerk werd vanwege zijn excentrieke con-

Sydney – Downtown

Bezienswaardig

1 - **22** zie plattegrond blz. 119

- **23** Circular Quay
- **24** Sydney Opera House
- **25** Mrs. Macquaries Point
- **26** Royal Botanic Gardens
- **27** Government House
- **28** Conservatorium of Music
- **29** Museum of Sydney
- **30** Lands Department Building
- **31** State Library of New South Wales
- **32** Parliament House
- **33** Sydney Hospital
- **34** Martin Place
- **35** Hyde Park Barracks
- **36** St. James Church
- **37** Old Supreme Court Building
- **38** Art Gallery of New South Wales
- **39** St. Mary's Cathedral
- **40** Australian Museum
- **41** Hyde Park
- **42** Sydney Tower
- **43** Strand Arcade
- **44** Queen Victoria Building
- **45** Town Hall
- **46** St. Andrew's Cathedral
- **47** Chinatown
- **48** Garden of Friendship
- **49** Powerhouse Museum
- **50** Sydney Fish Market
- **51** Australian National Maritime Museum
- **52** Sydney Sea Life Aquarium
- **53** Wild Life Sydney Zoo
- **54** Madame Tussauds

vervolg zie blz. 126

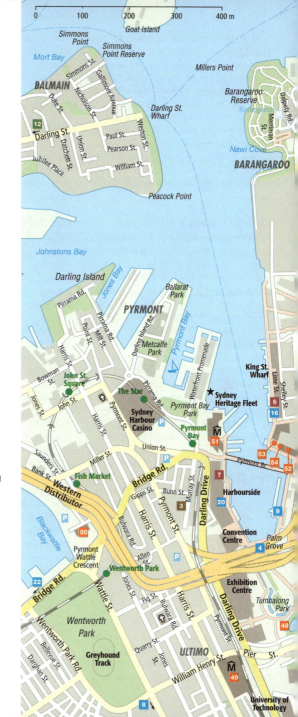

Sydney

Overnachten
1. Four Seasons Hotel
2. Ovolo Woolloomooloo
3. 1888 Darling Harbour
4. Medusa
5. Ravesi's
6. zie plattegrond blz. 119
7. The Hughenden
8. Arts Hotel
9. Ibis Sydney World Square
10. Park 8 Hotel Sydney
11. zie plattegrond blz. 119
12. The Ultimo
13. Pensione Hotel
14. zie plattegrond blz. 119
15. Lakeside Holiday Park

Eten en drinken
1. Eleven Bridge
2. Rockpool Bar & Grill
3. Otto Ristorante
4. Doyles on the Beach
5. zie plattegrond blz. 119
6. King Street Wharf
7. Blue Fish
8. zie plattegrond blz. 119
9. Macchiato
10. The Bourbon
11. Billy Kwong
12. zie plattegrond blz. 119
13. Food Court
14. Harry's Café de Wheels

Winkelen
1. Oxford Street
2. Paddington Markets
3. Paddy's Market
4. Bondi Beach Markets
5. David Jones
6. Australian Opal Cutters
7. Mambo
8. R. M. Williams
9. Australian Design Centre
10. Australian Wine Centre
11. Berkelouw Booksellers
12. Birkenhead Point Outlet Centre

Uitgaan
1. State Theatre
2. Belvoir Street Theatre
3. zie plattegrond blz. 119
4. LG IMAX Theatre
5. Hayden Orpheum Picture Palace
6. Basement
7. Excelsior Hotel
8. Sandringham Hotel
9. Home
10. Kinsela's
11. Minc Lounge
12. Retro
13. The Metro Theatre
14. The Midnight Shift Hotel
15. Blu Bar on 36
16. Cargo Bar
17. Establishment
18. Marble Bar
19. The Morrison
20. The Watershed Hotel
21. Bar Coluzzi
22. Friend in Hand Hotel
23. The Art House Hotel

Actief
1. itoursntix
2. Captain Cook Cruises
3. Sydney Harbour Tall Ships
4. Ozjet Boating
5. Sydney Harbour Kayaks
6. Let's go surfing
7. Manly Surf School
8. Sydney Heli Tours
9. Luna Park
10. - 11. zie plattegrond blz. 119

---

structie door critici respectloos omschreven als een 'groep Franse nonnen bij het voetbal'. Tegenwoordig geldt het Opera House niet alleen als het architectonische symbool van Sydney, maar ook als het zinnenbeeld voor een zich toentertijd ontwikkelend nieuw cultureel zelfbewustzijn dat veel Australiërs lange tijd hadden gemist.

Het initiatief tot de bouw van het operagebouw werd begin jaren 1950 genomen door een groep geëngageerde burgers. De winnaar van de in 1954 internationaal uitgeschreven ontwerpwedstrijd was de Deense architect Jørn Utzon. De realisatie van zijn gewaagde oorspronkelijke ontwerp leverde echter onoplosbare technische problemen op, waardoor Utzon gedwongen werd zijn plannen te wijzigen. Na jaren van experimenten volgde in 1959 het leggen van de eerste steen. Toen midden jaren 1960 bleek dat de kosten van de bouw explosief waren toegenomen, waardoor verdere aanpassingen noodzakelijk waren, trok de in 2008 op 90-jarige leeftijd overleden Deense architect zich woedend terug, waarna zijn werk werd voortgezet door een Australisch architectenteam. Toen op 20 oktober 1973 de eerste opera werd opgevoerd, had de bouw acht jaar langer geduurd en waren de kosten – begroot op zeven miljoen Australische dollar – opgelopen tot 102 miljoen dollar. Volgens 'goede Australische traditie' werd de kostenoverschrijding gedekt met de opbrengst van een loterij, die door de toenmalige premier Joseph Cahill persoonlijk in het leven werd geroepen.

Downtown en Royal Botanic Gardens

Mrs. Macquaries Point 25

Langs de **Farm Cove** voert een mooie wandelroute naar **Mrs. Macquaries Point**, waar je vooral bij zonsondergang een bijzonder fraai uitzicht hebt op Port Jackson. Hier kijk je ook uit op het in de baai liggende rotseiland Pinchgut met het Fort Denison, een duister, klein eilandfort waar in de 18e en de 19e eeuw veroordeelden werden opgesloten en op een hongerrantsoen gezet. Een door veroordeelden in het midden van de 19e eeuw in de rotsen gemetselde zetel wordt **Mrs. Macquaries Chair** genoemd, omdat de gouverneursvrouw hier vaak picknicks organiseerde voor leden van de hogere klasse.

Royal Botanic Gardens 26

Tel. 02-92 31 81 11, www.rbgsyd.nsw.gov.au, dag. 7 uur tot zonsondergang, Visitor Centre dag. 9.30-16.30 uur; gratis rondleiding (1,5 uur) dag. 10.30 uur; gratis rondleiding (1 uur) alleen mrt.-nov. ma.-vr. 13 uur; gratis Aboriginal Heritage Tour (1,5 uur) wo., vr., za. 10 uur; melden bij het Visitor Centre

Een korte wandeling is genoeg om van Bennelong Point in de uitgestrekte **Royal Botanic Gardens** te komen. In het lievelingspark van de inwoners van Sydney ondernamen gevangenen en soldaten ooit vertwijfelde pogingen om groenten in de zandgrond te verbouwen en zich zo te behoeden voor de hongerdood. Tegenwoordig is de botanische tuin, die uit de eerste helft van de 19e eeuw stamt, een levend herbarium en een veilige haven voor talrijke vertegenwoordigers van de Australische dierenwereld. Het park, waar een netwerk van paden doorheen loopt, bevat een verzameling prachtige planten uit het zuiden en zuidwesten van het Grote Oceaangebied. In het zicht van de wolkenkrabbers van de City weerklinken de vrolijke roep van kookaburra's en het getierelier van regenbooglori's in de toppen van de koningspalmen. De thematische tuin **Cadi Jam Ora**, ten zuiden van het bezoekerscentrum, bevat planten die de Aboriginals ooit tot voedsel dienden en vooral als geneesmiddel werden gebruikt.

Government House en Conservatorium of Music

In het noorden worden de Royal Botanic Gardens 'bewaakt' door het als een vesting ogende **Government House** 27, de voormalige residentie van de gouverneur-generaal (tel. 02-92 28 41 11, www.governor.nsw.gov.au, gratis rondleidingen vr.-zo. elk halfuur 10.30-15 uur). Het **Conservatorium of Music** 28 herinnert met zijn kantelen, balkons en torens aan een middeleeuws ridderkasteel. Het tussen 1817 en 1821 als bediendenverblijf en paardenstal ingerichte, bizarre gebouw huisvest sinds begin 20e eeuw een muziekacademie (dag. 8-18 uur, alleen de foyer is toegankelijk).

Museum of Sydney 29

Tel. 02-92 51 59 88, www.sydneylivingmuseums.com.au, dag. 10-17 uur, A-$ 12

In een smal, drie verdiepingen tellend gebouw aan Bridge Street, hoek Phillip Street, is het buitengewone **Museum of Sydney** gevestigd. Dit museum, gewijd aan de immigratiefase tussen 1788 en 1850, is heel kritisch over de confrontatie tussen de Europeanen en de Aboriginals. Audiovisuele presentaties op enorme videoschermen tonen in chronologische volgorde de geschiedenis van de voor de oorspronkelijke bewoners van Australië fataal verlopende Europese kolonisatie van Terra Australis. Voor het museum staat het kunstwerk **Edge of Trees**, een uit 29 zandstenen stèles, stalen zuilen en houten pijlers bestaande installatie die het eerste contact tussen de oorspronkelijke bewoners en de Europeanen symboliseert. Ook de locatie van het museum is symbolisch – precies op deze plaats stond het eerste regeringsgebouw van de kolonie, waarvan tegenwoordig alleen de fundamenten nog resteren.

Lands Department Building 30

De gevel van het **Lands Department Building** bij het Macquarie Place Park telt 48 sculptuurnissen, met daarin beelden van bekende personen uit de Australische geschiedenis. In het midden van het kleine stadspark staat een door Francis Greenway ontworpen, in

Sydney

1818 opgerichte zandstenen obelisk, die ooit fungeerde als kilometerpaal nul, dat wil zeggen als beginpunt voor alle afstandsmetingen in de kolonie New South Wales.

State Library of New South Wales 31

Tel. 02-92 73 14 14, www.sl.nsw.gov.au, ma.-do. 9-20, vr. 9-17, za., zon- en feestdagen 10-17 uur, toegang gratis

In een zijvleugel van de neoclassicistische, in 1906 voltooide **State Library of New South Wales** zit de Mitchell Library, met een unieke verzameling boeken, landkaarten, schetsen en andere waardevolle documenten uit de vroege koloniale tijd van Australië. Bezienswaardig is het vloermozaïek in de foyer van het hoofdgebouw met een weergave van de historische kaart van Australië door Abel Tasman. Voor het zuilenportaal staat een standbeeld van Matthew Flinders, die van 1801 tot 1803 rond Australië zeilde en daarmee bewees dat de landmassa een continent was.

Bij de State Library begint het interessante gedeelte van **Macquarie Street**. Oorspronkelijk was de door Lachlan Macquarie als centrum van de stad bedachte en naar hem genoemde weg slechts een stoffig pad, dat na elke regenbui in een modderpoel veranderde. Tegenwoordig verschaffen talrijke gebouwen in de georgiaanse stijl van de vroege koloniale tijd (waarvan enkele ontworpen door Francis Greenway) de boulevard elegantie en waardigheid.

Parliament House 32

Tel. 02-92 30 21 11, www.parliament.nsw.gov.au, bezoekerstribune ma.-vr. vanaf 14.15 uur, toegang gratis, gratis rondleidingen (1 uur) ma. en vr. 13.30 uur

Na enkele honderden meters bereik je het **Parliament House**. Dat werd in 1811-1816 oorspronkelijk gebouwd als deel van het Sydney Hospital, maar sinds 1829 fungeert het in Engelse georgiaanse stijl uitgevoerde koloniale bouwwerk als vergaderruimte van de beide kamers van het Parliament of New South Wales. Vanaf de bezoekerstribune kun je de debatten tussen de senatoren en de leden van het Huis van Afgevaardigden gadeslaan. In de **Jubilee Room** zit het parlementsmuseum met een expositie over de politieke geschiedenis van de staat.

Sydney Hospital 33

Naast het parlement staat het in 1894 voltooide **Sydney Hospital**. Voor het victoriaanse, zandstenen gebouw met de imposante trap zie je *Il Porcellino* (het varkentje), een kopie van de beroemde Florentijnse fontein. Net als het bronzen everzwijn aan de Mercato Nuovo in Florence moet de Australische dubbelganger iedereen geluk brengen die hem over zijn snuit aait. Omdat het koloniale bestuur het eerste ziekenhuis van Sydney financierde met de winsten van de lucratieve rumhandel had het lange tijd de bijnaam Rum Hospital.

Martin Place 34

Het kloppende hart van de City is **Martin Place**, een voetgangerszone die zich uitstrekt tussen Macquarie Street en George Street. Hoewel gedomineerd door beton en niet erg gezellig is het langgerekte plein een goed adres om je tocht door de stad te onderbreken. Doordeweeks moet je dit zo mogelijk 's middags doen, omdat straatmuzikanten en andere artiesten dan het met lunchtrommels uitgeruste publiek van het amfitheater nabij Castlereagh Street vermaken met hun kunsten.

Hyde Park Barracks 35

Galerie: tel. 02-82 39 23 11, www.sydneyliving museums.com.au, dag. 10-17 uur, A-$ 12

De mooiste gebouwen in georgiaanse stijl liggen aan het eind van Macquarie Street rond **Queens Square**. Drie ervan werden in opdracht van gouverneur Macquarie ontworpen door de veroordeelde architect Francis Greenway, die net als vele anderen met een transport uit Engeland was gekomen. Als zijn meesterwerk gelden de tussen 1817 en 1819 gebouwde **Hyde Park Barracks**, die met hun klare lijnvoering een sobere elegantie bezitten. Oorspronkelijk diende het fraai geproportioneerde gebouw als accommodatie voor gemiddeld achthonderd Britse bannelingen, maar later vonden weeskinderen en arme immigranten

Downtown en Royal Botanic Gardens

Hyde Park Barracks: waar vroeger gedetineerden een onzekere toekomst tegemoet wiegden, kunnen bezoekers van vandaag het zich gemakkelijk maken en via luidsprekers de tijd van toen herbeleven

er hun eerste onderkomen. Nog later fungeerde het gebouw als gerechtshof en zetel van verscheidene overheidsorganen. Sinds zijn renovatie in 1980-1990 herbergt het een in didactisch opzicht uitstekend museum, gewijd aan de sociale geschiedenis van Sydney.

De **Greenway Gallery** op de begane grond biedt informatie over de werken van de architect. Het indrukwekkendst is de gerestaureerde hangmattenslaapzaal op de tweede etage. Bezoekers kunnen zich hier, liggend in een hangmat en luisterend naar het uit verborgen luidsprekers komende gefluister van veroordeelden, in hun fantasie naar een lang vervlogen tijdperk laten wegvoeren.

St. James Church en Old Supreme Court Building

De creativiteit en het vakmanschap van Francis Greenway zijn ook zichtbaar in de **St. James Church** 36 aan de overzijde. Nadat het oorspronkelijk als gerechtsgebouw was gepland, moest Greenway zijn ontwerp noodgedwongen aanpassen om er een kerk van te maken. De oudste kerk van Sydney werd in 1824 gewijd. De gebrandschilderde ramen, die de elementen aarde, lucht, vuur en water verbeelden, stammen grotendeels uit de 20e eeuw. Vroeger diende de toren van de St. James als oriëntatiepunt voor binnenkomende schepen (tel. 02-82 27 13 00, www.sjks.org.au, ma.-vr. 10-16, za. 9-13, zo. 7.30-16 uur, gratis rondleiding ma.-vr. 14.30 uur). Het ensemble bouwwerken van de Australische architect Greenway aan het eind van Macquarie Street wordt gecompleteerd door het in 1828 voltooide **Old Supreme Court Building** 37 .

Art Gallery of New South Wales 38

Tel. 1800-67 92 78, www.artgallery.nsw.gov.au, dag. 10-17, wo. tot 22 uur, toegang gratis, behalve tijdens speciale exposities

Ten noordoosten van Queens Square ligt het uitgestrekte park **The Domain**, waarin elk jaar in januari tijdens het het Festival of Sydney

Australiës grootste openluchtparty plaatsvindt. Hier vind je ook een van de belangrijkste musea voor beeldende kunst van het land, de **Art Gallery of New South Wales**, gevestigd in een neoclassicistisch zandstenen gebouw, dat in 1988 flink werd uitgebreid. In het gebouwencomplex wordt op vijf etages (waarvan drie ondergronds) een even exquise als contrastrijke verzameling Australische, Aziatische en Europese kunst getoond.

De afdeling Australische kunst toont een doorsnede van de 'blanke' Australische schilderkunst. In de grote verzameling Europese kunst zijn zowel oude meesters als vertegenwoordigers van moderne stijlrichtingen opgenomen. In de uitstekende afdeling Azië vind je onder andere tekeningen, beelden en aardewerk uit verschillende tijdperken en diverse Aziatische landen. Werken van Aboriginals en kunstenaars van de Torres Strait Islands staan centraal in de ondergrondse Yiribana Gallery – traditionele schilderingen op boomschors en eigentijdse werken.

St. Mary's Cathedral 39
www.stmaryscathedral.org.au, dag.
6.30-18.30 uur, gratis rondleidingen zo. 12 uur
De tussen 1866 en 1928 in neogotische stijl gebouwde **St. Marys Cathedral**, gelegen in het zuidelijke deel van The Domain, geldt als de grootste kerk van het voormalige Britse Rijk buiten Groot-Brittannië. Binnen vallen de slanke zuilen op, die worden verlicht door zonlicht dat door kleurige rozetvensters in de westelijke en zuidelijke gevel valt. Veel indruk maakt de mozaïekvloer in de crypte, waaraan kunstenaars vijftien jaar hebben gewerkt.

Australian Museum 40
Tel. 02-93 20 60 00, www.australianmuseum.net.au, dag. 9.30-17 uur, A-$ 15
Onder het dak van van het machtige, in 1849 voltooide gebouw van het **Australian Museum** vind je overzichtelijk gerangschikt een grote verzameling objecten op het gebied van geologie, biologie, ecologie en etnografie. Er is ook een afdeling uitsluitend gewijd aan de cultuur van de Aboriginals en de Oceanische volken, die Australië en de eilanden in het zuiden van de Grote Oceaan oorspronkelijk bevolkten.

Hyde Park 41
Ten zuiden van Queens Square ligt een andere stedelijke oase, **Hyde Park**. Ooit fungeerde het in 1810 aangelegde groengebied als paardenrenbaan en cricketveld en in de beginjaren van de strafkolonie als exercitieterrein en locatie voor openbare executies. De **Archibald Memorial Fountain** in het noordelijke deel van het park herinnert aan de Australisch-Franse wapenbroederschap in de Eerste Wereldoorlog. In het zuiden weerspiegelt het **Anzac War Memorial**, een monument in art-decostijl dat is gewijd aan de in de Eerste Wereldoorlog gevallen Australiërs, zich in het kunstmatige Lake of Reflection. Verstopt in een hoekje van het park staat de **St. Marys Catholic Chapel**, een ander meesterwerk van Francis Greenway.

Sydney Tower 42
Tel. 1800-25 86 93, www.sydneytowereye.com.au, dag. 9-22 uur, A-$ 28, bij online reservering tot 30% korting; Skywalk: dag. 9-20.30, za. tot 21.30 uur, A-$ 70
Ten westen van Hyde Park staat op de hoek van Market Street en Castlereagh Street de **Sydney Tower**, het hoogste gebouw van de stad. Drie hogesnelheidsliften brengen pas-

---

iVenture Card
Van deze kortingspas bestaan twee varianten. Als **Sydney Unlimited Attractions Pass** biedt hij gedurende een vastgestelde periode gratis gebruik van het openbaar vervoer en gratis toegang bij meer dan 35 attracties in Sydney en de Blue Mountains (drie dagen A-$ 182, zeven dagen A-$ 234). Met de **Sydney Flexi Attractions Pass** kun je binnen drie maanden drie, vijf of zeven attracties gratis bezoeken (respectievelijk A-$ 78, 115 en 148). De passen zijn te koop bij de Sydney Visitors Centres in The Rocks en Darling Harbour, in het Harbourside Shopping Centre (Shop 191) en online via www.iventurecard.com/us/sydney.

sagiers in veertig seconden naar het uitkijkplatform en de beide restaurants van het met 305 m op een na hoogste gebouw van het zuidelijk halfrond. Boven kun je genieten van een geweldig uitzicht over de stad en een panorama dat bij helder weer tot de bijna 100 km westelijker gelegen Blue Mountains reikt. Wie geen last heeft van hoogtevrees kan er nog een schepje bovenop doen en de **Skywalk** reserveren, een drie kwartier durende klauterpartij aan een zekeringskabel op een hoogte van 268 m. Inbegrepen in de toegangsprijs van de Sydney Tower is een bezoek aan de bioscoop **4D Cinema**, die uitnodigt tot een virtuele reis over het continent. Als fundament van het gebouw fungeert **Westfield Shopping Centre**, een vier verdiepingen tellende winkelstad met meer dan tweehonderd winkels en restaurant.

Strand Arcade 43

412-416 George St., www.strandarcade.com. au, ma.-wo. 9-17.30, do. 9-20, vr. 9-17.30, za. 9-16, zo. 11-16 uur

De **Strand Arcade**, een victoriaanse winkelpassage uit 1891, telt verschillende galerijen met exclusieve zaken. Met zijn gebrandschilderde ramen, fraaie stenen vloeren en gebeeldhouwde portalen en balustrades van smeedijzer en hardhout ademt dit winkelcentrum een elegante sfeer.

Queen Victoria Building 44

455 George St., tel. 02-92 65 68 00, www.qvb. com.au, ma.-wo. 9-18, do. 9-21, vr., za. 9-18, zo. 11-17 uur; rondleidingen (45 min.) di., do., za. 11.30 uur, A-$ 17,50

Via Market Street en het barokke State Theatre bereik je het **Queen Victoria Building**. Dit zandstenen gebouw werd in 1898 opgericht ter ere van het gouden jubileum van koningin Victoria en oogt na renovatie fraaier dan ooit. Tegenwoordig is het de nostalgische ambiance voor een wandeling langs bijna tweehonderd elegante winkels en boetieks. Opvallend zijn de gevel in neobyzantijnse stijl en de 35 m hoge koperen koepel op het dak, die wordt omringd door twintig kleinere koepels. Voor het zuidelijke portaal troont een beeld van koningin Victoria op een natuurstenen sokkel.

Town Hall 45

Het Queen Victoria Building ligt aan Sydney Square, waaraan nog twee andere victoriaanse gebouwen staan. De **Town Hall** uit 1868 geldt als een schoolvoorbeeld van stijl en elegantie. Tegenwoordig vinden in enkele zalen van het zandstenen gebouw regelmatig culturele evenementen plaats. De Centennial Hall, met een van de grootste orgels ter wereld (meer dan 8500 pijpen), is beroemd om zijn uitstekende akoestiek.

St. Andrew's Cathedral 46

www.sydneycathedral.com, ma.-vr. 7.30-17.30, zo. 7.30-20 uur, gratis rondleidingen ma.-vr. 11, 14, zo. 12 uur

De anglicaanse **St. Andrews Cathedral** is een meesterwerk van Edmund Blacket, de beroemdste kerkarchitect van koloniaal Australië. De inwijding volgde pas een halve eeuw na het leggen van de eerste steen in 1819. In het neogotische gebouw word je verrast door het fraaie, authentieke interieur, de gebrandschilderde ramen die het licht filteren en een klein kerkmuseum waarin liturgische voorwerpen van de eerste kolonisten kunnen worden bewonderd. Pronkstuk van de kerkschat is een Bijbel uit 1539.

Chinatown 47

Aan de andere kant van Liverpool Street ligt Sydney's kleine **Chinatown**. Achter de kleurige pagode-ingangen is het erg druk, een aangenaam contrast met de nuchtere sfeer van de zakenwijk. Met al het bladgoud en de drakenkoppen heeft de ambiance ook iets kitscherigs. De vele restaurants bieden een culinaire reis door alle delen van China.

Darling Harbour

Plattegrond: zie blz. 124

In de 19e eeuw was deze havenwijk – genoemd naar Ralph Darling, de zevende gouverneur van de kolonie New South Wales – het centrum van de economische bloei van Australië. Na de opkomst van het containervervoer verloor de drukke exporthaven voor wol

Sydney

en graan aan betekenis en verwerd tot een groezelige achterplaats van de City met verlaten kades, vervallen pakhuizen en roestende bruggen. Ter gelegenheid van de tweehonderdste verjaardag van het land in 1988 werd het verwaarloosde industriegebied met behulp van vele miljoenen aan investeringen veranderd in een 60 ha grote schitterende mengeling van pretpark, winkel- en cultuurcentrum.

Garden of Friendship 48

Tel. 02-92 40 88 88, www.chinesegarden.com.au, apr.-sept. dag. 9.30-17, okt.-mrt. dag. 9.30-17.30 uur, A-$ 6

De Chinese **Garden of Friendship** in het zuidelijke deel van Darling Harbour biedt met zijn lotusvijvers, watervallen, pagodes en paviljoen een oosterse sfeer. De grootste Chinese tuin buiten China werd aangelegd door tuinlieden uit Guangdong (Kanton), een partnerstad van Sydney.

Powerhouse Museum 49

Tel. 02-92 17 01 11, www.powerhousemuseum.com, dag. 9.30-17 uur, A-$ 15

Voorbij Pumphouse, een populair biercafé met brouwerij, ligt het postmoderne **Powerhouse Museum**. Het bakstenen complex van de voormalige elektriciteitscentrale die ooit de elektrische tram van Sydney aandreef, presenteert tegenwoordig op vier etages meer dan twintig tentoonstellingen over zaken die betrekking hebben op natuurwetenschap, technologie, toegepaste kunst en maatschappijgeschiedenis. Omdat dit alles niet saai achter glas wordt gepresenteerd, maar door video's en computeranimaties fantasievol aan de man wordt gebracht en bezoekers overal aan knoppen en hendels mogen zitten is het museum ook bij kinderen populair.

Sydney Fish Market 50

www.sydneyfishmarket.com.au, veiling ma.-vr. vanaf 5.30 uur, winkels ma.-vr. 7-16, restaurants ma.-vr. 7-21, za., zo. 9-22 uur

De **Sydney Fish Market** is de grootste vismarkt van Australië. Doordeweeks kun je in alle vroegte de veilingen gadeslaan en vervolgens in de eettentjes op de pier van de verse vangst genieten.

Australian National Maritime Museum 51

Tel. 02-92 98 37 77, www.anmm.gov.au, dag. 9.30-17, jan. tot 18 uur, vanaf A-$ 8

Het centrum van Darling Harbour wordt gevormd door **Harbourside**, een futuristisch winkel- en restaurantcomplex, op tien minuten lopen van de Sydney Fish Market. Iets ten noorden ervan ligt het **Australian National Maritime Museum**. Dit aan het leven aan en op het water gewijde museum vertelt met behulp van tal van objecten, vitrines en audiovisuele hulpmiddelen de geschiedenis van de zeevaart in Australië. De museumvloot dobbert aan de kade.

Sydney Sea Life Aquarium 52

Tel. 1800-19 96 57, www.sydneyaquarium.com.au, dag. 9.30-19 uur, A-$ 42, bij online reservering tot 30% korting

De Pyrmont Bridge loopt van het National Maritime Museum naar het **Sydney Sea Life Aquarium** aan de andere kant van het havenbekken. Bezoekers kunnnen zich hier verwonderen over de vegetatie van een mangrovemoeras of het veelzijdige leven in een tropisch rivierstelsel. Kinderen kunnen in een speciaal 'aaibassin' zeesterren en schelpdieren aanraken – tastbaar biologieonderwijs. Het hoogtepunt is het enorme Open Ocean Aquarium, waar haaien, roggen en andere zeebewoners vlak langs de in plexiglazen tunnels lopende bezoekers scheren.

Wild Life Sydney Zoo 53

Tel. 1800-20 61 58, www.wildlifesydney.com.au, dag. 9.30-17 uur, A-$ 42, bij online reservering tot 30% korting

Naast het Sydney Aquarium kun je de giftigste slangen en gevaarlijkste spinnen van de wereld aanschouwen. De bezoekers van **Wild Life Sydney Zoo** maken weliswaar ook kennis met ongevaarlijke dieren als kangoeroes en koala's, maar het zwaartepunt ligt bij de meer bizarre vertegenwoordigers van de Australische fauna.

SURF CARNIVAL

Als je bij de openbare stranden van Australië in gevaar komt, schieten de *lifesavers* te hulp, doorgaans zongebruinde 'engelen' van de Australische reddingsbrigade met kleurige badmutsen. In een door twee vlaggen begrensd gebied kunnen zwemmers zich relatief onbezorgd in de vaak metershoge branding storten. De op een hoge stoel gezeten *lifesaver* houdt zijn stukje strand in de gaten en slaat alarm als iemand door de stroming in zee wordt gezogen of een verdachte vin opduikt. In een noodgeval stort een *lifesaver* zich met een reddingslijn om zijn lichaam in de golven en probeert de in nood geraakte zwemmer te bereiken. Zodra dat gelukt is wordt de drenkeling op sleeptouw genomen door collega's en met een lier naar het strand teruggetrokken. *Lifesaving* is een erebaan – elk goed bezocht strand beschikt over een reddingsbrigade.

Al in 1907 sloegen de eerste vrijwilligers de handen ineen om over de veiligheid van anderen te waken. Tegenwoordig zijn de *lifesavers* bijna het symbool van het vijfde continent. De reddingsbrigadiers redden tot dusverre al meer dan 200.000 mensen van een wisse dood. Hoewel de reddingsbrigades zeer autoritair zijn georganiseerd, en de training erg zwaar is, maken ze zich geen zorgen over gebrek aan belangstelling voor het lidmaatschap.

In de zomer organiseren de meer dan tweehonderd verenigingen elk weekend strandfeesten: de **Surf Carnivals**, waarbij diverse teams met elkaar op vriendschappelijke voet wedijveren. Het beroemdst zijn de evenementen aan de stranden van Sydney. Elk evenement begint met een optocht waarbij de leden van de reddingsbrigades de vlaggen van hun vereniging dragen. Vervolgens staan er diverse reddings- en reanimatieoefeningen op het programma, waarbij het snelste team punten krijgt. Het hoogtepunt van de dag wordt echter gevormd door de regatta's van de reddingsboten. De absolute sterren van dit zuiver masculine spektakel zijn de vijf ervaren kerels die in een roeiboot tegen de branding en tegen de concurrentie van het buurstrand strijden. Het programma van de Surf Carnivals is verkrijgbaar bij de regionale toeristenbureaus.

Madame Tussauds 54

Tel. 02-93 33 92 40, www.madametussauds.com.au/sydney/en, dag. 9.30-19 uur, A-$ 42, bij online reservering tot 30% korting

Aan Aquarium Pier kun je in het Australische filiaal van **Madame Tussauds** zeventig nationale en internationale beroemdheden in was bewonderen, onder wie historische figuren, wetenschappers, politici, acteurs als Hugh Jackman en Nicole Kidman en ook internationale sterren als Taylor Swift en Adele.

Wijken ten oosten van Downtown

Kaart: zie blz. 139

De wijken ten oosten van de City bieden voor elk wat wils: nachtbrakers gaan naar Woolloomooloo, Kings Cross of Darlinghurst, shopaholics naar Paddington, cultuuradepten naar Elizabeth Bay en Vaucluse, visliefhebbers naar Watsons Bay, en zonaanbidders en surfers naar Bondi Beach.

Sydney

Woolloomooloo 1

Ten oosten van het park The Domain ligt **Woolloomooloo**. Deze door de autochtonen vaak kortweg The Loo – 'De Plee' – genoemde wijk was vroeger een smoezelige achterbuurt. Maar een grootschalige opknapbeurt transformeerde haar tot een aantrekkelijke en hippe woonomgeving.

Kings Cross 2

Het naburige, slechts 1 km ten oosten van het centrum gelegen **Kings Cross** was ooit een deels voorname, deels bohemienachtige woonwijk. Later gold The Cross lange tijd als een oord van verderf, waar zich zware jongens en meisjes van lichte zeden ophielden. De buurt heeft nog altijd de karakteristieken van een *red light district*, maar is minder verdorven dan op het eerste gezicht lijkt. De nachtclubs, bars en seksshops zijn weliswaar nog niet helemaal verdwenen, maar tegenwoordig vind je er ook uitstekende restaurants en bistro's. Nu geldt Kings Cross met zijn betaalbare hotels en pensions vooral als een hippe buurt voor jonge reizigers uit de hele wereld. Langs Victoria Street staan smaakvol gerestaureerde huizen, waarvan de balkons met gietijzeren balustrades zijn versierd.

Darlinghurst 3

Ten zuiden van Kings Cross ligt **Darlinghurst**, een levendige wijk met kosmopolitische flair, beroemd om zijn cafés en bonte straatleven. Dat komt vooral tot uiting in Oxford Street, de

Voor elke, echt elke 'gusto' (smaak) heeft de hippe wijk Paddington iets te bieden

homoboulevard van Sydney. Elk jaar is het begin maart in dit centrum van de lesbo- en homoscene een drukke boel tijdens de Sydney Gay and Lesbian Mardi Gras, een kleurrijk carnavalsfeest dat ook veel hetero's aanspreekt.

Het **Sydney Jewish Museum** op Darlinghurst Road 148 biedt een schat aan informatie over de geschiedenis van de Joodse immigranten in Australië (tel. 02-93 60 79 99, www.sydneyjewishmuseum.com.au, ma.-do., zo. 10-16, vr. 10-14 uur, za. en op joodse feestdagen gesl., A-$ 15).

Paddington 4

De wijk **Paddington** ten zuidoosten van Kings Cross staat bekend om zijn mooie oude huizen. Hier woonden ooit de kunstenaars en bohemiens van Sydney, tegenwoordig vind je er de mooiste voorbeelden van de victoriaanse *terrace*-bouwstijl uit de late 19e eeuw. Bijzonder bezienswaardige voorbeelden van in deze stijl opgetrokken, smalle woonhuizen met hun fraaie smeedijzeren balkons en houtsnijwerk bleven bewaard in het **Old Village**, een ten noorden van Oxford Street gelegen buurt tussen Shadforth Street, Prospect Street en Spring Street. Overdag ontmoet heel Sydney elkaar tijdens het winkelen in de trendy boetieks van Paddingtons **Oxford Street**, en elke zaterdag heeft 'Paddo' van 10 tot 16 uur een attractie: de **Paddington Markets**, Sydneys beroemdste openluchtmarkt op het plein voor de St. Johns Church (395 Oxford St., tel. 02-93 31 29 23, www.paddingtonmarkets.com.au). Na zonsondergang als het winkelend publiek vertrokken is, nemen de nachtbrakers Paddington in bezit en wordt het een levendige uitgaanswijk.

Ten zuiden van Paddington ligt het **Moore Park** met de **Sydney Cricket Ground**, de arena voor Sydneys populairste zomersport. Als er niet wordt gespeeld, kun je tijdens een rondleiding een blik werpen achter de coulissen van het stadion en een bezoek brengen aan het interessante **Cricket Museum** (Driver Ave., tel. 1300-72 47 37, www.sydneycricketground.com.au, rondleidingen (1,5 uur) ma.-za. 10 uur, A-$ 30, bus 339, 340, 390-394 vanaf Circular Quay). Het **Centennial Park**, grenzend aan het Moore Park, is het grootste park van Sydney.

Elizabeth Bay 5

In de Eastern Suburbs, ten oosten van de City aan de zuidoever van Port Jackson, wonen de rijke Sydneysiders. Direct ten noorden van het 'goddeloze' Kings Cross ligt de chique voorstad **Elizabeth Bay**. Een goed beeld van de levensstijl van de hogere burgerij in het koloniale Australië geeft het **Elizabeth Bay House**, Onslow Avenue 7. Met zijn mengsel van vroege Australische koloniale stijl en neo-classicistische versiering is dit herenhuis een typisch voorbeeld van de historiserende bouwstijl van de 19de eeuw. In het tussen 1835 en 1839 gebouwde huis maken naast de originele meubels vooral het door een el-

Sydney

TE VOET VAN BONDI BEACH NAAR CLOVELLY

Informatie

Begin: Bondi Pavilion, aan het noordelijke uiteinde van Campbell Parade, te bereiken met bus 333, 380 en L82 vanaf Circular Quay, 378 vanaf Central Station of met de Bondi Explorer (zie blz. 152).
Lengte: 4 km
Duur: 2 uur
Info: www.walkingcoastalsydney.com.au
Voorzieningen: langs Campbell Parade rijgen de restaurants, bistro's en cafés zich aaneen.

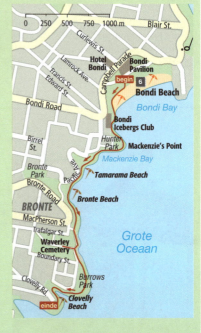

Op **Bondi Beach** 6 , dat met zijn victoriaanse huizen een beetje aan de Britse badplaatsen Blackpool en Brighton doet denken, nodigen de golven van de Grote Oceaan uit tot zwemmen en surfen. Maar op Sydneys beroemdste strand begint ook een wandeltocht, deels via de rotsen, deels via het strand, naar de buurstranden van Bronte en Clovelly.
De beste indruk van Bondi Beach, tegenwoordig een verzamelplaats van alles wat mooi en jong is, de surfers en de zonaanbidders, krijg je tijdens de wandeling van het **Bondi Pavilion** over het legendarische strand naar de **Bondi Icebergs Club**, waar het kustpad begint. In 1928 werd de eerste steen gelegd van het royale **Bondi Pavilion**, dat ooit een restaurant, een balzaal, kleedcabines en een Turks bad omvatte. Vandaag de dag fungeert het victoriaanse gebouw als stijlvol podium voor concerten, theater- en filmvoorstellingen en voor exposities en andere culturele evenementen.
Al in 1920 opende het schuin tegenovergelegen chique **Hotel Bondi** zijn poorten. Lange tijd stond het hotel eenzaam aan het beroemde strand, dat destijds nog in de 'bush' lag. In de pioniersdagen van het Australische strandleven werd in 1929 ook de **Bondi Icebergs Club** aan de zuidkant van Bondi Beach gevestigd. Hier kan iedereen die de branding te heftig vindt ontspannen zwemmen in het zwembad van de **Bondi Icebergs Pool**, een spectaculair gelegen zeewaterbad (tel. 02-91 30 48 04, www.icebergs.com.au, ma.-wo., vr. 6-18.30, za., zo. 6.30-18.30 uur, do. gesloten, A-$ 6,50).

De noordzijde van Port Jackson

Ten zuiden van het in een rots gebouwde buitenbad begint een 3,5 km lang betonnen wandelpad, dat een mooi uitzicht biedt op de kust met zijn door de golven bizar uitgeholde rotsen en via Tamarama en Bronte naar het strand van Clovelly voert.

Over steile treden klim je omhoog naar **Mackenzie's Point**, waar je een weids panorama aantreft en de acrobatische toeren die diep beneden je de surfers op de reuzengolven uithalen kunt gadeslaan. De weg loopt verder via **Mackenzie's Bay** naar **Tamarama Beach**, dat ook wel 'Glamourama' wordt genoemd. Dit is het strand waar Sydneys lichaamsbewuste jeugd aan zijn schoonheidsideaal werkt: sportief, gespierd en natuurlijk bruinverbrand. Als je in **Bronte** nog een paar honderd meter doorloopt, kom je bij het **Waverley Cemetery**, de mooiste begraafplaats van Australië. Ook Henry Lawson (1867-1922), de bekendste verhalenschrijver van Australië, die zich in zijn werken inzette voor de kleine man en sociale hervormingen, vond daar zijn laatste rustplaats.

Na het doorkruisen van het **Burrows Park** met subtropische planten bereik je **Clovelly Beach**, het eindpunt van het wandelpad. Van daar kun je met bus 353, 372 of 374 of een taxi terugrijden naar Bondi Beach of bus 339 terugnemen naar Circular Quay. Vooral in oktober en november loont deze rotswandeling zeer de moeite; in die maand tonen beeldhouwers in het kader van de tentoonstelling 'Sculpture by the Sea' (www.sculpturebythesea.com) drie weken lang hun werk.

liptische koepel overwelfde trappenhuis indruk (7 Onslow Ave., tel. 02-93 56 30 22, www.sydneylivingmuseums.com.au, vr.-zo. en op feestdagen 10-16 uur, A-$ 12).

Vaucluse 7

Na het passeren van Double Bay, een dure woonwijk, die ook 'Double Pay' wordt genoemd, kom je in **Vaucluse**, waar een van de meest romantische koloniale huizen van Sydney staat – het **Vaucluse House**, gebouwd in een curieus aandoende mengeling van koloniale stijl en late gotiek. In dit in 1803 begonnen, maar pas in 1830 voltooide gebouw leefde een van de schilderachtigste personen van het koloniale Australië: de ontdekker, advocaat en 'vader van de Australische grondwet' William Charles Wentworth. Heel indrukwekkend is het bijbehorende park, waarin de toentertijd gebruikelijke mengeling van inheemse en exotische planten staat (Wentworth Rd., tel. 02-93 88 79 22, www.sydneylivingmuseums.com.au, wo.-zo. 10-16, schoolvakanties en feestdagen dag. 10-16 uur, A-$ 12).

Watsons Bay 8

Ten westen van Vaucluse voert een doodlopende weg naar het **Nielson Park**, een natuurreservaat waar een keur aan mooie picknickplaatsen te vinden is. Een van de Eastern Suburbs is **Watsons Bay**, dat de charme van een vissersdorp wist te behouden. Deze buitenwijk is vooral populair vanwege de uitstekende visrestaurants. In het noorden strekt zich het **natuurpark South Head** uit, waar een wandelpad over de klippen een schitterend uitzicht op Port Jackson biedt. Bij het winderige **Outer South Head** waarschuwt de **Macquarie Lighthouse**, in 1816 het eerste belangrijke ontwerp in de kolonie van de veroordeelde architect Francis Greenway, zeelui nog steeds voor de gevaarlijke rotskust.

De noordzijde van Port Jackson

Kaart: zie blz. 139

Een van de mooiste vaartochten ter wereld is die met de veerboot van Circular Quay naar de voorsteden in het noorden van Port Jackson. Aan deze natuurlijke haven dankt Sydney zijn schoonheid en recreatieve waarde.

Taronga Zoo 9

Tel. 02-99 69 27 77, www.taronga.org.au, sept.-apr. dag. 9.30-17, mei-aug. dag.

9.30-16.30 uur, Zoo Pass voor toegang inclusief vervoer verkrijgbaar in het Sydney Ferries Info Centre aan Circular Quay, pier 4, A-$ 55; de hele dag door elk halfuur havenveerboot vanaf Circular Quay, pier 2

De overtocht naar **Taronga Zoo**, vanwege de prachtige ligging een van de mooiste dierentuinen van de wereld, duurt precies twaalf minuten. Bijzonder aanbevelenswaardig zijn vooral het koala- en vogelbekdieronderkomen, het vogelhuis en het nachtdierenverblijf. De slogan A zoo with a view is niet overdreven, omdat de bezoekers en vele van de meer dan tweeduizend dieren fantastisch over de haven op de City uitkijken.

Manly [10]

Via Mosman, Balmoral en The Spit voert een landweg je naar de ten noordoosten van de Zoo gelegen traditionele kustplaats **Manly**. Een reis per veerboot (vanaf pier 3 of draagvleugelboot (vanaf pier 2) van de Circular Quay over de havenbaai is interessanter. 'Zeven mijl van Sydney, maar duizend mijl van alle zorgen verwijderd' – aldus luidt een gezegde dat nog altijd op deze mooie badplaats, een van de populairste recreatieoorden van de stad, van toepassing is. Ook al is het vaak overvol op het langgerekte **Manly Beach**, dat grenst aan een zakencentrum, het blijft spectaculair. Wie geen zin heeft in het strand, flaneert langs de schaduwrijke boulevard, waar kamerdennen (Araucaria heterophylla) in de constante zeebries wiegen, en kijkt naar de surffreaks in de vaak metershoge branding.

De **Manly Sea Life Sanctuary**, naast het strand de belangrijkste toeristenattractie, ligt even buiten de stad aan de West Esplanade. Via een tunnel van acrylglas betreed je het onderwaterrijk van de Grote Oceaan en ontmoet je haaien, roggen en andere tropische vissen. Waaghalzen kunnen in het zoutwateraquarium hun hart ophalen met een drie kwartier durende 'echte' duik in het haaienbassin (tel. 1800-07 84 46, www.manlysealifesanctuary.com.au, dag. 9.30-17 uur, A-$ 25, bij online reservering tot 30% korting).

In het natuurpark bij de **North Head** kun je korte wandelingen maken door kustbushland en daarbij genieten van het panorama over Port Jackson op de wolkenkrabberskyline van Sydney.

Palm Beach [11]

Tussen Manly en het verder naar het noorden gelegen **Palm Beach** liggen enkele van de mooiste zwem- en surfstranden in de buurt van Sydney (zie blz. 140). Op het zandsteenmassief van **Barrenjoey Head** ten noorden van Palm Beach staat een vuurtoren die over de watersporters waakt.

Ten westen van het centrum

Kaart: zie rechts

Een goede indruk van de havenbaai ten westen van de Harbour Bridge geeft de tocht per veerboot van Circular Quay naar de Homebush Bay Olympic Site en verder naar Parramatta. Onderweg heb je goed uitzicht op de kades van de Walsh Bay en de Darling Harbour.

Chippendale [12]

De van levenslust bruisende wijk **Chippendale** is de alternatieve en uitgaansbuurt van Sydney. In de levendige Kensington Street, waar zich ruim honderd restaurants, cafés en winkeltjes met een soms zonderling aanbod aaneenrijgen, kun je een duik nemen in Sydney's actuele shopping-, lifestyle- en entertainmentscene. Hoewel niet meer synoniem met avant-garde, geldt Chippo nog steeds als de voorstad met de grootste concentratie van galeries in de stad. Een van de spannendsten adressen is de **White Rabbit Collection**, een galerie voor hedendaagse chinese kunst (30 Balfour St., tel. 02-83 99 28 67, www.whiterabbitcollection.org, wo.-zo. 10-17 uur, toegang gratis).

Glebe [13]

Authentieke cafés, restaurants van alle prijsklassen, tweedehandswinkels, ruim gesorteerde boekhandels en goed bewaarde huizen in victoriaanse bouwstijl met filigreinen smeedijzeren versieringen kenmerken de ten zuiden

Ten westen van het centrum

van Balmain gelegen wijk **Glebe** Hier wonen ook veel studenten, omdat de campus van de University of Sydney er ten zuiden aan grenst.

Balmain 14
De voorstad **Balmain** heeft met zijn talrijke zandstenen gebouwen en victoriaanse huizen een beminnelijke, bijna dorpse sfeer behouden. Omdat het zo dicht bij de haven ligt, was Balmain ooit een arbeiderswijk, voordat het zich later tot een buurt voor kunstenaars en schrijvers ontwikkelde.

Sydney Olympic Park 15
Tel. 02-97 14 78 88, www.sydneyolympicpark. com.au, Self Guided Audio Tour dag. 9-16 uur, A-$ 20; ANZ Stadium, rondleidingen (1 uur) dag. 11, 13, 15 uur, A-$ 28,50; met CityRail (gele lijn) vanaf Central Station direct naar het Olympic Park of met de havenveerboot RiverCat meermalen per dag vanaf Circular Quay, pier 5, naar de aanlegsteiger Homebush Bay en verder met de shuttlebus naar het olympisch terrein, inlichtingen: tel. 13 15 00

Zo'n 15 km ten westen van de stad ligt op een 84 ha groot terrein bij de Parramatta River het **Sydney Olympic Park**, de locatie van de Olympische Zomerspelen van 2000. Op slechts een paar minuten van het op ecologische wijze gebouwde olympische dorp, waar tijdens de spelen meer dan 15.000 atleten uit meer dan 200 landen woonden, staan het 115.000 plaatsen tellende **ANZ Stadium**, de enorme hightechzwemhal **Sydney International Aquatic Centre** met ruimte voor 17.500 toeschouwers en andere sportarena's. De 1,5 km lange **Olympic Boulevard** nodigt uit tot flaneren. Een mooi uitzicht over het olympische terrein biedt het uitkijkpunt **Kronos Hill**.

Parramatta 16
Wie interesse heeft voor de geschiedenis van Australië kan een bezoek brengen aan de plaats **Parramatta**, die in 1788 werd gesticht

SURF, SUN AND FUN – STRANDVAKANTIE IN SYDNEY

Voor de Sydneysiders is het *beachlife* belangrijker dan wat dan ook. Op mooie dagen stromen ze met tienduizenden naar de gemakkelijk bereikbare stranden die zich langs de 350 km lange Grote Oceaankust van de stad uitstrekken.

Balmoral Beach: dit strand aan de noordkust van Sydney Harbour is door zijn beschutte ligging ook geschikt voor gezinnen met kleine kinderen. Bovendien is er een mooi zwembad. Vervoer: havenveerboot van Circular Quay, pier 2 naar Taronga Zoo, daarna bus 238.

Bondi Beach: aan Sydney's beroemdste strand nodigen de golven van de Pacific uit tot surfen. De branding is erg sterk in het noorden bij de Ben Bucklerkliffen. Wie de golven te heftig vindt, kan ontspannen zwemmen in de Bondi Iceberg Pool. Tussen mei en september komen hier op zondagochtend om 9.45 uur de Iceberg Swimmers bijeen voor het winterzwemmen. Het begin van het seizoen wordt ingeluid met een merkwaardig ritueel: op de eerste zondag in mei springen honderden vrouwen en mannen met ijsblokken in de hand in het spectaculair gelegen zeewaterzwembad. Vervoer: bus 333, 380, L82 vanaf Circular Quay, 378 vanaf Central Station en de Bondi Explorer (zie blz. 152).

Coogee Beach: langgerekt zandstrand ten zuiden van Bondi Beach, goed om te zwemmen en te surfen. Vervoer: bus 373 of 374 vanaf Circular Quay en de Bondi Explorer.

Lady Bay Beach: naaktstrand aan de zuidoever van de havenbaai ten oosten van de City. Vervoer: bus 324, 325 of L82 vanaf Circular Quay.

Manly Beach: ontzettend populair en daardoor in het weekend vaak hopeloos overbevolkt flaneerstrand, dat zowel zwemmers, surfers als zonaanbidders trekt. Als vakantieganger kun je hier beter op een doordeweekse dag naartoe gaan. Vervoer: Jetcat (draagvleugelboot) vanaf Circular Quay, pier 2 of veerboten vanaf Circular Quay, pier 3.

Northern Beaches: tussen Manly en het zo'n 25 km noordelijker gelegen Palm Beach liggen bij de gelijknamige, rustige voorsteden enkele van de mooiste zon- en surfstranden die de omgeving van Sydney te bieden heeft: **Dee Why Beach** beroemt zich op zijn goede branding voor surfers; bij **Narrabeen Beach** ligt een bewaakt zandstrand met zeewaterzwembad, dat vooral gezinnen trekt. **Newport Beach** biedt een fantastisch zandstrand met surfclub en zwembad. **Bilgola Beach** is een klein recreatie- en surfstrand met een zoutwaterzwembad; ook de 500 m lange stranden **Avalon Beach** en **Whale Beach** zijn bij surfers buitengewoon populair. En dan is er nog **Palm Beach**, een kilometerslang, halvemaanvormig droomstrand dat verscheidene bewaakte stukken en een zeewaterzwembad te bieden heeft. Vervoer naar alle noordelijke stranden: met Jetcat of veerboot naar Manly, daarna bus 151, 155, 156 of L90; alternatief: bus 190, L90 vanaf Wynyard (City).

Shark Beach: ondanks zijn afschrikwekkende naam kunt je hier zonder gevaar zwemmen: een stalen net zorgt ervoor dat haaien, die inderdaad soms in de Sydney Harbour verdwalen, niet bij het strand kunnen komen. Door de beschutte ligging aan de zuidoever van de havenbaai zijn hier geen grote golven, waardoor het strand een ideale speelplaats voor kinderen is. Vervoer: bus 325 vanaf Circular Quay.

Ten westen van het centrum

door gouverneur Arthur Phillip onder de naam Rose Hill, als tweede Europese nederzetting op het continent na Sydney. Tot de bouwwerken uit de begintijd van de kolonie, die je tijdens een ongeveer twee uur durende rondwandeling leert kennen, behoren onder andere het rond 1830 gebouwde **Roseneath House** (65 O'Connell St., di.-do. 10-16, zon- en feestdagen 11-16 uur, A-$ 8), de anglicaanse **St. Johns Cathedral** uit 1820 (Church Street Mall, do., vr. 10-14 uur) en het in het Parramatta Park tussen 1799 en 1815 gebouwde **Old Government House** (di.-vr. 10-16.30, za., zon- en feestdagen 10.30-16.30 uur, A-$ 8) en het in 1885 in Engelse tudorstijl gebouwde **Parramatta Gate House** (di.-do. 10-16, zon- en feestdagen 11-16 uur, toegang gratis).

Elizabeth Farm [17]

70 Alice St., tel. 02-96 35 94 88, www.sydneylivingmuseums.com.au, wo.-zo. 10-16, schoolvakanties dag. 10-16 uur, A-$ 12

Enkele kilometers buiten Parramatta, in de wijk Rosehill, ligt de uit 1793 daterende **Elizabeth Farm**. Hier woonde ooit John Macarthur, die de eerste merinoschapen in Australië invoerde en daarmee de basis legde voor een tot op heden voor Australië nog altijd lucratieve bedrijfstak: de wolindustrie.

Calmsley Hill City Farm [18]

31 Darling St., Abbotsbury, tel. 02-98 23 32 22, www.calmsleyhill.com.au, dag. 9-16.30 uur, A-$ 25,50

De **Calmsley Hill City Farm** ten zuidwesten van Parramatta geeft een inkijkje in het leven op het Australische platteland. Op het programma staan onder andere demonstraties schapen scheren, zweep hanteren en lasso werpen. Herdershonden laten zien hoe ze met alleen hun ogen een schaapskudde hoeden. Wie wil, kan een handje meehelpen, bijvoorbeeld bij het melken van de koeien.

Cabramatta [19]

Cabramatta, ten zuidwesten van Parramatta, is de wijk van de Aziatische minderheden in Sydney. Bij de wandeling door deze voorstad met zijn bonte winkels, exotische levensmiddelenaanbod en mengelmoes van Aziatische talen waant men zich even in Hanoi of Phnom Penh. Het stadsdeel waar vanaf halverwege de jaren 70 veel vluchtelingen uit Indochina een toevluchtsoord hebben gevonden, wordt in de volksmond ook wel Vietnamatta genoemd.

Featherdale Wildlife Park [20]

217-229 Kildare Rd., Doonside, tel. 02-96 22 16 44, www.featherdale.com.au, dag. 9-17 uur, A-$ 31; CityRail (gele lijn) vanaf Circular Quay tot Blacktown, dan bus 729

Een introductie tot de Australische dierenwereld biedt het ruim 10 km ten westen van Parramatta gelegen **Featherdale Wildlife Park,** dat werd onderscheiden met de New South Wales Tourism Award. Het herbergt ruim zeventienhonderd dieren van meer dan driehonderd soorten, waaronder wombats, Tasmaanse duivels (voederen dag. 16 uur), dingo's (voederen dag. 15.15 uur) en pinguïns (voederen dag. 10.30, 15.45 uur). Kinderen mogen koala's en kangoeroes of wallaby's met de hand voeren. Te zien zijn bovendien meer dan 4 m lange zoutwaterkrokodillen (voederen dag. 10.15 uur, alleen 's zomers) en goanna's, de reuzen onder de hagedissen, evenals tal van bontgevederde papegaaien en andere vogelsoorten.

Informatie

Sydney Visitor Centre: The Rocks Centre, Argyle St., hoek Playfair St., The Rocks; filiaal in Darling Harbour naast de LG IMAX Cinema; beide tel. 1800-06 76 76, 02-82 73 00 00, www.australianvisitorcentres.com.au, dag. 9.30-17.30 uur. Informatie over Sydney en omgeving en over alle toeristisch belangrijke regio's van New South Wales, verkoop van de iVenture Card (zie blz. 130) enzovoort.

Travellers Information Service: Kingsford Smith Airport, tel. 02-96 67 60 50, dag. 6-23 uur. Hotelreserveringen en verkoop van de iVentureCard (blz. 130).

National Parks & Wildlife Service: 102 George St., The Rocks, tel. 1300-36 19 67, 02-92 53 46 00, ma.-vr. 9.30-16.30, za., zo. 10-16.30 uur.

National Roads and Motorists Association (NRMA): York St., hoek Margaret St., City, tel.

Sydney

13 21 32, www.mynrma.com.au. De Australische automobielclub.
Internet: www.discoversydney.com.au, www.thesydneymagazine.smh.com.au, www.cityofsydney.nsw.gov.au, www.sydney.com, www.bestrestaurants.com.au.

Overnachten

Op historische grond – **Four Seasons Hotel** 1 : 199 George St., City, tel. 02-92 50 31 00, www.fourseasons.com/sydney. Op de plek van dit vijfsterrenhotel crepeerden ooit de bewoners van Australiës eerste gevangenis. Beroemd is het Four Seasons om het uitzicht op het Opera House en de haven – het mooiste panorama bieden de kamers waarvan het nummer eindigt op 15. 2 pk City View A-$ 375-445, 2 pk Harbour View A-$ 425-675.

Als een filmdecor – **Ovolo Woolloomooloo** 2 : Finger Wharf 9, 6 Cowper Wharf Roadway, Woolloomooloo, tel. 02-93 31 90 00, www.ovolohotels.com. Veel cool design, veel charme; toplocatie met zicht op de haven en de skyline. De kamers zijn minimalistisch-elegant ingericht. In hetzelfde complex, een stijlvol gerestaureerde werf, zitten diverse extravagante restaurants. 2 pk A-$ 345-440.

Excentriek en cool – **1888 Darling Harbour** 3 : 139 Murray St., Darling Harbour, tel. 02-85 86 18 88, www.1888hotel.com.au. Trendy boetiekhotel in een voormalig wolpakhuis met individueel ingerichte kamers van verschillende grootte. Stijlaccenten worden aangebracht door oude steunpilaren en ruwe bakstenen muren. Gratis wifi, voordelig online boeken! 2 pk vanaf A-$ 315.

Voortreffelijk design – **Medusa** 4 : 267 Darlinghurst Rd., Darlinghurst, tel. 02-93 31 10 00, www.medusa.com.au. Dit designerhotel in een victoriaanse stadsvilla vlak bij Darlinghursts Cappuccino Strip biedt achttien minimalistisch vormgegeven kamers met designermeubels en ongewone kleuraccenten. Roken is alleen toegestaan op de binnenplaats. 2 pk A-$ 310-420.

Citytrip met beachlife – **Ravesi's** 5 : 118 Campbell Par., hoek Hall St., Bondi Beach, tel. 02-93 65 44 22, www.ravesis.com.au. Dit vaak volgeboekte hotel heeft twaalf sober-elegant ingerichte kamers. Vanaf de balkons van kamer 5, 6 en 12 en vanaf het ontbijtterras heb je prachtig zicht op de zonsopkomst boven de zee. Het fameuze Bondi Beach ligt voor de deur, Sydney is gemakkelijk bereikbaar per bus. 2 pk A-$ 275-455.

Koloniale sfeer – **Harbour Rocks** 6 : 34-52 Harrington St., The Rocks, tel. 02-82 20 99 99, www.harbourrocks.com.au. Gezellig hotel met 55 smaakvolle kamers in een compleet gerestaureerd koloniaal pand. Ideale ligging voor ontdekkingstochten, voordelige tarieven bij online reservering. 2 pk A-$ 260-445.

Met retrocharme – **The Hughenden** 7 : 14 Queen St., Woollahra, tel. 02-93 63 48 63, www.thehughenden.com.au. Deze koloniale hotellegende combineert de elegantie en sfeer van een victoriaans herenhuis met de gemakken van een modern grotestadshotel. Tegelijkertijd is het een podium voor jonge schilders, die hier in wisselende exposities hun werk presenteren. 2 pk A-$ 195-375.

In de hippe buurt – **Arts Hotel** 8 : 21 Oxford St., Paddington, tel. 02-93 61 02 11, www.artshotel.com.au. Modern hotel in het hart van trendy *Paddo* met 64 functioneel maar gezellig ingerichte kamers en een zwembad op de groene binnenplaats. Eigenaar Peter Sullivan geeft graag tips voor sightseeing, shoppen en nightlife. 2 pk A-$ 195-315.

Vierkant, praktisch, goed – **Ibis Sydney World Square** 9 : 382-384 Pitt St., City, tel. 02-92 82 00 00, www.ibissydneyworldsquare.com.au. Niet de coolste plek en bovendien vanbuiten niet echt mooi, maar wel 166 goed verzorgde kamers, een overvloedig ontbijtbuffet en qua locatie nauwelijks te overtreffen. 2 pk A-$ 185-240.

Toplocatie – **Park 8 Hotel Sydney** 10 : 185 Castlereagh St., hoek Park St., City, tel. 02-92 83 24 88, www.park8.com.au. Midden in de City met het openbaar vervoer binnen handbereik. Een ideaal uitgangspunt voor het verkennen van de stad en voor shoppen; 36 lichte, ruime kamers met kitchenette. 2 pk A-$ 180-225.

Centraal maar rustig – **Sydney Harbour B&B** 11 : 140-142 Cumberland St., The Rocks, tel. 02-92 47 11 30, www.bbsydneyharbour.com.au. Deze knusse B&B met zijn 19e-eeuw-

Adressen

Supercool: de industriële retrocharme van de lounge van hotel Ovolo Woolloomooloo

se uitstraling is echt iets voor mensen die houden van rust en sfeer. De goedkopere kamers hebben geen eigen badkamer. Toplocatie, op slechts een paar minuten lopen van het oude centrum, Circular Quay en Downtown. Binnen mag niet worden gerookt. 2 pk A-$ 165-255 inclusief ontbijt.

Licht en luchtig – **The Ultimo** 12 : 37 Ultimo Rd., Haymarket, tel. 02-92 81 55 55, www.theultimo.com.au. Gezellig, gerenoveerd stadshotel met aangename kamers (alle met airco en eigen badkamer). Chinatown, Darling Harbour en het Central Business District liggen op loopafstand. 2 pk A-$ 145-215.

Pubhotel – **The Mercantile Hotel** 17 : 25 George St., The Rocks, tel. 02-92 47 35 70, www.themercantilehotel.com.au. Hotel in een victoriaans pand in het historische hart van Sydney met twaalf individueel ingerichte kamers (enkele met gemeenschappelijke badkamer). Tijdig reserveren! Pluspunt: vanuit de Ierse Molly Malone Bar op de begane grond, waar Guinness wordt getapt, lig je zo in je bed. 2 pk A-$ 145-195.

Goedkoop boetiekhotel – **Pensione Hotel** 13 : 631-635 George St., Haymarket, tel. 02-92 65 88 88, www.8hotels.com. Dit originele hotel, dat is ondergebracht in twee 19e-eeuwse panden, is een insidertip onder jonge budgetreizigers. De 72 kamers zijn weliswaar spaarzaam gemeubileerd en klein, maar de locatie en de prijs zijn nagenoeg onovertroffen. 2 pk vanaf A-$ 109.

Luxejeugdherberg – **Sydney Harbour YHA** 14 : 110 Cumberland St., The Rocks, tel. 02-82 72 09 00, www.yha.com.au. Uitstekend verzorgde jeugdherberg in de historische wijk van Sydney met royale lobby en internetruimte. Vanaf het grote dakterras heb je een fantastisch uitzicht op de haven en het Opera House. 2 pk A-$ 175-195, meerpersoonskamer vanaf A-$ 52 p.p.

Camping en cabins – **Lakeside Holiday Park** 15 : Lake Park Rd., North Narrabeen, tel. 02-99 13 78 45, www.sydneylakeside.com.au. Grote, goed verzorgde camping dicht bij het strand, 25 km ten noorden van de City, goed bereikbaar per veerboot en bus.

Sydney

Eten en drinken

Innovatief – **Eleven Bridge** [1] : 11 Bridge St., City, tel. 02-92 52 18 88, www.rockpool.com.au, ma.-vr. 12-14, 18-23, za. 18-23 uur. Elegant, trendy restaurant waarover culinaire recensenten enthousiast zijn. Het motto van eigenaar Neil Perry luidt *east meets west*. Zijn creaties, met het accent op visgerechten, zijn een mix van klassieke Aziatische recepten en een flinke scheut Italiaans-Franse cuisine – het resultaat is een uitstekende fusionkeuken. Oplettende maar niet-opdringerige bediening. Menu circa A-$ 120.

New Australian cuisine – **Rockpool Bar & Grill** [2] : 66 Hunter St., City, tel. 02-80 78 19 00, www.rockpoolbarandgrill.com.au, ma.-vr. 12-15, 18-23, za. 17.30-23, zo. 17.30-22 uur. Dit restaurant noemt zich *Australia's most beautiful dining room* en huist in de lokettenhal van een voormalige bank – hier kun je in een weergaloos art-deco-interieur genieten van culinaire heerlijkheden uit de moderne Australische keuken met een Franse en Aziatische touch. Hoofdgerechten circa A-$ 50.

Australische Italiaan – **Otto Ristorante** [3] : Area 8, Finger Wharf, 6 Cowper Wharf Roadway, Woolloomooloo, tel. 02-93 68 74 88, www.ottoristorante.com.au, dag. 12-22 uur. Australische ingrediënten bereid op Italiaans-mediterrane wijze, bijvoorbeeld gegrilde barramundi met olijfolie of gamba's met *zucchine* (courgette). Uitgebreide wijnkaart. Hoofdgerechten A-$ 40-60.

Instituut voor seafoodfans – **Doyles on the Beach** [4] : 11 Marine Pde., Watsons Bay, tel. 02-93 37 20 07, www.doyles.com.au, ma.-vr. 12-15, 17.30-21, za., zo. 12-16, 17.30-20.30 uur. Seafoodrestaurant met lange traditie; reserveer beslist een plaats op het terras. De vis komt iedere dag vers van de Sydney Fish Market, waar ook een dependance zit (tel. 02-95 52 43 39, dag. 11-15.30 uur). Stijlvolle aankomst met de havenveerboot. Hoofdgerechten A-$ 40-45.

Met uitzicht op de haven – **Wolfie's Grill** [5] : 17-21 Circular Quay West, The Rocks, tel. 1300-11 51 16, www.wolfiesgrill.com.au, dag. 11-24 uur. Rustieke zaak in een koloniaal bakstenen pand onder de Harbour Bridge, waar uitstekende Australische burgermanspot wordt geserveerd, vooral steaks (ook kangoeroe!) en boven houtskool gegrild seafood. Als extraatje heb je een mooi uitzicht op de bedrijvigheid aan Sydney Harbour. Hoofdgerechten A-$ 35-50.

Culinaire wereldreis – **King Street Wharf** [6] : Lime St., Darling Harbour, www.ksw.com.au, meestal dag. 11-23 uur. De oeverpromenade schuin tegenover Darling Harbour is één lange 'vreetstraat'. Je kunt hier een culinaire zwerftocht maken langs keukens uit de hele wereld, bijvoorbeeld **Casa Ristorante Italiana** (tel. 02-92 79 41 15), **Manjit's@the Wharf** (Indiaas, tel. 02-92 79 33 79), **Kobe Jones** (Japans/Californisch, tel. 02-92 99 52 90), **Steersons Steakhouse** (Australisch, tel. 02-92 95 50 60) of **The Malaya** (Zuidoost-Aziatisch, tel. 02-92 79 11 70). Gemiddeld geprijsd tot duur. Hoofdgerechten A-$ 30-50.

Populair bij de locals – **Blue Fish** [7] : 287 Harbourside Promenade, Darling Harbour, tel. 02-92 11 03 15, www.bluefishsydney.com.au, dag. 8-24 uur. Dit vooral door inwoners van Sydney bezochte seafoodrestaurant werd al eens bekroond met Australia's Best Fish & Chips Award. De plaatsen op het terras zijn 's avonds felbegeerd, als de lichtjes van de Cityskyline schitteren boven Cockle Bay. Gerechten vanaf A-$ 24.

Lawaaierig, lekker en echt Thais – **The Canteen** [8] : 106 George St., The Rocks, tel. 02-92 51 24 66, dag. 12-15, 17-22 uur. In deze *noodle bar* wordt gewokt door rasechte Thai. De gasten zitten aan een ongeveer 15 m lange tafel, tenzij je met wat geluk (geen reserveringen!) een tafeltje op het balkon weet te bemachtigen. Gerechten circa A-$ 20.

Italiaans – **Macchiato** [9] : Pitt St., hoek Liverpool St., City, tel. 02-92 62 95 25, www.macchiato.com.au, dag. 7-24 uur. Uitstekende pasta en pizza, seafood en steaks. De bediening is even vlot als vriendelijk. Gerechten A-$ 18-38.

Steaks, seafood en lichtreclame – **The Bourbon** [10] : 22 Darlinghurst Rd., Kings Cross, tel. 02-90 35 88 88, www.thebourbon.com.au, ma.-do. 10-4, vr. 10-6, za. 8-6, zo. 8-4 uur. Hier kun je op ieder moment van de dag en nacht tegen een schappelijke prijs een lekkere maaltijd bestellen. Specialiteiten van dit restaurant-barcomplex over drie verdiepingen zijn steaks, seafood en Mexicaanse gerechten. Het is bovendien een goede plek om naar lichtreclame te kijken, die in deze wijk tussen stripteasebars en galeries, restaurants en pornobioscopen uiterst kleurrijk en gevarieerd aanwezig is. Hoofdgerechten A-$ 15-28.

Modern Chinees – **Billy Kwong** 11 **:** Shop 1, 28 Macleay St., Potts Point, tel. 02-93 32 33 00, www.billykwong.com.au, ma.-do. 17.30-22, vr., za. 17.30-23, zo. 12-21 uur. Met veel fantasie tovert het creatieve brein achter deze ongewone zaak, Australiës bekende tv-kok Kylie Kwong, met verse spullen van de markt gerechten die als het summum van de moderne Chinese keuken gelden. Een mooi souvenir is een door hem gesigneerd kookboek. Hoofdgerechten A-$ 15-45.

Vers uit het rijk van Neptunus – **Sydney Fish Market** 50 **:** Pyrmont Bridge Rd., hoek Bank St., Blackwattle Bay, Pyrmont, tel. 02-90 04 11 00, www.sydneyfishmarket.com.au, ma.-vr. 7-21, za., zo. 9-22 uur. Sushi- en sashimibars en luchtige restaurantterrassen waar versgevangen seafood wordt geserveerd; vooral gezellig in het weekend. Gerechten A-$ 15-30.

Snacken voor het havenpanorama – **MCA Café** 12 **:** 140 George St., The Rocks, tel. 02-92 50 84 43, www.mca.com.au, dag. 10-17, wo. tot 21 uur. Het café in het Museum of Contemporary Arts is geschikt voor een lichte lunch of een koffie tussen stadswandeling en museumbezoek. Vanaf het terras heb je goed zicht op de bedrijvigheid aan Circular Quay. Gerechten A-$ 15-25.

Goed en goedkoop – **Food Court** 13 **:** Basement Dixon House, 80 Dixon St., Chinatown, dag. 10.30-20.30 uur. Tientallen *food counters* met een bonte doorsnede van de keukens van Azië. Bovendien levendige sfeer als op een Aziatische nachtmarkt. Gerechten vanaf A-$ 7,50.

Cultstatus – **Harry's Café de Wheels** 14 **:** Cowper Wharf Roadway, Woolloomooloo, tel. 02-93 57 30 74, www.harryscafedewheels.com.au, dag. 8-3 uur. Al meer dan een halve eeuw is deze authentieke snackkar een instituut in Sydney – hier eet je bij retromuziek van de Beach Boys en Bee Gees de beste meat pies en hot dogs van de stad. Gerechten A-$ 7-10.

Winkelen

Winkelstraat – **Oxford Street** 1 **:** Sydney's interessantste winkelstraat in de bekende wijk Paddington (blz. 135) met een veelvoud aan designershops, trendy boetieks en individuele winkels.

Markten – **Paddington Markets** 2 **:** Sydney's populairste openluchtmarkt (blz. 135). **Paddy's Market** 3 **:** Groundfloor, Market City, Hay St., hoek Thomas St., Haymarket, wo.-zo. 10-18 uur, en Parramatta Rd., Flemington, vr. 10-16.30, za. 6-14, zo. 9-16.30 uur, tel. beide 1300-36 15 89, www.paddysmarkets.com.au. Populaire vlooienmarkten met honderden kramen. **The Rocks Market** 16 **:** George St., The Rocks, tel. 02-92 40 87 17, www.therocksmarket.com, za., zo. 10-18, in de winter tot 17 uur. Overdekte markt voor kunst en kunstnijverheid. Aan Jack Mundey Place wordt vr. 9-15 uur **The Rocks Foodie Market** gehouden met regionale culinaire specialiteiten. **Bondi Beach Markets** 4 **:** Campbell Par., Bondi Beach, www.bondimarkets.com.au, zo. 10-16 uur. Tussen prullaria vind je ook tweedehands designermode en retro-chique kleding.

Shopping Center – **David Jones** 5 **:** Elizabeth St., hoek Market St., City, tel. 02-92 66 55 44, www.davidjones.com.au, ma.-wo. 9.30-18, do. 9.30-21, vr. 9.30-19, za. 9-18, zo. 10-18 uur. Traditierijk luxewarenhuis met een aparte afdeling voor Australian; de Australische tegenhanger van het Londense Harrods.

Opaal – **Australian Opal Cutters** 6 **:** 3rd Floor, 295-301 Pitt St., City, tel. 02-90 21 80 00, www.australianopalcutters.com, ma.-vr. 9-18, za. 10-16 uur. Stenen en sieraden; belastingvrij kopen op vertoon van paspoort en internationaal vliegticket. Met slijperij en klein museum.

Handenarbeid van de Aboriginals – **Spirit Gallery** 1 **:** Shop 8, The Rocks Centre, Argyle St., hoek Playfair St., The Rocks, tel. 02-92 47 59 61, www.spiritgallery.com.au, dag. 9.30-18 uur. Geen folkloristische kitsch, maar authentieke kunstnijverheid zoals boomschorsschilderingen, houtsnij- en vlechtwerk, boemerangs en didgeridoos (beginnersmo-

Sydney

dellen vanaf A-$ 180). Kunstenaars tonen hun schildertechniek en geven uitleg over de symboliek van hun schilderijen, vertellen scheppingsmythes en spelen didgeridoo.

Trendy badkleding – **Mambo** 7 : 80 Campbell Par., hoek Hall St., Bondi Beach, tel. 02-93 65 22 55, www.mambo-world.com, dag. 9.30-18.30 uur. De bontgekleurde en met drukke motieven versierde sport-, zwem- en surfkleding van dit cultmerk kun je in veel shopping centers in Sydney vinden, maar het hoofdfiliaal zit hier aan Sydney's flaneerstrand.

Fashion Aussie Style – **R. M. Williams** 8 : 389 George St., hoek King St., City, tel. 02-92 62 22 28, www.rmwilliams.com.au, ma.-wo. 9-18, do. 9-21, vr., za. 9-17 uur. Outdoorhoeden van het merk Akubra, Aussie Boots, Moleskin Jeans, Driza-Bone-regenjassen en meer outbackoutfit.

Made in Australia – **Australian Design Centre** 9 : 101-115 William St., Darlinghurst, tel. 02-93 61 45 55, www.australiandesigncentre.com, di.-vr. 9-18, za., zo. 10-17 uur. Dit centrum voor kunstnijverheid en design presenteert de belangrijkste Australische vertegenwoordigers en geeft een overzicht van objectdesign tot mode.

Wijn – **Australian Wine Centre** 10 : 42 Pitt St., Circular Quay, City, tel. 02-92 47 27 55, www.australianwinecentre.com, ma. 10-19, di.-do. 9.30-20, vr. 9.30-21, za. 9.30-20, zo. 10-19 uur. Een proeflokaal en een restaurant nodigen uit tot even lekker onderuitzakken; in de winkel vind je wijnen uit alle Australische wijnstreken.

Boeken en koffie – **Berkelouw Booksellers** 11 : 19 Oxford St., Paddington, tel. 1800-04 62 40, www.berkelouw.com.au, zo.-do. 9-22, vr., za. 9-23 uur. Uitstekend gesorteerde boekhandel; in het literair café kun je onder het genot van een cappuccino lekker gaan zitten lezen.

Outlet shopping – **Birkenhead Point Outlet Centre** 12 : Roseby St., Drummoyne, tel. 02-98 12 88 00, www.birkenheadpoint.com.au, ma.-wo. 10-17.30, do. 10-19.30, vr. 10-17.30, za. 9-18, zo. 10-18 uur. Uggs, Speedo, French Connection, Jigsaw, Allanah Hill en andere Australische merken met tot 70% korting. Erheen met de havenveerboot vanaf Circular Quay, pier 5 of met bus 515, M52 vanaf Circular Quay.

Designhoeden – **Helen Kaminski** 1 : Shop 3, Four Seasons Hotel, 199 George St., City, tel. 02-92 51 98 50, www.helenkaminski.com.au, ma.-vr. 9-19, za., zo. 9.30-19 uur. In de boetiek van Sydney's bekendste designer van soms aparte hoofddeksels zul je vast een origineel souvenir vinden, dat al in Australië zelf goed van pas komt.

Uitgaan

Uitgaansbuurten zijn **Darlinghurst** en **Paddington**, met tientallen bars en pubs, disco's en nachtclubs. De trefpunten voor homo's en lesbo's concentreren zich aan **Oxford Street**, die door beide wijken loopt. Een bont aanbod vind je in **Kings Cross**: van gezellige pubs tot veelal smoezelig seksclubs en alles dat daar tussenin zit. Nachtzaken van een wat hoger niveau zijn te vinden in de aangrenzende buurt **Woolloomooloo**. Studentenkroegen zitten overwegend in **Balmain** en **Glebe**. In **The Rocks** kun je in oude pubs soms genieten van zelfgebrouwen bieren. Vanaf de late vrijdagmiddag verandert het **Central Business District** in een epicentrum van bruisend nachtleven, als anders degelijke kantooremployés met een verlengd *happy hour* het weekend inluiden.

Adressen, tijdstippen, programma's, kritieken en nieuws over actuele evenementen zijn te vinden in de lokale kranten *Beat*, **www.beat.com.au**, *Metro*, **www.metromagazine.com.au** en *Time Out*, **www.timeout.com**, evenals in de magazines *What's on in Sydney*, *Where Magazine* en *After Dark*, die je in hotels, restaurants, cafés en winkels gratis kunt meenemen. Een goed overzicht van wat er op uitgaansgebied speelt bieden ook evenementenkalenders: op woensdag in de *Daily Telegraph*, **www.dailytelegraph.com.au**, vrijdag in de *Sydney Morning Herald*, **www.smh.com.au**, en ook op **www.whatsonsydney.com, www.liveguide.com.au, www.sydneypubguide.net**.

Iedere avond presenteren theaterpodia naast klassiekers ook hedendaags, vaak experimenteel Australisch en buitenlands toneel, zijn er concerten van (internationale) rock- en popsterren, musicals, kamermuziek, balletvoorstellingen en vernissages in een of meer van de ontelbare galeries. Filmfanaten kunnen in de talrijke bioscopen niet alleen genieten van de nieuwste kaskrakers, maar ook van films van buiten de mainstream.

Theater – **State Theatre** 1 : 49 Market St., City, tel. 02-93 73 66 55, www.statetheatre.com.au. Theater- en musicalproducties uit binnen- en buitenland in een barokke ambiance (tickets A-$ 60-220). **Sydney Theatre Company** 14 : pier 4, Hickson Rd., Walsh Bay, Millers Point, tel. 02-92 50 17 77, www.sydneytheatre.com.au. Gevestigd ensemble, dat qua programmering een mix presenteert van hedendaagse Australische en buitenlandse toneelstukken en klassiekers. Voorstellingen ook op het podium van het Sydney Opera House (tickets A-$ 60-180). **Belvoir Street Theatre** 2 : 25 Belvoir St., Surry Hills, tel. 02-96 99 34 44, www.belvoir.com.au. Graag experimenterend, alternatief podium voor toneelgezelschappen uit binnen- en buitenland (tickets A-$ 50-80).

Muziektheater en ballet – **Sydney Opera House** 24 : Bennelong Point, Circular Quay East, City, tel. 02-92 50 77 77, www.sydneyoperahouse.com. Zetel van de Australian Opera Company, maar ook toneel, kamermuziek, musicals, ballet. Kenners prijzen de akoestiek van zowel de operazaal als de concerthal, het thuispodium van het Sydney Symphony Orchestra, www.sydneysymphony.com (tickets A-$ 50-350).

Aboriginaldans – op diverse podia laat Aboriginal danstheater een fascinerende mix zien van de traditionele dansen van de oerbewoners en moderne musical, bijvoorbeeld **Bangarra Dance Theatre** 3 : pier 4/5, Hickson Rd., Walsh Bay, Millers Point, tel. 02-92 51 53 33, www.bangarra.com.au.

Bioscoop – **LG IMAX Theatre** 4 : Southern Promenade, Darling Harbour, tel. 02-92 81 33 00, 13 16 20 12 55 (programma-informatie), www.imax.com.au, zo.-do. 10-22, vr., za. 10-23 uur, aanvang op het hele uur, vanaf A-$ 25. De ultieme bioscoopervaring in dit acht verdiepingen tellende filmpaleis met naar men zegt het grootste doek ter wereld (heropening in 2019). **Hayden Orpheum Picture Palace** 5 : 380 Military Rd., Cremorne, tel. 02-99 08 43 44, www.orpheum.com.au. In een prachtig art-deco-interieur worden alternatieve films gepresenteerd. **St. George Open Air Cinema** 25 : Royal Botanic Gardens, Fleet Steps, Mrs. Macquaries Point, www.stgeorgeopenair.com.au. Op het reusachtige doek van deze openluchtbioscoop worden van januari tot maart voor het panorama van de Sydney Harbour filmhits uit de hele wereld gedraaid.

Livemuziek – **Basement** 6 : 29 Reiby Place, ingang 7 Macquarie Place, Circular Quay, City, tel. 02-92 51 27 97, www.thebasement.com.au, dag. 12-1 uur. Al lang bestaande jazzkelder, waar ook bekende ensembles van overzee optreden. **Excelsior Hotel** 7 : 64 Foveaux St., Surry Hills, tel. 02-92 54 80 88, ma.-do. 10-1, vr.,

GRATIS AMUSEMENT

Gratis middagconcerten, variërend van jazz tot pop, zijn elke week te beluisteren in het voetgangersgebied **Martin Place**. Eveneens rond het middaguur klinken de orgels van de **Sydney Town Hall** en de ernaast gelegen **St. Andrews Cathedral** voor een dertig minuten durend concert. Theater in de openlucht, straatmuzikanten en goochelaars zorgen dagelijks bij **Circular Quay** en **Darling Harbour** voor een gezellige sfeer. Daarnaast wordt op zon- en feestdagen van 11 tot 16 uur op verschillende plaatsen in **The Rocks** en op het terrein voor het **Sydney Opera House** gratis amusement geboden. Ook tijdens het **Sydney Festival** in januari vinden veel gratis evenementen plaats; heel populair zijn het Australia Day Concert en Opera in the Park in The Domain, waarbij leden van de Australian Opera Company stukken uit klassieke opera's vertolken.

Sydney

> ### Voorverkoop van kaartjes
> Reserveringen (ook vanuit het buitenland) voor alle belangrijke culturele evenementen worden verzorgd door **Ticketek** (Westfield Sydney City, Level 5, Shop 5006A, Castlereagh St., City en Theatre Royal, 108 King St., City, tel. 13 28 49, www.ticketek.com.au, ma.-vr. 9-17, za. 10-14 uur) en **Ticketmaster** (State Theatre, 49 Market St., City, tel. 13 61 00, www.ticketmaster.com.au, ma.-vr. 9-18, za. 9-16, zo. 10-14 uur). Restkaartjes tegen gereduceerde prijs, meestal voor voorstellingen op dezelfde dag, zijn te krijgen bij **Lasttix** (tel. 1300 LASTTIX, www.lasttix.com.au) en **Halftix** (tel. 1300-30 20 17, www.halftix.com.au).

za. 10-3, zo. 12-22 uur. Iedere dag livemuziek, van blues tot folk, di. jazz. **Sandringham Hotel** 8 : 387 King St., Newtown, tel. 02-95 57 12 54, www.sando.com.au, ma.-do., zo. 11-1, vr., za. 11-3 uur. Het Sandringham houdt al jaren vast aan zijn succesformule: harde rock, kleine dansvloeren, ijskoud bier.

Disco's en nachtclubs – **Home** 9 : 101 Cockle Bay Wharf, Sussex St., Darling Park, tel. 02-92 66 06 00, www.homesydney.com, vr.-zo. 22.30-4 uur. Populaire reuzendisco met dj's en livemuziek. **Kinsela's** 10 : 383 Bourke St., Taylor Square, Darlinghurst, tel. 02-93 31 31 00, www.kinselas.com.au, ma.-do., zo. 19-1, vr., za. 20-4 uur. Extravagante nachtclub met gevarieerd evenementenprogramma in een voormalige begrafenisonderneming. **Minc Lounge** 11 : 365 George St., hoek King St., City, tel. 02-92 79 30 30, zo.-do. 18-1, vr., za. 18-3 uur. Nachtclub annex *lounge bar* in de kluizen van een voormalige bank; veel roestvrij staal en coole sfeer. **Retro** 12 : 81 Sussex St., City, tel. 02-92 62 54 91, www.theretro.com.au, vr., za. 20-3 uur. Bij een overwegend jong publiek populaire club met zeven bars, restaurants en dakterras; geregeld themaparty's. **The Metro Theatre** 13 : 624 George St., Haymarket, tel. 02-95 50 29 90, www.metrotheatre.com.au, vr.-zo. 21-3 uur. Megaclub met een van Sydney's populairste livepodia; vooral rock en indie. **The Midnight Shift Hotel** 14 : 85 Oxford St., Darlinghurst, tel. 02-93 58 38 48, www.themidnightshift.com.au, zo.-do. 21-2, vr., za. 21-4 uur. Homo- en lesbohotspot met lasershow en techno.

Bars – **Blu Bar on 36** 15 : 176 Cumberland St., City, tel. 02-92 50 60 00, www.36levelsabove.com.au, ma.-do. 17-24, vr. 17-1, za. 14.30-1, zo. 15-23 uur. Hippe cocktailbar op de 36e verdieping van het Shangri-La Hotel. Het uitzicht over haven en City is adembenemend – de prijzen van de drankjes ook. **Cargo Bar** 16 : King Street Wharf, Lime St., Darling Harbour, tel. 02-83 22 20 05, www.cargobar.com.au, zo.-wo. 11-24, do. tot 1, vr., za. tot 3 uur. Minimalistisch vormgegeven trefpunt van Sydney's *young and beautiful*, altijd stampvol. **Establishment** 17 : 252 George St., City, tel. 02-92 40 31 00, www.merivale.com.au, ma.-vr. vanaf 11, za. vanaf 18, zo. 12-22 uur. Twaalf bars, drie restaurants en een van Sydney's bekendste nachtclubs maken deze zaak tot een trefpunt voor nachtbrakers. **Marble Bar** 18 : Sydney Hilton, 259 Pitt St., City, tel. 02-92 66 20 00, www.marblebarsydney.com.au, ma.-do. 16-24, vr., za. 16-2, zo. 16-23 uur. Succesnummer sinds 1893 – een tempel vol spiegels, marmer en notenhout, door de Australische *Playboy* geregeld verkozen tot beste bar van Australië. **The Morrison** 19 : 25 George St., hoek Grosvenor St., City, tel. 02-92 47 67 44, www.themorrison.com.au, ma.-wo. 11.30-24, do. tot 1, vr., za. tot 2, zo. tot 22 uur. 's Middags en 's avonds worden gerechten uit de moderne Australische keuken geserveerd, daarna verandert deze trendy zaak in een cocktailbar. **The Watershed Hotel** 20 : 198 Harbourside Promenade, Darling Harbour, tel. 02-92 82 94 44, www.thewatershedhotel.com.au, dag. 12-1 uur. Bar en bistro, waar je erg mooi buiten kunt zitten met een overweldigend uitzicht op de zee van licht in de City.

Kroegen voor de incrowd – **Bar Coluzzi** 21 : 322 Victoria St., Darlinghurst, tel. 02-93 80 54 20, dag. 4.45-19.30 uur. Vanaf de vroege morgen geopende zaak aan Sydney's Cappuccino Strip. **Friend in Hand Hotel** 22 : 58 Cowper St., Glebe, tel. 02-96 60 23 26, www.friendinhand.com.au, zo.-do. 12-23, vr., za. 12-1 uur. In deze authentieke kroeg wordt iedere laatste wo. van de maand vanaf 20 uur een krabbenrace gehouden. **Lord Nelson**

Adressen

Hotel 11 : 19 Kent St., Millers Point, tel. 02-92 51 40 44, www.lordnelsonbrewery.com, zo.-do. 12-23, vr., za. 12-1 uur. Sydney's oudste pub met microbrouwerij die zes bieren produceert. **The Art House Hotel** 23 : 275 Pitt St., City, tel. 02-92 84 12 00, www.arthousehotel.com.au, ma.-wo. 10-24, do. 10-1.30, vr. 10-3, za. 12-1.30 uur. Dit in 1836 gebouwde pubhotel met restaurant, bistro en lounge bar is een podium voor jonge kunstenaars, die hier hun werk exposeren. **The Mercantile Hotel** 17 : 25 George St., The Rocks, tel. 02-92 47 35 70, www.themercantilehotel.com.au, zo.-do. 11-24, vr., za. 11-1 uur. Sydney's onofficiële Ierse cultureel centrum met Guinness van het vat en in het weekend Ierse folkrock.

Actief

Zwemmen en zonnebaden – blz. 140
Havenrondvaarten – van Sydney's schitterende ligging kun je vooral genieten tijdens een havenrondvaart, die het hele jaar door worden gemaakt vanaf Circular Quay. Informatie over het uiteenlopende aanbod – bijvoorbeeld Luncheon, Cabaret Dinner, Twilight en Starlight Dinner Cruises – is te krijgen bij de kiosken van de organisatoren aan Circular Quay, pier 6, of bij **itoursntix** 1 , Shop W1, Alfred St., Circular Quay, tegenover pier 6, tel. 1800-35 55 37, www.itoursntix.com. Meer dan twintig verschillende cruises biedt **Captain Cook Cruises** 2 , Circular Quay, pier 6, tel. 02-92 06 11 11, www.captaincook.com.au, bijvoorbeeld de Harbour Highlights Cruise (75 min., dag. 9.30, 11, 12.45, 14.30, 16, 18, 19.30 uur, A-$ 35). Terugkeren naar het koloniale verleden kun je tijdens een cruise op een oud zeilschip van de **Sydney Harbour Tall Ships** 3 , Circular Quay East, tel. 02-80 15 55 71, www.sydneytallships.com.au, bijvoorbeeld de Tall Ship Experience Lunch Cruise (dag. 13.30-15.30 uur, A-$ 109). Tijdens een havenrondvaart met een wel tot 80 km/h snelle jetboat van **Ozjet Boating** 4 , Circular Quay East, tel. 02-98 08 37 00, www.ozjetboating.com, stokt de adem van de passagiers (30 min., A-$ 85).

Gewoon lekker niksen of je alvast voorbereiden op wat komen gaat: bij bar Coluzzi in de hippe wijk Darlinghurst kun je voor beide terecht

Sydney

OP DE FIETS DOOR SYDNEY

Op de pedalen, klaar, af – dat zou het nieuwe motto kunnen zijn voor actieve bezoekers van Sydney. Fietsen door de stad is een bijzondere ervaring. Organisator **Bonza Bike Tours** (zie rechts) is het bedrijf dat de interessantste stadsrondritten organiseert, bijvoorbeeld een halfdaagse rondrit door de binnenstad (volwassene A-$ 119, kind A-$ 99, gezin A-$ 349), de Harbour Bridge Tour door de stadswijken in het noorden (volwassene A-$ 149, kind A-$ 129, gezin A-$ 449), en de Manly Beach Tour (volwassene A-$ 149, kind A-$ 129, gezin A-$ 449). Alle prijzen zijn inclusief drankjes en een eventuele lunch. Deelnemers krijgen een reisleider mee die op onderhoudende wijze geschiedkundige en culturele informatie geeft, maar je kunt ook fietsen huren voor individuele tochten (halve dag A-$ 35, hele dag A-$ 50).

Stadswandelingen – de gidsen van **The Rocks Walking Tours** geven onderhoudend commentaar bij een anderhalf uur durende tocht door deze historische wijk; reserveren in The Rocks Centre 1 of rechtstreeks bij de organisator, Shop 4A, Clocktower Sq., Harrington St., hoek Argyle St., The Rocks, tel. 02-92 47 66 78, www.rockswalkingtours.com.au (dag. 10.30, 13.30 uur, A-$ 28). Spannend wordt het 's avonds bij de twee uur durende **The Rocks Ghost Tours,** die beginnen bij Cadmans Cottage; reserveren in The Rocks Centre 1 of rechtstreeks bij de organisator, Shop 121, Clocktower Sq., Harrington St., hoek Argyle St., The Rocks, tel. 02-92 41 12 83, www.ghosttours.com.au (apr.-sept. dag. 18.45, okt.-mrt. dag. 19.45 uur, A-$ 45). Er zijn ook dagelijks gratis stadsrondleidingen met vriendelijke en kundige gidsen. Vertrekpunt van deze tweeënhalf tot drie uur durende **I'm-free-tours** is de Town Hall 45, 483 George St., City, tel. 0405-51 56 54, www.imfree.com.au (dag. 10.30, 14.30 uur).

Kajaktochten – **Sydney Harbour Kayaks** 5 : Spit Rd., Spit Bridge, Mosman, tel. 02-99 60 43 89, www.sydneyharbourkayaks.com. Kajakken door de haven – op eigen gelegenheid of tijdens een georganiseerde tocht (za., zo. 8.30-12.30 uur, A-$ 125).

Surfen – delen van Bondi en Manly Beach zijn geschikt voor beginners. Hier bieden surfshops lessen aan (beginnerscursus van drie keer twee uur vanaf A-$ 225) en verhuren surfplanken, bijvoorbeeld **Let's go surfing** 6 : 128 Ramsgate Ave., North Bondi, tel. 02-93 65 18 00, www.letsgosurfing.com.au, en **Manly Surf School** 7 : 44 Pittwater Rd., Manly, tel. 02-99 32 70 00, www.manlysurfschool.com.

Rondvluchten – **Sydney Heli Tours** 8 : 472 Ross Smith Ave., Mascot, tel. 02-93 17 34 02, www.sydneyhelitours.com.au. Rondvluchten met een helikopter (20 tot 30 min.) over Sydney Harbour met adembenemende uitzichten op het Opera House en de Harbour Bridge (vanaf A-$ 220).

Attractiepark – **Luna Park** 9 : Alfred South St., Milsons Point, North Sydney, tel. 02-90 33 76 76, www.lunaparksydney.com, variabele openingstijden, raadpleeg vooraf de website. Pretpark met achtbaan enzovoort op de noordoever van Sydney Harbour. De toegangsprijs hangt af van hoe lang je bent: meer dan 130 cm: A-$ 52, 106-129 cm: A-$ 42, 85-106 cm: A-$ 22. Ernaartoe met de havenveerboot vanaf Circular Quay, pier 4, halte Milsons Point.

Fietstochten – **Bonza Bike Tours** 10 : 30 Harrington St., The Rocks, tel. 02-92 47 88 00, www.bonzabiketours.com (zie kader links).

Climb of your Life – **BridgeClimb** 11 : 3 Cumberland St., The Rocks, tel. 02-82 74 77 77, www.bridgeclimb.com. Drie uur durende klimpartij over de Sydney Harbour Bridge, ook voor kinderen vanaf 12 jaar en senioren. Spectaculair is de klim in het donker, als de skyline baadt in het licht. Aangezien de beklimmingen al weken van tevoren zijn volgeboekt kun je het best voor je vakantie al reserveren. Uit veiligheidsoverwegingen mogen er geen ca-

Adressen

mera's mee. Afhankelijk van het seizoen, het tijdstip en de leeftijd van de deelnemer kost een beklimming A-$ 250-380.

Evenementen

Sydney Festival (jan.): twee weken durend kunst- en cultuurfestival met concerten, openluchtevenementen enzovoort, www.sydney festival.org.au.
Chinese New Year (jan.-feb.): drakenoptocht, vuurwerk enzovoort.
Gay and Lesbian Mardi Gras (feb.-mrt.): homo- en lesbocarnaval; hoogtepunt en afsluiting van het vier weken durende spektakel is een parade in extravagante kostuums door Oxford Street in Darlinghurst en Paddington, www.mardigras.org.au.
Royal Easter Show (Pasen): landbouwtentoonstelling met randgebeuren.
Sydney Cup (Pasen): paardenrennen.
Biennale of Sydney (half mrt-half juni in even jaren): Het grootste evenement voor hedendaagse kunst in Australië, www.biennale ofsydney.com.au.
Vivid Sydney (eind mei-half juni): spectaculair lichtfestival, www.vividsydney.com.
Sydney International Film Festival (juni): zie www.sff.org.au.
City to Surf Run (tweede zo. van aug.): 40.000 à 50.000 deelnemers joggen 14 km van William Street naar Bondi Beach, www.city 2surf.com.au.
Festival of the Winds (tweede zo. van sept.): vliegerfestival op Bondi Beach.
Sculpture by the Sea (okt.-nov.): kunstenaars uit de hele wereld exposeren drie weken lang hun werk langs de weg tussen Bondi en Tamarama Beach (blz. 136).
Sydney to Hobart Yacht Race (start op 26 dec.): prestigieuze zeilregatta.
New Year's Eve (31 dec.): grote openluchtparty, rond 20.30 uur gigantisch vuurwerk boven Sydney Harbour, www.sydneynew yearseve.com.

Vervoer

Vliegtuig: Sydney's International Kingsford Smith Airport, tel. 02-96 67 61 11, www.sydney airport.com.au ligt 9 km ten zuiden van de City. De sneltrein Airport Link, tel. 02-83 37 84 17, www.airportlink.com.au, rijdt van 5-24 uur ongeveer iedere tien à vijftien minuten in ruim een kwartier naar het Central Railway Station (A-$ 17,90). Niet veel duurder zijn de particuliere shuttlebussen, die je al voor je vertrek kunt reserveren, bijvoorbeeld KST Airporter, tel. 0612-83 39 01 55, www.kst.com.au. Een taxi naar de stad kost A-$ 40-50.
Trein: treinen in alle richtingen vertrekken vanaf het Central Railway Station, Eddy Ave. Informatie en reservering: NSW TrainLink Travel Centre, Central Station, tel. 13 22 32.
Bus: streekbussen vertrekken vanaf de Sydney Coach Terminal, Eddy Ave., hoek Pitt St. Informatie en reservering: Tourist Information Service, tel. 02-92 81 93 66.
Huurauto: een grote keus aan voertuigen van ieder type hebben Avis, tel. 13 63 33, Budget, tel. 13 27 27 en Hertz, tel. 13 30 39. Alle verhuurders hebben een filiaal op de luchthaven. Aantrekkelijke tarieven biedt Bayswater Car Rental, 180 William St., Kings Cross, tel. 02-93 60 36 22, www.bayswatercarrental.com.au.

Jezelf verplaatsen in de stad

Bij de informatieloketten van State Transit, de exploitant van alle openbaar vervoermiddelen aan Circular Quay, zijn dienstregelingen, overzichtskaarten en tips voor goedkoop reizen te krijgen. De **Bus InfoKiosk** bevindt zich op de hoek van Alfred St. en Loftus St. tegenover Circular Quay, het **City Rail Information Centre** tegenover pier 5 en het **Sydney Ferries Info Centre** bij pier 4. Informatie over alle vormen van openbaar vervoer: **Public Transport InfoLine:** tel. 13 15 00, dag. 6-22 uur, www.trans portnsw.info.
Opal Card: wie langer dan een dag in Sydney verblijft en de stad per openbaar vervoer wil verkennen, zou de Opal Card moeten aanschaffen. Met deze oplaadbare *smartcard* in creditcardformaat kun je gebruikmaken van het hele openbaarvervoersnet in de City en omgeving. Daaronder vallen alle stadsbuslijnen alsmede regionale buslijnen tot Newcastle, de Central Coast en Hunter Valley in het noorden, de Blue Mountains in het westen en de Illawarra Coast in het zuiden. Inbegrepen zijn bovendien het

Sydney

hele spoorwegnet van de CityRail, de Metro Light Rail en alle veerboten met uitzondering van de Jetcat naar Manly en de Rivercat naar Parramatta. Verkrijgbaar is de Opal Card onder andere bij de Travellers Information Service op Kingsford Smith Airport, bij de Information Centres aan Circular Quay, in het Central Railway Station en bij *newsagencies*. De kaart zelf is gratis, maar moet met een tegoed van minimaal A-$ 10 worden opgeladen *(top up)*. De ritprijs wordt afgeboekt door de kaart bij het in- en uitstappen tegen het leesapparaat bij een van de bushaltes, stations of aanlegsteigers te houden *(tap on and tap off)*. De ritprijs wordt berekend per afstand, waarbij alle ritten binnen een tijdsbestek van zestig minuten als één rit gelden. Als je binnen een week met de Opal Card acht ritten hebt gemaakt, reis je de rest van de week voor half geld. Bovendien wordt op één dag maar maximaal A-$ 15 afgeboekt, ook als je meer ritten hebt gemaakt. Op zondag geldt voor het hele openbaar vervoersnet een speciaal dagtarief van A-$ 2,50. Heb je geen Opal Card dan kun je bij alle Opal-verkooppunten, bij speciale automaten en soms ook in de bus een Opal Single Trip Ticket kopen. Dat geldt maar voor één rit en vervalt daarna. Meer informatie op www.opal.com.au en bij Opal Customer Care, tel. 13 67 25.

Bus: Sydney's stadsbussen zijn betrouwbaar en veilig. Het fijnmazige busnet wordt aangevuld door twee particuliere sightseeinglijnen. Op het traject Central Station-George Street-Circular Quay-Elizabeth Street rijdt om de tien minuten de gratis **bus 555** (ma.-wo., vr. 9.30-15.30, do. 9.30-21, za. en zon- en feestdagen 9.30-18 uur). De rode **Sydney Explorer** legt dagelijks van 8.30-19.30 uur een ronde van 26 km af, vertrek iedere vijftien à twintig minuten vanaf Circular Quay; met een dagkaart kun je bij de 24 haltes de rit zo vaak als je wilt onderbreken. Hetzelfde geldt voor de blauwe **Bondi Explorer**, die dagelijks van 9.30-18.30 uur ieder halfuur van het Central Railway Station via Kings Cross, Double Bay, Vaucluse en Wat-sons Bay naar Bondi Beach rijdt en op de terugweg stopt in Coogee Beach, Randwick en Paddington (10 haltes). De haltes van deze twee bussen zijn met respectievelijk rode en blauwe borden gemarkeerd. Tickets koop je bij de chauffeur (One Day Hop On-Hop Off Ticket A-$ 50, Two Day Hop On-Hop Off Ticket A-$ 70). Zie voor meer informatie www.theaustralianexplorer.com.au.

Trein: het fijnmazige netwerk van **CityRail** strekt zich in het noorden uit tot Newcastle, in het zuiden tot Nowra en in het westen tot Lithgow over Blue Mountains. Alle treinen naar de voorsteden vertrekken vanaf Circular Quay. De dubbeldekstreinen naar de wijken dicht bij de City zijn – zeker in de spitsuren – meestal duidelijk sneller dan de bussen. Er zijn acht met een kleur aangegeven hoofdroutes. Ondergronds rijdt de **City Circle,** de belangrijkste lijn in het centrum met de stations Central, Town Hall, Wynyard, Circular Quay, Martin Place, St. James en Museum. De **Metro Light Rail** rijdt van het Central Railway Station via Chinatown en Darling Harbour naar de Sydney Fishmarket (24 uur per dag, overdag iedere 10-15 min., 's nachts ieder halfuur) en verder via Wentworth Park naar de westelijke voorsteden Glebe en Lilyfield (dag. 6-23 uur).

Veerboten: de centrale aanlegsteiger voor de veerboten is Circular Quay. De havenveerboten varen dag. 6-24 uur, de draagvleugelboten (hydrofoils) naar Manly van 6.30-19 uur.

Taxi: wenken op straat of telefonisch bestellen, bijvoorbeeld Legion Cabs, tel. 13 14 51, Premier Cabs, tel. 13 10 17, Silver Service Taxis, tel. 13 31 00. Voor een niet-georganiseerd uitstapje in Sydney Harbour kun je een watertaxi charteren, telefonisch reserveren is zinvol, bijvoorbeeld bij Watertaxis Combined, tel. 02-95 55 88 88, of Yellow Water Taxis, tel. 1800-32 68 22.

Met eigen vervoer: vanwege het drukke verkeer en de afschuwelijk dure parkeerplaatsen is het niet aan te raden je met de auto in de City te begeven. Sydney is prima te voet of per openbaar vervoer te verkennen. Wie toch met zijn auto de City inrijdt, moet bij de Harbour Bridge of in de tunnel A-$ 3-5 tol betalen. Dat kan alleen elektronisch, dus je moet jezelf vooraf online registreren. Dit geldt ook voor de stadssnelwegen M 1, M 4 en M 7. Zie voor informatie www.rta.nsw.gov.au onder Roads > Using NSW Roads.

Blue Mountains

Deze route, waarvoor je twee of drie dagen moet uittrekken, loopt van Sydney naar de Blue Mountains in het westen. De zo'n 500 km lange, buitengewoon mooie route voert langs historisch interessante plaatsen als Richmond en Windsor, met architectonische overblijfselen uit de begintijd van de kolonie.

Nog geen 100 km ten westen van het centrum van Sydney rijzen uit de kustvlakte de **Blue Mountains** op tot een 1200 m hoog, overwegend dicht bebost en ruig plateau. Deze bergketen, die rijk is aan natuurschoon, wordt gekenmerkt door steile rotsen, indrukwekkende watervallen, kilometerslange canyons, uitgestrekte eucalyptusbossen, adembenemende uitkijkpunten en vele wandelmogelijkheden. De 'Blauwe Bergen' danken hun naam aan de zachte, blauwige nevelsluier van de etherische olie die door duizenden eucalyptusbomen wordt afgescheiden.

Vijfentwintig jaar lang vormden de Blue Mountains een onneembare barrière voor de eerste blanke kolonisten aan de Oostkust. Pas in 1813 lukte het de boer Gregory Blaxland, de landmeter William Lawson en de advocaat William Charles Wentworth om de natuurlijke barrière over te steken. De drie pioniers waren de wegbereiders voor de arbeiders die langs dezelfde route in de recordtijd van slechts zes maanden een weg aanlegden. Nu lagen de uitgestrekte weidegronden ten westen van de bergen binnen bereik en was de voedselvoorziening van de nederzetting bij Port Jackson veiliggesteld.

Vandaag de dag zijn de Blue Mountains een populair gebied voor uitstapjes bij zowel Australiërs zelf als toeristen. In 1959 werd bijna 220.000 ha tot nationaal park uitgeroepen. Alleen de centrale regio van het park aan weerszijden van de Great Western Highway is toeristisch ontwikkeld; ervaren bushwandelaars kunnen van de ongerepte natuur genieten in de noordelijke en zuidelijke delen. In 2001 werd het Blue Mountains National Park samen met het ernaast gelegen Kanangra-Boyd National Park en het Wollemi National Park door de UNESCO uitgeroepen tot **Greater Blue Mountains World Heritage Area**, waardoor het de status van Werelderfgoed kreeg en speciale bescherming geniet. Wie zelf rijdt krijgt op de **Greater Blue Mountains Drive** een goede indruk van de landschappelijke schoonheid van het gebied (www.greaterbluemountainsdrive.com.au).

Blue Mountains National Park ▶ 1, U 15

Kaart: zie blz. 158

Glenbrook 1

Glenbrook bij de oostelijke uitlopers van de Blue Mountains, is het beginpunt om het zuidelijke deel van het nationale park, waar nog veel van het oorspronkelijke bos is behouden, te gaan verkennen. Bezoek eerst het Blue Mountains Visitor Information Centre, dat nuttige informatie over het nationaal park biedt. Hier is ook het startpunt van enkele wandelroutes. De wandelingen naar **Glenbrook Gorge** (1 uur heen en terug) en de **Jelly Bean Pool** (1 uur heen en terug) zijn het gemakkelijkst; iets zwaarder is de weg naar de **Red Hands Cave** met Aboriginalrotsschilderingen (rondwandeling 8 km/3 uur).

Blue Mountains

BERGWANDELING NAAR DE WENTWORTH FALLS

Informatie
Begin: Conservation Hut in de plaats Wentworth Falls (zie hierna)
Lengte: 5 km
Duur: 3-4 uur
Moeilijkheidsgraad: zwaar

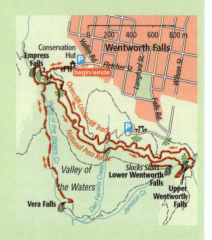

Deze met recht zeer populaire wandeltocht verbindt panoramische uitzichten vanaf de toppen van de Blue Mountains met de imposante Wentworth Falls. De route begint bij de Conservation Hut op de hoek van Valley Road en Fletcher Street in **Wentworth Falls** 3.
Vanaf de Conservation Hut neem je het bewegwijzerde pad richting Valley of the Waters. Na circa tien minuten bereik je de **Queen Victoria Lookout** met een prachtig uitzicht op het dal. Kort daarna komt op de **Empress Lookout** het natuurschoon van de **Empress Falls** in zicht. Steile metalen trappen voeren naar beneden, naar de voet van de watervallen, waar je uitkomt op de National Pass Route. Bij de splitsing naar de Vera Falls houd je links aan en volgt verder de National Pass Route. Wie de wandeling wil verlengen, kan van hieruit in circa tweeënhalf à drie uur naar de **Vera Falls** en terug wandelen, een iets veeleisender tocht, maar zeker de moeite van de extra inspanning waard.
Het volgende stuk van de National Pass Route is een van de spectaculairste delen van de wandeltocht. De weg voert door een kleurenpracht van zandsteenrotsen, waarbij je op weg naar beneden kunt genieten van een sprookjesachtig uitzicht op de Jamison Valley. Na 45 minuten bereik je de splitsing naar de **Slacks Stairs**. Steile metalen trappen leiden naar beneden naar een idyllische, natuurlijke poel met een zandstrandje aan de voet van de **Lower Wentworth Falls**. Hierin kun je een verfrissende duik nemen. Houd er rekening mee dat de daaropvolgende klim terug naar de hoofdroute wel een goede conditie vereist. Terug op de National Pass Route kom je na een paar honderd meter bij de **Upper Wentworth Falls** aan. Een tamelijk steile, maar korte klim voert je vervolgens naar de bovenloop van de waterval. Nu volg je de Overcliff-Undercliff Track. Op de laatste kilometers terug naar de Conservation Hut zijn steeds weer korte zijpaden naar fraaie uitkijkpunten te vinden. Na een laatste blik vanaf de **Lyrebird Lookout** op het dal kom je in een steile klim van tien minuten terug bij de Conservation Hut.
Corinna Melville

Blue Mountains National Park

Informatie
Blue Mountains Visitor Information Centre: Great Western Hwy, tel. 1300-65 34 08, ma.-za. 8.30-16, zo. 8.30-15 uur.

Faulconbridge 2
In **Faulconbridge** kun je het woonhuis van de schilder en schrijver Norman Lindsay (1879-1969) bezichtigen. Tegenwoordig is hier de **Norman Lindsay Gallery and Museum** ondergebracht, waar veel van zijn werken zijn tentoongesteld (14 Norman Lindsay Cresc., tel. 02-47 51 10 67, www.normanlindsay.com.au, dag. 10-16 uur, A-$ 15).

Leura 4
Statige koloniale huizen en groot opgezette parken in het charmante stadje **Leura** herinneren aan het eerste toerisme in de vorige eeuw. Nabij Leura donderen de **Gordon Falls** en de **Leura Falls** de diepte in. Op **Sublime Point** kun je picknicken voor het prachtige panorama van de zich openende Jamison Valley. Aan de rand van het bergstadje word je in de door pauwen bevolkte **Everglades Gardens** begroet door een schitterende kleurenpracht (37 Everglades Ave., tel. 02-47 84 19 38, www.everglades.org.au, okt-feb. dag. 10-17, mrt.-sept. dag. 10-16 uur, A-$ 13).

In Leura kun je de Great Western Highway verlaten en over de Cliff Drive verder naar Katoomba rijden. Deze route biedt geweldige panorama's – uitkijkpunten als Cahills Lookout, Narrow Neck Lookout en Hildas Lookout zijn zeer de moeite waard.

Overnachten
Charme van weleer – **Megalong Manor:** 151 Megalong St., tel. 02-47 84 14 61, www.megalongmanor.com. Elegante B&B in een koloniaal pand met nog het originele meubilair. 's Middags wordt op de veranda thee met gebak geserveerd. 2 pk vanaf A-$ 175 inclusief ontbijt.

Koloniale sfeer – **Leura House:** 7 Britain St., tel. 02-47 84 20 35, www.leurahouse.com. In dit gemoedelijke koloniale hotel met elf gezellig ingerichte kamers zullen niet alleen nostalgici zich senang voelen. 2 pk A-$ 140-240 inclusief ontbijt.

Eten en drinken
Dinner with a view – **Solitary:** 90 Cliff Dr., Leura Falls, tel. 02-82 11 64, www.solitary.com.au, wo.-zo. 11-16, za. ook 18.30-22 uur. Hedendaagse Australische interpretaties van klassieke Franse en Italiaanse gerechten in een elegante ambiance; dat biedt dit bekroonde restaurant in een romantisch koloniaal pand met prachtig uitzicht over Jamison Valley. Veel mensen van hier vinden dat chef-kok John Cross de beste modern Australian cuisine in de agglomeratie serveert. Hoofdgerechten A-$ 35-40.

Evenement
Leura Gardens Festival (okt.): bloemenfestival met cultureel programma, www.leuragardensfestival.com.

Katoomba 5
Al in 1930-1950 was de op 1017 m hoogte gelegen plaats **Katoomba** een bij Sydneysiders populair gebied voor uitstapjes. Het is tegenwoordig nog altijd het toeristische middelpunt van de Blue Mountains. In de zomermaanden komen duizenden bezoekers naar het gemakkelijk per auto, bus of trein te bereiken bergstadje om de frisse berglucht op te snuiven. In de hoofdstraat, Katoomba Street, staan nog enkele mooie art-decogebouwen, zoals het onder monumentenzorg vallende **Paragon Café** (dag. 8-18 uur).

In het **Blue Mountains Cultural Centre** kom je via een interactieve tentoonstelling van alles aan de weet over het gebergte. De bijbehorende **City Art Gallery** is een podium voor regionale kunstenaars (30 Parke St., tel. 02-47 80 54 10, www.bluemountainsculturalcentre.com.au, ma.-vr. 10-17, za., zo. 10-16 uur, A-$ 5).

Diverse uitkijkpunten bij **Echo Point**, waar ook een bezoekerscentrum staat, bieden spectaculaire uitzichten op de meest fotogenieke rotsformaties van de regio: de **Three Sisters**. Volgens een Aboriginallegende zijn de drie vrijstaande zandsteenpieken de drie betoverde zussen Gunnedoo, Meenhi en Weemala, die, toen zij met drie vrijers flirtten, door hun vader voor straf in rotsen werden veran-

Blue Mountains

derd. Van de wandelingen die vanaf het Echo Point vertrekken, is vooral die van het informatiecentrum naar de Three Sisters en verder over het steile tredenpad Giants Stairway naar de diepte van **Jamison Valley** aanbevelenswaardig. Op de dalbodem trek je over de Federal Pass Walk en langs de **Katoomba Falls** naar het dalstation van de **Scenic Railway**. De met een helling van 52° steilste spoorweg van de wereld, in 1880 aangelegd voor het transport van kolen, vervoert bezoekers omhoog naar het plateau (dag. 9-17 uur, laatste trein om 16.50 uur, A-$ 15). Hiervandaan volg je de Clifftop Walk terug naar Echo Point (rondwandeling 10 km/4 uur).

Je kunt Jamison Valley met de drie rotsen ook bekijken vanuit de **Scenic Skyway** en de **Scenic Cableway**, kabelbanen die van grote hoogte een adembenemend uitzicht in de diepte bieden (tel. 02-47 80 02 00, www.scenicworld.com.au, dag. 9-17 uur, Unlimited Discovery Pass voor Railway, Skyway en Cablewy A-$ 39).

Informatie

Blue Mountains Visitor Information Centre: Echo Point Rd., tel. 1300-65 34 08, www.visitbluemountains.com.au, dag. 9-17 uur.

Overnachten

Landhuisstijl – **Avonleigh Country House:** 174 Lurline St., tel. 02-47 82 15 34, www.avonleighcountryhouse.com. Comfortabele B&B met koloniale sfeer en uitstekend restaurant. 2 pk A-$ 135-195 inclusief ontbijt.

Gezinsvriendelijk – **Sky Rider Motor Inn:** 302 Bathurst Rd., tel. 02-47 82 16 00, www.skyridermotorinn.com.au. Goed gerund motel, kinderen welkom, mooi zwembad, restaurant. 2 pk vanaf A-$ 120, gezinskamers vanaf A-$ 155.

Bij de Three Sisters – **Echo Point Motor Inn:** 18 Echo Point Rd., tel. 02-47 82 20 88, www.echopointmotel.com. Rustig motel met 36 gezellige kamers en restaurant op mooie locatie. 2 pk vanaf A-$ 105.

Luxejeugdherberg – **Blue Mountains YHA:** 207 Katoomba St., tel. 02-47 82 14 16, www.yha.com.au. De beste budgetaccommodatie in de streek in eeen onder monumentenzorg vallend art-decogebouw. 2 pk vanaf A-$ 86, meerpersoonskamer vanaf A-$ 28,50 p.p.

Camping en cabins – **Katoomba Falls Caravan Park:** Katoomba Falls Rd., tel. 02-47 82 18 35, www.bmtp.com.au/katoomba-falls.html. Goed verzorgd, grote keus aan ruime cabins, mooi gelegen.

Eten en drinken

Mod Oz cuisine – **Echoes:** 3 Lilianfels Ave., in het Echoes Boutique Hotel, tel. 02-47 82 19 66, www.echoeshotel.com.au, dag. 12-14.30, 18-22 uur. Excellente moderne Australische keuken met Aziatische touch en uitzicht op

Blue Mountains National Park

*Soms overdrijven de Aussies wel een beetje met het ontsluiten van de natuur …
hoewel: het uitzicht van bovenaf op de Three Sisters is werkelijk fenomenaal*

Jamison Valley. Op mooie dagen beslist een tafel op het terras reserveren! Tweegangenmenu A-$ 85, driegangenmenu A-$ 115.

Thais – **Chork Dee:** 216 Katoomba St., tel. 02-47 82 19 13, ma.-do., zo. 17.30-21, vr., za. tot 22 uur. Uitstekend Thais restaurant – de gerechten zijn niet alleen tongstrelend maar ook een lust voor het oog. Hoofdgerechten A-$ 15-25.

Pastavariaties – **Pins on Lurline:** 132 Lurline St., tel. 02-47 82 22 81, www.pinsonlurline.com.au, dag. 12-15, 18.30-22 uur. Pastagerechten uit de hele wereld, van Thaise curry noodles tot spaghetti; en een grote keus aan heerlijke desserts. Gerechten A-$ 15-20.

Actief

Adventure sports – **Blue Mountain Adventure Company:** 84A Bathurst Rd., tel. 02-47 82 12 71, www.bmac.com.au. Abseilen, klimmen, kanoën, mountainbiken, bushwalking enzovoort. **High 'n' Wild Mountain Adventures:** 207 Katoomba St., tel. 02-47 82 62 24, www.highandwild.com.au. Zelfde aanbod, bovendien survivaltraining en meerdaagse wandeltochten in minder toegankelijke delen van Blue Mountains National Park en Kanangra-Boyd National Park.

Wandelen met Aboriginals – **Blue Mountains Walkabout:** tel. 0408-44 38 22, www.

Blue Mountains

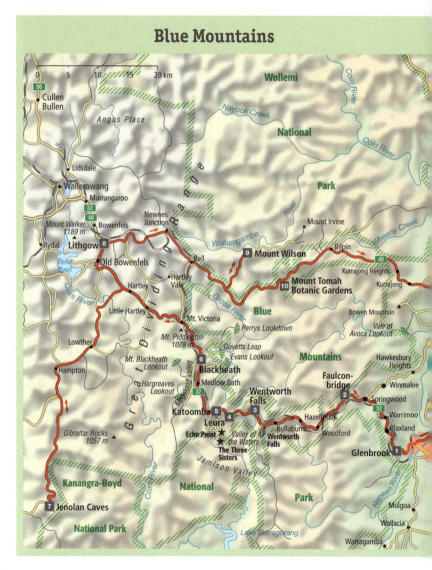

blue mountainswalkabout.com. Vier respectievelijk zevenenhalf uur durende, zware wandelingen, die inzicht geven in de Aboriginalcultuur. De tochten worden het hele jaar door gehouden, het vertrekpunt is steeds het Faulconbridge Railway Station (ma.-vr. 10.35, za. en zon- en feestdagen 10.45 uur, A-$ 95).

Evenementen

Blue Mountains Music Festival (mrt.): een muziekfestival van een week met alles van jazz tot klassiek, www.bmff.org.au.

Yulefest (juni-aug.): traditioneel kerstfeest in diverse gemeenten met kerstgebraad en kerstliederen.

Blue Mountains National Park

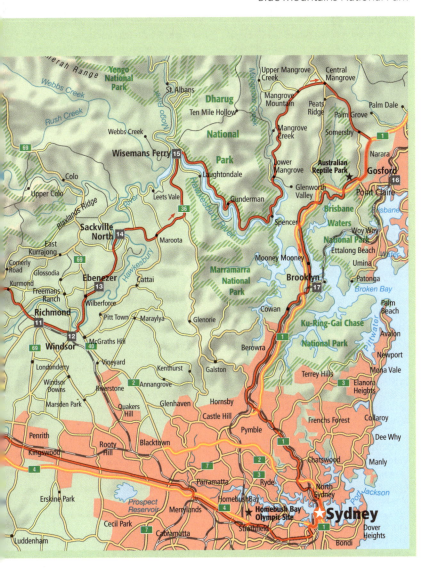

Vervoer

Trein: dag. 6-22 uur treinen van Sydney CityRail (gele lijn) vanaf Sydney Central Station naar Wentworth Falls, Leura, Katoomba, Blackheath en Lithgow. Informatie: tel. 13 15 00.
Bus: verbindingen met de Blue Mountains Explorer Bus, tel. 1300-30 09 15, www.theaustralianexplorer.com.au. Deze dubbeldeksbus maakt dagelijks van 9.45-17 uur ieder halfuur een rondrit over een traject met 29 haltes (A-$ 44); vertrek vanaf het Katoomba Railway Station. De reis met CityRail en Explorer Bus valt onder het Blue Mountains Explorer Link Ticket (A-$ 58).

Blue Mountains

Blackheath 6

Een alternatief voor een bezoek aan Katoomba is het minder drukke bergstadje **Blackheath**, gelegen op 1065 m hoogte. Op de heenreis passeer je bij **Medlow Bath** het liefdevol gerestaureerde **hotel Hydro Majestic**, dat met zijn mengeling van victoriaanse stijlelementen en art deco nog iets van de charme van voorbije tijden uitstraalt. Ten zuiden van Blackheath splitst een doodlopende weg af naar de **Evans Lookout**, het vertrekpunt voor de Grand Canyon Walk (rondwandeling 5 km/4 uur).

Het nabijgelegen uitkijkpunt **Govetts Leap** kun je met de auto bereiken. Na een korte wandeling, die in de buurt van het uitkijkplatform begint, zie je de watervallen **Horseshoe Falls** en **Bridal Veil Falls** via terrassen in de diepte storten.

Een andere, slechts deels geasfalteerde weg loopt van Blackheath naar de **Pulpit Rock** en de **Perrys Lookdown** met mooi uitzicht over het dal van de Grose River.

Andere uitstapjes voeren van Blackheath naar de schilderachtige **Megalong Valley** en de uitkijkpunten **Hargreaves Lookout** en **Mt. Blackheath Lookout**. In de omgeving van het 6 km ten noordwesten van Blackheath gelegen bergdorp **Mount Victoria** staan op een hoogte van 1060 m twee monumenten die herinneren aan de eerste oversteek van de Blue Mountains.

Informatie

Blue Mountains Heritage Centre: Govetts Leap Rd., tel. 02-47 87 88 77, www.nationalparks.nsw.gov.au, dag. 9-16.30 uur. Uitgebreide informatie over de flora en fauna van het berggebied. De rangers geven ook tips voor wandelingen en andere activiteiten en over de kampeermogelijkheden in het nationaal park.

Overnachten

Oase van welbehagen – **Redleaf Resort:** 13-17 Brightlands Ave., tel. 02-47 87 81 08, www.redleafresort.com.au. Goed verzorgde kamers, behulpzaam personeel, restaurant, overdekt zwembad, spa en sauna. 2 pk vanaf A-$ 125.

Camping en cabins – **Blackheath Glen Tourist Park:** Prince Edward St., tel. 02-47 87 81 01, www.bmtp.com.au/blackheath-glen.html. Mooi gelegen en goed verzorgd.

Eten en drinken

Tongstrelend – **Ashcrofts:** 18 Govetts Leap Rd., tel. 02-47 87 82 97, www.ashcrofts.com, do.-zo. 18-23 uur, za., zo. ook 12-15 uur. Klein maar fijn, en al jaren een culinair instituut in de Blue Mountains. Hier wordt moderne Australische keuken met een mediterrane inslag geserveerd. Menu circa A-$ 85.

Jenolan Caves ▶ 1, U 15

Kaart: zie blz. 158
Tel. 1300-76 33 11, www.jenolancaves.org.au, dag. 9-17 uur, Show Cave Tour vanaf A-$ 35

De ongeveer 50 km ten zuiden van de Great Western Highway gelegen **Jenolan Caves** 7 zijn een omweg waard. In 1838 ontdekten politiemannen bij de achtervolging van een *bushranger* de grootste en mooiste druipsteengrotten van het continent, die bij de Aboriginals al in de oertijd bekend waren. Een doolhof van vaak slechts anderhalve meter hoge gangen voert door het schimmenrijk van stalagmieten en stalactieten. Uit het **Jenolan Caves Visitor Centre** vertrekken meermalen per dag rondleidingen van verschillende lengte en moeilijkheidsgraad.

Van het Jenolan Caves House, een stijlvol hotel, slingert een 32 km lange steenslagweg het **Kanangra-Boyd National Park** in. De weg eindigt bij een uitkijkpunt nabij de roodbruine zandsteenklippen van Kanangra Wall.

Lithgow ▶ 1, U 15

Kaart: zie blz. 158
Op de westelijke uitlopers van de Blue Mountains ligt het kleine mijnstadje **Lithgow** 8, dat vooral liefhebbers van oude spoorlijnen aantrekt: verscheidene malen per dag vertrekt daar de historische stoomlocomotief van de **Zig Zag Railway**. De spoorlijn speelde

ooit een belangrijke rol bij de ontsluiting van het land aan de andere kant van de Great Dividing Range en is tegenwoordig een populaire toeristenattractie. De avontuurlijke treinrit van het Clarence Station over drie zandstenen viaducten en een adembenemende, bochtenrijke weg naar Bell aan de rand van het Wollemi National Park duurt bijna anderhalf uur (tel. 1300-94 49 24, www.zigzagrailway.com.au, dag. 11, 13, 15 uur, A-$ 35).

Informatie
Lithgow Visitor Centre: Great Western Hwy, tel. 1300-76 02 76, www.tourism.lithgow.com, dag. 9-17 uur.

Overnachten
Milieuvriendelijke luxelodge – **One&Only Wolgan Valley:** Wolgan Rd., Wolgan Valley, circa 20 km ten noorden van Lithgow, tel. 02-93 08 05 50, www.oneandonlyresorts.com/one-and-only-wolgan-valley-australia. Voor dit milieuontziend in het landschap ingepaste resort, dat ook qua waterbehandeling, zonne-energie en energiezuinigheid hoog scoort, werden uitsluitend ter plekke gewonnen natuurlijke materialen gebruikt. Heldere lijnen, geen tierelantijnen en veel hout en zandsteen bepalen het beeld. Naar het dal toe hebben de luxueus ingerichte vrijstaande bungalows royale glazen puien. Met fijnproeversrestaurant en zwembad. Bungalow vanaf A-$ 1850.

Functionele motelunits – **Zig Zag Motel:** Chifley St. (Bells Line of Road), tel. 02-63 52 24 77, www.zigzagmotel.com.au. Vijftig functioneel ingerichte kamers, restaurant en verwarmd zwembad. 2 pk vanaf A-$ 125.

Camping – **Lithgow Caravan Park:** Cooerwull Rd., tel. 02-63 51 43 50. Eenvoudig.

Wat er hier zo wild en ontoegankelijk uitziet, ligt in werkelijkheid gewoon aan de doorgaande weg – de Grand Arch is het vertrekpunt van veel tours door de Jenolan Caves

Blue Mountains

Bells Line of Road
▶ 1, U 15

Kaart: zie blz. 158
Wie met eigen vervoer reist, kan voor de terugweg naar Sydney het best gebruikmaken van de noordelijke, tussen het Blue Mountains National Park en het Wollemi National Park lopende, zeer aantrekkelijke **Bells Line of Road**. Circa 10 km voorbij de plaats **Bell** voert een 8 km lang uitstapje naar het dorp **Mount Wilson** 9 op de top van een dode vulkaan, waar mooie tuinen en parken met in oktober en november bloeiende rododendrons zijn te bezoeken.

Terug naar de Bells Line of Road kun je in de **Mount Tomah Botanic Gardens** 10 meer dan tienduizend plantensoorten uit de koele gematigde zones van de aarde ontdekken (tel. 02-45 67 30 00, www.rbgsyd.nsw.gov.au, mrt.-sept. dag. 10-16 uur, okt.-feb. 10-17 uur, toegang gratis). Via Bilpin voert de weg verder naar **Kurrajong Heights** met het uitzichtpunt **Bellbird Hill Lookout**, vanwaar de weg omlaag de kustvlakte in slingert.

Aan de Hawkesbury River
▶ 1, U 15

Kaart: zie blz. 158
Bouwkundige overblijfselen uit de begintijd van de kolonie vind je in **Richmond** 11 aan de Hawkesbury River en het naburige koloniale stadje **Windsor** 12, dat al in 1794 door gouverneur Lachlan Macquarie werd gesticht. Men bouwde er in 1817 de eerste anglicaanse kerk op het continent, de **St. Matthews Church**, naar ontwerp van Francis Greenway. Rondom Thompson Square staan fraai gerestaureerde koloniale gebouwen.

Langs de pittoreske Hawkesbury River gaat de tocht verder via **Wilberforce** naar de plaats **Ebenezer** 13, met de oudste kerk van Australië, uit 1809. Bij **Sackville North** 14 kun je overdag met een autoveer de Hawkesbury River oversteken. Langs de oostoever loopt een prachtige route tot **Wisemans Ferry** 15. Hier steek je opnieuw met een veerboot de Hawkesbury over. Ingeklemd tussen de rivier en de steile zandsteenrotsen van het **Dharug National Park** slingert de weg door een uiterst romantisch landschap, om achter **Central Mangrove** weer uit te komen bij de Pacific Freeway, die terugvoert naar Sydney.

Gosford 16 met het in inheemse reptielen gespecialiseerde **Australian Reptile Park** is een stop waard. De sterren van het bijbehorende **Spider World**, de eerste spinnendierentuin van Australië, zijn behalve vogelspinnen en schorpioenen de gevaarlijke *funnelweb spiders* en *redback spiders*, waarvan de beet dodelijk is. Met behulp van interactieve beeldschermen en filmvoorstellingen leren kleine en grote bezoekers op speelse wijze de spinnenwereld van Australië kennen (Pacific Hwy, Somersby, tel. 02-43 40 10 22, www.reptilepark.com.au, dag. 9-17 uur, A-$ 35).

In **Brooklyn** 17, waar twee bruggen de brede monding van de Hawkesbury River overspannen, vertrekt doordeweeks aan het begin van de ochtend de **Australia's Last Riverboat Postman**, de laatste rivierpostboot van Australië. Net als in koloniale tijden dient de Hawkesbury als belangrijke transportweg. Op zijn postronde stroomopwaarts brengt de boot brieven, pakjes en levensmiddelen naar nederzettingen die alleen via de waterweg zijn te bereiken. Wie een halve dag de tijd heeft, kan met de postboot meevaren (tel. 0400-60 01 11, www.riverboatpostman.com.au, ma.-vr. 10-13.15 uur, reserveren kan ook bij iToursntix, Shop W1, Alfred St., Circular Quay tegenover pier 6, Sydney, tel. 1800-35 55 37, www.itoursntix.com, A-$ 55).

Informatie
Hawkesbury Visitor Information Centre: 328 Hawkesbury Valley Way, Richmond, tel. 02-45 60 46 20, www.hawkesburytourism.com.au, ma.-vr. 9-17, za., zo. 9-16 uur.
Central Coast Visitor Centre: 200 Mann St., Gosford, tel. 02-43 43 44 44, www.visitcentralcoast.com.au, ma.-vr. 9.30-16, za. 9.30-13 uur.

Capital Territory en Great Dividing Range

Met circa 870 km is de Hume Highway de kortste verbinding tussen Sydney en Melbourne. Qua landschap is deze route minder spectaculair dan de kuststreek, maar hij is wel 'typisch' Australisch – het beeld wordt voor een belangrijk deel bepaald door schapenweiden en graanvelden. Er zijn uitstapjes te maken naar de Snowy Mountains, de Victorian Alps en Canberra, de hoofdstad van Australië.

Southern Highlands

▶ 1, U 15

Ten zuiden van Sydney liggen de Southern Highlands, uitlopers van de Great Dividing Range. Met zijn glooiende heuvels en groene weiden doet de vruchtbare landbouwregio aan Engeland denken.

Camden

Op enige afstand van de Hume Highway, die de eerste 120 km na de agglomeratie Sydney vier tot zes rijstroken telt en South Western Freeway heet, ligt **Camden**. Op de nabijgelegen koloniale **Belgenny Farm** legde de voormalige legerofficier John Macarthur in 1805 met de import van merinoschapen het fundament van de Australische wolindustrie (Camden Park Estate, tel. 02-46 54 68 00, www.belgennyfarm.com.au).

Lange wandelingen kun je maken in de nabijgelegen **Mount Annan Botanic Garden**, een van de grootste botanische tuinen in het land (Narrelan Rd., tel. 02-46 34 79 00, www.australianbotanicgarden.com.au, dag. 10-17 uur, toegang gratis).

Mittagong

In **Mittagong**, waar enkele bouwwerken uit de vroege koloniale tijd staan, loopt een 50 km lange, deels ongeasfalteerde weg door een aantrekkelijk, bergachtig landschap naar spectaculaire druipsteengrotten, de **Wombeyan Caves** (tel. 02-48 43 59 76, dag. 9-16.30 uur, dag. meerdere rondleidingen, één grot A-$ 20, meerdere grotten A-$ 35).

Informatie

Southern Highlands Visitor Information Centre: Winifred West Park, Old Hume Hwy, tel. 1300-65 75 59, www.southern-highlands.com.au, ma.-vr. 9-17, za., zo. 10-16 uur.

Eten en drinken

Culinaire oase – **The Blue Cockerel:** 95 Hume Hwy, tel. 02-48 72 16 77, di.-zo. 12-14.30, 17-21 uur. Gezellig restaurant met open haard, lichte, Frans aandoende regionale keuken en goede wijnen. Hoofdgerechten A-$ 25-42.

Berrima

Ten zuidwesten van Mittagong ligt, op enige afstand van de South Western Freeway, het mooie georgiaanse plaatsje **Berrima**. Een groot deel van de stijlvol gerestaureerde zandstenen gebouwen van het in 1831 gestichte plaatsje valt onder monumentenzorg. De stad biedt liefhebbers van geschiedenis bezienswaardigheden als het classicistische Court House uit 1838, de een jaar later voltooide Berrima Jail en de Holy Trinity Church, waar in 1849 voor het eerst een heilige mis werd opgedragen. Bij de ontdekkingstocht door het verleden mag je de **Surveyor General Inn** niet overslaan. In dit in 1834 geopende, oudste hotel van Australië kun je nog altijd genieten van bier van de tap.

Moss Vale

Moss Vale werd begin 19e eeuw gesticht als een van de eerste buitenposten van de strafkolonie. Enkele gebouwen uit de pioniertijd zijn behouden gebleven. Zeer indrukwekkend is het landhuis in het **Thorsby Park** uit de jaren 1830 (Church Rd., www.sydneylivingmuseums.com.au > Houses & Museums > Other Properties, slechts enkele dagen per jaar voor publiek geopend).

Er zijn uitstapjes mogelijk naar het **Morton National Park** en **Kangaroo Valley** (zie blz. 186).

Goulburn

Goulburn, de op een na grootste stad in het binnenland van Australië, is tegenwoordig het belangrijkste landbouwcentrum van de Southern Highlands. Achter de historische gebouwen in het dorpscentrum verrijst het bakstenen georgiaanse Court House uit 1880. In de in 1836 gestichte **Old Goulburn Brewery** aan Bungonia Road wordt tegenwoordig nog een uitstekend gerstenat gebrouwen.

In Maud Street aan de dorpsrand staat midden in een park de in 1840 gebouwde **Riversdale Homestead**. Het toont memorabilia uit de pioniertijd en schitterende historische meubels (tel. 02-48 21 47 41, www.nationaltrust.org.au/nsw/riversdale, ma., di., do. 10-14, zo. 10-15 uur, A-$ 8).

Aan de Hume Highway aan de westrand van de stad staat **The Big Merino**, een meer dan 15 m hoge ram van beton. In het gevaarte vind je een winkel met wolproducten en een klein museum waarin alles om schapen draait (tel. 02-48 22 80 13, www.bigmerino.com.au, dag. 8.30-17.30 uur, toegang gratis).

Enkele kilometers ten westen van Goulburn splitst de Federal Highway zich af van de Hume Highway. Na **Lake George**, dat zo ondiep is dat het tijdens langere droogteperioden altijd uitdroogt, voert de weg over een kale hoogvlakte verder naar Australiës hoofdstad Canberra.

Informatie

Goulburn Visitor Centre: 201 Sloane St., tel. 1800-35 36 46, www.goulburnaustralia.com.au, ma.-vr. 9-17, za., zo. 10-16 uur.

Overnachten

Comfortabel motel – **Lilac City Motor Inn:** 126-128 Lagoon St., tel. 1800-65 41 24, www.lilaccitymotorinn.com.au. Goed verzorgd motel van de Golden Chainketen met 28 ruime kamers en het populaire Steakhouse. 2 pk A-$ 120-195.

Camping en cabins – **Goulburn South Caravan Park:** 149 Hume St., tel. 02-48 21 32 33, www.goulburnsouthcp.com.au. Goed verzorgd, ruime cabins.

★ Canberra  ▶ 1, tel. 16

Plattegrond: zie blz. 169

Als enige grote stad van het vijfde continent ligt **Canberra**, de hoofdstad van de Commonwealth of Australia, niet aan zee, maar op zo'n 100 km van de kust in het prachtige landschap van de Monaro Tablelands. De metropool strekt zich uit in het Australian Capital Territory (ACT), een gebied dat net als het Northern Territory geen soevereine staat is binnen de federatie, maar op veel gebieden ondergeschikt is aan de in Canberra residerende federale regering van Australië.

Het ACT telt circa 400.000 inwoners (ruim 1,5% van de Australische bevolking), waarvan het overgrote deel in Canberra en voorsteden woont. Canberra is de zetel van het federale parlement, het hooggerechtshof en talrijke overheidsorganen en buitenlandse ambassades. Verder geldt de metropool als een centrum voor wetenschap, techniek en cultuur. Ongeveer 65% van de beroepsbevolking is in overheidsdienst.

Geschiedenis

Bedacht op de tekentafel

Canberra is geen natuurlijk gegroeide stad, maar het product van zorgvuldige planning. De hoofdstad dankt zijn bestaan aan de riva-

Canberra

liteit die sinds de pioniersjaren tussen Sydney en Melbourne bestaat. Omdat de stichters van het land het niet eens konden worden over welke van de twee steden de hoofdstad moest worden, vonden ze een compromis: er moest een nieuwe hoofdstad uit de grond worden gestampt, op behoorlijke afstand van de twee concurrenten, maar om historische redenen toch op het grondgebied van New South Wales. Melbourne fungeerde eerst als regeringszetel. Pas in 1908 werd het gebied gekozen waarin de latere hoofdstad Canberra moest komen te liggen. Op 12 maart 1913 volgde de officiële stichtingsceremonie, waarbij de nieuwe hoofdstad genoemd werd naar het Aboriginalwoord 'Kamberra' – ontmoetingsplaats of verzamelplaats.

Het voorbeeld: Washington D. C.

De internationale wedstrijd voor het ontwerp van de hoofdstad werd in 1912 gewonnen door de Amerikaan Walter Burley Griffin. De architect uit Chicago was nooit in het gebied geweest en kende het alleen van kaarten, maar ontwierp toch een fascinerend plan met toekomstperspectieven. Zijn harmonisch op de natuurlijke omstandigheden van het Monaro Plateau afgestemde stad was geïnspireerd op het voorbeeld van de Amerikaanse hoofdstad Washington D.C.

In 1913 kwam Griffin naar Australië en begon met de verwezenlijking van zijn nog altijd geroemde plannen. Al snel werd de bouw van de stad vertraagd door onenigheid tussen politici en bureaucraten, federaal gekrakeel en rigoreuze bezuinigingsmaatregelen. Zeven jaar lang vocht de Federal Capital Director tegen deze hindernissen voordat het toezicht op de bouw van Canberra werd overgedragen aan een Australisch-Brits architectenteam. Vanwege de twee wereldoorlogen en de economische crisis van de jaren 30 ging het proces heel langzaam. Pas in 1927 konden de parlementariërs weliswaar naar Canberra verhuizen, maar

Hoofdstedelijke picknick aan de oever van Lake Burley Griffin in Canberra

Capital Territory en Great Dividing Range

pas in de jaren 1960-1980 werden de plannen van Walter Burley Griffin verder verwezenlijkt.

Hoofdstad zonder identiteit

Als Aussies het over hun hoofdstad hebben, bewegen de meningen zich tussen liefde en afkeer. Canberra is de laatste jaren meer gegroeid in zijn rol als hoofdstad, maar de stad heeft nog altijd moeite om een eigen identiteit te vinden. Het ontbreekt aan een historisch gegroeide binnenstad en een veelzijdig gemeenschapsleven. Ondanks talrijke parken met veel recreatiemogelijkheden maakt de metropool, en dan vooral het centrum en de regeringswijk, nog altijd een kunstmatige en steriele indruk. Canberra's reputatie als een verzorgde, maar nogal saaie ambtenarenstad blijkt uit bijnamen als 'best verlichte begraafplaats van het zuidelijk halfrond' en 'het mooiste sanatorium van Australië'.

Oriëntatie

Canberra's voorbeeldige plattegrond, die op driehoeken en cirkels is gebaseerd, verraadt een meesterhand. Het om een gigantische driehoek aangelegde centrum wordt in twee wijken verdeeld door een kunstmatig aangelegd meer, naar de ontwerper van de stad **Lake Burley Griffin** genoemd. De beide helften van de binnenstad bezitten een middelpunt – ten noorden van het meer de **City Hill**, ten zuiden daarvan de **Capital Hill** – met concentrisch lopende ringwegen en straalsgewijs lopende uitvalswegen. In het noorden van Canberra strekt het zaken- en winkelcentrum zich uit, in het zuiden van de stad ligt de regeringswijk met het parlement, de ministeries, het federale gerechtshof en de meeste diplomatieke vertegenwoordigingen.

Omdat de afstanden tussen de bezienswaardigheden groot zijn, is een verkenning van de stad te voet niet goed mogelijk. Maar ook een rondrit met de auto is door het ingewikkelde stratenplan niet eenvoudig. Het is daarom aan te raden om te kiezen voor een combinatie van een stadsrondrit per bus en een overzichtelijke wandeling door de afzonderlijke stadswijken.

Aan de noordoever van Lake Burley Griffin

The National Capital Exhibition [1]

Tel. 02-62 72 29 02, www.nationalcapital.gov.au, ma.-vr. 9-17, za., zo. 10-16 uur, toegang gratis

Een goed startpunt voor een verkenning van Canberra is **The National Capital Exhibition** in het Commonwealth Park, aan de oever van Lake Burley Griffin. De tentoonstelling met modellen, diagrammen en foto's biedt een goed overzicht van de geschiedenis van de stad.

Captain Cook Memorial [2]

Dag. 10-12, 14-16, 19-21 uur

Even ten westen ervan staat het Captain Cook Memorial: een grote metalen wereldbol waarop de ontdekkingsreizen van James Cook zijn ingetekend. Enkele stappen verder staat in het meer de **Captain Cook Memorial Water Jet**, een indrukwekkend monument dat is gewijd aan de 'ontdekker' van Australië. Bij windstilte bereikt de fontein een hoogte van maar liefst 147 m.

Blundell's Cottage en Canberra Carillon

Een wandeling in oostelijke richting door het Commonwealth Park voert naar **Blundell's Cottage** [3] uit 1860, een van de oudste huizen in Canberra (Wendouree Dr., tel. 02-62 72 29 02, www.nationalcapital.gov.au, wegens restauratie tijdelijk gesl.).

Als je de oeverboulevard volgt, bereik je **Aspen Island** met het **Canberra Carillon** [4]. De met ed kwarts bedekte, circa 50 m hoge klokkentoren was een geschenk van de Britse regering aan Canberra vanwege de vijftigste verjaardag van de stad in 1963. De 55 klokken van de toren brengen op wo. en zo. om 12.30 uur een drie kwartier durend concert ten gehore.

Australian-American Memorial [5]

Aan het noordoostelijke eind van Kings Avenue verheft zich, naast het ministerie van Defensie, het 73 m hoge **Australian-American Memorial**, dat de alliantie van Australië en Amerika in

Canberra

de Tweede Wereldoorlog (1941-1945) gedenkt. Op de punt van de enorme aluminium obelisk troont een adelaar, die men vanuit de verte gemakkelijk voor een paar konijnenoren kan houden. Om die reden wordt het monument in de volksmond 'Bugs Bunny' genoemd. Ten oosten van het monument ligt de 663 m hoge uitzichtheuvel **Mount Pleasant.**

Anzac Parade en Mount Ainslie

Vanaf **Lake Burley Griffin** loopt Anzac Parade, een brede, door eucalyptusbomen omzoomde boulevard. Ongeveer op de hoek met Constitution Avenue staan de twee oudste gebouwen van Canberra: de anglicaanse **Church of St. John the Baptist** 6 en het **St. John's Schoolhouse** 7 uit de jaren 1840 (tel. 02-62 49 68 39, wo. 10-12, za., zo. 14-16 uur, toegang gratis).

Aan de noordkant van de door oorlogsmonumenten geflankeerde Anzac Parade herinnert het in neo-Byzantijnse stijl opgetrokken **Australian War Memorial** 8 aan de Australiërs die in de 20e eeuw bij oorlogen zijn omgekomen. Het middelpunt van het enorme halfrond met de markante koperen koepel is de **Hall of Memory** met 24 m hoge muren, die met ongeveer zes miljoen mozaïekstenen zijn bedekt. Op een *Roll of Honour* staan in alfabetische volgorde de namen van meer dan honderdduizend gevallenen. In het aangesloten museum illustreren diorama's, foto's, schilderijen en talrijke militaria de deelname van Australië aan negen oorlogen (tel. 02-62 43 42 11, www.awm.gov.au, dag. 10-17 uur, rondleidingen dag. 10, 10.30, 11, 13.30, 14 uur, toegang gratis). Vanaf het monument kun je met de eigen auto of per taxi een rit maken naar de top van de 842 m hoge **Mount Ainslie.** Op het uitkijkplatform krijg je de beste indruk van het geometrische concept van de stad.

Shopping District en National Film and Sound Archive

Met uitzondering van het architectonisch aantrekkelijke **National Convention Centre** heeft het winkel- en zakencentrum rondom City Hill niets bijzonders te bieden. Ten westen ervan ligt de campus van de **Australian National University**. De moeite waard aldaar is het in 1984 opgerichte **National Film and Sound Archive** 9, met een interessante expositie over de geschiedenis van de Australische radio, film en televisie (McCoy Circuit, tel. 1800-06 72 74, www.nfsa.gov.au, ma.-vr. 9-17, za., zon- en feestdagen 10-17 uur, toegang gratis).

National Museum of Australia en AIATSIS

National Museum: tel. 1800-02 61 32, www.nma.gov.au, dag. 9-17 uur, toegang gratis, speciale tentoonstellingen en evenementen niet gratis

Het **National Museum of Australia** 10, dat op de punt van het Acton Peninsula staat, valt op door zijn golfvormige architectuur en vrolijke kleuren. Het buitengewone museum documenteert op aanschouwelijke wijze hoe onderhoudend de geschiedenis van het vijfde continent is, van de rotsschilderingen in het Kakadu National Park en de aankomst van de First Fleet tot de huidige tijd. De interesse van de kinderen wordt gewekt met behulp van interactieve displays. De eigenzinnig vormgegeven **Garden of Australian Dreams** op de binnenplaats gaat veel bezoekers boven de pet, maar het personeel geeft graag uitleg.

Bezoekers die geïnteresseerd zijn in de cultuur van Australiës oorspronkelijke bewoners zijn van harte welkom in het ernaast gelegen **AIATSIS**, het Australian Institute of Aboriginal and Torres Strait Islanders Studies (ma.-vr. 9-17 uur).

National Botanic Gardens en Telstra Tower

De **National Botanic Gardens** 11 op de oostflank van de 812 m hoge Black Mountain presenteren de grootste verzameling Australische flora van het land: ongeveer negentigduizend planten van meer dan zesduizend soorten uit alle regio's van het continent. Een uitgebreid netwerk van paden nodigt uit tot het maken van wandelingen door de tuinen (Clunies Ross St., tel. 02-62 50 95 40, www.anbg.gov.au/gardens, dag. 8.30-17 uur; Visitor Information Centre, dag. 9.30-16.30 uur; rondleidingen dag. 11, 14 uur; toegang gratis).

Op de **Black Mountain** met de 195 m hoge **Telstra Tower** 12 krijg je een goed overzicht over de stad (tel. 02-62 19 61 11, www.telstratower.com.au, dag. 9-22 uur, A-$ 7,50).

National Aquarium and Zoo 13

Tel. 02-62 87 84 00, www.nationalzoo.com.au, dag. 9.30-17 uur, A-$ 40

Hoewel in het binnenland gelegen, kun je ook in Canberra een kijkje nemen in de Australische onderwaterwereld. Via een tunnel van plexiglas komen bezoekers van het 6,5 km ten zuidwesten van de City aan de Scrivener Dam gelegen **National Aquarium** in het rijk van de Grote Oceaan. In de bijbehorende **National Zoo** maak je kennis met vertegenwoordigers van de Australische fauna.

Aan de zuidoever van Lake Burley Griffin

Enkele van de architectonisch zeer indrukwekkende bouwwerken van de hoofdstad liggen in het zuidelijke deel van de stad, vooral in de **'parlementaire driehoek'** tussen Commonwealth en Kings Avenue.

National Library of Australia 14

Parkes Pl., tel. 02-62 62 11 11, www.nla.gov.au, ma.-do. 10-20, vr., za. 10-17, zo. 13.30-17 uur, toegang gratis

Canberra

Bezienswaardig
1. The National Capital Exhibition
2. Captain Cook Memorial
3. Blundell's Cottage
4. Canberra Carillon
5. Australian-American Memorial
6. Church of St. John the Baptist
7. St. John's Schoolhouse
8. Australian War Memorial
9. National Film and Sound Archive
10. National Museum of Australia
11. National Botanic Gardens
12. Telstra Tower
13. National Aquarium/Zoo
14. National Library of Australia
15. National Science and Technology Centre
16. High Court
17. National Gallery of Australia
18. National Portrait Gallery
19. Museum of Australian Democracy
20. New Parliament House
21. High Commission of Papua New Guinea
22. Indonesische ambassade
23. Indiase ambassade
24. Thaise ambassade
25. Griekse ambassade
26. Royal Australian Mint

Overnachten
1. Hyatt Hotel Canberra
2. Peppers Gallery Hotel
3. Tall Trees Motel
4. Mercure Canberra
5. University House at the Australian National University
6. Blue & White Lodge
7. Canberra City YHA
8. Capital Country Holiday Park

Eten en drinken
1. Sage
2. The Boathouse by the Lake
3. Chairman & Yip
4. Ottoman Cuisine
5. Abell's Kopi Tiam
6. Banana Leaf Restaurant & Café
7. Two Sisters

Winkelen
1. Canberra City Walk Markets
2. Old Bus Depot Market

Uitgaan
1. King O'Malley's
2. Transit Bar

Start van de rondwandeling is de **National Library of Australia**. De naar het schijnt tegen een nucleaire aanval bestendige bibliotheek, waarvan het betonnen geraamte met wit marmer is omgeven, bezit circa vier miljoen boeken, een verzameling historische kaarten en foto's alsmede teksten over de ontdekking en de bestudering van het Australische continent. Drie grote, in het Franse Aubusson geweven wandtapijten en zestien door de Australische kunstenaar Leonard French gemaakte vensters van gebrandschilderd glas sieren de foyer. In de beide galeries in de kelder en op de tussenverdieping worden tijdelijke exposities gehouden met moderne kunst.

Questacon-National Science and Technology Centre 15
King Edward Terr., tel. 02-62 70 28 00, www.questacon.edu.au, dag. 9-17 uur, A-$ 23

Op een paar stappen van de National Library is **Questacon-National Science and Technology Centre** gewijd aan de wereld van natuurwetenschap en technologie. De ongeveer tweehonderd interactieve tentoongestelde objecten zijn verdeeld over acht afdelingen (*galleries*). Een ervan is speciaal bestemd voor kinderen tot zes jaar.

High Court 16
Parkes Pl., tel. 02-62 70 68 50, www.hcourt.gov.au, ma.-vr. 9.45-16.30, zo. 12-16 uur, toegang gratis

Na een korte wandeling over de boulevard langs het meer bereik je het **High Court**, het hooggerechtshof. Voetgangersbruggen verbinden de 24 m hoge Great Hall met de drie rechtszalen. In de foyer bieden een expositie en videovoorstellingen informatie over het Australische rechtssysteem.

Capital Territory en Great Dividing Range

Questacon-National Science and Technology Centre: vol interactieve objecten

National Gallery of Australia 17
Parkes Pl., tel. 02-62 40 64 11, www.nga.gov. au, dag. 10-17 uur, rondleidingen dag. ieder uur van 10.30-14.30 uur, toegang gratis, speciale tentoonstellingen en evenementen niet gratis

Ten oosten van het gerechtsgebouw ligt de interessante **National Gallery of Australia**. Het uit verscheidene enorme kubussen bestaande bouwwerk telt elf zalen, verdeeld over drie etages. De uitstekende Australische collectie, waarin de kunst van de Aboriginals een dominante plaats inneemt, is de grootste van het continent en biedt een uitvoerig overzicht van de Australische kunstgeschiedenis. Ook een bezoek aan de mooie **beeldentuin** tussen de National Gallery en het meer is de moeite waard.

National Portrait Gallery 18
Tel. 02-61 02 70 00, www.portrait.gov.au, dag. 10-17 uur, toegang gratis

Het opmerkelijkste gebouw dat in de afgelopen jaren werd opgetrokken is de in 2008 geopende **National Portrait Gallery**, waar portretten te zien zijn van meer dan vierhonderd belangrijke personen uit het heden en verleden van Australië.

Museum of Australian Democracy 19
King George Terr., tel. 02-62 70 82 22, www. moadoph.gov.au, dag. 9-17 uur, A-$ 2

Op 9 mei 1927 opende de hertog van York het witte **Old Parliament House**. Meer dan zestig jaar diende het als vergaderplaats voor het Australische federale parlement. Tegenwoordig herbergt het neoclassicistische gebouw het **Museum of Australian Democracy**. Tijdens een gratis rondleiding krijg je van alles te horen over de belangrijkste politieke gebeurtenissen die zich hier tussen 1927 en 1988 voltrokken. Het gebouw wordt omgeven door de National Rose Gardens, waar tussen november en april vijfduizend rozenstruiken hun kleurenpracht tentoonspreiden. Voor het gebouw hebben Aboriginals die voor hun landrechten demonstreren een *tent embassy* (tentambassade) opgericht.

Canberra

New Parliament House [20]
Tel. 02-62 77 71 11, tickets voor de bezoekerstribune: tel. 02-62 77 48 89, www.aph.gov.au, dag. 9-17 uur, gratis rondleidingen (45 min.) om 10, 13 en 15 uur op dagen dat niet wordt vergaderd

In het kader van het Bicentennial opende koningin Elizabeth II op 9 mei 1988 het **New Parliament House**, dat op de 610 m hoge **Capital Hill** troont. Duizenden arbeiders, ambachtslieden en kunstenaars hadden acht jaar nodig om dit bijzondere bouwwerk te voltooien. Om de stedenbouwkundige harmonie niet te verstoren werd Capital Hill 'afgetopt' en het bouwwerk als een bunker in de heuvel verzonken. Zo kunnen bezoekers op het met gras begroeide dak van het Hogerhuis wandelen, een mogelijkheid die niet gespeend is van symboliek, omdat het volk daarmee letterlijk boven de politici staat. Het in de vorm van twee boemerangs opgetrokken bouwwerk met in totaal 4500 vertrekken herbergt de Senaat en het Huis van Afgevaardigden.

Geheel volgens de bedoeling van de architecten, die het parlement bouwden als 'paleis voor het volk', bezit het met marmer en hout ingerichte bouwwerk grote openbare ruimten. Met zijn 48 marmeren zuilen, die een woud van eucalyptusbomen moeten voorstellen, lijkt de foyer op een Romeins forum. Aan de muur van de ontvangsthal (**Great Hall**) hangt een van de grootste wandtapijten van de wereld. Het hart van het gebouw wordt gevormd door de **Members' Hall** met een piramidevormig glazen dak dat uitzicht biedt op de meer dan 80 m hoge vlaggenmast. Verspreid over het gebouw zijn circa drieduizend schilderijen, beeldhouwwerken en andere kunstwerken te vinden, waardoor het parlement tegelijk een van de grootste kunstmusea van het land is. Wie de 76 senatoren of de 148 leden van het Huis van Afgevaardigden tijdens de debatten wil observeren, kan plaatsnemen op de bezoekerstribune.

Yarralumla
Neem vooral de tijd voor een bezoek aan **Yarralumla**, de wijk waarin de meeste van de circa zeventig diplomatieke vertegenwoordigingen staan. Veel landen hebben hun ambassade gebouwd in de voor hun land typerende stijl. Bijzonder bezienswaardig is de **High Commission of Papua New Guinea** [21] aan Forster Crescent, met een geestenhuis dat een etnografisch museum herbergt (tel. 02-62 73 33 22, ma.-vr. 9-13, 14-17 uur, toegang gratis). Naast de hoofdgebouwen van de **Indonesische ambassade** [22], waarvan de ingang door prachtige, mythologische wachtersbeelden wordt geflankeerd, heeft men een klein museum in de stijl van een Balinese tempel gebouwd met artefacten uit het Indonesische eilandenrijk (tel. 02-62 50 86 00, ma.-vr. 9.30-12.30, 14-17 uur, toegang gratis). Andere geslaagde architectonische visitekaartjes zijn de **Indiase ambassade** [23], die lijkt op een mogulpaleis, de **Thaise ambassade** [24], met naar boven buigende gevels in de stijl van een boeddhistische tempel, en de **Griekse ambassade** [25], met een zuilenfaçade die doet denken aan het Parthenon in Athene.

Royal Australian Mint [26]
Tel. 02-62 02 69 99, www.ramint.gov.au, ma.-vr. 8.30-17, za., zon- en feestdagen 10-16 uur, rondleidingen ma.-vr. 10, 14, za. en zon- en feestdagen 11, 13, 14 uur, toegang gratis

In het ten zuiden van de ambassadewijk gelegen stadsdeel Deakin kun je de **Royal Australian Mint** in Denison Street bezichtigen. Het museum van de koninklijke munt vertelt over de geschiedenis en ontwikkeling van het geldwezen. Op de bezoekersgalerij kun je door grote ramen de hele geldproductie observeren.

Informatie
Canberra and Region Visitor Centre: Regatta Point, Barrine Dr., tel. 1300-55 41 14, ma.-vr. 9-17, za., zo. 9-16 uur. Informatie over Canberra en omgeving en over alle toeristisch belangrijke streken in New South Wales en Victoria. Hotelreserveringen, excursies, huurauto's enzovoort.

ACT Parks and Conservation Service: tel. 13 22 81, www.environment.act.gov.au.

National Roads and Motorists Association (NRMA): 92 Northbourne Ave., Braddon, tel. 02-62 40 46 00, www.mynrma.com.au. Automobielclub.

Overnachten

Vijfsterrenluxe – Hyatt Hotel Canberra 1: 120 Commonwealth Ave., Yarralumla, tel. 02-62 70 12 34, www.canberra.park.hyatt.com. Eersteklashotel met restaurants, zwembad en fitnessruimte. 2 pk vanaf A-$ 345.

Modern designhotel – Peppers Gallery Hotel 2: 15 Edinburgh Ave., Acton, tel. 1300-98 76 00, 02-61 75 22 22, www.peppers.com.au/gallery. Modern vormgegeven kamers met cremekleurige wanden, veel hout en zwart meubilair. 2 pk vanaf A-$ 225.

Omringd door groen – Tall Trees Motel 3: 21 Stephen St., Ainslie, tel. 02-62 47 92 00, www.talltreescanberra.com.au. Goed gerund, rustig motel met comfortabele kamers en mooie tuin. 2 pk vanaf A-$ 185.

Historische ambiance – Mercure Canberra 4: Limestone Ave., hoek Ainslie Ave., Braddon, tel. 02-62 43 00 00, www.mercurecanberra.com.au. De afzonderlijke gebouwen van dit onder monumentenzorg vallende complex uit de jaren 20 staan gegroepeerd rond een weelderig groene tuin. Kamers met een persoonlijke noot, restaurant en bar. 2 pk vanaf A-$ 170.

Op de campus – University House at the Australian National University 5: 1 Balmain Cresc., Acton, tel. 02-61 25 52 75, 1800-81 48 64, www.anu.edu.au/unihouse. Rustig hotel aan de rand van de City met verzorgde kamers en een restaurant. 1 pk A-$ 112 (met gemeenschappelijke badkamer), 2 pk A-$ 159-179 (met badkamer), tweekamerappartement A-$ 207.

Goed gerunde B&B – Blue & White Lodge 6: 524 Northbourne Ave., Downer, tel. 02-62 48 04 98, www.blueandwhitelodge.com.au. Sympathieke B&B met individueel ingerichte kamers en *all you can eat breakfast;* de aardige eigenaars zijn graag behulpzaam bij het plannen van je dag. 2 pk A-$ 115 inclusief ontbijt.

Jeugdherberg – Canberra City YHA 7: 7 Akuna St., City, tel. 02-62 48 91 55, www.yha.com.au. Moderne jeugdherberg met aangename ruimtes, zwembad, sauna en dakterras. 2 pk A-$ 105-145, meerpersoonskamer vanaf A-$ 32 p.p.

Camping en cabins – Capital Country Holiday Park 8: 1520 Bidges Rd. (Federal Hwy), Sutton, tel. 02-62 30 34 33, www.capitalcountryholidaypark.com.au. Ongeveer 10 km ten noordoosten van de City gelegen camping met staanplaatsen voor campers, cabins, zwembad en tennisbaan.

Eten en drinken

Icoon – Sage 1: in het Gorman House Arts Centre, Ainslie Ave., Braddon, tel. 02-62 49 60 50, www.sagerestaurant.net.au, di.-za. 12-14.30, 18-21.30 uur. Richie Pattenden, de chef-kok van dit bekroonde fijnproeversrestaurant, bereidt de heerlijkste innovatieve hedendaagse Australische gerechten. Driegangenmenu A-$ 105, viergangenmenu A-$ 115.

East meets west – The Boathouse by the Lake 2: Grevillea Park, Menindee Dr., Russell, tel. 02-62 73 55 00, www.boathousebythelake.com.au, ma.-za. vanaf 18.30 uur. Aziatisch beïnvloede modern Australian cuisine met mooi uitzicht op Lake Burley Griffin. Viergangenmenu A-$ 90.

Chinees – Chairman & Yip 3: Burbury Hotel, 1 Burbury St., Barton, tel. 02-61 62 12 20, www.chairmangroup.com.au/chairmanyip, di.-vr. 12-14.30, 18-23, za. 18-23 uur. Veelzijdige Kantonese gerechten, voortreffelijke wijnen, goede bediening, aansprekende ambiance. Menu circa A-$ 50.

Moderne Turkse keuken – Ottoman Cuisine 4: Broughton St., hoek Blackall St., Barton, tel. 02-62 73 61 11, www.ottomancuisine.com.au, di.-vr. 12-14.30, 18-22, za. 18-22 uur, Reserveren aanbevolen. Gerechten uit Turkije en het Midden-Oosten, fantasierijk geherinterpreteerd. Elegante ambiance in een art-decopand. Hoofdgerechten A-$ 33-36.

Panaziatisch – Abell's Kopi Tiam 5: 7 Furneaux St., Manuka, tel. 02-62 39 41 99, www.abellskopitiam.com.au, di.-za. 11.30-14.30, 17.30-22 uur. Uitstekende Nonyakeuken, een mengeling van Maleisische, Indonesische en Chinese invloeden. Hoofdgerechten A-$ 20-33.

Uitstekende Sri Lankaanse keuken – **Banana Leaf Restaurant & Café** 6 : U2/240-250 City Walk, City, tel. 02-62 48 55 22, www.banaleafrestaurant.com.au, ma.-do. 11.30-14.30, 17.30-21, vr., za. tot 21.30, zo. tot 20.30 uur. Charmante, druk bezochte zaak met Sri Lankaanse gerechten die, dankzij beschaafd gebruik van chilipepers, onze westerse smaakpapillen niet te veel op de proef stellen. Gerechten A-$ 20-30.

Heet, heter, het heetst – **Two Sisters** 7 : 5/38 Badham St., hoek Woolley St., Dickson, tel. 02-62 47 71 99, www.twosisterslaothaicuisine.com.au, ma., za., zo. 17-22, di.-vr. 11.30-14.30, 17-22 uur. Laotiaans-Thaise keuken; tip: *Laab Gai* – pittig kipgehakt met chilipepers, munt en andere aromatische kruiden. Hoofdgerechten A-$ 14-26.

Winkelen

Markten – **Canberra City Walk Markets** 1 : Petrie Plaza, City, za. 10-16 uur. Kleurrijke multiculturele markt voor kunstnijverheid en curiosa. **Old Bus Depot Market** 2 : Wentworth Ave., Kingston, tel. 02-62 95 33 31, www.obdm.com.au, zo. 10-16 uur. Markt voor kunst en kunstnijverheid, textiel en prullaria.

Uitgaan

Irish pub – **King O'Malley's** 1 : 131 City Walk, City, tel. 02-62 57 01 11, www.kingomalleys.com.au, dag. 11-24 uur. Ierlands onofficiele culturele centrum in Canberra is overdag een rustiek vormgegeven pub-restaurant. Op vrijdag- en zaterdagavond staan de gasten met hun Guinness rijen dik voor de toog als er een folkrockband optreedt.

Livemuziek – **Transit Bar** 2 : 9 Akuna St., City, tel. 02-61 62 08 99, www.transitbar.com.au, dag. 15-24 uur. Gezellige pub met livemuziek van blues en jazz tot funk.

Evenementen

Royal Canberra Show (laatste weekend van feb.): landbouwtentoonstelling met gevarieerd randgebeuren, www.canberrashow.org.au.
Multicultural Festival (feb.-mrt.): folkloristische optredens van diverse etnische groepen, www.multiculturalfestival.com.au.
Canberra Festival (mrt.): tien dagen durend verjaardagsfeest van de stad met volksfeestkarakter.
Floriade Spring Festival (sept.-okt.): bloemenfeest met cultureel programma, www.floriadeaustralia.com.

Vervoer

Vliegtuig: tussen de 8 km ten oosten van de City gelegen luchthaven en het centrum pendelt een luchthavenbus. Informatie op tel. 1300-36 88 97.
Trein: treinen in alle richtingen, onder andere diverse keren per dag naar Sydney, vertrekken vanaf het Central Railway Station, Wentworth Ave., Kingston. Informatie en reservering: NSW TrainLink Travel Centre, Jolimont Centre, 65-67 Northbourne Ave., tel. 13 22 32, www.nswtrainlink.info. Naar Melbourne is er alleen een gecombineerde bus-treinverbinding via Albury, Informatie en reservering: V/Line, tel. 1800-80 00 07, www.vline.com.au.
Bus: streekbussen in alle richtingen vertrekken vanaf het Jolimont Centre, 65-67 Northbourne Ave. Informatie en reservering: Greyhound Australia, tel. 1300-47 39 46, en Murrays Australia, tel. 13 22 51.

Jezelf verplaatsen in de stad

Informatie over alle vormen van openbaar vervoer geeft ACTION, de exploitant van het lokale openbaar vervoersnet: tel. 13 17 10, www.action.act.gov.au.
Bus: het reguliere busnet wordt aangevuld door een airport shuttle en een sightseeinglijn. De **Red Explorer Bus** rijdt dagelijks van 9-17 uur een 25 km lange cirkel; vertrek ieder uur; met een dagkaart kun je bij de negentien haltes in de stad de rit zo vaak als je wilt onderbreken. Vertrek bij het Melbourne Building, 59 Northbourne Ave., informatie: tel. 0418-45 50 99, www.canberradaytours.com.au. Tickets (A-$ 30) kun je kopen bij de chauffeur. Een aanrader voor de reguliere bussen is het MyWay Ticket, een dagkaart die A-$ 8,50 kost.

Capital Territory en Great Dividing Range

Snowy Mountains

▶ 1, S/T 16

Ten zuidwesten van Canberra liggen de **Snowy Mountains**, de 'sneeuwbergen' van New South Wales, waar het trans-Australische gebergte – de **Great Dividing Range** – hoogten van meer dan 2000 m bereikt. Een groot deel van deze ook wel de 'Australische Alpen' genoemde regio met zacht glooiende heuvels, afgronden en begroeide toppen wordt ingenomen door het **Kosciusko National Park**, dat is genoemd naar de met 2228 m hoogste top van Australië. Gletsjers hebben hier na de laatste ijstijd talrijke door eindmorenen afgedamde bergmeren achtergelaten. De *Eucalyptus pauciflora (snow gum)* heeft in dit ruige berglandschap vaak zeer bizarre vormen. De circa 1000 km² aan sneeuwvlakten liggen er tot zes maanden per jaar goed bij. Het zijn de populairste skigebieden van Australië, die van juni tot november tienduizenden wintersporters trekken. In de zomermaanden zijn de Snowy Mountains in trek bij bergwandelaars en sportvissers.

Het landschap wordt niet alleen gekenmerkt door idyllische gletsjermeren en verborgen hoogvenen, maar ook machtige stuwdammen en enorme elektriciteitskabels – de 'sneeuwbergen' staan letterlijk onder spanning. Als oorsprong van belangrijke rivieren (Murray River, Murrumbidgee River en Snowy River) houden ze een immens hydro-elektrisch potentieel in, dat wordt geëxploiteerd in het kader van het Snowy Mountains Irrigation and Hydroelectric Scheme.

Met een systeem van zestien stuwmeren, die door tunnels en aquaducten met elkaar zijn verbonden, worden de Snowy River en zijn belangrijkste zijrivieren naar de Murray en de Murrumbidgee omgeleid. Daarmee was het eerste doel van het project bereikt: de irrigatie van de uitgestrekte vlakten van de regio Riverina. De rivieren drijven de turbines van zeven waterkrachtcentrales aan. Daarmee leveren ze een belangrijke bijdrage aan de elektriciteitsproductie van Zuidoost-Australië en zorgen zelfs voor een groot deel van de stroomvoorziening van Sydney. De in 1972 af-

geronde bouwwerkzaamheden duurden in totaal 25 jaar. Meer dan honderdduizend arbeiders, overwegend immigranten uit alle delen van de wereld, stonden in die tijd op de loonlijst van de Snowy Mountains Hydroelectric Authority.

Cooma

Je krijgt de beste indruk van de Snowy Mountains op een in **Cooma** (800 m) beginnende panoramaroute die – met enkele uitstapjes – dwars door het gebergte voert. Cooma is zelf de grootste plaats van de regio en tegelijk het toeristische knooppunt. In het **Centennial Park** met zijn Avenue of the Flags wapperen de vlaggen van de 27 landen waaruit de arbeiders van het Snowy Riverprojekt afkomstig waren.

In het **Snowy Hydro Discovery Centre** aan de Monaro Highway in Cooma North geven videofilms en borden informatie over het project

Snowy Mountains

Mount Kosciusko is dan wel de hoogste berg van Australië, met zijn 2228 m is hij onder de toppen van de wereld maar een lichtgewicht – de beklimming is dus relatief eenvoudig

(tel. 1800-62 37 76, www.snowyhydro.com.au, ma.-vr. 8-17, za., zo. 9-14 uur, toegang gratis).

Informatie
Cooma Visitor Centre: 119 Sharp St., tel. 1800-63 65 25, www.visitcooma.com.au, dag. 10-17 uur.

Overnachten
Boven het centrums – **Kinross Inn:** 15 Sharp St., tel. 02-64 52 35 77, www.kinrossinn.com.au. Goed gerund hotel met ruime kamers en verwarmd zwembad. 2 pk A-$ 115-195.

Intiem boetiekmotel – **White Manor Motel:** 252 Sharp St., tel. 02-64 52 11 52, www.whitemanor.com.au. Gemoedelijk motel met comfortabele, in vrolijke kleuren ingerichte kamers. 2 pk A-$ 110-155.

Camping en cabins – **Cooma Snowy Mountains Tourist Park:** Snowy Mountains Hwy, tel. 02-64 52 18 28, www.snowtels.com.au. Fraai gelegen.

Eten en drinken
Verfijnde streekkeuken – **Elevation:** Alpine Hotel, 170 Sharp St., tel. 02-64 52 51 51, di.-za. 18.30-22.30 uur. Australische keuken met mediterrane inslag. Gerechten A-$ 25-40.

Evenementen
Numeralla Folk Festival (jan.): drie dagen countrymuziek en volksdansen.
Snowy Ride (nov.): grote bijeenkomst van motorrijders met feestprogramma en muziek.

Berridale en Jindabyne
Het eerste tussenstation naar Cooma is **Berridale**, dat bekendstaat om zijn hoogwaardige aardewerk en andere kunstnijverheidsproducten. Vanhier beland je op een weg naar

Capital Territory en Great Dividing Range

Lake Eucumbene, het centrale stuwmeer van het Snowy Mountains Scheme en een bij sportvissers bijzonder populaire stek.

In het op 930 m hoogte gelegen **Jindabyne**, het grootste wintersportcentrum van de Snowy Mountains, biedt het grootschalig opgezette Snowy Region Visitor Centre wetenswaardigheden over het Mount Kosciusko National Park. Een standbeeld bij het Jindabyne-stuwmeer herinnert aan de Poolse graaf Paul Edmund von Strzelecki (1797-1873), die in 1840 in zijn eentje de hoogste berg van Australië beklom. Jindabyne is het beginpunt van de 109 km lange, via Thredbo naar Khancoban lopende **Alpine Way**, de panoramaweg bij uitstek door de 'Sneeuwbergen'.

Informatie
Snowy Region Visitor Centre: 49 Kosciusko Rd., Jindabyne, tel. 02-64 50 56 00, www.snowymountains.com.au, dag. 8-18 uur.

Overnachten
Aan het meer – **Banjo Paterson Inn:** 1 Kosciusko Rd., Jindabyne, tel. 1800-04 62 75, www.banjopatersoninn.com.au. Comfortabele kamers in diverse luxecategorieën, voor een deel met uitzicht op het meer; restaurant, bar. 2 pk vanaf A-$ 100 inclusief ontbijt.

Camping en cabins – **Discovery Park:** Kosciusko Rd., hoek Thredbo Rd., Jindabyne, tel. 1800-24 81 48, www.big4.com.au. Goed verzorgd, veel gezellige cabins, mooie ligging aan Lake Jindabyne.

Eten en drinken
Australisch-Europees – **Wildbrumby Café:** Wollondibby Rd., hoek The Alpine Way, Jindabyne, tel. 02-64 57 14 47, www.wildbrumby.com, dag. 10-17 uur. Voedzame Australische burgermanskost en Europese specialiteiten als *German Smoked Sausages on Sauerkraut*. Als digestief is er een kruidenbitter uit de eigen distilleerderij. Gerechten A-$ 15-35.

Kosciusko National Park
Ongeveer 5 km ten westen van Jindabyne splitst de **Kosciusko Road** zich van de Alpine Way af naar **Sawpit Creek** iin het hart van het Kosciusko National Park. Daar nodigt een interessant natuurleerpad door een eucalyptusbos, de Sawpit Creek Nature Track, uit tot het maken van een een informatieve wandeling waarbij je veel te weten komt over Australische bossen (1,6 km/1 uur).

De weg slingert zich omhoog naar het op 1440 m hoogte gelegen skioord **Wilsons Valley**. Daarna loopt hij verder naar de wintersportcentra **Smiggin Holes** (1675 m) en **Perisher Valley** (1813 m), die beide over een groot aantal hotels en talrijke skiliften beschikken. Het midden jaren 1980 geopende skicentrum **Mount Blue Cow** is door de 8,5 km lange metro Skitube via Perisher Valley met Bullocks Flat aan de Alpine Way ten westen van Jindabyne verbonden. Enkele kilometers ten zuidwesten van Perisher Valley bereik je de Charlotte Pass (1840 m) met de mooi gelegen bergplaats **Charlotte Pass Village**, die met -22,3°C het huidige kouderecord van Australië bezit. De **Charlotte Pass Village** biedt grandioos uitzicht op de Mount Kosciusko en andere bergen op het 'dak van Australië'. Hier ligt ook het beginpunt van enkele wandelingen. Zeer aanbevelenswaardig is de **Summit Walk** op Mount Kosciusko (16 km/7 uur) en de **Main Range Walk** over Mount Carruthers en Mount Townsend met daarbij de gletsjermeren Blue Lake, Club Lake en Lake Albina. De Main Range Walk kan met de Summit Walk tot één wandeling worden gecombineerd (20 km/9 uur).

Overnachten
Camping en cabins – **Kosciusko Tourist Park:** Sawpit Creek, tel. 02-64 56 22 24, www.kosipark.com.au. Goed verzorgd, met gezellige blokhutten; mooie ligging, ideale standplaats voor het verkennen van Snowy Mountains; in het hoogseizoen beslist tijdig reserveren.

Op de Alpine Way naar Khancoban
Via de Kosciusko Road keer je terug naar de Alpine Way en via **Bullocks Flat**, het dalstation van de Skitube, ga je naar de wintersportplaats **Thredbo** (1370 m) met mondaine skihotels. Ook vanhier kun je de top van **Mount**

Kosciusko bereiken: een stoeltjeslift gaat de 1930 m hoge **Mount Crackenback** op, waar een wandelpad naar Mount Kosciusko begint (12 km/6 uur). Ten zuidwesten van Thredbo slingert de weg omhoog naar de pashoogte Dead Horse Gap. Een 9 km lange steenslagweg voert naar de **Olsens Lookout** met fraai uitzicht over de westelijke, steile dieptes van de Snowy Mountains. Na de waterkrachtcentrales, die je kunt bezichtigen, slingert de Alpine Way het dal van de Murray River in. Het eindpunt van de panoramaroute is de bergplaats **Khancoban** aan het gelijknamige stuwmeer, dat in trek is bij watersporters.

Informatie
National Parks & Wildlife Service Information Centre: Scott St., Khancoban, tel. 02-60 76 93 73, www.nationalparks.nsw.gov.au, dag. 8.30-12, 13-16 uur.

Overnachten
... in Thredbo:
Degelijk – **Thredbo Alpine Hotel:** tel. 02-64 59 42 00, www.rydges.com.au. Tophotel in het centrum met restaurant, overdekt zwembad, spa en sauna. 2 pk vanaf A-$ 185.
Rustieke charme – **House of Ullr:** Banjo Dr., tel. 02-64 57 62 10, www.houseofullr.com.au. Klein, gezellig hotel. 2 pk vanaf A-$ 125.
Jeugdherberg – **Thredbo YHA Hostel:** 8 Jack Adams Pathway, tel. 02-64 57 63 76, www.yha.com.au. Architectonisch fraaie, comfortabele jeugdherberg. 2 pk vanaf A-$ 78, meerpersoonskamer vanaf A-$ 30 p.p.
... in Khancoban:
Landelijke charme – **Khancoban Alpine Inn:** Alpine Way, tel. 02-60 76 94 71. Rustiek hotel met kamers van uiteenlopende kwaliteit, restaurant en bar. 2 pk A-$ 80-110.
Camping en cabins – **Khancoban Lakeside Caravan Park:** Alpine Way, tel. 02-60 76 94 88, www.klcp.com.au. Goed verzorgd, leuke cabins, mooie ligging aan het meer.

Eten en drinken
Gewelfzaal met open haard – **Crackenback Cottage:** Alpine Way, Thredbo, tel. 02-64 56 21 98, www.crackenbackcottage.com.au, dag. 10-16, 18-22 uur (winter), do.-zo. 10-22 uur (zomer). Italiaans geïnspireerde modern Australian cuisine. Hoofdgerechten A-$ 25-40.

Evenement
Man from Snowy River Rodeo (26 dec.): rodeo in Jindabyne met muziek en dans.

Verder richting Albury
De kortste en tegelijk mooiste route naar Albury (zie blz. 169), een van de eerste mogelijke tussenstations op de weg naar Melbourne, voert van Khancoban rechtuit naar het westen. Al na ongeveer 30 km bereik je het plattelandscentrum **Corryong**, dat als decor van Andrew Barton 'Banjo' Patersons ballade *The Man from Snowy River* in het hele land bekend werd.

Het circa 80 km verderop gelegen **Tallangatta** aan **Lake Hume**, een populair watersport- en sportvisgebied, lag oorspronkelijk een paar kilometer oostelijker. In het midden van de jaren 50 van de vorige eeuw moesten de bewoners vertrekken omdat hier het stuwmeer Lake Hume kwam te liggen, dat wordt gevoed door de Mitta Mitta River en de Murray River. Op de uitzichtpunten zie je de spookachtig ogende toppen van afgestorven bomen die uit het water omhoogsteken. Zo'n 45 km verder bereik je Albury.

Albury en omgeving
▶ 1, S 16

De opkomende stad **Albury** ontwikkelde zich de afgelopen jaren samen met zijn op de andere oever van de Murray River in Victoria gelegen zusterstad **Wodonga** tot een van de economische centra van Australië. De geschiedenis van het stadje begon met de bouw in 1838 van een politiebureau ter bescherming van een doorwaadbare plaats in de Murray. Tussen 1850 en 1870 was hier de laatste haven van de op de Murray varende raderboten.

In het begin 20e eeuw in Venetiaanse renaissancestijl gebouwde voormalige stadhuis is tegenwoordig het bezienswaardige **Murray Art Museum** gevestigd, met een kunst-

WANGARATTA FESTIVAL OF JAZZ

Alle jazzstijlen, van dixieland tot free jazz, gespeeld door groepen uit de hele wereld trekken ieder jaar eind oktober-begin november een grote menigte jazzfans naar **Wangaratta** aan de Hume Highway, circa 60 km ten zuidwesten van Albury. Informatie: www.wangarattajazz.com.

galerie (546 Dean St., tel. 02-60 43 58 00, ma.-vr. 10.30-17 uur, za., zo. 10.30-16 uur, toegang gratis). Ook **Monumental Hill**, met een meer dan 30 m hoge obelisk, en het **Albury Regionaal Museum** in het in 1877 gebouwde Turks Head Hotel in Australia Park (Wodonga Pl., tel. 02-60 21 45 50, dag. 10-17 uur, toegang gratis) zijn een bezoek waard.

Vlakbij vertrekt de **P.S. Cumberoona,** een nagebouwde raderstoomboot, geregeld voor een nostalgische cruise over de Murray River (tel. 0477-66 60 99, www.cumberoona.com.au, dag. 12, 14.30, za. ook om 18 uur, vanaf A-$ 20).

Een andere attractie is de 2 km noordelijker gelegen **Ettamogah Pub**. Het café dat werd gebouwd naar het ontwerp van de karikaturist John Maynard is het prototype van een in Australië zeer populaire keten van restaurants en pubs (tel. 02-60 26 20 70, www.ettamogah.com, dag. 11-24 uur).

Via Wodonga, de noordoostelijke toegangspoort van de staat Victoria, bereik je **Rutherglen** en **Chiltern**. Daar vestigden zich tegen 1850 talrijke Duitse wijnboeren uit het Rijndal, die in Noord-Victoria wijndruiven begonnen te verbouwen. In enkele van de wijnkelders zijn bezichtigingen mogelijk.

Informatie

Albury-Wodonga Gateway Visitor Information Centre: Lincoln Causeway, Wodonga, tel. 1300-79 62 22, www.alburywodongaaustralia.com.au, dag. 9-17 uur.

Overnachten

Ideaal voor gezinnen – **Albury City Motel:** Young St., hoek Tribune St., Albury, tel. 02-60 21 76 99, www.alburycitymotel.com. Gezinsvriendelijk, met zwembad en speeltuin. 2 pk A-$ 115-130.

Aan de oever – **The Hume Inn Motel:** 406 Wodonga Pl., Albury, tel. 02-60 21 27 33, www.humeinn.com.au. Comfortabel motel aan de Murray River met restaurant en zwembad. 2 pk A-$ 100-110.

Camping en cabins – **Albury Tourist Park:** 372 Wagga Rd. (Hume Hwy), Lavington, Albury, tel. 02-60 40 29 99, 1800-62 45 20, www.alburytouristpark.com.au. Met zwembad.

Eten en drinken

Mod Oz – **Cadells on Dean:** Country Comfort Albury, Dean St., hoek Elizabeth St., Albury, tel. 02-60 21 53 66, dag. 12-15, 18-22 uur. Moderne Australische cuisine in een elegante ambiance. Hoofdgerechten A-$ 25-40.

Vlees – **Paddlesteamer Bar & Grill:** in de Albury Paddlesteamer Motor Inn, 324 Wodonga Pl., Albury, tel. 02-60 42 05 00, ma.-za. 18-23 uur. Steaks en andere vleesgerechten in overvloedige porties; beslist niet voor vegetariërs. Reserveren aanbevolen. Hoofdgerechten A-$ 20-35.

Evenement

Wine & Food Festival (eerste weekend van okt.): dit feest in Albury staat volledig in het teken van wijn en eten.

Beechworth ▶ 1, S 16

Voor of na een rit door de 'Victoriaanse Alpen' is een uitstapje naar het goed geconserveerde gouddelversstadje **Beechworth** meer dan de moeite waard. Met meer dan dertig onder monumentenzorg vallende historische gebouwen zou het stadje als decor voor een western kunnen dienen. Bezienswaardig zijn vooral het **Post Office Building** met een markante klokkentoren, het **Tanswells Commercial Hotel** met een smeedijzeren verandabalustrade en de ruïne van het **Ovens Goldfields Hospital**.

Een bezoek waard zijn het **Burke Museum** in Loch Street, een gereconstrueerde winkelgalerij uit de 19e eeuw, en de nagebouwde cel van de Old Melbourne Gaol, waar Ned Kelly (zie blz. 181) zijn laatste dagen doorbracht, wachtend op zijn executie (tel. 03-57 28 80 67, www.burkemuseum.com.au, dag. 10-17 uur, A-$ 10).

In het **Carriage Museum** van het Beechworth Railway Station kun je oude paardenkoetsen bekijken (tel. 03-57 28 45 97, dag. 10.30-12.30, 13.30-16.30 uur, A-$ 8). In William Street nodigt het brouwerijmuseum **MB Historic Cellars** uit tot een bezoek (tel. 03-57 28 13 04, dag. 10-16 uur, A-$ 8). Het **Powder Magazine**, een historisch munitiedepot op de hoek van Gorge Road en Camp Street, huisvest tegenwoordig een interessant heemkundig museum (dag. 10-15 uur, toegang gratis).

Informatie
Beechworth Visitor Information Centre: Town Hall, Ford St., tel. 1300-36 63 21, www.beechworthonline.com.au, dag. 9-17 uur.

Overnachten
No smoking – **Barnsley House:** 5 John St., tel. 03-57 28 10 37, www.barnsleyhouse.com.au. Stijlvolle B&B in een elegant landhuis, alleen voor niet-rokers. 2 pk vanaf A-$ 215 inclusief ontbijt.

Betaalbaar comfort – **Golden Heritage Motor Inn:** 51 Sydney Rd., tel. 1800-81 22 69, www.goldenheritage.com.au. Centraal gelegen, rustig, netjes, met zwembad. 2 pk A-$ 135-185.

Camping – **Lake Sambell Caravan Park:** Peach Dr., tel. 03-57 28 14 21, www.caravanparkbeechworth.com.au. Goed verzorgde camping op mooie locatie aan een meertje.

Eten en drinken
Innovatieve keuken tussen oude muren – **The Provenance:** 86 Ford St., tel. 03-57 28 17 86, www.theprovenance.com.au, wo.-vr., za. 18-21, zo. 18.30-21 uur. Creatieve gerechten uit de moderne Australische keuken met een Japanse touch in een degelijke koloniale ambiance. Hoofdgerechten A-$ 28-46.

Victorian Alps
▶ 1, S 16/17

Het oosten van Victoria wordt deels gekenmerkt door uitgestrekte wijngaarden en grote groenteplantages in het vruchtbare dal van de Murray en deels door mooie berglandschappen met een rijke alpiene vegetatie en de grootste en mooiste nationale parken van het land.

Vanaf Wodonga loopt de **Kiewa Valley Highway** het High Country in. Hier liggen enkele van de bekendste Australische wintersportplaatsen, zoals Mount Buffalo, Falls Creek en Hotham Heights. Maar ook 's zomers is de Alpenregio de moeite waard vanwege de spectaculaire uitkijkpunten en het uitgebreide net van wandelpaden.

Bright en Alpine National Park
Het centrum van het toerisme in de streek is de grote vakantieplaats **Bright**. Met zijn duizenden loofbomen doet het stadje in de herfst denken aan de oostelijke staten van de VS met hun *Indian summer*.

Bright dient als beginpunt voor een 225 km lange rondrit om intussen geheel geasfalteerde wegen door het oostelijke deel van het **Alpine National Park**, met de hoogste bergtoppen van Victoria. Ongeveer 6 km ten zuidoosten van Bright begint de prachtige **Alpine Tourist Road**, die je door het dal van de Oven River naar **Harrietville** volgt. Achter het vriendelijke bergplaatsje slingert een smalle asfaltweg het hoogland in. **Hotham Heights** en **Dinner Plain** zijn in de wintermaanden drukke skicentra, maar in de zomer veranderen ze in bijna verlaten spookstadjes.

Bij **Omeo** mondt de bergweg uit in de gelijknamige highway, waarop je de rondrit in noordelijke richting voortzet. Ongeveer 5 km ten zuiden van **Glen Valley** buigt een zijweg af naar het westen, waarna je voorbij het Rocky Valleystuwmeer de wintersportplaats **Falls Creek** bereikt.

Het bijzonder fraaie berglandschap tussen het vakantieoord **Mount Beauty** en Bright voert over de 895 m hoge pas **Tawonga Gap**, waar je kunt genieten van een werkelijk schitterend uitzicht op de Mount Bogong, met 1986 m de hoogste berg van Victoria.

Informatie
Alpine High Country Visitor Centre: Great Alpine Rd., Bright, tel. 1300-55 11 17, www.brightescapes.com.au, ma.-vr. 9-17, za., zo. 8.30-16.30 uur.

Overnachten
... in Bright:
Goed gevoel – **Grevillea Gardens Motel:** 2-4 Gavan St., tel. 03-57 55 13 75, www.grevilleagardens.com. Gezellig ingerichte kamers, mooie tuin en zwembad. 2 pk A-$ 180-210.

Rivierzicht – **Colonial Inn Motel:** 54-58 Gavan St., tel. 1800-81 58 14, www.brightcolonial.com.au. Verzorgde accommodatie aan de Owens River met behaaglijke kamers. 2 pk vanaf A-$ 95-125.

Camping en cabins – **Freeburgh Caravan Park:** 1099 Great Alpine Rd., tel. 03-57 50 13 06, www.freeburghcabins.com.au. Erg veel voorzieningen, gezellige cabins.

... in Mount Beauty:
Met leuke wijnbar – **Allamar Motor Inn:** 33 Ranch Rd., Tawonga South, tel. 03-57 54 43 65, www.allamarmotorinn.com.au. Gezellig, klein motel. 2 pk vanaf A-$ 125.

Eten en drinken
Geraffineerd – **Simones@Bright:** 98 Gavan St., Bright, tel. 03-57 55 22 66, www.simonesbright.com.au, di.-za. vanaf 14.30 uur. Excellente gerechten uit de modern Australian cuisine met Italiaanse inslag. Viergangenmenu met vlees of vegetarisch A-$ 110.

Mount Buffalo National Park
Van het stadje **Porepunkah**, circa 7 km ten noordwesten van Bright, slingert door een fraai landschap een bergweg naar het **Mount Buffalo National Park** (toegang A-$ 15 per auto). In het centrum van dit populaire wandel- en skigebied ligt op circa 1300 m hoogte het bij een bosbrand beschadigde en momenteel gesloten hotel-restaurant Mount Buffalo Chalet.

In de buurt van deze traditierijke herberg liggen de uitkijkpunten **Echo Point Lookout** en **Bents Lookout**, die adembenemende, panoramische vergezichten bieden op de schitterende bergwereld. Er voeren korte wandelingen naar andere uitkijkpunten, waaronder het 1419 m hoge granietblok **Monolith**. Op de punt hiervan kun je genieten van een prachtig uitzicht rondom (heen en terug 2 km/ 1 uur).

Van het chalet slingert de 11 km lange, schitterende panoramaweg **Nature Drive** over de met veenmoerassen bezaaide hoogvlakte, die in de lente en de vroege zomer verandert in een bonte zee van wilde bloemen. Dicht langs de weg, waaraan veelal korte wandelpaden liggen, verrijzen de machtige granietformaties **The Cathedral** en **The Hump**. Van het eindpunt van de Nature Drive kun je **The Horn** beklimmen, met 1724 m het hoogste punt van het nationale park (heen en terug 1,5 km/45 minuten).

Verder naar Melbourne

Glenrowan ▶ 1, S 16
Terug op de Hume Highway lokt zo'n 20 km ten zuiden van Wangaratta het plaatsje **Glenrowan** met de grimmige uitnodiging: 'Stop at Glenrowan like the Kelly Gang did' (zie blz. 181). Hier vond ooit het laatste gevecht van Ned Kelly met de politie plaats – tegenwoordig doet men zijn uiterste best om te zorgen dat de beroemdste struikrover van Australië niet in de vergetelheid raakt. In het **Ned Kelly Theatre** spelen levensgrote, met de computer tot leven gewekte poppen 'Ned Kelly's Last Stand' na, het bloedige einde in de Glenrowan Pub (tel. 1300nedkelly, dag. 9.30-16.30 uur, elke 30 min. een voorstelling, A-$ 30).

Ned Kelly: de Australische Robin Hood

Over Ned Kelly bestaat na zoveel jaar nog altijd onenigheid. Was hij een lafhartige politiemoordenaar of een arme sloeber die zijn lot in eigen hand nam? Was hij een struik- en bankrover of moeten we hem zien als de Australische Robin Hood?

Edward Kelly werd in 1855 in grote armoede in Melbourne geboren als zoon van een Ierse banneling en bracht zijn kindertijd door bij boerenfamilies. De reeds als tienjarige tot paardendief 'opgeleide' Ned stond al in zijn jonge jaren vele malen voor de rechter en ging op zijn veertiende voor het eerst de gevangenis in. Nog geen 18 jaar oud, kreeg Kelly het opnieuw aan de stok met de politie, toen hij ontdekte dat verarmde Ierse boeren op aandringen van rijke grootgrondbezitters door de overheid werden vervolgd.

Na een aanval op een wetsdienaar vluchtte hij met zijn broer Dan en twee vrienden de bush in en werd bandiet. Kelly & Co. specialiseerden zich in bankovervallen, maar haalden ook bij rijke veebaronnen wat ze nodig hadden. De kleine kolonisten lieten ze echter met rust. Deze verschaften de Kellybende vaak een onderduikadres. Terwijl de burgerij in hem een kille moordenaar zag, verwierf hij bij de onderklasse de reputatie van volksheld en voorvechter van de onderdrukten. Toen Ned Kelly ten slotte drie politiemannen neerschoot, die hem op het spoor waren, werd hij de meest gezochte misdadiger van zijn tijd.

De bloedige finale kwam in juni 1880 nadat een voormalig bendelid de schuilplaats van de Kellybende had verraden. In een pub in Glenrowan werden Ned Kelly en zijn mannen door maar liefst vijftig politiemannen belegerd. Tijdens het hieropvolgende vuurgevecht kwamen drie leden van de vier man sterke bende om. De politie stak uiteindelijk het gebouw in brand, waarna Ned Kelly een vluchtpoging ondernam waarbij hij in zijn been werd geschoten en kon worden ingerekend. Niet veel later begon in Melbourne zijn proces, dat eindigde met zijn ter dood veroordeling. Hoewel 32.000 mensen het gratieverzoek ondertekenden, legde de beul uiteindelijk op 11 november 1880 in de Old Melbourne Gaol de strop om de hals van Ned Kelly. De Kellylegende leverde veel stof op voor gedichten en balladen. De 'heldendaden' van de Wild Colonial Boy inspireerden Australische schilders als Sidney Nolan en leidden zelfs tot het maken van een film: in de jaren 70 werd de volksheld op het witte doek neergezet door Rolling Stoneszanger Mick Jagger. In 2003 werd het avontuurlijke leven van Ned Kelly nog een keer verfilmd met de beroemde filmsterren Heath Ledger en Orlando Bloom.

Nog altijd vraagt men zich af hoe een overduidelijke crimineel zo beroemd kon worden als Australische volksheld en waarom de karakterisering *game as Kelly* (moedig als Kelly) voor een Australier een groot compliment is. Nancy Keesing gaf daar in haar Kellybiografie de volgende verklaring voor: 'Heel nuchter, logisch bekeken, ben ik me er bewust van dat Kelly een dief, bedrieger en moordenaar was. Mijn Australische bloed zegt mij echter ook dat hij het product van ons onbarmhartige, dapper strijdende en in zijn wezen tegenstrijdige land is – de held en de duivel in één persoon.'

Benalla ▶ 1, S 16

In het **Costume and Kelly Museum** in het stadje **Benalla** kun je Kellymemorabilia en andere curiositeiten bekijken (dag. 9-17 uur, A-$ 5).

Ook een bezoek aan de aan Lake Benalla gelegen **Benalla Art Gallery** met een verzameling eigentijdse kunst is de moeite waard (Benalla Rose Gardens, tel. 03-57 62 30 27, dag. 9-17 uur, toegang gratis).

Informatie

Benalla Visitors Information Centre: 14 Mair St., tel. 03-57 62 17 49, www.benalla.vic.gov.au, dag. 9-17 uur.

Overnachten

Gemoedelijk en rustig – **Avondel Motor Inn:** 21 Bridge St., tel. 03-57 62 36 77, www.avondelmotel.com. Comfortabele kamers, zwembad, gratis wifi; roken binnen niet toegestaan. 2 pk vanaf A-$ 115.

Camping en cabins – **Benalla Leisure Park:** 115 Sydney Rd., tel. 1800-88 85 48, www.benallaleisurepark.com.au. Zeer veel voorzieningen, gezellige cabins en groot zwembad.

Lake Eildon en omgeving
▶ 1, S 17

Al lang voor Benalla is de tweebaans Hume Highway veranderd in de vierbaans Hume Freeway, die nu rechtstreeks naar Melbourne gaat, maar door een weinig afwisselend landbouwgebied voert. Het is aantrekkelijk om vervolgens vanaf Benalla de Midland Highway naar **Mansfield** en vandaar de Maroondah Highway naar **Eildon** te volgen. Ten zuiden van de weg strekt zich het wijdvertakte **Lake Eildon** uit, het grootste kunstmatige meer van Victoria.

Ten zuidwesten van Eildon buigt de weg af naar de 543 m hoge **Mount Pinninger Lookout**, die een schitterend uitzicht biedt over het Lake Eildon, een eldorado voor watersporters en vissers. Vanaf Eildon loopt de fraaie bergweg Skyline Road naar het **Lake Eildon National Park**, met mooie campings en picknickplaatsen.

Overnachten

Omgeven door groen – **Eildon Parkview Motor Inn:** 6 Hillside Ave., Eildon, tel. 03-57 74 21 65, www.lakeeildon.com/parkview. Klein, rustig gelegen motel. 2 pk A-$ 109-119.

Camping en cabins – **Eildon Pondage Holiday Park:** 10 Eildon Rd., Eildon, tel. 1800-65 16 91, www.eildonpondage.com. Goed verzorgd, mooi gelegen, met ruime cabins.

Marysville en Healesville
▶ 1, R/S 17

Verder zuidwaarts kom je bij een afslag van de Maroondah Highway naar het bergdorp **Marysville**, waar de 82 m hoge, 's nachts verlichte Steavenson Falls in een met varens begroeid ravijn stort. Het kleine bergdorp werd op 'Black Saturday' in februari 2009 door bosbranden bijna volledig verwoest, maar is intussen weer goeddeels herbouwd.

Tussen Narbethong en Healesville slingert de Maroondah Highway door het heuvelachtige **Yarra Ranges National Park** met majestueuze *Eucalyptus regnans*-bomen en reusachtige boomvarens. De laatste hoogtepunten op de route – op slechts een uur rijden van Melbourne verwijderd – zijn **Healesville** met zijn bekende gelijknamige dierenpark (zie blz. 220) en het prachtige **Dandenong Ranges National Park** (zie blz. 219).

Overnachten

Rustig en goedkoop – **Maroondah View Motel:** McKenzie Ave. (Maroondah Hwy), Healesville, tel. 03-59 62 41 54. Onooglijk maar uiterst aangenaam motel met restaurant, zoutwaterzwembad en mooie tuin. 2 pk A-$ 95-115.

Eten en drinken

Lekkere streekkeuken – **Healesville Hotel & Restaurant:** 256 Maroondah Hwy, Healesville, tel. 03-59 62 40 02, www.yarravalleyharvest.com.au, dag. 12-15, 18-21 uur. In een koloniale ambiance worden delicatessen uit de omgeving geserveerd, waaronder forel uit de Yarra River en verse oesters uit Bermagui (blz. 188). Hoofdgerechten A-$ 32-48.

De kust tussen Sydney en Melbourne

Grillig gevormde, steile klippen, afgewisseld door witte zandstranden, brede riviermondingen en vertakte zeearmen, idyllische binnenmeren en een heuvelachtig achterland met vaak (nog) dichte regenwouden – als parels aan een ketting volgen de attracties van de zuidoostkust elkaar op. Je moet minimaal drie tot vier dagen uittrekken voor de zeker 1000 km lange route tussen Sydney en Melbourne.

Illawarra Coast

Vanuit Sydney voert de **Princes Highway** recht naar het zuiden. Je zou echter na ruim 30 km moeten afslaan naar de **Grand Pacific Drive**, die met Victoria's Great Ocean Road kan wedijveren om de titel 'mooiste kustweg van Australië'. Deze goed bewegwijzerde, uitzichtrijke weg, die enkele van de beste surfstranden van de zuidkust passeert en af en toe landinwaarts door met varens begroeid regenwoud loopt, voert over een afstand van 140 km van het Royal National Park via Wollongong en Kiama naar Nowra. Spectaculair is het uitzicht vanaf Bald Hill Lookout op de 665 m lange Sea Cliff Bridge. Een fiets- en wandelpad langs de route is gepland (www.grandpacificdrive.com.au).

Wollongong ▶ 1, U 15

De toegangspoort tot het vakantie-eldorado aan de Australische zuidoostkust wordt uitgerekend gevormd door het 80 km ten zuiden van Sydney gelegen industriecentrum **Wollongong-Port Kembla**, dat je over de Grand Pacific Drive (www.grandpacificdrive.com.au) bereikt. In de met ruim 290.000 inwoners op twee na grootste stad van New South Wales staat de grootste staalfabriek van Australië.

Even ten zuiden van Wollongong stuit je op de monumentale **Nan Tien Temple**, de grootste boeddhistische tempel van het zuidelijk halfrond (180 Berkeley Rd., tel. 02-42 72 06 00, www.nantien.org.au, di.-zo. en op feestdagen 9-17 uur, toegang gratis, denk aan passende kleding).

Tussen de staalmetropool en Shellharbour ligt **Lake Illawarra**, een binnenzee en een populair recreatiegebied met veel watersportmogelijkheden. De kust tussen Wollongong en Gerrigong ten zuiden van Kiama draagt de naam Illawarra Coast, een Aboriginalwoord dat 'mooi land aan de zee' betekent.

Kiama en omgeving
▶ 1, U 15

Het vakantieoord **Kiama** is bekend om een bezienswaardig natuurfenomeen: de **Blowhole**. Door een spleet van een vierkante meter in een rotsklip wordt bij een sterke branding het zeewater als een fontein tot wel 60 m de hoogte in gespoten. In de buurt ligt de **Pilots Cottage** uit 1881, waarin een klein **scheepvaartmuseum** is gevestigd (tel. 02-42 32 10 01, vr.-ma. 11-15 uur, toegang gratis).

Zo'n 3 km ten noorden van de stad verrijzen de **Cathedral Rocks**, een schitterende rotsformatie waarin met een beetje fantasie een kathedraal kan worden herkend.

Een leuk uitstapje is het 8 km westelijker gelegen dorp **Jamberoo** met een goed geconserveerd gebouwenensemble uit de 19e eeuw. Verder kun je door heuvelachtig landbouwgebied naar het **Minnamurra Rainforest Centre** in het **Budderoo National Park**

De kust tussen Sydney en Melbourne

Direct onder het Kiama Lighthouse perst de Pacific waterfonteinen door een blowhole

rijden, waar je tijdens een mooie wandeling over een 4,2 km lang natuurleerpad vertrouwd kunt raken met de vegetatie van het subtropische regenwoud. De eerste 500 m voert over een houten plankier en is daarom ook geschikt voor mensen in een rolstoel (Visitor Centre: tel. 02-42 36 04 69, www.nationalparks.nsw.gov.au, dag. 9-17 uur, A-$ 12 per auto).

Bij de steilrand van de Great Dividing Range, 18 km ten westen van het Minnamurra Rainforest Centre, kunnen bezoekers die het regenwoud vanuit een ongewoon perspectief willen ervaren (en geen hoogtevrees hebben) de **Illawarra Fly Tree Top Walk** afleggen. Een 500 m lang pad voert op grote hoogte over op bruggen lijkende metalen platforms door het groene loofdak van de majestueuze oerwoud-reuzen naar een 45 m hoge uitkijktoren (Knights Hill, tel. 1300-36 28 81, www.illawarrafly.com, dag. 9-17 uur, A-$ 25).

Informatie

Kiama Visitor Centre: Blowhole Point, tel. 1300-65 42 62, www.kiama.com.au, dag. 9-17 uur.
Internet: www.sydney-melbourne.com.au.

Overnachten

Comfortabel stadsmotel – **Kiama Shores Motel:** 45-51 Collins St., tel. 02-42 33 11 00, www.kiamashores.com.au. Rustig motel met vijftig prettige kamers, restaurant, zwembad. 2 pk A-$ 179-259.

Fraai gelegen B&B – **Bed and Breakfast@Kiama:** 15 Riversdale Rd., circa 3 km buiten Kiama in de richting van Jamberoo, tel. 02-42 32 28 44, www.bedandbreakfastatkiama.com.au. Sympathieke B&B met moderne kamers en uitgebreid Europees ontbijt. De vriendelijke eigenaars zijn graag behulpzaam bij het plannen van je dag. 2 pk A-$ 199-250 inclusief ontbijt.

Illawarra Coast

Vervoer
Zie voor informatie over de verbindingen langs de kust het kader hieronder.

Nowra en omgeving
▶ 1, U 16

Boven de badplaats **Gerringong**, die het begin van de zogenaamde South Coast markeert, bereik je het vakantiegebied rond **Nowra**, aan de Shoalhaven River. Aan de monding van de rivier ligt **Coolangatta** dat al in 1882 werd gesticht en waar je pottenbakkers en glasblazers aan het werk kunt zien.

Shoalhaven Heads aan de noordoever van de riviermonding is een watersport- en vakantiecentrum in de buurt van het uitstekende zonnebaad- en surfstrand **Seven Mile Beach**. Iets ten noorden van Nowra aan de oever van de Shoalhaven River kun je kangoeroes, koala's en andere vertegenwoordigers van de Australische fauna observeren in de prachtige **Shoalhaven Zoo** (Rockhill Rd., tel. 02-44 21 39 49, www.shoalhavenzoo.com.au, dag. 9-17 uur, A-$ 28).

Camping en cabins – **Kiama Harbour Cabins:** Blowhole Point Rd., tel. 02-42 32 27 07. Veel voorzieningen, grote keus aan ruime cabins, fraai gelegen.

Eten en drinken
Als in Italië – **Olive & Vine:** 87 Manning St., tel. 02-42 32 12 68, www.oliveandvinekiama.com, di.-zo. vanaf 17.30 uur. Hier smaken de pasta en pizza en de vis- en vleesgerechten nauwelijks minder goed dan in Milaan of Rome. Gerechten A-$ 14-42.

Hippe burgertent – **The Hungry Monkey:** 5/32 Collins St., tel. 0403-39 73 53, www.thehungrymonkey.com.au, ma.-wo. 6.30-16, do.-za. 6.30-21, zo. 7.30-16 uur. Tijdens een overvloedig ontbijt doe je energie op voor de hele dag, rond lunchtijd zijn er fantasierijke burgers, bereid met kwaliteitsproducten uit de streek. Gerechten A-$ 12-15.

Vervoer langs de zuidoostkust
Wie dit deel van de kust wat diepgaander wil verkennen, moet beslist een auto huren, want lang niet alle plaatsen langs de route zijn per openbaar vervoer bereikbaar. De **treinen** van de Sydney City Rail (blauwe lijn), tel. 13 15 00, gaan niet verder dan Nowra-Bomaderry (zie boven). Een directe treinverbinding met Melbourne is er pas weer met V/Line, tel. 1800-80 00 07, www.vline.com.au, vanaf Sale in de staat Victoria (blz. 193). Langs de zuidoostkust rijden ook **bussen,** die echter alleen stoppen in de grotere plaatsen langs de Princes Highway, bijvoorbeeld Greyhound Australia, tel. 1300-47 39 46 (dag. Sydney-Melbourne), Premier Motor Services, tel. 13 34 10 (dag. Sydney-Bega of Eden), Sapphire Coast Buslines, tel. 02-64 95 64 52 (meerdere keren per week Batemans Bay-Melbourne). Bussen naar plaatsen die van de Highway af liggen zijn echter zeldzaam.

De kust tussen Sydney en Melbourne

Ten zuidoosten van Nowra ligt de **Jervis Bay**, die ooit met Port Jackson als haven concurreerde. Op het heuvelachtige schiereiland tussen de baaien en het St. Georges Basin wacht het **Jervis Bay National Park** met zijn mooie stranden, spectaculaire klippen en een excursie naar de **National Botanic Gardens** van Canberra.

Informatie
Shoalhaven Visitor Centre: Princes Hwy, Bomaderry, tel. 1300-66 28 08, www.shoalhavenholidays.com.au, dag. 9-17 uur.

Overnachten
Glamping – **Paperbark Camp:** 571 Woollamia Rd., Huskisson, tel. 02-44 41 60 66, www.paperbarkcamp.com.au. Een van een Afrikaanse lodge afgekeken tentenkamp; de rustieke meubels waarmee de tenten zijn ingericht werden door plaatselijke kunstenaars gemaakt. Met bekroond restaurant (zie onder). Tent A-$ 525-750 voor twee personen inclusief halfpension.

Mooi uitzicht – **Jervis Bay Motel:** 41 Owen St., Huskisson, tel. 02-44 41 57 81, www.jervisbaymotel.com.au. Sympathiek en rustig gelegen motel met modern ingerichte kamers en zwembad. 2 pk vanaf A-$ 140.

Camping en cabins – **Shoalhaven Heads Tourist Park:** Shoalhaven Heads Rd., tel. 1300-78 22 22, www.shoalhaventouristpark.com.au. Prima verzorgd, met comfortabele cabins en mooi zwembad, directe toegang tot Seven Mile Beach.

Eten en drinken
Eten in een boomhut – **The Gunyah:** in Paperbark Camp (zie boven), tel. 1300-66 81 67, di.-za. 18.30-22.30 uur, juli-aug. gesl. Gerechten uit de moderne Australische keuken, vooral versgevangen seafood, geserveerd in een boomhut. Absoluut reserveren. Driegangenmenu A-$ 55-70.

Heerlijkheden uit zee – **D. J.'s Fish 'n' Chips:** Greenwell Point, 15 km ten zuidoosten van Nowra, tel. 02-44 47 13 32, dag. 11-21 uur. Een culinair bedevaartsoord voor seafoodfans (oesters). Hoofdgerechten A-$ 22-38.

Winkelen
Kunstnijverheid – **Historic Coolangatta Craft Centre:** 1180 Bolong Rd., Nowra, tel. 02-44 48 80 35, ma.-vr. 9-18, za., zo. 10-17 uur. Aardewerk en andere kunstnijverheid.

Actief
Dolfijnen en walvissen observeren – **Dolphin Watch Cruises Jervis Bay:** 50 Owen St., Huskisson, tel. 02-44 41 63 11, www.dolphinwatch.com.au. Anderhalf uur durende boottochten in de Jervis Bay om dolfijnen en zeehonden te observeren (dag. 10 en 13 uur, A-$ 35); mei-nov. Whale Watch Cruises (A-$ 65).

Kangaroo Valley en Morton National Park ▶ 1, U 15
Ten westen van Nowra beginnen, tot wel 700 m boven de kust uitstekend, de **Southern Highlands** (zie ook blz. 163). Vanaf Nowra slingert door een prachtig landschap een weg over de 678 m hoge **Mount Cambewarra**, die over de delta van de Shoalhaven River een grandioos uitzicht op de Tasmanzee biedt.

Na bijna 20 km bereik je de **Kangaroo Valley**, een lieflijk, door imposante berglandschappen omzoomd hooggelegen dal, waar al in 1820 kolonisten gingen wonen. Tegenwoordig zijn hier een vakantiedorp en het bezienswaardige **Pioneer Museum Park**, dat enkele historische gebouwen en een verzameling landbouwgereedschappen uit de pionierstijd tentoonstelt (tel. 0421-93 02 14, www.kangaroovalleymuseum.com, ma., wo., vr.-zo. 10-16 uur, A-$ 10). Een andere bezienswaardigheid in het dal is de in 1898 geopende Hampden Bridge, een machtige, door 24 stalen kabels gedragen hangbrug.

Tijdens het bochtige vervolg van de route landinwaarts gaat het heuvelachtige landbouwgebied over in weelderige regenwouden, waaruit eenzame rode rotsklippen steken. Na 16 km bereik je het **Morton National Park**, een wildernis van ravijnen en rotspartijen, watervallen en regenwouden. Hier storten de **Fitzroy Falls** 120 m diep in een ravijn. Een uitkijkplatform bij het Visitor Centre biedt het beste panorama voor het gebied. De West Rim Track voert naar **Jersey Lookout**,

Sapphire Coast

Starkeys Lookout en een aantal andere uitkijkpunten (heen en terug 3 km/1 uur.).

Overnachten
Gezellige B&B – **Tall Trees:** 8 Nugents Creek Rd., tel. 02-91 14 64 69, www.talltreesbandb.com.au. Goed gerunde B&B. 2 pk A-$ 160-180.

Camping en cabins – **Kangaroo Valley Tourist Park:** Moss Vale Rd., tel. 1300-55 99 77, www.kangaroovalley.holidayhaven.com.au. Goed verzorgd, mooi gelegen.

Batemans Bay en omgeving
▶ 1, U 16

Via de belangrijke vissershaven **Ulladulla** voert de route verder langs de kust naar **Batemans Bay**. De al in 1770 door kapitein James Cook naar de latere stichter van Melbourne genoemde vakantieplaats aan de monding van de Clyde River trekt bezoekers met een veelzijdig aanbod aan recreatiemogelijkheden. Het **Birdland Animal Park** met papegaaien, koala's, wombats en andere Australische dieren biedt plezier voor groot en klein (55 Beach Rd., tel. 02-44 72 53 64, www.birdlandanimalpark.com.au, dag. 9.30-16 uur, A-$ 26).

Bij **Batehaven**, zo'n 3 km naar het zuidoosten, liggen vlak aflopende stranden met verblindend wit silicaatzand. Er gaan boottochten naar het nabije **Tollgate Island**, waar je met een beetje geluk pinguïns kunt zien. In de late namiddag zijn in het kleine **Murramarang National Park** toeschietelijke kangoeroes te zien. Bij **Nelligen**, enkele kilometers ten noordwesten van Batemans Bay, verbreedt de Clyde River tot de omvang van een meer. Nog iets verder landinwaarts ligt het mooie koloniale plaatsje **Braidwood**, een populair vakantieoord met cafés en souvenirwinkels waar kunstnijverheid te koop is.

Informatie
Batemans Bay Visitor Centre: Princes Hwy, tel. 1800-80 25 28, www.eurobodalla.com.au, dag. 9-17 uur.

Overnachten
Aan de rivier – **Mariners on the Waterfront:** 31 Orient St., tel. 02-44 72 62 22, www.marinerswaterfront.com.au. Comfortabel motel aan de Clyde River met restaurant en zwembad. 2 pk A-$ 99-159 inclusief ontbijt.

Klein maar goedkoop – **Beach Drive Motel:** 24 Beach Rd., tel. 02-44 72 48 05, www.beachdrivemotel.com.au. Eenvoudige maar nette kamers, niet ver van het strand. 2 pk vanaf A-$ 85.

Camping en cabins – **Riverside Holiday Park:** Wharf Rd., tel. 1800-13 27 87, www.eastbatemansbay.com.au. Caravan park aan de Clyde River met ruime comfortcabins.

Eten en drinken
Bistro – **Blank Canvas:** Annett's Arcade, Orient St., tel. 02-44 72 50 16, dag. 11-15, 17-23 uur. Moderne Australische cuisine met uitzicht op de Clyde River. Hoofdgerechten A-$ 22-38.

Actief
Zeevissen en walvissen observeren – **Batemans Bay Fishing and Cruise Charters:** 27 Beach Rd., tel. 1800-63 93 96, www.batemansbayfishing.com.au. Boottochten naar Tollgate Island (vanaf A-$ 70), zeevissen en van mei tot nov. walvissen observeren.

Mogo en Moruya
▶ 1, U 16

Mogo, 10 km ten zuiden van Batemans Bay, trekt bezoekers met de **Gold Rush Colony**, een waarheidsgetrouwe kopie van een 19e-eeuwse gouddelversnederzetting (tel. 02-44 74 21 23, www.goldrushcolony.com.au, rondleidingen dag. 10.30, 12, 13.30, 15 uur, A-$ 20) en de **Mogo Zoo**, waar dieren uit de hele wereld te zien zijn (tel. 02-44 74 49 30, www.mogozoo.com.au, dag. 9-17 uur, A-$ 31). Vanaf **Moruya** waar vissers, surfers en zonaanbidders zich verzamelen, verandert de naam van de kust in Sapphire Coast.

Sapphire Coast

Bodalla ▶ 1, U 16
In de **Big Cheese**, de verkoopruimte van de kaasmakerij van **Bodalla**, kun je kazen proeven. De uit graniet en zandsteen opgetrokken **All Saints Anglican Church** stamt uit

1880 en doet denken aan een middeleeuwse weerkerk.

Narooma ▶ 1, U 16

Narooma is een paradijs voor sportvissers die zich het zeer dure *game fishing* op haaien en marlijnen kunnen veroorloven. Op het ervoor gelegen **Montague Island**, dat alleen onder begeleiding van rangers mag worden betreden, kun je dwergpinguïns en zeehonden observeren. In oktober en november dartelen in het water rond het eiland behalve dolfijnen talrijke bultruggen.

Informatie
Narooma Visitor Centre: Princes Hwy, tel. 1800-24 00 03, www.narooma.org.au, dag. 9-17 uur.

Overnachten
Royale studio's – **Amooran Oceanside:** 30 Montague St., tel. 02-44 76 21 98, www.amooran.com.au. Gemoedelijk motel vlak bij het strand met kamers en appartementen in diverse luxecategorieën en verwarmd zwembad. 2 pk vanaf A-$ 152, appartement vanaf A-$ 232.

Camping en cabins – **Island View Beach Resort:** Princes Hwy, tel. 1800-46 54 32, www.islandview.com.au. Groot caravan park aan het strand met cabins en zwembad.

Eten en drinken
Mooi terras – **Quarterdeck:** 13 Riverside Dr., tel. 02-44 76 27 23, www.quarterdecknarooma.com.au, dag. 12-15, 18.30-23 uur. Sfeervolle zaak met lekker, versgevangen seafood. Hoofdgerechten A-$ 22-38.

Actief
Boottochten – **Narooma Charters:** 9 Collins Cresc., tel. 0407-90 91 11, www.naroomacharters.com.au. Drie uur durende boottochten naar Montague Island (A-$ 120) en van half sept. tot half nov. walvissen observeren.

Central Tilba ▶ 1, U 16

Ongeveer 20 km ten zuidwesten van Narooma en op enige afstand van de Princes Highway ligt het bezienswaardige **Central Tilba**. In het eind 19e eeuw tijdens een korte periode van goudkoorts opgetrokken dorp staan ruim twintig houten gebouwen die onder monumentenzorg vallen. Ze zijn smaakvol gerestaureerd en huisvesten galeries en ateliers. In de in een houten huis uit de koloniale tijd ondergebrachte **ABC Cheese Factory** draait alles om kaas (Bate St., tel. 02-44 73 73 87, www.tilba.com.au/abccheesefactory.html, dag. 9-17 uur, toegang gratis). Boven het dorp, dat een levend museum lijkt, torent de markante top van de 808 m hoge Mount Dromedary (dromedarisberg) uit.

Overnachten
Veel couleur locale – **Dromedary Hotel:** 5 Bate St., tel. 02-44 73 72 23, www.gdaypubs.com.au. B&B met de sfeer van voorbije tijden in het plaatselijke pubhotel. 2 pk vanaf A-$ 75.

Bermagui ▶ 1, U 16

De Princess Highway gaat nu in een wijde boog door het achterland zuidwaarts naar Bega. Als je in plaats van deze deels ongeasfalteerde weg langs de kust de route langs het visrijke **Wallaga Lake** volgt, kom je uit in **Bermagui**. Dit dorp werd bekend door de Amerikaanse schrijver Zane Grey, die hier in de jaren 30 zijn grote passie, zeevissen, beoefende. Ook nu nog vertrekken sportvissers uit Bermagui voor vistochten in het zuiden van de Grote Oceaan. Daarnaast heeft de plaats een goede naam vanwege zijn verse en betaalbare oesters, die afkomstig zijn van kwekerijen uit de buurt.

Informatie
Bermagui Visitor Information Centre: Bunga St., tel. 02-64 93 30 54, www.visitbermagui.com.au, dag. 10-16 uur.

Overnachten
Behulpzame eigenaars – **Bermagui Motor Inn:** 38 Lamont St., tel. 02-64 93 43 11, www.bermaguimotorinn.com.au. Gemoedelijk motel met zeventien behaaglijke kamers, 100 m van het strand. John en Sue, de behulpzame eigenaars, organiseren uitstapjes te land en ter zee. 2 pk A-$ 125-140.

Eten en drinken

Voor sommige mensen is er maar een reden om een omweg te maken langs Bermagui: Verse oesters – te koop in de **viswinkel** aan de vissershaven of in een van de kleine **Fish 'n' Chips Shops** langs de hoofdstraat. Voor een dozijn betaal je ongeveer A-$ 25-30.

Bega ▶ 1, T 16/17

Via **Tathra** en het **Mimosa Rocks National Park** met zijn grillige rotsklippen en eenzame baaien bereik je **Bega**, dat het centrum vormt van een door de melkproductie gedomineerde streek. In het bezoekerscentrum van de **Bega Cheese Factory** kun je meer te weten komen over het productieproces van kaas en diverse kaassoorten proberen (23-45 Ridge St., tel. 02-64 91 77 77, www.begacheese.com.au, dag. 9-17 uur, toegang gratis).

Merimbula ▶ 1, T 17

De populaire badplaats **Merimbula** biedt bezoekers behalve schone stranden het pretpark **Magic Mountain** (tel. 02-64 95 22 99, www.magicmountain.net.au, dag. 10-16 uur, A-$ 45) en het **Merimbula Aquarium**, dat een goede indruk geeft van de veelzijdigheid van de zeefauna in het gebied (tel. 02-64 95 44 46, www.merimbulawharf.com.au, dag. 10-17 uur, voedertijden ma., wo., vr. 11.30 uur, A-$ 15).

Informatie

Merimbula Visitor Information Centre: Beach St., Merimbula, tel. 1800-15 04 57, www.sapphirecoast.com.au, ma.-vr. 9-17, za. 9-16, zo. 10-16 uur.

Overnachten

Comfortabel resort – **Black Dolphin Motel:** Arthur Kaine Dr., tel. 02-64 95 15 00, www.blackdolphin.com.au. Resort tussen Merimbula Lake en Main Beach met tuin, zwembad en restaurant. 2 pk A-$ 155-225.

Kamers met uitzicht – **Kingfisher Motel:** 105 Merimbula Dr., tel. 02-64 95 15 95, www.kingfishermotel.com.au. Goed gerund motel met verwarmd zwembad en kinderbadje; alle kamers hebben een balkon met zeezicht. 2 pk A-$ 125-185.

Camping en cabins – **Merimbula Beach Holiday Park:** 2 Short Point Rd., tel. 1300-78 78 37, www.merimbulabeachholidaypark.com.au. Erg veel voorzieningen en qua architectuur fraaie en ruime cabins; gelegen aan het prachtige Short Point Beach.

Eten en drinken

Licht en creatief – **Pier One:** Lakeside, tel. 02-64 95 11 01, dag. 12-14.30, 18-20.30 uur. Geserveerd wordt moderne Australische keuken, vooral visgerechten, tegen het fraaie decor van Merimbula Lake. Hoofdgerechten A-$ 24-42.

Actief

Boottochten – **Merimbula Marina:** Merimbula Jetty, tel. 02-64 95 16 86, www.merimbulamarina.com. Mei-nov. boottochten van drieënhalf uur met walvisobservatie (A-$ 69).

Eden ▶ 1, T 17

Eden, schilderachtig gelegen aan de **Twofold Bay** gelegen, is de laatste grotere plaats voor de grens met Victoria. Vroeger was het de thuisbasis van een imposante vloot walvisvaarders, maar tegenwoordig is de natuurlijke haven Twofold Bay een centrum van commerciële visserij. Duizenden bezoekers komen jaarlijks af op de uitstekende mogelijkheden om walvissen te observeren. Je ziet hier vooral bultruggen *(humpback whales)* en met een beetje geluk ook orka's, potvissen en dwergvinvissen.

Het **Eden Killer Whale Museum**, waarin je ook het skelet van een orka kunt zien, informeert over de geschiedenis van de walvisvangst in de wateren rond New South Wales (Imlay St., tel. 02-64 96 20 94, www.killerwhalemuseum.com.au, ma.-za. 9.15-15.45, zo. 11.15-15.45 uur, A-$ 10).

Een wandeling door de haven is een bijzonder sfeervolle ervaring. In het **Sapphire Coast Marine Discovery Centre** aldaar kunnen bezoekers meer te weten komen over de mariene fauna en flora van de regionale kustwateren (The Wharf Building, Snug Cove, tel. 02-64 96 16 99, www.sapphirecoastdiscovery.com.au, ma.-vr. 10-15, in de schoolvakanties ma.-za. 9.30-15.30 uur, A-$ 10).

De kust tussen Sydney en Melbourne

Informatie
Eden Visitor Centre: Mitchell St., hoek Imlay St., Eden, tel. 02-64 96 19 53, www.visiteden.com.au, dag. 9-17 uur.

Overnachten
Koloniale ambiance – **Crown & Anchor Inn:** 239 Imlay St., Eden, tel. 02-64 96 10 17, www.crownandanchoreden.com.au. Stijlvolle B&B in een koloniaal pand; minder geschikt voor kinderen. 2 pk vanaf A-$ 160 inclusief ontbijt.
Ideaal voor gezinnen – **Twofold Bay Motor Inn:** 166 Imlay St., Eden, tel. 02-64 96 31 11, www.twofoldbaymotorinn.com.au. Op mooie locatie boven Twofold Bay, met voor een gezin geschikte kamers; zwembad. 2 pk A-$ 125-195.
Camping en cabins – **Discovery Parks Eden:** Princes Hwy, tel. 1800-63 10 06, www.big4.com.au. Zeven kilometer ten zuiden van Eden aan Twofold Bay, veel voorzieningen, gezellige cabins.

Eten en drinken
Vers uit zee – **Wheelhouse Restaurant:** Fishermans Wharf, Eden, tel. 02-64 96 33 92, sept.-apr. dag., mei-aug. di.-zo. 18-22.30 uur. Voortreffelijk visrestaurant met fantastische wijnkaart – het geldt als een van de beste van Australië. Hoofdgerechten A-$ 24-42.

Actief
Boottochten – **Cat Balou Cruises:** Main Wharf, Eden, tel. 0427-96 20 27, www.catbalou.com.au. Boottochten naar Twofold Bay, sept.-nov. met walvisobservatie (vanaf A-$ 85).

Evenement
Eden Whale Festival (okt.-nov.): driedaags volksfeest met veel muziek en dans; hoogtepunt zijn de Eden Games met curieuze wedstrijden zoals makreelwerpen, www.edenwhalefestival.com.au.

Boydtown en Ben Boyd National Park ▶ 1, T/U 17
Tegenover Eden, aan de zuidoever van de Twofold Bay, stichtte de Schot Benjamin Boyd in 1842 de haven **Boydtown**. Boyd had een vermogen verdiend in de schapenfokkerij en de walvisvangst. Hij streefde ernaar om van Boydtown het middelpunt van zijn imperium te maken en later Sydney als hoofdstad van de kolonie te vervangen. Maar eind jaren 1840 kwam er een eind aan de plannen doordat Boyd in financiële problemen raakte en vervolgens uitweek naar de Solomoneilanden in de Stille Zuidzee. Er is niet veel over van het hooggestemde project. In Boydtown resteren alleen een neogotische kerk en de gerestaureerde Seahorse Inn, waarin tegenwoordig een hotel en een restaurant zijn gevestigd.

De **Boyds Tower**, een 31 m hoge zandstenen vuurtoren die Boyd in 1846 liet bouwen, waakt over het Red Point in het **Ben Boyd National Park**. Hier heb je mooi uitzicht op de roodoplichtende zandsteenkliffen van het natuurreservaat.

Gippsland

Circa 50 km ten zuiden van Eden passeert de Princes Highway de grens met de staat Victoria. Tot Melbourne voert de weg nu door **Gippsland**, een gebied dat is genoemd naar George Gipps, die in de jaren 1840 gouverneur van Australië was. Ongerepte bossen en eenzame stranden contrasteren hier met open groeven en elektriciteitscentrales. Terwijl men in het westen van de streek de grootste bruinkoolmijn van de wereld exploiteert, presenteert het oosten zich als een goeddeels ongerepte natuuroase die de habitat van ongeveer twee derde van alle vogels en zoogdiersoorten van Victoria vormt.

Van Eden naar Orbost
▶ 1, T 17

Bij **Genoa**, ruim 50 km ten zuidwesten van Eden, loopt een doodlopende weg naar het zuiden die vervolgens door het **Croajingolong National Park** slingert. Na 23 km eindigt hij in de rustige vakantieplaats **Mallacoota** bij de Mallacoota Inlet. Vanaf Lakeside Drive heb je fraai uitzicht op de vertakte baai.

Weer terug op de Princes Highway gaat de weg westwaarts verder door bergachtig, dicht-

Gippsland

bebost terrein. Na ongeveer 48 km kun je bij het Cabbage Tree Palms Reserve een uitstapje naar de eenzame en pittoreske granietrotsenkust bij **Cape Conran** maken. Zo'n 27 km verder ligt **Orbost**, het centrum van de houtverwerkende industrie in Oost-Gippsland.

Informatie
Mallacoota Information Centre: Mallacoota, tel. 03-51 58 01 16, www.visitmallacoota.com.au, dag. 9-17 uur.

Overnachten
Gezellige motelunits – **Mallacoota Hotel:** 51-55 Maurice Ave., Mallacoota, tel. 03-51 58 04 55, www.mallacootahotel.com.au. Goed gerund motel met restaurant en zwembad. 2 pk A-$ 110-180.
Camping en cabins – **Beachcomber Caravan Park:** 85 Betka Rd., Mallacoota, tel. 03-51 58 02 33, www.mallacoota.info. Goed verzorgd, mooi gelegen, verwarmd zwembad.

Evenement
Festival of the Southern Ocean (twee weken rond Pasen): volksfeest in Mallacoota met muziek, dans, straattheater enzovoort.

Snowy River National Park en Buchan Caves ▶ 1, T 17

In Orbost begint de **Snowy Mountains Country Trail**, een bijna 300 km lange tocht die door de eenzame, vaak nevelige bergwereld van het **Snowy River National Park** voert. Ook wie de tocht door het nationaal park niet maakt, zou wat tijd moeten inplannen voor het circa 60 km ten noordwesten van Orbost gelegen **Buchan**. Trekpleister van dit stadje zijn de **Buchan Caves**, een vertakt stelsel van circa 300 kalksteengrotten met indrukwekkende stalactieten en stalagmieten. Bezienswaardig zijn met name de Fairy Cave en de Royal Cave (tel. 13 19 63, www.parkweb.vic.gov.au, rondleidingen okt.-mrt. dag. 10, 11.15,

In het regenwoud gaat het er een beetje aan toe zoals in een grote onderneming: ieder heeft zijn eigen plaats, de hiërarchische niveaus zijn strak gedefinieerd – wie tegenstribbelt krijgt (in de regel) problemen

13, 14.15, 15.30, apr.-sept. dag. 11, 13, 15 uur, één grot A-$ 22, beide grotten A-$ 33).

Overnachten
Country style – **Buchan Motel:** Main St., Buchan, tel. 03-51 55 94 19, www.buchanvic.au. Rustiek motel met royale kamers. 2 pk A-$ 85-140.

Camping en cabins – **Buchan Caves Caravan Park:** Buchan Caves Reserve, tel. 03-51 62 19 00, www.parcweb.vic.gov.au. Goed verzorgd, ruime cabins, mooie ligging.

Lakes Entrance ▶ 1, T 17

Voordat de Princes Highway het uitgestrekte toeristencentrum Lakes Entrance bereikt, beschrijft hij een wijde bocht om het visrijke en aantrekkelijke **Lake Tyers**. Lakes Entrance hanteert de slogan 'Victoria's Holiday Capital' niet ten onrechte. Het inwonertal van het buiten het seizoen nauwelijks vierduizend zielen tellende dorp neemt in de zomermaanden met het tienvoudige toe. De vele bezoekers worden vooral aangetrokken door het langgerekte merenplateau van de **Gippsland Lakes**, die bij Lakes Entrance via een smalle opening met de zee in verbinding staan. Ooit was dit kustgebied onderdeel van een grote zeebaai. Tegenwoordig strekt zich een keten van lagunes en meren uit achter de beschermende, tot 40 m hoge duinenbarrière die de zee in de loop van duizenden jaren heeft opgeworpen. Het netwerk van waterwegen, eilanden en baaien is voor sportvissers en zeilers een haast ideaal gebied. Van **Jemmy's Point**, aan de Princes Highway ten westen van de stad, heb je een overweldigend uitzicht op de rijkdom aan vogels, de turquoise glanzende lagunes, de duinenketens en de branding van de Tasmanzee.

Een interessante attractie in Lakes Entrance is het **Griffiths Sea Shell Museum** met vele aquaria en negentigduizend schelpen uit de hele wereld (125 Esplanade, tel. 03-51 55 15 38, dag. 10-17 uur, A-$ 10).

Informatie
Lakes Entrance Visitor Information Centre: Marine Par./Esplanade, tel. 1800-63 70 60, www.discovereastgippsland.com.au, www.lakesentrance.com, dag. 9-17 uur.

Overnachten
Bij het strand – **Coastal Waters Motel:** 635 Esplanade (Princes Hwy), tel. 03-51 55 17 92, www.coastalwaters.com.au. Met restaurant en verwarmd zwembad, 200 m van het strand. 2 pk A-$ 120-210.

Centraal en rustig – **Heyfield Motel:** 115 Esplanade (Princes Hwy), tel. 03-51 55 17 11, www.heyfieldmotel.com.au. Moderne, ruime kamers en appartementen met kitchenette, klein zwembad, dicht bij het strand. 2 pk vanaf A-$ 115.

Gezinsvriendelijk – **Cunningham Shore Motel:** 639 Esplanade (Princes Hwy), tel. 03-51 55 29 60, www.cunninghamshore.com. Ruime kamers, verwarmd zwembad, speeltuin; dicht bij het strand, restaurants op loopafstand. 2 pk A-$ 110-140.

Camping en cabins – **Lakes Beachfront Holiday Retreat:** 430 Lake Tyers Beach Rd., tel. 03-51 56 55 82, www.lakesbeachfront.com.au. Goed toegerust caravan park met cabins, villa's en zwembad.

Eten en drinken
Seafood in deftige ambiance – **Boathouse Restaurant:** Bellevue on the Lakes, 201 Esplanade (Princes Hwy), tel. 03-51 55 30 55, www.bellevuelakes.com, dag. 12-14.30, 18-22.30 uur. Dit chique restaurant behoort tot de tien beste seafoodrestaurants van Victoria; probeer op warme zomeravonden een plaats op het terrras te reserveren. Hoofdgerechten A-$ 28-57.

Streekkeuken – **Miriam's Restaurant:** 297 Esplanade, hoek Bulmer St., tel. 03-51 55 39 99, www.miriamsrestaurant.com.au, dag. 11.30-14.30, 17.30-21.30 uur. Seafood; ook internationale gerechten. Hoofdgerechten A-$ 22-38.

Actief
Boottochten – **Peels Cruises:** Post Office Jetty, tel. 03-51 55 12 46. Boottochten op de Gippsland Lakes (dag. 10, 14 uur, A-$ 50).
Lonsdale Eco Cruises: Cunningham Quay, Esplanade (Princes Hwy), tel. 0413-66 66 38,

www.lonsdalecruises.com.au. Boottochten op de Gippsland Lakes met observatie van dolfijnen, zeehonden en watervogels (dag. behalve wo. 13 uur, A-$ 50).
Bootverhuur – **Riviera Nautic:** Metung, tel. 03-51 56 22 43, www.rivieranautic.com.au. Verhuur van zeil- en motorboten.

Bairnsdale, Paynesville en omgeving ▶ 1, S 17

Tot de attracties van **Bairnsdale** behoren de botanische tuin en de katholieke **St. Marys Church** uit 1913 met op Italië geïnspireerde plafond- en muurschilderingen. Het museum **Krowathunkoolong Keeping Place** informeert over het leven en de cultuur van de hier ooit levende oorspronkelijke bewoners (37-53 Dalmahoy St., tel. 03-51 52 18 91, ma.-vr. 9-17 uur, A-$ 6).

In het ruige landschap van het **Mitchell River National Park** ten noordwesten van Bairnsdale kan een *bushwalker* met goede uitrusting de beschaving enkele dagen de rug toekeren.

Zo'n 18 km ten zuiden van Bairnsdale staat in vakantiedorp en jachthaven **Paynesville** de **St. Peter by the Lake Church** met verwijzingen naar de scheepvaart. De kerktoren lijkt op een vuurtoren, de kansel op een scheepsboeg en als altaarverlichting fungeert een oud navigatielicht. Met een autoveer kun je vanaf Paynesville de smalle McMillan Strait oversteken naar het kleine **Raymond Island**, waar de Swan Covekoala's leven.

Informatie
Bairnsdale Visitor Centre: 240 Main St., Bairnsdale, tel. 1800-63 70 60, dag. 9-17 uur.

Overnachten
Aangenaam ketenmotel – **Mitchell on Main:** 295-299 Main St., Bairnsdale, tel. 1800-16 68 33, www.motelinbairnsdale.com. Comfortabel, restaurant, zwembad. 2 pk vanaf A-$ 145.
Camping en cabins – **Bairnsdale Holiday Park:** 139 Main St., Bairnsdale, tel. 1800-06 28 85, www.bairnsdaleholidaypark.com. Goed toegerust, met zwembad.

Sale en omgeving
▶ 1, S 17

De route tussen Bairnsdale en **Sale** is landschappelijk niet erg aantrekkelijk. In het 'Dallas van Victoria' ligt het centrum van de olie- en gasindustrie, het hoofdsteunpunt van de boorplatforms in de Bass Strait. Buiten enkele historische gebouwen, de **Sale Regional Art Gallery** aan de rand van de binnenstad (Foster St., tel. 03-51 44 28 29, ma.-vr. 9.30-17, za. 9.30-12 uur, toegang gratis) en **Lake Guthridge** met een rijke vogelpopulatie, heeft Sale bezoekers weinig te bieden. Wel is het een ideaal startpunt voor een bezoek aan de Gippsland Lakes, een van de mooiste waterlandschappen van de wereld (zie blz. 192).

Van Sale ga je naar de naburige vakantieplaatsen **Golden Beach** en **Paradise Beach** aan de andere kant van het Lake Reeve. Aan het fantastische **Ninety Mile Beach** heb je kilometerslange stukken strand voor jezelf alleen. Vanwege de branding en de verraderlijke onderstromingen is zwemmen bepaald niet ongevaarlijk.

Aan de westoever van het Lake Reeve loopt een weg naar **Loch Sport**. Daar bevindt zich de toegang tot het **Lakes National Park**, waarvan de vegetatie uit een potpourri van eucalyptusbomen, acacia's en kustgewassen bestaat. Van het hoofdkantoor voert een onverharde weg naar Point Wilson, waar je tientallen grijze reuzenkangoeroes en moeraswallaby's kunt waarnemen. De langgerekte meren Lake Reeve en Lake Victoria zijn een vogelparadijs met duizenden zwarte zwanen.

Informatie
Central Gippsland Tourism: Princes Hwy, tel. 1800-67 75 20, www.gippslandtourism.com.au, dag. 9-17 uur.

Overnachten
Centraal – **Aspen Motor Inn:** 342 York St., tel. 03-51 44 38 88, www.bestwestern.com.au. Comfortabel en rustig. 2 pk vanaf A-$ 115.
Camping en cabins – **Sale Motor Village:** Princes Hwy, tel. 1800-64 25 87, www.salemotorvillage.com.au. Goed toegerust.

De kust tussen Sydney en Melbourne

RONDWANDELING OP WILSONS PROMONTORY

Informatie
Begin: Telegraph Saddle, Mount Oberon Car Park. Van nov. tot Pasen pendelt er een shuttlebus tussen Tidal River (zie blz. 196) en Telegraph Saddle; de rest van het jaar moet de afstand te voet worden afgelegd (circa 1 uur).
Bestemming: Tidal River
Lengte: 57,2 km
Duur: 2 tot 3 dagen

Moeilijkheidsgraad: gemiddeld
Uitrusting: tent, slaapzak, gasstelletje, voldoende proviand en water
Voorbereiding: overnachtingen moeten van tevoren worden geboekt en betaald: Parks Victoria, tel. 13 13 63 of bij het Visitor Centre in Tidal River, tel. 03-56 80 95 55. De toegangsprijs voor het nationaal park is bij de overnachting inbegrepen; voor prijzen zie tourbeschrijving.

Deze meerdaagse wandeltocht voert langs de hoogtepunten van de oost- en westkust en geeft ook een indruk van de wildernis in het ruige zuiden van **Wilsons Promontory**. Bijna het hele park werd in januari 2014 door bosbranden aangetast. Maar vele planten hebben strategieën ontwikkeld om vuur te weerstaan en bijvoorbeeld kegelvruchten (zoals dennenappels) ge-

Gippsland

vormd, waarin zaden brandveilig worden bewaard en na de vuurzee vrijkomen. Dit natuurlijke afweermechanisme trakteerde wandelaars in de daaropvolgende lente en zomer op een bijzonder weelderig bloeiende en groeiende, groene natuur. Uit verkoolde boomstammen ontsproten zachtgroene blaadjes, hoge eucalyptusbomen waren weer tot leven gewekt en op de weides lichtte een bonte kleurenpracht van wilde bloemen op. Ook de dieren zijn inmiddels naar het park teruggekeerd. De zelfhelende krachten van de natuur, die je hier zo indrukwekkend aan het werk kunt zien, maken deze rondwandeling tot een heel bijzondere ervaring.

De eerste dagetappe loopt van **Telegraph Saddle** naar **Refuge Cove** (16,6 km, 4-5 uur). Vanaf het parkeerterrein bij het Telegraph Saddle is de weg naar Sealers Cove bewegwijzerd. Door eucalyptusbossen voert de weg eerst omhoog naar **Windy Saddle**, een pas met schitterende uitzichten tussen Mount Ramsay en Mount Wilson. Vandaar gaat de weg weer bergaf tot Sealers Cove. Op de laatste 1,8 km kom je door een moeras – grotendeels over een plankenpad (*boardwalk*). Op het mooie en meestal verlaten strand van **Sealers Cove** houd je rechts aan en bereikt dan na circa 500 m **Sealers Creek**. Ook bij eb is deze niet met droge voeten over te steken – dus schoenen uit en broekspijpen opstropen! Je passeert de camping en volgt de bordjes naar Refuge Cove. De klim van circa 45 minuten naar **Horn Point** wordt beloond met een grandioos uitzicht op Five Mile Beach in het noorden en Seal Island in het oosten. Hier verlaat het pad de kust en daalt langzaam af naar **Refuge Beach**. Direct achter het strand aan de zuidkant van de baai ligt een camping voor wandelaars (A-$ 8 per persoon), met stromend water.

Eindbestemming van de tweede dag is het **Lighthouse** (17,9 km, 6-7 uur). Meteen vanaf het begin gaat de weg steil omhoog naar een open rotsplateau en aansluitend door een klein bosgebied. Een korte omweg, die zeer de moeite waard is (0,3 km/makkelijk) voert naar de **Kersop Peak**, waar het Lighthouse al te zien is. Terug op de hoofdroute loopt de weg langzaam omlaag naar **North Waterloo Bay**. Hier volg je het strand in zuidwestelijke richting. Aan het eind van het strand begint een rotsachtig pad, dat langs de kust naar **Little Waterloo Bay** leidt.

Wie de wandeling wil bekorten, buigt bij Waterloo Beach 50 m achter **Freshwater Creek** rechtsaf en klimt omhoog naar **Boulder Saddle**. Op sommige delen van de route loop je over plankenpaden. Na een à anderhalf uur komt de weg uit op de **Telegraph Track**. Via dit pad loop je in ongeveer twee uur terug naar Telegraph Saddle. En anders volg je de oorspronkelijke weg tot **Oberon Bay** en wandelt van daar verder zoals beschreven voor de derde dag (circa 3,5 uur).

Wie de hele rondwandeling wil lopen, volgt in **Little Waterloo Bay** circa veertig minuten lang het strand, tot kort voor het einde het pad zigzaggend naar **Mount Boulder** omhoog leidt. Nadat je boven bent aanbeland, volg je de bergkam, die onverwacht uitkomt op een open rotsplateau. Hier word je voor de inspannende klim beloond met een schitterend uitzicht. Hierna daalt de weg kalmpjes weer af naar beneden. Via een bewegwijzerd zijpad van de South East Track bereik je in vijftien minuten het **Lighthouse**. Daar kun je in knusse cottages met twee tot vier bedden van alle inspanningen uitrusten (standaard circa A-$ 80-100 per bed).

De derde dagetappe voert van het Lighthouse naar **Tidal River** (23,2 km, 7-8 uur). Je keert allereerst terug naar de South East Track en wandelt op dat pad in westelijke richting tot **Roaring Meg Camp** (circa 2 uur). Daar kom je uit op de Telegraph Track, die je langs **Martins Hill** en **Half Way Hut** noordwaarts volgt naar de kruising met de Waterloo Bay Track (circa 2 uur). Hier houd je links aan, om na circa één uur **Oberon Bay** te bereiken. Aan zee sla je rechtsaf en volgt het strand ongeveer 1,2 km lang, tot je aan het eind van het pad **Little Oberon Bay** bereikt. Een laatste korte klim brengt je bij **Norman Point**, dan daalt het pad langzamerhand weer af naar **Norman Beach**. Hier kun je langs het strand of via het pad in de schaduw naar **Tidal River** lopen (2-3 uur).

Corinna Melville

Vervoer

Streekbussen naar Bairnsdale en Lakes Entrance, zie ook kader op blz. 185.

Wilsons Promontory National Park ▶ 1, S 18

Het **Wilsons Promontory National Park** ('The Prom') is een granieten voorgebergte en een deel van de voormalige landbrug naar Tasmanië, die tienduizend jaar geleden na de laatste ijstijd als gevolg van de stijging van de zeespiegel onder water liep. Lichte eucalyptusbossen met stukjes subtropisch regenwoud strekken zich uit over de gebergten van het schiereiland tot aan de reusachtige rotsen en de verscholen stranden langs de zee. In het binnenland vormen de eucalyptusbossen een scherp contrast met de vochtige, met metershoge boomvarens begroeide ravijnen. Het met veenmoerassen bezaaide binnenland is het leefgebied van kangoeroes en emoes. In het natuurreservaat, dat zich uitstrekt op de zuidelijkste punt van het Australische continent, nodigt een circa 100 km lang netwerk van paden uit tot wilderniswandelingen (zie blz. 194). Je krijgt een goede indruk van het park tijdens de rit over de 32 km lange panoramaweg **Prom Nature Drive** van de parkingang bij **Yanakie** tot de **Tidal River**, waar het bezoekerscentrum en een kampeerplaats liggen.

Je kunt wandelingen maken naar de **Whisky Bay** en naar het fijnzandige **Squeaky Beach**. Met een beetje geluk ben je daar in de vroege ochtend getuige van een zeldzaam schouwspel: kort na zonsopkomst hoppen kangoeroes en wallaby's naar het water en drinken een paar druppels om aan hun dagelijkse zoutbehoefte te voldoen. In de **Lilly Pilly Gully**, waar een natuurleerpad (wandeling 5 km/2 uur) doorheen voert, groeien metershoge boomvarens. De zware wandeling naar de top van de 557 m hoge **Mount Oberon** wordt beloond met een schitterend uitzicht rondom (heen en terug 6 km/2 uur).

Informatie

Prom Country Visitor Information Centres: South Gippsland Hwy, Korumburra en Stockyard Gallery, McDonald St., hoek Main St., Foster, tel. 1800-63 07 04, www.visitpromcountry.com.au.
Wilsons Promontory National Park Visitor Centre: Tidal River, tel. 03-56 80 95 55, 13 19 63, www.parkweb.vic.gov.au, dag. 8.30-16.30 uur. Hier of bij de parkingang dien je een entree van A-$ 12 per auto te voldoen.

Overnachten

Motel – **Comfort Inn Foster:** 3800 South Gippsland Hwy, Foster, tel. 03-56 82 20 22, www.comfortinnfoster.com.au. Prettig motel met restaurant en zwembad in Foster, circa 50 km ten noorden van het nationaal park. 2 pk vanaf A-$ 150.

Camping en cabins – **Tidal River Caravan Park:** tel. 03-56 80 95 55, wprom@parks.vic.gov.au. Grote camping met goed toegeruste cabins; ideale standplaats voor de verkenning van het nationaal park; in het hoogseizoen tijdig reserveren.

Phillip Island ▶ 1, R 17

Kaart: zie rechts

Het naar de eerste gouverneur van Australië genoemde **Phillip Island** heeft de reputatie van een dierenparadijs. Het is het leefgebied van koala's, zeehonden en talrijke vogelsoorten. De grootste trekpleister zijn de grappige dwergpinguïns (*little penguins*), die hier in de zomermaanden elke avond aantreden voor de beroemde 'pinguïnparade' (zie blz. 198).

Churchill Island

www.penguins.org.au, dag. 10-17 uur,
A-$ 12,50

De eerste attractie is **Churchill Island**, ten noorden van Newhaven, dat je bereikt via een houten brug. Daar is een imposant victoriaans herenhuis bewaard gebleven, dat is omgeven door een mooi park. Het wandelpad rond het kleine eiland biedt prachtige panorama's op de Western Port Bay.

Cape Woolamai

Cape Woolamai ten zuiden van de Phillip Island Road kun je alleen te voet bereiken.

Gippsland

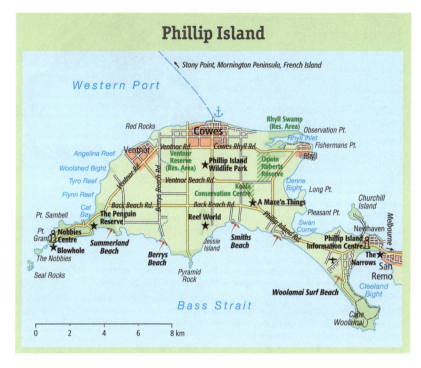

Op het met 109 m hoogste punt van het eiland nestelen van eind september tot eind april duizenden stormvogels *(mutton birds)*. De pittoreske rotsformaties **The Pinnacles** vallen in de smaak bij fotografen (rondweg 8 km/3,5 uur.).

Koala Conservation Centre en Phillip Island Wildlife Park

Aan de Phillip Island Road, die naar de eilandhoofdstad Cowes loopt, kun je in het **Koala Conservation Centre** vanaf een ter hoogte van de boomtoppen op palen gebouwd pad koala's observeren in hun natuurlijke leefomgeving (tel. 03-59 51 28 00, www.penguins.org.au, dag. 10-17 uur, A-$ 12,50, tip: verrekijker meenemen).

Ten zuiden van Cowes kan de bezoeker in het **Phillip Island Wildlife Park** kennismaken met emoes, dingo's, wallaby's, wombats en andere vertegenwoordigers van de Australische dierenwereld (Thompson Ave., tel. 03-59 52 20 38, www.piwildlifepark.com.au, dag. 10 uur tot zonsondergang, A-$ 18). In **Cowes**, de hoofdplaats van het eiland, vind je gezellige accommodatie en goede restaurants.

Point Grant

Een verplicht nummer voor elke bezoeker van Phillip Island is de reis naar de zuidwestpunt van het eiland. Van het eindpunt van de weg, de Point Grant, voeren houten looppaden langs de basaltkust. Een bezienswaardigheid is het **Blowhole** – uit gaten die als gevolg van erosie door de zee zijn ontstaan wordt onder hoge druk als in een geyser zeewater omhoog gespoten. **The Nobbies**, twee piepkleine eilandjes die bij eb zonder natte voeten zijn te bereiken, liggen vlak voor de landtong.

Circa 1 km voor Point Grant trotseren de **Seal Rocks** de woeste zee. Op het kleine rotseilandje leeft een vijf- tot zesduizend dieren tellende kolonie pelsrobben. Je kunt de robben benaderen met de boot, die in Cowes

De parade van dwergen in rokkostuum

De grappige dwergpinguïns zijn de prominentste inwoners van Phillip Island en tegelijkertijd de belangrijkste attractie van het eiland. Voor veel toeristen is de 'penguin parade' op Summerland Beach het hoogtepunt van hun verblijf.

De dwergpinguïns, met minder dan 35 cm de kleinste soort ter wereld, zijn de enige pinguïns die op het Australische vasteland broeden. Ze verblijven elk jaar enkele maanden op de zuidkust, van New South Wales tot Western Australia. Op Phillip Island zijn ze van tijdelijke bezoekers *permanent residents* geworden.

Vanaf mei zoeken de pinguïns hun oude nestplaatsen in grotten of rotspleten op of graven diep in de zandbodem een nieuw nest. Tussen augustus en oktober leggen de vrouwtjes meestal twee tot drie eieren, die door beide partners afwisselend worden uitgebroed, totdat 35 dagen later de jongen uitkomen. Tijdens de broedperiode en in de eerste weken na de geboorte blijft altijd een van de ouders in het nest, terwijl de andere het nest bij het eerste ochtendlicht verlaat om in de golven van de branding op kleine visjes te jagen. Na de avondschemering keren de dwergpinguïns in groepen naar de broedkolonie terug. Maar voordat ze kunnen gaan rusten, moeten ze over een door schijnwerpers verlicht stuk strand langs het publiek waggelen. Het rumoer lijkt de dieren nauwelijks te deren, want ze voelen zich op Phillip Island al tientallen jaren thuis.

Zodra de jongen tegen februari-maart in staat zijn om voor zichzelf te zorgen, begint voor de ouders de ongeveer drie weken durende rui, waarbij ze hun nest niet verlaten. Gedurende deze periode, waarin ze een nieuw verenkleed krijgen – grijsblauw op de rug, wit op de borst – zijn ze niet 'waterdicht' en kunnen ze niet het water in om naar voedsel te zoeken. Hun vetvoorraad helpt ze door de hongerperiode.

De 'pinguïnparade' vindt het hele jaar door plaats op Summerland Beach, maar is het mooist in december en januari. Ter bescherming van de dieren zijn tribunes gebouwd van waaraf de bezoekers het schouwspel kunnen volgen. Je kunt de pinguïns bijna nog beter waarnemen vanaf een op plankieren aangelegd pad, dat rechts achter het bezoekerscentrum begint. In een ondergrondse observatieruimte zie je de dieren van heel dichtbij. Hoewel je het spektakel met een grote groep mensen tegelijk moet delen, is het absoluut de moeite waard. Fotograferen mag, maar alleen zonder flits.

Wetenswaardigheden over de pinguïns biedt het bezoekerscentrum. Door middel van kijkkasten kun je het leven in de broedholen observeren (tel. 03-59 56 83 00, www.penguins.org.au, dag. 10 uur tot zonsondergang, A-$ 25,10). Tip: vanwege de grote drukte is het zinvol tijdig kaartjes te kopen. Dat kan in het Phillip Island Information Centre, vlak na de brug die het eiland met het vasteland verbindt; je kunt ze ook bij het bezoekerscentrum telefonisch reserveren. Vergeet vooral niet warme kleding en bescherming tegen de regen mee te nemen.

Gippsland

aanmeert. In de koloniale tijd zijn de pelsrobben bijna uitgeroeid door jagers, maar sinds de dieren een beschermde status genieten, is hun aantal snel toegenomen.

Nobbies Centre
Tel. 03-59 51 28 00, www.penguins.org.au, dag. 9-17 uur, A-$ 18

Het **Nobbies Centre** op Point Grant biedt topinfotainment in de vorm van de tentoonstelling Antarctic Journey. De modernste technologie en multimediaeffecten voeren de bezoeker mee op een virtuele reis over de Zuidelijke Oceaan naar het continent van het eeuwige ijs. Bij interactieve haltes word je vertrouwd gemaakt met de harde klimatologische omstandigheden van Antarctica. IJzig wordt het in de Chill Zone, waar wie dat durft in een digitaal gecreëerde ijswoestijn wordt blootgesteld aan Antarctische temperaturen. Dankzij *augmented reality* met 3D-hologrammen vervagen in een andere ruimte de grenzen tussen de tentoonstelling en Antactica zelf – de bezoeker vindt zichzelf terug op een drijvende ijsschots tussen pinguïns, zeehonden en walvissen.

Informatie
Phillip Island Information Centre: Phillip Island Rd., Newhaven, tel. 1300-36 64 22, www.visitphillipisland.com, dag. 9-17, in de zomervakantie tot 18 uur. Hier kun je onder andere terecht voor toegangskaarten voor de pinguïnparade en voor de Phillip Island Four Parks Pass, die geldt voor de pinguïnparade, het Koala Conservation Centre, Churchill Island en de Antarctic Journey in het Nobbies Centre (A-$ 57).

Overnachten
Charmant – **Genesta House:** 18 Steele St., Cowes, tel. 03-59 52 36 16, www.genesta.com.au. Gezellige B&B in een koloniaal pand nabij het strand; individueel ingerichte kamers; geen kinderen jonger dan 15 jaar. 2 pk A-$ 190-230 inclusief ontbijt.
Gezinsvriendelijk – **Coachman Motel:** 51 Chapel St., Cowes, tel. 03-59 52 10 98, www.coachmanmotel.com.au. Prettig motel op een centrale maar rustige locatie. Ook gezinskamers en verwarmd zwembad. 2 pk vanaf A-$ 160.
Behaaglijk – **Seahorse Motel:** 29-31 Chapel St., Cowes, tel. 03-59 52 20 03, www.seahorsemotel.com.au. Rustig, klein motel met 24 kamers; nabij het strand. 2 pk A-$ 115-195.
Camping en cabins – **Cowes Caravan Park:** 164 Church St., Cowes, tel. 03-59 52 22 11, www.cowescaravanpark.com.au. Goed toegeruste camping direct aan het strand met gezellige cabins in diverse soorten.

Eten en drinken
Vers uit zee – **Harry's on the Esplanade:** 17 The Esplanade, Cowes, tel. 03-59 52 62 26, www.harrysrestaurant.com.au, dag. 10-14.30, 17-23 uur. Versgevangen seafood en sappige steaks in een sfeervolle ambiance. Hoofdgerechten A-$ 26-44.
Pubrestaurant – **The Hotel Restaurant:** 11-13 The Esplanade, Cowes, tel. 03-59 52 20 60, www.hotelphillipisland.com.au, ma.-do. 11.30-1, vr., za. tot 2, zo. tot 24 uur. In een prettige sfeer worden seafood en steaks geserveerd, alsmede lichte streekkeuken in de stijl van de modern Australian cuisine. Gerechten A-$ 20-38.

Actief
Attractiepark – **A Maze'n Things:** Phillip Island Rd., tel. 03-59 52 22 83, www.amazenthings.com.au, dag. 10-17 uur, A-$ 34. Pretpark met groot labyrint.
Boottochten en dieren observeren – **Wildlifecoast Cruises:** tel. 1300-76 37 39, www.wildlifecoastcruises.com.au. Twee uur durende boottochten naar de Seal Rocks (okt.-apr. dag. 14 en 16.30, mei-sept. dag. behalve do. 14 uur, A-$ 75). **The Wharf:** San Remo, dag. 11.30 uur. Hier kun je half tamme pelikanen met de hand vissen voeren.

Vervoer
Bus: diverse keren per dag met V/Line, tel. 1800-80 00 07, naar Melbourne. Op Phillip Island is geen openbaar vervoer. Vanuit Melbourne worden er wel veel dagexcursies naartoe aangeboden.

Melbourne en omgeving

▶ 1, R 17

De hoofdstad van Victoria, met circa 4,4 miljoen inwoners na Sydney de grootste metropool van het continent, is niet een stad die bezoekers op het eerste gezicht aanspreekt, maar heeft langer nodig om tot het hart door te dringen. Toch heeft Melbourne naast een afwisselend cultuuraanbod veel te bieden. De stad staat niet voor niets hoog op de ranglijst van de wereldsteden met de beste levenskwaliteit.

 Melbourne

Plattegrond: zie blz. 209

De stad Melbourne ligt aan de noordoever van de bijna geheel door land ingesloten Port Phillip Bay. Hoewel een groot deel van de verwerkende industrie van Australië zich in en rond Melbourne heeft gevestigd en langs de oevers van de Yarra machtige banken en verzekeraars, mijnbouwers en andere industriegiganten resideren, en hier bovendien de grootste vakcentrale van Australië is gevestigd, is Melbourne in economisch en politiek opzicht minder belangrijk dan Sydney. Zelfs het feit dat alle belangrijke politieke partijen in Melbourne hun hoofdkwartier hebben gevestigd, verandert niets aan deze situatie. Ondanks zijn imposante skyline komt Melbourne eerder over als een wat ingetogen grote stad met een tegenwoordig nog altijd voornamelijk victoriaans karakter. Hoewel in de jaren 60 en 70 talrijke laatvictoriaanse gebouwen ten offer vielen aan een oververhitte bouwconjunctuur, bezit geen enkele Australische metropool meer restanten uit het Britse verleden dan Melbourne.

Van alle Australiërs houdt de echte Melburnian het meest vast aan de Angelsaksische tradities, vooral wanneer hij lid is van de voorname geldadel, die Brits conservatisme en Amerikaanse zakelijkheid heeft verenigd. Het bastion van Angelsaksische waarden wankelde een beetje toen Melbourne na de Tweede Wereldoorlog meer immigranten opnam dan enige andere Australische stad. Tegenwoordig leven er mensen uit circa 140 landen, die hele stadswijken hun kenmerkende sfeer hebben gegeven.

Multiculti is in Melbourne dan ook veel meer dan een modewoord – het brede spectrum aan levens- en modestijlen, religies en denkwijzen, keukens en cultuuruitingen dat zich hier vermengt, verleent de stad haar unieke karakter. Het in Melbourne bestaande multiculturalisme is een lichtend voorbeeld van het feit dat vreedzaam samenleven van de meest diverse culturen mogelijk is. Melbournes tegenwoordige multiculturele karakter komt op velerlei manieren tot uitdrukking, bijvoorbeeld in de bonte reeks culturele evenementen en vooral ook in het mega-aanbod aan specialiteitenrestaurants. Wat de opening van nieuwe eetzaken betreft, lijkt het wel of de verschillende nationaliteiten van de stad met elkaar in een wedstrijd zijn verwikkeld.

Met de immigranten kwamen musici en schilders, modeontwerpers en filmmakers. Door deze toestroom van kunstenaars uit allerlei disciplines is in Melbourne een voor een 'pioniersland' als Australië nauwelijks voorstelbaar cultureel aanbod ontstaan. Daartoe behoren naast de voorstellingen in het Arts Centre Melbourne ook de opvoeringen op de theaterpodia en de vernissages in de galeries, die de afgelopen decennia in de hele stad als paddenstoelen uit de grond zijn geschoten.

Een groot pluspunt van de Garden City, zoals Melbourne zich graag noemt, zijn ook de uitgestrekte parken, de weelderige tuinen en groene straten. Ongeveer een derde van de oppervlakte van het centrum bestaat uit parken. In dit opzicht overtreft Melbourne elke andere metropool in de wereld. Dit kan de belangrijkste reden zijn waarom Melbourne op het gebied van levenskwaliteit wereldwijd zulke hoge ogen gooit.

Geschiedenis

Anders dan Sydney was Melbourne oorspronkelijk geen strafkolonie, maar werd het door vrije kolonisten gesticht. In mei 1835 landde John Batman, komend van het eiland Tasmanië, in de Port Phillip Bay. In opdracht van Britse kolonisten, voor wie Tasmanië te krap werd en die nieuw land voor hun schapenfokkerijen zochten, 'kocht' hij van de daar levende oorspronkelijke inwoners circa 240.000 ha land. De prijs: een paar dekens, bijlen, spiegels, glazen knikkers en andere prullaria met een totale waarde van nog niet eens tweehonderd Engelse pond. Aan de Yarra stichtten Batman en zijn kolonisten een nederzetting, die zij later naar de toenmalige Britse premier, lord Melbourne, noemden.

Het zich snel verspreidende nieuws over het rijke weideland rondom Melbourne leidde tot een grote toestroom van vrije, financieel draagkrachtige kolonisten uit het Britse moederland. Tegen 1840 was Melbourne uitgegroeid tot een stadje van vierduizend inwoners. De basis van deze ontwikkeling was de succesvolle fok van merinoschapen, waarvan er rond 1940 ongeveer 500.000 op de sappige weiden rond de stad graasden. Na de schapenfokkers volgden al snel rijke handelaars, die van Melbourne een belangrijke wolexporthaven maakten.

Na de vondst van goud in Ballarat, Bendigo en Castlemaine in het noorden van Melbourne groeide de bevolking van de kolonie explosief. Tienduizenden gelukzoekers uit de hele wereld togen, gelokt door het goud, naar Victoria. Grote mijnbouwbedrijven en banken vestigden zich op de oever van de Yarra, en in slechts tien jaar groeide Melbourne uit tot de welvarendste stad van het continent – het centrum van een agrarische regio was uitgegroeid tot een metropool van wereldniveau. In deze tijd verrezen de meeste van de victoriaanse bouwwerken die nu nog altijd het centrum kenmerken. Daarnaast stichtte men een universiteit en werden er theaters en concertzalen gebouwd.

Enkele decennia lang was Melbourne het economische en spirituele middelpunt van het land, en het leek erop dat Sydney deze voorsprong nooit meer zou inhalen. Na deze bloeitijd volgde vanaf 1890 echter een diep dal. Een langdurige economische crisis bracht talrijke bedrijven en banken in de problemen. Daarna krabbelde de Queen City of the South slechts langzaam weer overeind. Tussen 1901 en 1927 fungeerde Melbourne als hoofdstad van de jonge Commonwealth of Australia, voordat Canberra deze rol overnam.

Na de Tweede Wereldoorlog leefde Melbourne dankzij een grote toestroom van im-

IVENTURECARD

Van deze kortingspas bestaan twee varianten. Als **Melbourne Unlimited Attractions Pass** biedt hij gedurende een vastgestelde periode gratis gebruik van het openbaar vervoer en gratis toegang bij meer dan dertig attracties in en rond Melbourne (drie dagen A-$ 210, zeven dagen A-$ 230). Met de **Melbourne Flexi Attractions Pass** kun je binnen drie maanden drie, vijf of zeven attracties gratis bezoeken (respectievelijk A-$ 100, 155 en 190). De passen zijn te koop bij het Melbourne Visitor Centre en online via www.iventurecard.com/us/melbourne.

migranten uit Europa weer net zo op als een eeuw daarvoor. Ondanks de snelle groei van de bevolking en zijn economisch potentieel wordt Melbourne tegenwoordig overvleugeld door Sydney. Ook het feit dat Melbourne in 1956 als eerste stad van Australië de Olympische Spelen mocht organiseren, veranderde daar niet veel aan. Deze prestatie geldt niet alleen als een hoogtepunt in de Australische sportgeschiedenis, maar ook als een hoogtepunt voor de lokale patriotten van Melbourne. Op sportgebied hadden ze de aartsrivalen uit Sydney weer eens overtroffen. Ondanks alle rivaliteit begroette men de toewijzing van de Olympische Spelen van 2000 aan Sydney ruiterlijk met sportieve solidariteit.

Central Melbourne

De tocht door de City en de dicht bij het centrum gelegen wijk ten zuiden van de Yarra River zal je een hele dag kosten. Als je bezienswaardigheden zoals de musea aan Federation Square, het Melbourne Museum, het Victorian Arts Centre of de Royal Botanic Gardens beter wilt leren kennen, moet je daar minstens nog een extra dag voor inplannen. Omdat men in Melbourne op veel dagen van het jaar binnen 24 uur alle vier de jaargetijden kan meemaken, moet je een jas en een paraplu meenemen.

Federation Square 1

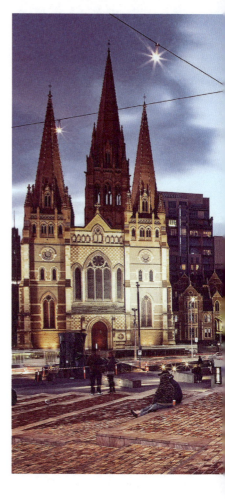

Middelpunt van de metropool en ideaal startpunt voor een wandeling door de stad is het in de stijl van statige Europese pleinen aangelegde **Federation Square** (www.fedsquare.com). Aan het uitgestrekte plein staan verscheidene futuristische gebouwen, waarin musea, galeries, theaters, bioscopen en restaurants, cafés en boetieks zijn gehuisvest.

Aandacht verdient het **Ian Potter Centre: NGV Australia**, dat als 'filiaal' van de National Gallery of Victoria (zie blz. 207) op drie etages de grootste verzameling Australische kunst van de koloniale tijd tot heden presenteert (tel. 03-86 20 22 22, www.ngv.vic.gov.au, dag. 10-17 uur, toegang gratis, behalve speciale tentoonstellingen en evenementen). Het **Australian Centre for the Moving Image** documenteert de geschiedenis van de Australische film en televisie (tel. 03-86 63 22 00, www.acmi.net.au, dag. 10-17 uur, toegang gratis, behalve speciale tentoonstellingen en evenementen). Bij de ingang is in het souterrain van een glazen paviljoen het royale **Melbourne Visitor Centre** gevestigd.

Federation Square is aangelegd boven de sporen van het **Flinders Street Station.** Dit station uit 1905, dat een mooie gevel in Franse

Melbourne

Het visitekaartje van het moderne Melbourne: Federation Square, een van de culturele hotspots van de stad

renaissancestijl bezit, ontvangt dagelijks tienduizenden forensen.

Zuidelijke Swanston Street

De fraaie victoriaanse gebouwen aan deze boulevard getuigen van de vroege rijkdom van de stad. Tegelijk zijn ze een weerspiegeling van de esthetiek van een tijd waarin zowel de classicistische architectuur als de speelsheid van barokke elementen werd gewaardeerd. Het zuidelijke deel van Swanston Street wordt gedomineerd door de tussen 18880 en 1891 gebouwde **St. Paul's Cathedral** 2 , die met zijn zuidelijke façade met prachtig versierde spitsbogen en grote roosvensters een van de beste voorbeelden van Australische neogotiek is. Aan de andere kant van Collins Street staat de grandioze **Town Hall** 3 uit de pionierstijd. Het oude stadhuis wordt nu gebruikt voor ontvangsten en concerten.

Melbourne en omgeving

Collins Street en Bourke Street

Collins Street heeft de bijnaam 'Golden Mile'. In de chique straat van Melbourne staan naast kantoren van handelshuizen en banken veel luxehotels en trendy boetieks. Op de hoek van Swanston Street en Collins Street zie je het **Manchester Unity Building** met zijn prachtige art-decofaçade.

De deels tot voetgangersgebied verklaarde **Bourke Street** vormt het centrum van de winkelwijk met enkele dure warenhuizen. Je kunt hier mooi wandelen in de galerijen tussen Bourke Street en de parallel lopende straten. De **Royal Arcade** 4 stamt uit de tijd van de grote, 19e-eeuwse passagearchitectuur. In de elegante victoriaanse winkelpassage met hoge koepelgewelven en prachtige mozaïekvloeren worden sinds 1892 de uren geslagen door de mythologische reuzen Gog en Magog, die aan beide zijden van een grote klok staan (308 Little Collins St., ma.-vr. 9-19, za., zo. 9-16 uur).

Chinatown 5

Machtige pagode-ingangen wijzen de weg naar **Chinatown**. Waar vroeger opiumkitten en bordelen stonden, nodigen tegenwoordig restaurants uit tot een culinaire ontdekkingstocht door China. Het kleine **Chinese Museum** aan Cohen Place informeert over de geschiedenis van de Chinese immigranten die sinds de goudkoorts van 1851 het land zijn binnengestroomd (tel. 03-96 62 28 88, www.chinesemuseum.com.au, dag. 10-16 uur, A-$ 11).

Noordelijke Swanston Street

Het uitgestrekte neogotische gebouwencomplex op de hoek van Swanston Street en La Trobe Street herbergt de **State Library** 6, met een collectie van meer dan een miljoen boeken en een uitgebreide verzameling historische documenten (tel. 03-86 64 70 00, www.slv.vic.gov.au, ma.-do. 10-21, vr.-zo. 10-18 uur, toegang gratis).

Melbourne Central 7, een verscheidene verdiepingen tellend winkel- en restaurantcomplex, is een van de markantste moderne gebouwen van de stad. De enorme glazen koepel van het futuristische gebouw overdekt de historische **Shot Tower**, die in de 19e eeuw gebruikt werd voor de productie van loden kogels.

Als je Swanston Street in noordelijke richting volgt, kom je ten slotte in Victoria Street, waar de **Public Baths** 8 een victoriaans sierstuk vormen.

Queen Victoria Market 9

In de uitgestrekte **Queen Victoria Market**, die is ondergebracht in meer dan een eeuw oude hallen, zorgt een bonte mengeling van verschillende bevolkingsgroepen voor een exotische sfeer. De meer dan duizend kraampjes op deze grootste markt van het zuidelijk halfrond verkopen vooral levensmiddelen (Elizabeth St., hoek Victoria St., tel. 03-93 20 58 22, www.qvm.com.au, di., do. 6-14, vr. 6-17, za. 6-15, vlooienmarkt zo. 9-16, avondmarkt nov.-feb. wo. 17.30-22 uur; rondleidingen di., do., vr., za. 10-12 uur, A-$ 25).

Old Melbourne Gaol 10

Tel. 03-86 63 77 28, www.oldmelbournegaol.com.au, dag. 9.30-17 uur, A-$ 25

In Russell Street staat de **Old Melbourne Gaol**, een van de bekendste monumenten uit de pionierstijd. In de in 1851 gebouwde, duistere gevangenis werden tot 1923 meer dan honderd ter dood veroordeelden opgehangen, onder wie ook Ned Kelly, de bekendste struikrover van Australië (zie blz. 181).

Carlton

In het noorden gaat de City naadloos over in de voorstad **Carlton**, bekend als locatie van de Melbourne University en meer nog van de Carlton Brewery. In enkele straten vind je voorbeelden van de victoriaanse *terrace*bouwstijl uit de late 19e eeuw: smalle, twee verdiepingen tellende rijtjeshuizen met rijkversierde, mooi gedetailleerde ronde gevels en filigreinen smeedijzeren trailiewerk als balkonrailing. Vroeger was Carlton een wijk waar veel Melbournse Joden leefden, maar tegenwoordig zitten er vooral Grieken en Italianen. De drukke Lygon Street bezit een mediterrane sfeer. Het is Melbournes **Little Italy,** waar Italiaanse

Melbourne

immigranten in de jaren 50 de eerste espressomachines in Australië in gebruik namen. Nog steeds smaakt een espresso hier net zo goed als in Milaan of Rome.

Royal Exhibition Building 11
Tel. 13 11 02, www.museumvictoria.com.au/reb, rondleidingen dag. 14 uur, verzamelen bij de kassa van het Melbourne Museum, A-$ 7

In het centrum van de Carlton Gardens staat het **Royal Exhibition Building**, dat werd gebouwd voor de Wereldtentoonstelling in 1880. Van 1901 tot 1927, tot de verhuizing naar de nieuwe hoofdstad Canberra, vergaderde hier het parlement.

Melbourne Museum 12
Tel. 03-96 63 54 54, www.imaxmelbourne.com.au, voorstellingen dag. 10-21 uur ieder uur, vanaf A-$ 25

Aan de rand van de Carlton Gardens staat het futuristische **Melbourne Museum**, waar onder het machtige dak de overzichtelijke verzamelingen en interactieve displays schuilgaan die zijn gewijd aan de wetenschappen geologie, biologie, ecologie, etnografie en sociale geschiedenis. De Bunjilaka Gallery houdt zich uitsluitend bezig met de cultuur van de Aboriginals. Grote publiekstrekkers zijn de tijdelijke exposities en het kindermuseum (Nicholson St., tel. 13 11 02, www.museumvictoria.com.au/melbournemuseum, dag. 10-17 uur, A-$ 12, kinderen gratis, tram 86 of 96 vanaf William St.). Een bijzondere bioscoopbelevenis biedt het **imaxtheater** naast het museum

Melbourne Zoo 13
Tel. 03-92 85 93 55, www.zoo.org.au, dag. 9-17 uur, A-$ 32,50, kinderen tot 15 jaar za., zo. en in de schoolvakanties gratis toegang, tram 55 vanaf William St.

Slechts een klein stukje ten noorden van Carlton, in de voorstad Parkville, ligt de **Melbourne Zoo**, de oudste dierentuin van Australië. Hier leven talrijke dieren uit Australië en andere delen van de wereld. Een bezoek waard zijn het onderkomen van de vogelbekdieren en het vlinderhuis, naast de koala-afdeling en de volière met papegaaien.

Tip

ROAR 'N' SNORE

Praten kangoeroes in hun slaap? Slapen emoes 's nachts staand? Deze en andere dierengeheimen kunnen bezoekers van de **Melbourne Zoo** aan de weet komen, want bij het 'Roar 'n' Snore'-avontuur slapen de gasten in tenten direct naast de dierenverblijven. Ze worden de volgende ochtend gewekt door het eerste leeuwengebrul, daarna kunnen ze de dierentuin op eigen gelegenheid bij daglicht verkennen (tel. 1300-96 67 84, sept.-mei diverse keren per week 18-9 uur, A-$ 199, slaapzak meebrengen).

Fitzroy, Richmond en East Melbourne

Brunswick Street in de voorstad **Fitzroy**, die in het noordoosten aan Carlton grenst, heeft zich ontwikkeld tot een trendy straat, waar men elkaar ontmoet in restaurants en kunstenaarscafés. Galeries, hippe zaken en tweedehandswinkels trekken een bont gemêleerd publiek aan. Een verplicht nummer voor Melbournebezoekers met een liefde voor het Verre Oosten is een bezoek aan **Richmond**. Tijdens een wandeling door Victoria Street met zijn exotische levensmiddelenwinkels en Aziatische geroezemoes waan je jezelf in Vietnam Vrijwel tussen deze twee wijken in ligt **East Melbourne,** waar ook enkele bezienswaardigheden zijn.

Parliament House en St. Patrick's Cathedral

Aan Spring Street staat het **Parliament House** 14, een classicistische kolos met een machtige porticus van tien Dorische zuilen en een 46 m hoge koepel. In het representatieve gebouw, ooit de zetel van de Australische regering, resideren tegenwoordig de twee kamers van het parlement van Victoria. De bouw ervan werd in 1856 begonnen en pas 36 jaar later afgerond (tel. 03-96 51 89 11, www.parliament.vic.gov.au, gratis rondleidingen op dagen dat er niet wordt vergaderd ma.-vr. elk uur tussen 9.30-15.30 uur).

Schuin ertegenover staat het **Windsor Hotel,** een van de mooiste victoriaanse hotelpaleizen van het land. Als een bijzonder voorbeeld van neogotische architectuur geldt de **St. Patrick's Cathedral** 15, het grootste godshuis van Australië, die zich verheft boven het gebied achter het parlement.

Captain Cooks Cottage 16
Tel. 03-94 19 46 77, dag. 9-17 uur, A-$ 6,50
Ten oosten van Spring Street liggen de **Treasury Gardens** en **Fitzroy Gardens**, de oudste parken van Melbourne. In het laatste kun je **Captain Cooks Cottage** bezichtigen, het historische geboortehuis van de 'ontdekker' van Oost-Australië, dat in 1933 vanuit het Engelse Yorkshire naar hier werd verscheept. Even verderop ligt de **English Tudor Village**, het model van een Engels dorp uit de 19e eeuw.

Yarra Park
Ten zuidoosten van de Fitzroy Gardens ligt het **Yarra Park** met de **Melbourne Cricket Ground** 17. Het na het Stadium Australia in Sydney grootste stadion van Australië biedt plaats aan meer dan honderdduizend toeschouwers. Het vormde in 1956 het middelpunt van de Olympische Zomerspelen en is ook nu nog de locatie voor belangrijke sportevenementen. Op het terrein ligt het **National Sports Museum**, waar je jezelf kunt informeren over de hoogtepunten van de Australische sportgeschiedenis (tel. 03-96 57 88 88, www.nsm.org.au, dag. 10-17 uur, A-$ 23, rondleidingen op de Cricket Ground meerdere keren per dag. 10-15 uur, A-$ 23, combiticket A-$ 31,50).

Olympic Park
Van het Yarra Park loopt een voetgangersbrug over de spoorbaan naar het **Olympic Park** met diverse ter gelegenheid van de 16e Olympische Zomerspelen van 1956 gebouwde sportzalen. In het **National Tennis Centre** 18, de locatie van het Australian Open, het toernooi om het internationale Australische tenniskampioenschap, vierden grootheden als Rod Laver, Boris Becker en John McEnroe triomfen. Het olympisch terrein wordt gecompleteerd door een centrum voor verschillende soorten sport en het atletiekstadion.

Kings Domain

Terwijl het gebied ten noorden van de Yarra wordt gekenmerkt door economie en politiek, overheersen cultuur en natuur ten zuiden van de rivier. Het terrein tussen de Yarra River en St. Kilda Road is een uniek parklandschap, **Kings Domain**, een geliefkoosd domein voor joggers en fietsers.

Sidney Myer Music Bowl 19
In het noordelijke deel van het park ligt de in 1959 ingewijde, aan vijftienduizend toeschouwers plaats biedende **Sidney Myer Music Bowl,** Australiës grootste openluchtpodium. In de zomermaanden is dit geschenk van een warenhuiskoning aan de stad het toneel van een groot aantal concerten, waarbij alle soorten muziek, van klassiek tot rock, worden gespeeld.

Government House en La Trobes Cottage
Het historische **Government House** 20, dat tegenwoordig voor staatsbezoeken en andere representatieve functies wordt gebruikt, is geopend voor bezoekers (tel. 03-96 56 98 00, gratis rondleidingen ma. en do. 10 uur).

Aan de zuidrand van het Kings Domain staat het bescheiden eerste regeringsgebouw van Victoria, **La Trobes Cottage** 21, dat in 1839 in losse onderdelen uit Engeland werd overgebracht (tel. 03-96 56 98 00, zo. 13-16 uur, toegang gratis, vrijwillige bijdrage).

Shrine of Remembrance 22
Tel. 03-96 54 84 15, www.shrine.org.au, dag. 10-17 uur, toegang gratis, vrijwillige bijdrage
In het zuidwestelijke deel van het Kings Domain

Melbourne

staat een in 1934 onthuld monument voor de Australische slachtoffers van de Eerste Wereldoorlog, de kolossale **Shrine of Remembrance**. Het hart van het complex, het Sanctuary, is zodanig gebouwd dat om 11 uur op de elfde dag van de elfde maand – het tijdstip waarop in 1918 de Eerste Wereldoorlog eindigde – door een smalle opening in het plafond een lichtstraal op de centrale gedenksteen **Stone of Remembrance** valt. Een bezoek aan het oorlogsmonument is vooral de moeite waard vanwege het mooie uitzicht vanaf de spits.

Royal Botanic Gardens 23

Birdwood Ave., tel. 03-92 52 23 00, www.rbg.vic. gov.au, dag. 7.30 uur tot zonsondergang; National Herbarium met bezoekerscentrum, ma.-vr. 9-17, za., zo. 9.30-17 uur; toegang gratis, gratis rondleidingen dag. behalve ma., za. 10, 11 uur; tram 8 vanaf Swanston St.

Via het uitgebreide padennetwerk in de 36 ha grote **Royal Botanic Gardens**, die zich ten zuidoosten van het Kings Domain uitstrekken, kun je meer dan twaalfduizend verschillende plantensoorten uit de hele wereld ontdekken. De botanische tuin werd midden 19e eeuw door de van oorsprong Duitse natuuronderzoeker baron Ferdinand von Müller ontworpen. Tot de attracties behoren het Ornamental Lake, dat een paradijs is voor tientallen vogelsoorten, een cactustuin, verscheidene kassen en het National Herbarium, waar ook het bezoekerscentrum is gevestigd.

Southbank

Arts Centre Melbourne 24

Hamer Hall en State Theatre: tel. 03-92 81 80 00, rondleidingen (1 uur) ma.-za. 11 uur, A-$ 20, zo. 11 uur Backstage Tour, A-$ 20; Performing Arts Museum: tel. 03-92 81 80 00, www.arts centremelbourne.com.au, ma.-vr. 11-17, za., zo. 12-17 uur, toegang gratis; National Gallery of Victoria: tel. 03-86 20 22 22, www.ngv.vic.gov. au, dag. 10-17 uur, gratis rondleidingen dag. 11.30 en 13.30 uur, toegang gratis

Aan het noordeinde van St. Kilda Road ligt het **Arts Centre Melbourne**, het culturele uithangbord van de stad. Het grote centrum van de kunsten, dat meestal The Arts Centre wordt genoemd, bestaat uit de cirkelvormige concertzaal Hamer Hall met 2600 zitplaatsen, het State Theatre voor opera, ballet en musicals, het Playhouse voor de enscenering van toneelstukken en de Studio voor experimenteel theater, het **Performing Arts Museum**, dat met beeld en geluid over de uitvoerende kunsten informeert en ten slotte de National Gallery of Victoria (zie hieronder). Een 115 m hoog Eiffeltorenachtig bouwwerk van staal en aluminium steekt uit boven het theater.

De al in 1968 geopende **National Gallery of Victoria**, met een gebrandschilderd plafond in zijn enorme foyer, is het oudste gebouw van het Arts Centre. De Melbournse kunstenaar Leonard French had vijf jaar nodig om het uit tienduizend onderdelen bestaande, grootste mozaïekdak ter wereld te maken. Het

ABORIGINAL HERITAGE WALK

Waar tegenwoordig de Royal Botanic Gardens liggen, hielden de Boonwurrung- en Woiworungstammen duizenden jaren lang hun bijeenkomsten, de *corroborees*. Tijdens wandelingen vertellen nakomelingen van de ooit in dit gebied levende oorspronkelijke inwoners over de traditionele levenswijze van hun volk. De deelnemers krijgen niet alleen uitleg over de planten en bomen, maar ook welk voedsel, medicijnen en werktuigen de Aboriginals ervan vervaardigden (tel. 03-92 52 24 29, www. rbg.vic.gov.au, dag. behalve za. 11-12.30 uur, A-$ 31, verzamelen bij het Visitor Centre bij de Observatory Gate van de Royal Botanic Gardens; reserveren vereist!).

door een gracht omgeven, uit zware basaltblokken opgetrokken gebouw zonder vensters doet denken aan een middeleeuwse vesting. Nadat het Australische deel van de verzameling met het Ian Potter Centre (zie blz. 202) een eigen onderkomen had gekregen, toont de National Gallery tegenwoordig uitsluitend internationale kunst; naast werken van meesters als Rembrandt en Renoir ook moderne stijlen. In de afdeling Azië vind je schilderijen, tekeningen, sculpturen en aardewerk uit vele Aziatische landen en verschillende tijdperken.

Australian Centre for Contemporary Art 25

111 Sturt St., tel. 03-96 97 99 99, www.acca online.org.au, di.-vr. 10-17, za. en zon- en feestdagen 11-17 uur, toegang gratis, vrijwillige bijdrage

Vijf minuten lopen van het Arts Centre Melbourne bevindt zich in Sturt Street in de buurt van het Malthouse Theatre het **Australian Centre for Contemporary Art (ACCA)**, een van de spannendste plekken voor hedendaagse kunst in Australië met tentoonstellingen van wereldklasse.

Southgate Complex en Eureka Tower

Tel. 03-96 93 88 88, www.eurekaskydeck.com.au, dag. 10-22 uur, A-$ 20 plus A-$ 12 voor The Edge

Aan de zuidoever van de Yarra ligt het **Southgate Complex** 26. Zowel overdag als 's avonds kun je vanaf de boulevard genie-

Melbourne

Bezienswaardig
1. Federation Square
2. St. Pauls Cathedral
3. Town Hall
4. Royal Arcade
5. Chinatown
6. State Library
7. Melbourne Central
8. Public Baths
9. Queen Victoria Market
10. Old Melbourne Gaol
11. Royal Exhibition Building
12. Melbourne Museum
13. Melbourne Zoo
14. Parliament House
15. St. Patricks Cathedral
16. Captain Cooks Cottage
17. Melbourne Cricket Ground
18. National Tennis Centre
19. Sidney Myer Music Bowl
20. Government House
21. La Trobes Cottage
22. Shrine of Remembrance
23. Royal Botanic Gardens
24. Arts Centre Melbourne
25. ACCA
26. Southgate Complex
27. Eureka Tower
28. Melbourne Maritime Museum
29. Sea Life Melbourne Aquarium
30. Immigration Museum
31. Docklands

Overnachten
1. Hotel Adelphi
2. Hotel Lindrum
3. Quest Gordon Place
4. Tolarno Boutique Hotel
5. Jasper Hotel
6. City Limits Hotel
7. Atlantis Hotel
8. Pensione Hotel
9. The Victoria Hotel
10. Space Hotel
11. Ashley Gardens Holiday Village

Eten en drinken
1. Coda
2. Gingerboy
3. Cutler & Co.
4. Stokehouse
5. Charcoal Lane
6. Circa
7. MoVida
8. Ants Bistro
9. Old Town Kopitiam
10. Pellegrini's Espresso Bar
11. Crossways
12. Food Mall

Winkelen
1. Chapel Street
2. Arts Centre Sunday Market
3. Rose Street Artists' Market
4. The Esplanade Market
5. Bridge Road
6. Chadstone
7. GPO
8. National Opal Collection
9. Original & Authentic Aboriginal Art
10. Australian by Design
11. Something Aussie
12. Wunderkammer

Uitgaan
1. La Mama
2. Malthouse Theatre
3. Princess Theatre
4. Bennetts Lane Jazz Club
5. Dizzy's Jazz Club
6. Brown Alley Nightclub
7. Chasers
8. Cookie
9. The Lounge
10. Icebar Melbourne
11. The Atrium Bar on 35
12. The Croft Institute
13. Transport Hotel
14. Bridie O'Reilly's
15. The Elephant & Wheelbarrow
16. Young & Jacksons Pub

Actief
1. Melbourne Greeter Service
2. Hidden Secret Tours
3. Melbourne River Cruises
4. Carlton & United Brewery Tours

---

ten van het panorama van de stad. Vanaf het uitkijkplatform op de 88e verdieping van de 297 m hoge **Eureka Tower** 27, de op twee na grootste wolkenkrabber van het zuidelijk halfrond, heb je een schitterend uitzicht op de stad. De adrenaline gaat stromen wanneer de bezoeker het uitkijkpunt **The Edge** betreedt – door een glazen bodem kijk je in de peilloze diepte.

Melbourne Maritime Museum 28
21 South Wharf Promenade, tel. 03-96 99 97 60, www.nationaltrust.org.au, za., zo. 10-16, in de schoolvakanties dag. 10-16 uur, A-$ 16

In een kwartier loop je van de Eureka Tower langs de Yarra naar het oude zeilschip **Polly Woodside**. In de houten romp is tegenwoordig het **Melbourne Maritime Museum** ondergebracht.

Ook in het Melbourne Museum is het een en al interactiviteit wat de klok slaat; de bezoekers moger er creatief bezig zijn

Noordelijke Yarra-oever

Sea Life Melbourne Aquarium 29
Tel. 03-99 23 59 99, www.melbourneaquarium.com.au, ma.-vr. 9.30-19, za- zo. tot 18 uur, A-$ 41,50, bij online reservering tot 20% korting
In het **Sea Life Melbourne Aquarium** belanden bezoekers door een plexiglazen tunnel in de onderwaterwereld van de Grote Oceaan, met levend koraal waar haaien, mantaroggen en andere kleurige vissen omheenzwemmen. Een attractie zijn ook de koningspinguïns uit Antarctica.

Immigration Museum 30
Tel. 13 11 02, www.immigration.museum.vic.gov.au, dag. 10-17 uur, A-$ 14
Het didactisch uitstekend vormgegeven **Immigration Museum** in het **Old Customs House** aan Flinders Street documenteert op aanschouwelijke wijze de geschiedenis van de immigranten die zich vestigden in Victoria en hun invloed op de manier van leven in de staat.

Docklands 31
Melbourne Star: tel. 03-86 88 96 88, www.melbournestar.com, dag. 11-22 uur, A-$ 31
Tot ver in de jaren 90 strekte zich ten zuidwesten van Spencer Street een vervallen havengebied uit met oude pakhuizen, verlaten kades en roestende bruggen. Tegenwoordig vormen de **Docklands** een gestileerd deel van Melbourne. Met miljoenen aan investeringen werd het vervallen industriegebied omgetoverd tot een duizelingwekkend complex met restaurants, cafés en bars, naast chique appartementen en hotels. Hier draait ook de **Melbourne Star**, met 120 m het op twee na hoogste reuzenrad ter wereld, dat vanuit 21 glazen cabines een panoramisch uitzicht op Melbourne biedt. Bij de zuidelijke ingang staat een enorme witte adelaar van hout, aluminium en glas van de uit Melbourne afkomstige kunstenaar Bruce Armstrong (gratis City Circle Tram 35 vanaf La Trobe St., 48 vanaf Collins St., 70 vanaf Flinders St. of 86 vanaf Bourke St.).

Melbourne

Informatie

Melbourne Visitor Centre: Federation Sq., Swanston St., hoek Flinders St., City, tel. 03-96 58 96 58, tourism@melbourne.vic.gov.au, ma.-vr. 9-18, za. en zon- en feestdagen 10-18 uur. Informatie over Melbourne en over alle toeristische attracties van Victoria; reserveren van hotels, excursies, huurauto's enzovoort.
Travellers Information Service: Melbourne International Airport, tel. 03-93 39 18 05, dag. 8-22 uur. Hotelreservering enzovoort.
Melbourne Visitor Booth: Bourke Street Mall, City, ma.-vr. 9-17, za. en zon- en feestdagen 10-17 uur.
Parks Victoria: tel. 13 19 63.
Royal Automobile Club of Victoria: 438 Little Collins St., tel. 03-99 44 88 08, www.racv.com.au, ma.-vr. 10-17, za. 10-13 uur.
Internet: www.thatsmelbourne.com.au, www.visitmelbourne.com), www.melbourne.org.au.

Overnachten

Strenge avant-garde – **Hotel Adelphi** **1**: 187 Flinders Ln., City, tel. 03-80 80 88 88, www.adelphi.com.au. Topdesignhotel van het eerste uur met het bekroonde new Australian cuisinerestaurant Ezard. Klapstuk is het dakterras met verwarmd (25 m!) zwembad, waarvan het glazen uiteinde uitsteekt buiten het gebouw – alleen voor zwemmers zonder hoogtevrees dus. Tip: voordelige tarieven op internet. 2 pk A-$ 350-500, suite A-$ 795.
Elegant boetiekhotel – **Hotel Lindrum** **2**: 26 Flinders St., City, tel. 03-96 68 11 11, www.hotellindrum.com.au. Ooit bevond zich op deze plek de saloon van de Australische biljartlegende Walter Lindrum. Nog steeds stralen de houten vloeren en hoge plafonds een gedegen sfeer uit. Het restaurant Felt is een fijnproeversparadijs met geraffineerde moderne cuisine. 2 pk vanaf A-$ 315.
Degelijk – **Quest Gordon Place** **3**: 24 Little Bourke St., City, tel. 03-96 63 28 88, www.questapartments.com.au. Stijlvol hotel in hartje stad, rustig, met restaurant, verwarmd zwembad en met groen aangeklede binnenplaats; zeer goed voorziene appartementen van verschillende grootte. 2 pk A-$ 215-345.
Aangekleed met moderne kunst – **Tolarno Boutique Hotel** **4**: 42 Fitzroy St., St. Kilda, tel. 03-95 37 02 00, www.tolarnohotel.com.au. Teeëndertig individueel ingerichte kamers met schilderijen van hedendaagse kunstenaars; uitstekende bistro met new Australian cuisine; in de nabijheid van St. Kilda Beach, goede verbindingen met de City. Let op: de kamers aan Fitzroy Street zijn enigszins lawaaierig. 2 pk A-$ 149-189, suite A-$ 229-389.
Designhotel – **Jasper Hotel** **5**: 489 Elizabeth St., City, tel. 03-83 27 27 77, www.jasperhotel.com.au. Designhotel in een ingrijpend gerestaureerde stadswoning met trendy ingerichte kamers en restaurant met moderne Australische keuken. Gasten kunnen gratis gebruikmaken van een nabijgelegen fitnesscenter met zwembad. 2 pk A-$ 145-185.
Behaaglijk modern – **City Limits Hotel** **6**: 20-22 Little Bourke St., City, tel. 03-96 62 25 44, www.citylimits.com.au. Klein hotel met acht verdiepingen aan de rand van Chinatown; de lichte en ruime kamers met kitchenette zijn bijna kleine appartementjes. 2 pk A-$ 127-184 inclusief ontbijt.
Functioneel – **Atlantis Hotel** **7**: 300 Spencer St., City, tel. 03-96 00 29 00, www.atlantishotel.com.au. Modern hotel met restaurant en zwembad bij het Southern Cross Station, functioneel ingerichte kamers. 2 pk A-$ 119-179.
Trendy jongerenhotel – **Pensione Hotel** **8**: 16 Spencer St., City, tel. 03-96 21 33 33, www.8hotels.com. Dit originele hotel in een 19e-eeuws pand is een tip voor jonge budgetreizigers. De 114 kamers zijn weliswaar spaarzaam gemeubileerd en klein, maar locatie en prijs zijn nauwelijks te overtreffen. Een ander pluspunt is de mooie daktuin. 2 pk vanaf A-$ 109.
Goedkope klassieker – **The Victoria Hotel** **9**: 215 Little Collins St., City, tel. 03-96 69 00 00, www.victoriahotel.com.au. Groot, populair hotel in het stadscentrum voor bijna ieder reisbudget (de goedkope kamers hebben geen eigen badkamer); uitstekend ontbijtbuffet en uitstekend Thais restaurant. Parkeren in de eigen parkeergarage. 2 pk A-$ 105-295.
Schoon, modern, goed gerund – **Space Hotel** **10**: 380 Russell St., City, tel. 03-96 62 38 88,

Melbourne en omgeving

www.spacehotel.com.au. Mix van luxebackpackershostel en goedkoop boetiekhotel; ideaal voor over een ruimer budget beschikkende flashpackers. Klapstuk is het dakterras met whirlpool. 2 pk vanaf A-$ 99, meerpersoonskamer vanaf A-$ 36 p.p.

Camping en cabins – **Ashley Gardens Holiday Village 11** : 129 Ashley St., Braybrook (10 km ten westen van de City nabij de Western Highway richting Ballarat), tel. 03-93 18 68 66, www.aspenparks.com.au. Uitstekend toegerust, met zwembad, speeltuin en grote cabins.

Eten en drinken

De culinaire verscheidenheid is enorm. Alsof je op wereldreis bent kun je in meer dan drieduizend restaurants genieten van bijna iedere denkbare keuken: de Italianen vind je aan Lygon Street in Carlton (tram 1 of 22 vanaf Swanston St.), de Grieken in Lonsdale Street en Russell Street, de Spanjaarden in Johnstone Street, de Chinezen in Little Bourke Street en de Vietnamezen in Victoria Street in Richmond (tram 48 of 75 vanaf Flinders St.). Een bonte mengeling van alle mogelijke eetzaken vind je aan Acland Street en Fitzroy Street in St. Kilda (tram 16 vanaf Swanston St. of tram 96 vanaf Bourke St.), in Chapel Street in Prahran (tram 78 of 79 vanaf Swanston St.), in Brunswick Street in Fitzroy (tram 112 vanaf Collins St.) en in het Southgate Complex aan de Southbank Promenade en in de Docklands.

Innovatieve crossoverkeuken – **Coda 1** : 141 Flinders Ln., City, tel. 03-96 50 31 55, www.codarestaurant.com.au, dag. 12-15, 18-22.30 uur. Verse, lichte en originele moderne Australische gerechten met Franse en Viëtnamese invloeden. De bijbehorende, altijd drukke bar is erg populair voor een *after work drink*. Vier- tot zesgangenmenu A-$ 60-100.

Aziatisch – **Gingerboy 2** : 27 Crossley St., City, tel. 03-96 62 42 00, www.gingerboy.com.au, ma.-vr. 12-14.30, 17.30-22.30, za. 18-22.30, zo. 11.30-14.30 uur. Van de door de Thaise en Viëtnamese keuken geïnspireerde gerechtjes stel je zelf een menu samen. Altijd druk, beslist reserveren! Menu A-$ 45-60.

Eigenzinnig – **Cutler & Co. 3** : 55-57 Gertrude St., Fitzroy, tel. 03-94 19 48 88, www.cutlerandco.com.au, di.-za. 18-23, zo. 12-15, 18-23 uur. Onconventioneel *fusion food*; de graag experimenterende chef-kok Andrew McConnell staat bekend als de 'jonge wilde' van de Melbournse restaurantscene. Hoofdgerechten A-$ 36-48.

Met zeezicht – **Stokehouse 4** : 30 Jacka Blvd., St. Kilda, tel. 03-95 25 55 55, www.stokehouse.com.au, dag. 12-15, 18-24 uur. Lekkere lichte gerechten, vooral versgevangen seafood, in een sfeervolle ambiance direct aan St. Kilda Beach. Hoofdgerechten A-$ 32-46.

Bush food – **Charcoal Lane 5** : 136 Gertrude St., Fitzroy, tel. 03-94 18 34 00, www.charcoallane.com.au, di.-za. 10-15, 18-22 uur. De chef-kok is een van de pioniers die *bush tucker* (dat is alles dat in het wild groeit en leeft en dat kan worden verzameld of waarop kan worden gejaagd) in Melbourne op de kaart zette. Gebruikt wordt niet alleen buffel-, emoe-, kangoeroe- en krokodillenvlees, maar ook een groot aantal alleen in Australië voorkomende kruiden en specerijen. Bovendien krijgen hier jonge Aboriginals een opleiding. Hoofdgerechten A-$ 28-42.

St.-Kilda-klassieker – **Circa 6** : Prince of Wales Hotel, 2 Acland St., St. Kilda, tel. 03-95 36 11 22, www.circa.com.au, dag. 12-23 uur. Mix van Europees erfgoed en innovatie van Down Under; bekroonde wijnkaart. Hoofdgerechten A-$ 26-42.

Italiaans – **Tutto Bene 26** : Mid Level, Southgate Complex, Southbank, tel. 03-96 96 33 34, www.tuttobene.com.au, dag. 8.30-11, 12-15, 17.30-23 uur. De gerechten maken waar wat hun naam belooft: pasta en pizza, carpaccio en *carne* – allemaal goed, *tutto bene*. Mooi om op zomeravonden buiten te eten met overweldigend uitzicht op de zee van lichtjes van de City. Hoofdgerechten A-$ 24-39.

Spaans – **MoVida 7** : 1 Hosier Ln., City, tel. 03-96 63 30 38, www.movida.com.au, dag. 12-24 uur. Deze kleine, enigszins verstopte zaak serveert ongewone tapas en raciones in een moderne Spaanse ambiance. Gerechten A-$ 17-32.

Chinees – **Ants Bistro 8** : 7 Corrs Ln., Chinatown, tel. 03-96 39 29 08, www.antsbistro.com.au, di.-vr., zo. 12-15, 17.30-22.30, za.

17.30-22.30 uur. Hier wordt Sichuanees gekookt, een van de pittigste Chinese keukens. Hoofdgerechten A-$ 17-30.

Zuidoost-Aziatisch – **Old Town Kopitiam** 9 : 195 Little Bourke St., Chinatown, tel. 03-96 39 60 98, zo.-wo. 11.30-21.30, do. 11.30-22.30, vr., za. 11.30-2 uur. Fantasierijke gerechten met Chinese, Indiase en Maleisische invloeden. Hoofdgerechten A-$ 14-26.

Cult – **Pellegrini's Espresso Bar** 10 : 66 Bourke St., City, tel. 03-96 62 18 85, dag. 7.30-22 uur. Vanuit deze zaak in authentieke retrolook begon in de jaren 50 de espresso aan zijn zegetocht door Melbourne. Uitstekende pasta en pizza, en lekkere *caffè* en *dolci*; rond lunchtijd altijd vol. Gerechten A-$ 12-26.

Vegetarisch – **Crossways** 11 : 123 Swanston St., 1. Stock, City, tel. 03-96 50 29 39, www.crosswaysfoodforlife.com.au, ma.-za. 11.30-20 uur. Hare Krishnarestaurant met uitstekende vegetarische en veganistische gerechten uit de hele wereld. Buffet A-$ 8.

Aziatisch snacken – **Food Mall** 12 : Target Centre, Bourke St., City, dag. 10.30-19.30 uur. Tientallen *food counters* met een bonte doorsnede van de Aziatische keukens. Hoofdgerechten A-$ 5-10.

Winkelen

Winkelstraat – **Chapel Street** 1 : Prahran en South Yarra, www.chapelstreet.com.au, tram 78 of 79 vanaf Swanston St. Een van Melbourne's interessantste winkelstraten met meer dan duizend boetieks, galeries en winkels, vooral op het gebied van mode en accessoires. Een absolute must is het originele winkelcentrum **Jam Factory,** 500 Chapel St., South Yarra, tel. 03-98 60 85 00, www.thejamfactory.com.au.

Markten – **Arts Centre Sunday Market** 2 : Arts Centre Melbourne, 100 St. Kilda Rd., tel. 03-92 81 80 00, zo. 10-17 uur. Bonte markt voor kunst en kunstnijverheid. **Rose Street Artists' Market** 3 : 60 Rose St., Fitzroy, tel. 03-94 19 55 29, www.rosestmarket.com.au, za., zo. 11-17 uur, tram 96 vanaf Bourke St. of tram 112 vanaf Collins St. Mode en sieraden van jonge designers die op het punt staan om door te breken. **The Esplanade Market** 4 :

Nee, geen retro, maar nog helemaal origineel: Pellegrini's, Melbourne's eerste koffiebar uit de jaren 50

Melbourne en omgeving

Upper Esplanade, St. Kilda, www.stkildaesplanademarket.com.au, zo. 10-17 uur, tram 16 vanaf Swanston St. of tram 96 vanaf Bourke St. Kunstnijverheid en rommel.

Outlet shopping – **Bridge Road** 5 : Richmond, www.bridgerd.com.au, tram 48 vanaf Collins St. of 75 vanaf Flinders St. Shoppingparadijs voor koopjesjagers. Vooral kleding; merkartikelen met tot 70% korting! **Chadstone the Fashion Capital** 6 : 1341 Dandenong Rd., circa 15 km ten zuidoosten van de City aan de Monash Hwy, tel. 03-95 63 33 55, www.chadstoneshopping.com.au, ma.-vr. 9-19, za., zo. 10-18 uur. Designerkleding van Australische en internationale ontwerpers in een winkelcentrum met meer dan 470 winkels.

Chic winkelen – **GPO** 7 : Bourke St., hoek Elizabeth St., City, tel. 03-92 90 02 00, www.melbournesgpo.com, ma.-do., za. 10-18, vr. 10-20, zo. 11-17 uur. Winkels in het voormalige hoofdpostkantoor; vooral mode van Australische topontwerpers.

Opaal – **National Opal Collection** 8 : 119 Swanston St., City, tel. 03-96 62 35 24, www.nationalopal.com, ma.-vr. 9-19, za., zo. 10-16 uur. Stenen en sieraden; belastingvrij kopen op vertoon van paspoort en internationaal vliegticket. Wie geïnteresseerd is mag een blik werpen in de werkplaats van de slijpers; in het museum in de vorm van een opaalmijn kom je van alles te weten over de stenen.

Aboriginal art – **Original & Authentic Aboriginal Art** 9 : 90 Bourke St., City, tel. 03-96 63 51 33, www.originalandauthenticaboriginalart.com, ma.-za. 10-18, zo. 11-17 uur. Naast schilderijen van bekende Aboriginalkunstenaars vind je hier ook hoogwaardige kunstnijverheid van Australiës oerbewoners.

Souvenirs made in Australia – **Australian by Design** 10 : Shop 20, The Block Arcade, 282 Collins St., City, tel. 03-96 63 98 83, www.australianbydesign.com.au, ma.-do. 9-18, vr. 9-19, za. en zon- en feestdagen 10-17.30 uur. Hoogwaardige, handgemaakte, kunstzinnige souvenirs.

Souvenirs made in Australia II – **Something Aussie** 11 : 400 Victoria St., North Melbourne, tel. 03-93 29 86 22, www.somethingaussie.com.au, ma.-vr. 9.30-18, za., zo. 10-18 uur, tram 55 of 57 vanaf Elizabeth St. tot Stop 10. Enorme keus aan kenmerkende souvenirs.

Kitsch en curiosa – **Wunderkammer** 12 : 439 Lonsdale St., City, tel. 03-96 42 46 94, www.wunderkammer.com.au, ma.-vr. 10-18, za. 10-16 uur. Van 19e-eeuwse Chinese scalpels via oude Italiaanse barometers tot opgezette kerkuilen.

Uitgaan

Uitgaansstraten met talloze restaurants, pubs en clubs zijn Fitzroy Street en Acland Street in St. Kilda (tram 16 vanaf Swanston St. of tram 96 vanaf Bourke St.), Chapel Street in Prahran (tram 78 of 79 vanaf Swanston St.), Brunswick Street in Fitzroy (tram 112 vanaf Collins St.) en Lygon Street in Carlton (tram 1 of 22 vanaf Swanston St.). Uitgaanstips, evenementenagenda's en nieuws over actuele culturele gebeurtenissen zijn te vinden in de vrijdagbijlage van het dagblad *The Age* en op zaterdag in de *Herald Sun*. Een goed overzicht van wat er op uitgaansgebied gaande is biedt ook het maandelijkse magazine *Melbourne Events*, dat je in het Visitor Centre en in hotels, restaurants, cafés en winkels gratis kunt meenemen. Evenementenkalender op internet: **www.melbournebars.com.au, www.onlymelbourne.com.au.**

Cultuurtempel – **Arts Centre Melbourne** 24 : 100 St. Kilda Rd., South Melbourne, tel. 1300-18 21 83, www.artscentremelbourne.com.au. Klassieke concerten, ballet en theater (tickets A-$ 60-300).

Theater – **La Mama** 1 : 205 Faraday St. Carlton, tel. 03-93 47 69 48, www.lamama.com.au. Alternatief podium voor onafhankelijke theatergroepen (tickets A-$ 40-80). **Malthouse Theatre** 2 : 113 Sturt St., Southbank, tel. 03-96 85 51 11, www.malthousetheatre.com.au. Avant-gardistisch theater met gedurfde nieuwe ensceneringen (tickets A-$ 40-60). **Princess Theatre** 3 : 163 Spring St., City, tel. 03-92 99 98 00, www.marrinergroup.com.au. Gevestigd podium met deels maanden van tevoren uitverkochte voorstellingen, dikwijls musicals (tickets A-$ 60-180).

Jazzclubs – **Bennetts Lane Jazz Club** 4 : 25 Bennetts Ln., tussen La Trobe St. en Little

Lonsdale St., nabij Exhibition St., City, tel. 03-96 63 28 56, www.bennettslane.com, dag. 19--1 uur, livemuziek vanaf 21.30 uur. In deze jazzclub met zijn relaxte sfeer treden Australische topjazzmusici op als Paul Grabowsky, Bob Sedergreen en Ted Vining. **Dizzy's Jazz Club** 5 : 368 Bridge Rd., Richmond, tel. 0474-72 30 76, www.dizzys.com.au, di.-do. 17.30-1, vr., za. 17.30-2 uur, livemuziek vanaf 20-21 uur. Uitstekende jazz van dixieland via bebop tot free jazz, met bovendien lekker eten en goede wijnen.

Nachtclubs en disco's – **Brown Alley Nightclub** 6 : 585 Lonsdale St., City, tel. 03-96 70 85 99, www.brownalley.com, zo.-do. 20-2, vr., za. tot 4 uur. Hippe danceclub met brede muziekkeuze, van hiphop tot indie en modern jazz, nu eens door dj's gedraaid, dan weer live gespeeld. In het weekend meestal lange rijen voor de deur. **Chasers** 7 : 386 Chapel St., South Yarra, tel. 03-98 27 73 79, www.chasersnightclub.com.au, zo.-do. 20-3, vr., za. 21-5 uur. Een van Melbourne's grootste nachtclubs met diverse dansvloeren en bars; voornamelijk jong, chic publiek. **Cookie** 8 : 252 Swanston St., City, tel. 03-96 63 76 60, www.cookie.net.au, zo.-do. 12-1, vr., za. 12-3 uur. Presenteert zich als een mix van restaurant, pub en disco. Creative Mod Oz-keuken en ellenlange drankenkaart; erg populair en altijd druk. **The Lounge** 9 : 243-245 Swanston St., City, tel. 03-96 63 29 16, www.lounge.com.au, di.-do. 12-2, vr. tot 4, za. tot 6, zo., ma. tot 24 uur. Café, bar en danceclub met dj's en livemuziek; goede plek om warm te draaien.

Bars en lounges – **Icebar Melbourne** 10 : 319 Brunswick St., Fitzroy, tel. 03-94 21 19 69, www.icebarmelbourne.com, do.-ma. 11-22, vr., za. 11-23 uur. In deze lounge bar waar het constant -10°C is, is alles van ijs: de muren, de tafels en stoelen en zelfs de glazen. **The Atrium Bar on 35** 11 : Sofitel Hotel, 25 Collins St., City, tel. 03-96 53 77 44, www.no35.com.au, dag. 17-24 uur. Restaurant-bar op de 35e verdieping van dit hotel. Bijzonder is het glazen toilet met prachtig uitzicht over Melbourne. **The Croft Institute** 12 : 21-25 Croft Alley, Chinatown, tel. 03-96 71 43 99, www.thecroftinstitute.com.au, ma.-do. 17-2, vr. 17-3, za. 20-3 uur. Deze trendy, met een grote verzameling antieke medische instrumenten gedecoreerde bar heeft de morbide charme van een hospitaal uit de jaren 30. **Transport Hotel** 13 : Federation Square, City, tel. 03-96 54 88 08, www.transporthotel.com.au, ma.-do. 11-24, vr., za. 11-4, zo. 11-24 uur. In deze populaire zaak biedt de Transport Bar originele drankjes en de Taxi Kitchen Japans geïnspireerde gerechten uit de moderne Aussie-keuken. Op warme zomeravonden is het zeer aangenaam zitten op het terras van de Transit Rooftop Bar.

Kroegen – **Bridie O'Reilly's** 14 : 462 Chapel St., South Yarra, tel. 03-98 27 77 88, www.chapelst.bridieoreillys.com.au, zo.-do. 12-23, vr., za. 12-1 uur. Populaire Ierse pub, waar de gasten op vrijdag- en zaterdagnacht rijen dik met hun Guinness aan de toog staan als er een folk- rockband optreedt. **The Elephant & Wheelbarrow** 15 : 94-96 Bourke St., City, tel. 03-96 39 84 44, www.bourkest.elephantandwheelbarrow.com.au, dag. van 11 tot 1 à 2 uur. Traditionele Britse

VOORVERKOOP

Boekingen (ook van overzee) voor alle grotere culturele en sportieve evenementen worden geregeld door **Ticketek** (Exhibition St., hoek Lonsdale St., City, tel. 13 28 49, www.ticketek.com.au, ma.-vr. 9-17, za. 10-14 uur) en **Ticketmaster** (Atheneaum Theatre, 188 Collins St., City, tel. 13 61 00, www.ticketmaster.com.au, ma.-vr. 9-17, za. 10-14 uur). Bij de **Halftix Kiosk** (Melbourne Town Hall, Swanston St., hoek Little Collins St., City, tel. 03-96 50 94 20, www.halftixmelbourne.com, ma. 10-14, di.-do. 11-18, vr. 11-18.30, za. 10-16 uur) kun je overgebleven kaarten kopen voor de halve prijs, meestal voor de avondvoorstelling van dezelfde dag.

pub met overvloedige *counter meals* en diverse bieren van het vat, do.-za. 's avonds livemuziek. **Young & Jacksons Pub** 16 **:** 1 Swanston St., City, tel. 03-96 50 38 84, www.youngandjacksons.com.au, zo.-do. 10-24, vr., za. 10-1 uur. Een van Melbourne's bekendste pubs met een van de beroemdste schilderijen van Australië: de afbeelding van Chloe, een vrouwelijk naakt.

Actief

Stadsrondleidingen – **Melbourne Greeter Service** 1 **:** c/o Melbourne Visitor Centre, Federation Square, tel. 03-96 58 96 58 (ma.-vr.), 96 58 99 42 (za., zo.), www.thatsmelbourne.com.au. Geëngageerde vrijwilligers laten je tijdens twee tot vier uur durende wandelingen hun stad zien vanuit een heel individueel perspectief en wijzen je op bezienswaardigheden die in geen enkele reisgids te vinden zijn – gratis en in meer dan vijftien talen (dag. 9.30 uur, minstens een dag van tevoren boeken). **Hid- den Secrets Tours** 2 **:** c/o Melbourne Visitor Centre, Federation Square, tel. 03-96 63 33 58, www.hiddensecretstours.com. Tijdens een alternatieve stadsrondleiding neemt Fiona Sweetman je mee langs de bekendste winkels van Melbourne. Deze mode-expert leidt je door verstopte steegjes en arcaden, struint met je over markten en geeft tips voor slim shoppen (ma.-za. 10-13 uur, vanaf A-$ 95).

Boottochten – **Melbourne River Cruises** 3 **:** Flinders Walk, tel. 03-86 10 26 00, www.melbcruises.com.au. Boottochten over de Yarra River naar Williamstown (ieder halfuur 10.30-15.30 uur, vanaf A-$ 26).

Brouwerij bezichtigen – **Carlton & United Brewery Tours** 4 **:** Carlton Brew House, Nelson St., hoek Thompson St., Abbotsford, tel. 03-94 20 68 00, www.carltonbrewhouse.com.au. Australiës grootste brouwerij (rondleidingen ma.-vr. 10, 12 en 14 uur, A-$ 29, reserveren vereist).

Evenementen

Australian Open (jan.): tennistoernooi.
Chinese New Year (jan.-feb.): bij nieuwe maan tussen 21 jan. en 19 feb. vieren de inwoners van Melbourne met Chinese *roots* hun nieuwjaarsfeest. Hoogtepunten zijn de draken- en leeuwenoptochten in Chinatown en als finale het vuurwerk.
Midsumma Festival (jan.-feb.): homo- en lesbofeest met *street parades*, www.midsumma.org.au.
Moomba Festival (feb.-mrt.): laten we samenkomen en plezier maken, dat is het motto van Melbourne's meest uitgelaten feest.
Melbourne Food and Wine Festival (mrt.): feest in het teken van eten en wijn, www.melbournefoodandwine.com.au.
Melbourne Grand Prix (mrt.): jaarlijkse formule 1-race in Melbourne, www.australiagrand-prix.com.
International Flower and Garden Show (mrt.-apr.): bloemenfeest in Fitzroy Gardens, www.melbflowershow.com.au.
Melbourne International Jazz Festival (juni): met internationale topjazzmusici, www.melbournejazz.com.
Melbourne International Film Festival (juli-aug.): films buiten de mainstream, www.miff.com.au.
Melbourne Fringe Festival (sept.-okt.): avant-gardistisch cultuurspektakel, www.melbournefringe.com.au.
Melbourne International Arts Festival (okt.): twee weken culturele evenementen, www.melbournefestival.com.au.
Melbourne Cup (eerste di. in nov.): Australiës belangrijkste paardenrennen, www.melbournecup.com.
Carols by Candlelight (dec.): kerstvieringen met (klassieke) concerten.

Vervoer

Vliegtuig: tussen de ruim 25 km ten noordwesten van de City gelegen Tullamarine Airport, www.melbourneairport.com.au, en het Southern Cross Station, Spencer St., in het centrum pendelt een luchthavenbus; van daaraf gratis transfer naar hotels in de City; na aanmelding vooraf word je ook gratis opgepikt bij je hotel voor de rit naar de luchthaven met SkyBus, tel. 1300-75 92 87, www.skybus.com.au (iedere 10-15 min. 24 uur per dag, reisduur 20-30 min., enkele reis A-$ 18, retour A-$ 35). Voor een taxi betaal je A-$ 60-70.

Trein: vanaf het Southern Cross Station, Spencer St., vertrekken treinen in alle richtingen. Informatie en reservering: V/Line, tel. 1800-80 00 07, www.vline.com.au.

Bus: streekbussen in alle richtingen vertrekken van de Southern Cross Station Terminal, Spencer St., City. Informatie en reservering: Firefly Express, tel. 1300-73 07 40, Greyhound Australia, tel. 1300-47 39 46.

Huurauto: een grote keus aan voertuigen van ieder type, ook terreinwagens en campers, hebben Avis, tel. 13 63 33, Budget, tel. 13 27 27, en Hertz, tel. 13 30 39. Alle verhuurders hebben een filiaal op de luchthaven.

Veerboten: een keer en in het hoogseizoen (dec.-jan.) twee keer per dag veerboten naar Devonport op Tasmanië. In het hoogseizoen tijdig reserveren! Informatie en reservering: TT Line Reservations, tel. 1800-63 49 06, www.tt-line.com.au, of bij het Tasmanian Travel Centre, 259 Collins St., City, tel. 03-92 06 79 22.

Jezelf verplaatsen in de stad

Tram: Melbourne's belangrijkste openbaar vervoermiddel. In de Free Tram Zone tussen Spring Street, Flinders Street (tot de Docklands), William Street (tot de Queen Victoria Market) en La Trobe Street kunnen alle trams kosteloos worden benut. Gratis is ook de City Circle Tram (Linie 35), die rijdt op de route Flinders Street-Docklands-La Trobe Street-Spring Street langs de meeste bezienswaardigheden in het centrum (zo.-wo. 10-18, do.-za. 10-21 uur iedere 10 min.).

Bus: het reguliere busnet wordt aangevuld door een luchthavenbus (blz. 217) en een sightseeinglijn. De bussen van de Melbourne Visitor Shuttle rijden vanaf het Arts Centre Melbourne, 100 St. Kilda Rd., dag. 9.30-16.30 uur ieder halfuur door de binnenstad; de rit kan bij elk van de vijftien haltes zo vaak als je wilt worden onderbroken (dagkaart A-$ 5, kinderen onder 10 jaar gratis).

Trein: treinen naar alle voorsteden vertrekken vanaf het Flinders Street Station. Informatie: V/Line, tel. 1800-80 00 07, www.vline.com.au.

Combiticket: in de agglomeratie Melbourne kun je reizen met de ov-chipkaart *myki*. Deze is echter meer afgestemd op mensen die voor een langere periode in de stad verblijven dan op kortstondige bezoekers. Wie dus wat langer in Melbourne is en meer wil zien dan het binnenstadgebied dat met de gratis tram te bereizen is, zou kunnen overwegen voor A-$ 15 de myki aan te schaffen; meer informatie op www.ptv.vic.gov.au.

Taxi: taxi's zijn overal volop voorhanden. Telefonisch bestellen kan bij Arrow Taxi Service, tel. 13 22 11, 13CABS, tel. 13 22 27, Yellow Cabs, tel. 13 19 24.

Eigen vervoer: wie zich met de eigen auto in de City begeeft, moet er rekening mee houden dat je op de 22 km lange stadssnelweg CityLink tol moet betalen. Dat kan alleen nog maar elektronisch, je moet jezelf daarvoor online registreren (informatie: tel. 13 26 29, www.citylink.com.au). Ook moet je jezelf vertrouwd maken met de speciale regels voor het rechts afslaan (zie blz. 76).

Rond Melbourne

Kaart: zie blz. 221

Como House 1

William Rd./Lechlade Ave., tel. 03-96 56 98 89, www.nationaltrust.org.au, park ma.-za. 9-17, zo. 10-17 uur, huisbezichtiging za., zo. 11, 12.30 en 14 uur, A-$ 15; tram 16 vanaf Swanston St. of tram 96 vanaf Bourke St.

Een uitstapje naar het zuiden dat goed te doen is met de tram (tram 16 vanaf Swanston St. of tram 96 vanaf Bourke St.) voert naar de voorstad **South Yarra**. Daar staat te midden van een uitgestrekte parkeerplaats het in 1847 gebouwde **Como House**, dat een mengeling van vroege Australische koloniale stijl en victoriaanse elementen toont. De inrichting van het huis dateert uit de afgelopen 150 jaar. Ten zuidoosten van South Yarra ligt de chique wijk **Toorak** (uitspraak: T'rak).

Rippon Lea Estate 2

192 Hotham St., tel. 03-95 23 60 95, www.ripponleaestate.com.au, dag. 10-17 uur, A-$ 15

In de wijk **Elsternwick** staat in een groot park het herenhuis **Rippon Lea Estate**, een

Melbourne en omgeving

Victoriaanse preutsheid gaf aan het eind van de 19e eeuw de doorslag bij de bouw van strandhuisjes – aan Brighton Beach staan er ruim tachtig strak in het gelid

neoromaans herenhuis dat tussen 1860 en 1887 werd gebouwd. De 33 kamers tellende villa, die met de originele, 19e-eeuwse meubels is ingericht, geeft een goed beeld van de levensstijl van een welvarende victoriaanse familie. Een mooi park met bloem- en varenperken en een idyllisch meer onderstrepen de elegantie van Rippon Lea.

St. Kilda en Brighton Beach

Melbournes zuidelijke voorstad **St. Kilda** 3 aan de Port Phillip Bay (tram 16 vanaf Swanston St. of tram 96 vanaf Bourke St.) bezit een authentieke charme. Behalve liggen op het strand kun je hier door Acland Street wandelen met zijn gebakwinkels en specialiteitenrestaurants uit alle delen van de wereld. Verder kun je op koopjesjacht gaan op de **Arts and Craft Market**, die zondags bij de Esplanade wordt gehouden. Aan de strandboulevard kunnen grote en kleine kinderen al sinds 1912 hun hart ophalen in het **Luna Park**, een kermis met een achtbaan, een reuzenrad en draaimolens (Lower Esplanade, tel. 03-95 25 50 33, www.lunapark.com.au, 's zomers vr. 19-23, za. 11-23, zo. 11-18, 's winters za., zo. 11-18 uur, A-$ 49,95; tram 16 vanaf Swanston St. of tram 96 vanaf Bourke St.). Nachtbrakers kunnen uit hun dak gaan in Fitzroy Street met zijn talrijke pubs en clubs.

Het langgerekte strand tussen St. Kilda en Port Melbourne nodigt uit tot zonnen en zwemmen. Schone zandstranden en helder water tref je tevens verder naar het zuiden bij **Brighton Beach** 4, dat beroemd is om zijn kakelbonte *beach boxes* (strandhuisjes).

Moonlit Sanctuary 5

550 Tyabb-Tooradin Rd., Pearcedale, tel. 03-59 78 79 35, www.moonlitsanctuary.com.au, dag. 10-17 uur, A-$ 20, Bushland Tour bij avond A-$ 42, voor 15 uur reserveren

Tijdens een zwerftocht door de **Moonlit Sanctuary,** die zich uitstrekt over een 10 ha groot terrein, kun je als bezoeker heel dicht in de buurt komen van vertegenwoordigers van de Australische fauna. Kinderen mogen in het dierenpark koala's aaien en kangoeroes en wallaby's voeren. Heel bijzonder is een bezoek in de avonduren, als je, voorzien van een zaklamp, tijdens een korte wandeling nachtdieren zoals possums en wombats kunt observeren. Doordat hier bedreigde soorten als de borstelstaartkangoeroerat (*southern bettong*) en de Tasmaanse duivel gefokt en later in het wild uitgezet worden, levert het dierenpark een belangrijke bijdrage aan de bescherming van bedreigde diersoorten.

Mornington Peninsula

Langs de Port Phillip Bay loopt de Nepean Highway naar **Mornington Peninsula**. De bijna geheel door land omgeven Port Phillip Bay is alleen via een smalle opening met de open zee verbonden. Door zijn beschutte ligging vormt de baai een welhaast ideale locatie voor bijna alle soorten watersport. Geen wonder dat de badplaatsen geliefde weekend- en vakantiebestemmingen zijn en de auto's van de dagjesmensen de Nepean High-way op sommige dagen verstoppen. Op de 305 m hoge **Arthur's Seat** 6 kijk je uit op de Port Phillip Bay en Mornington Peninsula. De hoogste top van het schiereiland bereik je vanaf **Dromana** via een wandelpad, met eigen vervoer of door middel van een stoeltjeslift.

Sorrento 7 is het uitgangspunt voor boottochten om dolfijnen te observeren in de Port Philip Bay. Vooral in de Australische zomer zijn ze hier talrijk, wanneer ze hun jongen grootbrengen. Tijdens drie tot vier uur durende tochten kom je heel dicht in de buurt van de dolfijnen. Wie daar zin in heeft, kan – in een wetsuit en onder deskundige begeleiding – zelfs met de speelse dieren zwemmen (Polperro Dolphin Swims, Sorrento Pier, tel. 03-59 88 84 37, www.polperro.com.au, dag. 8, 12 uur, zwemmers A-$ 145, toeschouwers A-$ 62,50, reserveren vereist).

De rit gaat verder via de vakantieplaats **Portsea** 8 naar **Point Nepean**. De punt van het laarsvormige Mornington Peninsula biedt prachtig uitzicht op **The Rip**, de smalle ingang van Port Phillip Bay. De rotsachtige landpunt is onderdeel van het **Mornington Peninsula National Park,** dat de vegetatie van de kustregio tot **Cape Schanck** 9 beschermt. De kuststrook wordt gekenmerkt door uitgestrekte zandstranden, pittoreske rotsformaties en met heide en struiken begroeide klippen, waarop wandelpaden zijn aangelegd. Anders dan de beschermde Port Phillip Bay liggen hier aan de Bass Strait ook stranden die vanwege de hoge golven populair zijn bij surfers. In de buurt van de Cape Schanckvuurtoren lopen houten steigers vanaf de door de zee omsloten klippen.

Dandenong Ranges National Park

www.parkweb.vic.gov.au
Het 35 km ten oosten van het centrum gelegen **Dandenong Ranges National Park** biedt voor veel Melbournians een ontsnapping aan de grote stad. De grillige bergketen, door de Aboriginals Tanjenong (hoge bergen) genoemd, behoort tot de mooiste landschappen in Victoria. Het natuurgebied wordt gekenmerkt door ravijnen met weelderige, vaak metershoge boomvarens en enorme *Eucalyptus regnans*-bomen van soms wel 100 m hoog.

Van het stadje **Lilydale** aan de Maroondah Highway loopt een bochtige weg naar het in het zuiden gelegen Montrose. Daar begint de Mount Dandenong Tourist Road, waarvan na enkele kilometers een weg afsplitst die naar de 633 m hoge **Mount Dandenong** 10 loopt. Het fantastische panorama van dit uitkijkpunt geeft een uitstekende indruk van de uitgestrektheid van de meer dan 6000 km^2 grote metropool Melbourne (www.skyhighmtdandenong.com.au, ma.-do. 9-22, vr. 9-22.30, za. 8-23, zo. 8-22 uur, auto A-$ 6).

Ten noorden van Olinda ligt het **William Ricketts Sanctuary** 11, een kunstmuseum in de openlucht. In een klein, labyrintachtig aangelegd park worden de meesterwerken getoond van de beeldhouwer William Ricketts, die zich zijn hele leven lang met de mythen en cultuur van de oorspronkelijk be-

Melbourne en omgeving

volking heeft beziggehouden. Aardewerken sculpturen versmelten met natuurlijke rotsen, uit hout gesneden beelden lijken uit bemoste boomstammen te groeien. Een wandeling door de rotstuin is als een wandeling door de Droomtijd (tel. 13 19 63, www.parkweb.vic.gov.au, dag. 10-16.30 uur, A-$ 10,50).

In **Olinda** 12 hebben zich talrijke kunstenaars en ambachtslieden gevestigd, die hun producten in ateliers en galeries te koop aanbieden. Een bezoek aan het mooie bergdorp is vooral de moeite waard in de maanden oktober en november, wanneer zich in de **National Rhododendron Gardens** een scharlakenrode kleurenpracht ontvouwt (tel. 13 19 63, www.parkweb.vic.gov.au, dag. 9-17 uur, A-$ 12).

De Dandenongrondrit loopt in zuidelijke richting verder naar **Ferny Creek**. Daar kun je de Mount Dandenong Tourist Road tot **Upper Ferntree Gully** volgen of naar het **Sherbrooke Forest** 13 afslaan. In het uitgestrekte eucalyptusbos is een interessante wandeling te maken door de grote **Alfred Nicholas Memorial Gardens** met enorme eucalyptusbomen. Met een beetje geluk vang je daarbij een glimp op van de schuwe liervogels (tel. 13 19 63, www.parkweb.vic.gov.au, dag. 10-17 uur, A-$ 9,50).

Liefhebbers van oude stoomlocomotieven kunnen hun hart ophalen in **Belgrave** 14, waar Puffing Billy, een smalspoorlocomotief uit het begin van het treintijdperk, dagelijks een 13 km lang traject door ravijnen en dalen aflegt naar het bergplaatsje **Emerald** (tel. 03-97 57 07 00, www.puffingbilly.com.au, meerdere keren per dag, retour vanaf A-$ 54).

Yarra Valley

Bij een uitstapje naar het gebied aan de oostkant van Melbourne mag een bezoek aan de **Yarra Valley** zeker niet ontbreken. Het is een van Australiës belangrijkste wijnstreken met het sympathieke stadje **Healesville** 15. In de Yarra Valley strekken zich wijngaarden zo groot als plantages uit. Ongeveer zeventig wijnmakers produceren hier witte en rode wijnen. Beroemd is de frisse Semillon. Talrijke wijngaarden bieden rondleidingen, uitstekende restaurants en gezellige accommodatie. Om optimaal te kunnen genieten van het wijnproeven kun je jezelf het best opgeven voor een georganiseerde tour (zie hierna). De druivenpluk vindt plaats van januari tot mei.

In het bushlandschap van de **Healesville Sanctuary** aan de rand van het dorp komen meer dan tweehonderd inheemse zoogdier-, vogel- en reptielensoorten voor. De ster van het park is het vogelbekdier *(platypus)*, een zoogdier dat als een amfibie in het water leeft en eieren legt, maar zijn jongen zoogt. In een aquariumachtig complex kun je de schuwe dieren onder water waarnemen (Badger Creek Rd., tel. 03-59 57 28 00, www.zoo.org.au, dag. 9-17 uur, A-$ 32,50, za. en zon- en feestdagen kinderen tot 15 jaar gratis).

Actief

Wijnproeven – **Domaine Chandon:** Green Point, 727 Maroondah Hwy, Coldstream, tel. 03-97 38 92 00, www.domainechandon.com.au, rondleidingen dag. 11, 13, 15 uur, wijnproeven dag. 10.30-16.30 uur. Gerenommeerd wijngoed met bezoekerscentrum. **Henkell Vineyards:** Melba Hwy, Yarra Glen, tel. 03-59 65 20 16, www.henkellvineyards.com.au, do. en zon- en feestdagen 11-17, vr., za. 11-21 uur. Wijngoed van een afstammeling van de Duitse sektproducent Henkell, met leuk restaurant. **Long Gully Estate:** Long Gully Rd., Healesville, tel. 03-95 10 57 98, www.longgullyestate.com, za. en zon- en feestdagen 11-17 uur. Door Duits echtpaar gesticht wijngoed. **Oakridge Winery:** Maroondah Hwy, Coldstream, tel. 03-97 38 99 00, www.oakridgewines.com.au, dag. 10-17 uur. Groot wijngoed met restaurant. **Riverstone Estate Wines:** 105 Skye Rd., Coldstream, tel. 0435-87 69 22, www.riverstonewine.com.au, dag. 10-18 uur. Klein maar fijn; prachtig uitzicht vanaf het restaurantterras.

Wijntours in de Yarra Valley – **Australian Wine Tour Company:** tel. 1800-99 64 14, www.austwinetourco.com.au. Dagelijks tour inclusief wijnproeven en lunch (vanaf A-$ 120). **Yarra Valley Winery Tours:** tel. 1300-49 67 66, www.yarravalleywinerytours.com.au. Vergelijkbaar aanbod (vanaf A-$ 105).

Rond Melbourne

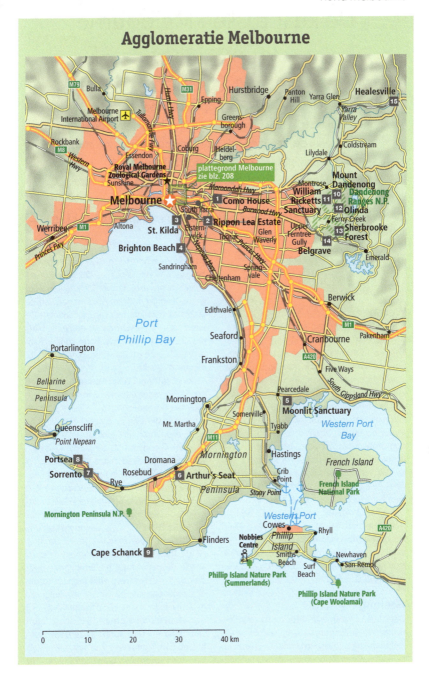

De kust tussen Melbourne en Adelaide

Deze circa 1000 km lange route loopt grotendeels langs een van de spectaculairste kustgebieden van Australië. Op de smalle wegen geniet je van een fascinerend uitzicht op bizarre rotssculpturen, steile klippen, pittoreske baaien en dromerige zandstranden: de bochtenrijke Great Ocean Road doet denken aan één groot uitkijkterras. Je moet minstens drie dagen uittrekken voor deze avontuurlijke tocht, die een eindeloze hoeveelheid indrukken biedt.

Van Melbourne naar de Great Ocean Road

Werribee ▶ 1, R 17

Ten zuiden van de stad aan de Princes Freeway staat, in een uitgestrekt park, de tussen 1874 en 1877 in Italiaanse renaissancestijl gebouwde **Werribee Park Mansion**. Thomas Chirnside, een in vroeger jaren als 'wolkoning' bekendstaande grootgrondbezitter, investeerde de toentertijd onvoorstelbaar hoge som van meer dan zestigduizend Engelse ponden in het herenhuis, waarvan de zestig kamers nog grotendeels het oorspronkelijke meubilair bevatten. Tussen november en april staan de 4500 rozenstruiken in het uitgestrekte Werribee Park in bloei (tel. 03-97 41 24 44, www.werribeepark.com.au, apr.-sept. ma.-vr. 10-16, za., zo. 10-17, okt.-mrt. dag. 10-17 uur, A-$ 9,80).

Aan de andere kant van de Werribee River ligt de **Werribee Open Range Zoo**, waar je vanuit een safaribus dieren uit de Afrikaanse fauna kunt bekijken (tel. 1300-96 67 84, www.zoo.org.au, dag. 9-17 uur, A-$ 32,50).

Geelong ▶ 1, R 17

De in de jaren 1830 gestichte havenstad aan Corio Bay was als centrum van schapenfokkerij en wolproductie lange tijd in economisch opzicht belangrijker dan Melbourne, waarmee het ooit als leidende exporthaven voor wol concurreerde. Tegenwoordig is de met 220.000 inwoners op een na grootste stad van Victoria nog altijd een belangrijke industriestad en een van de grootste industriehavens van het continent. De erfenis van de 19e-eeuwse economische bloei bestaat uit meer dan tweehonderd imposante gebouwen, die tegenwoordig onder monumentenzorg vallen.

In het **National Wool Museum**, dat in een voormalig wolpakhuis werd ingericht, leer je alles over het onderwerp wol, van het schapen scheren en de veiling van de scheerwol tot de verwerking in de textielindustrie (Moorabool St., hoek Brougham St., tel. 03-52 72 47 01, www.nwm.vic.gov.au, ma.-vr. 9.30-17, za., zo. 10-17 uur, A-$ 9). Schuin tegenover het museum staat het oude **Customs House** uit 1856.

Tot ver buiten de grenzen van de stad bekend is de **Geelong Gallery** (Little Malop St., tel. 03-52 29 36 45, www.geelonggallery.org.au, dag. 10-17 uur, toegang gratis). De galerie biedt een dwarsdoorsnede van de beeldende kunsten in Australië. Ertegenover staat de classicistische **Town Hall** met zijn machtige zuilenportaal. Een van de vele koloniale gebouwen die door de stad verspreid staan is de **Seaman's Mission** uit 1845, in de buurt van de haven. Daar springen de **Bollards** in het oog: 104 ongeveer 2 m hoge, kleurige, van oude meerpalen gemaakte figuren, die op ongewone wijze de geschiedenis van de stad uitbeelden, van de hier ooit woonachtige Aboriginals via de Britse kolonisten tot de *lifesavers* uit onze dagen. Een brochure met informatie over de door de kunstenaar Jan Mitchell gemaakte sculpturen is verkrijgbaar bij het Visitor Information Centre.

Het herenhuis **The Heights** en villa **Barwon Grange** in de voorstad Newtown bezitten een mengeling van vroege Australische koloniale stijl en victoriaanse elementen (The Heights: 140 Aphrasia St., tel. 03-52 21 35 10; Barwon Grange: Fernleigh St., tel. 03-52 21 39 06; beide www.nationaltrust.org.au, zo. 13-16 uur, toegang elk A-$ 10).

De **botanische tuin** aan de oostrand van de City stamt uit het midden van de 19e eeuw en biedt een grote verzameling zeldzame planten, inheems en uit andere delen van de wereld (tel. 03-52 27 03 87, ma.-vr. 7.30-17, za., zo. 7.30-19 uur, toegang gratis).

Informatie
Geelong Visitor Information Centre: in het National Wool Museum, Moorabool St. hoek Brougham St., tel. 1800-62 08 88, www.visitgeelongbellarine.com.au, dag. 9-17 uur.

Overnachten
Met uitzicht – **Bayside Geelong:** 13-15 The Esplanade, tel. 03-52 44 77 00, www.baysidegeelong.com.au. Goed gerund hotel op mooie locatie boven Corio Bay; met restaurant, bar en zwembad. 2 pk vanaf A-$ 129.

Camping en cabins – **Geelong Surfcoast Highway Holiday Park:** 621 Torquay Rd., Mount Duneed, tel. 03-52 64 12 43, www.geelongsurfcoast.com.au. Goed toegeruste camping met grote keus aan ruime cabins en zwembad; 10 km ten zuiden van Geelong.

Eten en drinken
Vis en schaal- en schelpdieren – **Fishermen's Pier:** Yarra St., tel. 03-52 22 41 00, www.fishermenspier.com.au, dag. 11-15, 17-23 uur. Fantasierijk bereid seafood en moderne interpretaties van regionale specialiteiten en als extraatje het fraaie uitzicht op Corio Bay. Hoofdgerechten A-$ 35-48.

Modern Chinees – **Man Bo:** 361 Moorabool St., tel. 03-52 21 78 88, www.manbo.com.au, di.-zo. 11.30-14.30, di.-do., zo. 17-22, vr., za. 17-23 uur. Met creativiteit en feeling tovert de chef-kok van dit ongewone Chinese restaurant verse spullen van de markt om tot heerlijke gerechten uit de moderne Chinese keuken. Hoofdgerechten A-$ 18-36.

Winkelen
Kunstnijverheid van de Aboriginals – **Narana Creations:** 410 Torquay Rd., Grovedale (8 km ten zuiden van Geelong), tel. 03-52 41 57 00, www.narana.com.au, ma.-vr. 9-17, za. 10-16 uur. Hoogwaardige kunstnijverheid van Australiës oerbewoners.

Evenement
Festival of Sails (jan.): groot volksfeest met sportieve en culturele evenementen, www.festivalofsails.com.au.

Queenscliff ▶ 1, R 17
Ten oosten van Geelong ligt de Port Phillip Bay met het Bellarine Peninsula, bekend om zijn uitstekende stranden. **Queenscliff**, rond 1900 de populairste kustplaats van de Melbournse geldadel, lijkt met zijn grote victoriaanse strandhotels nog altijd op een miniatuurversie van het Engelse Brighton. Enkele van de chique hotels zijn in hun oude glorie hersteld, zoals het **Vue Grand Hotel** en

---

Vervoer tussen Melbourne en Adelaide
V/Line-treinen, tel. 1800-80 00 07, www.vline.com.au rijden tussen Melbourne, Geelong en Warrnambool. **V/Line-bussen** rijden meermalen per dag op de Great Ocean Road tussen Geelong en Port Campbell; op za. en zo. is de frequentie lager; inlichtingen: tel. 1800-80 00 07, www.vline.com.au. **Premier Statelinerbussen**, tel. 1300-85 13 45, www.premierstateliner.com.au rijden dag. op de kustroute van Adelaide naar Mount Gambier. Algemene informatie over de route: **www.greatoceanrd.org.au**.

De kust tussen Melbourne en Adelaide

Wat voor de Londenaren Brighton is, is voor de Melburnians Queenscliff op het Bellarine Peninsula

het **Ozone Hotel**. Een andere nostalgische attractie is de stoomtrein van de **Bellarine Peninsula Railway** (Queenscliff Railway Station, tel. 03-52 58 20 69, www.bellarinerailway.com.au, za en zon- en feestdagen en in de vakanties ook op di. en do. diverse keren per dag, A-$ 30). Bij **Ocean Grove**, ten zuidwesten van Queenscliff, ligt een populair surfstrand.

Informatie
Queenscliff Visitor Information Centre: 55 Hesse St., tel. 03-52 58 48 43, www.queenscliff.com.au, dag. 9-17 uur.

Overnachten
Boetiekhotel met historische sfeer – **Vue Grand Hotel:** 46 Hesse St., tel. 03-52 58 15 44, www.vuegrand.com.au. Traditierijk koloniaal hotel, waar je nog de glans van voorbije tijden kunt bespeuren; met Frans fijnproeversrestaurant en overdekt zwembad. 2 pk vanaf A-$ 195 inclusief ontbijt.
Camping en cabins – **Beacon Resort:** 78 Bellarine Hwy, tel. 1800-35 11 52, www.beaconresort.com.au. Met onder andere luxecabins, overdekt zwembad en speeltuin.

Eten en drinken
Vers uit zee – **Q Seafood Provedore:** 4/4 Wharf St., tel. 03-52 58 13 33, dag. 12-15, 17-21 uur. Tegen het havenpanorama van Queenscliff geniet je van versgevangen vis en schaal- en schelpdieren. Gerechten A-$ 24-46.

Actief
Zwemmen met dolfijnen – **Sea All Dolphins Swims:** tel. 03-52 58 38 89, www.dolphinswims.com.au. Drieënhalf uur durende boottocht met observatie van dolfijnen en zeehonden. Tussen okt. en apr. is het zelfs mogelijk om tussen de speelse dieren te zwemmen (A-$ 75, zwemmen A-$ 145,).

Evenement
Queenscliff Music Festival (laatste weekend van nov.): de hedendaagse Australische muziekscene – folk, jazz en rock, www.qmf.net.au.

Vervoer

Veerboten: tussen Sorrento op het Mornington Peninsula en Queenscliff vaart tussen 7-18 uur ieder uur een autoveerboot. Informatie: tel. 03-52 57 45 00, www.searoad.com.au.

Great Ocean Road

▶ 1, Q/R 17

In Torquay begint de spectaculaire **Great Ocean Road**, een 300 km lange weg die van Torquay tot voorbij Warrnambool loopt. De panoramische route volgt het heuvelachtige kustlandschap en voert zo nu een dan een stuk door het fascinerende, met een grote hoeveelheid varens begroeide regenwoud. Velen beschouwen de weg als de mooiste van Australië. Hij werd tussen 1918 en 1932 aangelegd door veteranen uit de Eerste Wereldoorlog. De aanleg werd niet alleen beschouwd als een werkgelegenheidsproject, maar diende tegelijk als monument voor de op de Europese slagvelden gesneuvelde Australiërs.

Torquay

Als Surf Capital of Australia is Torquay internationaal vermaard. Kenners zweren dat de omstandigheden hier minstens zo goed zijn als op Hawaii. Elk jaar vindt rond Pasen op **Bells Beach** een internationale surfwedstrijd plaats. In het **Australian National Surfing Museum** wordt de geschiedenis van het surfen met de nieuwste museale technieken op zeer onderhoudende wijze gepresenteerd. Zo wordt met video- en computeranimaties uitgelegd hoe een golf ontstaat. In de Hall of Fame kun je kennismaken met Australische surflegendes van vroeger (Surf City Plaza, 77 Beach Rd., tel. 03-52 61 46 06, www.surfworld.com.au, dag. 9-17 uur, A-$ 12).

Informatie

Torquay Visitor Information Centre: in het Australian National Surfing Museum, Surf City Plaza, 77 Beach Rd., tel. 03-52 61 42 19, www.torquaylife.com.au, dag. 9-17 uur.

Overnachten

Rustig – **Torquay Tropicana Motel:** Surfcoast Hwy, hoek Grossmans Rd., tel. 03-52 61 43 99, www.torquaytropicanamotel.com.au. Gemoedelijk hotel met nette kamers, vriendelijke service en zwembad. 2 pk A-$ 170-230.

Camping en cabins – **Torquay Holiday Park:** 55 Surfcoast Hwy, tel. 03-52 61 24 93, www.torquayholidaypark.com.au. Goed toegeruste camping met cabins en zwembad.

Eten en drinken

Thais – **Sujin Thai Restaurant:** 45 Surfcoast Hwy, tel. 03-52 61 62 28, www.sujinthai.com.au, dag. 17-23 uur. Authentiek pikante tot zeer hete Thaise gerechten. Hoofdgerechten A-$ 14-32.

Actief

Surfen – **Go Ride a Wave:** 143B Great Ocean Rd., tel. 1300-13 24 41, www.gorideawave.com.au. Lessen voor beginners langs ongevaarlijke stukken strand (A-$ 69 voor 2 uur inclusief uitrusting). Filialen in Lorne en Angelesea.

Lorne en omgeving

Via het vakantieoord **Anglesea** met mooie stranden en **Aireys Inlet**, waar het **Split Point Lighthouse** uit 1891 (rondleidingen dag. 11, 12, 13 en 14 uur, A-$ 12) een mooi uitzicht op de rotskust biedt, bereik je het toeristencentrum **Lorne**. Ten noorden daarvan beginnen de tot 650 m hoge **Otway Ranges**. In de tegen de wind beschutte ravijnen van deze bergketen groeien varens, terwijl in de hogere gebieden een gemengde vegetatie van eucalyptus- en gematigd regenwoud voorkomt. Zo'n 10 km naar het noordwesten vormt de 30 m hoge **Erskine Falls** in het **Angahook-Lorne State Park** een interessante bezienswaardigheid.

Informatie

Lorne Visitor Information Centre: 15 Mountjoy Par. (Great Ocean Rd.), tel. 03-52 89 11 52, www.lornelink.com.au, dag. 9-17 uur.

Overnachten

Uitzicht op zee – **Ocean Lodge:** 6 Armytage St., tel. 03-52 89 13 30, www.oceanlodgelor

ne.com.au. Gezellig, goed verzorgd motel met grote kamers. 2 pk vanaf A-$ 145.

Camping en cabins – **Cumberland River Holiday Park:** Great Ocean Rd., tel. 03-52 89 17 90, www.cumberlandriver.com.au. Fraai gelegen op 5 km ten westen van Lorne; met cabins.

Eten en drinken

Versgevangen – **Lorne Pier Seafood Restaurant:** Pier Head, tel. 03-52 89 11 19, dag. 11-23 uur. Versgevangen seafood; binnen of buiten eten. Hoofdgerechten A-$ 26-48.

Apollo Bay en omgeving

Deze populaire vakantieplaats is een geschikte basis voor de verkenning van het Great Otway National Park. Ten noorden en ten zuiden van **Apollo Bay** splitsen zich wegen af van de Great Ocean Road, die het kustgebergte in voeren en grandioze vergezichten bieden, zoals de **Mariners Lookout Road**. Achter Apollo Bay slingert de Great Ocean Road door het **Great Otway National Park**. Ten westen van de plaats splitst een weg af naar **Cape Otway**, waar een in 1848 gebouwde vuurtoren een fantastisch uitzicht biedt (tel. 03-52 37 92 40, www.lightstation.com, dag. 9-17 uur, A-$ 19,50).

Bij **Beech Forest,** 40 km ten noordwesten van Apollo Bay, verschaft de **Otway Fly Tree Top Walk** bezoekers de mogelijkheid om het regenwoud vanuit een ongewoon perspectief te leren kennen. Een 600 m lang natuurleerpad loopt op 25 m hoogte over hangbruggen door de boomtoppen (tel. 1300-30 04 77, www.otwayfly.com, dag. 9-17 uur, A-$ 25).

Informatie

Great Ocean Road Visitor Information Centre: 100 Great Ocean Rd., tel. 03-52 37 65 29, www.visitgreatoceanroad.org.au, dag. 9-17 uur.

Overnachten

Kamers met uitzicht – **Great Ocean View Motel:** 1 Great Ocean Rd., tel. 03-52 37 65 27, www.greatoceanviewmotel.com.au. Goed gerund motel aan de westelijke rand van Apollo Bay; kamers deels met balkon en zeezicht. 2 pk A-$ 120-260.

Bij het strand – **Skenes Creek Lodge Motel:** 61 Great Ocean Rd., tel. 03-52 37 69 18, www.skenescreekmotel.com. Vijf kilometer ten oosten van Apollo Bay; rustig, met restaurant en mooi uitzicht op zee. 2 pk A-$ 95-175.

Camping en cabins – **Big4 Apollo Bay Pisces Holiday Park:** 311 Great Ocean Rd., tel. 03-52 37 67 49, www.pisces.com.au. Aantrekkelijke camping direct aan zee met leuke vakantiehuisjes, speeltuin, zwembad en kiosk.

Eten en drinken

Sfeervol – **Chris's Beacon Point:** 280 Skenes Creek Rd., 4 km ten oosten van Apollo Bay, tel. 03-52 37 64 11, www.chriss.com.au, ma.-vr. 18-22, za., zo. 12-14, 18-22 uur. Mediterrane gerechten bij mooi uitzicht op zee. Hoofdgerechten A-$ 26-47.

Actief

Vogelbekdieren observeren – **Otway Eco Tours:** tel. 0419-67 09 85, www.platypustours.net.au. Tijdens de vakkundig geleide Paddle-with-the-Platypus-tours (A-$ 85) in Great Otway National Park kunnen de deelnemers met een beetje geluk in de ochtend- of avondschemering vogelbekdieren observeren.

Port Campbell National Park

De spectaculairste delen van de zuidwestkust van Victoria zijn geconcentreerd in het **Port Campbell National Park** tussen Princetown en Peterborough. Hier bestaat de steile kust hoofdzakelijk uit zacht zand- of kalksteen, het ideale materiaal voor de eroderende krachten van wind, weer en golven. In de loop van miljoenen jaren hebben de elementen uit de landmassa bizarre rotssculpturen gevormd. Hiertoe behoren de verweerde rotsnaalden van de **Twelve Apostles**, die geïsoleerd van de rotskust de woelige baren trotseren. Eigenlijk zou de grootste publiekstrekker langs de Great Ocean Road in 'Zeven Apostels' moeten worden omgedoopt, want hun aantal neemt steeds meer af – in 2009 stortte nog een van de rotszuilen in.

Enkele kilometers verderop, nabij de enorme, door de branding uitgeholde inham **Loch Ard Gorge**, herinneren vier graven aan de on-

DE GREAT OCEAN ROAD PER FIETS (OF TE VOET)

De meeste bezoekers beleven de Great Ocean Road, die tot de mooiste kustwegen van de wereld wordt gerekend, in een auto, camper of touringcar. Maar je ziet het natuurschoon nog veel beter als je langzamer rijdt – op de fiets. In een brochure van de regionale toeristenorganisatie staan zeven fietsroutes langs de panoramaweg, die je afzonderlijk of in combinatie kunt rijden. De routes zijn gedetailleerd beschreven, met afstanden, toeristische hoogtepunten en moeilijkheidsgraad. Een belangrijke tip: rijd van het westen naar het oosten. De vaak krachtige wind waait meestal vanuit het zuidwesten en het is prettiger hem in de rug te hebben. Wie het nog rustiger aan wil doen, legt lopend de spectaculaire, 104 km lange Great Ocean Walk van Apollo Bay tot de Twelve Apostles af. Dit langeafstandspad, dat in acht dagen te lopen is, voert door een gevarieerd landschap met verlaten zandstranden, steile kliffen en regenwoud met reusachtige varens (www.greatoceanwalk.com.au).

---

dergang van de klipper Loch Ard, die op 1 juni 1878 op een rif voer en verging. Tot 1920 vonden langs de 120 km lange *Shipwreck Coast* tussen Cape Otway en Port Fairy tachtig grote scheepsrampen plaats.

Dat de ruige, romantische kustlijn van het Port Campbell National Park voortdurend aan verandering onderhevig is, wordt ook bewezen door de ooit twee bogen tellende natuurlijke brug **London Bridge**, die vroeger met het vasteland was verbonden. Op 15 januari 1990 stortte binnen enkele seconden een van de rotsbogen in het kolkende water. Twee bezoekers van de rotsbrug moesten met een helikopter worden gered. In de zandheuvels op het vasteland broeden dwergpinguïns. Ook interessant zijn de imposante rotspoort **The Arch** en **The Grotto**, een door zeewater in de kalkrotsen gevormde grote holte. Je kunt een korte wandeling maken langs de uitkijkpunten van de **Bay of Islands**, die voorzien zijn van overzichtsborden. Het stadje **Port Campbell** is vanwege zijn goede infrastructuur het best geschikt als basis voor uitstapjes. In het daar gevestigde **Port Campbell National Park Information Centre** kun je meer te weten komen over de streek (26 Morris St., tel. 1300-13 72 55, www.visit12apostles.com.au, dag. 9-17 uur, toegang gratis). Langs de beschermde natuurlijke haven voert de Port Campbell Discovery Walk naar de schilderachtige Two Mile Bay (heen en terug 1,5 uur).

Overnachten

Zeezicht – **Loch Ard Motor Inn:** 18 Lord St., tel. 03-55 98 63 28, www.lochardmotorinn.com.au. De gezellig ingerichte kamers en appartementen van dit slechts 100 m van een veilig strand verwijderde motel hebben een balkon met uitzicht op zee. 2 pk vanaf A-$ 165, appartement vanaf A-$ 225.

Camping en cabins – **Port Campbell Holiday Park:** Tregea St., hoek Morris St., tel. 1800-50 54 66, www.pchp.com.au. Mooi gelegen, cabins met veranda.

Eten en drinken

Creatieve tongstreling – **Waves:** 29 Lord St., tel. 03-55 98 61 11, www.wavesportcampbell.com.au, dag. 8-22 uur. Heerlijke streekkeuken; vooral vers seafood, goede wijnkaart. Reserveren aanbevolen. Gerechten A-$ 22-44.

Actief

Helikopterrondvluchten – **12 Apostles Helicopters:** tel. 03-55 98 82 83, www.12apostleshelicopters.com.au. De Twelve Apostles vanuit vogelperspectief (dag. 7-17 uur, vanaf A-$ 145).

Van Port Campbell naar Mount Gambier

Warrnambool ▶ 1, Q 17

Ten oosten van Warrnambool komt de Great Ocean Road weer uit op de Princes Highway. **Warrnambool** werd begin 19e eeuw gesticht als belangrijk steunpunt voor de walvis- en robbenjacht. Tegenwoordig leeft de stad, gelegen aan de rand van een vruchtbare vulkaanvlakte, in de eerste plaats van de landbouw. Een min of meer getrouwe reconstructie van hoe Warrnambool er in 1870 uitzag biedt het **Flagstaff Hill Maritime Village**. Het geeft een kijkje in het bewogen verleden van de plaats (Merri St., tel. 1800-55 61 11, www.flagstaffhill.com, dag. 9-17 uur, A-$ 16). Een stop hier is vooral de moeite waard van juni tot september, wanneer bultruggen vlak langs de kust trekken. Ze zijn goed waar te nemen vanaf een uitkijkplatform bij **Logans Beach**. Het 10 km ten westen van Warrnambool gelegen **Tower Hill State Game Reserve**, een reservaat voor inheemse dieren, strekt zich uit rond twee kratermeren. In de ochtend- en avondschemering kun je daar kangoeroes, koala's en emoes zien (doorlopend geopend, toegang gratis).

Informatie

Warrnambool Visitor Information Centre: Merri St., Flagstaff Hill, tel. 1800-63 77 25, www.visitwarrnambool.com.au, dag. 9-17 uur.

Overnachten

Designerboetiekhotel – **Hotel Warrnambool:** Koroit St., hoek Kepler St., tel. 03-55 62 23 77, www.hotelwarrnambool.com.au. De twaalf zonder tierelantijnen vormgegeven kamers in dit koloniale pand zijn in beschaafde bruin- en groentinten uitgevoerd. Bekroond modern-Australisch restaurant. 2 pk A-$ 110-195.

Goed en goedkoop – **Raglan Motor Inn:** 376 Raglan Pde. (Princes Hwy), tel. 03-55 62 85 11, www.raglanmotorinn.com. Zestien verzorgde en lichte kamers, behulpzame eigenaars, op loopafstand van restaurants en cafés. 2 pk vanaf A-$ 95.

Camping en cabins – **Ocean Beach Holiday Park:** 25 Pertobe Rd., tel. 1800-80 81 30, www.

discoveryholidayparks.com.au. Met stacaravans en cabins, aan het strand.

Eten en drinken

Vers uit zee – **Breakers:** 79 Banyan St., tel. 03-55 61 30 88, dag. 11.30-15, 17-22 uur. Seafood, seafood en nog eens seafood. Hoofdgerechten A-$ 24-42.

Creatieve bistrokeuken – **Images:** 60 Liebig St., tel. 03-55 62 42 08, www.imagesrestaurant.com.au, ma.-vr., zo. 12-14, 17.30-22.30 uur, za. alleen 's avonds. Seafood, steaks en moderne Australische gerechten met een mediterrane inslag. Hoofdgerechten A-$ 23-38.

Actief

Tour met Aboriginals – **Tower Hill Traditions Aboriginal & Wildlife Experience:** tel. 03-55 65 92 02, www.worngundidj.org.au, ma.-vr. 9.30 uur, A-$ 21,50. Reserveren bij het Warrnambool Visitor Information Centre (blz. 228). Afstammelingen van de ooit rond het huidige Warrnambool woonachtige oerbewoners

En toen waren er nog zeven ... wind en water hebben al vijf van de ooit twaalf apostelen doen instorten

maken bezoekers tijdens wandelingen in het Tower Hill State Game Reserve vertrouwd met de traditionele leefwijze van hun volk.

Port Fairy ▶ 1, Q 17

Ten westen van Warrnambool ligt aan de monding van de Moyne River het rond 1810 door walvis- en robbenjagers gestichte dorp **Port Fairy**, tegenwoordig thuishaven van een van de grootste vissersvloten van de zuidkust. De Port Fairy Historic Walk voert in een uur langs meer dan vijftig historische gebouwen. Onderweg kom je langs **Motts Cottage**, een door walvisjagers in 1845 gebouwd huis (Campbell St., hoek Sack St., wo., za. 14-16 uur, toegang gratis), en de **Caledonian Inn**, het oudste café van Victoria, waar in 1844 voor het eerst bier werd getapt. Een kaart van de wandelroute is tegen een geringe vergoeding te krijgen bij het toeristenbureau, of in het **Port Fairy History Centre**, dat is gevestigd in het historische Courthouse uit 1869 (30 Gipps St., tel. 03-55 68 22 63, www.historicalsociety.port-fairy.com, wo., za. en op feestdagen 14-17, zo. 10.30-12.30 uur).

Port Fairy is ook een populaire bestemming bij vogelliefhebbers, die in de zomermaanden duizenden stormvogels *(mutton birds)* kunnen waarnemen op het in de monding van de Moyne gelegen **Griffiths Island**. Op het ervoor gelegen **Lady Julia Percy Island** leeft een kolonie pelsrobben.

Informatie

Port Fairy Visitor Information Centre: Bank St., tel. 03-55 68 26 82, www.port-fairy.com, dag. 9-17 uur.

Overnachten

Met uitstekend restaurant – **Merrijig Inn:** 1 Campbell St., tel. 03-55 68 23 24, www.merrijiginn.com. Een heel bijzondere sfeer treffen gasten in dit romatische pension in een victoriaans koloniaal pand. Ondanks renovatie heeft de Merrijig Inn de charme van voorbije tijden behouden – met veel stucwerk, antieke lampen en fraaie meubilair. 's Middags wordt op de veranda thee met gebak geserveerd, 's avonds kun je na aanmelding vooraf bij kaarslicht dineren in het uitstekende restaurant. 2 pk A-$ 170-260 inclusief ontbijt.

Rustig en omringd door groen – **Central Motel Port Fairy:** 56 Sackville St., tel. 1800-88 66 08, www.centralmotelportfairy.com.au. Goed gerund motel, ook geschikt voor mensen met een beperking; met restaurant; alleen kamers voor niet-rokers. 2 pk vanaf A-$ 145.

Camping en cabins – **Big4 Port Fairy Holiday Park:** 115 Princes Hwy, tel. 1800-06 33 46, www.big4portfairy.com.au. Goed toegerust, grote keus aan cabins.

Eten en drinken

Voor genieters – **The Victoria Hotel:** 42 Bank St., tel. 03-55 68 28 91, www.thevichotelportfairy.com.au, ma.-vr. 11.30-14.30, 18-22, za., zo. 11.30-15, 17-22.30 uur. Bekroond restaurant met Aziatisch beïnvloede modern Australian cuisine, vooral seafood. Gerechten A-$ 26-38.

Lekkere pizza's – **Coffin Sally:** 33 Sackville St., tel. 03-55 68 26 18, www.coffinsally.com.au, ma.-vr. 17-22, za., zo. 11-14, 17-22 uur. Hier smaken de pizza's bijna net zo goed als in Bella Italia; ook mooi om buiten te eten. Gerechten vanaf A-$ 10.

Evenementen

Moyneyana Festival (jan.): volksfeest met optochten, muziek en dans enzovoort.

Port Fairy Folk Festival (half mrt.): op dit landelijk bekende festival spelen bands voornamelijk Ierse folk, maar ook blues, country, jazz en rock. Absoluut tijdig tickets reserveren op tel. 03-55 68 22 27, www.portfairyfolkfestival.com.

Cape Bridgewater ▶ 1, P 17

In de omgeving van **Portland** contrasteren lange stranden scherp met steile rotsformaties. Bij **Cape Bridgewater**, die 22 km ten westen van de stad als een fort tegen de oceaan standhoudt, voert een korte wandeling langs de kust naar het **Petrified Forest** ('versteend bos'). In het ooit met stuifduinen bedekte bos vormde zand met behulp van het binnendringende water een korst om de boomstammen. Op deze wijze geconserveerd bleef het 'zandsteenbos' duizenden jaren lang behouden. Op enige afstand van dit maanlandschap vind je in de klippen zogenaamde **blowholes**, rotsspleten van een vierkante meter groot waaruit bij sterke vloed het schuim metershoog opspuit. Vanaf Cape Bridgewater of de gelijknamige vakantieplaats aan de Bridgewater Bay loopt een wandelroute over de hoogste klippen van Victoria naar de **Seal Colony**, waar vaak honderden pelsrobben zijn waar te nemen (heen en terug 5 km/2 uur).

Actief
Pelsrobben observeren – **Seals by Sea Tours:** tel. 03-55 26 72 47, www.sealsbyseatours.com.au. Boottochten met observatie van pelsrobben (A-$ 40).

Nelson en Discovery Bay
▶ 1, P 17

De niet ver van de kust gelegen weg loopt ten noordwesten van Portland langs het **Mount Richmond National Park**, dat zich uitstrekt rond Mount Richmond, een met zand bedekte, dode vulkaan. In de lente verandert het natuurreservaat in een bonte parade van wilde bloemen. Ongeveer 20 km verder westwaarts begint het **Lower Glenelg National Park**, waarin de Glenelg River een tot 50 m diep ravijn uit het zandsteen heeft gesleten. Aan de westrand van het nationaal park liggen de **Princess Margaret Rose Caves**. Enkele van de druipsteengrotten zijn voor bezoekers toegankelijk (tel. 08-87 38 41 71, www.princess margaretro secave.com, rondleidingen dag. 10, 11, 12, 13.30, 14.30, 15.30, 16.30 uur, A-$ 20).

Nelson, kort voor de grens met South Australia, is een goede basis voor het verkennen van de regio.

Informatie
Nelson Visitor Information Centre: Leake St., tel. 08-87 38 40 51, www.nelsonvictoria.com.au, dag. 8.30-16.30 uur. Ook reserveren van boottochten.

Overnachten
Eenvoudig en gezellig – **Pinehaven Motel:** Main Rd., tel. 08-87 38 40 41. Klein, rustiek, gezellig, vlak bij een eenvoudig restaurant. 2 pk vanaf A-$ 85.

Ze beconcurreren de vissers en gebruiken hun grote snavel als schepnet

De kust tussen Melbourne en Adelaide

Camping en cabins – **River-Vu Park:** Kellet St., tel. 08-87 38 41 23, www.rivervupark.com.au. Fraai gelegen aan de oever van de Glenelg River.

Actief
Boottochten – **Nelson River Cruises:** tel. 08-87 38 41 91, www.nelsonrivercruises.com.au. Tochten op de Glenelg River (A-$ 32,50).

Mount Gambier ▶ 1, P 17

Net over de grens tussen Victoria en South Australia ligt, te midden van eindeloze naaldboomplantages, **Mount Gambier**. De op twee na grootste stad van South Australia dankt zijn welvaart aan de houtverwerkende industrie en de landbouw. Mount Gambier trekt bezoekers met een nagebouwde versie van het historische zeilschip **Lady Nelson**, dat aan de Jubilee Highway als blikvanger voor een scheepvaartmuseum fungeert (tel. 08-87 24 97 50, dag. 9-17 uur, A-$ 12,50). De stad strekt zich uit op de uitlopers van de gelijknamige vulkaan. Hoewel hij vijfduizend jaar geleden voor het laatst actief was, zorgt de vulkaan nu nog voor een spectaculair natuurverschijnsel dat wetenschappers voor een raadsel stelt. De hoofdkrater is gevuld met het 180 m diepe en 71.000 m² grote **Blue Lake**, waarvan het water met de jaargetijden van kleur verandert – grijs in de herfst en de winter, blauw in de zomer. De John Watson Drive, langs de kraterrand, biedt goed uitzicht op het Blue Lake.

De iets ten oosten van Mount Gambier gelegen kratermeren **Valley Lake** en **Brownes Lake** vormen recreatiegebieden met goede watersportmogelijkheden. Een fraai uitzicht heb je vanaf de in 1904 gebouwde Centenary Tower, aan de zuidoostrand van het merengebied (geopend als de vlag uithangt, A-$ 3).

Informatie
Lady Nelson Visitor and Discovery Centre: Jubilee Hwy East, tel. 1800-08 71 87, www.mountgambiertourism.com.au, dag. 9-17 uur.

Overnachten
Betrouwbaar ketenmotel – **Southgate Motel:** 175 Commercial St. East, tel. 08-87 23 11 75, www.southgatemotel.com.au. Met restaurant en verwarmd zwembad. 2 pk A-$ 145-195.

Camping en cabins – **Blue Lake Holiday Park:** Bay Rd., tel. 1800-67 60 28, www.bluelake.com.au. Uitstekend toegerust; mooie ligging met uitzicht op het kratermeer.

Eten en drinken
Rustiek – **The Barn Steakhouse:** Punt Rd., tel. 08-87 26 82 50, www.barn.com.au, dag. 11.30-23 uur. Steaks in een wildwestambiance; af en toe livemuziek. Gerechten A-$ 28-60.

Naracoorte ▶ 1, P 16

Van Mount Gambier voert een uitstapje via **Penola**, centrum van een gerenommeerd wijnbouwgebied, naar **Naracoorte**. De hoofdattracties liggen daar onder de grond: de **Naracoorte Caves**, die op de Werelderfgoedlijst van de UNESCO staan. Van de circa zestig tot dusverre onderzochte grotten zijn er vier toegankelijk voor rondleidingen. In een van de grotten deden wetenschappers in 1969 de belangrijkste fossiele vondst van Australië. Ze ontdekten skeletten van tot dan toe onbekende prehistorische buideldieren, waaronder een reuzenkangoeroe en een wombat ter grootte van een nijlpaard (tel. 08-87 62 23 40, www.naracoortecaves.sa.gov.au, rondleidingen meerdere malen dag. 9-16.30 uur, vanaf A-$ 20).

Een aanvulling op de tijdens een grotrondleiding opgedane indrukken is het **Wonambi Fossil Centre**. Daar kun je door een nagebouwd landschap lopen, zoals het er ongeveer 200.000 jaar geleden in de omgeving van Naracoorte moet hebben uitgezien, met levensgrote computeranimaties van de prehistorische reuzenkangoeroes en wombats (dag. 9-17 uur, A-$ 15).

In **The Sheep's Back Wool Museum** draait alles om het thema wol (36 MacDonnell St., tel. 08-87 62 15 18, dag. 9-16 uur, A-$ 5).

Informatie
Naracoorte Visitor Information Centre: 36 MacDonnell St., tel. 1800-24 44 21, dag. 9-16 uur.

Overnachten

Aangenaam landelijk hotel – **Country Roads Motor Inn:** 20 Smith St., tel. 08-87 62 39 00, www.countryroadsnaracoorte.com.au. Behulpzame eigenaar, prettig ingerichte kamers, restaurant. 2 pk A-$ 120-145.

Camping en cabins – **Naracoorte Holiday Park:** Park Terr., tel. 1800-99 98 99, www.naracoorteholidaypark.com.au. Goed toegeruste camping met cabins.

Van Mount Gambier naar Adelaide

Van Mount Gambier voert de Princes Highway via Kingston S. E. naar Tailem Bend, waar hij zich verenigt met de Dukes Highway tot de naar Adelaide leidende snelweg South Eastern Freeway. Wie er de tijd voor heeft zou de Princes Highway in Millicent moeten verlaten en over de kustweg via Beachport en Robe naar Kingston S. E. moeten rijden.

Millicent ▶ 1, P 17

Een onderaards museum van de natuur vormen de **Tantanoola Caves**, aan de Princes Highway, circa 20 km voor Millicent (tel. 08-87 34 41 53, rondleidingen diverse keren per dag tussen 10-15 uur, A-$ 13).

In **Millicent** staat het historische **Millicent Museum**, dat een goed beeld schept van leven en werken in de pionierstijd (1 Mount Gambier Rd., tel. 08-87 33 32 05, www.nationaltrust.com.au, dag. ma.-vr. 9-17, za. en zon- en feestdagen 10-16 uur, A-$ 12).

Beachport ▶ 1, P 17

Het door verweerde rotsen en een keten van meren en lagunes gekenmerkte kustlandschap rond Beachport is een populair vakantiegebied met een goede toeristische infrastructuur. De **Old Wool and Grain Store** in **Beachport** herbergt tegenwoordig een streekmuseum met een rijke collectie (Railway Terr., tel. 08-87 35 80 13, www.nationaltrust.org.au, dag. 10-16 uur, A-$ 5).

De tussen 1878 en 1882 aangelegde **Beachport Jetty**, waar de trawlers hun vangst uitladen, is met 772 m een van de langste houten pieren van Australië. In de Rivoli Bay, even voor Beachport, ligt het kleine **Penguin Island**, met dwergpinguïnnesten. Een uitstapje naar Southend, aan de noordrand van het winderige **Canunda National Park**, met spectaculaire rotsformaties en een weidse duinkust, is ook de moeite waard.

Informatie
Beachport Visitor Information Centre: Millicent Rd., tel. 08-87 35 80 29, www.wattlerange.sa.gov.au, ma.-vr. 9-17, za., zo. 10-16 uur.

Overnachten
Vlak bij het strand – **Beachport Motor Inn:** 13 Railway Terr., tel. 08-87 35 80 70, www.beachportmotorinn.com.au. Gezellige en gemoedelijke sfeer, royale kamers met kitchenette. 2 pk A-$ 125-150.

Camping en cabins – **Beachport Caravan Park:** Beach Rd., tel. 08-87 35 81 28, www.beachportcaravanpark.com.au. Goed toegeruste camping aan het strand.

Eten en drinken
Verfijnde streekkeuken – **Bompa's by the Sea:** 3 Railway Terr., tel. 08-87 35 83 33, www.bompas.com.au, ma.-vr. 12-15, 18-22, za., zo. 11.30-15, 17-22.30 uur. Heerlijk seafood en lokale specialiteiten tegen het decor van Rivoli Bay. Hoofdgerechten A-$ 20-42.

Robe ▶ 1, P 16

Het in 1847 gestichte **Robe** was tot 1880 een belangrijke havenstad. Halverwege de 19e eeuw kwam er een grote toevloed van Chinezen naar het plaatsje, omdat ze in South Australia, anders dan in Victoria, geen belasting hoefden te betalen om het land binnen te komen. In totaal kwamen rond 1850 meer dan zestienduizend Chinezen naar Robe, op weg naar de goudvelden van Ballarat en Bendigo. Een gedenksteen bij de haven herinnert aan de Chinese invasie.

Een twintigtal gerestaureerde gebouwen dateert nog uit de bloeitijd van het plaatsje, waaronder het tegenover het Chinese Monument gelegen **Old Customs House** uit 1863 (di., za. 14-16, in de schoolvakanties en in jan. dag. 14- 16 uur, A-$ 5).

Vanaf **Beacon Hill Lookout** heb je een prachtig uitzicht op het stadje, dat zich heeft neergevleid aan de turkoois oplichtende **Guichen Bay**. Op de langzaam in zee aflopende, ook voor kinderen en niet-zwemmers veilige **Town Beach** komen in de vroege avonduren vaak dwergpinguïns aan land. Met de 17 km lange **Long Beach** strekt zich ten noorden van Robe een strand uit de sterrencategorie uit.

Informatie
Robe Visitor Information Centre: Library Building, Mundy Terr., tel. 08-87 68 24 65, www.robe.com.au, ma.-vr. 9-17, za., zo. 10-16 uur.

Overnachten
Klein en individueel – **Grey Masts:** 2 Mundy Terr., tel. 0411-62 71 46, www.greymasts.com.au. Kleine herberg in een historisch pand met individueel ingerichte suites met een persoonlijke noot. Suite vanaf A-$ 215.

Direct aan het water – **Harbour View Motel:** 2 Sturt St., tel. 08-87 68 21 48, www.robeharbourview.com. Verzorgde kamers met mooi uitzicht. 2 pk A-$ 140-260.

Camping en cabins – **Robe Long Beach Tourist Park:** Esplanade, Long Beach, tel. 1800-10 61 06, www.big4.com.au. Vlak bij het strand, uitstekend toegerust, met zeer comfortabele cabins en overdekt zwembad.

Eten en drinken
Seafood – **The Adventure Spoon:** Victoria St., hoek Robe St., tel. 08-87 68 24 88, dag. 12-15, 17-22 uur. Modern Australian cuisine met het accent op seafood. Gerechten A-$ 18-40.

Kingston S. E.   ▶ 1, P 16
In **Kingston S.E.** – S.E. staat voor South East – ontmoet de kustweg de Princes Highway. Symbool van het plaatsje is The Big Lobster, een gigantische kreeft van glasvezel aan de noordrand van Kingston, die herinnert aan het feit dat de kustwateren van deze streek bijzonder rijk aan schaaldieren zijn.

Aan de rand van het havenplaatsje staat het **Cape Jaffa Lighthouse** uit 1872. Oorspronkelijk stond deze 35 m hoge, rode vuurtoren bij Cape Jaffa, 25 km ten zuidwesten van Kingston. In 1975 werd de vuurtoren ontmanteld en hier naartoe verplaatst (Marine Par., in de schoolvakanties dag. 14-16.30 uur, A-$ 6).

Informatie
Tourist Information Office: c/o Littles BP Roadhouse, Princes Hwy, tel. 08-87 67 24 04, www.kingstondc.sa.gov.au, dag. 8-20 uur.

Overnachten
Driesterrencomfort – **Kingston Lobster Motel:** 3 Princes Hwy, tel. 08-87 67 23 22, www.lobstermotel.com.au. Grote kamers, uitnodigend zwembad. 2 pk vanaf A-$ 99.

Camping en cabins – **Kingston Caravan Park:** Marine Par., tel. 08-87 67 20 50, www.kingstoncaravanpark.com.au. Aan het strand, goed toegerust, met cabins.

Coorong National Park
▶ 1, P 16

National Parks and Wildlife Service, Salt Creek, tel. 08-85 75 12 00, www.environment.sa.gov.au
Ten noorden van Kingston begint het langgerekte **Coorong National Park**. Het natuurreservaat bestaat uit een 3 km breed haf, dat zich, beschermd door de zandduinen van het **Younghusband Peninsula**, van de monding van de Murray River zo'n 150 km uit in zuidelijke richting uitstrekt langs de kust. Het zoutgehalte van de binnenzee is driemaal zo hoog als dat van de zee.

Het nationale park behoort tot de belangrijkste vogelreservaten van Australië. Je kunt hier duizenden pelikanen, sterns, aalscholvers, ibissen en albatrossen observeren. Een goede indruk van de fauna en flora van het nationaal park biedt een wandeling over het **Lakes Nature Trail** tussen Pipe Clay Lake en Salt Lake (rondweg 3 km/1 uur), nabij het hoofdkwartier van de National Parks and Wildlife Service in **Salt Creek**.

Een goede kans om pelikanen te observeren heb je in het **Jacks Point Pelican Observatory**, enkele kilometers ten noorden van de nederzetting Policemans Point.

Gouden driehoek en Grampians National Park

De Western Highway, een van de twee populaire binnenlandse routes tussen Melbourne en Adelaide, voert langs het bezienswaardige Grampians National Park. Het eerste doel van de etappe is de 'gouden driehoek' rond het historische goudstadje Ballarat. Voor de 725 km lange Western Highway moet je, met een kort uitstapje in de Grampians, minstens drie dagen uittrekken.

De meeste steden in de centrale regio van Victoria hebben één ding gemeen – hun geschiedenis wordt gekenmerkt door goud. Toen in juni 1851 James 'Civil Jim' Esmonds in de buurt van Clunes op de eerste klompjes stuitte, kon hij zich geen voorstelling maken van de gevolgen van zijn vondst. Er stroomden meer dan honderdduizend gouddelvers naar Ballarat en Bendigo en goudzoekersdorpjes schoten als paddenstoelen uit de grond. Maar zo snel als hij opkwam, zo snel verdween de goudkoorts ook weer. Na enkele jaren waren de gemakkelijk te ontginnen vindplaatsen uitgeput. Voortaan moest door harde basaltlagen naar de dieper liggende aders worden gezocht, iets waartoe alleen bedrijven met voldoende geld in staat waren. Tegen 1870 waren veel nederzettingen alweer verdwenen, andere plaatsen overleefden als slaperige provinciestadjes. Talrijke historische gebouwen en veel kleine musea in de omgeving rond Ballarat en Bendigo herinneren nu nog aan de hoogtijdagen van de goudkoorts.

Ballarat ▶ 1, R 17

De voormalige goudzoekersnederzetting **Ballarat** floreert tegenwoordig als een belangrijke overslag- en handelsplaats voor het omringende landbouwgebied. De grootste trekpleister is Sovereign Hill, de getrouwe reconstructie van de gouddelversstad van 1851 tot 1861. Het dorp wordt bevolkt door in historische kostuums gestoken toneelspelers, die de wereld van die tijd tot leven brengen. Bezoekers mogen tegen een kleine bijdrage zelf met een goudwaspan aan de slag. Je kunt ook een tochtje maken met door paarden getrokken koetsjes door de stad. Je komt meer te weten over het tijdperk van de goudzoekers tijdens een bezichtiging van het bezoekerscentrum, dat een audiovisuele presentatie over de goudkoortstijd heeft (Bradshaw St., tel. 03-53 37 11 99, www.sovereignhill.com. au, dag. 10-17 uur, A-$ 54, inclusief goudmuseum).

Het ernaast gelegen **Gold Museum** is gewijd aan het fenomeen goud (Bradshaw St., tel. 03-53 37 11 07, dag. 9.30-17.30 uur, A-$ 13).

De omgeving rond de kruising van Eureka en Stawell Street was ooit het toneel van een opstand, die als de Eureka Stockade in de Australische geschiedenisboeken staat (zie blz. 42). Aan de hand van diorama's en video's wordt in het **Museum of Australian Democracy at Eureka** verslag gedaan van de gebeurtenissen in december 1854. Het belangrijkste getoonde voorwerp is de Eureka Flag, de originele bannier van de historische rebellie (102 Stawell St. South, tel. 1800-28 71 13, www.made.org, dag. 10-17 uur, A-$ 12).

Vlak om de hoek geeft het **Ballarat Wildlife Park** een goed beeld van de Australische dierenwereld (Fussell St., hoek York St., tel. 03-53 33 59 33, www.wildlifepark.com.au, dag. 9-17 uur, A-$ 33).

In het centrum staan langs Sturt Road, de brede verkeersader van Ballarat, talrijke aanzienlijke gebouwen die getuigen van de welvaart die de goudvondsten de plaats bracht. De **Art Gallery of Ballarat** in Ydiard Street toont een verzameling Australische schilderkunst (tel. 03-53 20 58 58, www.balgal.com, dag. 10-17 uur, toegang gratis, behalve bijzondere tentoonstellingen).

Aan **Lake Wendouree**, waar ook de roeibaan van de Olympische Spelen van 1956 zich uitstrekt, liggen de **Ballarat Botanical Gardens**, met kas en paviljoenen (tel. 03-53 20 74 44, dag. 8 uur tot zonsondergang, toegang gratis). In het weekend en op feestdagen legt de Ballarat Vintage Tramway het 1 km lange parcours af door de botanische tuin (tel. 03-53 34 15 80, www.btm.org.au, za. en zon- en feestdagen 12.30-17 uur, in de schoolvakanties dag., A-$ 4).

Informatie

Ballarat Visitor Information Centre: Town Hall, 225 Sturt St., www.visitballarat.com.au, dag. 9-17 uur.

Overnachten

Design ontmoet klassiek – **Ansonia on Lydiard:** 32 Lydiard St., tel. 03-53 32 46 78, www.theansoniaonlydiard.com.au. Modern boetiekhotel achter historische façade; met kunstexposities in het lichtdoorstroomde atrium. 2 pk A-$ 160-220.

Romantisch – **Braeside Garden Cottages:** 3 Albion St., Golden Point, tel. 0403-01 07 04, www.braesidegardencottages.com.au. Twee

Sovereign Hill: niet alleen een openlucht-, maar ook een levend museum – acteurs spelen het leven van vroeger na

leuke koloniale huisjes in victoriaanse stijl, behulpzame gastheer, rustige ligging. Cottage voor twee pers. vanaf A-$ 150 inclusief ontbijt.
Koloniale sfeer – **The George Hotel:** 27 Lydiard St., tel. 03-53 33 48 66, www.georgehotel ballarat.com.au. Tikje oubollig, maar wel elegant hotel midden in de stad; met restaurant en bar. 2 pk vanaf A-$ 115.
Camping en cabins – **Windmill Holiday Park:** 56 Remembrance Dr., tel. 1800-25 66 33, www.ballaratwindmill.com.au. Uitstekend toegerust, comfortabele houten bungalows, overdekt zwembad en speeltuin.

Eten en drinken
East meets west – **Boatshed Restaurant:** 27A Wendouree Par., tel. 03-53 33 55 33, www.boatshed-restaurant.com, dag. 7-22 uur. Heerlijke Australische gerechten met Thaise invloeden; mooi uitzicht op Lake Wendouree. Gerechten A-$ 22-38.
Hedendaags Australisch – **The Glasshouse:** Comfort Inn Belltower, 1845 Sturt St., tel. 03-53 34 16 00, www.belltower.com.au, ma.-za. 18-21 uur. Lichte seizoensgerechten met de beste wijnen uit de streek. Absoluut reserveren! Hoofdgerechten A-$ 20-34.

Evenementen
Ballarat Begonia Festival (mrt.): bloemenfeest met cultureel programma, www.balla ratbegoniafestival.com.
Ballarat Springfest (sept.): bont volksfeest, www.ballaratspringfest.com.au.
Blood on the Southern Cross: Sovereign Hill, Bradshaw St., tel. 03-53 37 11 99, www.sovereignhill.com.au, aanvang afhankelijk van het jaargetijde tussen 17.30 en 22.30 uur, A-$ 59,50. Nagespeeld wordt de Eureka Stockade, de opstand van de goudzoekers in december 1854.

Vervoer
Trein: met V/Line naar Melbourne, Bendigo, Echuca, Swan Hill enzovoort. Informatie: Ballarat Station, tel. 1800-80 00 07.

Ararat ▶ 1, Q 17

De volgende halte op weg naar de prachtige bergwereld van de Grampians is **Ararat**. Ooit heerste hier veel bedrijvigheid, toen goudzoekers in groten getale hun geluk kwamen beproeven. Het huidige landbouwcentrum dankt enkele statige gebouwen aan dat tijdperk van de goudkoorts. Terwijl deze van tijdelijk aard was, bleek de andere steunpilaar van de economie een stuk duurzamer – de productie van wijn, waarmee vanaf circa 1965 door immigranten uit Frankrijk werd begonnen. Tegenwoordig maken de wijnboeren rond Ararat uitstekende rode en witte wijnen; gerenommeerd zijn de champagnekelders van Great Western, ten noorden van Ararat.

Het **Gum San Chinese Heritage Centre** in de westelijke periferie van Ararat herinnert

VOETTOCHT NAAR PINNACLE LOOKOUT

Informatie
Begin: Wonderland Carpark aan de Mount Victory Road ten westen van Halls Gap (zie blz. 239).
Lengte: 4,2 km
Duur: 2-2,5 uur
Moeilijkheidsgraad: middelzwaar

Deze buitengewoon mooie wandeltocht loopt naar een van de mooiste uitkijkpunten in de noordelijke Grampians, en vervolgens in een wijde boog weer terug naar het beginpunt. Door het zeer afwisselende landschap worden wandelaars onderweg ruimschoots beloond voor hun zware lichamelijke inspanningen, en niet pas op de top. Vanaf de start bij het **Wonderland Car Park** steek je allereerst via een kleine voetgangersbrug de **Stony Creek** over. Na een paar meter bereik je dan de **Grand Canyon**, een rotsachtig ravijn in een kaal landschap. Steile treden voeren omhoog naar een vlak rotsplateau, waarop je de pijlen volgt naar de **Bridal Veil Falls**. De kleine waterval is na een enorme stortbui op zijn mooist, maar na al die regen moet je dan aan de voet van de waterval wel een eindje van steen naar steen hoppen om het pad te volgen. Het landschap wordt hierna langzamerhand steeds groener, aan de rand van de weg bloeien in de lente en zomer kleine, prachtig gekleurde orchideeën.

Langs bizarre rotsformaties bereik je uiteindelijk de **Street of Silence**, een nauwelijks meer dan schouderbrede passage tussen twee hoge rotsen, die alle geluid uit de buitenwereld tegenhouden. Na een laatste steile klim komt de veel gefotografeerde **Pinnacle** in zicht, een aan de elementen blootstaande rotsnaald boven op een loodrechte wand. Op heldere dagen heb je van hieruit een overweldigend mooi uitzicht op Lake Bellfield, het dal rondom Halls Gap en de tegenoverliggende Mount William Range. Bij een picknick kun je genieten van het uitzicht. Je kunt dezelfde weg terug nemen of de borden volgen naar de **Wonderland Loop Track**. Dit pad loopt over de bergkam en daalt daarbij gestaag af. Je passeert een rotsachtig ravijn en loopt uiteindelijk door een dichtbegroeid eucalyptus- en naaldwoud richting het dal. Onder in het dal stuit je op het Caravan Park van Halls Gap. Je steekt het park over. Aan het eind van de camping neem je achter de slagboom de weg naar links naar het **Venus Bath**, een natuurlijke rotspoel met glashelder water. Je volgt de **Stony Creek** verder tot het Wonderland Car Park. Wie deze alternatieve terugweg kiest, moet daarvoor circa tweeënhalf uur extra uittrekken. *Corinna Melville*

aan de Chinezen, die hier ooit als gouddelvers werkzaam waren. In mei 1857 gingen er zevenhonderd van hen uit de provincie Guangdong in Zuid-China in de haven van Robe (zie blz. 233) aan land. Op weg naar de goudvelden ontdekten ze in de nabijheid van het tegenwoordige Ararat bij toeval het later naar hen genoemde goudveld Canton Lead, een van de grootste alluviale goudvelden ter wereld. In slechts zes jaar tijd werd in dit 8 km lange goudveld maar liefst vijftien ton goud gedolven (31-33 Lambert St., tel. 03-53 52 10 78, www.gumsan.com.au, dag. 11-16 uur, A-$ 10).

Informatie
Ararat & Grampians Visitor Information Centre: Ararat Railway Station, tel. 1800-657158, www.ararat.vic.gov.au, dag. 9-17 uur.

Overnachten
Royale kamers – **Statesman Motor Inn:** 79 Lambert St. (Western Hwy), tel. 03-53 52 41 11, www.arataccomodation.com.au. Comfortabele kamers, restaurant. 2 pk A-$ 115-165.

Grampians National Park ▶ 1, Q 16/17

Ten westen van de Western Highway liggen de Grampians (Gariwerd in de taal van de Aboriginals), een tot 1167 m hoge uitloper van de Great Dividing Range, die abrupt verrijst uit de weidse vlakte. Een deel van het middelgebergte bestaat uit het **Grampians National Park**, het grootste natuurreservaat van Victoria. Markante blikvangers van de ongeveer 400 miljoen jaar oude bergketen zijn spectaculaire steile rotsen aan de oostflanken, die scherp contrasteren met de geleidelijk aflopende heuvels in het westen.

In het bloeiseizoen tussen september en november veranderen circa negenhonderd soorten wilde bloemen de Grampians in een kleurenzee. Door de voor het natuurtoerisme ontsloten bergwereld loopt een netwerk van gemarkeerde wandelpaden. Je kunt ook een blik werpen in het verleden, omdat er al Aboriginals leefden duizenden jaren voordat de Britse landmeter Thomas Mitchell in 1836 als eerste blanke het berggebied verkende. Zo'n zestig galerijen met afbeeldingen – vooral in het westelijke deel van de regio van de Victoria Range – vormen interessante overblijfselen van hun bijzonder fascinerende cultuur.

Halls Gap
Het bergoord **Halls Gap** is een goede uitvalsbasis voor de verkenning van de Grampians. Eerste halteplaats is het **Brambuk National Park and Cultural Centre**, waar je een tentoonstelling kunt zien over de geologische ontwikkeling en de flora en fauna van de regio. De rangers geven tips over activiteiten in het nationaal park. Het **Brambuk Centre** heeft ook veel informatie over het leven en de cultuur van de Aboriginals (277 Grampians Rd., tel. 03-53 61 40 00, www.brambuk.com.au, www.parkweb.vic.gov.au, dag. 9-17 uur, toegang gratis).

Even buiten Halls Gap kun je in de **Halls Gap Zoo** koala's, wombats, possums en andere inheemse dieren zienn (4061 Ararat-Halls Gap Rd., tel. 03-53 56 46 68, www.hallsgapzoo.com.au, dag. 10-17 uur, A-$ 28).

Rondrit
Met Halls Gap als beginpunt kun je de Grampians tijdens een rondrit van ongeveer 250 km verkennen. De **Mount Victory Road** slingert in noordwestelijke richting naar Zumsteins. Na enkele kilometers bereik je het Wonderland Carpark, de uitvalsbasis voor tochten in

de Wonderland Range. Een indrukwekkende ervaring in dit ook bij klimmers populaire gebied is de wandeling door het schilderachtige rotsravijn van de Grand Canyon naar de Pinnacle Lookout, waar je prachtig uitzicht hebt (zie blz. 238). Andere goede uitkijkpunten zijn bereikbaar met de auto. Zo ligt er tussen Halls Gap en Zumsteins een afslag naar de **Boroka Lookout**, die een weids uitzicht biedt over Halls Gap, Lake Bellfield en de Mount Difficult Range.

Het volgende station is **Reeds Lookout**, met een brandtoren. Vanhier loopt een eenvoudig voetpad naar de Balconies, een van de fotogeniekste rotsen van de Grampians (heen en terug 2 km/1 uur). Ook de McKenzie Falls, de spectaculairste watervallen van het nationaal park, liggen aan de Mount Victory Road (korte wandeling van de parkeerplaats over een pad met treden heen en terug 1,5 km/1 uur). In **Zumsteins**, een groot picknickgebied, zie je halftamme kangoeroes.

In de glooiend aflopende westelijke hellingen van de Grampians zijn de meeste Aboriginalrotsschilderingen van deze regio te vinden. In de **Ngamaddji Shelter** (2 km ten noorden van de Lah-Arumafslag in oostelijke richting, daarna 6 km) zie je eenvoudige rotsschilderingen van antropomorfe wezens. In de **Gulgurn Manja Shelter** (5 km zuidelijker aan de Western Highway in de noordelijke Grampians) zijn overwegend handafdrukken te zien. Iets zwaarder zijn de uitstapjes naar de **Billimina Shelter** en de **Manja Shelter**, die je alleen via steenslagwegen kunt bereiken.

De langs de westrand van de Grampians lopende Henty Highway voert via **Cavendish** naar **Dunkeld**. Vandaar kun je via de **Grampians Tourist Road** vanuit het zuiden het nationaal park verkennen. Ten zuiden van Halls Gap vind je aan de 'toeristenweg' een afslag naar een 10 km lange weg naar de voet van de 1167 m hoge Mount William, de hoogste top van de Grampians. Het laatste, deels zeer steile stuk kun je alleen te voet afleggen (van het eind van de weg heen en terug 3 km/1,5 uur).

Informatie

Halls Gap Visitor Information Centre: 117 Grampians Rd., tel. 1800-06 55 99, www.visit hallsgap.com.au, www.grampianstravel.com.au, dag. 9-17 uur.

Overnachten

Bijzondere natuurhotels – **Meringa Springs Lodge:** 2974 Northern Grampians Rd., Wartook, tel. 0613-53 83 63 63, www.meringasprings.com.au. Vijf bungalows met open haard, whirlpool en uitzicht op de Wartook Valley. 's Ochtends en laat in de middag hoppen er kangoeroes over het terrein van de lodge. Restaurant met Australische en internationale keuken. Bungalow vanaf A-$ 440. **Boroka Downs:** Birdswing Rd., Pomonal, tel. 03-53 56 62 43, www.borokadowns.com.au. Deze *hideaway* beschikt over een spa, waar je jezelf met uitzicht op de bergen kunt laten verwennen. Bungalow vanaf A-$ 350. **Aquila Eco Lodges:** Victoria Valley Rd., Dunkeld, tel. 03-55 77 25 82, www.ecolodges.com.au. Je slaapt hier in *treehouses*, ecologisch gebouwde houten bungalows, die een onbelemmerd uitzicht bieden op machtige eucalyptusbomen. Alle bungalows hebben een woonruimte met houtoven, een of twee slaapkamers en een kitchenette. Vanaf je terras kun je kangoeroes gadeslaan. De lodge heeft geen restaurant, maar in het nabijgelegen Dunkeld biedt het landelijk bekende Royal Mail Hotel (tel. 03-55 77 22 41, www.royalmail.com.au) Spaans beïnvloede modern-Australische keuken. Bungalow vanaf A-$ 300. Huttenromantiek – **Halls Gap Log Cabins:** 245 Grampians Rd., Halls Gap, tel. 03-53 56 42 56, www.hallsgaplogcabins.com.au. Leuke, rustieke lodge met comfortabele blokhutten en verwarmd zwembad. Blokhut A-$ 140-200. Goedkope motelunits – **The Grampians Motel:** 394-404 Grampians Rd., 4 km ten zuiden van Halls Gap, tel. 03-53 56 42 48, www.grampiansmotel.com.au. Gezellig motel met goed restaurant en verwarmd zwembad; in de grote tuin grazen kangoeroes. 2 pk A-$ 115-160.

Ze voeren altijd water, maar zijn op hun mooist als er regen is gevallen: de McKenzie Falls in de Grampians

Kamers met panorama – **Kookaburra Lodge:** 26-28 Heath St., Halls Gap, tel. 03-53 56 43 95, www.kookaburralodge.com.au. Gezellig, rustig en centraal. 2 pk A-$ 109-114.

Uitzicht op de bergen – **Asses Ears Wilderness Lodge:** Schmidt Rd., Brimpaen, tel. 03-53 83 92 15, www.assesearslodge.com.au. Deze lodge op een idyllisch gelegen farm in de Wartook Valley richt zich meer op backpackers. Hut met badkamer A-$ 32-44 p.p.

Camping en cabins – **Halls Gap Caravan Park:** 26 School Rd., Halls Gap, tel. 03-53 56 42 51, www.hallsgapcaravanpark.com.au. Goed toegerust, met gezellige cabins; vlakbij is een openbaar openluchtzwembad.

Eten en drinken

Plaatselijk instituut – **Kookaburra Bistro:** 125-127 Grampians Rd., Halls Gap, tel. 03-53 56 42 22, www.kookaburrahotel.com.au, di.-vr. 18-22.30, za., zo. ook 12-15 uur. Traditionele Aussiekeuken met moderne accenten; tip: kangoeroefilet in mosterdsaus. Gerechten A-$ 18-34.

Culinair avontuur – **Bushfoods Café:** Brumbuk Centre, 277 Grampians Rd., Halls Gap, tel. 03-53 61 40 00, dag. 11-19 uur. Gerechten uit de bushkeuken; een aanrader is hier onder andere de kangoeroeburger. Gerechten A-$ 10-25.

Actief

Outdoortours – **Absolute Outdoors:** 105-107 Grampians Rd., Halls Gap, tel. 1300-52 62 58, www.absoluteoutdoors.com.au. Abseilen, klimmen, kanoën en kajakken, bushwalking en mountainbiketochten. **Grampians Tours & Adventures:** 154 Grampians Rd., Halls Gap, tel. 03-53 56 46 54, www.grampianstours.com. Terreinwagenexcursies naar afgelegen berggebieden, wandelingen met dierenobservatie enzovoort.

Verder naar Adelaide

Horsham ▶ 1, Q 16

Ten noorden van de Grampians ligt **Horsham**, de onofficiële hoofdstad van het landbouwgebied Wimmera, dat als de graan- en wolschuur van Australië geldt. De **Wool Factory** in de stad biedt informatie over de bedrijfstak waarop ooit de hele economie van Australië dreef (134 Golf Course Rd., tel. 03-53 82 03 33, ma.-vr. 9-16, za., zon- en feestdagen 10-15 uur, toegang gratis).

Little Desert National Park
▶ 1, P/Q 16

Als je de Western Highway naar het noorden volgt, bereik je **Dimboola**, waar je een uitstapje naar het **Little Desert National Park** kunt maken. De naam is bedrieglijk, want Little Desert is niet klein, en ook geen woestijn. De streek dankt zijn naam vermoedelijk aan de zanderige bodem, waarop ook bij de hier nog verhoudingsgewijs hoge neerslag acacia's, heidestruiken en wilde bloemen gedijen.

Little Desert is het thuis van de zeldzame thermometervogel *(mallee fowl)*, die zijn eieren niet zelf uitbroedt maar ze verstopt in een broedhoop van bladeren bedekt met zand. De eieren blijven door het broeien van de composterende bladeren op temperatuur, en de thermometervogel kan met zijn snavel precies de temperatuur meten van de broedhoop, om te zorgen dat het nest constant op een temperatuur van 32°C blijft. Een eerste indruk van het nationaal park krijg je tijdens de korte **Pomponderoo Hill Nature Walk**, die 5 km ten zuiden van Dimboola begint.

Tailem Bend en Murray Bridge
▶ 1, P 15

Aan de noordrand van het Little Desert National Park voert de Western Highway naar South Australia, waar hij overgaat in de Dukes Highway. Je komt vanaf hier nauwelijks plaatsen tegen die een stop waard zijn. Pas kort voor de poorten van Adelaide passeer je er twee met bezienswaardigheden: **Tailem Bend**, nabij de monding van de Murray River in Lake Alexandrina, waar het museumdorp **Old Tailem Town** (Princes Hwy, tel. 03-85 72 38 38, www.oldtailemtown.com.au, dag. 10-17 uur, A-$ 25) de pionierstijd doet herleven, en **Murray Bridge**, waar de **Cathedral of John the Baptist** met 95 m² waarschijnlijk de kleinste kathedraal ter wereld is.

Goldfields en Murray River

De tweede populaire binnenlandse route van Melbourne naar Adelaide voert door een historisch interessant gebied met goudkoortsstadjes aan de Murray River. De 'Australische Rijn' volgend bereik je de poorten van Adelaide. Voor de 1200 km lange route moet je vier dagen uittrekken.

Goldfields

De Midland Highway voert van Ballarat naar de Murray River en loopt daarbij door de historisch belangrijke regio van de **Goldfields** met steden die uit het tijdperk van de goudkoorts stammen.

Daylesford en Hepburn Springs
▶ 1, R 17

Wie naar **Daylesford** of het ernaast gelegen **Hepburn Springs** reist, komt niet zozeer voor het 'gouden verleden' van Victoria, maar zoekt eerder ontspanning in een van de wellnessoasen (zie blz. 244) of genezing van reuma of andere pijnlijke kwalen. Hier bevindt zich het minerale-bronnencentrum van Australië, met meer dan honderd warme en koude geneeskrachtige bronnen.

Informatie
Daylesford Visitor Information Centre: 94-98 Vincent St., Daylesford, tel. 03-53 21 61 23, www.visitdaylesford.com.au, dag. 9-17 uur.

Overnachten
Kuurhotel met traditie – **Central Springs Inn:** Camp St., hoek Howe St., Daylesford, tel. 03-53 48 31 34, www.centralspringsinn.com.au. Onder monumentenzorg vallend kuurhotel met restaurant en wellnessafdeling. 2 pk vanaf A-$ 125.

Eten en drinken
Fijnproeversparadijs – **Lake House:** King St., tel. 03-53 48 33 29, www.lakehouse.com.au, dag. 12-15, 17.30-22.30 uur. Bekroond restaurant aan het meer met new Australian cuisine. Viergangenmenu vanaf A-$ 95.

Castlemaine ▶ 1, R 16

Via **Guildford** kom je aan in **Castlemaine**, ooit het derde grote centrum van de *goldrush*, maar tegenwoordig een rustige plaats die met kunsttentoonstellingen en klassieke concerten naam heeft gemaakt als cultuurstad. Het in het hele land bekende **Castlemaine Art Museum** toont werken van belangrijke Australische schilders (14 Lyttleton St., tel. 03-54 72 22 92, www.castlemainegallery.com, ma., wo.-vr. 10-17, za., zo. 12-17 uur, A-$ 10).

De **Castlemaine Markets** biedt wisselende tentoonstellingen van interessante hedendaagse kunstenaars. In het fraaie classicistische gebouw uit 1862 is daarnaast een klein streekmuseum gevestigd met informatie over het goudkoortstijdperk (44 Mostyn St., tel. 03-54 72 27 12, dag. 13-17 uur, toegang gratis). Aan de rand van de stad ligt rond een klein meer de **botanische tuin** van Castlemaine, waar je kunt wandelen.

Informatie
Castlemaine Visitor Information Centre: Market Bldg., 44 Mostyn St., tel. 1800-17 18 88, www.maldoncastlemaine.com.au, ma.-vr. 9-17, za., zo. 10-16 uur.

Overnachten
Gezinsvriendelijk motel – **Castle Motel:** 1 Duke St. (Melbourne Rd.), tel. 03-54 72 24 33, 1800-23 87 59, www.castlemotel.com.au. Comfortabel motel in het groen met restaurant en zwembad. 2 pk A-$ 105-145.

Tip

WELLNESSOASE

Het Hepburn Bathhouse & Spa in Hepburn Springs is een van de bekendste kuurtempels van de regio. Er zijn onder andere zwembaden, sauna's en jacuzzi's (toegang vanaf A-$ 34) en verschillende cosmetische behandelingen en massages, zoals shiatsu (vanaf A-$ 105 per uur) en reiki (vanaf A-$ 115 per uur). 'Wellnesspakketten' met verschillende toepassingen dienen vooruit te worden geboekt. Inlichtingen en reservering: tel. 03-53 21 60 00, www.hepburnbathhouse.com, ma.-do. 9-18.30, vr. 9-20.30, za. 8-20, zo. 8-18.30 uur.

Evenement

Castlemaine State Festival (mrt.-apr. in oneven jaren): tiendaags cultuurspektakel met meest gratis concerten, theateropvoeringen, lezingen en kunstexposities, www.castlemainefestival.com.au.

Maldon, Maryborough en Dunolly ▶ 1, R 16

Maldon geldt als een van de best bewaarde gouddelverssteden in Victoria, maar ook de victoriaanse gebouwen in **Maryborough** stammen uit de goudkoortstijd. In het **Goldfields Museum** van **Dunolly** vind je onder de circa tienduizend tentoongestelde objecten een afgietsel van de Welcome Stranger Nugget, met een gewicht van bijna 63 kg de op een na grootste goudklomp die ooit ter wereld is ontdekt (27 Thompson St., tel. 03-54 68 12 62, di., wo. 10-15, za., zo. 13.30-16 uur, A-$ 4).

Bendigo ▶ 1, R 16

Bendigo ontwikkelde zich dankzij rijke goudvelden tussen 1851 en 1870 tot een van de grootste steden in Victoria. Talrijke bouwwerken, die gelden als het best bewaard gebleven ensemble van victoriaanse architectuur in Australië, getuigen van de glorie van deze periode. De imposantste gebouwen – allemaal uit het einde van de 19e eeuw – liggen in het centrum rond de Alexandra Fountain, zoals het **Shamrock Hotel** en de **Town Hall** met een 36 m hoge klokkentoren. In het **Rosalind Park** dient een voormalige schachttoren als uitkijkplatform.

Een absolute must in Bendigo is de bezichtiging van de **Central Deborah Goldmine**, een stilgelegde goudmijn die nog tot 1954 in bedrijf was en tegenwoordig een enorm mijnbouwmuseum herbergt. Op de eerste van de in totaal zestien etages kunnen bezoekers zich 60 m onder de grond een beeld vormen van de toenmalige arbeidsomstandigheden (76 Violet St., tel. 03-54 43 82 55, www.central-deborah.com, rondleidingen (75 min.) dag. 10.30, 12, 13.30 en 15 uur, A-$ 30).

Ook de Chinezen die ooit op de goudvelden van Bendigo zwoegden, hebben in de stad hun sporen achtergelaten, zoals het uit 1860 stammende **Joss House** aan de Emu Point in North Bendigo, een aan de god Guandi gewijde tempel (Finn St., tel. 03-54 42 16 85, www.bendigojosshouse.com, dag. 11-15 uur, A-$ 6).

De geschiedenis van de Chinese gastarbeiders is gedocumenteerd in het **Golden Dragon Museum** in Bridge Street. Op het uitgestrekte museumterrein vind je onder andere een aan de taoïstische godin van de troost Guanyin gewijde tempel en een Chinese tuin met lotusvijver en paviljoens (1-11 Bridge St., tel. 03-54 41 50 44, www.goldendragonmuseum.org, dag. 9.30-17 uur, A-$ 11).

Beslist niet overslaan moet je de **Bendigo Art Gallery**, met werken van Australische schilders (42 View St., tel. 03-54 34 60 88, www.bendigoartgallery.com.au, di.-zo. 10-17 uur, toegang gratis, vrijwillige bijdrage).

Informatie

Bendigo Visitor Information Centre: Old Bendigo Post Office, 51-67 Pall Mall, tel. 1800-81 31 53, www.bendigotourism.com, dag. 9-17 uur.

Overnachten

Victoriaans juweel – Antoinette's B&B: 179 Wattle St., tel. 03-54 42 36 09, www.bendigo central.com.au. Twee wat ouderwets ingerichte kamers in een stijlvol gerestaureerd huis dat de sfeer van de gold-rushperiode uitstraalt; aardige gastvrouw, rustige ligging nabij Rosalind Park. 2 pk A-$ 165-175 inclusief ontbijt.

Koloniale sfeer – Shamrock Hotel: Pall Mall, hoek Williamson St., tel. 03-54 43 03 33, www. hotelshamrock.com.au. Met bar en restaurant. 2 pk vanaf A-$ 140.

Goed en goedkoop – Goldfields Motor Inn: 308 High St. (Calder Hwy), tel. 03-54 41 77 97, www.goldfieldsmotorinn.com. Lichte en verzorgde kamers, gratis wifi, goede restaurants op loopafstand, 2,5 km van het centrum. 2 pk vanaf A-$ 125.

Camping en cabins – Central City Caravan Park: 362 High St. (Calder Hwy), tel. 1800-50 04 75, www.centralcitycaravanpark.com. au. Goed toegerust, met cabins en zwembad.

Eten en drinken

Populair bij de locals – Wine Bank on View: 45 View St., tel. 03-54 44 46 55, www.wine bankonview.com, ma.-vr. 7.30-23, za. 8.30-1, zo. 8.30-17 uur. Mix van restaurant, café en wijnbar in een oud bankgebouw; Italiaanse en Australische keuken. Gerechten A-$ 14-38.

Aziatisch-Australisch – Malayan Orchid: 155 View St., tel. 03-54 44 44 11, www.malayanor chid.com.au, ma.-vr. 12-14, 17-22, za. 17-22 uur. Maleisische curry's met buffel-, kangoeroe- en krokodillenvlees. Gerechten A-$ 20-32.

Actief

Stadsrondrit – Bendigo Talking Tram Tour: 76 Violet St., tel. 03-54 42 28 21, www.ben digotramways.com. Rit met een historische tram met gesproken commentaar bij de belangrijkste bezienswaardigheden (dag. 10-16 uur ieder uur, vertrek bij de Central Deborah Goldmine, A-$ 17,50).

Evenementen

Chinese New Year (jan.-feb.): drakenoptochten, vuurwerk enzovoort.
Easter Festival (mrt.-apr., Pasen): hoogtepunt is een Chinese drakenoptocht, www.bendi goeasterfestival.org.au.

Vervoer

Trein: V/Line rijdt naar Melbourne, Ballarat, Echuca, Swan Hill enzovoort. Informatie: tel. 1800-80 00 07.

Aan de Murray River

Echuca ▶ 1, R 16

Van Bendigo is het nog circa 100 km naar **Echuca**, gelegen op de plaats waar de Murray, de Goulburn en de Campaspe samenvloeien. In het stoomboottijdperk was dit de belangrijkste binnenhaven van het land en voor veel Australiërs is Echuca een onlosmakelijk onderdeel van de Australische 'oergeschiedenis'. In de in 1853 gestichte stad werden destijds jaarlijks tot honderdduizend balen wol verladen, en aan de oevers van de Murray stonden meer dan tachtig cafés. De bezienswaardigheden concentreren zich in de **Port of Echuca**, waar de sfeer van de 19e eeuw behouden bleef. Hoogtepunt van een bezoek is een nostalgische cruise op de Murray River in een gerestaureerde raderboot. Vanwege de grote belangstelling dien je ruim van tevoren te reserveren.

Historische rivierstoomschepen

Tentoonstelling: Murray Esplanade, tel. 1300-94 27 37, www.portofechuca.org.au, dag. 9-17 uur, A-$ 14; combiticket met een tocht van een uur per raderboot 35, A-$ 50

Een ongeveer twee uur durende rondgang door Echuca begint bij de drie verdiepingen hoge, in 1865 van zwaar *red gum*-hout gebouwde pier, waar je de tijd van de rivierboten kunt herbeleven. Hier hebben de raderboten **P. S. Adelaide** (1866), **P. S. Alexander Arbuthnot** (1923), **P. S. Canberra** (1912), **P. S. Hero** (1874), **P. S. Pevensey** (1901) en **P. S. Pride of the Murray** (1924) hun vermoedelijk laatste ankerplaats gevonden. In een omgebouwd pakhuis bieden een expositie en een audiovisuele show informatie over de scheepvaart op de Murray.

In het opgestuwde deel van de Murray River rijzen natuurlijke boomsculpturen op uit het water

Red Gum Works
Ma.-vr. 10-14, za., zo. 9-16 uur, toegang gratis
Eveneens in de Port of Echuca kunnen bezoekers een blik werpen in de door stoom aangedreven zaagmolen **Red Gum Works**, waar nog steeds net als vroeger rode gombomen (een eucalyptussoort) uit het nabijgelegen Barmah Forest worden verwerkt. Hier restaureerde men ook het stoomschip **P.S. Hero**, waarvan het wrak onder de modder van de Murray River tevoorschijn kwam.

National Holden Museum
7-11 Warren St., tel. 03-54 80 20 33, www.hol denmuseum.com.au, dag. 9-17 uur, volwassenen A-$ 8,50
Tegenover de pier staan het Star Hotel uit 1867 en het Bridge Hotel uit 1858, nu twee

Aan de Murray River

Overnachten

Historische B&B – **Steam Packet Inn:** 37 Murray Esplanade, tel. 03-54 82 34 11, www.steampacketinn.com.au. Elegante B&B in de historische havenbuurt. 2 pk A-$ 140-200 inclusief ontbijt.

Betrouwbaar ketenmotel – **Pevensey Motor Lodge:** 365 High St., tel. 03-54 82 51 66, www.pevenseymotorlodge.com.au. Gezinsvriendelijk motel met ruime kamers en verwarmd zwembad op tien minuten lopen van de haven. 2 pk A-$ 115-165.

Goed en goedkoop – **Big River Motel:** 317 High St., tel. 03-54 82 25 22, www.bigrivermotelechuca.com.au. Vijftien functioneel ingerichte kamers; rustig, met klein zwembad. 2 pk A-$ 100-140.

Camping en cabins – **Echuca Caravan Park:** Crofton St., 1800-55 56 40, www.echucacaravanpark.com.au. Grote, goed toegeruste camping aan de Murray River met ruime cabins en zwembad. Op loopafstand van de havenbuurt.

Eten en drinken

Mediterrane invloed – **Ceres:** 554 High St., tel. 03-54 82 55 99, www.ceresechuca.com.au, dag. 11-15, 17.30-22 uur. In een elegante ambiance worden modern-Australische gerechten met een Italiaans accent geserveerd. Gerechten A-$ 24-41.

Dinner cruises – **M. V. Mary Ann:** Booking Office, 41 Murray Esplanade, tel. 03-54 80 70 00, www.maryann.com.au. Italiaans eten tijdens een riviercruise. Hoofdgerechten A-$ 22-44.

Pubrestaurant – **The Bridge Hotel:** 1 Hopwood Pl., tel. 03-54 82 22 47, dag. 11.30-15, 17.30-22.30 uur. Rustiek restaurant in een historisch pand. Hoofdgerechten A-$ 16,50-32.

sfeervolle pubrestaurants. Liefhebbers van oude auto's kunnen het **National Holden Museum** bezoeken, waar een verzameling van meer dan dertig oldtimers is te zien.

Informatie

Echuca Moama Visitor Information Centre: 2 Heygarth St., tel. 1800-80 44 46, www.echucamoama.com, dag. 9-17 uur.

Actief

Boottochten – Historische **raderboten**, bijvoorbeeld P. S. Canberra, P. S. Emmylou en P. S. Pride of the Murray, maken korte cruises op de Murray River. Reservering ticketverkoop bij het centrale Booking Office, 57 Murray Esplanade, tel. 03-54 82 52 44, www.murraypaddlesteamers.com.au (geregelde afvaarten dag. 9.45-16 uur, vanaf A-$ 25). **Kingfisher**

Wetland Cruises: 57 Murray Esplanade, tel. 03-58 55 28 55, www.kingfishercruises.com.au. Ongeveer twee uur durende boottochten naar het Barmah Forest, het grootste rode gombomenbos in Australië (ma., wo., do., za. en zo. 10.30 uur, A-$ 37,50).

Evenement
Port of Echuca Heritage Steam Festival (okt.): raderbotenrace en groot volksfeest.

Vervoer
Trein en bus: met V/Line naar Melbourne, Ballarat, Bendigo, Swan Hill, Mildura, Albury-Wodonga enzovoort. Informatie: tel. 1800-80 00 07.

Merengebied van Kerang
▶ 1, R 16

Zo'n 100 km ten noordwesten van Echuca vormt het merengebied van **Kerang** een oase voor ontelbare watervogels. Alleen al bij de drie **Reedy Lakes** broeden elk voorjaar meer dan hoderdduizend ibissen. Bij het **Middle Lake**, 9 km ten noorden van Kerang, kun je vanaf een uitkijktoren in de vroege ochtend en bij zonsondergang vogels observeren. **Lake Charm**, 18 km ten noorden van Kerang, biedt goede zwem- en watersportmogelijkheden.

Swan Hill ▶ 1, R 15/16

Swan Hill aan de Murray River was halverwege de 19e eeuw een aanlegplaats voor raderboten. De Pioneer Settlement, een getrouwe kopie van een rivierhaven uit de raderboottijd, biedt een kijkje in de geschiedenis van het plaatsje. De grootste attractie van het museumdorp is de oude, gerestaureerde raderboot P.S. Gem, die in een stuwmeer van de Murray River ligt en tegenwoordig een streekmuseum huisvest (tel. 1800-98 19 11, www.pioneersettlement.com.au, dag. 9.30-16.30 uur, A-$ 30).

Informatie
Swan Hill Region Information Centre: McCrae St., hoek Curlewis St., tel. 1800-62 53 73, www.swanhill.viv.gov.au, ma.-vr. 9-17, za., zo. 10-16 uur.

Overnachten
Gezinsvriendelijk – **Murray River Motel:** 481 Campbell St., tel. 1800-00 83 00, www.murrayrivermotel.com. Aangenaam en rustig motel met zwembad en tuin. 2 pk A-$ 103-137.
Camping en cabins – **Big4 Riverside Swan Hill:** Monash Dr., tel. 1800-10 10 12, www.big4.com.au. Mooi gelegen camping, goed toegerust, met ruime cabins.

Actief
Boottochten – **P. S. Pyap:** Pioneer Settlement, tel. 1800-98 19 11, www.pioneersettlement.com.au. Nostalgische cruises op de Murray River met een oude raderboot (dag. 14.30, za., zon- en feestdagen en in de schoolvakanties 10.30 en 14.30 uur, vanaf A-$ 23,50).

Mildura ▶ 1, Q 15

Mildura is het middelpunt van het zeer productieve landbouwgebied Sunraysia, waar hoofdzakelijk citrusvruchten en wijndruiven worden verbouwd. Het plaatsje ligt ingebed in enorme fruitplantages en wijngaarden, terwijl slechts enkele kilometers verderop bruingeschroeide aarde het beeld bepaalt. Het toverwoord is irrigatie, kunstmatige bevloeiing via wijdvertakte kanalen met het water van de Murray River. Het 'wonder' in de savanne werd tot stand gebracht door de Californische broers George en William Chaffey, die rond 1880 de basis legden voor een ingenieus irrigatiesysteem.

Een goede manier om iets te leren over de irrigatiemethoden aan de Murray is een bezoek aan een plantage, zoals **Orange World**, 7 km ten noordwesten van Mildura aan de Silver City Highway richting Wentworth (tel. 03-50 23 51 97, www.orangeworldmildura.com.au, dag. 9.30-16, rondleidingen dag. 11.30, 14.30 uur, A-$ 15).

Mildura zelf, naar Amerikaans voorbeeld in een rechthoekig patroon aangelegd, biedt enkele attracties, zoals het herenhuis **Rio Vista**.

Aan de Murray River

In de voormalige woning van de stichter van de stad George Chaffey uit 1889 is een museum ondergebracht met memorabilia van de familie en het **Mildura Arts Centre** met moderne schilder- en beeldhouwkunst (199 Cureton Ave., tel. 03-50 18 83 30, www.mildu raartscentre.com.au, dag. 10-17 uur, toegang gratis, wél entree voor speciale tentoonstellingen en evenementen).

In de **Working Men's Club** aan Deaking Avenue staat de mogelijk langste bar van de wereld, 91 m lang en met 36 taps, waaruit het bier de hele dag stroomt. De club is weliswaar alleen toegankelijk voor leden, maar voor toeristen maakt men graag een uitzondering (100-110 Deakin Ave. (Sturt Hwy), tel. 03-50 23 05 31, www.milduraworkers.com.au).

Informatie
Mildura Visitor Information Centre: 180-190 Deakin Ave. (Sturt Hwy), tel. 1800-03 90 43, www.visitmildura.com.au, ma.-vr. 9-17.30, za., zo. 9-17 uur.

Overnachten
Gedegen en goedkoop – **Comfort Inn Deakin Palms:** 413 Deakin Ave. (Sturt Hwy), tel. 03-50 23 02 18, www.deakinpalms.com.au. Lichte, modern ingerichte units, die staan gegroepeerd rond het grote zwembad; restaurant en bar. 2 pk vanaf A-$ 118.

Camping en cabins – **Golden River Holiday Resort:** Flora Ave. (River Rd.), tel. 03-50 21 22 99, www.goldenriverholidaypark.com.au. Caravan park aan de oever van de Murray River met comfortabele cabins en mooi zwembad.

Eten en drinken
Culinair paradijs – **Stefano's Restaurant:** Grand Hotel, 18 Langtree Ave., tel. 03-50 22 08 81, www.stefanos.com.au. Met zijn klassieke Noord-Italiaanse creaties komt chef- en tv-kok Stefano de Pieri tegemoet aan zowel de Australische als de mediterrane smaak. Vijfgangenmenu A-$ 97.

Actief
Boottochten – **P. S. Melbourne:** Booking Office, Mildura Wharf, tel. 03-50 23 22 00, www.paddlesteamers.com.au. Nostalgische cruises op de Murray River (dag. 10.50 en 13.50 uur, A-$ 30).

Vervoer
Trein en bus: V/Line-treinen en bussen naar Melbourne, Ballarat, Bendigo, Swan Hill, Echuca, Albury-Wodonga enzovoort. Informatie: tel. 1800-80 00 07.

Van Mildura naar Adelaide
▶ 1, O-Q 15

Vanaf Mildura gaat de reis verder over goeddeels lange rechte stukken Sturt Highway en door een woestijnachtig landschap naar South Australia. Om de verbreiding van fruitvliegjes een halt toe te roepen, mogen geen vers fruit of groente over de staatsgrenzen worden vervoerd. Rond Renmark strekt zich een groot gebied met boom- en wijngaarden uit.

Als je voldoende tijd hebt, kun je bij **Blanchetown** de Sturt Highway verlaten en via smalle secundaire wegen, de Murray River volgend, naar Adelaide rijden. De river voert door een canyonachtig landschap en biedt iedere keer opnieuw spectaculaire vergezichten. Een imposante steile oever met uitzichtpunten is te vinden bij **Walker Flat**, waar je met een gratis autoveer de Murray kunt oversteken. Bij **Murray Bridge**, waar in 1878 de eerste brug over de Murray is gebouwd, bereikt de secundaire weg de South Eastern Freeway, die in snel tempo naar Adelaide voert.

Informatie
Renmark Paringa Visitor Centre: 84 Murray Ave., Renmark (circa 140 km ten westen van Mildura), tel. 08-85 80 30 60, www.renmark paringa.sa.gov.au, ma.-vr. 9-17, za. en zon- en feestdagen 10-14 uur.

Mannum Visitor Information Centre: 6 Randell St., Mannum (circa 36 km ten zuidwesten van Walker Flat), tel. 1300-62 66 86, www.man num.org.au, ma.-vr. 9-17, za., zo. 10-16 uur.

Goldfields en Murray River

Actief

MET EEN WOONBOOT OVER DE MURRAY RIVER

Informatie
Begin: vertrekpunt van de tochten met de woonboten is meestal Murray Bridge (zie blz. 249).
Einde: Waikerie of Renmark
Lengte: circa 210 respectievelijk 330 km
Duur: 3 of 4 dagen
Informatie en reserveren: OZ Houseboats, tel. 08-83 65 77 76, www.ozhouseboats.com.au. Boot met acht-twaalf bedden voor drie (vr.-zo.) of vier dagen (ma.-do.) A-$ 1750-2350, voor zeven dagen A-$ 2300-3350; met vier bedden voor drie (vr.-zo.) of vier dagen (ma.-do.) A-$ 1550-1850, voor zeven dagen A-$ 1850-2150.

In de namiddagzon gloeien de zandsteenrotsen rood op. Een licht briesje verdrijft de warme lucht van de zomerdag. Eksterganzen trekken langs, ijsvogels storten zich in het water, aalscholvers drogen op de oever hun vleugels. Ooievaars, reigers en ibissen stappen vlak bij de oever op hoge poten door het gladde water. En met een slome vleugelslag kiezen pelikanen voor de boeg van je schip het luchtruim. Tussen rodegombomen op de oever hoppen kangoeroes rond en kijken nieuwsgierig naar de boten die op de rivier langstrekken. Er is in

Aan de Murray River

Australië nauwelijks een manier van reizen te vinden die relaxter is dan het vredig voortglijden in een woonboot op de Murray River. Zonder vaste ankerplaatsen of file in een vaargeul word je door de dag gewiegd. 's Avonds leg je aan bij een zandstrandje in de rivier, waar je jezelf bij het kampvuur in het romantische Wilde Westen waant.

Woonboten ogen weliswaar plomp, maar ze zijn bijzonder praktisch en comfortabel. Airconditioning is even vanzelfsprekend als een compleet uitgeruste keuken. Extra toebehoren als fietsen of gemotoriseerde bijboten kunnen tegen meerprijs worden geleverd. In Australië heb je geen vaarbewijs nodig voor deze drijvende bungalows. De langzaam varende boten (maximaal 10 km/h) zijn gemakkelijk te besturen en daarom ook geschikt voor beginners.

Een goed beginpunt voor de verkenning van de benedenloop van de Murray River is het stadje **Murray Bridge**, dat ook de thuishaven is van historische en nagebouwde raderboten. De eerste etappe gaat naar **Mannum**, waar de rivier het formaat heeft van een binnenzee. Op de talrijke rieteilanden hier vinden enorm veel verschillende vogels hun toevlucht. Ten noordoosten van Mannum heeft de Murray River de zachte zandsteenrotsen diep uitgesleten. Steeds weer weet de rivier je hier met spectaculaire vergezichten en een deels canyonachtig landschap te overdonderen. Bij Walker Flat vind je een imposante steile oever met uitkijkpunten. Ten noorden van **Swan Reach** begint een uitgekiend systeem van sluizen en dammen, waarmee de waterstand van de Murray River wordt gereguleerd.

De als Riverland bestempelde streek in de driehoek Waikerie-Renmark-Loxton presenteert zich als één grote fruit- en wijngaard. De aanplant van fruit en wijnstokken in deze van oorsprong zeer droge omgeving werd pas mogelijk door kunstmatige irrigatie met het kostbare nat van de Murray River. Rond **Waikerie**, een mogelijk eindpunt van de tocht, strekt zich tegenwoordig Australiës grootste teeltgebied voor citrusvruchten uit. Wijnliefhebbers moeten echt aanleggen bij de Berri Estates Winery in **Glossop** (zie onderaan). Je kunt de tocht ook eindigen in **Renmark**, een ander landbouwcentrum in het plantagegebied aan de Murray.

Overnachten

... in Renmark (circa 140 km ten westen van Mildura):

Rustig en aangenaam – **Citrus Valley Motel:** 210 Renmark Ave., tel. 08-85 86 67 17, www.citrusvalleymotel.com.au. Gemoedelijk motel met restaurant en verwarmd zwembad. 2 pk vanaf A-$ 106 inclusief ontbijt.

Camping en cabins – **Riverbend Caravan Park:** Sturt Hwy, tel. 1800-55 24 51, www.riverbendrenmark.com.au. Goed toegeruste en mooi gelegen camping met zeer ruime cabins.

... in Mannum (circa 36 km ten zuidwesten van Walker Flat):

Aan de Murray River – **Mannum Motel:** 76 Cliff St., tel. 1800-63 58 03, www.mannummotel.com.au. Vriendelijk motel met restaurant en zwembad. 2 pk A-$ 125-165.

Camping en cabins – **Mannum Caravan Park:** Purnong Rd., tel. 08-85 69 14 02, www.mannumcaravanpark.com.au. Goed toegerust, fraai gelegen, met cabins.

Actief

Boottochten – **Renmark River Cruises:** tel. 08-85 86 67 04, www.murrayriver.com.au/renmark/river-cruises. Twee uur durende cruises op de Murray River vanuit Renmark (di., do., za. 14, zo. 11 uur, A-$ 40). **P. S. Murray Princess:** c/o Captain Cook Cruises, 96 Randell St., Mannum, tel. 1800-80 48 43, www.captaincook.com.au. Meerdaagse cruises op de Murray River met een nostalgische raderboot (drie dagen vanaf A-$ 787).

Wijngoedbezichtiging – **Berri Estates Winery:** Sturt Hwy, Glossop (5 km ten westen van Berri) tel. 08-85 82 03 40, www.berriestateswinery.com.au, ma.-vr. 9-17, za. 9-16 uur, toegang gratis. Met een jaarlijkse productie van ongeveer zeven miljoen liter tafelwijn is dit het grootste wijngoed ten zuiden van de evenaar.

De Outback van New South Wales

Door koloniale en goudkoortsstadjes voert de route naar de Rolling Hills, de golvende uitlopers van de Great Dividing Range. Voorbij deze vruchtbare streek doorsnijden kaarsrechte wegen droge grassavannes en steenachtige halfwoestijnen – de outback van New South Wales, de thuishaven van miljoenen schapen en maar weinig mensen. Het landschappelijke hoogtepunt van de circa 1700 km lange route is het Warrumbungle National Park.

Van Sydney naar Dubbo

Bathurst ▶ 1, U 15

In 1815, twee jaar nadat Gregory Blaxland, William Lawson en Charles Wentworth een weg door de tot dan toe ondoordringbare Blue Mountains hadden ontdekt, stichtten blanke kolonisten **Bathurst** op de oever van de Macquarie River. In februari 1851 leidden goudvondsten tot een ware invasie van avonturiers. Toen de goudkoorts was gezakt, vestigden ze zich als boeren en handwerkers. Tegenwoordig is Bathurst het centrum van een florerende agrarische regio, waar vooral tarwe en wol worden geproduceerd.

In de oudste binnenstad van Australië zijn talrijke bouwwerken uit de tijd van de stichting bewaard gebleven. Vooral langs de Kings Parade rijgen zich zeer bezienswaardige koloniale gebouwen aaneen. In de oostvleugel van het tussen 1849 en 1882 gebouwde Court House is tegenwoordig het **Bathurst Historical Museum** gevestigd, waar een collectie met allerhande herinneringen aan voorbije tijden is ondergebracht (Russell St., tel. 02-63 30 84 55, www.bathursthistory.org.au, di.-vr. 10-16, za., zo. 11-14 uur, A-$ 5).

Tegenover het museum staan de 31 m hoge klokkentoren **Carillon** en het **South African War Memorial**, een gedenkplaats ter herinnering aan de Australische soldaten die in de Boerenoorlog aan Britse zijde vochten.

In de zuidwestelijke periferie van de stad slingert zich rond **Mount Panorama** het bekendste bergracecircuit van Australië, waar met Pasen motorraces en in oktober autoraces worden gehouden. In het **National Motor Racing Museum**, dat bij het parcours ligt, draait alles om de motorsport (Mount Panorama Circuit, tel. 02-63 32 18 72, www.nmrm.com.au, dag. 9-16.30 uur, A-$ 15).

Op het bergplateau strekt het **Sir Joseph Banks Nature Park** zich uit, met kangoeroes, koala's en emoes (McPhillamy Park, Mount Panorama Circuit, tel. 02-63 33 62 85, dag. 9-15.30 uur, A-$ 5). Eveneens op Mount Panorama vind je het openluchtmuseum **Bathurst Goldfields**, de reconstructie van een goudzoekersdorpje (Mount Panorama Circuit, tel. 02-63 32 20 22, www.bathurstgoldfields.com.au, rondleidingen ma.-vr. op aanvraag, A-$ 15).

Vanuit Bathurst kun je over deels ongeasfalteerde wegen via het goudzoekersdorp **Sofala** noordwaarts naar het circa 80 km verderop gelegen **Hill End** rijden, een goudstadje dat tegenwoordig onder monumentenzorg valt en bezoekers trekt met zijn wildwestsfeer. Ruim 100 km ten zuidwesten van Bathurst ligt aan de schilderachtige Lachlan River het landelijke plaatsje **Cowra**, waar een fraaie Japanse tuin te bewonderen is.

Informatie

Bathurst Visitor Information Centre: 1 Kendall Ave., tel. 08-63 32 14 44, www.visitbathurst.com.au, dag. 9-17 uur.

Overnachten

Kamers in diverse categorieën – **Bathurst Motor Inn:** 87 Durham St., tel. 02-63 31 22 22, www.bathurstmotorinn.com.au. Kamers voor elk budget; restaurant, fitnesscenter en zwembad. 2 pk A-$ 110-260.

Camping en cabins – **Big4 Bathurst Panorama Holiday Park:** Sydney Rd. (Great Western Hwy), tel. 02-63 31 82 86, www.big4.com.au. Goed toegerust en gezinsvriendelijk, comfortabele cabins, zwembad, speeltuin.

Eten en drinken

Met groene binnenplaats – **The Hub:** 52 Keppel St., tel. 02-63 32 15 65, ma.-za. 7-17, zo. 7-15 uur. Lichte, creatieve gerechten met verse producten uit de streek; vlotte en vriendelijke bediening. Gerechten A-$ 12-25.

Vervoer

Trein: dagelijks sneltreinen naar Sydney, Dubbo en Broken Hill. Bovendien dagelijks treinen van Sydney CityRail (gele lijn) van Sydney naar Lithgow, en van daaraf bussen naar Bathurst. Informatie: NSW TrainLink, tel. 13 22 32.

Bus: dagelijks met Greyhound Australia, tel. 1300-47 39 46, naar Sydney en Adelaide.

Orange ▶ 1, T 15

De volgende halte op de route is **Orange**, een agrarisch centrum op de uitlopers van de uitgedoofde, 1395 m hoge vulkaan Mount Canabolas. Hier worden vooral appels en kersen geteeld. In de **Orange Botanic Gardens** kun je een wandeling maken in de schaduw van inheemse en geïmporteerde bomen. (Hill St., tel. 02 63 93 82 25, www.facebook.com/orangebotanicgardens, doorlopend geopend, toegang gratis).

Wellington ▶ 1, T 14

Wellington is bekend om zijn kalksteengrotten met hun imposante stalagmieten en stalactieten in de meest uiteenlopende vormen en kleuren. Het hoogtepunt van de **Cathedral Cave**, 8 km ten zuiden van de plaats in de buurt van de Mitchell Highway, is The Altar, een 15 m hoge stalagmiet (Wellington Caves Complex, Caves Rd., tel. 02-68 45 29 70, www.wellingtoncaves.com.au, rondleidingen dag. 10, 12, 15.30 uur, A-$ 12,50).

Ten zuidoosten van de stad strekt zich het stuwmeer van de **Burrendong Dam** uit, een geliefd recreatiegebied met veel watersportmogelijkheden.

Informatie

Wellington Visitor Information Centre: Cameron Park, tel. 1800-62 16 14, www.visitwellington.com.au, ma.-vr. 9-17, za., zo. 10-16 uur.

Overnachten

Mooi gelegen aan de rivier – **Bridge Motel:** 5 Lee St., tel. 02-68 45 25 55, www.wellingtonbridgemotel.com.au. Idyllisch gelegen aan de Macquarie River; met goed restaurant en zoutwaterzwembad. 2 pk A-$ 115-140.

Camping en cabins – **Caves Caravan Park:** Caves Rd., tel. 02-68 45 29 70, www.wellingtoncaves.com.au. Naast de Wellington Caves, uitstekend toegerust, met motelachtige cabins.

Dubbo ▶ 1, T 14

Te midden van de Western Plains, de door grote stuwmeren goed bewaterde graanschuur van New South Wales, ligt de welvarende stad **Dubbo**. Vooral aan Macquarie Street zie je veel historische koloniale gebouwen. Het bezienswaardigst zijn de in 1876 gebouwde **Bank of New South Wales**, die nu een museum voor regionale geschiedenis huisvest (tel. 02-68 82 53 59, dag. 10-13, 14-16.30 uur, toegang gratis), en de duistere gevangenis **Old Dubbo Gaol** (tel. 02-68 01 44 60, www.olddubbogaol.com.au, dag. 9-16 uur, A-$ 17,50).

De **Taronga Western Plains Zoo**, Australiës grootste dierentuin met dieren uit alle werelddelen, strekt zich 5 km ten zuidwesten van Dubbo uit (Obley Rd., tel. 02-68 81 14 00, www.taronga.org.au, dag. 9-16 uur, A-$ 47).

Informatie

Dubbo Visitor Centre: Macquarie St., hoek Newell Hwy, tel. 02-68 01 44 50, www.dubbotourism.com.au, dag. 9-17 uur.

De Outback van New South Wales

Overnachten

Ruime motelunits – **Blue Gum Motor Inn:** 109 Cobra St., tel. 02-68 82 09 00, www.blue gummotorinn.com.au. Goed gerund, gezinsvriendelijk motel met ruime kamers en zwembad. 2 pk A-$ 135-175.

Camping en cabins – **Dubbo City Holiday Park:** Whylandra St., tel. 02-68 01 45 30, www.dubbocityholidaypark.com.au. Goed toegerust; met zwembad en overdekte barbecueplaatsen.

Vervoer

Trein: dagelijks sneltreinen naar Sydney, Bathurst en Broken Hill, en bovendien dagelijks diverse treinen van Sydney CityRail (gele lijn) van Sydney naar Lithgow, en van daaraf bussen via Bathurst en Orange naar Dubbo. Informatie: NSW TrainLink, tel. 13 22 32.
Bus: dagelijks met Greyhound Australia, tel. 1300-47 39 46, naar Sydney en Adelaide.

Uitstapje vanuit Dubbo

Van Dubbo kun je een uitstapje maken over de Newell Highway naar het op ongeveer 160 km afstand gelegen Warrumbungle National Park, een van de fascinerendste nationale parken van Australië. Nog verder is het naar een van de indrukwekkendste opaalvelden van het land – 350 km scheiden Dubbo van Lightning Ridge.

Siding Spring Observatory
▶ 1, T 13

Tel. 02-68 42 62 11, www.sidingspringobserva tory.com.au, di.-vr. 9.30-16, za. en zon- en feestdagen 10-16 uur, rondleidingen ma., wo., vr. 12.30 uur, in de avonduren op aanvraag, A-$ 17
Eerst rijd je naar het landelijke stadje **Coonabarabran**, ook wel de 'Astronomy Capital of Australia' genoemd. Zo'n 24 km ten westen ervan, reeds aan de rand van het Warrumbungle National Park, ligt het **Siding Spring Observatory**, een van de belangrijkste sterrenwachten van Australië. Amateurastronomen kunnen door een telescoop de sterrenpracht aan de 'zuidelijke' nachthemel bekijken.

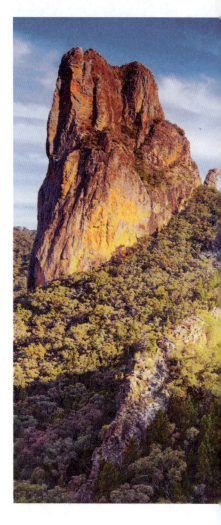

Informatie

Coonabarabran Visitor Centre: Newell Hwy, Coonabarabran, tel. 1800-24 28 81, www.warrumbungle.nsw.gov.au, dag. 9-17 uur.

Overnachten

Typisch outbackmotel – **Country Gardens Motel:** Newell Hwy, hoek John St. en Edwards

Als je midden in de outback plotseling een groen minigebergte met bizar gevormde rotsnaalden uit de vlakte ziet oprijzen, heb je het Warrumbungle National Park bereikt

St., Coonabarabran, tel. 02-68 42 17 11, www.countrygardensmotel.com.au. Gezellige kamers, restaurant en zwembad. 2 pk vanaf A-$ 105.

Vlak bij het nationaal park – **Warrumbungles Mountain Motel:** Timor Rd., Coonabarabran, tel. 02-68 42 18 32, www.warrumbungle.com. Gunstige, op circa 9 km ten westen van Coonabarabran gelegen standplaats voor het Warrumbungle National Park met eenvoudige maar gezellige kamers en zoutwaterzwembad. 2 pk vanaf A-$ 99.

Camping en cabins – **John Oxley Caravan Park:** Oxley Hwy, tel. 0438-44 79 25, www.johnoxleycvn.net. Met cabins in diverse categorieën.

De Outback van New South Wales

WANDELEN IN HET WARRUMBUNGLE NATIONAL PARK

Informatie

Begin: Camp Pincham, ongeveer 2 km ten zuiden van het Warrumbungle National Park Visitor Centre (zie blz. 257).
Lengte: tussen 1 en 14,5 km

Duur: tussen 20 min. en 5-6 uu.
Moeilijkheidsgraad: van gemakkelijk via gematigd tot zeer zwaar
Inlichtingen: Warrumbungle National Park Visitor Centre

Het beginpunt van de twee mooiste wandeltochten in het Warrumbungle National Park is de picknickplaats **Camp Pincham**, 2 km ten zuiden van het bezoekerscentrum. Op een gemarkeerd, en op sommige stukken zeer steil pad met meer dan duizend treden klim je naar het uitkijkpunt **Fans Horizon**. Daar heb je een prachtig uitzicht op de bizar geërodeerde vulkaankraters van de Grand High Tops (heen en terug 3,6 km/2 uur).

Ook de **Pincham Trail** naar de **Grand High Tops** met de **Breadknife**, de spectaculairste rotsformatie in de hogere regionen van het park, vereist een goede conditie. Ook al is het goed bewegwijzerde wandelpad deels bestraat en voorzien van bruggen en trappen, toch kunnen ongetrainde wandelaars moeite hebben met een aantal steile passages. De wandeling begint vlak, gadegeslagen door grijze reuzenkangoeroes en Bennettwallabies, die helemaal niet bang lijken te zijn voor de wandelaars. Ook kom je overal langs het pad reptielen tegen, naast blauwtongskinken vooral heuppotigen, die vaak voor slangen worden aangezien. Na 2 km kom je bij een zijpad, **Goulds Circuit**, een inspannende rondweg door een open gemengd woud, waarin je met wat geluk koala's tegenkomt – tip: kijk uit naar eucalyptusbomen met een bekraste stam (6,3 km/3 uur). Ook op de Pincham Trail wordt het pad steeds steiler, zelfs al zijn de moeilijkste passages toegankelijker gemaakt met metalen trappen. De inspanning wordt beloond met een prachtig uitzicht op de Breadknife, een 90 m hoge en slechts 1,5 m brede rotsformatie, die eruitziet als een gigantisch broodmes. Je kunt dezelfde weg terug nemen (heen en terug 12,5 km/4-5 uur) of kiezen voor het grotendeels aan de natuur overgelaten pad langs de meestal droogstaande **West Spirey Creek**, waar je verschillende uitkijkpunten passeert die een schitterend uitzicht over de bergtoppen bieden, zoals bij **Point Wilderness** (rondweg 14,5 km/5-6 uur).

Een reeks andere wandelingen, zoals de beklimming van **Mount Exmouth** (heen en terug 16,8-17,3 km/5-7 uur) of het **Belougery Split Rock Circuit** met zijn grandioze panorama's (4,6 km/3 uur), is alleen geschikt voor ervaren *bushwalkers*. De **Gurianawa Track** in de buurt van het bezoekerscentrum is ook toegankelijk voor rolstoelgebruikers (rondweg 1 km/circa 20 min.). Vogelaars zullen graag de **Wambelong Nature Trail** willen volgen, die begint bij de Canyon Picnic Area, 1 km noordwestelijk van het bezoekerscentrum (rondweg 1,1 km/30 min.). Ook het pad naar de **Whitegum Lookout**, ongeveer 10 km ten oosten van het Visitor Centre aan de weg richting Coonabarabran, is geschikt gemaakt voor rolstoelgebruikers (heen en terug 1 km/30 min.).

Warrumbungle National Park
▶ 1, T 13

Ten westen van Coonabarabran verrijzen de Warrumbungle Mountains abrupt uit het weidse landschap. Dit gebied wordt gekenmerkt door grillige rotsformaties, vreemde rotstorens en -naalden en geweldige steenkoepels. De heuvels en bergen van **Warrumbungle National Park** zijn erfenissen van gigantische vulkanische erupties die hier miljoenen jaren geleden plaatsvonden. Het zijn de 'harde kernen' van uitgedoofde vulkanen en enorme lavablokken, die de krachten van de erosie weerstonden (zie ook blz. 256)

Informatie
Warrumbungle National Park Visitor Centre: tel. 02-68 25 43 64, www.nationalparks. nsw.gov.au, dag. 9-16 uur. Informatie over flora en fauna en wandelingen. Hier betaal je ook de entree voor het nationaal park die A-$ 8 per auto bedraagt.

Overnachten
Camping – **Camp Blackman:** tel. 02-68 25 43 64. Goed toegeruste camping in het nationaal park; in de vakantietijd is reserveren vereist.

Lightning Ridge   ▶ 1, tel. 12
Ver buiten de eigenlijke route liggen in de diepste outback van New South Wales de opaalvelden van **Lightning Ridge**, de enige vindplaats ter wereld van zwart opaal, de duurste opaalsoort. Nadat hier in 1902 de eerste *black opals* waren gevonden, stroomden er ontelbare gelukszoekers toe. Bezoekers kun-

>
>
> ## ONDERAARDSE OVERNACHTING
>
> Vanwege de extreme zomertemperaturen van meer dan 50°C en de regelmatig woedende zandstormen leek het de opaaldelvers van **White Cliffs** een goed idee om niet meer gebruikte mijngangen als woning te benutten. De *dugouts*, die met 22°C altijd een aangename temperatuur hebben, bieden een prima beschutting tegen het felle zonlicht, het fijne stof en niet in de laatste plaats de zwermen vliegen. Van deze voordelen profiteert ook het **Underground Motel** in White Cliffs, dat zijn gasten een heel bijzondere slaapervaring biedt: niet alleen is het er doodstil, maar ook pikdonker (tel. 08-80 91 66 77, www.undergroundmotel.com.au), dertig comfortabele kamers onder de grond, met restaurant en (bovengronds) zwembad. 2 pk A-$ 149, driegangendiner op verzoek A-$ 40).

nen op een excursie een opaalmijn bezichtigen en toekijken bij het slijpen van opalen, bijvoorbeeld in **The Walk In Mine** (Bald Hill Opal Field, tel. 02-68 29 04 73, www.opalmineadventure.com.au, dag. 9-17 uur, A-$ 20). Met een vergunning *(fossicking permit)* mag je in de afvalberg van de professionele opaaldelvers je geluk beproeven. Ook talrijke Australische kunstenaars voelden zich aangetrokken tot het schrale landschap en de eenzaamheid van de regio. Hun ateliers en galeries zijn open voor publiek.

Informatie
Lightning Ridge Visitor Centre: Morilla St., tel. 02-68 29 16 70, www.lightningridgeinfo.com.au, ma.-vr. 10-16 uur.

Overnachten
De sfeer van de outback – **Black Opal Motel:** 10 Opal St., tel. 02-68 29 05 18. Niet meer het nieuwste, maar verzorgd en schoon. Vriendelijke eigenaar. 2 pk vanaf A-$ 85.
Camping – **Crocodile Caravan Park:** 5 Morilla St., tel. 02-68 29 04 37, www.crocodilecaravanpark.com.au. Eenvoudig, met stacaravans en zwembad.

Tussen Dubbo en Broken Hill

Narromine ▶ 1, T 14
In de overgangszone tussen de vruchtbare Western Plains en de droge outback ligt ten westen van Dubbo **Narromine**. Irrigatie heeft de omgeving geschikt gemaakt voor de teelt van citrusvruchten. In grote *saleyards* vinden regelmatig schapenveilingen plaats, waarbij je je kunt onderdompelen in couleur locale.

Nyngan en Bourke ▶ 1, S/T 13
Van de niet bijzonder aantrekkelijke provinciestad **Nyngan** voert in noordelijke richting de Mitchell Highway ruim 200 km min of meer kaarsrecht naar **Bourke**. In dit bijna verlaten savannegebied worden in de zomermaanden steeds warmterecords gemeld. *Back of Bourke* betekent overigens zoiets als 'aan het einde van de wereld'.

Cobar ▶ 1, S 13
In de mijnwerkersstad **Cobar** aan de Barrier Highway is het de moeite waard om een bezoek te brengen aan het **Great Cobar Outback Heritage Centre**, waar het accent ligt op Aboriginals, pioniers, mijnbouw en schapenteelt (Barrier Hwy, tel. 02-68 36 24 48, ma.-vr. 8.30-17, za., zon- en feestdagen 9-17 uur, A-$ 8).

Overnachten
Comfort in de outback – **Cobar Motor Inn:** 67 Marshall St., Cobar, tel. 02-68 36 23 04, www.cobarmotorinn.com. Met restaurant en zoutwaterzwembad; golfterrein en enkele pubs in de nabijheid. 2 pk A-$ 105-125.

Camping en cabins – **Cobar Caravan Park:** Barrier Hwy, Cobar, tel. 02-68 36 24 25, www.cobarcaravanpark.com.au. Goed toegerust; met cabins.

Wilcannia en White Cliffs
▶ 1, R 13

In het aan de Darling River gelegen stadje **Wilcannia** werden in de tweede helft van de 19e eeuw schapenwol en andere agrarische producten op raderboten geladen en vervoerd naar Goolwa aan de circa 1800 km verderop gelegen monding van de Murray.

Over een inmiddels volledig geasfalteerde, 97 km lange weg kun je bij Wilcannia een omweg maken naar de diepste outback – naar **White Cliffs**, het op een na grootste opaalcentrum van New South Wales. Ooit ging het er hier roerig aan toe, toen *diggers*, de zoekers naar opaal, de aarde ondersteboven keerden. De opaalkoorts is weliswaar gezakt en het inwonertal is tot precies tweehonderd gedaald, maar toch biedt White Cliffs bezoekers nog veel wildwestsfeer. Om zich tegen de extreme temperaturen en vele zandstormen te beschermen, leven hier veel mensen in zogeheten *dugouts*, uitgegraven holwoningen. Bezienswaardig zijn vooral de ondergrondse kunstgaleries **Eagles Gallery** (tel. 08-80 91 67 53, dag. 9-17 uur, toegang gratis) en **Wellingtons Underground Art Gallery** (tel. 08-80 91 66 27, dag. 14-17 uur, toegang gratis).

Overnachten
Hotel in White Cliffs – zie blz. 258
Camping – **Opal Pioneer Reserve:** White Cliffs, tel. 08-80 91 66 88. Eenvoudig caravan park met zwembad.

Broken Hill ▶ 1, Q 14

Als met een liniaal getrokken doorsnijdt de Barrier Highway ten westen van Wilcannia een halfwoestijnachtig savannelandschap. Op de volgende 200 km loont het nauwelijks de moeite om ergens te stoppen. Alleen voor **Broken Hill** zou je eigenlijk wat tijd moeten uittrekken. Dit mijnwerkerscentrum, dat ook wel Silver City wordt genoemd, strekt zich uit boven de voor zover bekend grootste zilver-, lood- en zinkvindplaats ter wereld. Broken Hill dankt zijn bestaan aan Charles Rasp, die in 1883 in de grillig gevormde bergrug toevallig op een zilverader stuitte. In de daaropvolgende jaren trokken de rijke ertsvindplaatsen talrijke gelukszoekers aan. Ondanks de droogte, de hitte, stofstormen, scheurbuik en tyfus groeide het primitieve mijnwerkerskamp al snel uit tot een goed functionerende gemeenschap.

Rond 1900 weken de houten hutten voor statige stenen huizen en vanaf 1910 reed er een stoomtrein door de hoofdstraat. Tegenwoordig onttrekken vier mijnbouwbedrijven 2,5 miljoen ton erts per jaar uit de 7 km lange, gemiddeld 200 m brede en tot ruim 1200 m diep liggende ertsader. Waarschijnlijk zullen de profijtelijk benutbare ertsvindplaatsen in de niet al te verre toekomst uitgeput raken, met als gevolg dat de mijnen over enige tijd vermoedelijk stilgelegd zullen worden.

Voor bezoekers is Broken Hill een interessante oude mijnstad, waar je de sfeer van de outback kunt proeven. De bezienswaardigste gebouwen uit de beginjaren van de stad concentreren zich in Argent Street.

Musea
In Sulphide Street herbergt het oude stationsgebouw tegenwoordig het **Railway and Historical Museum**, met een mineralenverzameling en herinneringen aan de pionierstijd (tel. 08-80 88 46 60, dag. 10-15 uur, A-$ 8,50).

Ook **White's Mineral Art & Living Museum** in Allendale Street is gewijd aan de mijnbouwhistorie van de stad (tel. 08-80 87 28 78, dag. 9-17 uur, A-$ 8,50).

Met behulp van interactieve displays worden in het **Albert Kersten Mining & Mineral Museum** de thema's geologie en mijnbouw aanschouwelijk gepresenteerd (Bromide St., hoek Crystal St., tel. 08-80 80 35 00, ma.-vr. 10-16.45, za., zo. 13-16.45 uur, A-$ 9,50).

Broken Hill Regional Art Gallery
Tel. 08-80 80 34 40, www.bhartgallery.com.au, ma.-vr. 10-17, za., zo. 11-16 uur, toegang gratis, vrijwillige bijdrage

Opalen: vlammende stenen

Een van de fascinerendste, maar zeker niet goedkoopste souvenirs die je in Australië kunt kopen, is een opaal. Dit silicamineraal, dat al naar gelang de grillen van de natuur alle kleuren van de regenboog kan hebben, behoort tot de duurste kostbaarheden op de internationale edelstenenmarkt. Meer dan 90% van alle opalen worden in Australië gevonden.

Opalen zijn kristallijne substanties die zijn gevormd in een periode van miljoenen jaren waarin sedimentgesteenten op de bodem van vroegere meren zijn samengedrukt. In de schachten en gangen van de mijnen zijn de opaaladers duidelijk te herkennen als donkere lagen in het voor de rest roodbruine gesteente. De belangrijkste vindplaatsen liggen op de oevers van prehistorische, allang verdwenen meren in het binnenland van het vijfde continent, die zich ooit uitstrekten van Queensland via het noordwesten van New South Wales tot in South Australia.

Er zijn drie hoofdsoorten opaal te onderscheiden. De zeldzaamste en daarom ook duurste variant is het zwarte opaal *(black opal)*, dat opvalt door een oplichtend, zeer intens kleurenspel, tegen een donkergrijze tot zwarte ondergrond. Op de tweede plaats van de ranglijst wat de prijs betreft staat het *boulder opal*, met een ondergrond van zandsteen of ijzerhoudend gesteente. Het heeft net als het zwarte opaal donkere kleuren, maar kost een fractie van wat je voor een zeldzame *black opal* moet neertellen. Het zogeheten witte opaal *(white opal* of *light opal)* wordt het meest gevonden. Dit is een glasachtig tot wasbleek glanzend, melkwit mineraal met kleurige deeltjes.

De prijs van een opaal hangt af van de soort, kleur, vorm en grootte. De waarde van een karaat opaal loopt uiteen van nog geen A-$ 10 tot ver boven de A-$ 3000. Het belangrijkste criterium voor het prijsverschil is de zeldzaamheid van de steen. Wat de kleuren betreft is rood kostbaarder dan groen of blauw. Daarnaast hebben de grootte en de structuur van de kleurdeeltjes invloed op de waarde. Doorslaggevend is echter de intensiteit van de kleuren. Hoe dieper en fonkelender de opaal oplicht, des te waardevoller hij is.

Een belangrijke rol bij de prijs speelt ook de manier waarop een opaal wordt gesneden, gepolijst en gepresenteerd. Ook hier zijn drie soorten te onderscheiden. Een *solid opal* is een volkomen natuurlijke, zeer waardevolle opaal. Een doublet *(opal doublet)* is een dunne schijf kostbaar opaal die op een zwarte ondergrond is gelijmd, hetzij op een halfedelsteen hetzij op eenvoudig zwart glas. Een drieling *(opal triplet)* is een doublet waarop nog een helder kwartskristal is geplakt ter bescherming van de kleuren. Doubletten en drielingen zijn voor leken alleen te herkennen als het om losse stenen gaat. Zijn de opalen echter in sieraden verwerkt en is de achterkant niet zichtbaar, dan zijn ze vrijwel alleen door kenners te onderscheiden. Dergelijke sieraden mogen overigens nooit in contact komen met water, omdat de lijm daardoor kan oplossen. Aangezien het kopen van opalen puur een zaak van vertrouwen is, doe je er goed aan om stenen en sieraden van opaal uitsluitend aan te schaffen bij vakhandelaren die goed bekendstaan.

Broken Hill

De afgelopen jaren heeft 'The Hill' bovendien naam gemaakt als cultuurstad. Dit komt niet in de laatste plaats door de schilderschool The Brushmen of the Bush. Een overzicht van het werk van de outbackkunstenaars biedt de **Broken Hill Regional Art Gallery** in Argent Street. Deze in 1904 geopende kunstgalerie – de oudste in New South Wales na de Art Gallery of New South Wales in Sydney – toont naast schilderijen van hedendaagse lokale kunstenaars ook werken van belangrijke Australische schilders uit de 19e en vroege 20e eeuw

Particuliere kunstcollecties

Je kunt onmogelijk alle circa twintig particuliere verzamelingen in Broken Hill bekijken. De galerie van de inmiddels overleden voormalige mijnwerker en kunstenaar **Pro Hart** (108 Wyman St., tel. 08-80 87 24 41, www.prohart.com.au, ma.-za. 9-17, zo. 13.30-17 uur, toegang gratis) is zeker een bezoek waard, net als **Absalom's Gallery** (638 Chapple St., tel. 08-80 87 58 81, www.jackabsalom.com.au, dag. 10-17 uur, toegang gratis), de **Ant Hill Gallery** (24 Bromide St., tel. 08-80 87 24 41, ma.-vr. 9-17, za. 9.30-12.30 uur, toegang gratis) en de **Eric McCormick Gallery** (367 McCulloch St., tel. 08-80 87 84 86, ma.-vr. 13-17, za., zo. 10-17 uur, toegang gratis).

Daydream Mine

Rondleidingen dag. 10 en 11.30, in de schoolvakanties vaker tussen 10-15.30 uur, A-$ 32
Over de harde arbeidsomstandigheden van de mijnwerkers kun je alles te weten komen tijdens de ondergrondse rondleidingen in de stilgelegde **Daydream Mine**.

Royal Flying Doctor Service en School of the Air

Bezoekers zijn tevens welkom bij de **Royal Flying Doctor Service** (Broken Hill Airport, tel. 08-80 80 37 14, www.flyingdoctor.net, ma.-vr. 9-17, za., zo. 11-15 uur, A-$ 8,50) en de **School of the Air** (Lane St., hoek McCulloch St., begin van de les behalve in de vakantie ma.-vr. 8.30 uur, een dag van tevoren opgeven bij het toeristenbureau, A-$ 8,50).

Living Desert Reserve

De betekenis van Broken Hill als cultuurstad wordt nog eens onderstreept door een door internationale kunstenaars vormgegeven **Sculpture Park,** dat 10 km ten noorden van het centrum in het **Living Desert Reserve** ligt. Verspreid over een stenige heuvel staat hier een dozijn tot ruim 4 m hoge sculpturen. Erg indrukwekkend is dit geheel bij zonsondergang. Vlakbij begint een natuurleerpad, dat in ongeveer anderhalf uur een goede indruk geeft van de flora en fauna in dit droge gebied.

Silverton

Circa 24 km ten noordwesten van Broken Hill ligt **Silverton**, aan het eind van de 19e eeuw een florerend mijnstadje met drieduizend inwoners, nu een gerestaureerde 'spookstad', die prima dienst zou kunnen doen als decor van een wildwestfilm. En inderdaad is het plaatsje als locatie voor filmopnames in trek bij regisseurs uit de hele wereld. Over de geschiedenis van het stadje informeert het **Silverton Gaol Museum** in de oude gevangenis (tel. 08-80 88 53 17, dag. 9.30-16 uur, toegang gratis, vrijwillige bijdrage).

Informatie

Broken Hill Visitor Information Centre: Blend St., hoek Bromide St., tel. 08-80 80 35 60, www.visitbrokenhill.com.au, dag. 8.30-17 uur. Hier reserveren voor de Underground Mining Tours en tickets voor de School of the Air.

Overnachten

Intieme historische ambiance – **The Imperial:** 88 Oxide St., tel. 08-80 87 74 44, www.imperialfineaccomodation.com. Modern ingerichte kamers achter een historische façade; met zwembad. 2 pk vanaf A-$ 170.

Spend a night, not a fortune – **Sturt Motel:** 153 Rakow St., tel. 08-80 87 35 58, www.sturtmotel.com.au. Eenvoudig ingerichte maar gezellige kamers. Met zwembad. 2 pk A-$ 90-125.

Camping en cabins – **Broken Hill Tourist Park:** Rakow St. (Adelaide Rd.), tel. 1800-80 38 42, www.brokenhilltouristpark.com.au. Goed toegerust; met cabins en zwembad.

Eten en drinken

Culinaire oase – **The Silly Goat:** 360 Argent St., tel. 08-80 88 47 74, ma.-vr. 7.30-17, za. 8-15, zo. 8-14 uur. Fantasierijke ontbijtvariaties en lichte streekgerechten met een mediterrane touch. Gerechten A-$ 15-32.

Actief

Outbacktours – **Tri State Safaris:** tel. 08-80 88 23 89, www.tristate.com.au. Een- tot zevendaagse tours in de outback rond Broken Hill (twee dagen met overnachting in White Cliffs vanaf A-$ 860 p.p. in 2 pk).

Vervoer

Trein: dagelijks sneltreinen naar Sydney, Bathurst en Dubbo. De Indian Pacific stopt vier keer per week in Broken Hill. Informatie: NSW TrainLink, tel. 13 22 32.
Bus: dagelijks met Greyhound Australia, tel. 1300-47 39 46, naar Sydney en Adelaide.

Burra ▶ 1, O 14

Als je vanaf Broken Hill je reis richting Adelaide vervolgt, heb je nog een flinke rit voor de boeg. Pas na 355 monotone kilometers, die geen duidelijker beeld kunnen schetsen van de weidsheid en de leegte van dit continent, is het de moeite waard om een tussenstop te maken in het provinciestadje **Burra**. Nadat een schaapsherder in 1845 op een koperader was gestuit, ontwikkelde zich hier tot 1860 de grootste kopermijn van Australië. Tot de sluiting in 1877 haalde men in de Burra Mine jaarlijks 5% van de toenmalige wereldproductie aan kopererts naar boven.

Heritage Drive

De 11 km lange, goed bewegwijzerde **Heritage Drive** verbindt de historische bezienswaardigheden van Burra met elkaar. In de tussen 1849 en 1852 gebouwde Paxton Square Cottages woonden vroeger mijnwerkers uit Cornwall en Wales. Tegenwoordig is een deel van de degelijke rijtjeshuizen in gebruik als toeristenaccommodatie. In de **Miners Dugouts**, twee van de talrijke 'woonholen' in de lemen oever van Burra Creek, woonden in het midden van de 19e eeuw tot wel tweeduizend mijnwerkers met hun gezinnen.

Musea

In de voormalige General Store documenteert het **Market Square Museum** de geschiedenis van de plaats (vr. 13-16, za. 14-16, zo. 13-15 uur, toegang gratis, vrijwillige bijdrage).

Op het historische terrein van het **Burra Mine Open Air Museum** geven panelen informatie over de kopermijnbouw (dag. van zonsopkomst tot zonsondergang, toegang gratis). Bezienswaardig is ook het **Morphetts Enginehouse Museum**, een oud, perfect gerestaureerd machinegebouw (ma.-vr. 11-13, za., zon- en feestdagen 11-14 uur, A-$ 6).

Clare Valley

Ten zuidwesten van Burra ligt het wijnbouwgebied **Clare Valley**, waar voortreffelijke witte tafelwijnen worden geproduceerd. De ruim twintig kelders zijn bijna allemaal geopend voor proeverijen en bezichtiging. Het beroemdst zijn de in 1851 door Duitse jezuïetenpaters gestichte **Sevenhill Cellars**, dat gespecialiseerd is in de productie van miswijn.

Informatie

Burra Visitor Centre: 2 Market Square, tel. 08-88 92 21 54, www.visitburra.com, ma.-vr. 9-16, za. en zon- en feestdagen 10-14 uur. Hier kun je onder andere een plattegrond van de Heritage Drive krijgen.

Overnachten

Aangenaam – **Burra Motor Inn:** 2 Market St., tel. 08-88 92 27 77, www.burramotorinn.com.au. Kindvriendelijk en op mensen met een beperking ingesteld motel met restaurant en overdekt zwembad. 2 pk A-$ 105-135.
Voormalige mijnwerkerscottage – **Paxton Square Cottages:** Kingston St., reserveren bij het Burra Visitor Centre. 2 pk vanaf A-$ 99.
Camping en cabins – **Burra Caravan & Camping Park:** Bridge Terr., tel. 08-88 92 24 42. Fraai gelegen, goed toegerust.

Adelaide en omgeving

Hoewel het een miljoenenstad is, wist Adelaide de sfeer van een ingetogen – sommigen zeggen saaie – plaats te behouden. Wie echter de sluier van deze introverte schoonheid aan de Torrens River oplicht, ontdekt een levendig en jong gezicht. Liefhebbers van uitgelezen wijnen trekken naar de Barossa Valley, waar ongeveer een kwart van de Australische wijn wordt geproduceerd. Populaire recreatie- en vakantiegebieden rond Adelaide zijn het Fleurieu Peninsula en Kangaroo Island.

Adelaide ▶ 1, O 15

Plattegrond: zie blz. 267
Adelaide, met een kleine 1,3 miljoen inwoners de op vier na grootste stad van Australië, strekt zich uit langs een smalle kuststrook tussen de Gulf St. Vincent in het westen en de als een natuurlijke beschutting in het oosten oprijzende Mount Lofty Ranges. Net als Sydney en Melbourne werd ook Adelaide meegesleurd door de bouwhausse van de jaren 70 en 80, met veel hoogbouw als gevolg, maar de Zuid-Australische metropool biedt tegenwoordig de aanblik van een min of meer geslaagd conglomeraat van oude en nieuwe bouwstijlen. Bovendien wordt het centrum omgeven door uitgestrekte parken en groene vlakten, wat Adelaide terecht de kwalificatie 'hoofdstad in het groen' heeft opgeleverd.

De afgelopen jaren is de stad wakker geschud. De grijze rups heeft zich ontpopt als een kleurige vlinder. Uit de als saai bekendstaande stad is na jarenlange arbeid een cultuurmetropool tevoorschijn gekomen die internationale waardering geniet. Op de evenementenkalender springen het jaarlijks gehouden Adelaide Arts Festival en het parallel hieraan georganiseerde avant-gardistische Adelaide Fringe Festival eruit. Dan verandert Adelaide drie weken lang in een ontmoetingsplaats voor kunstenaars uit de hele wereld die opera-uitvoeringen, kunsttentoonstellingen, concerten en films presenteren.

Geschiedenis van de stad

Adelaide is niet opgebouwd door naar Australië gedeporteerde Britse arrestanten en vrijgelaten gevangenen, maar geheel door vrije burgers. De kolonisatie van South Australia begon in 1836 met de komst van een aantal presbyterianen, die onder toezicht stonden van een kolonisatiecommissie van de Engelse staatskerk. Men had lering getrokken uit de fouten van het ongecontroleerde inbezitnemen van land in New South Wales en bracht daarom de landverdelingstheorie van Edward G. Wakefield in de praktijk. Wakefield had de Britse regering voorgesteld om kroondomeinen tegen een niet gering bedrag aan kapitaalkrachtige geïnteresseerden te verkopen. Zo moest van begin af aan worden voorkomen dat te veel goedkoop land in handen kwam van enkele bezitters die niet in staat waren om het te bewerken. In 1836 verklaarde de koninklijke *surveyor general* kolonel William Light een circa 10 km van de kust gelegen gebied aan de Torrens River tot de locatie waar de toekomstige hoofdstad van South Australia moest verrijzen. De stad is genoemd naar Adelaide, de echtgenote van de Engelse koning William IV. Naast Britse immigranten hebben vooral Duitsers, die hun thuishaven Silezië om religieuze redenen hadden verlaten, hun stempel gedrukt op de kolonie.

Tot in de jaren 50 fungeerde Adelaide vooral als handels- en overslagplaats voor agrari-

Lang versmaad en miskend en nog steeds niet bijzonder mooi, maar des te levendiger en leefbaarder: Adelaide

sche producten uit de omliggende gebieden en als exporthaven voor de mijnsteden in de wijde omgeving. Na de Tweede Wereldoorlog leidde de immigratie van grote aantallen Europeanen tot een enorme groei van de bevolking en tot de expansie van de verwerkende industrie in de omgeving.

Bezienswaardigheden

Adelaide Festival Centre [1]
King William Rd., tel. 08-82 16 86 00, www.adelaidefestivalcentre.com.au, rondleidingen (60 tot 75 min.) di. en do. 11 uur, A-$ 15, kinderen onder 10 jaar gratis toegang
Een goed vertrekpunt voor een rondwandeling in de stad, waarvoor je – wil je tenminste een vluchtige blik in de musea onderweg kunnen werpen – zeker een dag moet uittrekken, is het **Adelaide Festival Centre**. Dit in 1973 geopende multifunctionele bouwwerk met zijn sneeuwwitte daken, die doen denken aan door de wind gebolde tenten, huisvest het Festival Theatre, de schouwburg Playhouse, het experimentele theater The Space en een openluchttheater. Voor het Festival Centre ligt de **Festival Plaza**, een door de beeldhouwer Otto Herbert Hajek met kleurige stenen blokken ingericht plein, waar culturele evenementen plaatsvinden met een vaak informeel karakter, zoals spontane optredens van dichters.

North Terrace ten westen van King William Street
Even ten zuiden van het Festival Centre Complex kom je uit bij de brede flaneerboulevard North Terrace, waaraan de meeste bezienswaardigheden van de stad liggen. Zuiver van stijl is dit architectonische geheel van gebouwen allang niet meer. Ten zuidwesten van het cultuurcentrum valt het moderne **Convention Centre** [2] uit de toon. Geheel in de historische stijl van de 19e eeuw is daarentegen het station, een luisterrijk victoriaans zandstenen gebouw met neogotische versiering, dat

Adelaide

voor miljoenen dollars werd verbouwd tot het **Adelaide Casino** 3.

In het **Old Parliament House** 4, waar vanaf 1855 het eerste Zuid-Australische parlement bijeenkwam, is tegenwoordig het niet voor publiek toegankelijke State History Centre gehuisvest, dat de geschiedenis van de staat documenteert. Aan het voormalige parlementsgebouw grenst het **Parliament House** 5, de huidige vergaderruimte van het twee kamers tellende parlement van South Australia. Over de voltooiing van het majestueuze, classicistische gebouw met zijn Korinthische marmeren zuilen heeft men extreem lang gedaan – van 1883 tot 1939 – niet in de laatste plaats omdat het geld steeds opraakte (North Terr., hoek King William St., tel. 08-82 37 91 00, www.parliament.sa.gov.au, gratis rondleidingen vr. en op dagen dat er geen zittingen worden gehouden 10, 14 uur; ma.-vr. 14-16 uur; als het parlement vergadert, is de bezoekersgalerij geopend, toegang gratis).

North Terrace ten oosten van King William Street

Als je op de kruising van North Terrace en King William Street in oostelijke richting loopt, kom je na enkele meters uit bij het **South African War Memorial** 6, dat herinnert aan de soldaten uit South Australia die in de Boerenoorlog (1899-1902) zijn gesneuveld. Midden in de fraaie **Prince Henry Garden** ligt het Government House, dat niet toegankelijk is voor publiek. Op de hoek van North Terrace en Kintore Avenue gedenkt het **National War Memorial** de slachtoffers van de Eerste Wereldoorlog.

Zeer aanschouwelijk documenteert het interessante **Migration Museum** 7 de Australische immigratiegeschiedenis en -politiek van de beginjaren tot heden (82 Kintore Ave., tel. 08-82 07 75 80, www.migration.history.sa.gov.au, ma.-vr. 10-17, za. en zon- en feestdagen 13-17 uur, toegang gratis, vrijwillige bijdrage).

Via North Terrace kom je uit bij het **South Australian Museum** 8, dat een unieke collectie bezit over de cultuur van de oorspronkelijke bewoners. Met zijn grote aantal fossielen, stenen en geprepareerde dieren presenteert het zich ook als een natuurhistorische schatkamer (tel. 08-82 07 75 00, www.amuseum.sa.gov.au, dag. 10-17, gratis rondleidingen ma.-vr. 11, za., zo. 14, 15 uur, toegang gratis).

Hier vlakbij ligt de **Art Gallery of South Australia** 9. Achter de classicistische gevel van dit museum is een omvangrijke verzameling Australische, Europese en Aziatische kunst te bewonderen (tel. 08-82 07 70 00, www.artgallery.sa.gov.au, dag. 10-17, rondleidingen dag. 11, 14 uur, toegang gratis, behalve tijdens speciale exposities).

Ten oosten van de kunstgalerie strekt zich tussen North Terrace en de Torrens River de grote campus van de **University of Adelaide** 10 uit, waarvan de faculteiten zijn ondergebracht in een groot aantal 19e eeuwse victoriaanse gebouwen. Zeer bezienswaardig is het neogotische Mitchell Building met het **Museum of Classical Archaeology** (tel. 08-83 13 52 45, www.arts.adelaide.edu.au/classics/museum, ma., di., do., vr. 10-16, wo. 11-17 uur, toegang gratis).

Ayers House 11

288 North Terr., tel. 08-82 23 12 34, www.ayershousemuseum.org.au, di.-zo. 10-16 uur, A-$ 10

Het imposante **Ayers House**, een goed voorbeeld van de classicistische regency-architectuur uit de 19e eeuw, fungeerde van 1855-1897 als de statige residentie van de zevenvoudige minister-president van South Australia, sir Henry Ayers. Tegenwoordig herbergen de veertig ruimten het hoofdkantoor van de National Trust of South Australia, het gerenommeerde Ayers Restaurant en een museum dat herinnert aan de familie Ayers.

Adelaide Botanic Gardens 12

Tuin: tel. 08-82 22 93 11, www.botanicgardens.sa.gov.au, ma.-vr. 7.15 uur tot zonsondergang, za., zo. 9 uur tot zonsondergang, gratis rondleidingen dag. 10.30 uur, toegang gratis; museum: wo.-zo. 10-16 uur, toegang gratis

De volgende halte op de rondwandeling door de stad zijn de al in 1855 aangelegde **Adelaide Botanic Gardens**. Onder de beschermende koepel van de **Bicentennial Conservatory** gedijt een zeer gevarieerde regenwoudvegetatie (dag. 10-16 uur, toe-

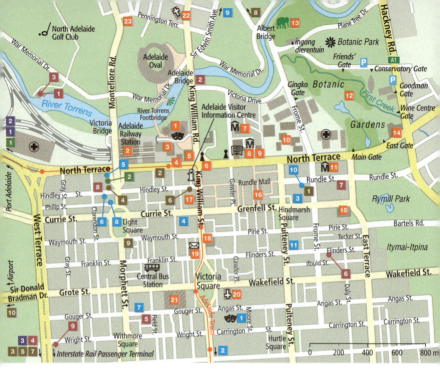

gang gratis). Landbouwgewassen uit de hele wereld zijn het thema in het **Museum of Economic Botany**.

Adelaide Zoo 13

Frome Rd., tel. 08-82 67 32 55, www.adelaide zoo.com.au, dag. 9.30-17 uur, A-$ 34

Een mooie wandeling voert van de botanische tuin naar de iets noordelijker aan de Torrens River gelegen **Adelaide Zoo**. In deze uitgestrekte dierentuin krijg je een goed beeld van de Australische fauna. Er zijn regelmatig publiekspresentaties met dieren.

National Wine Centre of Australia 14

Botanic Rd., hoek Hackney Rd., tel. 08-83 13 33 55, www.wineaustralia.com.au, dag. 9.30-17 uur, toegang gratis

In het **National Wine Centre of Australia** aan de zuidoostzijde van de botanische tuin is veel wetenswaardigs bijeengebracht over Australische wijnen. Een proeflokaal en een restaurant nodigen uit tot verpozen en in een winkel kun je uitgelezen flessen wijn kopen.

Tandanya Aboriginal Cultural Institute 15

253 Grenfell St., tel. 08-82 24 32 00, www.tan danya.com.au, dag. 10-17 uur, toegang gratis; Cultural Performance di.-zo. 12 uur, A-$ 6

Als je East Terrace volgt, dat vroeger deel uitmaakte van Adelaide's grand-prixcircuit, kom je uit in Grenfell Street. In het **Tandanya Aboriginal Cultural Institute**, dat wordt geleid door de oorspronkelijke bewoners van Australië, geven wisselende tentoonstellingen van schilderkunst en kunstnijverheid, en muziek-, dans- en theatervoorstellingen een indruk van de artistieke creaties van de Aboriginals.

Shopping District

Voorbij de **East End Market Buildings** loop je via Rundle Street naar de **Rundle Mall**, de autovrije winkelpromenade van Adelaide. Nostalgisch winkelplezier beleef je in de

Adelaide

Bezienswaardig
1. Adelaide Festival Centre
2. Convention Centre
3. Adelaide Casino
4. Old Parliament House
5. Parliament House
6. South African War Memorial
7. Migration Museum
8. South Australian Museum
9. Art Gallery of South Australia
10. University of Adelaide
11. Ayers House
12. Adelaide Botanic Gardens
13. Adelaide Zoo
14. National Wine Centre of Australia
15. Tandanya Aboriginal Cultural Institute
16. Adelaide Arcade
17. Edmund Wright House
18. Town Hall
19. General Post Office
20. St. Francis Xavier Cathedral
21. Central Market
22. St. Peter's Cathedral
23. Lights Vision Australia

Overnachten
1. The Majestic Roof Garden Hotel
2. Mercure Grosvenor Hotel
3. Ensenada Motor Inn
4. Rockford Adelaide
5. Rydges South Park Adelaide
6. Adelaide Paringa Motel
7. Norfolk Motor Inn
8. Princes Lodge Motel
9. Adelaide Central YHA
10. Adelaide Shores Caravan Park

Eten en drinken
1. Red Ochre Grill
2. Jolleys Boathouse
3. River Café
4. Sammy's on the Marina
5. Gaucho's
6. Bistro Altstadt
7. Lemongrass
8. Worldsend Hotel
9. Hawker's Corner

Winkelen
1. Fishermen's Wharf Markets
2. Jam Factory

Uitgaan
1. The Adelaide Rep Theatre
2. Brecknock Hotel
3. Crown & Anchor Hotel
4. The City Nightclub
5. Fowler's Live
6. Jive
7. Mars Bar
8. Night Train
9. Old Lion Hotel
10. The Austral Hotel
11. The Jade

Actief
1. Dolphin Explorer
2. M.V. Port Princess
3. Temptation Sailing

Adelaide Arcade 16, een elegante victoriaanse winkelpasssage. Voorbij King William Street gaat de voetgangerszone over in Hindley Street, een kosmopolitische straat met Europese en Aziatische restaurants en delicatessenwinkels.

Zuidelijke King William Street
Op de hoek King William Street/Currie Street verheft het **Edmund Wright House** 17 uit 1876 zich als een renaissancistisch pronkstuk. Oorspronkelijk was het een bank, maar tegenwoordig vormt het gebouw het stijlvolle podium voor concerten en andere culturele evenementen. Ten noorden van Victoria Square liggen tegenover elkaar aan King William Street de **Town Hall** 18, waar concerten en ontvangsten worden gehouden, en het **General Post Office** 19, twee majestueuze bouwwerken met markante klokkentorens.

St. Francis Xavier Cathedral 20
In de schaduw van het State Administration Centre, de moderne hoofdzetel van de staatsregering, verheft zich aan de oostflank van Victoria Square de tussen 1856 en 1926 gebouwde **St. Francis Xavier Cathedral**. Binnen in het neogotische godshuis vallen de slanke zuilen op, die fraai worden beschenen door het zonlicht dat door prachtige roosvensters naar binnen valt.

Central Market 21
44-60 Gouger St., tel. 08-82 03 74 94, www.adelaidecentralmarket.com.au, di. 7-17.30, wo., do. 9-17.30, vr. 7-21, za. 7-15 uur

In het veelsoortige aanbod van de al sinds 1869 bestaande **Central Market**, ten westen van Victoria Square, weerspiegelt zich de multiculturele bevolking van Adelaide. Je kunt het niet opnoemen of het is hier aan etenswaren te krijgen.

Vanaf de Glenelg Tram Terminus midden op **Victoria Square** rijden trams naar het strand van Glenelg.

Ten noorden van Torrens Lake

Als je nog energie over hebt, kun je er nog een uitstapje naar North Adelaide aan vastknopen. Boven de Pennington Gardens verheft zich aan King William Road de neogotische **St. Peter's Cathedral** 22, waar het hoofdaltaar vanwege zijn opmerkelijke houtsnijwerk bijzondere aandacht verdient. Vanaf het uitzichtpunt **Lights Vision** 23 op de **Montefiore Hill**, 500 m ten westen van de kathedraal, kijkt William Light al zo'n 180 jaar neer op zijn werk en dat van zijn opvolgers.

Informatie

Adelaide Visitor Information Centre: 9 James Pl., City, tel. 1300-58 81 40, www.southaustralia.com, ma.-vr. 9-17, za. en zon- en feestdagen 10-16 uur. Informatie over Adelaide en omgeving en over alle toeristische attracties in South Australia. Reserveren van hotels, excursies, huurauto's enzovoort.
Rundle Mall Visitor Information Centre: Rundle Mall, City, ma.-do. 9-19, vr. 9-21, za. 9-17, zon- en feestdagen 11-17 uur.
Port Adelaide Visitor Information Centre: Commercial Rd., hoek Vincent St., Port Adelaide, tel. 08-84 05 65 60, www.portenf.sa.gov.au, dag. 9-17 uur.
Kangaroo Island Booking Centre: 75 King William St., tel. 1300-55 98 20, ma.-vr. 9-18, za., zo. 10-16 uur. Behulpzaam bureau voor wie Kangaroo Island (blz. 281) wik bezoeken – competente medewerkers, veel informatie, reservering van accommodatie, excursies en veerboottickets.
Royal Automobile Association of SA (RAA): 41 Hindmarsh Sq., City, tel. 13 11 11, 08-82 02 46 00, www.raa.net. Automobielclub.
Internet: www.adelaidecitycouncil.com, www.bestrestaurants.com.au.

Overnachten

Bekroond boetiekhotel – **The Majestic Roof Garden Hotel** 1 : 55 Frome St., East End, tel. 08-81 00 44 00, 1800-00 84 99, www.roofgardenhotel.com.au. Exclusief boetiekhotel met luxueus ingerichte kamers, fijnproeversrestaurant, fitnesscenter en daktuin. 2 pk A-$ 235-355.
Behaaglijk – **Mercure Grosvenor Hotel** 2 : 125 North Terr., City, tel. 08-84 07 88 88, www.mercuregrosvenorhotel.com.au. Net hotel met nostalgische charme, centraal gelegen, met restaurant, sauna en fitnessstudio. 2 pk A-$ 195-315.
Dicht bij het strand – **Ensenada Motor Inn** 3 : 13 Colley Terr., Glenelg, tel. 08-82 94 58 22, 1800-81 07 78, www.ensenada.com.au. Zeer smaakvolle inrichting; met restaurant en zwembad; vlak bij Glenelg Beach en met de tram op slechts twintig minuten van de City. 2 pk vanaf A-$ 175.

GRATIS STADSRONDLEIDINGEN

De vrijwilligers van de **Adelaide Greeter Service** leiden bezoekers rond tijdens twee tot vier uur durende gratis rondwandelingen naar de mooiste plekjes in de stad, en geven daarbij insidertips. Bij online-aanmelding (minstens drie dagen van tevoren) kun je de Greeters uitkiezen op taal en interesses. Bij aanmelding minstens een dag van tevoren kun je jezelf ma.-vr. 9.30 uur aansluiten bij de oriëntatietocht First Steps, die bij het Rundle Mall Visitor Information Centre (zie elders op deze bladzijde) begint (tel. 08-82 03 72 03, www.adelaidegreeters.asn.au).

Cool design – **Rockford Adelaide 4** : 164 Hindley St., City, tel. 08-82 11 82 55, 1800-78 81 55, www.rockfordadelaide.com.au. Boetiekhotel aan Adelaide's populairste uitgaansstraat met 68 met liefde voor detail en hang naar minimalisme vormgegeven kamers, restaurant en overdekt zwembad. 2 pk A-$ 165-225.

Niet mooi, maar wel comfortabel – **Rydges South Park Adelaide 5** : South Terr., hoek West Terr., City, tel. 08-82 12 12 77, www.rydges.com. Vanbuiten nogal onooglijk, maar goed gerund en rustig gelegen; met restaurant en verwarmd zwembad. 2 pk vanaf A-$ 155.

Originele mix van stijlen – **Adelaide Paringa Motel 6** : 15 Hindley St., City, tel. 08-82 31 10 00, 1800-08 82 02, www.adelaideparinga.com.au. Dit motel met 45 zeer verzorgde kamers verbindt koloniale charme met modern comfort en uitstekende service. 2 pk A-$ 125-155.

Gemoedelijk en rustig – **Norfolk Motor Inn 7** : 71 Broadway, Glenelg, tel. 08-82 95 63 54. Eenvoudig motel in de nabijheid van Glenelg Beach; goede verbindingen met de City. 2 pk vanaf A-$ 95.

Home away from home – **Princes Lodge Motel 8** : 73 Lefevre Terr., North Adelaide, tel. 08-82 67 55 66, www.princeslodge.com.au. Prettig gemeubileerde en verzorgde kamers in een victoriaans pand uit 1913; goed ontbijt, behulpzame eigenaar. Minpunt: 2 km ten noorden van het centrum; daardoor wel erg rustig. 2 pk A-$ 90-105 inclusief ontbijt.

Voor jonge reizigers – **Adelaide Central YHA 9** : 135 Waymouth St., City, tel. 08-84 14 30 10, www.yha.com.au. Goed gerunde, schone jeugdherberg op toplocatie met leuke gemeenschappelijke ruimten. 2 pk vanaf A-$ 99, meerpersoonskamer vanaf A-$ 30,50 p.p.

Camping en cabins – **Adelaide Shores Caravan Park 10** : Military Rd., West Beach, tel. 1800-44 45 67, www.adelaideshores.com.au. 8 km ten westen van het centrum; goed toegerust, veel cabins, eigen toegang tot fraai strand; goede busverbinding met de City.

Eten en drinken

Bush food – **Red Ochre Grill 1** : War Memorial Dr., North Adelaide, tel. 08-82 11 85 55, www.redochre.com.au, ma.-za. 18-22 uur. Gerechten uit de Australische bushkeuken. Specialiteiten: buffel-, emoe-, kameel-, kangoeroe- en krokodilsteaks. Tip: The Red Ochre Mixed Grill voor twee personen (A-$ 95).

Mooi gelegen aan het water – **Jolleys Boathouse 2** : Jolleys Ln., City, tel. 08-82 23 28 91, www.jolleysboathouse.com, ma.-vr. 12-15, 18-22, za. 18-22, zo. 12-15 uur. Voortreffelijke moderne Australische keuken met uitzicht op Torrens Lake. Hoofdgerechten A-$ 32-46.

Populaire Italiaan met terras – **River Café 3** : War Memorial Dr., North Adelaide, tel. 08-82 11 86 66, www.rivercafe.com.au, ma.-vr. 12-15, 18-22.30, za. 18-23 uur. Italiaans genieten met als decor de skyline van de City; op een warme avond beslist een tafel reserveren op het terras. Hoofdgerechten A-$ 24-39.

Voor seafoodfans – **Sammy's on the Marina 4** : R1/12 Holdfast Promenade, Glenelg, tel. 08-83 76 82 11, www.sammys.net.au, dag. 11.30-15, 17-22.30 uur. Overweldigende keus aan vis en schaal- en schelpdieren, heerlijk klaargemaakt op modern-Australische wijze. Hoofdgerechten A-$ 22-46.

Steakhouse – **Gaucho's 5** : 91-93 Gouger St., City, tel. 08-82 31 22 99, www.gauchos.com.au, ma.-vr. 12-15, 17.30-23, za., zo. 17.30-23.30 uur, Reserveren aangeraden. Australische steaks *Argentinian style* en andere vleesgerechten. Hoofdgerechten A-$ 22-45.

Duits – **Bistro Altstadt 6** : The German Club, 223 Flinders St., City, tel. 08-82 23 25 39, www.thegermanclub.com.au, ma.-wo. 18-21, do.-za. 12-14, 18-21, eerste zo. van de maand 12-14 uur. Bratwurst, schnitzels en Schweinshaxe. Gerechten A-$ 22-28.

Moderne Thaise keuken – **Lemongrass 7** : 289 Rundle St., City, tel. 08-82 23 66 27, www.lemongrassthaibistro.com.au, ma.-vr. 11.30-14.30, 17-22, za., zo. 17-22 uur. Thaise *nouvelle cuisine*. Hoofdgerechten A-$ 17-25.

Aussie-burgermanspot – **Worldsend Hotel 8** : 208 Hindley St., City, tel. 08-82 31 91 37, www.worldsendhotel.com.au, ma.-vr. 11-24, za., zo. 18-1 uur. Authentiek eetcafé met typisch Australische gerechten; grote keus aan tapbieren; in het weekend livejazz. Hoofdgerechten A-$ 16-29.

Aziatische snacks – **Hawker's Corner** 9 : 141 West Terr., City, tel. 08-84 10 05 77, di.-za. 8- 22, zo. 11.30-20.30 uur. Diverse *food counters* nemen je mee op een reis door de keukens van Azië – een instituut in Adelaide. Gerechten vanaf A-$ 8,50.

Winkelen

Vlooienmarkt – **Fishermen's Wharf Markets** 1 : Black Diamond Sq., Commercial Road, Port Adelaide, tel. 08-83 41 20 40, www.fishermenswharfmarkets.com.au, zon- en feestdagen 9-17 uur. Antiek en rommel.

Kunstnijverheid – **Jam Factory** 2 : 19 Morphett St., City, tel. 08-82 31 00 05, www.jamfactory.com.au, ma.-za. 10-17 uur. Kwalitatief hoogwaardige souvenirs.

Aboriginal art – **Tandanya Aboriginal Cultural Institute** 15 : 253 Grenfell St., City, tel. 08-82 24 32 00, dag. 10-17 uur. Schilderijen van gerenommeerde Aboriginalkunstenaars en hoogwaardige kunstnijverheid.

Uitgaan

De centra van het uitgaansleven, met tal van restaurants, pubs en clubs zijn Hindley Street en Gouger Street in de City en Melbourne Street in North Adelaide.

Klassiek en theater – **Adelaide Festival Centre** 1 : King William Rd., City, tel. 13 12 46, www.bass.net.au. Uitvoeringen van het Adelaide Symphony Orchestra en het State Theatre (tickets A-$ 50-200). **The Adelaide Rep Theatre** 1 : 53 Angas St., City, tel. 08-82 12 57 77, www.adelaiderep.com. Theater- en musicalproducties uit binnen- en buitenland (tickets A-$ 50-150).

Ierse folkrock – **Brecknock Hotel** 2 : 401 King William St., City, tel. 08-82 31 54 67, zo.-do. 12-23, vr., za. 12-1 uur. Ierse pub met Guinness van het vat, vr., za. vanaf 20 uur livemuziek.

Jong en hip publiek – **Crown & Anchor Hotel** 3 : 196 Grenfell St., City, tel. 08-82 23 32 12, zo.-do. 19-2, vr., za. 19-3 uur. Goed adres voor fans van techno en rave.

Bekende club – **The City Nightclub** 4 : 27 Hindley St., City, tel. 08-84 10 88 38, www.thecitynightclub.com.au, zo.-do. 19-2, vr., za. 19-3 uur. Op het moment helemaal in – in deze dansstempel kan op twee verdiepingen in stijl worden gedanst.

Hij bestaat al anderhalve eeuw, maar is met zijn tijd meegegaan – de Adelaide Central Market

Adelaide

Livemuziek – **Fowler's Live** 5 : 68-70 North Terr., City, tel. 08-82 12 02 55, www.fowlerslive.com.au, zo.-do. 19-2, vr., za. 19-3 uur. Jazz, hiphop, techno, drum-'n-bass, deep house, funk & soul – voor iedere smaak wel iets dus, en live!

Voor de jonge partycrowd – **Jive** 6 : 181 Hindley St., City, tel. 08-82 11 66 83, www.jivevenue.com, zo.-do. 19-2, vr., za. 19-3 uur. Hippe danstent met een soundmix van punk tot pop.

Voor homo's en hetero's – **Mars Bar** 7 : 120 Gouger St., City, tel. 08-82 31 96 39, www.themarsbar.com.au, zo.-do. 19-2, vr., za. 19-3 uur. Ook bij hetero's populaire homohotspot; af en toe *drag shows*.

Macabere shows – **Night Train** 8 : 9 Light Square, City, tel. 08-82 31 22 52, dag. 19-23 uur. Extravagant theaterrestaurant.

Populair bij 30-plussers – **Old Lion Hotel** 9 : 161 Melbourne St., North Adelaide, tel. 08-82 67 02 22, www.thelionhotel.com, zo.-do. 12-23, vr., za. 12-1 uur. Livemuziek in een oude brouwerij voor de al wat oudere nachtbrakers.

Coole locatie – **The Austral Hotel** 10 : 205 Rundle St., City, tel. 08-82 23 46 60, www.theaustral.com.au, zo.-do. 12-23, vr., za. 12-1 uur. Populaire pub voor wie erbij wil horen, met biergarten en livebands.

Cult – **The Jade** 11 : 160 Flinders St., City, tel. 0473-26 00 48, www.thejadeadl.com.au, zo.-do. 19-2, vr., za. tot 3 uur. Volgens kenners de *grooviest live music spot* van Adelaide.

Actief

Boottochten – **Dolphin Explorer** 1 : tel. 08-84 47 23 66, www.dolphinexplorer.com.au. Boottochten in Port Adelaide met dolfijnobservatie (A-$ 32,50). **M.V. Port Princess** 2 : Fishermen's Wharf, Commercial Road, Port Adelaide, tel. 08-82 43 27 57, www.portprincess.com.au. Havenrondvaarten (A-$ 21,50). **Temptation Sailing** 3 : tel. 0412-81 18 38, www.dolphinboat.com.au. Drieënhalf uur durende boottocht met dolfijnobservatie. Van okt. tot apr. is het zelfs mogelijk tussen de dieren te zwemmenn (zwemmers A-$ 98, toeschouwers A-$ 68).

> **Kaartjes kopen**
>
> Kaartjes voor alle grotere cultuur- en sportevenementen zijn (van overal ter wereld) te boeken via **Ticketek,** tel. 13 28 49, www.ticketek.com.au, **Ticketmaster,** tel. 13 61 00, www.ticketmaster.com.au, en **Bass Adelaide,** tel. 13 12 46, www.bass.net.au.

Stadsrondleidingen – **Tourabout Adelaide:** tel. 08-83 65 11 15, www.touraboutadelaide.com.au. Stadswandelingen van een halve of een hele dag naar verborgen bezienswaardigheden; minstens een dag van tevoren boeken (vanaf A-$ 30).

Evenementen

Chinese New Year (jan.): drakenoptochten, vuurwerk enzovoort.

German Shooting Festival (jan.): 'Duits' schuttersfeest in Hahndorf, www.schutzenfest.com.au.

Adelaide Festival (feb.-mrt.): drie weken durend cultuurfestival, www.adelaidefestival.com.au.

Adelaide Fringe Festival (feb.-mrt.): de avant-gardistische pendant van het Adelaide Arts Festival, www.adelaidefringe.com.au.

Womadelaide (feb.-mrt.): muziek- en dansfestival, www.womadelaide.com.au.

Adelaide Cup (mrt.): paardenrennen, www.adelaidecup.com.au.

Royal Adelaide Show (sept.): landbouwtentoonstelling met volksfeest, www.adelaideshowground.com.au.

Vervoer

Vliegtuig: tussen de 7 km ten westen van de City gelegen luchthaven, www.adelaideairport.com.au, en de City pendelt de Skylink Airport Shuttle, tel. 1300-38 37 83, www.skylinkadelaide.com (dag. 6-21 uur, iedere 15-20 min., reisduur 20-30 min., A-$ 9,50). Een taxi van de luchthaven naar het centrum kost A-$ 25-30.

Trein: treinen vertrekken van de Interstate Rail Passenger Terminal, Richmond Rd., Keswick, tel. 1800-70 33 57, www.gsr.com.au.

Adelaide en omgeving

Bus: streekbussen van alle maatschappijen en in alle richtingen vertrekken vanaf het Central Bus Station, 85 Franklin St., City, tel. 08-82 21 50 80. Greyhound Australia, tel. 1300-47 39 46, 08-82 12 50 66; Premier Stateliner, tel. 08-84 15 55 55.

Huurauto: een grote keus aan voertuigen van ieder type hebben Avis, tel. 13 63 33, Budget, tel. 13 27 27, Europcar, tel. 13 13 90, Hertz, tel. 13 30 39. Alle verhuurders hebben een filiaal op of in de nabijheid van de luchthaven.

Jezelf verplaatsen in de stad

Informatie over het vervoer in de stad geeft Adelaide Metro, City Information Centre, King William St., hoek Currie St., City, tel. 1300-31 11 08, www.adelaidemetro.com.au.

Bus: de gratis bussen van Free City Connector Bus rijden overdag met een hoge frequentie een route rond de binnenstad. Aangevuld wordt het busnet door de Free Tram, een nagebouwde oude tram die als eveneens gratis toeristenlijn van ma.-vr. 8-18 en za. en zon- en feestdagen 9-18 uur om de tien à vijftien minuten tussen South Terrace en North Terrace rijdt. De echt oude Glenelg Tram rijdt overdag om de vijftien à twintig minuten in ruim een halfuur van Victoria Square in de City naar Glenelg.

Trein: treinen naar de voorsteden vertrekken vanaf Adelaide Railway Station, North Terrace.

Taxi: taxi's zijn volop voorhanden. Suburban, tel. 13 10 08, 13CABS, tel. 13 22 27.

Eigen vervoer: ook voor campers zijn er voldoende parkeermogelijkheden, bijvoorbeeld in de parkeergarage van het Adelaide Festival Centre. Afgezien daarvan heb je in de compacte, gemakkelijk te voet te verkennen City geen auto nodig.

Rond Adelaide

Kaart: zie rechts

Glenelg ▶ 1, O 15

Een must voor iedere bezoeker van Adelaide is de rit in de **Glenelg Tram** uit 1929 van Victoria Square in de City naar Moseley Square in **Glenelg** 1 . Vlak bij de plaats waar tegenwoordig het stadhuis van Glenelg staat, gingen in 1836 de eerste nieuwe bewoners van de kolonie aan land. In de haven ligt te midden van talloze zeiljachten de H.M.S. Buffalo, een reproductie van de schoener waarmee de kolonisten naar South Australia kwamen.

Rond Glenelg strekken zich van de Outer Harbour in het noorden tot Port Noarlunga in het zuiden meer dan 30 km prachtige stranden met fijn zand uit, die tot de veiligste van Australië behoren. Tot de hoogtepunten van dit strandparadijs horen **Henley Beach**, **West Beach**, **Kingston Park Beach**, **Christies Beach** en **Maslin Beach**, het in 1975 geopende, eerste officiële naaktstrand in South Australia.

Port Adelaide ▶ 1, O 15

Wie geïnteresseerd is in de geschiedenis van Glenelg, moet beslist doorrijden naar **Port Adelaide** 2 , de in 1840 geopende en sinds 1870 flink uitgebreide haven van Groot-Adelaide. Het in verschillende gebouwen ingerichte **South Australian Maritime Museum** in het museaal opgezette havenkwartier is gewijd aan het leven op het land en op het water. In Bond Store, het hoofdgebouw van het scheepvaartmuseum in Lipson Street, vallen vooral de talrijke boegbeelden en een verzameling scheepsmodellen op (126 Lipson St., tel. 08-82 07 62 55, www.maritime.history.sa.gov.au, dag. 10-17 uur, A-$ 12,50, het ticket is ook geldig voor het Port Adelaide Lighthouse).

Op de pier wacht het felrood geverfde **Port Adelaide Lighthouse** uit 1869 (Black Diamond Sq., Commercial Rd., ma.-vr., zo. 10-14 uur, gratis toegang met ticket voor het South Australian Maritime Museum, anders A-$ 1). In de voormalige pakhuizen aan de oude haven trekt op zon- en feestdagen een kleurrijke **vlooienmarkt** kooplustigen en kijkers van heinde en verre aan. In het traditionele **Britannia Hotel** nabij de pakhuizen wordt sinds 1850 bier getapt.

In het **National Railway Museum** op Lipson Street nr. 76 kun je twintig stoomlocomotieven bekijken (tel. 08-83 41 16 90, www.natrailmuseum.org.au, dag. 10-16.30 uur, A-$ 12).

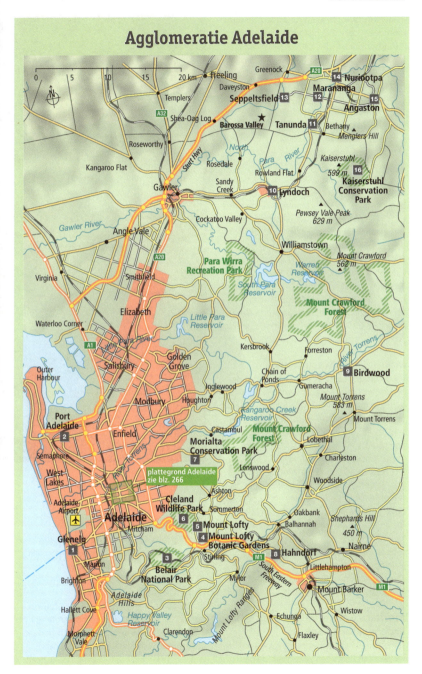

Adelaide en omgeving

Het **South Australian Aviation Museum** toont een collectie historische vliegtuigen (66 Lipson St., tel. 08-82 40 12 30, www.saam.org.au, dag. 10.30-16.30 uur, A-$ 10).

Mount Lofty Ranges
▶ 1, O 15

Belair National Park 3
Dag. 6-18 uur, A-$ 12 per auto
In het zuiden en oosten van de agglomeratie Adelaide bieden de **Adelaide Hills** een prachtig berg- en natuurpanorama. In het **Belair National Park**, op de zuidwestflank van de bergketen, wachten halftamme kangoeroes en talrijke andere inheemse dieren op bezoekers die zin hebben om ze te aaien. Met wat geduld en geluk zie je in de kruinen van de hoge eucalyptussen koala's zitten.

In het park staat ook het victoriaanse, met meubilair uit die tijd ingerichte **Old Government House** uit 1859, het zomerverblijf van verscheidene gouverneurs van South Australia (tel. 08-82 78 54 77, www.parks.sa.gov.au, zon- en feestdagen 13-17 uur, A-$ 5).

Mount Lofty Scenic Drive
Via de **Mount Lofty Scenic Drive** rijd je naar de **Mount Lofty Botanic Gardens** 4 , waar je kunt wandelen tussen rododendrons en platanen (Summit Rd., tel. 08-82 28 23 11, ma.-vr. 9-16, za. en zon- en feestdagen 10-17 uur, toegang gratis).

De bochtige panoramaweg voert verder naar de 726 m hoge **Mount Lofty** 5 , waar je een overweldigend uitzicht hebt over Groot-Adelaide. De volgende halte is het **Cleland Wildlife Park** 6 , een in een natuurlijk bushland verscholen dierenpark waar je kangoeroes, koala's, emoes en tal van andere soorten uit de Australische fauna vrij kunt zien rondlopen (Summit Rd., tel. 08-83 39 24 44, www.environment.sa.gov.au/clelandwildlife/home, dag. 9.30-17 uur, A-$ 25).

Morialta Conservation Park 7
Dag. 8.30-18 uur, A-$ 5 per auto
Ten noorden van het Cleland Park voert de Norton Summit Road, een zijweg van de panorama-

weg, door een schitterend berglandschap naar **Morialta Conservation Park**, waar wandelpaden door een kloof naar de spectaculaire watervallen van **Fourth Creek** leiden.

Hahndorf 8
Ten zuidoosten van Adelaide ligt **Hahndorf**, de op een na oudste Duitse nederzetting in Australië. De plaats werd in 1839 gesticht door uitgeweken Duitse lutheranen. Sinds het midden van de jaren 60 van de vorige eeuw heeft

Rond Adelaide

De Mount Lofty Ranges vormen een van de mooiste recreatiegebieden voor de inwoners van Adelaide, en zijn ook nog eens rijk aan mooie uitzichten

Hahndorf zich met zijn gerestaureerde (vakwerk)huizen ontwikkeld tot een eersteklas attractie – niet in de laatste plaats voor de vele Australische toeristen. Het stadje ademt een 'Duitse' sfeer, of wat de Australiërs daaronder verstaan, en dat geldt vooral voor de etenswaren, de kleding van de serveersters en de verschillende *Bavarian style restaurants*.

Naast de voor Australische toeristenplaatsen niet weg te denken souvenir- en kunstnijverheidswinkels, tref je in Hahndorf enkele gebouwen van halverwege de 19e eeuw aan, die aan de beginjaren herinneren. In de **Hahndorf Academy** is onder andere werk van de aquarellist Hans Heysen te zien, die vijf jaar in Hahndorf woonde (68 Main St., www.hahndorfacademy.org.au, tel. 08-83 88 72 50, dag. 10-17 uur, toegang gratis). In januari wordt in Hahndorf een groot schuttersfeest gevierd, dat samen met het beroemde Oktoberfest in München een van de grootste Duitse bierfeesten ter wereld is.

Birdwood 9

Liefhebbers van oldtimers en oude motoren brengen graag een bezoek aan **Birdwood**, 36 km ten noordoosten van Hahndorf. Het **National Motor Museum** in Birdwood Mill, dat in 1846 werd gebouwd, bezit met ruim vierhonderd oude voertuigen de grootste verzameling oldtimers ten zuiden van de evenaar (Shannon St., tel. 08-85 68 40 00, www.motor.history.sa.gov.au, dag. 10-17 uur, A-$ 15,50).

Barossa Valley ▶ 1, O 15

Wijngaarden vind je in de zuidelijke regio's van de staat South Australia te kust en te keur, maar de topgebieden liggen in de **Barossa Valley**, het beroemdste wijnbouwgebied van het vijfde continent, waar ongeveer een kwart van de Australische tafelwijnen wordt geproduceerd. De licht glooiende, 40 km lange en gemiddeld 10 km brede hoogvlakte ten noordoosten van Adelaide dankt zijn naam aan kolonel William Light, die hier herinnerd werd aan de Valle de Bar Rosa in de buurt van Cadiz.

De basis voor de belangrijke wijnindustrie in South Australia werd halverwege de 19e eeuw gelegd door de Silezische oud-lutheranen die naar Australië waren uitgeweken. De nieuwkomers beheersten de kunst van het wijnmaken en binnen enkele jaren waren er wijnstokken aangeplant en wijnbouwbedrijven ingericht. Het mediterrane klimaat met droge, warme zomers en voldoende regenval in de milde wintermaanden was ideaal voor de ontwikkeling van de wijnbouw. Tegenwoordig worden in Barossa Valley de meeste bekroonde Australische wijnen gecultiveerd, waaronder witte wijnen als de Barossa Riesling. De Barossa Valley telt rond de vijftig wijnproducenten, van kleine familiebedrijven tot grote concerns. Bijna alle wijngoederen zijn geopend voor proeverijen en bezichtiging. Vooral tijdens de wijnoogst van half februari tot begin mei is het de moeite waard om een bezoek te brengen aan de Barossa Valley.

Lyndoch 10

Van Adelaide voert de Sturt Highway via **Elizabeth** en **Gawler** naar de Barossa Valley. Ten oosten van Gawler ligt de plaats Lyndoch, waar zich de **Château Yaldara Winery** verheft, die naar het voorbeeld van een middeleeuwse burcht is voorzien van een wachttoren met kantelen. Het in het oog springende bouwwerk herbergt een opmerkelijke verzameling schilderijen en kunstvoorwerpen uit diverse Europese landenn (Hermann Thumm Dr., tel. 08-85 24 02 00, www.1847wines.com, dag. 10-17 uur, rondleidingen op aanvraag, minimaal vier personen, A-$ 20 p.p.).

Overnachten
Luxueuze lodge in landhuisstijl – **Abbotsford Country House:** 219 Yaldara Dr., tel. 08-85 24 4662, www.abbotsfordhouse.com. Georgiaans juweel aan de rand van een gerenommeerd wijngoed met acht individueel ingerichte kamers; behulpzame eigenaar. 2 pk vanaf A-$ 245 inclusief ontbijt.

Eten en drinken
Duits – **Lyndoch Bakery & Restaurant:** 26 Barossa Valley Way, tel. 08-85 24 44 22, www.lyndochbakery.com.au, dag. 8.30-17 uur. Restaurant in Beierse stijl met Duitse burgermanspot; in de bijbehorende bakkerij kun je naast *brezeln* (zoute krakelingen) ook het echte *schwarzbrot* (roggebrood) kopen. Hoofdgerechten A-$ 16-30.

Tanunda 11

Vanuit Lyndoch bereik je over de Barossa Valley Highway **Rowland Flat**, met het wijngoed **Jacob's Creek** (2129 Barossa Valley Way, tel. 08-85 21 30 00, www.jacobscreek.com, dag. 10-17 uur). De volgende halte is **Tanunda**, het culturele centrum van Barossa Valley. In het stadje, dat vroeger Langmeil werd genoemd, kun je een bezoek brengen aan het **Barossa Valley Historic Museum**, met een interessante tentoonstelling over de kolonisatie van de streek (47 Murray St., tel. 08-85 63 05 07, dag. 10-16.30 uur, A-$ 5).

Op het kerkhof van de lutherse **Langmeil Church**, een kerk met een spitse toren uit 1888, zijn veel graven van vroegere kolonisten te zien. De grafschriften vertellen vaak een tragisch verhaal. Het oude marktplein,

Rond Adelaide

Goat Square, nabij de hoofdstraat, wordt omzoomd door in Duitse stijl gebouwde vakwerkhuizen.

Informatie
Barossa Visitor Information Centre: 66-68 Murray St., tel. 1300-85 29 82, www.barossa.com, ma.-vr. 9-17, za. 9-16 uur.

Overnachten
Stijlvol – **Langmeil Cottages:** 89 Langmeil Rd., tel. 08-85 63 29 87, www.langmeilcottages.com. Stijlvolle B&B met smaakvol ingerichte kamers; tijdig reserveren vereist. 2 pk A-$ 195 inclusief ontbijt.

Met couleur locale – **Tanunda Hotel:** 51 Murray St., tel. 08-85 63 20 30, www.tanundahotel.com.au. Nette, wel wat eenvoudige kamers (enkele met gemeenschappelijke badkamer) en enkele appartementen met kitchenette; de pub heeft goede *counter meals*. 2 pk A-$ 115-145, appartement vanaf A-$ 215.

Camping en cabins – **Tanunda Caravan & Tourist Park:** Barossa Valley Way, tel. 08-85 63 27 84, www.tanundacaravantouristpark.com.au, www.discoveryholidayparks.com.au. Goed toegerust caravan park met ruime cabins.

Eten en drinken
Creatieve bistrokeuken – **1918 Bistro:** 94 Murray St., tel. 08-85 63 04 05, www.1918.com.au, dag. 12-14.30, 18-21 uur. New Australian cuisine, begeleid door uitgelezen wijnen. Hoofdgerechten A-$ 30-42.

Duits – **Café Heidelberg:** 8 Murray St., tel. 08-85 63 21 51, dag. 12-15, 17-22 uur. Klassieke Duitse gerechten, bijvoorbeeld *Kassler mit Kartoffeln und Sauerkraut* (casselerrib met aardappels en zuurkool) voor A-$ 21,50.

Actief
Wijngoederen – **Bethany Wines,** Bethany Rd., tel. 08-85 63 20 86, www.bethany.com.au, ma.-za. 10-17, zo. 13-17 uur. Klein familiebedrijf. **Château Tanunda Estate:** Basedow Rd., tel. 08-85 63 38 88, www.chateautanunda.com, dag. 10-17 uur. Gerenommeerd wijngoed rond een in 1888 gebouwd kasteel. **Peter Lehmann Wines:** Para Rd., tel. 08-85 65 95 55, www.peterlehmannwines.com, ma.-vr. 9.30-17, za. en zon- en feestdagen 10.30-16.30 uur. Vaak bekroond wijngoed. **Rolf Binder Veritas Winery:** Seppeltsfield Rd., hoek Stelzer Rd., tel. 08-85 62 33 00, www.rolfbinder.com, ma.-za. 10-16.30 uur. Klein wijngoed met een goede reputatie.

Evenementen
Barossa Vintage Festival (mrt.-apr. in oneven jaren, aanvang op paasmaandag): wijnoogstfeest met dans, muziek en wijnproeven, www.barossavintagefestival.com.au.

Barossa Gourmet Weekend (eerste weekend van sept.): feest voor fijnproevers en wijnproevers, www.barossagourmet.com.

GENIETEN ZONDER ZORGEN

De in Australië geldende alcoholgrens van 0,5 promille is na twee, drie wijnproeverijen snel overschreden. Wie echt wil meedoen, kan beter niet zelf achter het stuur kruipen, maar zich aansluiten bij een van de excursies die door diverse organisatoren worden aangeboden. Dagtochten vanuit Adelaide met diverse stops en wijnproeverijen worden georganiseerd door onder andere **Barossa Valley Day Tours:** Grayline, tel. 1300-85 86 87, www.grayline.com.au (dag. 9.15 uur, vanaf A-$ 139 inclusief lunch). Dagtochten vanuit Tanunda met een bezoek aan diverse wijngoederen kun je onder andere maken met **Barossa Experience Tours:** tel. 08-85 63 32 48, www.barossavalleytours.com, vanaf A-$ 160, inclusief wijnproeven en lunch.

Adelaide en omgeving

Vervoer
Bus: vanaf het Central Bus Station in Adelaide dagelijks diverse bussen naar de Barossa Valley, reistijd anderhalf uur.

Marananga 12
Aan de Barossa Valley Highway tussen de twee hoofdplaatsen van het dal vind je enkele van de meest gerenommeerde wijngoederen van de streek. In **Dorrien** voert een afslag naar **Marananga**, het voormalige Gnadenfrei. Deze plaats werd in de jaren 1840 door Sileziërs gesticht en kreeg zijn huidige naam, die uit de taal van de Aboriginals afkomstig is en 'mijn handen' betekent, in 1918 toen in heel Australië de meeste Duitse namen van de landkaart werden geschrapt. Bezienswaardig is de tussen 1857 en 1873 in **Gnadenfrei** gebouwde **St. Michaëlskerk**.

Overnachten
In jaren 20-stijl – **The Louise:** Seppeltsfield Rd., tel. 08-85 62 27 22, www.the louise.com.au. Elegant en rustig hotel met oudewerelduitstraling te midden van wijngaarden; uitstekende service, met restaurant en zwembad. 2 pk vanaf A-$ 605 inclusief ontbijt.

Actief
Wijngoed – **Two Hands Wines:** 273 Neldner Rd., tel. 08-85 62 45 66, www.twohandswines.com, dag. 10-17 uur. Bekroond wijngoed.

Seppeltsfield en Nuriootpa
De door dadelpalmen omzoomde weg tussen Marananga en **Seppeltsfield** 13 voert langs het op een Griekse tempel lijkende familiemausoleum van de Seppelts, die tot de pioniers van de wijnbouw in Barossa Valley behoorden. De in 1851 gestichte **Seppeltsfield Estate** (zie rechts) is nog steeds een van de grootste en bezienswaardigste wijngoederen van de regio. Nog meer spannende wijngoederen vind je in het een paar kilometer verderop gelegen **Nuriootpa** 14.

Actief
Wijngoederen – **Château Dorrien Winery:** Barossa Valley Way, hoek Seppeltsfield Rd., Nuriootpa, tel. 08-85 62 28 50, www.chateau dorrien.com.au, dag. 10-17 uur. Groot wijngoed met restaurant. **Penfolds Wines:** 30 Tanunda St., Nuriopta, tel. 08-85 68 84 08, www.penfolds.com.au, dag. 9-17 uur, rondleidingen ma.-vr. 10.30, 14, za. en zon- en feestdagen 10.30 uur. Groot wijngoed. **Seppeltsfield Estate:** Seppeltsfield Rd., Seppeltsfield, tel. 08-85 68 62 00, www.seppeltsfield.com.au, dag. 10.30-17 uur, rondleidingen dag. 11.30, 15.30 uur, A-$ 15. Wijngoed met traditie. **Wolf Blass Wines:** 97 Sturt Hwy, Nuriootpa, tel. 08-85 68 73 11, www.wolfblass.com.au, dag. 10-16.30, feestdagen 10.30-16.30 uur. In 1966 door de Duitser Wolf Blass gesticht, innovatief wijngoed.

Angaston 15
Ten zuidoosten van Nuriootpa ligt Angaston, halverwege de 19e eeuw gesticht door Engelse kolonisten. Iets verderop staat de **Collingrove Homestead**, de in 1853-1854 gebouwde statige woning van de kolonistenfamilie Angas (18 Eden Valley Rd., tel. 08-85 64 20 61, www.collingrovehomestead.com.au, wo.-vr. 12-15, za., zo. 12-16 uur, A-$ 7,50). Ten zuiden hiervan ligt het traditionele **Yalumba Estate**, met een markante klokkentoren die uitrijst boven het hoofdgebouw (zie hierna onder Actief).

Eten en drinken
Voor fijnproevers – **Vintners Bar & Grill:** Nuriootpa Rd., tel. 08-85 64 24 88, www.vintners.com.au, ma.-za. 12-14.30, 18.30-21, zo. 12-14.30 uur. Dit toprestaurant is een fijnproeversparadijs. De chef tovert streekgerechten met lichte Aziatische invloeden op tafel en de wijnkaart doet een mens duizelen. Hoofdgerechten A-$ 36-48.

Winkelen
Bonte boerenmarkt – **Barossa Farmers Market:** Vintners Shed, Nuriootpa Rd., www.barossafarmersmarket.com, za. 7.30-11.30 uur. Streekproducten en veel couleur locale.

Actief
Wijngoederen – **Saltram Wine Estates:** Nuriootpa Rd., tel. 08-85 61 02 00, www.saltram

wines.com.au, dag. 10-17 uur. Met restaurant. **Yalumba Estate:** 40 Eden Valley Rd., tel. 08-85 61 32 00, www.yalumba.com, dag. 10-17 uur. Wijngoed met traditie in een château-achtig complex.

Kaiserstuhl Conservation Park 16

Van Angaston slingert een fraaie weg in wijde bochten langs **Menglers Hill**, een 'uitkijkheuvel' met een bezienswaardig sculpturenpark, en **Bethany**, de oudste plaats in het dal, en brengt je terug naar Tanunda. Een contrast met de cultuurgrond vormt het circa 10 km ten zuidoosten van Tanunda gelegen **Kaiserstuhl Conservation Park**, met een rijke vogelwereld in een natuurlijk bushland.

Fleurieu Peninsula

▶ 1, O 15/16

Zo'n 50 km ten zuiden van Adelaide begint het **Fleurieu Peninsula**, door zijn uitstekende zwem- en surfstranden een geliefd recreatie- en vakantiegebied. Aan de beschermde westkust strekken zich langs de Gulf St. Vincent ten zuiden van Port Noarlunga prachtige, hier en daar kilometerslange zandstranden uit, waar je vrijwel zonder gevaar kunt zwemmen. Pas bij de zuidpunt van het schiereiland rond Rapid Bay en Cape Jervis wordt de kust rotsachtiger.

Southern Vales

Het Fleurieu Peninsula is niet alleen een watersportparadijs, het schiereiland is ook vermaard onder wijnkenners – in de zogeheten **Southern Vales** rond **Willunga**, **Reynella** en **McLaren Vale** vormen de wijnranken ware plantages. Hier produceren meer dan vijftig wijngoederen uitstekende witte en rode tafelwijnen. Talrijke wijnhuizen verwelkomen hun bezoekers voor bezichtigingen en wijnproeverijen.

Informatie

McLaren Vale & Fleurieu Visitor Centre: Main Rd., McLaren Vale, tel. 08-83 23 99 44, www.mclarenvale.info, www.fleurieupeninsula.com.au, ma.-vr. 9-17 uur, za., zo. 10-17 uur.

Actief

Wijngoederen – **Coriole:** Chaffey's Rd., McLaren Vale, tel. 08-83 23 83 05, www.coriole.com, ma.-vr. 10-17, za., zo. 11-17 uur. Klein wijngoed met goede reputatie, proeflokaal met restaurant. **Fox Creek Wines:** Malpas Rd., McLaren Vale, tel. 08-85 57 00 00, www.foxcreekwines.com, dag. 10-17 uur. Familiebedrijf. **Penny's Hill:** 281 Main Rd., McLaren Vale, tel. 08-85 57 08 00, www.pennyshill.com.au, dag. 10-17 uur. Wijngoed met traditie; met restaurant, café en kunstgalerie.

Goolwa

Via het in 1839 door Schotse immigranten gestichte **Strathalbyn** met zijn rijke architectonische erfenis uit het koloniale tijdperk bereik je **Goolwa**. Dit slaperige stadje aan Lake Alexandrina, waarin de Murray River uitmondt, droeg in de tweede helft van de 19e eeuw de bijnaam het 'Australische New Orleans'. Raderboten vervoerden destijds jaarlijks tot 25.000 balen wol van de aan de bovenloop van de Murray gelegen schapenfarms voor verscheping overzee.

Informatie over de Murray River, vooral over de geschiedenis van de scheepvaart op de rivier, verschaft een multivisionshow in het **Signal Point River Murray Interpretive Centre** aan de Murraypier (The Wharf, tel. 08-85 55 34 88, dag. 9-17 uur, A-$ 10).

Informatie

Goolwa Visitor Information Centre: Cutting Rd., tel. 1300-46 65 92, www.visitalexandrina.com, www.murrayriver.com.au, dag. 9-17 uur. Nuttige informatie en boeken van cruises op de Murray River, accommodatie enzovoort.

Overnachten

Bekroond boetiekhotel – **The Australasian Circa 1858:** 1 Porter St., tel. 08-85 55 10 88, www.australasian1858.com. Vijf in Aziatische stijl ontworpen suites in een historisch, uit zandsteen opgetrokken gebouw met een moderne aanbouw. Restaurant met Australisch-Aziatische fusionkeuken. 2 pk vanaf A-$ 395.

Adelaide en omgeving

In het juiste jaargetijde heb je in Encounter Bay alleen maar een verrekijker nodig om walvissen te kunnen zien – of in ieder geval hun staartvinnen ...

Verzorgd en goed gerund – **Motel Goolwa:** 30 Cadell St., tel. 08-85 55 11 55, www.goolwamotel.com.au. Gezellig motel met 25 lichte, aangename kamers. Behulpzame eigenaar. 2 pk A-$ 115-135.

Camping en cabins – **Goolwa Camping & Tourist Park:** 40 Kessel Rd., tel. 08-85 55 21 44, www.goolwatouristpark.com.au. Goed toegeruste, mooi gelegen camping met cabins en zwembad.

Actief

Boottochten – **Spirit of the Coorong:** tel. 1800-44 23 03, www.coorongcruises.com.au. Tochten door de zilte lagune van Coorong National Park (vanaf A-$ 95, blz. 234).

Victor Harbor

Ten zuidwesten van Goolwa ligt schilderachtig aan Encounter Bay **Victor Harbor**, het grootste en populairste vakantieoord van de streek, geflankeerd door uitstekende, zij het soms overvolle zandstranden.

Het in een gerestaureerd pakhuis uit de pionierstijd ondergebrachte **South Australian Whale Centre** in het centrum verschaft informatie over de reusachtige zeezoogdieren en de walvisvangst in de Zuid-Australische kustwateren (2 Railway Terr., tel. 08-85 51 07 50, www.sawhalecentre.com, dag. 10.30-17 uur, A-$ 9).

Van diverse uitkijkplatforms aan de **Encounter Bay** kun je tussen juni en september met een goede verrekijker de langs de kust zwemmende zuidkapers zien (Whale Information Hotline, tel. 1900-94 25 37).

Het hele jaar door kun je in de ochtend- en avondschemering op het voor de kust gelegen **Granite Island**, dat door een 1,5 km lange dam met het vasteland is verbonden, dwergpinguïns en wallaby's zien.

Het **Urimbirra Wildlife Park**, 5 km ten noordoosten van Victor Harbor, herbergt een groot aantal vertegenwoordigers van de Australische fauna (Adelaide Rd., tel. 08-85 54 65 54, www.urimbirra.com.au, dag. 10-17 uur, A-$ 14).

Rond Adelaide

Informatie
Victor Harbor Visitor Information Centre: Causeway Bldg., The Esplanade, tel. 1800-55 70 94, www.tourismvictorharbor.com.au, dag. 9-17 uur.

Overnachten
Gunstig gelegen – **Wintersun Motel:** 111 Hindmarsh Rd., tel. 08-85 52 35 33, www.wintersunmotel.com.au. Tegenover het strand en maar een paar minuten lopen van het centrum; ruime gezinskamers. 2 pk A-$ 110.

Klassieker aan het strand – **Anchorage at Victor Harbor:** Coral St., hoek Flinders Par., tel. 08-85 52 59 70, www.anchorageseafronthotel.com. Traditierijk hotel met kamers in diverse luxecategorieën, restaurant en bar; aan het strand. 2 pk A-$ 95-215.

Camping en cabins – **Victor Harbor Beachfront Holiday Park:** 114 Victoria St., tel. 1800-60 90 79, www.victorbhp.com.au. Camping aan het strand, goed toegerust.

Eten en drinken
New Australian cuisine – **Eat@Whalers:** 121 Franklin Par., tel. 08-85 52 44 00, dag. 11.30-14.30, do.-za. ook 17.30-21.30 uur. Moderne Australische cuisine op hoog niveau, begeleid door uitgelezen wijnen uit de Southern Vales. Als de zon ondergaat boven Encounter Bay, zitten romantici op het terras op de goede plek. Hoofdgerechten A-$ 26-38.

✤ Kangaroo Island

▶ 1, N/O 16

In de kleine haven **Cape Jervis** aan de zuidwestpunt van het Fleurieu Peninsula vertrekken verscheidene malen per dag autoveren naar Kangaroo Island, een bij tij en wijle zeer stormachtige oversteek van een uur. Het met 4350 km² op twee na grootste Australische eiland ligt hemelsbreed bijna 120 km ten zuidwesten van Adelaide tussen de Gulf St. Vincent en de Great Australian Bight. Door het gebrek aan zoet water en de onvruchtbaarheid van de bodem is er op **Kangaroo Island** nauwelijks akkerbouw mogelijk. De kleine 4500 eilandbewoners leven dan ook overwegend van de schapenteelt. De regering van South Australia schrijft de farmers voor hoe en waar ze de weiden voor hun ongeveer 1 miljoen schapen moeten aanleggen. Zo wordt veiliggesteld dat in de bijna twintig afzonderlijke Conservation en National Parks, die meer dan een derde van het eilandoppervlak beschermen, een unieke rijkdom aan flora en fauna behouden blijft.

Aangezien er nooit dingo's, vossen, konijnen of andere 'exotische' dieren op Kangaroo Island zijn terechtgekomen, konden de inheemse dieren- en plantenwereld zich in de isolatie van het eiland betrekkelijk ongestoord ontwikkelen. En omdat een systematische kolonisatie en het agrarische gebruik van het eiland pas laat op gang kwamen, is ook de invloed van de mens beperkt gebleven. Zo hebben veel dieren tot vandaag de dag geen vluchtinstinct ontwikkeld, en ook het ecosysteem is grotendeels intact gebleven. In de nationale parken en beschermde natuurgebieden op het eiland kun je naast zeehonden, zeeleeuwen, vogelbekdieren, emoes, pinguïns, hoenderganzen (Cape Barren geese) en talrijke papegaaiensoorten ook koala's bekijken. Ook leven hier een ondersoort van de westelijke grijze reuzenkangoeroe en grote aantallen van de kleinere tammarwallaby's.

Omdat hier de meest diverse landschappen voorkomen, wordt Kangaroo Island ook wel 'Australië in het klein' genoemd. Terwijl het binnenland grotendeels wordt gekenmerkt door een savanne met lage eucalyptussoorten (mallee) en struikgewas, gedijen in het vochtige westen imposante, met varens en mossen begroeide bomen. Indrukwekkend zijn de afwisselende kustlandschappen: tot ruim 200 m hoge steile klippen in het noorden, telkens onderbroken door vlak aflopende zandstranden, en een ruig, grillig rotspanorama in het zuiden. Vooral in het voorjaar is Kangaroo Island erg mooi, als uitgestrekte gebieden van het eiland veranderen in een kleurig paradijs van wilde bloemen.

Kingscote
De toegangspoort voor de meeste bezoekers is de kleine haven **Penneshaw**. Na een tussenstop in het toeristencentrum **American**

Adelaide en omgeving

River kom je uit in **Kingscote**, de schilderachtig aan de Nepean Bay gelegen hoofdstad van het eiland. Uit de pionierstijd van Kangaroo Island is alleen de Hope Cottage uit 1858 bewaard gebleven, een beschermd monument dat tegenwoordig een museum over lokale geschiedenis herbergt (Centenary St., tel. 08-85 53 26 67, www.hopecottagemuseum.com, feb.-dec. dag. 13-16, jan. dag. 10-16 uur, A-$ 6).

Zuidkust

Aan de South Coast Road rijgen zich de natuurlijke bezienswaardigheden aaneen als parels aan een ketting. De rij wordt geopend door het **Cape Gantheaume Conservation Park** met de ondiepe Murray Lagoon. Dit grootste zoetwatermeer van Kangaroo Island is een toevluchtsoord voor veel van de circa honderd watervogelsoorten van het eiland.

Enkele kilometers zuidwestelijker voert een zijweg van de South Coast Road naar het **Seal Bay Conservation Park**. In de door klippen beschutte baai leeft een van de grootste kolonies Australische zeeleeuwen ter wereld. De tot 2,5 m grote en tot 300 kg zware dieren, die zich hier vaak met honderden tegelijk verzamelen, zijn zo weinig schuw dat je – onder begeleiding van rangers – tussen ze door kunt lopen. Fotograferen met flitslicht en hard praten zijn daarbij uiteraard uit den boze (tel. 08-85 53 44 60, rondleidingen meerdere malen dag. 9-17 uur, A-$ 35, alleen toegang tot uitkijkpunt, volwassene A-$ 16).

Tussen de zuidelijke kustweg en de Seal Bay strekken zich in de **Little Sahara** imposante zandduinen uit. Via een zijweg bereik je **Vivonne Bay** met een van de weinige betrekkelijk beschutte stranden aan de zuidkust. Het volgende station is **Kelly Hill Conservation Park**. In 1880 is hier een stelsel van druipsteengrotten ontdekt, toen een veefokker met zijn paard Kelly door de grond zakte. De man kon zich nog redden, maar het paard is nooit teruggevonden. Tegenwoordig is een deel van de grotten ontsloten voor rondleidingen, maar de **Kelly Caves** zijn nog altijd niet volledig verkend. IJzeroxiden veroorzaken de rode kleur van de stalactieten en stalagmieten (tel. 08-85 53 44 64, rondleidingen ieder uur dag. 10-16.15 uur, vanaf A-$ 18).

Flinders Chase National Park

Tel. 08-85 53 44 70, dag. 7 uur tot zonsondergang, A-$ 11

Het hoogtepunt van een verblijf op Kangaroo Island is een kijkje in het **Flinders Chase National Park**. Het bezoekerscentrum van de National Parks and Wildlife Service in Rocky River verschaft je informatie over de dieren- en plantenwereld op het eiland en biedt een overzicht van de wandelmogelijkheden en de berijdbaarheid van de wegen. Vanaf de camping bij het hoofdkantoor in het park voert een weg naar de **Cape du Couedic** met zijn indrukwekkende kalkklippen en de imposante, met stalactieten uitgeruste kalksteenboog Admirals Arch, en naar de enorme granieten sculpturen van de Remarkable Rocks. Rond de **Admirals Arch** schuifelt vooral in de paartijd een kolonie van circa zesduizend pelsrobben. Zwemmen valt af te raden, niet alleen vanwege onderstromingen, maar vooral ook omdat de robben op het menu van haaien staan.

Noordkust en het binnenland van het eiland

Vanaf Rocky River slingert een ruige steenslagweg door de ravijnen van de **Casoars Wilderness Protection Area** naar **Cape Borda**. Daar waarschuwt een vuurtoren uit 1858 op een 160 m hoge rots voor de gevaarlijke klippen voor de kust, die sinds het midden van de 19e eeuw al meer dan zestig schepen noodlottig zijn geworden. (tel. 08-85 53 44 65, rondleidingen diverse keren dag. 10-17 uur, A-$ 16).

Bekoorlijker dan de Playford Highway door het binnenland van het eiland is de ongeasfalteerde North Coast Road. Je kunt tussenstops maken in het **Cape Torrens Conservation Park**, met zijn ruim 200 m hoge klippen, en bij **Cape Cassini**, waar de golven van de oceaan bulderend tegen de loodrecht oprijzende klippen slaan. Als je toch liever de snelweg neemt, kun je onderweg in het **Kangaroo Island Wildlife Park** een goed beeld krijgen van de eilandfauna (tel. 08-85 59 60 50, www.kiwildlifepark.com, dag. 9-17 uur, A-$ 25).

Rond Adelaide

Informatie

Kangaroo Island Gateway Visitor Information Centre: Howard Dr., Penneshaw, tel. 1800-81 10 80, www.tourkangarooisland.com.au, ma.-vr. 9-17, za. en zon- en feestdagen 10-16 uur.

National Parks & Wildlife Regional Office: 37 Dauncey St., Kingscote, tel. 08-85 53 44 44, www.environment.sa.gov.au, dag. 9-17 uur.

Flinders Chase Visitor Centre: Flinders Chase National Park, tel. 08- 85 53 44 70, dag. 9-17 uur. Bezoekerscentrum van de National Parks & Wildlife Service.

Kangaroo Island Booking Centre: zie blz. 268

Overnachten

Exclusieve hideaway – **Southern Ocean Lodge:** Hanson Bay, Kingscote, tel. 02-99 18 43 55, 08-85 59 73 47, www.southernoceanlodge.com.au. Op een eenzame klif tronende luxe-ecolodge in moderne art-decostijl. Suite vanaf A-$ 1100 p.p.

Luxeguesthouse – **Wanderers Rest:** Bayview Rd., American River, tel. 08-85 53 71 40, www.wanderersrest.com.au. Guesthouse met gemoedelijke sfeer en de gemakken van een luxehotel; zwembad, goed restaurant; minder geschikt voor kinderen onder de 10 jaar. 2 pk vanaf A-$ 295 inclusief ontbijt.

Voor sportievelingen – **Kangaroo Island Sea-front:** 49 North Terr., Penneshaw, tel. 08-85 53 10 28, 1800-62 46 24, www.seafront.com.au. Hotelcomplex met veel sportfaciliteiten en verwarmd zwembad. Het restaurant *Sorrento* staat op het eiland bekend als een culinair bolwerk. 2 pk A-$ 185-260.

Met traditie – **Aurora Ozone Hotel:** 67 Chapman Terr., Kingscote, tel. 08-85 53 20 11, 1800-08 31 33, www.ozonehotelki.com.au. Traditierijk hotel aan het strand; zwembad en sauna, restaurant met internationale menukaart. 2 pk A-$ 179-229.

Met zeezicht – **Matthew Flinders Terraces:** Bayview Rd., American River, tel. 08-85 53 71 00, www.matthewflindersterraces.com.au. Klein en gemoedelijk hotel met restaurant, zwembad en mooi uitzicht op zee. 2 pk vanaf A-$ 125.

Jeugdherberg – **Kangaroo Island Youth Hostel:** 33 Middle Terr., Penneshaw, tel. 08-

Alsof ze uit de lucht zijn komen vallen: de Remarkable Rocks bij Cape du Couedic

Adelaide en omgeving

> ### Kangaroo Island Tour Pass
> Als je zelf Kangaroo Island wilt verkennen, is het handig om de Kangaroo Island Tour Pass aan te schaffen (A-$ 70), die niet alleen geldig is als toegangskaart, maar ook voor rondleidingen door rangers. Verkrijgbaar in het kantoor van de National Parks and Wildlife Service in Kingscote en in het Kangaroo Island Gateway Visitor Information Centre in Penneshaw.

85 53 13 44, www.yha.com.au. Goed gerunde jeugdherberg. 2 pk vanaf A-$ 99, meerpersoonskamer vanaf A-$ 31 p.p.
Camping en cabins – **Kingscote Tourist Park:** Third St., hoek First St., tel. 08-85 53 23 94. Centraal, goed toegerust, met cabins en zwembad. **Discovery Lagoon Caravan & Camping Grounds:** 984 North Coast Rd., Emu Bay, tel. 0412-42 26 18. Aan het strand 15 km ten noordwesten van Kingscote; goed toegerust, met cabins. **Western KI Caravan Park:** 7928 South Coast Rd., tel. 08-85 59 72 01, www.westernki.com.au. In bushland enkele kilometers ten oosten van Flinders Chase National Park; met staanplaatsen en rustieke hutten.

Eten en drinken
New Australian cuisine – **Roger's Deli & Café:** The Esplanade, Kingscote, tel. 08-85 53 20 53, dag. 9-21 uur. Klein bistro-café met heerlijke gerechten uit de moderne Australische keuken. Hoofdgerechten A-$ 18-37.

Winkelen
Eucalyptusolie – **Emu Ridge Eucalyptus:** MacGillivray, Willson's Rd., tel. 08-85 53 82 28, www.emuridge.com.au, dag. 9-14 uur, ieder halfuur gratis rondleidingen. Door zonne- en windenergie aangedreven eucalyptusoliedistilleerderij met museum en winkel.

Actief
Outdoortours – **Exceptional Kangaroo Island:** Kingscote, tel. 08-85 53 91 19, www.exceptionalkangarooisland.com. Een- en meerdaagse natuurtochten (vanaf A-$ 275 inclusief verzorging). **Kangaroo Island Wilderness Tours:** Kingscote, tel. 08-85 59 50 33, www.wildernesstours.com.au. Een- en meerdaagse terreinwagentochten naar de diverse highlights van het eiland (vanaf A-$ 450 inclusief verzorging).
Pelikanen voeren – **The Wharf:** Kingscote, tel. 08-85 53 31 12. Voeren van pelikanen (dag. 17 uur, A-$ 5).
Pinguïns observeren – **Penguin Tours:** c/o Kangaroo Island Penguin Centre, Kingscote Wharf, tel. 08-85 53 31 12, www.kipenguincentre.com.au, dag. 19.30, 20.30 uur (winter), 20.30, 21.30 uur (zomer), A-$ 18. Een bijzondere belevenis zijn de door rangers van de National Parks & Wildlife Service geleide nachtwandelingen naar de zandstenen kliffen nabij Kingscote, waar dwergpinguïns nestelen.

Vervoer
Vliegtuig: diverse keren per dag pendelen propellervliegtuigen tussen Adelaide en Kingscote (30 min.). Informatie en reservering: Regional Express (REX), tel. 13 17 13, 08-85 53 29 38, www.regionalexpress.com.au.
Bus: diverse keren per dag lijnbussen vanaf Adelaide Central Bus Station naar Cape Jervis aan de zuidwestpunt van Fleurieu Peninsula (2,5 uur); de dienstregeling van de bussen is afgestemd op de vertrektijden van de veerboten. Informatie en reservering bij SeaLink Connection, tel. 13 13 01. Op Kangaroo Island rijden alleen shuttlebussen, tel. 0427-88 75 75, tussen Penneshaw en Kingscote en tussen Kingscote Airport en Kingscote, verder is er geen openbaar vervoer.
Veerboten: twee auto- en passagiersveren varen tot acht keer per dag op en neer tussen Cape Jervis en Penneshaw (45 min., circa A-$ 370 retour voor twee volwassenen en een auto). Informatie en reservering (in het hoogseizoen beslist noodzakelijk): Kangaroo Island SeaLink, tel. 13 13 01, www.sealink.com.au.
Huurauto: het meenemen van de auto van het vasteland naar Kangaroo Island is niet bij alle verhuurders toegestaan. Wie zijn auto moet achterlaten kan in Kingscote of Penneshaw een auto huren, bijvoorbeeld bij Budget, tel. 08-85 53 31 33, Hertz, tel. 08-85 53 23 90, of Koala Car Rentals, tel. 08-85 53 23 9988.

Mid North en Flinders Ranges

In het zacht glooiende Mid North en op het laarsvormige Yorke Peninsula bevonden zich ooit de rijkste kopermijnen van Australië. Vruchtbare grond en een mild klimaat bieden tegenwoordig gunstige omstandigheden voor wijnbouw en graanproductie. Meer naar het noorden rijzen de scherpgetande bergruggen van de Flinders Ranges op, een van Australiës ruigste berglandschappen.

Yorke Peninsula

▶ 1, N/O 15

Van Adelaide voert de Princes Highway naar het op ruim 100 km gelegen **Yorke Peninsula**. In het noordelijk deel van dit laarsvormige schiereiland werden in de 19e eeuw winstgevende kopermijnen geëxploiteerd. In de Copper Triangle tussen Kadina, Wallaroo en Moonta stuit je nog altijd op resten uit deze tijd. In het **Farm Shed Museum** in **Kadina** herinneren voorwerpen aan het kopertijdperk (50 Mines Rd., tel. 08-88 21 23 33, www.farmshed.net.au, ma.-vr. 9-17, za. en zon- en feestdagen 10-16 uur, A-$ 12,50).

Moonta

In **Moonta** geeft het **Mines Museum** een goede indruk van de levens- en arbeidsomstandigheden van de destijds voornamelijk uit het Engelse Cornwall afkomstige mijnwerkers (151 Verran Terr., tel. 08-88 25 18 91, www.moontatourism.org.au, dag. 13-16, op feestdagen en in de schoolvakanties 11-16 uur, A-$ 8).

Met eigen vervoer of via een speciaal daarvoor aangelegd smalspoor kun je de kopermijnen van de **Moonta Mines** verkennen (Moonta Mines Railway, tel. 08-88 25 18 91, wo. 14, za., zo. 13, 14, 15, op feestdagen en dag. in de schoolvakanties 10.30, 11.30, 13, 14 uur, A-$ 8).

Innes National Park

Het **Innes National Park** op de 'punt van de laars' heeft duinen, zoutlagunes en spectaculaire klippenformaties te bieden. Vanaf de vuurtorens die aan **Cape Spencer** en **West Cape** de wacht houden, heb je een prachtig uitzicht over de steile kust. Op **Ethel Beach** ligt het wrak van het in 1904 gestrande vrachtschip Ethel te roesten. De zee bij de zandstranden **Dolphin Beach**, **Shell Beach** en **Browns Beach** is heel geschikt en veilig om in te zwemmen. Een goed vertrekpunt voor verkenningen van het nationaal park is het stadje **Warooka**.

Informatie

Yorke Peninsula Visitor Information Centre: 50 Mines Rd., Kadina, tel. 1800-65 49 91, www.coppercoast.sa.gov.au, www.yorkepeninsula.com.au, ma.-vr. 9-17, za. en zon- en feestdagen 10-16 uur.

Overnachten

... in Kadina:
Rustig en aangenaam – **Kadina Gateway Motor Inn:** 4754 Copper Coast Hwy, tel. 1800-66 50 05, www.kadinagatewaymotorinn.com. Met restaurant en zwembad. 2 pk vanaf A-$ 130.
Camping en cabins – **Kadina Caravan Park:** Lindsay Terr., tel. 08-88 21 22 59, www.kadinacaravanpark.com.au.

... in Moonta:
Goed en goedkoop – **Moonta Bay Motel:** 196 Bay Rd., tel. 08-88 25 24 73, www.moontabaymotel.com.au. Met restaurant. 2 pk vanaf A-$ 134.
Camping en cabins – **Moonta Bay Caravan Park:** Tossell St., tel. 08-88 25 24 06, www.moontabaycaravanpark.com.au.

... in Warooka:
Sympathiek – **Warooka Hotel-Motel:** tel. 08-88 54 50 01. Klein motel, goede *counter meals*. 2 pk A-$ 95.

Port Augusta ▶ 1, O 14

Op weg naar Port Augusta passeert de Princes Highway ongeveer 220 km ten noordwesten van Adelaide **Port Pirie**. De tot 205 m hoge schoorstenen van de Broken Hill Associated Smelters Pty. Ltd., de grootste loodsmelterij ter wereld, steken boven de industrie- en handelsstad uit.

Ook **Port Augusta** aan de Spencer Gulf is een belangrijk industrie- en handelscentrum. In het **Wadlata Outback Centre** geven multivisionshows, diorama's en vele tentoonstellingsstukken een omvattend beeld van de Australische outback (41 Flinders Terr., tel. 08-86 41 91 93, www.wadlata.sa.gov.au, ma.-vr. 9-17.30, za., zo. 10-16 uur, A-$ 20,95).

Het **Homestead Park Pioneer Museum** biedt informatie over het leven in de tijd van de pioniers (Elsie St., tel. 08-86 42 20 35, dag. 9-16 uur, A-$ 8,50). Ook in het grondstation van de **Royal Flying Doctor Service** zijn gasten welkom (Port Augusta Airport, tel. 08-86 48 95 00, www.flyingdoctor.org.au, ma.-vr. 10-12, 14-16 uur, toegang gratis, vrijwillige bijdrage, zie blz. 381).

Even buiten de stad ligt de **Arid Lands Botanic Garden**, die gespecialiseerd is in de planten uit de aride zone (Stuart Hwy, tel. 08-86 41 91 16, www.aalbg.sa.gov.au, dag. 7.30 uur tot zonsondergang, rondleidingen ma.-vr. 10 uur, bezoekerscentrum ma.-vr. 9-17, za., zo. 10-16 uur, toegang gratis).

Informatie
Port Augusta Tourist Information Office: Wadlata Outback Centre, 41 Flinders Terr., tel. 08-86 41 91 93, www.portaugusta.sa.gov.au, ma.-vr. 9-17.30, za., zo. 10-16 uur.

Overnachten
Driesterrencomfort – **Majestic Oasis Apartments:** Marryatt St., tel. 08-86 48 90 00, 1800-00 86 48, www.oasisportaugusta.com.au. Royale, modern ingerichte units met kitchenette en deels met uitzicht op de Spencer Gulf; uitnodigend zwembad. Appartement vanaf A-$ 185.

Prijsbewust – **Acacia Ridge Motor Inn:** 33 Stokes Terr., tel. 08-86 42 33 77, www.acaciaridgemotorinn.com.au. Eenvoudig, met zwembad. 2 pk vanaf A-$ 90.

Camping en cabins – **Port Augusta Holiday Park:** Hwy 1, hoek Stokes Terr., tel. 1800-83 34 44, www.big4.com.au. Uitstekend toegeruste en fraai gelegen camping. Met zwembad.

Flinders Ranges

Port Augusta is het vertrekpunt voor de verkenning van de **Flinders Ranges,** een ontoegankelijk berggebied dat wordt doorsneden door steenslagwegen. Outbackfans met de juiste uitrusting kunnen van daaraf over redelijk begaanbare tracks direct doorrijden naar het noorden (zie blz. 368).

Quorn ▶ 1, O 14

Na de **Pichi Richt Pass** bereik je na ruim 40 km eerst Quorn, ooit een druk spoorwegknooppunt, maar nu een pelgrimsoord voor liefhebbers van historische stoomlocomotieven. Ze kunnen met de **Pichi Richi Railway** diverse keren per week een nostalgische rit maken van Woolshed Flat aan de voet van de bergen naar Quorn (tel. 1800-77 72 45, www.pichirichirailway.org.au, mrt.-nov. diverse keren per maand, 2,5 uur, A-$ 51 retour, reserveren in het Wadlata Outback Centre in Port Augusta, zie links).

Informatie
Flinders Ranges Visitor Information Centre: Quorn Railway Station, 1 Seventh St., tel. 08-86 20 05 00, www.frc.sa.gov.au, ma.-vr. 9-17, za., zo. 10-16 uur.

Overnachten
Outbacksfeer – **Criterion Hotel Motel:** 18 Railway Terr., tel. 08-86 48 60 18, www.criterionhotelmotel.websyte.com.au. Pubhotel uit 1880 met gezellige motelkamers in de voormalige stallen; de pub biedt goedkope *counter meals* in overvloedige porties. 2 pk A-$ 80-85.

Flinders Ranges

Camping en cabins – **Quorn Caravan Park:** Silo Rd., tel. 08-86 48 62 06, www.quorncaravanpark.com.au. Goed toegerust.

Actief
Outdoortours – **Wallaby Tracks Adventure Tours:** 6 Railway Terr., Quorn, tel. 08-86 48 66 55, www.wallabytracks.com. Een- en meerdaagse terreinwagentochten naar de hoogtepunten van de Flinders Ranges (vanaf A-$ 250 inclusief verzorging).

Hawker ▶ 1, O 13
Op weg naar **Hawker** passeer je de 7 m hoge kwartsietrots **Death Rock**, een initiatieplek van de oorspronkelijke bewoners, die in de **Yourambulla Caves** rotsschilderingen hebben achtergelaten. Ten noordoosten van het kleine **Hawker**, een geliefd vertrekpunt voor tochten in de zuidelijke Flinders Ranges, kom je via een doodlopende weg in de buurt van **Arkaroo Rock**, die bekend is vanwege zijn Aboriginalrotstekeningen (wandeling vanaf de parkeerplaats heen en terug 3 km/1,5 uur).

Informatie
Hawker Visitor Information Centre: c/o Hawker Motors, Wilpena Rd., hoek Cradock Rd., tel. 08-86 48 40 22, www.hawkervic.info, dag. 8-18 uur.

Overnachten
Rustiek – **Outback Chapmanton Motor Inn:** 1 Wilpena Rd., tel. 08-86 48 41 00, www.hawkersa.info/biz/outback.htm. Gemoedelijk; met restaurant. 2 pk A-$ 125-150.

Camping en cabins – **Hawker Caravan Park:** 44 Chace View Terr., hoek Wilpena Rd., tel. 08-86 48 40 06, www.hawkercaravanpark.com.au. Goed toegerust caravan park met gezellige cabins.

Eten en drinken
Creatieve streekkeuken – **Old Ghan Restaurant:** Hawker Railway Station, tel. 08-86 48 41 76, www.hawkersa.info/biz/ghan.htm, do.-za. 11.30-14.30, 18-22.30 uur. Verfijnde burgermanspot. Met kunstgalerie. Hoofdgerechten A-$ 21-38.

De top van Mount Chambers in de Flinders Ranges toont zich weerbarstig – terwijl de rest van de berg al behoorlijk verbrokkeld is, trotseert hij de krachten van de erosie

Mid North en Flinders Ranges

WANDELING IN DE WILPENA POUND

Informatie

Begin: bij het Wilpena Pound Information Centre (zie blz. 289) respectievelijk het Wilpena Pound Resort (zie blz. 289).

Lengte: tussen 1,5 km en 20 km
Duur: tussen 1 uur en 7,5 uur
Moeilijkheidsgraad: moeilijk tot zwaar

Met goed gemarkeerde paden is de **Wilpena Pound** de ideale omgeving voor wandeltochten van allerlei moeilijkheidsgraden. Vooral tijdens de voorjaarsbloei in september en oktober kunnen bushwandelaars en fotografen in dit paradijs hun hart ophalen.

Je kunt op een instructief **natuurleerpad** alles leren over de bijzonderheden van de flora in deze streek. Dat pad begint meteen ten zuiden van het Wilpena Pound Resort (rondweg 1,5 km/1 uur). Bij het resort begint ook de inspannende wandeling op de **Mount Ohlssen Bagge**. Tijdens de tocht over het rotsachtige terrein kun je in de vroege ochtend en de late namiddag de met uitsterven bedreigde geelvoetkangoeroe observeren. Het Flinders Ranges National Park is een van de laatste plaatsen waar deze nog te vinden is (heen en terug 4 km/3 uur). Een makkelijke wandeling leidt van de Wilpena camping door de kloof van de Wilpena Creek, met allemaal rodegombomen (een eucalyptussoort) eromheen, naar de **Old Homestead**, een historische boerderij uit de 19e eeuw, en verder naar de **Wangara Lookout** (heen en terug 6 km/3 uur).

De inspannende en bij regen niet ongevaarlijke tocht naar de top van de **St. Mary's Peak**, met 1188 m de hoogste berg van het kwartsietgebergte, vereist geen echte bergklimervaring, maar wel een goede conditie en tredzekerheid. Vertrekkend vanaf de Wilpena Campground loopt het gemarkeerde pad eerst over vlak terrein (1,5 uur), dan steil omhoog de **Tanderra Saddle** op

(1 uur). Op de bergkam geven blauwe pijlen de weg naar de top aan (1 uur). Al je moeite wordt beloond met een sprookjesachtig uitzicht over de reusachtige ovale kom van de Wilpena Pound tot de roze kleuren van het in de verte glinsterende Torrenszoutmeer. Wie hierna nog energie heeft, hoeft niet via dezelfde weg terug te lopen, maar kan vanaf het Tanderra Saddle zuidwaarts afdalen in de Wilpena Pound en over de **Cooinda Campground** en de **Old Homestead** terugkeren naar de Wilpenacamping (4 uur; totale lengte 20 km/totale duur 7,5 uur).

Ikara-Flinders Ranges National Park ▶ 1, O 13

Weliswaar zijn de uit hard kwartsiet bestaande toppen en ketens van de Flinders Ranges niet bijzonder hoog, toch onderscheiden ze zich door zowel hun ruige vormen en intense kleuren als hun karakteristieke dieren- en plantenwereld. Vooral tijdens de voorjaarsbloei in september en oktober, als de streek in een fantastisch bloementapijt verandert, vinden wandelaars en fotografen hier een kleurig paradijs. Uit respect voor de cultuur van de hier woonachtige Aboriginals draagt het natuurreservaat sinds 2016 officieel de naam **Ikara-Flinders Ranges National Park.**

De asfaltweg uit het zuiden eindigt in **Wilpena**, een klein plaatsje aan de rand van de **Wilpena Pound**. Dit natuurlijke, 16 km lange en 10 km brede 'amfitheater' wordt omgeven door een meer dan 1000 m hoge rotswand. Met 1188 m is de **St. Marys Peak** de hoogste top van dit ringvormige gebergte. De enige toegang tot de Wilpena Pound biedt de kloof van de Wilpena Creek bij de rotsformatie **Sliding Rock**, niet ver van het rangerstation in Wilpena.

Ten noorden van Wilpena ontsluit een net van zeer oneffen natuurlijke en gravelwegen, die na hevige regen dagenlang onbegaanbaar kunnen zijn, het nationaal park. Tot de bezienswaardigheden behoren de schilderachtige **Bunyeroo Gorge**, **Wilkawillana Gorge** met oeroude zeefossielen en **Brachina Gorge** (zie blz. 290), waar in de steile krijtrotsen zelfs 600 miljoen jaar oude fossielen zijn gevonden.

Informatie

Wilpena Pound Information Centre: Wilpena, tel. 08-86 48 00 48, www.environment.sa.gov.au, dag. 8-17 uur.

Overnachten

Comfort in de wildernis – **Wilpena Pound Resort:** Wilpena, tel. 08-86 48 00 04, 1800-80 58 02, www.wilpenapound.com.au. Aan de rand van de Wilpena Pound gelegen lodge met restaurant en zwembad. De comfortabele safaritenten van het resort staan verstopt in het natuurlijke bushland. 2 pk vanaf A-$ 190, luxetent vanaf A-$ 320.

Ecoresort – **Rawnsley Park Station:** 21 km ten zuiden van Wilpena vlak bij de weg naar Hawker, tel. 08-86 48 07 00, www.rawnsleypark.com.au. Dit volgens ecologische principes ontworpen, schilderachtig gelegen resort biedt een breed scala aan accommodatie, van royaal ingerichte *Holiday Units* via rustieke *Homestead*-appartementen tot campingplaatsen met of zonder elektriciteit. Met restaurant en zwembad. 2 pk vanaf A-$ 145, unit vanaf A-$ 245.

Rustiek en prachtig gelegen – **Arkaroola Wilderness Sanctuary:** Arkaroola, tel. 08-86 48 48 48, 1800-67 60 42, www.arkaroola.com.au. Voor de outback karakteristiek vakantiecomplex met motel, caravan park, restaurant, zwembad, winkel en tankstation. 2 pk A-$ 95-215.

Camping – **Wilpena Pound Camping & Caravan Park:** Wilpena, tel. 08-86 48 00 48, www.wilpenapound.com.au. Staanplaatsen voor tenten en campers in een natuurlijke bushlandomgeving; met of zonder elektriciteit. Met kiosk en restaurant.

Actief

Jeeptour – **Ridgetop Tour:** tel. 08-86 48 48 48, www.arkaroola.com.au. Vanuit Arkaroola over een avontuurlijke steenslagweg langs spectaculaire rotsformaties en diepe kloven naar Mount Painter (dag. 9 uur, A-$ 155).

RONDRIT DOOR DE GAMMON RANGES

Informatie
Begin: Wilpena
Einde: Arkaroola
Lengte: 300 km (plus 120 respectievelijk 150 km voor de verdere tocht naar Leigh Creek)
Duur: 2-3 dagen (plus 1 dag voor de verdere tocht naar Leigh Creek)
Moeilijkheidsgraad: makkelijk tot vrij zwaar

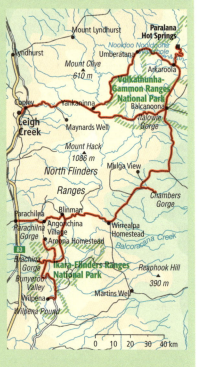

Over een door de **Brachina Gorge** lopende, tamelijk avontuurlijke weg bereik je Highway 83. Je kunt ook over niet-geasfalteerde bushwegen rechtstreeks van het Ikara-Flinders Ranges National Park naar het noordelijk gelegen **Vulkathunha-Gammon Ranges National Park** rijden. In het voormalige koperstadje **Blinman**, dat tegenwoordig leeft van het toerisme, kun je een tussenstop maken. In het zuiden rijst de bergrug van de **Great Walls of China** op, een van de talrijke 'Chinese muren', die in Australië te vinden zijn. Westelijk van Blinman kronkelt de weg door de schilderachtige **Parachilna Gorge**, waarin ontwortelde, in elkaar verstrengelde stammen van rode-gombomen herinneren aan het oergeweld van de laatste overstroming. **Parachilna**, een outbackgehucht aan Highway 83, bestaat uit een handjevol woonhuizen, een tankstation en het authentieke Prairie Hotel (tel. 1800-33 14 73, www.prairiehotel.com.au). Deze outbackpub, waar al sinds 1876 bier uit de glimmende messing tap vloeit, wordt vaak als filmdecor gebruikt. In de culinaire diversiteit van de outback verrast de keukenbrigade met uitstekende lokale specialiteiten.

Ruim 30 km ten oosten van Blinman kondigen windturbines, die water uit grote diepte oppompen, de **Wirrealpa Homestead** aan. De weg naar de vrij afgelegen **Chambers Gorge** is moeizaam, toch weten bestuurders van personenauto's die hoog op de wielen staan met geduld en voorzichtigheid de eerste 4 tot 5 km te overbruggen. Maar dan begint het echte terreinwagengebied, want hier moeten een diepe en zanderige rivierbedding, enkele poelen en rotsachtige

Gammon Ranges

stukken overwonnen worden. Na nog 4 km eindigt de doodlopende weg bij de ingang van de kloof, waar een eenvoudig *bushcamp* te vinden is.

Aan de linkerkant ligt na een korte wandeling in een zijcanyon een van de heiligste plaatsen van de oerbewoners van deze streek verscholen – een rotswand met oude petrogliefen. De rotstekeningen hebben vast en zeker betrekking op de Droomtijd, maar de precieze symboliek van de kruisen en cirkels, de spiralen en golflijnen, de strepen en slangpatronen kennen alleen de stamoudsten van de Adnyamathanha-Aboriginals, die daar tot op de dag van vandaag regelmatig samenkomen om religieuze ceremoniën te houden. Ooit moet dit een belangrijk cultureel centrum zijn geweest voor het hele gebied van de Flinders Ranges. Daarop duiden de stilistische overeenkomsten tussen de rotsgravures hier met die in andere Aboriginal-afbeeldingen in de regio.

Langs **Balcanoona**, waar het hoofdkwartier van de National Parks and Wildlife Service is gevestigd, slingert de weg over heuvelketens en door droge dalen door de eenzaamheid – ongerepte natuur zo ver het oog reikt. Het ravijn-, rots- en berglandschap van het Vulkathunha-Gammon Ranges National Park is het spectaculairste van deze wildernisenclave. De belangrijkste attractie van het natuurbeschermingsgebied is de omgeving rondom de voormalige schapenfarm **Arkaroola**, waar tegenwoordig een vakantiecomplex met motel, caravanpark en zwembad is gevestigd, en waar ook een sterrenwacht te vinden is. Het management van het complex organiseert de fascinerende Ridgetop Tour, die over een avontuurlijk pad door de bergwereld naar de 790 m hoge Mount Painter voert. Deze route mag niet met privéwagens worden afgelegd, maar uitstapjes naar andere natuurfenomenen in de regio mag je wel op eigen houtje maken.

Eén uitstapje gaat over een hobbelige, maar wel met een personenauto te berijden grindweg naar het **Nooldoo Nooldoona Waterhole**, 13 km naar het noordoosten, waarin zich de omliggende rode rotswanden spiegelen. 's Ochtends, als hier rotskangoeroes ravotten, lijkt de waterpoel wel betoverd. Onderweg is het de moeite waard om te stoppen bij de **Pinnacle Lookout** met uitzicht op een granietformatie, bij warmwaterbronnen, de **Bolla Bollana Springs** en ook bij de verlaten **Bolla Bollana Copper Smelters**, waar ooit kopererts werd verwerkt.

Een andere tocht brengt je naar de **Paralana Hot Springs**, 26 km noordwaarts. Over een ruw grindpad, langs de rotswand **Ochre Wall** met okerkleurige afzettingen, kom je bij de **Baranna Gorge** met de natuurlijke poel **Stubbs Waterhole**, aan de voet van een steile rotswand. Van daar slingert de weg in allerlei bochten via de Claudes Pass langs de oostelijke uitlopers van het Mount Paintermassief naar de warmwaterbronnen, waar je beter geen duik in kunt nemen vanwege de radioactieve sporenelementen.

Alleen wanneer je beschikt over een betrouwbare terreinwagen en actuele informatie over de staat van de route zou je jezelf mogen wagen op de weinig bereden, circa 120 km lange weg van **Arkaroola** via de verlaten nederzetting **Umberatana** naar **Yankaninna** aan de verbindingsweg tussen Balcanoona en **Copley** aan Highway 83. De route van Arkaroola via Balcanoona naar Copley daarentegen is geen probleem. Die weg komt langs de **Italowie Gorge**. Dit ravijn met roestkleurige kwartsietklippen is een terrein voor ervaren en goed geoutilleerde trekkers. Vooral de Italowie Bush Walk (makkelijk, 16 km/8 uur) is erg in trek. Ben je met meerdere mensen, dan is het aan te bevelen om twee groepen te vormen, waarvan een groep start bij het zuidelijke beginpunt aan de Copley Road en de andere groep in het noorden bij Grindell's Hut. Bij de beginpunten kunnen dan de auto's voor de terugweg uitgewisseld worden.

Leigh Creek werd begin jaren 1980 gesticht voor de werknemers van de Leigh Creek Coalmine. Het oude Leigh Creek, dat in 1856 werd gesticht, moest destijds wijken voor de huizenhoge schoepenradgraafmachines van de kolenmijn. In dagbouw wordt hier jaarlijks 2,5 miljoen ton kolen voor de krachtcentrales in Port Augusta gedolven, waarmee wordt voorzien in een groot deel van de stroomvoorziening in South Australia.

Hoofdstuk 2

Het westen

Het westen van Australië is een streek die door zijn adembenemende natuurlandschappen elke beschrijving tart. **Het uitgebreide spectrum omvat kusten met goudgele stranden en uitgestrekte wouden met gigantische eucalyptusbomen in het zuiden tot de grandioze ravijnen en watervallen van de streek Pilbara en het doorkloofde Kimberley Plateau in het noorden. Voorts vind je er vooral ook zonverbrande stavannes en reusachtige woestijnen, zoals de Gibson Desert en de Great Sandy Desert, die bijna 90% van het totale oppervlak van West-Australië innemen.**

Hoewel Western Australia qua oppervlakte de grootste staat is en bijna een derde van het continent beslaat, woont hier maar ongeveer 10% van alle Australiërs. Toch maken de meeste West-Australische steden een opmerkelijke groei door, want er trekken steeds meer Australiërs weg uit het 'overbevolkte' zuidoosten naar het enorme land aan de Indische Oceaan. Daarom wordt West-Australië gekenmerkt door jonge, kosmopolitische steden, zoals Perth, Fremantle, Esperance en Broome, vol energie en levensvreugde en met een voor dit 'pioniersland' verrassend cultureel leven.

De internationaal ingestelde, bedrijvige sfeer van de steden, de uitbundige natuur, de uitstekende zwem-, surf- en duikmogelijkheden en niet in de laatste plaats de ontspannen levenswijze van de Westeners hebben West-Australië doen uitgroeien tot een populaire vakantiebestemming. Terwijl toeristen vroeger achteloos over dit deel van Australië heen vlogen, bezoeken sinds enkele jaren steeds meer mensen het 'Wilde Westen' van Australië.

De beste periode voor een bezoek aan de hele zuidelijke regio is van oktober tot mei, en voor het tropische noorden van april/mei tot oktober/november.

Na de lange en saaie rit door de Nullarbor Plain lijkt
de skyline van Perth bijna een fata morgana

In een oogopslag: het westen

Hoogtepunten

Wave Rock: in de West-Australische outback rijst Wave Rock op als een versteende brandingsgolf (zie blz. 305).

Perth en Fremantle: de bedrijvige, ambitieuze hoofdstad van Western Australia met zijn haven Fremantle aan de monding van de Swan River, waar het leven relaxter en ontspannener verloopt (zie blz. 314322).

Karijini National Park: land van canyons en bontgekleurde rotsformaties in de Hamersley Range (zie blz. 339).

De Kimberleys: sterk gekloofde hoogvlakte met grandioze ravijnen als Windjana Gorge en Geikie Gorge evenals het Purnululu National Park met bizarre zandsteenkoepels (zie blz. 343).

Fraaie routes

South Coast Highway: westelijk van Albany slingert de Highway zich vol bochten door de beroemde Southern Forests. In het unieke eucalyptusoerwoud van West-Australië groeien reusachtige exemplaren van de inheemse boomsoorten *karri* en *jarrah*, die vaak honderden jaren oud en tot wel 80 m hoog zijn (zie blz. 309).

Gibb River Road: deze 'klassieke' outbackweg, die oorspronkelijk werd aangelegd voor veetransporten, mag zich nu ook verheugen in een toenemende populariteit bij toeristen. De weg loopt door het hart van de Kimberleys en brengt je bij enkele van de opmerkelijkste natuurlijke bezienswaardigheden van de regio (zie blz. 347).

Tips

Jogging in the City: in Perth zijn sightseeing en sport goed met elkaar te combineren (zie blz. 315).

Glijden op de golven: op maar enkele kilometers van Perth vinden surfers fijne zandstranden met perfecte golven (zie blz. 321).

Dolfijnen voeren in Monkey Mia: aan Shark Bay staan elke morgen mannen, vrouwen en kinderen tot hun knieën in het water. Ze wachten op dolfijnen, die zich regelmatig laten zien bij het strand van Monkey Mia om hun ontbijt op te halen (zie blz. 334).

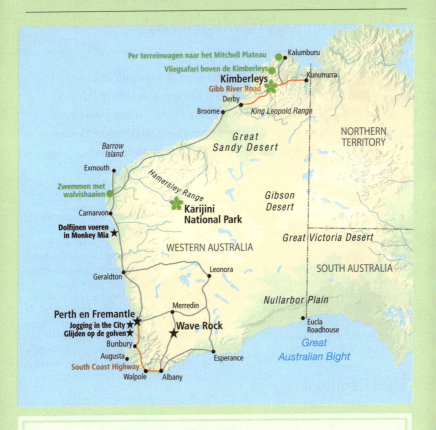

Zwemmen met walvishaaien: bij het Ningaloo Reef voor Exmouth met walvishaaien in de golven dartelen (zie blz. 337).

Vliegsafari boven de Kimberleys: het met kloven doorsneden Kimberleyplateau, een van de laatste oerlandschappen van onze planeet, uit vogelperspectief (zie blz. 347).

Per terreinwagen naar het Mitchell Plateau: dit uitstapje van de Gibb River Road naar het verafgelegen Mitchell Plateau is een echt avontuur voor als je op pad bent met een auto met vierwielaandrijving. De beloning voor de inspannende rit zijn grandioze watervallen en mysterieuze schilderingen van de Aboriginals (zie blz. 352).

Eyre Highway

'A lot of nothing' noemen de Australiërs de verlaten halfwoestijn van hun land. Tussen Port Augusta en Norseman krijg je daarvan een hele hoop te zien: de Eyre Highway doorsnijdt een grotendeels schraal, uitgestrekt landschap, dat over bijna eindeloze afstanden nauwelijks enige verandering doormaakt. Afwisselend wordt de lange autorit pas ver voorbij de staatsgrens van Western Australia.

Van Port Augusta voert Highway 1 als **Eyre Highway** in een rechte lijn langs de zuidkust naar Western Australia. Al na ruim 20 km dient zich de eerste mogelijkheid aan deze weg te verlaten om het Eyre Peninsula te verkennen: Highway B100 loopt eerst als Lincoln Highway en daarna als Flinders Highway in een wijde boog langs de kust van de zuidelijke punt van het schiereiland, totdat hij bij Ceduna, aan de oostelijke rand van de Nullarbor Plain, weer uitkomt op de Eyre Highway.

Eyre Peninsula

Het landschap van **Eyre Peninsula** wordt in het oosten bepaald door enorme tarwevelden en in het westen door uitgestrekte schapenweiden. Het naar de ontdekkingsreiziger Edward John Eyre genoemde schiereiland vormt een soort wig tussen de Spencer Gulf en de Great Australian Bight en ligt buiten de drukst bezochte toeristische route. De meeste reizigers op weg naar Perth zien af van deze omweg, omdat hij de route verlengt met nog eens 500 km en twee reisdagen. Wie toch graag het schiereiland wil bekijken, kan genieten van een afwisselende kustlijn met spectaculaire rotsen en fantastische zandstranden.

Whyalla ▶ 1, O 14

De poort tot het schiereiland is **Whyalla**, een van Australiës belangrijkste centra van zware industrie. Enorme staalfabrieken, die hun ertsvoorraad betrekken uit het 52 km noordwestelijker gelegen Iron Knob, bepalen het beeld.

Uitzicht over de industriecomplexen biedt de **Hummock Hill Lookout** in het centrum. Bezoekers zijn welkom in de fabriek **OneSteel Whyalla Steelworks** (rondleidingen ma., wo., vr. 9.30 uur, A-$ 20, reserveren en verzamelen bij het Whyalla Visitor Information Centre, zie hieronder). Een kijkje in het **Whyalla Maritime Museum** is een must voor geïnteresseerden in de nautische geschiedenis (Lincoln Hwy, tel. 08-86 45 79 00, www.whyallamaritimemuseum.com.au, dag. 10-16 uur, A-$ 12).

Informatie

Whyalla Visitor Information Centre: c/o Whyalla Maritime Museum, Lincoln Hwy, tel. 08-86 45 79 00, www.whyalla.sa.gov.au, ma.-vr. 9-17, za. en zon- en feestdagen 9.30-16 uur.

Overnachten

Eerste keus – **Alexander Motor Inn:** 99 Playford Ave., tel. 08-86 45 94 88, www.alexandermotel.com.au. Goed gerund; met restaurant en verwarmd zwembad. 2 pk vanaf A-$ 145.
Camping en cabins – **Whyalla Foreshore Caravan Park:** Broadbent Terr., tel. 1800-35 29 66, www.discoveryholidayparks.com.au.

Tussen Whyalla en Port Lincoln ▶ 1, O 14-N 15

Op de route van Whyalla naar Port Lincoln kun je een kijkje nemen in **Cowell**, het jadecentrum van Australië, **Port Neill** met zijn schit-

Eyre Peninsula

terende stranden en de verzorgde badplaats **Tumby Bay**. Natuurliefhebbers kunnen een boottocht maken van Tumby Bay naar **Sir Joseph Banks Group Conservation Park**, dat een kleine eilandengroep omvat.

Overnachten

Aan het water – **Tumby Bay Marina Motel:** 4 Berryman St., Tumby Bay, tel. 08-86 88 23 11, www.tumbybaymotel.com.au. Klein motel met gezellige kamers en zwembad. 2 pk vanaf A-$ 95.

Camping en cabins – **Tumby Bay Caravan Park:** Tumby Bay, tel. 08-86 88 22 08, www.tumbybaycaravanpark.com. Aan het strand.

Port Lincoln ▶ 1, N 15

Het schilderachtig aan de Boston Bay gelegen **Port Lincoln** was vroeger de thuishaven van de grootste commerciële visserijvloot van Australië, die voornamelijk tonijn aan land bracht. Overbevissing leidde uiteindelijk tot een sterke afname van de visbestanden. Tegenwoordig worden de jonge tonijnen gevangen, waarna ze in viskwekerijen opgroeien en ten slotte diepgevroren naar Japan worden geëxporteerd. Van een andere economische pijler – tarwe – getuigen enorme silo's en laadinrichtingen in de haven. De zeevaartgeschiedenis van de regio wordt gedocumenteerd in het **Axel Stenross Maritime Museum** (97 Lincoln Hwy, tel. 08-86 82 36 24, www.axelstenross.com.au, di., do., zo. 9-16.30, za. en op feestdagen 13-16.30 uur, A-$ 7).

Van Port Lincoln kun je een boottocht maken naar het 30 km verderop gelegen **Dangerous Reef**, waar de film *Jaws* is opgenomen. Dit zeegebied staat bekend om zijn mariene soortenrijkdom en is berucht vanwege het grote aantal haaien dat hier voorkomt, waaronder witte haaien. Waaghalzen kunnen zich van een platform in het water laten zakken – maar wel in een kooi!

Ruim 30 km ten zuidwesten van Port Lincoln begint de panoramaweg **Whalers Way** (tolweg), die langs de rand van het **Lincoln National Park** de grillige kust van de Sleaford Bay volgt (A-$ 35/auto, ticket bij het Port Lincoln Visitor Information Centre).

Tijdsplanning

Voor het westen van Australië moet je ten minste drie, maar beter nog vier weken uittrekken. Als je van Adelaide over land naar Western Australia wilt reizen, heb je tot aan Norseman, de eerste grote stad over de staatsgrens, ongeveer tweeduizend grotendeels monotone kilometers aan wegen voor de boeg, die a *lot of nothing* bieden en maar weinig landschappelijke hoogtepunten te zien geven. De autorit wordt pas afwisselend voorbij Norseman. Op weg naar Perth kun je twee routes volgen: hetzij via de goudvelden rond Kalgoorlie of door de uitgestrekte bossen van het Southern District. Kies je voor de eerste mogelijkheid, dan zijn er tussen Adelaide en Perth ongeveer 2700 km af te leggen (5-7 reisdagen) en bij de tweede variant circa 3200 km (6-8 reisdagen).

Trek voor Perth en omgeving een of twee dagen uit. Van Perth naar Darwin is het ruim 4000 km rijden. Omdat het vaak zeer tijdrovend is om uitstapjes te maken op dit traject, kun je voor deze route het best minimaal twee weken uittrekken.

Informatie

Port Lincoln Visitor Information Centre: 3 Adelaide Pl., tel. 1300-78 83 78, www.visitportlincoln.net, ma.-za. 9-17, zon- en feestdagen 10-16 uur.

Overnachten

Met zeezicht – **Blue Seas Motel:** 7 Gloucester Terr., tel. 08-86 82 30 22, www.blueseasmotel.com. Mooi gelegen met bovendien ruime kamers en vriendelijke service. 2 pk A-$ 98-120.

Camping en cabins – **Port Lincoln Tourist Park:** 11 Hindmarsh St., Kirton Point, tel. 08-86 21 44 44, www.portlincolntouristpark.com.au. Uitstekend toegerust, grote keus aan cabins, fraai gelegen.

Actief

Voor waaghalzen – **Calypso Star Charter:** tel. 08-86 82 39 39, www.sharkcagediving.com.au. Een heel bijzonder duikavontuur – in een kooi daal je af in de diepte om haaien te observeren (vanaf A-$ 495).

Van Port Lincoln naar Ceduna
▶ 1, N 15-M 14

Van Port Lincoln slingert de Flinders Highway zich langs de westkust van Eyre Peninsula naar het circa 410 km verderop gelegen plaatsje Ceduna. Je kunt onderweg een bezoek brengen aan het fraaie **Coffin Bay National Park** met zijn verlaten stranden, prachtige kliffen en indrukwekkende zandduinen, en aan het **Point Labatt Conservation Park**, waar een grote zeeleeuwenkolonie leeft (de heenweg voert via een 43 km lange steenslagweg).

In de buurt van het afgelegen plaatsje **Baird Bay** kunnen zwemmers en snorkelaars zich in het turkoois oplichtende water vermaken met vriendelijke zeeleeuwen en dolfijnen – een onvergetelijke belevenis (Baird Bay Ocean Eco Experience, tel. 08-86 26 50 17, www.bairdbay.com, okt.-apr. dag. 9.30, 13 uur, zwemmen A-$ 160, toeschouwers A-$ 130).

Het is nu nog ongeveer 160 km via **Streaky Bay** naar Ceduna (zie hierna), waar je weer op de Eyre Highway uitkomt.

Overnachten

Met couleur locale – **Streaky Bay Hotel:** 33 Alfred Terr., Streaky Bay, tel. 08-86 26 10 08, www.streakybayhotel.com.au. Stijlvol pubhotel met gezellige kamers; het restaurant biedt goede *counter meals*. 2 pk A-$ 90-190.
Camping en cabins – **Foreshore Tourist Park:** Streaky Bay, Wells St., tel. 08-86 26 16 66, www.streakybayftpark.com.au. Uitstekend toegerust, met cabins, mooi gelegen.

Van Port Augusta naar Ceduna
▶ 1, O 14-M 14

De over grote afstanden kaarsrechte Eyre Highway, genoemd naar de Engelse ontdekkingsreiziger Edward John Eyre, doorsnijdt ten westen van Port Augusta een halfwoestijn waarin zich slechts hier en daar lage struiken vastklampen aan de onvruchtbare grond. Ruim 40 km na de afslag naar de naar het zuiden van Eyre Peninsula voerende Lincoln Highway passeer je de mijnstad **Iron Knob**. Verder westwaarts doorkruist de Eyre Highway het **Lake Gilles Conservation Park**, een waar eldorado voor vogelaars, die echter wel een terreinwagen nodig hebben om door te dringen in het beschermde natuurgebied. Ook de onverharde weg die van **Kimba** in noordwestelijke richting naar de **Gawler Ranges** voert kan alleen worden afgelegd met een auto met vierwielaandrijving. Deze route is het mooist in het voorjaar (september en oktober), als de streek in een prachtig bloementapijt is veranderd.

Ceduna is een prettige plaats om te overnachten. Bezienswaardig zijn de vissershaven Port Thevenard en de 40 km zuidoostelijker gelegen **Smoky Bay Oyster Farm** (tel. 08-86 25 70 77, www.oysterssa.com.au, rondleidingen ma.-do. 15 uur, A-$ 9,50).

Informatie

Ceduna Visitor Information Centre: 58 Poynton St., Ceduna, tel. 08-86 25 33 43, www.ceduna.sa.gov.au, ma.-vr. 9-17.30, za., zon- en feestdagen 9.30-17 uur.

Overnachten

Aangenaam en comfortabel – **Ceduna East West Motel:** 66-76 McKenzie St., Ceduna, tel. 08-86 25 21 01, www.eastwestmotel.com.au. Goed gerund motel met restaurant en zwembad. 2 pk A-$ 99-119.

Camping en cabins – **Ceduna Shelly Beach Caravan Park:** 244 Decres Bay Rd., Ceduna, tel. 08-86 25 20 12, www.cedunacaravanpark.com.au. Uitstekend toegerust caravan park, met cabins, mooi gelegen.

Nullarbor Plain

Voor de poorten van Ceduna begint de **Nullarbor Plain**, die zich uitstrekt ten noorden van de Great Australian Bight. Deze naam, die is afgeleid van de Latijnse woorden voor 'geen boom', heeft betrekking op een van de grootste karstgebieden ter wereld. Volledig boomloos is overigens alleen het hart van deze regio, dat pas een heel eind ten noorden van de Eyre Highway begint. Buiten struikgewas gedijen op het uitgestrekte kalkplateau ook lage eucalyptussen en acacia's. De oorzaak van de spaarzame begroeiing is het poreuze kalksteen, waarin het regenwater onmiddellijk wegzakt. Onder de Nullarbor Plain stromen echter talrijke rivieren, die enorme grotten in de kalk hebben uitge-

Zo veel sterren, daarvoor moet je in de outback bivakkeren, bijvoorbeeld in de Gawler Ranges

Eyre Highway

slepen. De vlakte eindigt abrupt bij de kliffen, die steil afdalen in de Great Australian Bight en de langste ononderbroken kliffenkust ter wereld vormen.

Dwars door het centrum van de Nullarbor Plain rijden de Indian-Pacific Train en de Transaustralian Train. Hier ligt ook de langste rechte spoorbaan ter wereld: 478 km lang volgen de rails zonder enige bocht het zacht glooiende landschap. Steeds langs de kust voert daarentegen de **Eyre Highway**. Van Ceduna is het 476 km tot aan de grens met Western Australia. Het landschap is grotendeels monotoon, maar enkele uitstapjes vanaf de Eyre Highway zorgen voor afwisseling.

Fowlers Bay ▶ 1, L 13/14

Ruim 70 km ten westen van Ceduna kondigen grote windturbines, waarmee het grondwater naar de oppervlakte wordt gepompt, het stadje **Penong** aan. Zo'n 21 km zuidelijker ligt achter hoge duinen **Cactus Beach** verscholen, een van de beste brandingsstranden van Australië. Vanwege de optimale omstandigheden komen hier surfers uit het hele land.

Hengelaars gaan naar het vissersdorp **Fowlers Bay**, 26 km ten zuiden van **Nundroo Roadhouse**, waar Edward John Eyre tijdens zijn zware tocht door de Nullarbor Plain in de zomer van 1840-1841 een pauze van drie maanden inlaste.

Head of Bight ▶ 1, L 13

Bij het **Yalata Roadhouse**, 55 km ten westen van het Nundroo Roadhouse, kun je niet alleen tanken, maar ook het houtsnijwerk van de bewoners van het nabijgelegen Yalata Aboriginal Land kopen.

Als je tussen mei en oktober onderweg bent, moet je beslist een stop inlassen bij de **Head of Bight**, 78 km ten westen van het Yalata Roadhouse. In de wintermaanden kun je vanaf een uitzichtterras op de **Bunda Cliffs** zuidkapers waarnemen. Deze walvissen, die 18 m lang en ruim 40 ton zwaar kunnen worden, trekken na een foerageerperiode van zes maanden vanuit hun arctische foerageergebieden naar warmere wateren om hun jongen te werpen. In het **Great Australian Bight Marine Park** werden scholen van tientallen volwassen walvissen en talloze jonge dieren waargenomen. Bij kalme golfslag naderen de ouders met hun kroost de steile kust wel tot minder dan 100 m. Voor een bezoek aan het uitkijkplatform heb je wel een vergunning nodig, die je kunt kopen bij het 12 km ten zuiden van de Eyre Highway gelegen **Head of Bight Interpretive Centre** (tel. 08-86 25 62 01, 0407-83 22 97, www.yalata.org, mei-okt. dag. 8-17 uur, A-$ 20).

Vanaf het 25 km tem westen van het bezoekerscentrum gelegen **Nullarbor Roadhouse** voert Chinta Air walvisobservatievluchten uit (tel. 08-86 25 62 71, www.chintaair.com.au, A-$ 195). Een mooi uitzicht op de Bunda Cliffs heb je vanaf de uitzichtpunten ten westen van het Nullarbor Roadhouse – hier lopen korte, meestal goed berijdbare steenslagwegen van de Eyre Highway naar de kliffen. Pas op: de klifranden zijn niet beveiligd.

Nullarbor National Park
▶ 1, L 13

Voorbij Nullarbor Roadhouse doorkruist de langeafstandsweg het **Nullarbor National Park**, waarvan de grootste trekpleister onder de grond ligt. De rotstekeningen en -gravures van de oorspronkelijke bewoners in de **Koonalda Cave** zijn tot twintigduizend jaar oud. Vermoedelijk heeft de 800 m lange, 120 m brede en bijna 80 m hoge kalksteengrot gediend als woon- en cultusplaats van de Aboriginals die hier vroeger leefden (15 km ten noorden van de Eyre Highway, toegang alleen onder begeleiding van Park Rangers na aanmelding vooraf, tel. 08-86 25 31 44).

De westgrens van het Nullarbor National Park vormt tegelijk ook de grens tussen South Australia en Western Australia, die je bij **Border Village** passeert. Om de verbreiding van de fruitvlieg tegen te gaan, is het niet toegestaan om verse vruchten over de grens mee te nemen.

Van het Eucla Roadhouse naar Norseman ▶ 1, K 13-F 14

Bij **Eucla Roadhouse** stond ooit een telegraafstation dat Perth met Adelaide verbond. De ruïne van het **Old Telegraph Station** uit

Nullarbor Plain

1877 ligt, half onder stuifzand, 4 km ten zuiden van de Eyre Highway midden in een grandioos duinlandschap van Saharaformaat. Voorbij Eucla Roadhouse slingert de Eyre Highway zich omhoog naar de kleine **Eucla Pass**.

Mundrabilla Roadhouse en **Madura Roadhouse** zijn de volgende stations op de route naar West-Australië, die reizigers niet meer te bieden hebben dan tankstations plus een motel en caravanpark. Bij Madura Roadhouse, halverwege Adelaide en Perth, beklimt de highway nog een kleine pashoogte, waar je een mooi uitzicht hebt over de schrale savanne.

Van **Cocklebiddy Roadhouse** kun je een uitstapje maken door een duinlandschap naar het **Eyre Bird Observatory** in het oude **Cocklebiddy Telegraph Station**, een must als je graag vogels kijkt en met een terreinwagen onderweg bent (tel. 08-90 39 34 50, www.birdlife.org.au, bezoekers voor één dag en overnachtende gasten zijn welkom, wel graag reserveren, A-$ 20 per auto, 2 pk A-$ 115, afslag 16 km ten oosten van Cocklebiddy Roadhouse, dan 35 km naar het zuiden, de laatste 12 km uitsluitend per terreinwagen).

Ten westen van **Caiguna** hoef je eigenlijk niet meer aan je stuur te draaien, omdat Eyre Highway nu exact 146,6 km zonder een enkele bocht of kromming doorloopt. Na 1200 km dwars door savanne en halfwoestijn eindigt de tocht door de Nullarbor Plain in Norseman.

Informatie
Internet: www.nullarbornet.com.au; noemt zichzelf *independent on-line travel guide*.

Norseman ▶ 1, F 14
Deze plaats dankt zijn bestaan aan een goudkoorts die aan het einde van de 19e eeuw woedde. Nog altijd ligt er vlak bij de stad een van de lucratiefste goudmijnen van Australië. Het handelsmerk van **Norseman**, de enorme afvalberg Battery Hill, zou nog goud ter waarde van maar liefst A-$ 50 miljoen bevatten. Van **Beacon Hill Lookout** heb je een weids uitzicht over de zoutmeren rond Norseman.

In Norseman moet je een lastige keuze maken: ofwel je volgt de Great Eastern Highway door het binnenland, die via goudzoekersstadjes de snelste weg naar Perth vormt, of je kiest voor Highway 1 langs de kust. Deze laatste mogelijkheid betekent een 'omweg' van zo'n 500 km, maar voert wel door een veel indrukwekkender landschap.

Informatie
Norseman Visitor Centre: 68 Roberts St., Norseman, tel. 08-90 39 10 71, www.norseman.info, dag. 9-17 uur.

Overnachten
Bij bijna alle roadhouses hoort een soort caravan park met staanplaatsen voor campers en tenten.

... langs de Eyre Highway:
Bakens van beschaving – **Nullarbor Roadhouse:** tel. 08-86 25 62 71, www.nullarborroadhouse.com.au. Met restaurant en bar. 2 pk vanaf A-$ 125. **Border Village Roadhouse:** tel. 08-90 39 34 74, www.bordervillageroadhouse.com.au. Met restaurant en zwembad. 2 pk vanaf A-$ 65 met gemeenschappelijke badkamer, vanaf A-$ 120 met eigen badkamer. **Eucla Motor Hotel:** tel. 08-90 39 34 68. Met restaurant, bar en zwembad; ook boeken van excursies. 2 pk vanaf A-$ 70 met gemeenschappelijke badkamer, vanaf A-$ 140 met eigen badkamer. **Mundrabilla Roadhouse:** tel. 08-90 39 34 65, mundrabilla@bigpond.com. Met restaurant en bar. 2 pk vanaf A-$ 125. **Madura Pass Oasis Motel:** tel. 08-90 39 34 64. Met restaurant en zwembad. 2 pk vanaf A-$ 135. **Cocklebiddy Wedgetail Inn Hotel:** tel. 08-90 39 34 62, cocklebiddy@bigpond.com. Met restaurant en bar. 2 pk vanaf A-$ 120. **Balladonia Hotel Motel:** tel. 08-90 39 34 53, www.balladoniahotelmotel.com.au. Met restaurant, bar en zwembad. 2 pk vanaf A-$ 125.

... in Norseman:
Gemoedelijk en vriendelijk – **Great Western Motel:** Prinsep St., tel. 08-90 39 16 33, www.norsemangreatwesternmotel.com.au. Comfortabel; met restaurant en zwembad. 2 pk A-$ 125-140.

Camping en cabins – **Gateway Caravan Park:** Prinsep St., tel. 08-90 39 15 00, www.acclaimparks.com.au. Goed toegerust, met cabins.

De Goldfields

Met hun victoriaanse gevels van hout en baksteen ademen Kalgoorlie-Boulder en Coolgardie, de belangrijkste plaatsen in het land van de gouddelvers, nog altijd de sfeer uit de tijd van de goudkoorts. Iets buiten de route ligt een geologische curiositeit – Wave Rock.

Zo'n 150 km ten noorden van Norseman beginnen de **Goldfields** van Kalgoorlie. Bij zijn zoektocht naar water stuitte de Ier Patrick 'Paddy' Hannan op 15 juni 1893 op een goudader, die de rijkdom van alle Australische vondsten tot dan toe in de schaduw stelde. Weliswaar was al een jaar eerder in het naburige Coolgardie de goudkoorts uitgebroken, maar pas na Hannans ontdekking kwam de *goldrush* op gang die de kolonie Western Australia redde van de toen dreigende economische ineenstorting. De goudvondsten trokken duizenden mensen aan, en in een mum van tijd schoten tenten- en barakkensteden als paddenstoelen uit de schrale halfwoestijn. Rond de eeuwwisseling woonden er in Kalgoorlie circa dertigduizend mensen, ongeveer een zesde deel van de hele bevolking van West-Australië. In die tijd waren daar twee beurzen, zeven kranten, acht brouwerijen en meer dan honderd hotels met café. Met kameelkaravanen haalde men alle benodigde waren uit het 600 km verderop gelegen Perth. In slechts een paar jaar tijd leverde de 'Gouden Mijl' tussen Kalgoorlie en het naburige Boulder, het rijkste goudader ter wereld, meer dan duizend ton goud op.

Edelmetalen waren er genoeg, maar er was nauwelijks drinkwater. De aanvoer van water bleek een groot probleem bij de opbouw van een infrastructuur op de goudvelden. Voor het schaarse en bovendien zeer zouthoudende grondwater van de regio moesten de goudzoekers een waar vermogen neertellen. In 1895 lukt het de Ierse ingenieur Charles O'Connor om een oplossing te vinden voor het probleem. Hij bouwde een 553 km lange, met pek waterdicht gemaakte houten pijplijn, waardoor het water van een stuwmeer in de buurt van Perth aangevoerd kon worden. De goudkoorts verflauwde al enkele jaren na de eeuwwisseling. Toen de goudaders uitgeput raakten, trokken de *diggers* verder en hun dorpen en steden verdwenen even snel van de landkaart als ze waren ontstaan. Pas door de moderne techniek werd de goudwinning in Kalgoorlie weer aantrekkelijk.

Kalgoorlie-Boulder

▶ 1, F 13

Het centrum van de goudstreek is de dubbelstad **Kalgoorlie-Boulder**, waar tegenwoordig een enorme, meer dan 300 m diepe dagbouwmijn grote hoeveelheden van het edelmetaal levert. Naar men zegt stamt meer dan de helft van de Australische goudproductie uit de 'goudhoofdstad van Australië', zoals ze zichzelf noemt. Bovendien ligt in de omgeving van Kalgoorlie-Boulder de grootste nikkelvindplaats van het vijfde continent. In beide steden wordt de welstand van de gouden tijd weerspiegeld door talrijke, perfect gerestaureerde gebouwen. Vooral het chique, weelderig versierde stadsbeeld van Kalgoorlie trekt tegenwoordig grote scharen toeristen aan. Langs de hoofdstraat Hannan Street, genoemd naar de man aan wie de stad zijn bestaan dankt, rijgen zich statige gebouwen van rond 1900 aaneen, waaronder het Old Australia Hotel, het Exchange Hotel, het Palace Hotel, het Old Government Building en de Kalgoorlie Town Hall, waarvoor een bronzen beeld staat van 'Paddy' Hannan.

Kalgoorlie-Boulder

In de tijd van de goudkoorts was het in Kalgoorlie en het Exchange Hotel drukker dan nu

Hannans North Tourist Mine
Tel. 08-90 22 16 64, www.hannansnorth.com.au, zo.-vr. 9-16 uur, A-$ 13

Kalgoorlies grootste toeristische trekpleister is **Hannans North Tourist Mine** aan Eastern Bypass Road, die 5 km ten noorden van de stad aftakt van de Goldfields Highway. Tijdens een rondgang kom je hier veel interessants te weten over de geschiedenis van de West-Australische gouddelversnederzettingen en over vroegere en huidige methoden van goudwinning. Ter afsluiting mogen bezoekers gewapend met een goudwaspan in een beek op zoek gaan naar het felbegeerde edelmetaal.

Museum of the Goldfields
17 Hannan St., tel. 08-90 21 85 33, http://museum.wa.gov.au > Museum of the Goldfields, dag. 10-15 uur, toegang gratis, vrijwillige bijdrage van circa A-$ 5 aanbevolen

Het **Museum of the Goldfields** aan de noordkant van Hannan Street is ook geheel gewijd aan het goud. Het al van veraf zichtbare herkenningsteken van het museum is de schachttoren van een voormalige goudmijn. Op het platform heb je een fraai uitzicht.

Golden Mile en Historical Society Display Centre

In de buurt van het museum begint de legendarische **Golden Mile**, waar tegenwoordig echter alleen nog de enorme dagbouwmijn Super Pit Mine in gebruik is. Een indruk van de afmetingen van de 3,6 km lange, 1,5 km brede en 465 m diepe mijn krijg je op de **Golden Mile Super Pit Lookout** aan Outram Street in Boulder. Met behulp van de modernste technologie haalt men hier jaarlijks meer dan 20 ton goud naar boven. Ook in Boulder vind je architectonische erfenissen uit de tijd van de goudkoorts, waaronder de Town Hall en het Metropole Hotel. Bezienswaardig is ook het **Eastern Goldfields Historical Society Display Centre** in het oude Boulder Railway Station (ma., wo. 9-12 uur, A-$ 5).

Bush Two Up School
Broad Arrow St., tel. 08-90 21 19 66, dag. vanaf 16.30 uur

Je waant jezelf ook terug in de tijd tijdens een bezoek aan een van de origineelste speelholen van het land, de **Bush Two Up School**, 6 km ten noorden van de stad. Bij het geluksspel met

De Goldfields

twee munten, dat in een open schuur van gegolfd plaatijzer wordt gespeeld, gaat het vaak om duizenden dollars. De spelregels, die voor leken niet gemakkelijk zijn te begrijpen, zijn niet veranderd sinds de dagen van de *goldrush*.

Informatie
Kalgoorlie-Boulder Pure Gold Visitor Centre: 316 Hannan St., Kalgoorlie, tel. 1800-00 46 53, www.kalgoorlietourism.com, www.australiasgoldenoutback.com, ma.-vr. 8.30-17, za. en zon- en feestdagen 9-14 uur.

Overnachten
Oase – **The View on Hannans:** 430 Hannan St., Kalgoorlie, tel. 08-90 91 33 33, www.theviewonhannans.com.au. Comfortabele kamers; restaurant en zwembad; aan de rand van de binnenstad. 2 pk vanaf A-$ 155.
Aangenaam ketenmotel – **Hospitality Inn:** Hannan St., hoek Throssell St., Kalgoorlie, tel. 08-90 21 28 88, www.kalgoorlie.wa.hospitalityinns.com.au. Stijlvol motel met restaurant en zwembad. 2 pk vanaf A-$ 135.
Nostalgisch – **Palace Hotel:** 137 Hannan St., hoek Maritana St., Kalgoorlie, tel. 08-90 21 27 88, www.palacehotel.com.au. Gezellige kamers in een victoriaans koloniaal hotel met de sfeer van de goudkoortstijd. Het is heerlijk zitten in het Palace Balcony Restaurant op de eerste verdieping, waar Australische en internationale gerechten worden geserveerd. 2 pk A-$ 95-175.
Camping en cabins – **Discovery Parks Boulder:** 201 Lane St., Boulder, tel. 1800-00 12 66, www.discoveryholidayparks.com.au. Goed toegerust caravan park met zwembad en grote keus aan comfortabele cabins.

Eten en drinken
Goede fusionkeuken – **Blue Monkey Restaurant:** 418 Hannan St., Kalgoorlie, tel. 08-90 91 38 33, www.bluemonkeyrestaurant.com.au, ma.-vr. 6-10, 18-21, za., zo. 6-11, 18-21 uur.

Werktuigen uit de tijd van de goldrush in het Priors Museum in Coolgardie

Onooglijk restaurant met creatieve ontbijtvarianten en lekkere gerechten uit de moderne Australische keuken met een Aziatische en Zuid-Europese touch. Gerechten A-$ 23-44.
Bekroonde Thai – **Top End Thai Restaurant:** 73 Hannan St., Kalgoorlie, tel. 08-90 21 42 86, di.-zo. 11-14, 17-21 uur. Authentieke Thaise gerechten. Hoofdgerechten A-$ 18-30.

Actief
Rondritten – **Goldrush Tours:** boeken bij het Visitor Centre of via tel. 08-90 21 19 66, www.goldrushtours.com.au. Dagtochten langs de highlights in en rond Kalgoorlie (A-$ 99).

Vervoer
Trein: dag. met The Prospector naar Perth. Informatie: tel. 1300-66 22 05, www.transwa.wa.gov.au.
Bus: dag. met Greyhound Australia, tel. 1300-47 39 46, en Perth Goldfield Express, tel. 1800-62 04 40, naar Perth.

Coolgardie ▶ 1, F 13

Een kleine 40 km ten zuidwesten van Kalgoorlie ligt **Coolgardie,** met amper zeshonderd inwoners niet meer dan een schaduw van de bloeiende goudzoekersstad waar ooit circa twintigduizend mensen woonden. In de in 1898 gebouwde Town Hall is nu het **Goldfields Exhibition Museum** gevestigd met een tentoonstelling over het 'gouden' verleden (62 Bayley St., tel. 08-90 26 60 90, ma.-vr. 8.30-16.30, za., zo. 9-16 uur, A-$ 7). In het openluchtmuseum van Ben Prior, **Priors Museum**, kun je oude stoommachines, gereedschappen uit voormalige goudmijnen en allerlei andere curiosa bewonderen (Bayley St., ma.-vr. 9-16, za., zo. 10-15 uur, A-$ 7). In het oude station is het **Railway Station Museum** ondergebracht (Woodward St., tel. 08-90 26 63 88, dag. 9-16 uur, A-$ 6).

Informatie
Coolgardie Visitor Centre: 62 Bayley St., tel. 08-90 26 60 90, www.coolgardie.wa.gov.au, ma.-vr. 9-16, za., zon- en feestdagen 10-15 uur.

Great Eastern Highway naar Perth ▶ 1, F 13-C 14

Het is nog zo'n 560 km rijden naar Perth. De rit over de **Great Eastern Highway** voert door de grote tarwegordel van de West-Australische Wheatlands, die zich in zuidelijke richting uitstrekt tot bijna aan de kust. Opvallende bezienswaardigheden kom je op deze route niet tegen, maar het is zeer de moeite waard om een circa 200 km lange omweg te maken van het stadje **Merredin** naar de beroemde **Wave Rock**. Deze een versteende brandingsgolf rijst de rots 8 km ten oosten van **Hyden** op uit een met laag struikgewas begroeide vlakte. De circa 200 m lange en op sommige plaatsen 15 m hoge granietrots is zo'n 2,7 miljard jaar oud en lag ooit gedeeltelijk onder de grond. In de bodem ging water een verbinding aan met ontbonden organische stoffen tot zwakke zuren, die in een periode van miljoenen jaren zeer geleidelijk het ondergrondse deel van de rots aantastten. Toen de grond daarna wegspoelde, kwam het karakteristieke holronde profiel van Wave Rock tevoorschijn. De sierlijke vorm van het natuurverschijnsel wordt geaccentueerd door een patroon van lichte en donkere strepen, ontstaan door aflopend regenwater dat reacties is aangegaan met chemische stoffen in het gesteente. 's Ochtends is de lichtval op de rots het gunstigst om te fotograferen. Zo'n twintig minuten lopen ervandaan ligt een andere opmerkelijke rots, de **Hippo's Yawn** – het 'geeuwende nijlpaard'.

Information
Wave Rock Visitor Centre: 20 Marshall St., Hyden, tel. 08-98 80 50 22, www.waverock.com.au, dag. 9-17.30 uur.

Overnachten
Comfort in de outback – **Hyden Wave Rock Motel:** 2 Lynch St., Hyden, tel. 08-98 80 50 22, www.waverockhotel.com.au. Met restaurant en zwembad. 2 pk A-$ 145-155.
Camping en cabins – **Wave Rock Caravan Park:** Wave Rock, Hyden, tel. 08-98 80 50 22, waverock@wn.com.au.

Southern District

Dat Western Australia de bijnaam 'woestijnstaat' draagt, zul je tijdens een rit door Southern District waarschijnlijk nauwelijks geloven, want het landschap is gevarieerd en grotendeels weelderig groen. Langs de zuidkust rijgen zich stranden met sneeuwwit silicaatzand aaneen, in het binnenland strekken zich oerbossen uit met majestueuze karri- en jarrah-eucalyptussen en in de zuidpunt van Western Australia liggen wijnheuvels die herinneren aan Europese landschappen.

Geen goud, maar goudkleurige stranden en indrukwekkende druipsteengrotten liggen op je te wachten als je van Norseman zuidwaarts naar de kust rijdt. De geografische driehoek tussen Esperance, Albany en Bunbury vormt het **Southern District of Western Australia**. Voldoende regenval en een hoge luchtvochtigheid zorgen ervoor dat dit gebied als enige deel van de overwegend schrale, droge staat een weelderige vegetatie kent. Op de hellingen van de Darling Range en andere bergketens in de regio zorgen gigantische eucalyptussen voor imposante bospanorama's. Tot deze houten monolieten behoren de majestueuze *karri's*, die wel 80 m hoog kunnen worden, en de tussen de 40 en 50 m hoge *jarrahs*. Met meer dan vierduizend voornamelijk inheemse soorten geldt de regio als het soortenrijkste gebied met wilde bloemen van het vijfde continent.

Esperance en omgeving ▶ 1, F 15/16

Esperance
De kuststad **Esperance**, die aan het einde van de 19e eeuw een belangrijke rol speelde als toeleveringshaven voor de goudvelden van Kalgoorlie en Coolgardie, is de oostelijke toegangspoort naar het Southern District. Hier vind je buiten het kleine **Esperance Museum**, gewijd aan de geschiedenis van de streek (www.esperancemuseum.com.au, dag. 13.30-16.30 uur, A-$ 5), en de **Historic Museum Village,** een rij gereconstrueerde historische huizen met ateliers en galeries, weinig bezienswaardigs.

Great Ocean Drive
Erg de moeite waard is daarentegen de omgeving van Esperance, die behoort tot Australiës mooiste kustlandschappen. De 40 km lange **Great Ocean Drive** ontsluit prachtige panorama's van de kust en de ervoorgelegen Archipelago de la Recherche. Baaien als de **Twilight Bay** met zijn idyllische zandstranden en het turkoois tot donkerblauwe water nodigen uit tot een bezoek. Vanwege de hoge golven en sterke onderstromingen is het bij veel stranden echter gevaarlijk om te zwemmen.

Cape Le Grand National Park
Ruim 50 km ten oosten van Esperance begint het **Cape Le Grand National Park**, met zijn grandioze kustlandschap en ruige graniettoppen een van de mooiste natuurgebieden in Western Australia (A-$ 12/auto). De door indrukwekkende granietrotsen omgeven **Thistle Cove** herinnert aan de prachtige baaien van de Seychellen. Andere trekpleisters in het park zijn de sikkelvormige **Lucky Bay** met zijn sneeuwwitte silicaatzandstrand en een fraai gelegen camping, waar halftamme kangoeroes en wallaby's rondspringen, en de idyllische **Hellfire Bay** met een fraai zandstrand. Een inspannende wandeling voert naar de top

van de 262 m hoge **Frenchman Peak** (heen en terug 3 km/2 uur).

Informatie
Esperance Visitor Centre: Museum Village, Dempster St., tel. 1300-66 44 55, www.visitesperance.com, ma.-vr. 9-17, za. 9-16, zo. 9-14 uur.
Department of Environment and Conservation: 92 Dempster St., tel. 08-90 75 90 72, 08-90 83 21 00, www.parks.dpaw.wa.gov.au, ma.-vr. 8.30-16.30 uur. Informatie over Cape Le Grand National Park.

Overnachten
B&B met uniek uitzicht – **Esperance Bed & Breakfast by the Sea:** 72 Stewart St., tel. 08-90 71 56 40, www.esperancebb.com. Modern ingerichte kamers met geweldig uitzicht op de turkoois oplichtende zee. 2 pk A-$ 185 inclusief ontbijt.
Dicht bij het strand – **Esperance Beachfront Resort:** 19 The Esplanade, tel. 08-90 71 25 13, www.esperancebeachfrontresort.com.au. Gezellige tweekamerappartementen met kitchenette en terras op slechts een paar stappen van het strand. 2 pk A-$ 130-160.
Mooi uitzicht – **Bayview Motel:** 31 Dempster St., tel. 08-90 71 15 33, www.bayviewmotel.com.au. Zesendertig lichte kamers; goed restaurant. 2 pk A-$ 115-155.
Camping en cabins – **Esperance Seafront Caravan Park:** Goldfields Rd., hoek Norseman Rd., tel. 08-90 71 12 51, www.esperanceseafront.com. Goed toegerust, vlak bij het strand, met gezellige cabins.

Eten en drinken
Vers gewokt – **Golden Orient:** 49 Dempster St., tel. 08-90 71 37 44, dag. 11-23 uur. De beste Chinees van Esperance. Gerechten A-$ 14-32.

Actief
Boottochten – **Esperance Island Cruises:** 71 The Esplanade, tel. 08-90 71 57 57, www.esperancecruises.com.au. Tochten naar de eilanden van de Archipelago of the Recherche met zeehonden- en dolfijnenobservatie (dag. 9 uur, vanaf A-$ 100).

Terreinwagentochten – **Esperance Eco-Discovery Tours:** tel. 0407-73 72 61, www.esperancetours.com.au. Tochten van een halve of een hele dag in het Cape Le Grand National Park en andere natuurparken bij Esperance (vanaf A-$ 75).

Van Esperance naar Albany ▶ 1, F 15-D 16

Zo'n vijfhonderd voornamelijk monotone kilometers scheiden Esperance van Albany. **Peak Charles National Park**, **Frank Hann National Park** en **Fitzgerald River National Park**, zijn natuurgebieden buiten de route die een omweg verdienen, maar alleen met een betrouwbare terreinwagen en na een gedegen voorbereiding.

Bremer Bay
In het kleine **Bremer Bay** aan de zuidwestrand van het **Fitzgerald River National Park** vertrekken boottochten voor het observeren van orca's, die zich tussen eind jan. en half apr. in groten getale in de gelijknamige baai ophouden (tel. 08-97 50 55 00, www.whales-australia.com.au/bremer-killer-whales, 26 jan-17 apr. dag. 8.30-16.30 uur, A-$ 385).

Porongurup Range en Stirling Range
Vooral in de lente zijn uitstapjes naar de **Porongurup Range** en de **Stirling Range** de moeite waard, want dan veranderen deze anders schrale gebieden in een reusachtig,

---

Holiday Pass
In de meeste nationale parken in Western Australia wordt een entree geheven van A-$ 12 per auto. Wie van plan is meer dan drie parken te bezoeken is voordeliger uit met de vier weken geldige **Holiday Pass**, die A-$ 46 per auto kost. Te koop in alle bezoekerscentra van het Department of Parks and Wildlife en via https://shop.dbca.wa.gov.au.

kleurig wildebloementapijt. Een goede indruk van de ruige bergketen in het **Stirling Range National Park** krijg je tijdens een rit over de 40 km lange **Stirling Range Drive**, waar ook wandelpaden zijn. De met 1073 m hoogste berg in de omgeving, de **Bluff Knoll** in het oosten van het park, kun je op een 8 km lange asfaltweg heel dicht naderen. Van het eindpunt van de weg voert een wandelpad naar de top, waar je een weids uitzicht hebt op de Stirling Range (heen en terug 6 km/4 uur).

Albany ▶ 1, D 16

Albany ligt aan de Princes Royal Harbour, een perfect beschutte natuurlijke haven aan de King George Sound. Halverwege de 19e eeuw was de stad vooral bekend als steunpunt voor de walvisvaart en later diende ze als kolenbunkerstation voor stoomschepen op de grote routes van Australië naar Zuid-Azië. Tegenwoordig is Albany een populair vakantieoord.

Bezienswaardig in het centrum

De stad heeft de victoriaanse charme uit haar ontstaansperiode weten te bewaren, zoals die tot uiting komt in gebouwen als **St. Johns Church** uit 1848 en **Patrick Taylor Cottage** uit 1832, dat nu onderdak biedt aan een museum over de stadsgeschiedenis (39 Duke St., tel. 08-98 41 61 74, dag. 11-15 uur, toegang gratis, vrijwillige bijdrage van circa A-$ 2 aanbevolen). Ook de **Old Farm** aan Strawberry Hill, een landhuis waarvan de eerste steen werd gelegd in 1836, stamt uit deze tijd (170 Middleton Rd., tel. 08-98 41 37 35, www.nationaltrust.org.au/wa, dag. 10-16 uur, half juli-eind aug. gesl., toegang gratis, vrijwillige bijdrage van circa A-$ 5 aanbevolen).

Een maritieme schatkamer is het **Museum of the Great Southern**. Te zien is hier onder andere de getrouw naar het origineel nagebouwde tweemaster Amity, waarmee in 1826 de eerste blanke kolonisten in West-Australië arriveerden (Residency Dr., tel. 1300-13 40 81, www.museum.wa.gov.au, do.-di. 11-16, wo. 13-19 uur, toegang gratis, vrijwillige bijdrage van circa A-$ 5 aanbevolen).

Een schitterend uitzicht over Albany en de King George Sound heb je van de **Mount Clarence Lookout**, ten oosten van het centrum.

Torndirrup National Park

Onmiddellijk ten zuiden van Albany ligt het **Torndirrup National Park** met zijn indrukwekkende kliffenlandschap. Een waanzinnig uitzicht op de 30 m diepe rotsinsnijding **The Gap** en de rotsbrug **Natural Bridge** biedt een 40 m hoog uitzichtplatform dat 10 m uitsteekt over de klifrand. Wie zich helemaal aan de rand waagt, kan onder zich het schuim van de oceaan zien en voelen opspatten. Tot de hoogtepunten behoren ook de **blowholes**, openingen in de rotsen, waardoor bij een sterke branding water de lucht in spuit.

Historic Whaling Station

Het **Historic Whaling Station** aan de **Frenchman Bay** omvat een voormalig walvisstation, waar wel tot 850 walvissen per seizoen werden verwerkt, de gerestaureerde walvisvaarder Cheynes IV en een informatieve tentoonstelling over de geschiedenis van de walvisvaart in Western Australia (Frenchman Bay Rd., tel. 08-98 44 40 21, www.discoverybay.com.au/historic-whaling-station, dag. 9-17 uur, op het hele uur rondleidingen van een halfuur, A-$ 32). Sinds de walvissen worden beschermd, zijn hun aantallen weer toegenomen. Tussen juni-juli en oktober duiken voor Albany veel van deze giganten op. Tijdens een Whale Watching Tour kun je de zeezoogdieren van nabij bekijken.

Informatie

Albany Visitor Centre: Old Railway Station, 55 Proudlove Par., tel. 08-68 20 37 00, www.amazingalbany.com.au, ma.-za. 9-17, zon- en feestdagen tot 15 uur.

Overnachten

Koloniale sfeer – **George on the Terrace:** 60-70 Stirling Terr., tel. 08-98 41 14 66, www.sixdegreeshotelmotel.com.au. Comfortabel hotel met de sfeer van voorbije tijden. Binnen mag nergens worden gerookt; gratis wifi. 2 pk vanaf A-$ 135.

Prima prijs-kwaliteitverhouding – **Amity Motor Inn:** 234 Albany Hwy, tel. 08-98 41 22 00, www.amitymotorinn.com.au. Ruime kamers, goed restaurant, zwembad, aan de rand van het centrum. 2 pk vanaf A-$ 105 inclusief ontbijt.
Camping en cabins – **Albany Middleton Beach Holiday Park:** 28 Flinders Par., Middleton Beach, tel. 1800-64 46 74, www.holidayalbany.com.au. Prima toegeruste camping met grote keus aan ruime cabins; mooi gelegen.

Eten en drinken
Met een biertje erbij – **Earl of Spencer:** Earl St., hoek Spencer St., tel. 08-98 47 42 62, www.theearlbarandrestaurant.com, ma.-za. 11.30 tot laat, zo. 12-22 uur. Australische burgermanspot in een historisch pand; enorme keus aan bieren; za. vanaf 19 en zo. vanaf 17 uur livemuziek. Gerechten A-$ 24-39.
Pikant gekruid – **Bangkok Rose:** 112 York St., tel. 08-98 42 23 66, dag. 11-23 uur. Lichte Thaise gerechten. Hoofdgerechten A-$ 16-28.

Actief
Whale watching – **Albany Ocean Adventures:** Albany Town Jetty, tel. 0428-42 98 76, www.whales.com.au. Walvisobservatie in een catamaran; beslist vooraf reserveren (juni-okt. dag. 9.30, 13 uur, A-$ 95).

Vervoer
Trein: dagelijks met Australind van Perth naar Bunbury, tel. 1300-66 22 05, www.transwa.wa.gov.au.
Bus: dagelijks van Bunbury naar Albany via Manjimup, Pemberton, Walpole en Denmark. Dagelijks diverse bussen over de Albany Highway naar Perth via Kojonup en Mount Barker.

Van Albany naar Perth

Denmark ▶ 1, D 16
De circa 120 km lange kuststrook tussen Albany en Walpole wordt doorsneden door talrijke baaien. Aan een van de grootste, de Wilson Inlet, ligt het vakantieoord **Denmark**. Ten zuiden van het stadje strekt zich het fantastische brandingsstrand **Ocean Beach** uit, waar je vanaf **Lions Lookout** op Wilson Head een mooi uitzicht hebt.

Overnachten
A home away from home – **Windrose Bed & Breakfast:** 6 Harrington Break, tel. 08-98 48 35 02, 0447-68 24 00, www.windrose.com.au. Kleine, gezinsvriendelijke B&B met aangename kamers. De behulpzame eigenaars organiseren tochten in het Walpole-Nornalup National Park. 2 pk A-$ 150-160 inclusief ontbijt.
Camping en cabins – **Denmark Rivermouth Caravan Park:** tel. 08-98 48 12 62, www.denmarkrivermouthcaravanpark.com.au. Uitstekend toegerust, mooi gelegen.

Valley of the Giants ▶ 1, D 16
www.valleyofthegiants.com.au, Tree Top Walk: tel. 08-98 40 82 63, dag. 9-16.15, 26 dec.-26 jan. 8-17.15 uur, A-$ 19

Zo'n 15 km ten oosten van **Nornalup** voert vanaf de South Coast Highway een smalle zijweg naar de **Valley of the Giants**, een dal met enorme *karri's* en *red tingles*. Enkele van deze boomreuzen, die tot 80 m hoog kunnen oprijzen, zijn meer dan vierhonderd jaar oud.

Door het groene bladerdek van de majestueuze eucalyptussen loopt tot 40 m hoogte de 600 m lange **Tree Top Walk**. Hij biedt de bezoekers een heel ander perspectief op het bos tijdens een opmerkelijke wandeling. De staalconstructie is zo gebouwd dat ze harmonisch opgaat in de natuurlijke omgeving en het kwetsbare ecologische evenwicht van het eucalyptusoerbos niet verstoort. Het looppad is ook toegankelijk voor rolstoelgebruikers.

Vanaf de nabijgelegen **Ancient Empire Walk** kun je de boomreuzen vanuit een gewone gezichtshoek bewonderen (rondweg 500 m/15 min.).

Walpole en omgeving
▶ 1, D 16
Rond **Walpole** ligt het **Walpole-Nornalup National Park**, dat het schilderachtige kustlandschap met begroeide zandduinen en uitgestrekte *karri*- en *red tingle*-bossen in het achterland omvat. Boswegen, waaronder de

Southern District

Wandelen tussen de boomtoppen in de Valley of the Giants – voorwaarde: geen hoogtevrees

Hilltop Gully Road, bieden vaak prachtige uitzichten.

Even indrukwekkend is enkele kilometers ten oosten van Walpole de **Giant Tingle Tree** met een hoogte van 46 m en een omtrek van 20 m aan de stambasis.

Actief

Boottochten – **WoW Wilderness Eco Cruises:** Walpole, tel. 08-98 40 11 11, www.wowwilderness.com.au. Tijdens een boottocht van tweeënhalf uur in het Walpole-Nornalup Marine Park, kom je veel aan de weet over de flora en fauna van het gebied (dag. 10 uur, A-$ 45).

Shannon National Park
▶ 1, D 16

Door *karri*- en *jarrah*-bossen gaat de rit verder naar het westen. Ruim 50 km voorbij Walpole voert de South Coast Highway langs het **Shannon National Park**. Automobilisten kunnen het nationale park via de **Great Forest Trees Drive** verkennen, een 48 km lange panoramische steenslagweg. Via de autoradio (100 FM) kun je uitleg krijgen over het gebied.

Manjimup ▶ 1, D 16

In de aardige houthakkersstad **Manjimup** is het **Manjimup Timber Park** een bezoek waard; de reconstructie van een houthakkersdorp anno 1900 met een informatief museum (Rose St., hoek Edwards St., tel. 08-97 71 18 31, dag. 9-17 uur, toegang gratis). Iets zuidelijker staat niet ver van de South Western Highway de **Diamond Tree Fire Lookout**, een 51 m hoge *karri* die vroeger dienstdeed als brandtoren. Wie geen hoogtevrees heeft, kan in de boomtop genieten van het vergezicht.

Van Manjimup voert de South Western Highway rechtstreeks naar Perth. Een langer, maar ook indrukwekkender alternatief is de rit door het Leeuwin-Naturaliste National Park (zie blz. 311).

Informatie

Manjimup Visitor Centre: Giblett St., tel. 08-97 71 18 31, www.manjimupwa.com, www.southernforests.com.au, dag. 9-17 uur.

Overnachten

Countrycharme – **Kingsley Motel:** 74 Chopping St., tel. 08-97 71 11 77, www.kingsleymo

tel.com.au. Centraal gelegen, comfortabele kamers, uitstekend restaurant. 2 pk vanaf A-$ 125.
Camping en cabins – **Manjimup Central Caravan Park:** Mottram St. (South Western Hwy), tel. 08-97 77 23 55, www.manjimupcentralcaravanpark.com.au. Goed toegerust.

Pemberton en omgeving
▶ 1, C 16

Ten zuidwesten van Manjimup ligt **Pemberton**, het centrum van de houtverwerkende industrie in het zuidwesten. De in 1913 opgerichte Pemberton Sawmill is een van de grootste zagerijen van Australië. Zo'n 3 km zuidoostelijker verheft zich de **Gloucester Tree**, een 52 m hoge eucalyptus die dienstdoet als brandtoren. In totaal precies 153 in de stam geslagen houten en stalen pennen vormen een wenteltrap naar de top (dag. 9-18 uur, A-$ 12 per auto).

Tussen Pemberton en **Northcliffe** strekt zich het **Kingdom of the Karri** uit, het koninkrijk van de tot duizend jaar oude karri-eucalyptussen. In Northcliffe gunt het **Pioneer Museum** je een blik in de jaren 20 (dag. 10-15 uur, toegang gratis, een bijdrage wordt verwacht).

Van Northcliffe voert een asfaltweg naar het vakantieoord **Windy Harbour**. Meer naar het zuiden lopen de imposante steile kliffen van **Cape D'Entrecasteaux** in het gelijknamige nationaal park steil af in zee.

Informatie
Pemberton Visitor Centre: Brockman St., Pemberton, tel. 08-97 76 11 33, www.pembertonvisitor.com.au, dag. 9-17 uur.
Northcliffe Visitor Centre: Muirillup Rd., Northcliffe, tel. 08-97 76 72 03, www.facebook.com/Northcliffevisitorcentre, dag. 9-16 uur.

Overnachten
Fraaie locatie – **Karri Valley Resort:** Pemberton-Vasse Hwy, Pemberton, tel. 08-97 76 20 20, www.karrivalleyresort.com.au. 20 km ten westen van Pemberton met uitzicht op Lake Beedelup; bekroond restaurant. 2 pk vanaf A-$ 195.
Camping en cabins – **Pemberton Caravan Park:** 1 Pumphill Rd., Pemberton, tel. 08-97 76 18 00, www.pembertonpark.com.au.

Actief
Panoramarit – **Pemberton Tramway:** Pemberton Railway Station, tel. 08-97 76 13 22, www.pemtram.com.au, dag. 10.45, 14 uur, A-$ 28. Treinrit naar de Warren River (circa 2 uur); iedere derde za. van de maand rijdt de trein door het Kingdom of the Karri naar Northcliffe (heen en terug 5,5 uur).

Augusta ▶ 1, C 16
Van het vakantie- en vissersdorp **Augusta** kun je een interessant uitstapje maken naar **Cape Leeuwin**, waar een vuurtoren staat uit 1895. Hier heb je een uitstekend uitzicht over het grandioze kustlandschap (tel. 08-97 80 59 11, rondleidingen dag. 9-16.30 uur ieder halfuur, A-$ 15).

Informatie
Augusta Visitor Centre: 70 Blackwood Ave., tel. 08-97 58 01 66, www.augusta.wa.au, dag. 9-17 uur.

Overnachten
Aan de rivier – **Augusta Hotel-Motel:** 53 Blackwood Ave., tel. 08-97 58 19 44, www.augustahotel.com.au. Erg mooi gelegen aan de Blackwood River; met bar en restaurant. 2 pk A-$ 90-160, meerpersoonskamer met gemeenschappelijke badkamer vanaf A-$ 42 p.p.
Camping en cabins – **Turner Caravan Park:** 1 Blackwood Ave., tel. 08-97 58 05 33, www.turnerpark.com.au. Fraai gelegen aan de rivier.

Leeuwin-Naturaliste National Park ▶ 1, C 15/16

Tussen Cape Leeuwin, de zuidwestpunt van Australië, en Cape Naturaliste ligt het **Leeuwin-Naturaliste National Park** met zijn grillige klippenformaties en een uitgestrekt stelsel van fascinerende druipsteengrotten.

Ten noorden van Augusta begint de parallel aan de Bussell Highway lopende **Caves Road**, waarlangs zich circa driehonderd grotten aaneenrijgen. Het spectaculairst zijn de 8 km ten noorden van Augusta gelegen **Jewel Caves**, waarvan de stalactieten en stalagmieten tot de grootste ter wereld behoren (rondleidingen dag. 9.30-15.30 uur om de 60 min., A-$ 25).

Verder noordelijk volgen de **Lake Cave** met een onderaards meer (rondleidingen dag. 9.30-15.30 uur ieder uur, A-$ 25) en de **Mammoth Cave**, waar fossielen van uitgestorven zoogdieren zijn ontdekt (dag. 9-17 uur, A-$ 25). In het **Cave Works Eco Centre** nabij de Lake Cave geven displays en video's boeiende informatie over de geologische geschiedenis en de flora en fauna van de streek (tel. 08-97 57 74 11, www.megafauna.com.au, dag. 9-17 uur, hier is ook de Grand Tour Pass voor een bezoek aan alle grotten verkrijgbaar, A-$ 60).

De bekendste grotten in het noorden van het nationaal park zijn de **Ngilgi Caves** nabij **Yallingup** (tel. 08-97 80 59 11, rondleidingen dag. 9.30-16.30 uur ieder halfuur, A-$ 22). Het noordelijkste punt van het natuurgebied is **Cape Naturaliste** met zijn vuurtoren (tel. 08-97 55 39 55, rondleidingen dag. 9.30-16 uur ieder halfuur, A-$ 14). Een wandeling voert naar de **Whale Lookout**, waar van juni tot oktober walvissen voorbijtrekken (heen en terug 1,5 km/ 30 min.).

Margaret River ▶ 1, C 15

Vrijwel halverwege tussen Cape Leeuwin en Cape Naturaliste ligt **Margaret River**. De omgeving van het stadje geniet de reputatie een van de meest gerenommeerde wijnstreken van het zuidwesten te zijn: hier worden enkele van Australiës beste wijnen geproduceerd. Wijnliefhebbers kunnen bij een van de talrijke wijngoederen de daar geproduceerde topwijnen proeven en kopen. Enkele ervan hebben al meer dan eens een internationale onderscheiding gekregen.

Informatie

Visitor Centre & Regional Wine Centre: 100 Bussell Hwy, tel. 08-97 80 59 11, www. margaretriver.com, www.mrwines.com, dag. 9-17 uur.

Overnachten

In Margaret River en omgeving zijn tal van stijlvolle B&B's, boetiekhotels en vakantiewoningen te vinden. Te boeken bij het Visitor Centre.
Stijlvol motel – **Comfort Inn Grange on Farrelly:** 18 Farrelly St., tel. 08-97 57 31 77, www. grangeonfarrelly.com.au. Sfeervol motel in een boerenhuis uit 1885; met restaurant en zwembad. 2 pk A-$ 139-199.
Camping en cabins – **Margaret River Tourist Park:** 44 Station Rd., tel. 08-97 57 21 80, www. margaretrivertouristpark.com.au. Uitstekend toegerust, mooi zwembad.

Eten en drinken

Insidertip – **Arc of Iris:** 151 Bussell Hwy, tel. 08-97 57 31 12, www.arcofiris.com.au, dag. vanaf 18 uur. Eenvoudige ambiance, maar tongstrelende culinaire creaties. Gekookt wordt met biologische producten uit de streek. Gerechten A-$ 36-55.

Actief

Wijngoederen – **Beckett's Flat,** Beckett Rd., hoek Bussell Hwy, Metricup, tel. 08-97 55 74 02, www.beckettsflat.com.au, dag. 10-17 uur. Klein, maar gerenommeerd. **Evans & Tate:** Caves Rd., hoek Metricup Rd., Wilyabrup, tel. 08-97 55 62 44, www.evansandtate.com.au, dag. 10.30-17 uur. Bekroond en innovatief.

Busselton ▶ 1, C 15

Busselton aan de Geographe Bay heeft zich door zijn beschutte ligging ontwikkeld tot een geliefd vakantiecentrum voor de bewoners van het circa 200 km verderopgelegen Perth. De **Busselton Jetty** verdient een vermelding in de recordboeken: hij is met circa 2 km de langste houten pier op het zuidelijk halfrond.

Overnachten

Historisch pand – **The Esplanade Hotel:** Lot 2 Marine Terr., tel. 08-97 52 10 78, www.esplanadehotelbusselton.com.au. Populair pubhotel op centrale locatie; de bistro serveert smakelijke streekgerechten en in het weekend livemuziek. 2 pk A-$ 85-175.

Bunbury ▶ 1, C 15

In de moderne havenstad **Bunbury** zijn enkele koloniale gebouwen bewaard gebleven. Het tussen 1867 en 1880 gebouwde **King Cottage** doet nu dienst als museum voor streekgeschiedenis met een historische verzameling en victoriaans meubilair (77 Forrest Ave., tel.

Van Albany naar Perth

08-97 21 75 46, dag. 14-16 uur, toegang gratis). De grootste bezoekersmagneet van de stad zijn echter de dolfijnen die in de **Geographe Bay** leven. Sommige tuimelaars verschijnen regelmatig 's ochtends bij het strand van Koombana Bay om daar hun voer op te halen. In het nabijgelegen **Dolphin Discovery Centre** kom je meer over de zeezoogdieren aan de weet. Je kunt hier ook boottochten boeken om naar de dolfijnen te kijken. Tussen december en april is het zelfs mogelijk om met de speelse dieren te zwemmen (Koombana Dr., tel. 08-97 91 30 88, www.dolphindiscovery.com.au, okt.-apr. dag. 8-16, mei 8-14, juni-sept. 9-14 uur, A-$ 12; tours dag. 9.30, 11, 14 uur, A-$ 54).

Informatie

Bunbury Visitor Centre: Old Railway Station, Haley St., tel. 1800-BUNBURY, 08-97 92 72 05, www.visitbunbury.com.au, ma.-vr. 9-17, za. 9.30-16.30, zon- en feestdagen 10-14 uur.

Overnachten

Uitzicht op zee – **Quality Hotel Lighthouse:** 2 Marlston Dr., tel. 08-97 81 27 00, www.lighthousehotel.com.au. Tegenover de vuurtoren en in de nabijheid van het strand; comfortabele kamers en appartementen met prachtig uitzicht; restaurant en zwembad. 2 pk vanaf A-$ 155.

Australind ▶ 1, C 15

Het ten noordoosten van Bunbury gelegen **Australind** kan bogen op de kleinste kerk van Australië. De slechts 3,8 x 6,7 m grote St. Nicholas Church werd rond 1840 gebouwd als woning; acht jaar later werd het tot godshuis verbouwd. Ertegenover staat de Henton Cottage uit 1841.

Pinjarra, Mandurah und Rockingham ▶ 1, C 14/15

Het is nu nog zo'n 140 km rijden naar Perth. Interessante plaatsen voor een tussenstop zijn het historische stadje **Pinjarra** met zijn stijlvol gerestaureerde gebouwen, waaronder de in 1830 gebouwde voormalige postkoetshalte Blythewood, het populaire vakantieoord **Mandurah** aan de Peel Inlet, en **Rockingham**, het vertrekpunt naar **Pinguin Island** met kolonies zeeleeuwen en pinguins (www.rockinghamwildencounters.com.au).

Je kunt het einde nauwelijks zien; met bijna 2 km is de Busselton Jetty de langste houten pier van het zuidelijk halfrond

Perth en omgeving

▶ 1, C 14

De hoofdstad van Western Australia is de boomtown Perth. Hoewel de qua oppervlakte omvangrijkste Australische staat ongeveer 32 maal zo groot is als de Benelux, wonen er nauwelijks 2,6 miljoen mensen, van wie een kleine 2 miljoen in Perth. Daarmee is de metropool aan de Swan River de op drie na grootste stad Down Under.

Perth

Plattegrond: zie blz. 317

Dankzij de immense minerale bodemschatten en op volle toeren draaiende mijnbouwindustrie ontwikkelde het ooit 'achtergebleven gat' aan de Indische Oceaan zich in ijltempo tot een welvarend, modern zakencentrum met de hoogste groeicijfers van Australië. Hypermoderne kolossen van glas en beton hebben het stadsbeeld in ijltempo doen veranderen. Als gevolg daarvan worden fraaie oude gebouwen sterk bedreigd door exponenten van een moderne functionele architectuur – 'fantastische contrasten' wordt dit genoemd in een brochure van het plaatselijke toeristenbureau.

Terwijl Perth in de naoorlogse jaren vooral een belangrijke bestemming was voor immigranten uit Europa, trekt de stad tegenwoordig veel Australiërs van de oostkust aan, voor wie het daar te 'vol' is geworden. Ondanks de aanhoudende expansie geldt Perth, dat van de rest van Australië is gescheiden door een enorm woestijngebied, nog altijd als een van de meest geïsoleerde miljoenensteden ter wereld. Over de weg gemeten ligt Perth 5322 km van Brisbane, 4336 km van Sydney, 3386 km van Melbourne en 2720 km van Adelaide. De dichtstbijzijnde grote stad, Jakarta, de hoofdstad van Indonesië, ligt dichterbij dan Canberra.

Perth kan niet bogen op spectaculaire bezienswaardigheden, maar bekoort toch door zijn prachtige ligging aan de Swan River en het klimaat. De zon schijnt er gemiddeld bijna acht uur per dag en zelfs in juli, de koudste wintermaand, is de gemiddelde temperatuur nog 13°C. Maar ook de warmste zomerdagen, waarop het kwik niet zelden tot ruim 40°C stijgt, zijn in Perth te verdragen. Daarvoor zorgt de 'Fremantle Doctor', een koele bries die van de havenstad Fremantle hierheen waait.

Geschiedenis

Vanwege de geïsoleerdheid, het droge klimaat en de weinig vruchtbare bodem in Western Australia toonde de Britse Kroon aanvankelijk nauwelijks interesse voor de kolonisatie van dit deel van het continent. Pas in 1826 stichtten de Engelsen de haven Albany aan de zuidkust, voornamelijk om te voorkomen dat andere landen die zouden claimen. Op 2 mei 1829 hees captain Captain Charles Fremantle aan de monding van de Swan River de Britse vlag en nam in naam van de Kroon de kust van Nieuw-Holland – zoals Western Australia destijds werd genoemd – in bezit. Al twee jaar eerder had men in Londen het mondingsgebied van de Swan River aangewezen als gebied dat zonder vooroordeelden zou worden gekoloniseerd. In juni 1829 arriveerden de eerste blanke kolonisten, die zo'n 20 km ten noorden van de riviermonding een dorp stichtten dat de kiem was van het huidige Perth.

De verwachtingen bleken echter al snel te hoog. De pioniers kregen min of meer lukraak land toegewezen, dat veel minder vruchtbaar bleek dan was aangenomen. Bovendien ontbrak het de meeste stadse nieuwkomers aan agrarische kennis en ervaring. Na verschillende mislukte oogsten raakte de kolonie rond 1840 zozeer in moeilijkheden dat het experiment van de particuliere kolonisatie volledig dreigde te mislukken. Toen ook nog de meeste vrije arbeiders naar de groeiende oostelijke koloniën vertrokken, werd het gebrek aan werkkrachten zo acuut dat de kolonisten van hun oorspronkelijke plan afweken en verzochten om de komst van veroordeelden. Tussen 1850 en 1868, de tijd dat de verbanningen naar Australië van kracht werden, arriveerden bijna tienduizend gevangenen in het westen. Hoewel ze een belangrijke rol speelden bij de opbouw van de kolonie, kwam de opbloei van Western Australia pas in de jaren 1890 op gang, toen de goudvondsten bij Coolgardie en Kalgoorlie wereldkundig werden en tienduizenden naar de dunbevolkte regio stroomden.

Na 1903 verflauwde de goudkoorts snel en brak er opnieuw een lange periode van economische stagnatie aan, die duurde tot het begin van de jaren 50. In die tijd werden in de streek Pilbara de rijkste ijzeraders ter wereld ontdekt. Na de ontsluiting van enorme voorraden waardevolle mineralen werd Western Australia een nieuw eldorado, en maakte Perth een pijlsnelle ontwikkeling door van een onbeduidende plaats tot een wereldstad.

Bezienswaardigheden

City Railway Station 1
Deze stadswandeling, waarvoor je een dag moet uittrekken, kun je het best beginnen voor het **City Railway Station**, het tussen 1893 en 1894 gebouwde victoriaanse pronkstuk van de stad. Er vlak naast geeft het **Western Australian Visitor Centre** (zie blz. 319) informatie over de toeristische highlights van Western Australia.

Cultural Centre Mall
Iets ten noorden van het station strekt zich in James Street de **Cultural Centre Mall** uit, het culturele visitekaartje van Perth. De **Art Gallery of Western Australia** 2 toont zowel traditionele als hedendaagse Australische en Europese schilderkunst plus een goede verzameling Aboriginalkunst (tel. 08-94 92 66 00,

JOGGING IN THE CITY

Het mooiste joggingtraject loopt van St. Georges Terrace in de City via Mount Street naar Kings Park. De route voert dwars door de Botanic Gardens en vervolgens via Mitchell Freeway naar de Swan River. De noordelijke oever volgend kom je voorbij de Barrack Street Jetty uit bij de Supreme Court Gardens aan de zuidrand van de City. Het hele traject is 3-4 km lang. Sightseeing en sport laten zich nauwelijks beter combineren dan op deze uitnodigende route.

www.artgallery.wa.gov.au, wo.-ma. 10-17 uur, toegang gratis, behalve bij bijzondere tentoonstellingen en evenementen).

Tot het omvangrijke complex van het **Western Australian Museum** 3 behoort de bezienswaardige **Katta Dijnoong Aboriginal Gallery** met een verzameling gebruiksvoorwerpen en kunstobjecten van de oorspronkelijke bewoners, het Marine Life Display met het 24 m lange skelet van een blauwe vinvis als topattractie, en de Old Perth Gaol, de gerestaureerde gevangenis uit 1856, met een tentoonstelling over de geschiedenis van Perth en Western Australia (tel. 08-92 12 37 00, www.museum.wa.gov.au, dag. 9.30-17 uur, vrijwillige bijdrage van circa A-$ 5 aanbevolen).

In de culturele wijk van Perth vind je ook de **State Library of Western Australia** 4 (tel. 08-94 27 31 11, www.lis wa.wa.gov.au, ma.-do. 9-20, vr. 9-17.30, za., zo. 10-17.30 uur) en het **Perth Institute of Contemporary Art** 5 met tentoonstellingen van experimentele en avant-gardistische kunst (tel. 08-92 28 63 00, www.pica.org.au, di.-zo. 10-17 uur, toegang gratis).

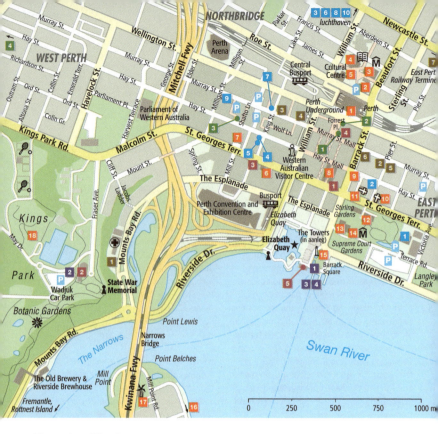

Shopping District

Ten zuiden van het City Railway Station strekt zich de zaken- en winkelwijk uit. Overdag en vroeg in de avond heerst er grote bedrijvigheid in deze buurt, waarvan de hoofdstraten Murray Street, Hay Street en **St. Georges Terrace** met elkaar zijn verbonden door kleine arcaden met boetieks, cafés en restaurants. Nergens in de stad springt de combinatie van verleden en heden zo in het oog als in St. Georges Terrace. Deze prachtige boulevard verrast met een potpourri aan architectonische stijlen: strenge georgiaanse elegantie, speelse 'victoriaanse barok' en modern functionalisme bepalen het contrastrijke beeld.

Tussen 1852 en 1855 stichtten vooroordeelden die neogotische **Old Perth Boys School** 6, waar tegenwoordig de **National Trust of Western Australia** (Monumentenzorg) en een mooi café zijn gevestigd (139 St. Georges Terr., tel. 08-93 21 27 54, dag. 7-18 uur).

Tegenover het punt waar Mill Street uitkomt op St. Georges Terrace zie je de resten van de in 1858 gebouwde **Cloisters** 7, een voormalige anglicaanse jongensschool, waarvan de eerbiedwaardige oude bakstenen muren tegenwoordig zijn geïntegreerd in een modern flatgebouw.

De bekendste winkelpassage van de stad, **London Court** 8, werd aangelegd naar het voorbeeld van een oude Engelse straat uit de tudortijd.

In Barrack Street verrees tussen 1867 en 1870 de **Town Hall** 9 met zijn markante klokkentoren. Naast de hoofdingang prijkt een standbeeld van captain James Stirling, de eerste gouverneur van de kolonie Western Australia.

Perth

Bezienswaardig
1. City Railway Station
2. Art Gallery of Western Australia
3. Western Australian Museum
4. State Library of Western Australia
5. Perth Institute of Contemporary Art
6. Old Perth Boys School
7. Cloisters
8. London Court
9. Town Hall
10. St. Andrew's Church
11. St. George's Cathedral
12. Government House
13. Supreme Court
14. Francis Burt Law Education Centre and Museum
15. Bell Tower
16. Zoological Gardens
17. Old Mill
18. Kings Park

Overnachten
1. Sullivans Hotel
2. Miss Maud Swedish Hotel
3. Hotel Ibis Perth
4. Wentworth Plaza Hotel
5. Pensione Hotel Perth
6. Kangaroo Inn
7. Perth Central Caravan Park

Eten en drinken
1. C Restaurant in the Sky
2. Frasers's
3. Print Hall
4. Han's Café
5. Annalakshmi

Winkelen
1. The Australian Shop
2. Creative Native Aboriginal Art Gallery
3. Paddy Pallin
4. Subiaco

Uitgaan
1. Perth Concert Hall
2. Playhouse Theatre
3. The Blue Room
4. His Majesty's Theatre
5. His Majesty's Tavern
6. The Deen Hotel
7. The Emerson Bar
8. Metro City
9. Tiger Lil's Tavern
10. Universal Bar

Actief
1. Perth Explorer
2. Kings Park Indigenous Heritage Tour
3. Swan River Scenic Cruises
4. Swan Valley Wine Cruise

Op de hoek van Pier Street en St. Georges Terrace staan de **St. Andrew's Church** 10 uit 1906 en **The Deanery**, het uit circa 1860 daterende decanaat. Een paar stappen verder rijst de anglicaanse **St. George's Cathedral** 11 op, een imposant bakstenen gebouw uit 1880.

Stirling Gardens en Supreme Court Gardens

Aan de noordrand van de **Stirling Gardens** trekt een groep bronzen kangoeroes de aandacht. Samen met de **Supreme Court Gardens** vormen de Stirling Gardens een groene oase tussen de ietwat treurig ogende verzameling gebouwen in deze wijk.

Het tussen 1859 en 1864 gebouwde **Government House** 12, waarvan de torentjes die de hoofdfaçade onderverdelen enigszins aan de Tower of London doen denken, vormt een wonderlijke mengeling van neoromaanse en neogotische stijlen. Naast het **Supreme Court** 13 bevindt zich het in 1836-1837 gebouwde **Old Court House**, een van de oudste gebouwen van Perth, waarin tegenwoordig het **Francis Burt Law Education Centre and Museum** is gevestigd, dat zich bezighoudt met de rechtsgeschiedenis van Perth (tel. 08-93 24 86 88, wo.-vr. 10-14.30 uur, toegang gratis).

Bell Tower 15

Tel. 08-92 18 81 83, www.swanbells.com.au, dag. 10-18 uur, A-$ 18

Ten zuiden van de Supreme Court Gardens geven vanaf de **Bell Tower** dagelijks rond het middaguur de **Swan Bells**, een ensemble van achttien klokken van verschillende grootte, een concert dat tot in de wijde omtrek te horen is. Van het uitkijkplatform op de 82 m hoge futuristische klokkentoren van staal en glas heb je een fraai uitzicht op de City en de

Perth en omgeving

Wat het toeristenbureau aanprijst als 'prikkelende contrasten', blijkt in werkelijkheid een bedenkelijke mix van stijlen – echt mooi is Perth niet

Swan River. Vanaf de nabijgelegen Barrack Street Jetty vertrekken onder andere de veerboten naar South Perth.

South Perth

Ten zuiden van de lagune strekt zich het stadsdeel **South Perth** uit – het handigst bereikbaar per veerboot vanaf Barrack Street Jetty. Vanaf de aanlegsteiger is het vijf minuten lopen naar de **Zoological Gardens** 16, waarin vooral het nachtdierenverblijf en het grote aviarium met zijn talrijke vogels een bezoek verdienen (20 Labouchere Rd., tel. 08-94 74 04 44, www.perthzoo.wa.gov.au, dag. 9-17 uur, A-$ 29).

Aan de zuidkant van Narrows Bridge staat de gerestaureerde graanmolen **Old Mill** 17 uit 1835, tegenwoordig een molenmuseum (tel. 08-93 67 57 88, dag. 10-16 uur, toegang gratis).

Kings Park 18

Tel. 08-94 80 36 00, www.bgpa.wa.gov.au/kingspark, ma.-vr. 7 uur tot zonsondergang, za., zo. 9 uur tot zonsondergang, toegang gratis, gratis rondleidingen (1 à 2 uur) dag. 10, 12, 14 uur, verzamelen bij het Visitor Centre, Fraser Ave.

Kings Park, het mooiste park van Perth, ligt even buiten de City. Je bereikt het vanaf het westelijke uiteinde van St. Georges Terrace na een klein wandelingetje over Mount Street en Bellevue Terrace, maar je kunt vanuit de City ook de bus nemen (lijn 33 vanaf St. Georges Terrace). Een groot deel van het in 1872 aangelegde, 400 ha grote park bestaat uit onvervalst bushland, dat in het voorjaar verandert in een kleurige bloemenzee. Daarnaast is hier een **botanische tuin** met ruim drieduizend West-Australische plantensoorten. Bezoekers zonder hoogtevrees kunnen het park vanuit een bijzonder perspectief bekijken op de 222 m lange **Tree Top Walk**, die hoog door de toppen van de eucalyptusbomen voert

Op het hoogste punt, de **Legacy Lookout**, herinnert het State War Memorial aan de Australische gevallenen in de twee wereldoorlogen. Vanhier heb je een grandioos uitzicht over Perth en de Swan River, die zich in het centrum van Perth verbreedt tot een 2 km breed meer, **Perth Water of Melville Lagoon** genoemd – een ideaal recreatie- en watersportgebied voor de inwoners van de stad. De Swan River kreeg

Perth

zijn naam al in 1697 van Willem de Vlamingh. Deze Hollandse ontdekkingsreiziger noemde de rivier naar de zwarte zwanen, tegenwoordig de wapendieren van Western Australia, die hij daar met duizenden zag zwemmen.

Informatie

Western Australian Visitor Centre: 55 William St., City, tel. 08-94 83 11 11, 1800-81 28 08, www.wavisitorcentre.com.au, ma.-vr. 9-17.30, za. 9.30-16.30, zo. 11-16.30 uur. Informatie over Perth en omgeving en over alle belangrijke toeristische attracties in Western Australia. Reserveren van hotels, excursies, huurauto's enzovoort.
Royal Automobile Club of Western Australia (RAC): 832 Wellington St., West Perth, tel. 08-94 21 44 44, www.rac.com.au, www.mainroads.wa.gov.au (Informatie over highways en steenslagwegen). Automobielclub.
Internet: www.cityofperth.wa.gov.au, www.experienceperth.com.

Overnachten

Aangenaam – **Sullivans Hotel** 1: 166 Mounts Bay Rd., City, tel. 08-93 21 80 22, www.sullivans.com.au. Aan de voet van Kings Park, met restaurant en zwembad. 2 pk A-$ 145-185.
Sinds 1973 – **Miss Maud Swedish Hotel** 2: 97 Murray St., City, tel. 08-93 25 39 00, www.missmaudhotel.com.au. Populair hotel in het centrum met 52 comfortabele kamers. 2 pk A-$ 140-190.
Vierkant, praktisch, goed – **Hotel Ibis Perth** 3: 334 Murray St., City, tel. 08-93 22 28 44, www.ibis.com. Niet het coolste hotel van Perth, maar wel 125 verzorgde kamers, een overvloedig ontbijtbuffet en qua locatie en prijs nauwelijks te overtreffen; bovendien boeken van excursies en autoverhuur. 2 pk vanaf A-$ 125.
Oude Wereldcharme – **Wentworth Plaza Hotel** 4: 300 Murray St., City, tel. 08-93 38 50 00, 1800-35 51 09, www.wentworthplazahotel.com.au. Moderne kamers in een in victoriaanse ambiance; bar en restaurant. 2 pk vanaf A-$ 125.
Centraal – **Pensione Hotel Perth** 5: Murray St., hoek Pier St., City, tel. 1800-99 81 33, www.8hotels.com. Vanbuiten geen schoonheid, maar behaaglijk ingerichte kamers en goed restaurant. 2 pk vanaf A-$ 120.
Voor budgetreizigers – **Kangaroo Inn** 6: 123 Murray St., City, tel. 08-93 25 35 08, www.kangarooinn.com.au. Dit modern ingerichte hostel scoort met onberispelijk schone een-, twee- en meerpersoonskamers, aangename gemeenschappelijke ruimtes en een gezellig terras. Goed gerund, behulpzaam personeel, gratis wifi, vaak volgeboekt. 2 pk vanaf A-$ 95, meerpersoonskamer vanaf A-$ 40 p.p.
Camping en cabins – **Perth Central Caravan Park** 7: 34 Central Ave., Ascot, tel. 1300-76 00 60, www.perthcentral.com.au. Zeven kilometer ten oosten van de City, maar de dichtstbijzijnde camping vanuit het centrum. Uitstekend toegerust, gezellige cabins en zwembad.

Eten en drinken

Uitzicht rondom – **C Restaurant in the Sky** 1: 44 St. Georges Terr., City, tel. 08-92 20 83 33, www.crestaurant.com.au, ma.-vr. 11-23.30, za., zo. 12-23.30 uur. Ronddraaiend restaurant op de 33e verdieping van St. Martin's Tower met internationale gerechten en geweldig uitzicht. Driegangenmenu vanaf A-$ 66.
Stijlvol en populair – **Fraser's** 2: Frasers Ave., Kings Park, tel. 08-94 81 71 00, www.frasersrestaurant.com.au, dag. 11.30-23 uur. Lichte gerechten uit de moderne Australische keuken met uitzicht op de skyline van de City. Hoofdgerechten A-$ 26-54.
Ongewoon – **Print Hall** 3: Brookfield Pl., 125 St. Georges Terr., City, tel. 08-62 82 00 00, www.printhall.com.au, dag. 11-23.30 uur. Diverse restaurants en bars in het stijlvol gerestaureerde Old Newspaper House. Onder andere verse, lichte en originele gerechten uit de hedendaagse Aussiekeuken met een Thais accent. Hoofdgerechten A-$ 24-46.
Klassieker – **Miss Maud Swedish Restaurant** 2: in het gelijknamige hotel, tel. 08-93 25 39 00, dag. 7.30-23 uur. Uitstekende Scandinavische keuken; voor wie trek heeft: het overvloedige ontbijtbuffet en het al even overvloedige smørgåsbord. Buffetmenu vanaf A-$ 39.
Aziatisch – **Han's Café** 4: 200 Murray St., Shop 24/24A, City, tel. 08-92 26 38 18, www.hanscafe.com.au, dag. 11-22 uur. Lekkere

Perth en omgeving

Chinese, Japanse en Thaise gerechten. Hoofdgerechten A-$ 17-19.
Vegetariërsparadijs – **Annalakshmi** 5 : Jetty 4, Barrack Sq., City, tel. 08-92 21 30 03, www.annalakshmi.com.au, dag. 12-14, 18-21 uur. Indiaas-vegetarisch buffet met authentieke, smakelijke gerechten. Bij het afrekenen is het *pay as you feel* – je beslist zelf hoeveel het eten je waard was. Op aanvraag ook kookcursussen.

Winkelen

Made in Australia – **The Australian Shop** 1 : 161 Murray Street Mall, City, tel. 08-93 25 29 97, ma.-vr. 9-19, za., zo. 10-17 uur. Hier vind je typisch Australische souvenirs.
Aboriginalkunst – **Creative Native Aboriginal Art Gallery** 2 : Forrest Pl., City, tel. 08-92 21 58 00, www.creativenative.com.au, ma.-do. 10-17.30, vr. 10-20, za. 10-17, zo. 12-17 uur. Goed adres voor hoogwaardige Aboriginalkunstnijverheid.
Nostalgisch winkelen – **London Court** 8 : St. Georges Terr., City, ma.-do. 9-17.30, vr. 9-21, za. 9-17, zo. 12-18 uur. Shoppen in een winkelpassage in Engelse stijl met veel souvenirwinkels.
Outdoorkleding – **Paddy Pallin** 3 : 884 Hay St., City, tel. 08-93 21 26 66, www.paddypallin.com.au, ma.-do. 9-17.30, vr. 9-20, za. 9-17, zo. 11-17 uur. Alles voor outdoor, gemaakt van de beste materialen. In hetzelfde pand zit het Perth Map Centre met een grote keus aan wegen- en wandelkaarten.
Hippe wijk – **Subiaco** 4 : de wijk Sublaco, 4 km ten westen van de City, is een shoppingparadijs met designerboetieks, trendy galeries en individuele winkels, vooral op het gebied van mode en accessoires.

Uitgaan

Restaurants, pubs en clubs concentreren zich in de nabij de City gelegen voorsteden Northbridge en Subiaco en in Fremantle (blz. 322). Wat er waar gaande is kun je lezen in het wekelijks verschijnende, gratis *Xpress Magazine*, **www.xpressmag.com.au**. Actuele informatie op internet vind je op **www.enjoyperth.com.au**. Reserveren – ook vanuit het buitenland – voor alle grote culturele en sportevenementen kun je via Ticketmaster, tel. 13 61 00, www.ticketmaster.com.au.
Hart van het culturele leven – **Perth Concert Hall** 1 : 5 St. Georges Terr., City, tel. 08-92 31 99 00, www.perthconcerthall.com.au. Muzikale evenementen van iedere soort, van klassiek tot rock (tickets A-$ 50-200).
Experimenterend en innovatief – **Playhouse Theatre** 2 : 3 Pier St., City, tel. 08-93 23 34 33. Klein podium, experimenteel repertoire (tickets A-$ 40-70). **The Blue Room** 3 : 53 James St., Northbridge, tel. 08-92 27 70 05, www.blueroom.org.au. Alternatief podium voor onafhankelijke theatergezelschappen (tickets A-$ 40-60).
Musical – **His Majesty's Theatre** 4 : Hay St., hoek King St., City, tel. 08-92 65 09 00, www.hismajestystheatre.com.au (tickets A-$ 50-200).
Trefpunt voor locals – **His Majesty's Tavern** 5 : Hay St., hoek King St., City, tel. 08-93 21 53 24, zo.-do. 12-23, vr., za. 12-1 uur. Populaire pub, soms liveoptredens.
Livemuziek – **The Deen Hotel** 6 : 84 Aberdeen St., Northbridge, tel. 08-92 27 93 61, www.thedeen.com.au, zo.-do. 12-1, vr., za. 12-2 uur. Rock, pop enzovoort, dag. livebands.
Keep on rockin' – **The Emerson Bar** 7 : 356 Murray St., hoek King St., City, tel. 08-94 81 32 22, www.emersonbar.com.au, ma.-do. 11-1, vr., za. 11-3, zo. 11-24 uur. Twee dansvloeren, diverse bars en een heleboel rockdevotionalia aan de wanden.
Megaclub – **Metro City** 8 : 146 Roe St., Northbridge, tel. 08-92 28 05 00, www.metrocity.com.au, zo.-do. 19-2, vr., za. 19-3 uur. Populaire nachtclub verdeeld over meerdere verdiepingen; met dj's en livebands.
Coole locatie – **Tiger Lil's Tavern** 9 : 437 Murray St., City, tel. 08-93 22 73 77, www.tigerlils.com.au, di.-do. 15-24, vr., za. 11 uur tot laat. Tot 22 uur worden authentieke Thaise gerechten geserveerd, daarna verandert deze trendy, minimalistisch-modern gestylde zaak in een hippe party lounge.
Jazz puur – **Universal Bar** 10 : 221 William St., Northbridge, tel. 08-92 27 67 71, www.universalbar.com.au, wo., do. 15-1, vr. 11.30-2, za. 16-2, zo. 16-24 uur. Bijna iedere avond livejazz uit alle stijlrichtingen.

Actief

Stadstours – **Perth Explorer** [1] : tel. 08-92 03 88 82, www.perthexplorer.com.au. Deze toeristenbus maakt een lus door de binnenstad; met een dagkaart kun je bij de bezienswaardigheden de rit zo vaak als je wilt onderbreken (dag. 9-17 uur ieder uur, vertrek vanaf de Barrack Street Jetty, A-$ 32). **Kings Park Indigenous Heritage Tour** [2] : tel. 0405-63 06 06, www.indigenouswa.com/kings-park-tours. Anderhalf uur durende wandeling met Aboriginalgidsen door Kings Park en de botanische tuin (ma.-vr. 13.30, 15.30 uur, verzamelen bij het Wadjuk Car Park, A-$ 35, reserveren bij het Western Australian Visitor Centre). **Two Feet & a Heartbeat**: reserveren bij het Western Australian Visitor Centre of op tel. 1800-45 93 88, www.twofeet.com.au. Geëngageerde gidsen tonen je tijdens anderhalf tot drie uur durende wandelingen hun stad vanuit een ongewoon perspectief (vanaf A-$ 35).

Boottochten – **Swan River Scenic Cruises** [3] : c/o Captain Cook Cruises, Pier 3, Barrack Street Jetty, City, tel. 08-93 25 33 41, www.captaincookcruises.com.au. Boottochten op de Swan River (dag. 9.45, 11.30, 14.15 uur, A-$ 40).

Boottocht met wijngoedbezichtiging – **Swan Valley Gourmet Wine Cruise** [4] : c/o Captain Cook Cruises, Pier 3, Barrack Street Jetty, City, tel. 08-93 25 33 41, www.captaincookcruises.com.au. Boottocht over de Swan River met bezichtiging van het wijngoed Sandalford Estate (dag. 9.45 uur, A-$ 169).

Evenementen

Perth Cup (jan., nieuwjaarsdag): belangrijke paardenrennen, www.perthcup.com.au.
Perth International Arts Festival (feb.-mrt.): groot cultureel festival, www.perthfestival.com.au
Royal Perth Show (sept.-okt.): belangrijke landbouwtentoonstelling, www.perthroyalshow.com.au.

Vervoer

Vliegtuig: tussen de Domestic Airport voor binnenlandse vluchten (11 km ten noordoosten van Perth) en de International Airport (16 km ten noordoosten van Perth) en het centrum pendelt de Perth Airport City Shuttle, tel. 08-92 77 46 66, www.perthairportconnect.com.au (5-21 uur ieder halfuur, reistijd 30-40 min., A-$ 15-17). Een taxirit van de luchthaven naar het centrum kost A-$ 45-55.
Trein: interstatetreinen en alle treinen naar bestemmingen binnen Western Australia (uitgezonderd Bunbury) vertrekken vanaf de Fast Perth Railway Terminal, West Par., East Perth. Informatie: tel. 1300-66 22 05, www.transwa.wa.gov.au.
Bus: streekbussen van alle maatschappijen behalve Transwa Buses vertrekken vanaf het Perth Central Bus Station, Wellington St., City. Informatie en reservering: Integrity Coach Lines, tel. 08-92 74 74 64, www.integritycoachlines.com.au. Transwa Buses, tel. 1300-66 22 05, www.transwa.wa.gov.au, vertrekken vanaf de East Perth Terminal, West Par., East Perth.
Huurauto: een grote keus aan voertuigen van ieder type, ook terreinwagens en campers, hebben Avis, tel. 08-93 25 76 77, Britz, tel. 1300-73 80 87, Budget, tel. 13 27 27, Europcar,

GLIJDEN OP DE GOLVEN

De idyllische stranden vlak aan zee trekken niet alleen enthousiaste zwemmers en zonaanbidders aan, maar ook veel surfers. Een van de bekendste hotspots om te kiten en te surfen is **Scarborough Beach**, dat met zijn fantastische golven zowel geschikt is voor beginners als gevorderden. **Trigg Beach**, zo'n 15 km ten noordwesten van Perth, is daarentegen zelfs voor uitblinkers een ware uitdaging. Helemaal een bezoek waard zijn de wedstrijden 's avonds, die regelmatig op **City Beach** worden georganiseerd.

Perth en omgeving

tel. 13 13 90, Hertz, tel. 13 30 39. Alle verhuurders hebben filialen op of vlak bij het vliegveld.

Jezelf verplaatsen in de stad
Informatie geeft het Transperth Information Centre, 125 St. Georges Terr., City, tel. 13 62 13, www.transperth.wa.gov.au, ma.-vr. 7-18, za. 7.30-15 uur.
Bus: in het centrum rijden drie gratis buslijnen van Central Area Transit (CAT, iedere 10 min., ma.-do. 7-18, vr. 7-1, za. 8.30-13, zo. 10-17 uur).
Trein: treinen naar de voorsteden en Australind-treinen richting Bunbury vertrekken van het City Railway Station, Wellington St., City.
Veerboten: pendelen ma.-vr. 6.45-19.15, za., zo. 7.45-19.15 uur ieder halfuur tussen Barrack Street Jetty (City) en Mends Street Jetty (South Perth). Bij Barrack Street Jetty vertrekken ook de excursieboten naar Fremantle, Rottnest Island en de Swan Valley.
Taxi: taxi's zijn volop voorhanden; Black & White, tel. 13 10 08, Independent Taxis, tel. 08-93 75 77 77, Swan Taxis, tel. 13 13 30.
Met eigen vervoer: behalve voor campers zijn er volop parkeermogelijkheden in parkeergarages; sowieso heb je in de binnenstad geen auto nodig.

Rond Perth

Fremantle

Plattegrond: zie blz. 325
Zo'n 19 km ten zuidwesten van de City ligt **Fremantle**, de oude en nieuwe haven van de hoofdstad van Western Australia. De naar captain Charles Fremantle genoemde stad aan de monding van de Swan River in de Indische Oceaan werd tegelijkertijd met Perth gesticht. Hoewel Fremantle tegenwoordig nog altijd een belangrijke haven is voor de verscheping van minerale grondstoffen en agrarische producten, is men erin geslaagd om het historische karakter van de oude stadskern te bewaren. Dat de meeste van de rond 150 oude bouwwerken de pracht en praal uit de koloniale tijd uitstralen, is vooral ook te danken aan de America's Cup van 1987, het belangrijkste zeilevenement in de sportgeschiedenis van Australië. Destijds werd Fremantle als vertrekpunt van de wedstrijd met veel architectonische verfijning opgeknapt. Bovendien verrast 'Freo' met zijn prettige bistro's en boetieks, gezellige pubs en restaurants plus interessante musea en galeries. Cafés met terrassen rijgen zich aaneen aan het South Terrace, de zogenaamde Cappuccino Strip. Een beschouwelijke manier om vanuit de City naar Fremantle te reizen, bieden de rivierboten, die regelmatig vertrekken vanaf de Barrack Street Jetty.

Old Round House [1]
Tel. 08-93 36 68 97, www.fremantleroundhouse.com.au, dag. 10.30-15.30 uur, toegang gratis, vrijwillige bijdrage van circa A-$ 5 aanbevolen
Een goed uitgangspunt voor een rondwandeling van twee à drie uur is het **Old Round House** (1831) aan Arthur Head, ooit de eerste gevangenis van de Swan River Colony. Hier werden de bannelingen na hun aankomst in Fremantle tijdelijk ondergebracht.

Victoria Quay
De volgende halte is het aan **Victoria Quay** gelegen **Maritime Museum of Western Australia** [2] met scheepsmodellen, bouwtekeningen, boegbeelden en de gereconstrueerde romp van de *Batavia*, het Nederlandse VOC-schip dat in 1629 voor de kust zonk (tel. 08-94 31 83 34, www.museum.wa.gov.au/maritime, dag. 9.30-17 uur, A-$ 15). Een mooi uitzicht over de haven heb je vanaf het uitkijkplatform van het **Port Authority Building** [3].

Japingka Art Gallery [4]
47 High St., tel. 08-93 35 82 65, www.japingka.com.au, ma.-vr. 10-17.30, za., zo. 12-17 uur, toegang gratis
De **Japingka Art Gallery** voert je mee naar de wereld van de regenboogslang en de scheppingsmythen van de Aboriginals. In een gerenoveerd pakhuis van rond 1880 presenteert deze gerenommeerde galerie zo'n 4500 door Aboriginals gemaakte kunstobjecten. De benedenverdieping geeft een overzicht, de bo-

Rond Perth

Het alternatief voor Perth: Fremantle – achter koloniale façades verbergen zich hippe boetieks en horecazaken

venverdieping toont exposities van individuele kunstenaars.

Aan High Street zitten nog meer kunstgaleries. Diverse ateliers onder een dak zijn te vinden bij **Bannister Street Craftworks** 1 in de parallel aan High Street lopende Bannister Street.

Kings Square

Het is maar een klein eindje naar Kings Square met de **Town Hall** 5 uit 1887, waar nu het toeristenbureau is gevestigd. Iets verderop verheft zich in Adelaide Street de anglicaanse **St. John's Church** 6 uit 1881 met mooie gebrandschilderde ramen.

Fremantle Markets en Warders Quarters

Wandel verder naar de **Fremantle Markets** 2 op de hoek van South Terrace en Henderson Street. In de in 1897 gebouwde hallen worden nog regelmatig markten gehouden (tel. 08-93 35 25 15, www.fremantlemarkets.com.au, vr. 9-20, za.-ma., feestdagen 9-18 uur). Pal ernaast liggen de **Warders Quarters** 7, de in 1851 gebouwde voormalige onderkomens voor de gevangenbewaarders.

Fremantle Prison 8

1 The Terrace, tel. 08-93 36 92 00, www.fremantleprison.com.au, dag. 10-17 uur, rondleidingen ieder halfuur, A-$ 20; Tunnel Tour A-$ 60; vanaf 19.30 uur Torchlight Tour, A-$ 26

Iets verderop ligt de duistere **Fremantle Prison**. Dit vestingachtige, in de 19e eeuw door gedeporteerden gebouwde complex diende tot 1991 als extra beveiligde gevangenis. Wie geen last heeft van claustrofobie kan deelnemen aan de Tunnel Tour, waarbij je te voet en met kleine boten tot 20 m onder de grond het gangenlabyrint van de historische gevangenis verkent. Een deel van het complex biedt tegenwoordig onderdak aan een hostel (blz. 324).

Informatie

Fremantle Visitor Centre: Town Hall, Kings Sq., tel. 08-9431 78 78, www.visitfremantle.com.au, ma.-vr. 9-17, za. 9-16, zon- en feestdagen 10-16 uur.

Overnachten

Sfeer van voorbije tijden – **Esplanade Hotel 1**: Marine Terr., hoek Essex St., tel. 08-94 32 40 00, www.rydges.com. Luxehotel in koloniale stijl met restaurant en zwembad. 2 pk A-$ 215-395.

Pubhotel – **Norfolk Hotel 2**: 47 South Terr., tel. 08-93 35 54 05, www.norfolkhotel.com.au. Geen plek voor vroege slapers, maar de negen kamers (de goedkope met gemeenschappelijke badkamer) boven deze historische pub aan de uitgaansstraat van Fremantle zijn wel ruim en luchtig. 2 pk A-$ 130-150.

Hostel in oude gevangenis – **Fremantle Prison YHA 8**: 6A The Terrace, tel. 08-94 33 43 05, www.yha.com.au/hostels. Aparte slaapervaring in een 19e-eeuwse voormalige gevangenis, ofwel in gemeenschappelijke of in eenpersoonscellen. Het moderne bijgebouw heeft comfortabele tweepersoonskamers. 2 pk A-$ 62- 90, meerpersoonskamer A-$ 22-27 p.p.

Eten en drinken

Instituut – **Cicerello's 1**: Fishermans Wharf, 44 Mews Rd., tel. 08-93 35 19 11, www.cicerellos.com.au, dag. 10 uur tot laat. Sinds 1903 serveert deze traditionele zaak met uitzicht op zee de beste fish'n'chips van Western Australia. Gerechten A-$ 15-30.

Biologisch – **Bread in Common 2**: 43 Pakenham St., tel. 08-93 36 10 32, www.breadincommon.com.au, ma.-vr. 11.30-22, za., zo. 8 uur tot laat. Restaurant, tevens bakkerij, waar mediterraan geïnspireerde gerechten worden geserveerd. In de keuken worden enkel biologisch vlees en biologische groenten uit de streek gebruikt. Ook glutenvrij en veganistisch. Gerechten A-$ 12-28.

Winkelen

Kunstnijverheid – **Bannister Street Craftworks 1**: 8-12 Bannister St., tel. 08-93 36 20 35, di.-za. 10-17, zon- en feestdagen 12.30-17 uur. Hoogwaardige kunstnijverheid.
Markt – **Fremantle Markets 2**: South Terr., hoek Henderson St., tel. 08-93 35 25 15, vr. 9-20, za.-ma., feestdagen 9-18 uur. Levensmiddelen, kunst, kitsch en veel couleur locale.

Uitgaan

In de brouwerij – **Little Creatures Brewery 1**: 40 Mews Rd., tel. 08-94 30 55 55, www.littlecreatures.com.au, ma.-vr. 10-1, za. 9-1, zo. 9-23 uur. Bekroonde bieren, Italiaans geïnspi-

Fremantle

Bezienswaardig
1. Old Round House
2. Maritime Museum of Western Australia
3. Port Authority Building
4. Japingka Art Gallery
5. Town Hall
6. St. Johns Church
7. Warders Quarters
8. Fremantle Prison

Overnachten
1. Esplanade Hotel
2. Norfolk Hotel

Eten en drinken
1. Cicerello's
2. Bread in Common

Winkelen
1. Bannister Street Craftworks
2. Fremantle Markets

Uitgaan
1. Little Creatures Brewery

Actief
1. Fremantle Tram Tours

---

reerd eten en wisselende fototentoonstellingen in een transparante boetiekbrouwerij. Supergezellig, altijd druk.

Actief
Stadstours – **Fremantle Tram Tours** 1 : tel. 08-94 73 03 31, www.fremantletrams.com.au. Stadsrondrit in een als tram vermomde bus met uitleg bij de bezienswaardigheden; met een dagkaart mag je de rit zo vaak je wilt onderbreken (dag. 9-17 uur ieder uur, vertrek Fremantle Town Hall, A-$ 25). **Fremantle Indigenous Heritage Tour** 2 : tel. 0405-63 06 06, www.in digenouswa.com/fremantle-tour. Anderhalfuur durende wandeling met Aboriginals door Fremantle (za. 13.30 uur, verzamelen bij het Maritime Museum of Western Australia, A-$ 35).

Rottnest Island

Zo'n 20 km voor Fremantle ligt het hoofdzakelijk uit zand en kalksteen bestaande **Rottnest Island** (www.rottnestisland.com), waar de vegetatie zich beperkt tot laag struikgewas. De naam van het eiland berust op een biologische fout. Nederlanders die hier aan het eind van de 17e eeuw aan land kwamen, hielden de hier talrijk voorkomende quokka's (een kleine kangoeroesoort) voor grote ratten en noemden het eiland daarom 'rattennest'. Naast stranden en uitstekende duikgebieden vind je op het eiland – in de weekends druk bezocht door de inwoners van Perth – de voormalige gevangenis **The Quad** en het **Quokka Arms Hotel**, vroeger de zomerresidentie van de gouverneurs van Western Australia.

Vervoer
Op het eiland rijden geen auto's, alleen enkele excursiebussen zoals de Island Explorer Bus, die tussen 9 en 15 uur langs de bezienswaardigheden rijdt (dagkaart A-$ 20), en veel huurfietsen.

Veerboten: Rottnest Express, tel. 1300-46 76 88, www.rottnestexpress.com.au, diverse keren per dag vanaf Barrack Street Jetty, City, en B-Shed, Victoria Quay, Fremantle (retour A-$ 85 resp. 65).

Lake Monger en stranden

Het beschermde natuurgebied **Lake Monger** met zijn talrijke zwarte zwanen en andere watervogels ligt 4 km ten noordwesten van het centrum van Perth en is eenvoudig bereikbaar per openbaar vervoer. Van de City rij je ook gemakkelijk per bus naar de uitgestrekte zwemstranden aan de Indische Oceaan, waaronder **City Beach**, **Brighton Beach**, **Scarborough Beach**, **North Beach**, **Sorrento Beach** en **Mullaloo Beach**.

Hillarys

In de noordelijke voorstad **Hillarys** ligt de royale jachthaven Hillarys Boat Harbour met het winkel- en restaurantcentrum **Sorrento Quay**.

In het **Aquarium of Western Australia**, een reusachtig zoutwateraquarium, kun je dankzij een tunnel van acrylglas met droge voeten een kijkje nemen in de onderwaterwereld van de Indische Oceaan. Op aanschouwelijke wijze worden de verschillende kustwateren van West-Australië gepresenteerd. Zo zul je je net zo verbazen over de unieke vegetatie van 'zeewierbossen' aan de koude zuidkust als over de fascinerende flora en fauna van de koraalriffen in het tropische noordwesten. In de Danger Zone maak je kennis met de gevaarlijkste en giftigste zeebewoners ter wereld. Op een andere afdeling gunnen interactieve displays en computer- en videoanimaties je een kijkje in het werk van zeebiologen (tel. 08-94 47 75 00, www.aqwa.com.au, dag. 10-17 uur, A-$ 30).

Yanchep

Yanchep geniet grote populariteit als vakantieoord. Rond het stadje strekt zich het **Yanchep National Park** uit, dat bezoekers trekt met het watervogelparadijs Loch McNess, een klein dierenpark met koalaverblijf en veel druipsteengrotten. De Crystal en Yonderup Caves zijn toegankelijk voor publiek (tel. 08-92 19 90 00, www.dpaw.wa.gov.au, rondleidingen diverse keren dag., A-$ 10).

Swan Valley

De populairste bestemming voor een uitstapje in het oosten van Perth is de **Swan Valley** (www.swanvalley.com.au), het dal van de Swan River aan de rand van de Darling Range. Aan weerszijden van de rivier wordt al meer dan 150 jaar wijn verbouwd. Ongeveer veertig wijngoederen, die bijna allemaal toegankelijk zijn voor proeverijen en verkoop, produceren hier hoogwaardige rode en witte tafelwijnen. Je bereikt Swan Valley het handigst als je deelneemt aan een bootexcursie vanaf de Barrack Street Jetty in Perth.

Guildford

Het centrum van de wijnstreek is **Guildford**. Nostalgici zullen daar graag een kijkje nemen in het tussen 1883 en 1885 gebouwde **Wood-

bridge House**. Met zijn weelderige en luxueuze inrichting geeft dit pand een beeld van de levensstijl van een welgestelde victoriaanse familie (81 Ford St., tel. 08-93 21 60 88, www.nationaltrust.org.au/places/woodbridge, do.-zo. 13-16 uur, in juli gesl., A-$ 5).

Guildford is ook het vertrekpunt voor de 32 km lange **Swan Valley Drive** door de vallei van de Swan River, die langs enkele van de vermaardste wijngoederen van de streek voert.

Caversham Wildlife Park

Whiteman Park: Lord St., Whiteman, tel. 08-92 09 60 00, www.whitemanpark.com, dag. 8.30-18 uur, toegang gratis; Caversham Wildlife Park: tel. 08-92 48 19 84, www.cavershamwildlife.com.au, dag. 9-17.30 uur, A-$ 28

In het enkele kilometers ten noordwesten van Guildford gelegen natuurreservaat **Whiteman Park**, met wandelpaden en picknickplaatsen, ligt het **Caversham Wildlife Park**. Daar mag

Rond Perth

Klein formaat kangoeroes: wallaby's, in dierentuinen en natuurparken vaak handtam

je koala's aaien en kangoeroes en hun kleine soortgenoten, wallaby's, voeren. Er zijn ook goanna's en andere hagedissoorten te zien, evenals veel bontgekleurde papegaaien.

Walyunga National Park en Avon River National Park

In het bovendal van Swan Valley strekt zich een van de laatste ongerepte gebieden uit van het rivierdal van het **Walyunga National Park**. Verder noordelijk ligt in het dal van de Avon **Avon River National Park** met tal van wandelpaden.

John Forrest National Park en Mundaring Weir

Als je vanaf Guildford de Great Eastern Highway in oostelijke richting volgt, kom je na 10 km uit bij het **John Forrest National Park,** het in de Perth Hills gelegen, oudste nationale park van Western Australia.

Ten zuiden van **Mundaring** ligt het stuwmeer **Mundaring Weir**, dat de mijnstad Kalgoorlie via een 553 km lange pijplijn van water voorziet. Van het stuwmeer kun je over een landschappelijke fraaie route door de Darling Range langs de Lesmurdie Falls terugkeren naar Perth.

York

Als je van Mundaring via de Great Eastern Highway doorrijdt naar het oosten, kom je na circa 60 km uit bij het in 1831 gestichte stadje **York**. Deze oudste plaats in het binnenland van Western Australia is vooral een bezoek waard om zijn stijlzuiver bewaard gebleven koloniale stadsbeeld. Naast het in 1851 gebouwde Castle Hotel, dat lange tijd heeft dienstgedaan als postkoetsstation, is vooral de bakstenen Town Hall uit 1911 met zijn rijke stucversiering en stijlvolle halfboogvensters bezienswaardig.

Van Perth naar Darwin

Van Perth naar Darwin is het ruim 4000 km – dezelfde afstand als van Madrid naar Moskou of van IJsland naar Istanbul. Honderden kilometers lang voeren de dicht langs de kust lopende highways door van de hitte zinderende halfwoestijnen en monotoon bushland. Maar een stukje landinwaarts liggen enkele van de mooiste nationale parken van Australië.

Tijdens de regenperiode tussen november/december en maart/april kun je het noorden van Western Australia beter niet op je reisprogramma zetten. Ten eerste heerst er dan een extreem drukkend klimaat en ten tweede kunnen zondvloedachtige wolkbreuken binnen korte tijd hele landstreken in ondiepe binnenzeeën veranderen. Zelfs op de geasfalteerde Great Northern Highway zitten automobilisten dan af en toe uren- en soms zelfs dagenlang vast in het water of de modder. Ideaal zijn daarentegen de wintermaanden tussen mei en oktober. Overdag is het dan meestal onbewolkt, warm en zonnig, wel kan het 's nachts in het binnenland behoorlijk koud worden. Omdat de uitstapjes onderweg meestal veel tijd in beslag nemen, is het raadzaam om voor deze route zeker twee weken uit te trekken.

Vanuit Perth voeren diverse wegen naar het noorden. Als je je reis rustig wilt beginnen, kun je eerst over de **kustweg** (S 71) naar Yanchep National Park (zie blz. 326) met zijn karstgrotten en koalakolonie rijden. Uiteindelijk eindigt de kustweg in Two Rocks, waar je moet terugkeren naar een van de meer landinwaarts lopende hoofdwegen. Met genoeg tijd kun je ook voor de continu verharde, zeer schilderachtige **Indian Ocean Drive** (S 60) kiezen, die direct langs de kust loopt en een kleine 100 km voor Geraldton uitkomt op de uit Perth komende **Brand Highway** (Hwy 1), de derde variant voor de rit van Perth naar het noorden langs de kust.

De Brand Highway verandert na Geraldton zijn naam in in **North West Coastal High-way** en gaat kort voor Port Headland op in de **Great Northern Highway** (Hwy 95). Deze laatste is de beste optie voor reizigers met haast. De Great Northern Highway begint in Perth's voorstad Midland en loopt door het binnenland naar het noorden. Weliswaar is het de snelste verbinding met The Top End, de route is ook vrij arm aan landschappelijke bezienswaardigheden.

Batavia Coast

Nambung National Park
▶ 1, C 14
A-$ 12 per auto

Het eerste hoogtepunt op de kustroute ligt aan de Indian Ocean Drive bij het plaatsje **Cervantes.** Hier wachten de beroemde, spectaculaire *pinnacles* ('torentjes') in het **Nambung National Park**. Vanuit Cervantes aan de noordrand van het park voert een 17 km lange asfaltweg naar de duizenden grillig gevormde, tot 5 m hoge kalkstenen zuilen, die als stalagmieten oprijzen uit de bijna vegetatieloze zandgrond. Over de geologische oorsprong van deze merkwaardige stenen plastieken lopen de meningen nog altijd uiteen. Volgens één theorie zijn de wortelstelsels van de vroegere vegetatie in de loop van duizenden jaren door mineraalhoudend water bedekt met lagen kalk en later door de wind blootgelegd. Door de Pinnacle Desert loopt een 5 km lange, rondlopende steenslagweg, die ook berijdbaar is met een personenauto.

Batavia Coast

Informatie

Pinnacles Visitor Centre: c/o Post Office, Cadiz St., Cervantes, tel. 08-96 52 77 00, www.visitpinnaclescountry.com.au, dag. 10-17 uur. Hier kun je ook excursies boeken.

Overnachten

Ideaal om het nationaal park te bezoeken – **Cervantes Pinnacles Motel:** 7 Aragon St., Cervantes, tel. 08-96 52 71 45, www.cervantespinnaclesmotel.com.au. Comfortabel, met uitstekend restaurant en zwembad. 2 pk A-$ 110-150.

Camping en cabins – **RAC Cervantes Holiday Park:** 35 Aragon St., Cervantes, tel. 08-96 52 70 60, 1800-87 15 70, www.parksandresorts.rac.com.au/park/cervantes-holiday-park. Goed toegeruste camping direct aan het strand.

Eten en drinken

Betaalbare culinaire luxe – **Lobster Shack:** 11 Madrid St., Cervantes, tel. 08-96 52 70 10, www.lobstershack.com.au, dag. 11-15 uur. Dit eenvoudige, bij een kleine 'kreeftenfabriek' horende restaurant serveert seafood tegen schappelijke prijzen – in porties waarbij je je over het vullen van je maag geen zorgen hoeft te maken. Er worden ook fabrieksbezichtigingen en boottochten met zeehondenobservatie aangeboden. Gerechten A-$ 15-25.

Geraldton ▶ 1, B 13

Weer terug op de Brand Highway rijd je via de historische plaats **Greenough** met zijn goed bewaard gebleven gebouwen uit de tweede helft van de 19e eeuw naar de stad **Geraldton**. Deze thuishaven van een belangrijke langoestenvloot is ook de exporthaven voor de producten van het agrarische achterland. Bovendien geniet de stad, die vanwege zijn zonrijke klimaat bekendstaat als 'Sun City', grote populariteit als vakantieoord.

Een nationaal park vol met door de natuur gemaakte sculpturen – pinnacles noemt men de kalkstenen zuilen, die met hulp van de wind vanuit het zand naar boven zijn gekomen

ABC uit de ether

Kinderen in het binnenland van Australië moeten meestal onvoorstelbare afstanden afleggen naar de dichtstbijzijnde school. Voor deze bushkinderen is daarom iets bedacht dat uniek is in de wereld: de School of the Air, de 'School uit de Ether'.

De eerste School of the Air, tegenwoordig ook School of Distance Education genoemd, werd in 1951 in Alice Springs opgericht als 'pedagogische faculteit' van de Royal Flying Doctor Service, waarbij gebruikgemaakt werd van de radiostations van deze Australische luchtreddingsdienst. Inmiddels zijn er nog acht van dit soort scholen bijgekomen. In de hele bush nemen meer dan tweeduizend zes- tot elfjarige kinderen van schapenfokkers, veeboeren, mijnwerkers en opaaldelvers deel aan deze vorm van onderwijs. De scholieren wonen verspreid over een gebied van circa 5 miljoen km². Afhankelijk van hun leeftijd worden ze ingedeeld in groepen van zeven tot tien leerlingen. Per werkdag zijn drie lesuren van telkens rwintig tot dertig minuten verplicht voor ieder kind.

Het radio-onderwijs vereist een zorgvuldige voorbereiding door de leerkrachten. Via de post ontvangen alle deelnemende kinderen het benodigde lesmateriaal, waaronder cd-roms, dvd's en boeken, toegespitst op elk afzonderlijk lesuur. Via de ether kunnen vakken als Engels, maatschappijleer, aardrijkskunde en muziek worden gegeven. Het onderwijs in natuurwetenschappelijke vakken en vooral in wiskunde gebeurt voornamelijk schriftelijk. Van steeds groter belang zijn de moderne onderwijsmethoden met de mogelijkheden die internet biedt. Zo communiceren docenten en studenten steeds meer via de webcam en headsets. Minstens evenveel werk als de radioleerkrachten hebben de moeders, die praktische hulp bieden bij de lessen en erop toezien dat de kinderen hun huiswerk maken.

Hoewel de 'klaslokalen' niet zelden 500 km lang en 300 km breed zijn, proberen de leraren hun leerlingen zo vaak mogelijk persoonlijk te ontmoeten, ofwel door op huisbezoek te gaan of tijdens een meerdaags school camp, waarbij de kinderen een keer per jaar bijeenkomen in de dichtstbijzijnde provinciestad.

Brett, een 'radioleraar' van de School of the Air, nodigt zijn gast uit Nederland uit om mee te doen aan een les van zijn klas. Na een korte ochtendgroet controleert hij eerst of er niemand ontbreekt. Alle kinderen zijn present. 'Bij ons wordt nauwelijks gespijbeld', legt Brett later uit. Dan staat er aardrijkskunde op het programma. 'Wie weet waar Nederland ligt?' vraagt Brett. In de radioschool steekt natuurlijk niemand zijn vinger op. In plaats daarvan drukken de kinderen op een knop van het radiotoestel met twee kanalen. Omdat elke leerling probeert als eerste het goede antwoord te geven, klinkt uit de luidsprekers van de schoolstudio een kakofonie van geluiden. 'Goed zo, in Europa', zegt Brett, 'en sla nu allemaal je atlas open op bladzijde 12, daar zien jullie in het westen Nederland liggen.' De bezoeker uit The Netherlands wordt nu gevraagd om iets over zijn land te vertellen. Hierna is de les afgelopen. 'Good bye,' groet de gast in de microfoon. 'Good bye,' roepen de kinderen uit alle uithoeken van de Australische outback terug.

Batavia Coast

Het rond 1850 als garnizoensstad gestichte Geraldton bezit met het **Western Australian Museum Geraldton** een uitstekend scheepvaartmuseum met een groot aantal vondsten afkomstig uit de wrakken van de Nederlandse VOC-schepen die in de 17e en 18e eeuw op hun route naar Batavia, de hoofdstad van het toenmalige Nederlandse koloniale rijk in Oost-Indië, op de kust stranddden (1 Museum Pl., tel. 08-94 31 83 93, www.museum.wa.gov.au, dag. 9.30-15 uur, toegang gratis, gift van circa A-$ 5 gewenst). De **St. Francis Xavier Cathedral** werd tussen 1916 en 1938 gebouwd in pseudo-Byzantijnse stijl (rondleidingen ma. 10, vr. 14 uur, A-$ 2).

In de buurt van het **Point Moore Lighthouse** van 1879 strekken zich goede stranden uit. Zo'n 6 km voor de kust wacht duikers een bijzondere attractie – het wrak van de in 2004 gezonken viskotter *South Tomi*. Duikers en snorkelaars gaan ook graag naar de 70 km ten westen van Geraldton gelegen **Houtman Abrolhos Islands** met hun fascinerende onderwatertuinen.

Informatie

Geraldton Visitor Centre: 246 Marine Terr., tel. 08-99 56 66 70, www.geraldtonvisitorcentre.com.au, ma.-vr. 9-17, za., zon- en feestdagen 9-13 uur.

Overnachten

Solide stadshotel – **Hospitality Inn:** 169 Cathedral Ave., tel. 08-99 21 14 22, www.geraldton.wa.hospitalityinns.com.au. Moderne kamers, restaurant, zwembad. 2 pk A-$ 139-199.

Camping en cabins – **Sunset Beach Holiday Park:** Bosley St., Sunset Beach, tel. 1800-35 33 89, www.sunsetbeachpark.com.au. 6 km ten noorden van Geraldton, goed toegerust.

Eten en drinken

Verfijnd gekruid – **The Lemon Grass:** Fitzgerald St., tel. 08-99 64 11 72, dag. 11-23 uur. Authentieke Thaise keuken. Gerechten A-$ 14-26.

Actief

Wrakduiken – **Batavia Coast Dive & Watersports:** tel. 08-99 21 42 29, www.bcda.com.au, vanaf A-$ 185. Duikexcursies naar het wrak van de South Tomi.

Vliegsafari's – **Geraldton Air Charter:** Geraldton Airport, tel. 08-99 23 34 34, www.geraldtonaircharter.com.au. Met kleine propellervliegtuigen naar de Houtman Abrolhos Islands (vanaf A-$ 225).

Principality of Hutt River Province ▶ 1, B 12

Dag. 10-16 uur, www.principality-hutt-river.com

Precies 100 km ten noorden van Geraldton ligt bij **Northampton** de **Principality of Hutt River Province.** Dit 'onafhankelijke' vorstendom is op bijna geen enkele landkaart terug te vinden omdat het niet wordt erkend door de Australische regering in Canberra.

Na een controverse met de regering van de staat Western Australia heeft boer Leonard George Casley op 21 april 1970 zijn grondgebied onafhankelijk verklaard en zichzelf kort daarna tot regent uitgeroepen.

Het rijk van deze zonderlinge heerser meet 75 km². Zijn onderdanen zijn naast dertig mensen zo'n tienduizend schapen en enkele tientallen melkkoeien. Zoals gebruikelijk bij een echte staat beschikt de Principality of Hutt River Province over een eigen grondwet. De wetgevende macht is in handen van een parlement, dat om de vijf jaar gekozen wordt. Tot zijn aftreden op 11 februari 2017 fungeerde Prince Leonard als regeringsleider. Hij werd opgevolgd door zijn jongste zoon Graeme.

Tal van bezoekers weten dagelijks de nogal verborgen residentie van Prince Graeme en zijn vader te vinden. Ze kopen postzegels en souvenirs, wisselen harde dollars om in de valuta van de Principality of Hutt River Province en laten tegen betaling visa in hun paspoorten stempelen.

Route: een kleine 10 km ten noorden van Northampton buigt van de North West Coastal Highway de Chilimony Road af in westelijke richting. Na circa 15 km moet je bij de kruising bij de Mumby-schapenfarm linksaf. Dan is het nog 17 km over een goede steenslagweg naar de Principality of Hutt River Province.

Kalbarri National Park ▶ 1, B 12

Ongeveer 50 km ten noorden van Northampton voert bij **Binnu** een geasfalteerde afslag van de North West Coastal Highway zeewaarts naar **Kalbarri**. Om het populaire vakantiepark strekt zich het **Kalbarri National Park** uit, vanwege zijn contrastrijke landschappen een van de interessantste nationale parken van Western Australia. Het beschermde natuurgebied maakt vooral indruk door de zandsteenrotsen van de 80 km lange, diep ingesneden kloof van de Murchison River en een kustlijn waaraan zich spectaculaire klippenformaties aaneenrijgen.

Enkele van de beste uitkijkpunten boven de canyon van de Murchison River zijn per auto bereikbaar. Slechts 2 en 4 km ten noorden van de weg naar Kalbarri liggen **Ross Graham Lookout** en **Hawks Head Lookout**. Via een steenslagweg is het 25 respectievelijk 27 km naar de uitkijkpunten aan de **Z Bend** en de **Loop**. Boven de Loop, op de plek waar de rivier een bijna ovale lus vormt, ligt de **Natures Window**, een 'raam' in de zandsteenlagen van de roodbruine klippen. Een grandioos uitzicht heb je ook vanaf de **Meanarra Lookout**, 2 km ten zuiden van de hoofdweg, enkele kilometers voor de plaats Kalbarri.

Ten zuiden van Kalbarri ontsluit een panoramische weg een 20 km lang kustgebied. Enkele van de uitkijkpunten, zoals **Red Bluff**, **Mushroom Rock**, **Eagle Gorge** en **Natural Bridge**, zijn door rotspaden met elkaar verbonden. Tussen juni en oktober kun je hier met wat geluk en geduld plus een goede verrekijker bultruggen zien zwemmen.

In **Kalbarri** is het de moeite waard om een bezoek te brengen aan het door mensenhand geschapen regenwoud **Rainbow Jungle**, met grote volières waarin papegaaien en andere inheemse vogels fladderen (Red Bluff Rd., tel. 08-99 37 12 48, www.rainbowjunglekalbarri.com, dag. 9-14 uur, A-$ 16).

Als je honger hebt zal de structuur van sommige kloofwanden in Kalbarri National Park je misschien aan een stapel pannenkoeken doen denken

Informatie

Kalbarri Visitor Centre: 70 Grey St., Kalbarri, tel. 08-99 37 11 04, www.kalbarri.org.au, ma.-za. 9-17, zo. 9-13 uur.

Overnachten

Prima ligging – **Kalbarri Beach Resort:** Grey St., hoek Glotworthy St., Kalbarri, tel. 1800-09 60 02, www.kalbarribeachresort.com.au. Elegant resort met royale apppartementen, restaurant en zwembad. 2 pk vanaf A-$ 175.

Uitzicht op het kustlandschap – **Kalbarri Seafront Villas:** 108 Grey St., Kalbarri, tel. 08-99 37 10 25, www.kalbarriseafrontvillas.com.au. Gezellige en verzorgde een- en tweekamerappartementen met kitchenette en terras, vlak bij het strand, met klein zwembad. 2 pk vanaf A-$ 120.

Camping en cabins – **Kalbarri Tudor Holiday Park:** Porter St., Kalbarri, tel. 08-99 37 10 77, www.tudorholidaypark.com.au. Wat verder van het strand, uitstekend toegerust, met zwembad; er hoppen veel halftamme kangoeroes rond.

Eten en drinken

Vers uit zee – **Kalbarri Black Rock Café:** 80 Grey St., Kalbarri, tel. 08-99 37 10 62, dag. 10-22 uur. Plaatselijke seafoodspecialiteiten, bijvoorbeeld *Oysters Kilpatrick* of *Greenshell Chili Mussels*. Hoofdgerechten A-$ 22-42.

Actief

Boottochten – **Kalbarri Wilderness Cruises:** tel. 08-99 37 16 01, www.kalbarricruises.com. Bootexcursies op de Murchison River met dierobservatie (vertrek bij het Sea Search & Rescue Building dag. 10 en 17 uur, A-$ 48).

Dolfijn- en walvisobservatie – **Reefwalker Adventure Tours:** tel. 08-99 37 13 56, www.reefwalker.com.au. Boottochten met dolfijn- en walvisobservatie (juni-nov., vanaf A-$ 85).

Shark Bay ▶ 3, A 6

De landschappelijk zeer monotone rit van Geraldton naar Carnarvon zou je moeten onderbreken bij het **Overlander Roadhouse**, circa 170 km ten noorden van Binnu, voor een uit-

Van Perth naar Darwin

stapje naar **Shark Bay** op het **Peron Peninsula**. Deze in 1991 door de UNESCO tot Wereldnatuurerfgoed uitgeroepen baai voldoet als een van slechts zestien plekken op aarde aan alle vier de criteria die opname op deze lijst rechtvaardigen: schoonheid qua natuur, biologische verscheidenheid, leefgebied voor bedreigde soorten en geologisch van belang.

Ruim twee derde van de 22.000 km² metende Shark Bay valt onder het **Shark Bay Marine Park**. In deze unieke onderwaterwereld met de grootste en soortenrijkste zeegrasweiden ter wereld leven ongeveer tienduizend zeekoeien (dugongs), dat is ongeveer 10% van de totale populatie van deze met uitsterven bedreigde soort. Als echte vegetariërs voeden de dugongs, die 3 tot 4 m lang en enkele honderden kilo's zwaar kunnen worden, zich uitsluitend met waterplanten. Verder leven in het reservaat naast dolfijnen, mantaroggen en zeeschildpadden zo'n dertig verschillende haaiensoorten, waaronder een van 's werelds grootste populaties tijgerhaaien.

Hamelin Pool

Een eerste stop zou je na ruim 30 km moeten maken bij **Hamelin Pool**, dat je bereikt over een korte doodlopende weg. In het heldere, ondiepe water van de baai kun je stromatolieten zien. Deze door blauwalgen gevormde kalkafzettingen, die zijn opgebouwd uit dunne, bladerdeegachtige lagen, hebben een geschatte ouderdom van 3,5 miljard jaar en zijn daarmee de oudste levende fossielen op onze planeet. Vanaf een loopbrug kun je ze goed bekijken. Je vindt hier ook een bezoekerscentrum en een klein museum.

Shell Beach en Eagle Bluff

De volgende halte is het kilometerslange **Shell Beach,** een van de vijfsterrenstranden die het schiereiland omringen. Het bestaat uit miljoenen schelpjes, die hier en daar een laag vormen van 10 m dik. Van een prachtig uitzicht kun je genieten vanaf het kort voor Denham gelegen uitzichtpunt **Eagle Bluff,** dat je bereikt over een korte doodlopende weg. Het water onder de boardwalk is zo helder, dat je de vissen kunt zien zwemmen.

Denham

Het in 1898 door parelvissers gestichte **Denham** (circa 600 inw.) is weliswaar maar een vissersdorpje, maar tevens het commerciële en toeristische centrum van Shark Bay. Je vindt hier bewaakte stranden, restaurants, cafés, winkels enzovoort.

Over de geschiedenis en de betekenis van het Wereldnatuurerfgoed informeert het **Shark Bay World Heritage Discovery Centre** (53 Knight Terr., tel. 08-99 48 15 90, www.sharkbayvisit.com.au, ma.-vr. 9-17, za., zo. 10-16 uur, A-$ 11).

Alleen met een terreinwagen met vierwielaandrijving bereik je vanuit Denham het **François Peron National Park** op de punt van het schiereiland. Dit natuurreservaat met bushland en roestrode zandduinen is de biotoop van tal van bedreigde diersoorten die je hier kunt observeren.

Monkey Mia

www.monkeymiadolphins.org, dag. 7.45 uur, A-$ 25

Aan het strand van de vakantiekolonie **Monkey Mia** melden zich iedere dag, meestal vroeg in de ochtend, een tiental halftamme dolfijnen, die door toeristen in gezelschap van een ranger met vis mogen worden gevoerd. Om de dolfijnen niet afhankelijk te maken van de aalmoezen, krijgen ze hun voer slechts in kleine porties (ongeveer een derde van hun dagelijkse behoefte) en op onregelmatige tijden. Jonge dieren onder de vier jaar en mannetjes mogen niet worden gevoerd. Na hun korte bezoek aan het strand zwemmen de zeezoogdieren weer uit naar de Shark Bay. Het is streng verboden om dolfijnen te voeren buiten het gemarkeerde stuk strand en buiten de vastgestelde tijden.

Wetenswaardigheden over de zeezoogdieren biedt het **Dolphin Information Centre** (dag. 9-18.30 uur, toegang gratis).

Dirk Hartog Island

Op het langgerekte, slechts door een smalle zeestraat van het vasteland gescheiden **Dirk Hartog Island** zette in oktober 1616, en dus al 150 jaar voordat James Cook de oostkust ontdekte, de Nederlandse zeevaarder Dirk Hartog als eerste Europeaan voet aan land op het Australische continent. Vanuit Denham vertrekken bijna dagelijks veerboten naar het eiland, waar je ook kunt overnachten.

Informatie
Internet: www.sharkbay.org.au.

Overnachten
Prachtig gelegen aan het strand – **RAC Monkey Mia Dolphin Resort:** tel. 08-99 41 83 20, 1800-65 36 11, www.parksandresorts.rac.com.au/park/monkey-mia. Vakantiecomplex met comfortabele bungalows en cabins en staanplaatsen voor tenten en campers. Cabins vanaf A-$ 125, bungalows vanaf A-$ 265.

Actief
Kajaktochten en meer – **Wula Guda Nyinda Aboriginal Eco Adventures:** tel. 0429-70 88 47, www.wulaguda.com.au. In een kajak Shark Bay ontdekken en daarbij kennismaken met de cultuur van de oorspronkelijke bewoners (circa 4 uur, dag. 10 uur, A-$ 150). Bovendien wandelingen met een gids en terreinwagentochten.

Gascoyne

Carnarvon ▶ 3, A 5
Het 150 km ten zuiden van de Steenbokskeerkring gelegen **Carnarvon** is het hart van het vruchtbare **Gascoyne District** met zijn uitgestrekte fruitplantages. Hier wordt ongeveer twee derde van alle tropische vruchten in Australië verbouwd, vooral ananas, bananen, mango's en papaya's. Gedurende het seizoen, van mei tot oktober, bieden sommige plantages rondleidingen aan, bijvoorbeeld de **Sweeter Banana Cooperative** (1945 North West Coastal Hwy, tel. 08-99 41 91 00, www.sweeterbanana.com).

Informatie
Carnarvon Visitor Centre: 21 Robinson St., tel. 08-99 41 11 46, www.carnarvon.org.au. ma.-vr. 9-17, za., zo. 10-16 uur.

Overnachten
Modern en gezellig – **Hospitality Inn:** 6 West St., tel. 08-99 41 16 00, www.carnarvon.wa.hospitalityinns.com.au. Goed gerund ketenmotel met restaurant en zwembad. 2 pk A-$ 128-148.
Fraai gelegen – **Carnarvon Caravan Park:** 477 Robinson St., tel. 08-99 41 81 01, www.carnarvonpark.com.au. Vier kilometer ten oosten van Carnarvon, goed toegerust, met ruime cabins.

Eten en drinken
Aan de Gascoyne River – **Waters Edge Restaurant:** in het Carnarvon Hotel, 121-125 Olivia Terr., tel. 08-99 41 11 81, dag. 12-15, 17.30-21.30 uur. Seafood en steaks, beide uitstekend. Hoofdgerechten A-$ 24-46.

Mount Augustus ▶ 3, B 5
Hij is twee keer zo groot als Uluru, maar nog niet half zo beroemd. In het niemandsland van de West-Australische outback rijst de weinig bezochte **Mount Augustus** op uit een vlakte met lage vegetatie als *spinifex* (een grassoort) en *mulga scrub (Acacia aneura)*. Met zijn hoogte van 1105 m, lengte van 7 km en breedte van 3 km geldt deze felrode bergketen als de grootste monoliet op aarde.

Voor de 500 km lange tocht van Carnarvon naar Mount Augustus heb je een terreinwagen nodig. Eerst rij je in oostelijke richting naar het kleine outbackplaatsje **Gascoyne Junction**. Ten noorden van de Gascoyne River strekt het nauwelijks ontsloten **Kennedy Range National Park** zich uit met zijn grillige bergen en diepe kloven. Een vooral na de regentijd zeer moeilijk begaanbare weg voert van Gascoyne Junction via de **Dairy Creek Homestead** en het **Cobra Station** naar het **Mount Augustus Tourist Park** (zie blz. 336), de uitvalsbasis voor een verkenning van de omgeving.

De 49 km lange **Burringurrah Drive** leidt rond de monoliet met doodlopende zijweggetjes naar kloven, grotten en bergmeertjes. Waag je alleen aan de beklimming naar de top van Mount Augustus als je over een goede lichamelijke conditie beschikt – je moet een hoogteverschil van 700 m overbruggen (heen en terug 12 km/6-8 uur).

Bij goede weersomstandigheden kun je van Mount Augustus via de veehouderijen **Dooley Downs Homestead** en **Pingandy Homestead** in noordelijke richting naar de Hamersley Range rijden, waar zich het Karijini National Park (zie blz. 339) uitstrekt. De rit naar de Great Northern Highway, die je ten zuiden van het **Kumarina Roadhouse** bereikt, kun je onder alle weersomstandigheden maken.

Overnachten

Eenvoudig – **Mount Augustus Tourist Park:** tel. 08-99 43 05 27, www.mtaugustustouristpark.com. Vier kilometer ten noordoosten van Mount Aufustus; eenvoudige kamers met airco in wooncontainers, caravan park, restaurant, bar en tankstation. 2 pk vanaf A-$ 88.

Coral Coast ▶ 3, A 5

Coral Bay

Een ander, lonender uitstapje voert van het **Minilya Roadhouse** aan de North West Coastal Highway via een volledig geasfalteerde weg naar het kleine, bijna 100 km noordelijker gelegen vakantieoord **Coral Bay** met zijn sneeuwwitte stranden en een zee die schittert in blauwe en groene tinten. Op een steenworp afstand van het strand ontdekken snorkelaars en duikers aan een zuidelijke uitloper van het **Ningaloo Reef** idyllische koraaltuinen. Wie liever droog blijft, kan op boten met een glazen bodem de onderwaterwereld verkennen.

Informatie

Internet: www.coralbay.org, www.coralbaywa.com.au.

Overnachten

Mooi uitzicht – **Ningaloo Reef Resort:** 1 Robinson St. tel. 08-99 42 59 34, www.ningaloo reefresort.com.au. Rustig vakantiecomplex met restaurant en zwembad en mooi uitzicht op de turkoois oplichtende zee. 2 pk A-$ 220-395.

Hostel in resortstijl – **Ningaloo Club Backpackers:** Robinson St., tel. 08-93 85 66 55, www.ningalooclub.com. Goed gerunde budgetaccommodatie met zwembad, kamers met ventilator of airco. 2 pk A-$ 105-130, meerpersoonskamer A-$ 30-35 p.p.

Camping en cabins – **Peoples Park Caravan Village:** Robinson St., tel. 08-99 42 59 33, www.peoplesparkcoralbay.com. Uitstekend toegerust, bij het strand, comfortabele cabins.

Actief

Tocht met een glasbodemboot – **Sub Sea Explorer:** tel. 0477-77 85 20, www.subseaexplorer.com.au. Kijken naar vissen en koraal (diverse keren per dag, 1 uur, A-$ 45).

Naar het Ningaloo Reef – **Ningaloo Experience:** Peoples Park Shopping Village, tel. 08-99 42 58 77, www.ningalooexperience.com. Dagexcursies naar het Ningaloo Reef voor het observeren van dolfijnen, mantaroggen en afhankelijk van het seizoen ook zeekoeien en bultruggen (juni-nov., vanaf A-$ 195).

Exmouth

Het vakantieoord **Exmouth** is populair bij diepzeevissers en vooral bij duikers en snorkelaars. Bezoekersmagneet is het **Ningaloo Marine Park,** dat het door de UNESCO tot Wereldnatuurerfgoed uitgeroepen grootste kustrif van de wereld beschermt. Het Ningaloo Reef strekt zich uit over een lengte van ongeveer 260 km van Coral Bay in het zuiden tot Exmouth in het noorden. Kenners beweren dat het met ongeveer 250 koraal- en meer dan 500 vissoorten een grotere biodiversiteit bezit dan het Great Barrier Reef. Terwijl dit beroemde rif voor Australiës oostkust alleen per boot kan worden verkend, ligt het Ningaloo Reef op veel plaatsen zo dicht bij de kust dat het zwemmend te bereiken is.

Informatie

Exmouth Visitor Centre: Murat Rd., tel. 08-99 49 11 76, www.visitningaloo.com.au, www.australiascoralcoast.com (informatie over het Ningaloo Reef), ma.-vr. 9-17, za. en zon- en feestdagen 9-13 uur.

Overnachten

Voor elk budget – **Potshot Hotel Resort:** Murat Rd., tel. 08-99 49 12 00, www.potshotresort.

Coral Coast

ZWEMMEN MET WALVISHAAIEN

Informatie
Begin: Exmouth
Duur: dagtour
Informatie en boeken: Ningaloo Whaleshark-n-Dive, tel. 1800-22 40 60, www.ningaloowhalesharkndive.com.au, en Exmouth Diving Centre, tel. 08-99 49 12 01, www.exmouthdiving.com.au.
Kosten: dagexcursie A-$ 400, toeschouwer A-$ 250, inclusief verzorging.

In plaats van op een boot naar staartvinnen kijken, kun je in het **Ningaloo Marine Park** met reusachtige walvishaaien zwemmen en snorkelen – en dat is vermoedelijk uniek in de wereld. Maak je geen zorgen: in tegenstelling tot hun vleesetende soortgenoten zijn walvishaaien vreedzame zeebewoners. Met hun gigantische bek, die tot anderhalve meter breed wordt, en hun circa drieduizend dunne, korte tanden filteren ze plankton, krill en andere micro-organismen uit het water. In het vlees van een tweevoeter zijn ze niet geïnteresseerd. Het **Ningaloo Reef** is een van de weinige plaatsen ter wereld waar de steeds zeldzamer wordende reuzen nog te zien zijn, maar hun verschijnen is wel seizoensgebonden. De eerste dieren worden eind maart na volle maan gespot, als de rifkoralen beginnen te paaien en zo zorgen voor een reusachtig voedselaanbod voor de walvishaaien. Van half april tot half mei kun je er zeker van zijn de zachtaardige zeegiganten in levenden lijve te zien. In de zomermaanden juni/juli trekken ze meestal verder. Voor het zwemmen met de tot 18 m lange en tot 30 ton zware kolossen gelden strenge regels. Op elke boot zitten toezichthouders, die erop letten dat de dieren niet worden lastiggevallen of zelfs maar worden aangeraakt. Wie wil deelnemen, moet op tijd boeken, want ter bescherming van de walvishaaien wordt er slechts een beperkt aantal bezoekers toegelaten.

com. Groot hotel met accommodatie voor elk budget, van driesterrenappartement tot meerpersoonskamer voor backpackers; bovendien restaurant en zwembad. 2 pk A-$ 145-340, meerpersoonskamer vanaf A-$ 36 p.p.
Camping en cabins – **RAC Exmouth Cape Holiday Park:** Truscott Cresc., hoek Murat Rd., tel. 1800-87 15 70, www.parksandresorts.rac.com.au/contact-exmouth-cape. Goed toegerust, grote keus aan cabins, zwembad.

Eten en drinken
Vis of vlees – **Whalers Restaurant:** Murat Rd. and Welsh St., tel. 08-99 49 24 16, www.whalersrestaurant.com.au, dag. 7-11, 17.30-23 uur. Vooral seafood, maar ook vleesgerechten. Hoofdgerechten A-$ 35-42.

Cape Range National Park
Exmouth ligt op het noordelijke puntje van een schiereiland, dat gedeeltelijk in beslag wordt genomen door het **Cape Range National Park**. Een goede indruk van het oostelijke deel van het nationaal park, dat een 300 m hoog kalksteenplateau met diep ingesneden canyons omvat, krijg je op een rit over de **Charles Knife Canyon Road**, die 30 km ten zuiden van Exmouth begint.

De 11 km lange steenslagweg, die telkens opnieuw schitterende uitzichten biedt, voert naar de **Thomas Carter Lookout**, het vertrekpunt van de Badjirrajirra Walk Trail (rondweg 8 km/3 uur). Een boottocht door de **Yardie Creek Gorge** in het westelijke deel van het nationaal park mag je niet aan je voorbij laten gaan (Yardie Creek Boat Cruises, reserveren bij het Milyering Visitor Centre bij de noordwestelijke parkingang, tel. 08-99 49 28 08, 08-99 49 29 20, www.yardiecreekboattours.com.au, A-$ 35).

Bij het Cape Range National Park hoort ook een fraai zandstrand, waar in de zomermaanden enorme zeeschildpadden hun eieren leggen. Tussen november en februari kunnen bezoekers – onder begeleiding van rangers – iedere dag rond 20 uur deelnemen aan een gratis wandeling om de karet- en soepschildpadden te observeren. Verzamelpunt is het **Jurabi Turtle Centre** (tel. 08-99 49 11 76, www.ningalooturtles.org.au/jurabi.html), waar displays en video's allerlei wetenswaardigheden over de dieren vertellen.

Overnachten

Vijfsterrententen – **Sal Salis Ningaloo Reef:** Yardie Creek Rd., tel. 08-99 49 17 76, www.salsalis.com.au. Luxueus tentenkamp in het Cape Range National Park, verstopt achter de duinen op een paar stappen van het strand; goede snorkelmogelijkheden in het vlak uit de kust gelegen Ningaloo Reef. Tent voor twee personen vanaf A-$ 375 p.p.

Pilbara

Via de North West Coastal Highway kom je uit in de streek **Pilbara**. Dit gebied is zo'n zeven keer zo groot als de Benelux, maar er wonen nog geen honderdduizend mensen. Enkele tientallen jaren geleden was de Pilbara nog praktisch onbewoond, maar toen kwam vrijwel van het ene moment op het andere een ongekende industriële groei op gang. Toen de veeboer Langley Hancock in 1952 tijdens een onweersbui gedwongen was om laag over onverkend gebied te vliegen, viel zijn oog op blauwe aderen in het gesteente – Hancock had de tot nu toe grootste ijzerertsvoorraad ter wereld ontdekt. Sindsdien maakt de Pilbara een gigantisch industrialisatieproces door.

Waar eens kangoeroes en emoes lagen te dommelen in de hitte, werden infrastructurele werken aangelegd voor de ontginning, de verwerking en het transport van het hooggeconcentreerde ijzererts. Tienduizenden mensen werden aangetrokken door de salarissen die de mijnbouwbedrijven in het vooruitzicht stelden. Er ontstonden bedrijfssteden op de tekentafel, stijlvolle wooncomplexen met alle comfort. Plaatsen als Dampier en Port Hedland kregen enorme havens om de waardevolle grondstof te kunnen verschepen, voornamelijk naar Japan en sinds enige tijd ook naar China. Binnen een tijdsbestek van twee decennia ontwikkelde het ijzererts zich tot de katalysator van de West-Australische economie. Ondanks het hoge productiecontingent bevatten de Hamersley en Ophthalmia Ranges nog altijd 25 miljard ton erts van uitzonderlijk hoge kwaliteit – ongeveer twee derde van de vermoedelijke ijzerertsvoorraad van het continent.

De Pilbara is ondanks zijn onherbergzaamheid en de vaak moordende hitte – dagtemperaturen van ruim 40°C zijn in de zomer gewoon – een van de interessantste Australische landschappen. Het gebied omvat oude, sterk geërodeerde bergrompen en plateaus. Diep ingesneden kloven, waarvan de wanden al naar gelang de stand van de zon de meest uiteenlopende kleuren aannemen, doen enigszins denken aan de Grand Canyon. Omdat in die kloven ook tijdens langere droogteperioden grondwatermeren liggen, groeien er toch palmen, varens en andere planten die afstammen van gewassen uit een periode toen het centrum van Australië nog niet uitgedroogd was.

Tom Price ▶ 3, B 5

Als je op de North West Coastal Highway bij **Nanutarra Roadhouse** de afslag neemt naar Tom Price, kom je in het hart van de Pilbara. Net als het bijna 100 km naar het zuidwesten gelegen Paraburdoo is **Tom Price** een bedrijfsstad

Pilbara

Zeven keer zo groot als de Benelux, maar met slechts honderdduizend inwoners; des te meer plaats dus voor wilde bloemen na regen: de Pilbara

van het concern Hamersley Iron, met supermarkten, bioscopen en groengebieden.

Op afspraak kun je de **Mount Tom Price Mine** bezichtigen. Hier worden gigantische ijzerertsvoorraden geëxploiteerd in *open cut mining*, waarbij met explosieven ijzererts uit de bodem wordt gehaald en door graafmachines op reusachtige vrachtwagens van 240 ton wordt geladen. De trucks vervoeren het gesteente naar zogenaamde *crushers*, waar het wordt verkleind tot maximaal 10 cm grote stukken. Vervolgens brengen treinen van tot zes aan elkaar gekoppelde dieselcomotieven en tot 240 wagons met ieder een laadvermogen van 100 ton, over een lengte van tot 3 km, de vracht naar de kust.

Informatie

Tom Price Visitor Centre: Central Rd., tel. 08-91 88 54 88, www.tomprice.org.au, www.australiasnorthwest.com, ma.-vr. 8.30-17, za., zon- en feestdagen 8.30-12.30 uur.

Overnachten

Comfort in de outback – **Tom Price Hotel Motel:** Central Rd., tel. 08-91 89 11 01. Comfortabel, met restaurant en zwembad. 2 pk A-$ 125-185.

Camping en cabins – **Tom Price Tourist Park:** Nameless Valley Dr., tel. 08-91 89 15 15, www.tompricetouristpark.com.au. Vier kilometer ten noorden van Tom Price, goed toegerust.

Actief

Mijnbezichtiging – **Lestok Tours:** tel. 08-91 88 11 12, www.lestoktours.com.au. Anderhalf uur durende tour naar de mijn van Tom Price (A-$ 33).

 Karijini National Park
▶ 3, B 5

Naast de door de mensenhand geschapen 'attracties' kent het hart van de Pilbararegio ook landschappen van een prehistorische schoonheid. Een juweel onder de regionale beschermde natuurgebieden is het **Karijini National Park** in de sterk verweerde **Hamersley Range**. Spectaculaire bergpanorama's mag je in deze streek echter niet verwachten. De 'tand des tijds' heeft alles min of meer afgebroken en afgeslepen. Dit landschap betovert met zijn door erosie diep in de gesteentelagen ingesneden kloven en de kleurige rotsformaties, waarvan de vele tinten op de aanwezigheid van mineralen als koper, asbest en ijzer duiden. De grandioze spleten liggen in de noordelijke regio van het nationaal park, lopen meestal van zuid naar noord, zijn tot 100 m diep en in bijna allemaal liggen rotsmeren omgeven door weelderige vegetatie. De regio wordt ontsloten door gemarkeerde wandelpaden van verschillende lengte. Vertrekpunt voor het verkennen van het Karijini National Park is de **Auski Tourist Village** (zie hierna onder Overnachten), 42 km ten oosten van het park aan de Great Northern Highway.

Rond Oxer Lookout

De topattracties van het nationaal park concentreren zich rond **Oxer Lookout**, waar vier canyons – Red, Joffre, Weano en Hancock – bij elkaar komen. Vanaf het parkeerterrein bij het uitkijkpunt kunnen waaghalzen gedeeltelijk over ijzeren ladders afdalen in de **Hancock Gorge**, en door ijskoud water via **Red Gorge** naar **Weano Gorge** zwemmen. Minder riskant is de wandeling van de parkeerplaats naar de Weano Gorge, waar de 100 m steil omlaag lopende rotswanden elkaar geleidelijk aan naderen tot 1 m afstand (heen en terug 2 km/1 uur).

Dales Gorge

Twee korte wandelingen voeren naar de **Dales Gorge**. Van het parkeerterrein op het plateau boven de **Fortescue Falls**, de enige waterval in het park die het hele jaar door water voert, gaat een weg omlaag naar de kloof en slingert zich daar naar de **Circular Pool**, die door steile rotswanden omgeven is (heen en terug 3 km/2 uur). Een ander pad loopt van de parkeerplaats langs de breukranden van de kloof naar een uitkijkpunt boven de Circular Pool (heen en terug 2 km/1 uur).

Hamersley Gorge

Op weg naar Wittenoom kun je een interessant uitstapje maken naar de **Hamersley Gorge**. De kloof biedt een fraai inzicht in de geologische geschiedenis van Australië, omdat de afzonderlijke gesteentelagen en sedimenten bijzonder goed zichtbaar zijn in de rotswanden.

Wittenoom

Via de schilderachtige Rio Tinto Gorge kom je uit in **Wittenoom**. Dit plaatsje, vroeger de toegangspoort tot het Karijini National Park, heeft zijn beste tijd gehad en zal vroeg of laat vervallen tot een spookstadje. Een bord aan de rand van de stad, dat bezoekers waarschuwt voor rondvliegende asbestvezels, verklaart de teloorgang van de stad. In 1947 begon men in de **Wittenoom Gorge** asbest te ontginnen. Hoewel de mijn al in 1966 is stilgelegd, loopt men er vooral op winderige dagen nog altijd het gevaar kankerverwekkende langvezelige asbestdeeltjes in te ademen. Tal van huizen in Wittenoom staan leeg of werden afgebroken.

Informatie

Karijini National Park Visitor Centre: Banyjima Dr., tel. 08-91 89 81 13, www.dpaw.wa.gov.au, dag. 9-16 uur.

Overnachten

Camping met stijl – **Karijini Eco Retreat:** Karijini National Park, 10 km ten zuiden van de Weano Gorge, tel. 08-94 25 55 91, www.karijiniecoretreat.com.au. Vijftig comfortabele safaritenten met badkamer; restaurant, kiosk en boeken van excursies. Het resort met de bijbehorende grote camping, behoort toe aan de Gumana Aboriginal Corporation. Tent voor twee personen vanaf A-$ 219.

Gezellige motelunits en staanplaatsen – **Auski Tourist Village:** Great Northern Hwy, Munjina, tel. 08-91 76 69 88, www.auskitouristvillage.com.au. Motel met kamers met airco en bijbehorend caravan park; bovendien vind je hier een restaurant en een tanktation. 2 pk A-$ 150.

Camping – in het nationaal park zijn eenvoudige kampeerterreinen met toiletten nabij de Weano Gorge en de Dales Gorge. A-$ 10 p.p.

Een blik in miljoenen jaren geologische geschiedenis biedt de Hamersley Gorge

Actief

Tours in het nationaal park – **Pilbara Gorge Tours:** tel. 08-91 88 11 12, www.lestoktours.com.au. Eendaagse, deskundig geleide tochten door de kloven van het nationaal park (vertrek dag. 7.30 uur vanaf het Tom Price Visitor Centre, A-$ 180).

Millstream-Chichester National Park ▶ 3, B 4

Van Wittenoom rijd je het snelst via de Great Northern Highway naar Port Hedland aan de kust. Als je voor deze route kiest, betekent dat echter wel dat je het **Millstream-Chichester National Park** niet te zien krijgt, een bezienswaardigheid van formaat. Terwijl de oostelijke regio van het natuurgebied wordt doorsneden door ontoegankelijke kloven en kale bergketens, oogt het westelijke deel rond het kleine plaatsje **Millstream** als een tropische oase met een weelderige vegetatie.

In tegenstelling tot de stoffige, droge halfwoestijn van de Pilbara, vind je hier permanent met water gevulde rivierlopen en met waterlelies bedekte plassen. Deze Hof van Eden is geschapen door een onderaardse bron, waaruit 36 miljoen liter water per dag stroomt. Sommige van de door de ijzerertshausse verrezen steden aan de kust krijgen hun drinkwater aangevoerd via een pijplijn uit het Millstream-Chichester National Park. Langs de **Fortescue River** vind je goede wandelmogelijkheden.

Cossack en Point Samson ▶ 3, B 4

Na de rondrit door het land van de canyons kom je ten oosten van **Roebourne** uit bij de North West Coastal Highway. Het stijlvol gerestaureerde **Cossack** was vroeger een belangrijke basis voor parelduikers en de laadhaven voor minerale grondstoffen en landbouwproducten. Cossack boette echter sterk aan betekenis in doordat de haven verzandde. Van de **Tien Tsin Lookout** heb je een mooi uitzicht op de historische stad en de beschermde zeebaai Butchers Inlet.

Het schilderachtige kleine vakantieoord **Point Samson** beschikt tevens over een moderne trawlervloot en enkele visverwerkingsbedrijven. In de nabijgelegen laadhaven voor ijzererts aan Cape Lambert ligt de grootste diepwaterpier van Australië.

Karratha en Dampier
▶ 3, B 4

Karratha werd aan het begin van de ijzerertshausse op de tekentafel ontworpen als het bestuurscentrum voor de regio Pilbara en als woonplaats voor het personeel van de mijnbouwbedrijven. **Dampier**, oorspronkelijk door het bedrijf Hamersley Iron vergroot tot haven voor de mijnsteden Tom Price en Paraburdoo, is tegenwoordig het centrum van de olie- en gassector in het noordwestelijke offshoregebied van het continent.

Op het **Burrup Peninsula** ligt het **North West Shelf Gas Venture**, een enorm complex voor het vloeibaar maken van aardgas, dat vanaf het boorplatform wordt aangevoerd door middel van een 135 km lange onderzeese pijplijn (Visitor Centre: Burrup Rd., tel. 08-91 58 82 92, www.nwsg.com.au, apr.-okt. ma.-vr. 9-16, nov.-mrt. ma.-vr. 10-13 uur, toegang gratis). De winning van zout uit zeewater heeft zich ontwikkeld tot een belangrijke economische pijler van de stad. In de omgeving van Dampier liggen dan ook enorme verdampingsbassins van de zoutindustrie.

Port Hedland ▶ 3, B 4

De haven van **Port Hedland** behoort wat tonnage betreft tot de grootste ter wereld. Vanhier wordt het ijzererts verscheept dat wordt gedolven in de **Mount Whaleback Mine** bij Newman, de grootste ijzererstsdagbouwmijn ter wereld. Daarnaast wordt er jaarlijks zo'n 2 miljoen ton zout geëxporteerd, dat door zeewaterindamping is gewonnen. Het op een eilandje gelegen Port Hedland, dat door een dam met het vasteland is verbonden, heeft in toeristisch opzicht weinig te bieden. Wel informatief en indrukwekkend is een bezichtiging van de ertshaven (BHP Iron Ore Tour, di., do. 13 uur, A-$ 45, reserveren en verzamelen bij het Visitor Centre). Een goed uitzicht op de laadsteiger en op de aan- en afgevoerde ertsladingen biedt de uitkijktoren bij het toeristenbureau.

Informatie
Port Hedland Visitor Centre: 13 Wedge St., tel. 08-91 73 17 11, www.visitporthedland.com, ma.-vr. 9-17, za., zo. 9-14 uur.

Overnachten
Met zeezicht – **Hospitality Inn:** Webster St., tel. 08-91 73 10 44, www.porthedland.wa.hospitalityinns.com.au. Comfortabel motel met restaurant en zwembad. 2 pk A-$ 129-199.
Camping en cabins – **Blackrock Tourist Park:** 2115 North Circular Rd., South Hedland, tel. 08-91 72 34 44, www.blackrocktouristpark.com.au. Goed toegerust, met zwembad.

Van Port Hedland naar Broome ▶ 3, B 4-C 3

Tussen Port Hedland en Broome ligt de Great Northern Highway, zeshonderd monotone kilometers van de Indische Oceaan naar de **Great Sandy Desert**. Ruim 40 km ten oosten van Port Hedland slaat een highway af naar **Marble Bar**, dat de bijnaam *Australia's hottest town* draagt. De enige noemenswaardige 'plaatsen' langs de route zijn **Pardoo Roadhouse** en **Sandfire Flat Roadhouse** – niet meer dan een tankstation, een eenvoudig motel en een caravanpark.

Een leuke plaats om de rit te onderbreken is het **Eighty Mile Beach Caravan Park**, te bereiken via een steensslagweg. Dit vakantieoord ligt aan een 200 m breed, zeer fijn zandstrand dat 140 km lang is. Op Bali of Phuket was dit eersteklas strand allang volgebouwd met hotels, maar hier kun je kilometers langs de zee lopen zonder iemand tegen te komen.

Overnachten
Camping en cabins – **Eighty Mile Beach Caravan Park:** tel. 08-91 76 59 41, www.eightymilebeach.com.au. Goed toegerust, met

beschaduwde staanplaatsen voor tenten en campers; ook cabins met airco.

 Kimberleys

Ten noorden van de Great Sandy Desert strekt zich het nog altijd maar ten dele verkende **Kimberleyplateau** uit, met enkele van de prachtigste ongerepte natuurgebieden van Australië. Met circa 400.000 km² zijn de Kimberleys ruim vijfmaal zo groot als Nederland en België samen, maar er wonen maar circa 35.000 mensen. Diep in de roodachtige rotsen ingesneden kloven worden afgewisseld door weidse open savannes, waarin flesvormige baobabs markante accenten plaatsen in het fascinerende landschap. Zware seizoensgebonden regenval maakt in deze semitropische regio een extensieve veeteelt mogelijk.

Ondanks alle infrastructurele maatregelen zijn de Kimberleys nog altijd een onherbergzaam en moeilijk toegankelijk land, dat veel vergt van bewoners en bezoekers. In de zomermaanden zijn hier temperaturen van 40°C aan de orde van de dag. In hetzelfde jaargetijde zetten moessonachtige regenbuien hele landstreken onder water. Rivieren als de Fitzroy River en de Ord River, normaal gesproken niet veel breder dan zo'n 100 m, veranderen dan in denderende stromen die kunnen aangroeien tot 10 km breedte.

Broome en omgeving
▶ 3, C 3

Plattegrond: zie blz. 345, **kaart:** zie blz. 351
De met rond vijftienduizend inwoners grootste stad van de streek is **Broome** 1 , aan het begin van de vorige eeuw het meest vooraanstaande centrum van de parelvisserij ter wereld. In die tijd werd in de kustwateren driekwart van de wereldbehoefte aan parels en parelmoer uit de zee gehaald. Rond 1930 zette met de opkomst van gekweekte en kunstparels de neergang van de bedrijfstak in. Tegenwoordig halen de bemanningen van enkele van de weinige overgebleven kustschepen jonge oesters op, die daarna in nabijgelegen parelfarms worden gebruikt voor de productie van kweekparels. Hoewel Broome nu een grote groei doormaakt als 'poort naar de Kimberleys', heeft de stad zijn ingetogen sfeer weten te behouden.

Centrum
Aan het strand van **Town Beach** 1 in Roebuck Bay kun je bij volle maan getuige zijn van het natuurspektakel **Staircase to the Moon**: bij laag tij veroorzaakt het maanlicht magische gouden reflecties in de baai en licht de zeebodem op als een trap naar de maan.

De spannende geschiedenis van de parelvisserij wordt gedocumenteerd in het **Broome Historical Museum** 2 in het Old Customs House (Robinson St., hoek Saville St., tel. 08-91 92 20 75, www.broomemuseum.org.au, ma.-vr. 10-16, za., zo. 10-13 uur, A-$ 6) en het openluchtmuseum **Pearl Luggers** 3 , waar oude kustschepen te zien zijn die vroeger de parelvissers naar de schelpenbanken brachten (44 Dampier Terr., tel. 08-91 92 00 22, www.pearlluggers.com.au, rondleidingen diverse keren per dag van 10-15 uur, A-$ 25).

In het noorden van het centrum, dat grotendeels in beslag wordt genomen door het met zorg gerestaureerde **Chinatown**, staat de in 1916 geopende openluchtbioscoop **Sun Pictures** 4 , waar het publiek onder de sterrenhemel de films bekijkt (8 Carnarvon St., tel. 08-91 92 10 77, www.broomemovies.com.au, dag. vanaf 18.45 uur, A-$ 17).

Japanese Cemetery 5
Port Dr.

Veel parelduikers liggen begraven op de **Japanese Cemetery** tussen de City en Cable Beach. Honderden van hen kwamen bij de uitoefening van hun beroep om het leven. Een monument herinnert aan de 140 Japanse parelduikers die in 1908 het slachtoffer werden van een verwoestende wervelstorm.

Cable Beach
Voor of na een stoffige, avontuurlijke tocht per terreinwagen door de wildernis van de Kimberleys kun je jezelf heerlijk ontspannen op **Cable Beach** 6 , die zich ten westen van

de stad 25 km lang en ter breedte van een autosnelweg uitstrekt langs de Indische Oceaan. Het silicaatzand licht spierwit op tussen de duinen en de branding. Bijna een cultstatus hebben de zonsondergangen bij Cable Beach, die je stijlvol op de rug van een kameel kunt bekijken (zie blz. 346). Het idyllische strand dankt zijn naam aan de telegraafkabel die ooit vanhier naar Banyuwangi op Java liep.

Aan **Gantheaume Point** 7 , het zuideinde van Cable Beach, zijn 130 miljoen jaar oude sporen van dinosaurussen aangetroffen, die echter alleen bij zeer laag tij zichtbaar zijn. De op de klippen in cement vervaardigde 'pootafdrukken' zijn niet echt maar kopieën.

Malcolm Douglas Crocodile Park 8

Great Northern Hwy, tel. 08-91 93 65 80, www.malcolmdouglas.com.au, mei-okt. dag. 14-17, voeren dag. 15 uur, A-$ 35

Broome

Bezienswaardig
1. Town Beach
2. Broome Historical Museum
3. Pearl Luggers
4. Sun Pictures
5. Japanese Cemetery
6. Cable Beach
7. Gantheaume Point
8. Malcolm Douglas Crocodile Park
9. Dampier Peninsula

Overnachten
1. Cable Beach Club Resort
2. Broome Motel
3. The Roebuck Bay Hotel
4. Kimberley Klub YHA
5. Cable Beach Caravan Park

Eten en drinken
1. The Zoo Bar and Café
2. Matso's Broome Brewery
3. Cable Beach Sunset Bar & Grill
4. Shady Lane Café

Winkelen
1. Courthouse Markets
2. Paspaley Pearls

Op 16 km van Broome ligt het **Malcolm Douglas Crocodile Park** van de bekende cineast Malcolm Douglas, waar je de fauna van de Kimberleys van nabij kunt leren kennen. Hoogtepunt van elke bezichtiging is het voeren van de zoutwaterkaaimannen.

Dampier Peninsula 9
Ten noorden van Broome voert een vijf uur durende hobbelige rit per terreinwagen naar **Cape Leveque** aan het uiteinde van **Dampier Peninsula**. Daar leggen zeeschildpadden op de verlaten stranden hun eieren in het zand. Een tussenstop in de Aboriginalgemeenschap **Beagle Bay** is ook de moeite waard.

Informatie
Broome Visitor Centre: 1 Hamersley St., tel. 08-91 95 22 00, www.visitbroome.com.au, www.australiasnorthwest.com, ma.-vr. 8-17, za., zo. 9-16 uur.

Overnachten
Voor de veeleisende vakantieganger – **Cable Beach Club Resort** 1 : Cable Beach Rd., tel. 08-91 92 04 00, www.cablebeachclub.com. Uitgestrekt resorthotel te midden van een prachtige tropische tuin, met zwembad en veel sportfaciliteiten, vijf minuten van het strand. 2 pk vanaf A-$ 245, bungalow vanaf A-$ 375.

Klein, fijn en centraal – **Broome Motel** 2 : 34 Frederick St., tel. 08-91 92 77 75, www.broomemotel.com.au. Lichte, ruime kamers met kitchenette en een zwembad om in af te koelen. 2 pk vanaf A-$ 125.

Nostalgische charme – **The Roebuck Bay Hotel** 3 : Dampier Terr., tel. 08-91 92 12 21, www.roey.com.au. Dit historische, door de lokale bevolking *The Roey* genoemde hotel uit 1890 in het hart van Chinatown biedt eenvoudige maar nette kamers, een gezellige pub en een zwembad. 2 pk A-$ 95-120.

Hostel in resortstijl – **Kimberley Klub YHA** 4 : 62 Frederick St., tel. 1800-00 43 45, www.kimberleyklub.com. Comfortabele budgetaccommodatie in fraaie bouwstijl, met bar en mooi zwembad op de binnenplaats. Alle kamers delen de sanitaire voorzieningen. 2 pk A-$ 85-110, meerpersoonskamer A-$ 30-36 p.p.

Camping en cabins – **Cable Beach Caravan Park** 5 : Millington Rd., Cable Beach, tel. 08-91 92 20 66, cablebcp@iinet.net.au. Uitstekend toegeruste camping vlak bij het strand met comfortabele cabins.

Eten en drinken
Creatieve fusionkeuken – **The Zoo Bar and Café** 1 : 4 Sanctuary Rd., Cable Beach, tel. 08-91 93 62 00, dag. 12-15, 17.30-1 uur. Gerechten uit de moderne Australische keuken met Aziatische en creoolse invloeden. Hoofdgerechten A-$ 28-45.

Innovatieve gerechten en craft beer – **Matso's Broome Brewery** 2 : 60 Hamersley St., tel. 08-91 93 58 11, www.matsos.com.au, dag. 11.30-24 uur. Crossoverkeuken die de nabijheid van Azië verraadt; in de microbrouwerij wordt een lekker *craft beer* gebrouwen; je kunt heerlijk buiten zitten in de tropische tuin. Hoofdgerechten A-$ 20-38.

Ideaal voor een sundowner – Cable Beach Sunset Bar & Grill 3 : Cable Beach, tel. 08-91 92 04 00, dag. 11-22 uur. In deze bar zit je bij zonsondergang op de eerste rij. IJskoud bier en heerlijke cocktails, en als je trek krijgt fish & chips, burgers en pizza's. Gerechten A-$ 14-26.

Goed en goedkoop – Shady Lane Café 4 : Johnny Chi Ln., Chinatown, tel. 08-91 92 20 60, dag. 7.30-16 uur. Hier kun je voor de rest van de dag kracht opdoen met een *brekkie* (ontbijt) in Australische stijl voor A-$ 19,50; 's middags is er keuze uit fantasierijke sandwiches en klassieke hamburgers (A-$ 12-15), desgewenst met versgeperste vruchtensapjes (A-$ 6-8).

Winkelen

Naar de markt – Courthouse Markets 1 : Frederick St., hoek Hamersley St., za. 8.30-13.30 uur. Bonte markt voor het historische gerechtsgebouw; vooral kunstnijverheid en andere streekproducten.

Parelsieraden – Paspaley Pearls 2 : Carnarvon St., hoek Short St., tel. 08-91 92 22 03, www.paspaley.com, dag. 9-19 uur. Exclusieve parelsieraden.

Actief

Kameelrijden – Red Sun Camel Safaris: tel. 1800-18 44 88, www.redsuncamels.com.au, A-$ 90. Cable Beach op de rug van een kameel.

Excursies met Aboriginals – Uptuyu Aboriginal Adventures: tel. 0400-87 88 98, www.uptuyu.com.au. Door Aboriginals begeleide, op maat gemaakte een- en meerdaagse tochten in de omgeving van Broome (vanaf A-$ 450 p.p.).

Parelfarmbezichtiging – Willie Creek Pearl Farm Tours: tel. 08-91 92 00 00, www.williecreekpearls.com.au, dag. 10, 14 uur. Bezichtiging van de Willie Creek Pearl Farm (A-$ 105).

Evenementen

Shinju Matsuri Festival (sept.): parelfestival met culturele evenementen, www.shinjumatsuri.com.au.

Mango Festival (laatste weekend van nov.): volksfeest met muziek, dans en sportevenementen.

Derby ▶ 3, C 3

Kaart: zie blz. 351

Derby 2 , nabij de monding van de Fitzroy River in de King Sound, is een exporthaven voor rundvlees. Indrukwekkend zijn de enorme getijdeverschillen bij de King Sound van soms wel bijna 12 m. Ten zuiden van Derby staat de **Prison Boab Tree**, een reusachtige, ruim duizend jaar oude baobab met een omtrek van 14 m; in de holle stam werden vroeger gevangenen opgesloten.

Als je geïnteresseerd bent in de kunstnijverheid van de oorspronkelijke bewoners, moet je zeker een bezoek brengen aan de **Aboriginal Corporation Mowanjum**, 8 km ten oosten van Derby aan Gibb River Road. Vooral erg mooi zijn de baobabnoten, die volgens de oude traditie zijn ingesneden met allerlei fraaie patronen (Mowanjum Art and Culture Centre, tel. 08-91 91 10 08, www.mowanjumarts.com, ma.-vr. 9-17, za., zo. 10-15 uur).

Al 40 km voor Derby splitsen de wegen: je hebt daar de keuze tussen wel of geen asfalt. Via de geasfalteerde Great Northern Highway bereik je voorbij de Fitzroy Crossing en Halls Creek het snelst de oostelijke Kimberleys. Even voor de stad begint echter een van de spectaculairste outbackwegen van Australië – de Gibb River Road (zie blz. 347).

Informatie

Derby Visitor Centre: 230 Loch St., tel. 1800-62 14 26, www.derbytourism.com.au, ma.-vr. 8.30-16.30, za., zon- en feestdagen 9-13 uur.

Overnachten

Behaaglijk – Boab Inn: 98 Loch St., tel. 08-91 91 10 44, www.derbyboabinn.com.au. Comfortabele kamers, prima restaurant, gezellige pub, verfrissend zwembad. 2 pk A-$ 140-190.

Gemoedelijk – West Kimberley Lodge: Sutherland St., hoek Stanwell St., tel. 08-91 91 10 31, www.westkimberleylodge.com.au. Klein pension met zwembad; behulpzame eigenaar; ook enkele staanplaatsen voor campers. 2 pk met gedeelde badkamer vanaf A-$ 90, 2 pk met badkamer vanaf A-$ 150.

Kimberleys

Actief

VLIEGSAFARI BOVEN DE KIMBERLEYS

Informatie
Begin: Broome
Duur: halve of hele dagtocht
Informatie en reservering: Broome Aviation, tel. 08-91 92 13 69, www.broomeaviation.com, bijvoorbeeld Buccaneer Archipelago (nov.-mrt. dag. 8.30-15 uur, A-$ 590); King Leopold Air, tel. 08-91 93 71 55, www.kingleopoldair.com.au, bijvoorbeeld Kimberley Explorer (mei-okt. dag. 6.30-17.30 uur, A-$ 1070); Horizontal Falls Seaplane Adventures, tel. 08-91 92 11 72, www.horizontalfallsadventures.com.au, met een watervliegtuig naar de Horizontal Falls en boottocht over de watervallen, de halfdaagse tochten zijn afhankelijk van het getij (meestal dag. 5.30-11.15, 11.30-17.15 uur, A-$ 795).

Deze vliegsafari's, die beginnen vanuit Broome, geven een goede indruk van het doorkloofde **Kimberleyplateau**. Zelfs bereisde globetrotters zijn laaiend enthousiast als ze vanuit een laagvliegend propellertoestel het panorama van bizarre rotsen en diepe ravijnen te zien krijgen. Een hoogtepunt vormen de talrijke watervallen die over steile rotswanden naar beneden storten in het dal eronder – zoals de watervallen in de ravijnen Bell Gorge, Adcock Gorge, Galvans Gorge, Manning Gorge en Barnett River Gorge. Een echt juweel is de **Mitchell Falls**: in brede cascades stort de Mitchell River van bekken naar bekken in de diepte over een totaal hoogteverschil van 144 m (zie blz. 352).

Vanuit de lucht is het ingekeepte kustlandschap van de Kimberleys heel indrukwekkend, vooral de ervoorgelegen **Buccaneer Archipelago**, een amfibisch doolhof van eilandjes en schiereilandjes, mangrovebossen en rotsbaaien. De cascades van de **Horizontal Falls** in de **Talbot Bay** zijn een echt natuurfenomeen. Als gevolg van de enorme getijdenverschillen persen zich daar bij vloed honderden miljoenen liters water door een smalle rotspoort. De door gespecialiseerde bedrijven ingezette watervliegtuigen landen in de buurt van de 'watervallen'. Ook de aansluitende boottocht door de kolkende en bruisende watermassa's is grote – maar wel natte – pret.

Camping en cabins – **Kimberley Entrance Caravan Park:** Rowan St., tel. 08-91 93 10 55, www.kimberleyentrancecaravanpark.com. Goed toegerust, met cabins.

Eten en drinken
Culinaire oase – **The Wharf Restaurant:** Jetty Rd., tel. 08-91 91 26 64, dag. 12-15, 18-22 uur. Aan de pier gelegen restaurant met tuin; gerechten uit de modern Australian cuisine, vooral seafood. Hoofdgerechten A-$ 24-42.

Evenement
Boab Festival (juli): volksfeest met rodeo, www.derbyboabfestival.org.au.

Gibb River Road
▶ 3, D 3-E 2

Kaart: zie blz. 351
Aangelegd voor het veetransport, slingert **Gibb River Road** zich over een afstand van 700 km door een van de ruigste regio's van

Van Perth naar Darwin

het vijfde continent, een landschap met kloven en watervallen, savannes en tafelbergen. De 'Gibb' is op sommige stukken echter zeer moeilijk begaanbaar door de gaten en geulen in het wegdek, zodat je een terreinwagen nodig hebt. Tijdens de zomermoessons van december tot april is de weg met geen enkel voertuig te berijden. Vergeet niet de auto in Derby vol te gooien, want het volgende benzinestation staat pas bij Mount Barnett Roadhouse, 300 km verder, en daar is brandstof bovendien zo'n 33% duurder. Het avontuur over de Gibb River Road begint 64 km ten oosten van Derby, waar de smalle asfaltweg overgaat in een steenslagweg. Stof dringt in alle kieren en gaten van de auto.

Windjana Gorge National Park 3

Eerste hoogtepunt is het **Windjana Gorge National Park,** een van de indrukwekkendste klooflandschappen van Australië. Hier heeft de Lennard River een diepe canyon uitgesleten in de Napier Range.

Zo'n 350 miljoen jaar geleden bedekte een ondiepe tropische zee grote delen van het noordwesten van Australië. Destijds strekte het 20 tot 30 km brede en ruim 1000 km lange koraalrif Devonian Great Barrier Reef zich in wijde bochten uit tot het gebied van de huidige Kununurra. Nadat de zee zich had teruggetrokken, schuurden rivieren diepe sleuven in de blootliggende delen van het voormalige koraalrif. Zo ontstonden de imposante canyons van de Windjana Gorge, de verder zuidoostelijk gelegen Geikie Gorge en de Lennard River Gorge, Bell Gorge, Adcock Gorge, Galvans Gorge, Manning Gorge en Chamberlain Gorge langs de Gibb River Road. Tegenwoordig leggen fossielen van zeewezens, die je in de rotswanden van de kloven aantreft, getuigenis af van de geologische geschiedenis van de regio.

Tijdens een wandeling door de 3 km lange en tot 100 m diepe **Windjana Gorge**, die tijdens de droge periode van mei tot oktober opgedroogd is tot enkele plassen water, kun je de flora en fauna van het nationale park bewonderen. Naast zwermen kaketoes zie je duizenden enorme vleermuizen, zogeheten vliegende honden. Op de zandbanken van de ondiepe

waterplassen, waar grote zilverreigers doorheen waden, liggen vaak ongevaarlijke zoetwaterkrokodillen. Met een beetje geluk krijg je ook pythons en andere slangen te zien. De oeroude tekeningen van de Aboriginals, die de Windjana Gorge al sinds vele eeuwen beschouwen als een mystieke plaats, zijn moeilijk te vinden. Een ideale basis voor verkenningstochten door het gebied is het kampeerterrein bij de ingang van de kloof, nabij het Ranger Station.

Wie niet de hele Gibb River Road wil rijden, kan vanaf de Windjana Gorge over de

Kimberleys

Je bent hier niet zo alleen als je zou denken, want dikwijls mengen zich – ongevaarlijke – zoetwaterkrokodilen onder de bezoekers van de Windjana Gorge

Fairfield Leopold Downs Road terugrijden naar de Great Northern Highway. Op weg daarnaartoe passeer je het Tunnel Creek National Park (zie blz. 354).

King Leopold Range National Park 4

Na de afslag naar de Windjana Gorge kronkelt de Gibb River Road zich eerst door de Napier Range en dan door de King Leopold Range, die voor een groot deel onder het **King Leopold Range National Park** valt. Aan je linkerhand zie je de rotsformatie **Queen Victoria's Head** voorbijkomen. De Gibb is langs dit traject hier en daar geasfalteerd. In wijde bochten voert de weg omhoog naar **Inglis Gap**, een kunstmatige uitgraving in een bergpas van de King Leopold Range. Hier heb je weidse uitzichten over de savanne met apenbroodbomen (baobabs).

Enkele kilometers verder volgt de 8 km lange, doodlopende zijweg naar de **Lennard River Gorge**, die ook uitsluitend per terreinwagen begaanbaar is. Bergmeertjes in het 5 km lange ravijn, door de Lennard River over miljoenen jaren in de King Leopold Range uitgeslepen, nodigen uit tot een frisse duik. Onder de schaduw van de schroefpalmen in de **March Fly Glenn Rest Area,** een paar kilometer verder langs Gibb River Road, kun je prima picknicken.

Terug op de weg rij je met uitzicht op de 748 m hoge Mount Bell bergopwaarts naar de hoofdbergketen, de King Leopold Range. Na het oversteken van de Bell Creek bij een doorwaadbare plaats markeert een wegwijzer de afslagen naar de Silent Grove (19 km) en de Bell Gorge (29 km). De bijna 60 km lange 'omweg' naar de **Bell Gorge** over een meedogenloze hobbelweg en door drie modderige oversteekplaatsen, is zeker de moeite waard. Het ravijn is een van de fraaiste bezienswaardigheden langs de Gibb River Road en een demonstratie van de slijpkracht van stromend water. **Silent Grove** is een *bushcamp* bij het Ranger Station aan Bell Creek. Andere fraaie kampeerterreinen aan de rivier, die je in Silent Grove dient te reserveren, liggen langs de weg naar de Bell Gorge. Na een kwartier lopen over een steenslagpad kom je bij een rotskloof waar de Bell Creek met donderend geraas neerstort. Om in het meer aan de voet van de waterval te komen, waad je door de Bell Creek om vervolgens aan de overkant van de kloof een pad over de pas te volgen, dat steil neerwaarts naar de bodem van de kloof voert.

Adcock Gorge [5]

De **Adcock Gorge**, verscholen in een soort niemandsland, lijkt wel een Hof van Eden. De toegangsweg ernaartoe leidt door de gloeiend hete en droge spinifexvlakte, maar het door 30 m hoge rotswanden omgeven ravijn is schaduwrijk en vochtig. Hier gedijen schroefpalmen en varens dankzij het water dat uit de bemoste spleten in de door waterlelies bedekte poelen sijpelt.

De idylle die deze oase te midden van alle dorheid oproept, staat in scherp contrast tot de weg ernaartoe. De eerste 4 km zijn met de terreinwagen nog wel te doen, maar dan doemt een *creek* op die, zeker in de regentijd, op een zeer diepe oversteekplaats moet worden getrotseerd. Vervolgens kun je slechts stapvoets over de keien naar het 1 km verder gelegen ravijn rijden.

Galvans Gorge [6]

De **Galvans Gorge**, zo'n 500 m van de Gibb River Road, is te voet bereikbaar. Langs de 20 m hoge wanden van de kleine rotskloof stroomt helder water naar een meertje op de bodem.

Manning Gorge [7]

De waterrijke **Manning Gorge** kun je te voet verkennen. Als uitvalsbasis voor een wandeltocht naar de watervallen van de Upper Manning Gorge dient het *bushcamp* aan de baai van de Lower Manning Gorge, 7 km ten westen van het **Mount Barnett Roadhouse**. Het met keien en blikken bussen gemarkeerde pad langs de Manning Creek is op veel plaatsen door hoog gras overwoekerd en daardoor niet altijd makkelijk te onderscheiden. Tijdens de wandeling (heen en terug 4 km), waar je ruim twee uur voor dient uit te trekken, waad je soms tot aan je knieën door het water. Je kunt de route inkorten door over het meertje van de Lower Manning Gorge naar de overkant te zwemmen. Een overzicht van het gebied en wandeltips zijn verkrijgbaar bij het Roadhouse.

Barnett River Gorge [8]

Voorbij het Roadhouse voert de Gibb River Road verder door een weinig afwisselend veeweidelandschap. Via een 5 km lange hobbelweg kom je uit bij de **Barnett River Gorge** met een waterval en een meertje waar je kunt zwemmen.

Drysdale River Station [9]

Zo'n 420 km ten noorden van Derby buigt de **Kalumburu Road**, die zijn naam ontleent aan een Aboriginal Community bij de Napier Broome Bay, af in noordelijke richting. Het centrum van beschaving in dit gebied is het ongeveer 60 km ten noorden van de Gibb River Road gelegen **Drysdale River Station**, een rundveehouderij voorzien van een motel, een kampeerterrein en een tankstation. Wie van avontuur houdt kan hier de weg naar het

Kimberleys

Mitchell Plateau inslaan (zie blz. 352). Deze smalle, stoffige zandweg slingert zich na het oversteken van de Gibb River eerst door het **Gardner Plateau,** totdat je na circa 100 km de Port Warrender Road naar het Mitchell Plateau bereikt.

Durack River Homestead 11

Vergeleken met het gedeelte ervoor is het landschap langs de Gibb River Road voorbij de afslag naar Kalumburu niet echt bijzonder. Pas bij de brede oversteekplaats door de Durack River wordt het weer spannend. Bijna 30 km verder volgt een doodlopende zijweg naar **Jack's Waterhole**, waar je kunt zwemmen, en de **Durack River Homestead**. Dit ruim 10.000 km² grote *cattle station* met meer dan twaalfduizend koeien is de grootste rundveehouderij van de Kimberleyregio.

Pentecost Lookout 12

Het oversteken van Bindoola Creek bij **Bluey O'Malley's Crossing** zorgt voor de nodige adrenaline, vooral na de regentijd. Iets verderop biedt de **Pentecost Lookout** een panorama over de in rood- en okertinten oplichtende tafelbergen van de **Cockburn Range**, die aan de overkant van de brede Pentecost River oprijzen. In dit overweldigende natuurdecor werd de epische rolprent *Australia* gedraaid, met in de hoofdrollen Nicole Kidman en Hugh Jackman. De lange, rotsige oversteekplaats door de rivier vormt de laatste grote hindernis voor terreinwagens op de Gibb River Road.

El Questro Station 13

Het slotakkoord wordt gevormd door een vaartocht op de Chamberlain River door de **Chamberlain Gorge**, met zijn hooggeprijsde en

PER TERREINWAGEN NAAR HET MITCHELL PLATEAU

Informatie
Begin: Drysdale River Station (zie blz. 350)
Einde: *bushcamp* aan de Mertens Creek
Lengte: heen en terug circa 500 km

Duur: 2-3 dagen
Moeilijkheidsgraad: matig zwaar tot zeer zwaar
Kaart: zie blz. 351

Na de **Drysdale River Crossing** wordt de Kalumburu Road op sommige stukken zeer ruw, door de ribbels en de diepe kuilen in het wegdek. Dat is vast een klein voorproefje op de **Port Warrender Road**, die 159 km ten noorden van de Gibb River Road afbuigt van de Kalumburu Road en naar het **Mitchell Plateau** voert. Voor de 82 km naar het kampeerterrein nabij de **Mitchell Falls** 10, moet je rekenen op een rit van een vier tot vijf uur. Het moeilijkste punt van deze 4x4-tocht, de **King Edward River Crossing**, bereik je na circa 8 km. Na de regentijd staat het water in de rotsachtige, ongeveer 25 tot 30 m brede doorwaadbare plaats tot 80 cm hoog. Het water gutst over de motorkap. De beste manier om de rivier over te steken is vlot rijden in de tweede versnelling met de reductiebak bijgeschakeld in de L4. Op een bushcamping op de tegenoverliggende oever kun je de spannende oversteek naar behoren vieren.

Kimberleys

Door zand en moddergaten, over rotsen en via ondieptes in het water gaat het na een steile klim verder op de moeizame, maar afwisselende 4x4-rit over het gekloofde Mitchell Plateau, waar tot halverwege de 20e eeuw nauwelijks blanken kwamen. Ook nu nog ontdekken botanici en zoölogen hier zeldzame planten en dieren. Op sommige stukken staan Livistona-palmen langs het hobbelige pad naar het eenvoudige *bushcamp* aan de **Mertens Creek**, waar een wandeltocht naar de Mitchell Falls begint. Vanaf de camping stijgen in het hoogseizoen helikopters op voor rondvluchten over de watervallen. Als je de omgeving zowel vanaf de landweg als vanuit de lucht wilt bekijken, zou je in de 'koele' ochtenduren naar de 4 tot 5 km oftewel twee uur weg liggende Mitchell Falls kunnen lopen en je daar in de middag laten afhalen door een helikopter (duur 10 min., vanaf A-$ 140).

Via stapstenen in de Mertens Creek kom je vanuit het kamp naar de andere oever van de bergbeek. Door een rotsachtig terrein kronkelt het pad, dat met steenhopen, wit beschilderde stenen en aan struiken hangende witte plastic linten is gemarkeerd, richting westen naar de **Little Mertens Falls**, die vanaf de weg wel te horen is, maar niet te zien. Reusachtige varens en andere exotische planten tieren welig rondom de kleine waterval. Na een korte wandeling door het dunbegroeide bos gaat het pad verder over rotsen langs de door palmen omzoomde Mertens Creek. Waar de beek overgaat in een brede rotspoel kun je op een okerkleurige, overhangende rots oude schilderingen bewonderen van de oerbewoners van deze streek.

Dit is een van de talrijke Aboriginalschilderingen – verdeeld over de hele streek – die moeilijk te vinden zijn als je hier niet bekend bent. De rotskunstwerken, die met bijtende kleurstoffen zijn opgebracht en een mix zijn van schilderwerk en inkervingen, blijven wetenschappers voor raadselen stellen. De stijl en de motieven zijn uniek. In heel Australië is niets te vinden dat hierop lijkt. Er is geen gelijkenis met de Wandjinaschilderingen in de westelijke Kimberleys of met de Quinkanafbeeldingen op Cape York Peninsula. Veel van de elegante mensenfiguren doen denken aan Egyptische rotstekeningen of petrogliefen. Soms staan er dieren afgebeeld die in het noordwesten van Australië helemaal niet te vinden zijn. Welke betekenis hebben de schilderingen? Waar kwamen de makers vandaan? Vragen waarop de wetenschappers en de nu in de streek levende Aboriginals geen antwoord weten. Zelfs de ouderdom van de kunstwerken is niet te dateren.

Een paar honderd meter voorbij de rotsschilderingen sta je plotseling boven aan een 40 m hoge steile rotswand, waarover de **Big Mertens Falls** in het dal stort. Op veilige afstand van de rand waad je door de Mertens Creek. Een stukje verder is al het dreunen van de Mitchell Falls te horen. De nog weken na het einde van de regentijd imposante watervallen bestaan uit een keten van vijf cascades, die over de steile rand van het Mitchell Plateau storten, waarbij ze enkele lagunes vormen.

Het volle panorama van de watervallen is alleen goed te bewonderen vanaf een uitkijkpunt op de tegenoverliggende oever van de Mitchell River. Als de stroming niet te sterk is, kun je ongeveer 30 m voor de eerste cascade door de 50 tot 60 cm diepe rivier waden. Een met stenen gemarkeerd pad leidt naar een uitkijkpunt met uitzicht op het kolkende spektakel (heen en terug 30 min.). Een ander pad, waarvoor wat eenvoudig klimwerk over rotsen nodig is, kronkelt omlaag naar de grote, natuurlijke poel aan de voet van de watervallen (heen en terug 1,5 uur).

Hoe verlokkend het koele water ook mag zijn, je kunt beter niet zwemmen bij de onderste waterval, want in de lagune kunnen zeekrokodillen op de loer liggen. Omdat die reusachtige reptielen de steile watervallen niet kunnen beklimmen, kun je boven, op het plateau, wel onbekommerd baden in de Mitchell River. De helikoptervlucht terug naar het *bushcamp* is spectaculair. Eventueel kun je met een wijde boog over de **Surveyor's Pool** vliegen, een afgelegen, door zandsteenrotsen omlijste natuurlijke poel.

rood oplichtende zandstenen wanden. Boottochten en helikoptervluchten vertrekken vanaf het **El Questro Station**, 16 km ten zuiden van de Gibb. Een wandeling van drie uur voert naar de El Questro Gorge, waar duizenden jaren oude rotstekeningen te zien zijn. Kortere wandelroutes voeren naar de **Emma Gorge**.

Ruim 30 km ten oosten van het El Questro Station komt de Gibb River Road uit bij de Victoria Highway. Linksaf ga je naar Wyndham (zie blz. 358) aan het zuidelijke uiteinde van de Cambridge Gulf; rechtsaf gaat de weg naar Kununurra (zie blz. 358).

Informatie
Internet: www.kimberleyaustralia.com, www.derbytourism.com.au, www.thegibbriverroad.com.

Overnachten
Lodges & Stations – **Mount Hart Wilderness Lodge:** tel. 08-91 91 46 45, http://mounthart.com.au. 2 pk A-$ 215 p.p. inclusief volpension. **Charnley River Station:** tel. 08-91 91 46 46, www.kimberleyaustralia.com/charnley-river-station.html. **Mount Elizabeth Station:** tel. 08-91 91 46 44. **Drysdale River Station:** tel. 08-91 61 43 26, www.drysdaleriver.com.au. 2 pk vanaf A-$ 150. **Mitchell Falls Wilderness Lodge:** tel. 1800-24 05 04. Tent voor twee personen A-$ 260 p.p. inclusief volpension. **Home Valley Station:** tel. 08-91 61 43 22, 02-82 96 80 10, www.hvstation.com.au. 2 pk vanaf A-$ 240. **Digger's Rest Station:** aan de rand van de Cockburn Ranges in de East Kimberleys, tel. 08-91 61 10 29, www.diggersreststation.com.au. 2 pk vanaf A-$ 185. Hier werden scènes uit de film *Australia* gedraaid. **El Questro Station:** aan het oostelijke uiteinde van de Gibb River Road, tel. 08-91 61 43 18, 1800-83 71 68, www.elquestro.com.au. Mooie camping aan de Pentecost River, beschaafd geprijsde kamers en bungalows (vanaf A-$ 245), alsmede peperdure luxueuze suites (vanaf A-$ 1950 inclusief volpension). De *homestead* ligt op een steile rots boven de Chamberlain River.

Camping – eenvoudige kampeerterreinen met *bush dunny* (tonnetjesplee) maar zonder douche zijn te vinden bij Bell Gorge, Manning Gorge en andere kloven en ook bij de roadhouses langs de Gibb River Road.

Great Northern Highway
▶ 3, D 3-E 2

Kaart: zie blz. 351

Wie in plaats van voor de Gibb River Road kiest voor de **Great Northern Highway**, passeert een van Australiës fascinerendste nationale parken, Purnululu National Park. Op deze route kun je ook het Windjana Gorge National Park (zie blz. 348) aandoen.

Tunnel Creek National Park [14]
Ongeveer 40 km voor Fitzroy Crossing (zie hierna) buigt van de Great Northern Highway de behoorlijke ruige en stoffige Fairfield Leopold Downs Road af naar het kleine, op ongeveer 70 km gelegen **Tunnel Creek National Park**. Hier heeft de Tunnel Creek een 750 m lange, 3 tot 12 m hoge en tot 15 m brede tunnel geboord door het gesteente van de Napier Range. Als de waterstand het toelaat, kun je met behulp van een goede zaklantaarn de natuurtunnel met zijn fraaie druipstenen verkennen.

Volg je de Fairfield Leopold Downs Road verder naar het noorden, dan bereik je na een kleine 40 km de ingang van het Windjana Gorge National Park.

Fitzroy Crossing en Geikie Gorge National Park

Fitzroy Crossing [15], met als enige attractie een paar pubs, is het vertrekpunt naar het circa 20 km noordoostelijker gelegen **Geikie Gorge National Park** [16], dat bereikbaar is via een goede asfaltweg. Hier heeft de Fitzroy River een 14 km lange en tot 30 m diepe geul gegraven in het voormalige koraalrif. In tegenstelling tot de Lennard River, die alleen tijdens de regentijd door de Windjana Gorge stroomt, voert de imposante Fitzroy River het hele jaar door water.

Aan de scherp van elkaar gescheiden, onderling verschillende kleuren van de rotswanden kun je de sterke niveauschommelingen van de rivier aflezen tussen de droge en de regentijd – op sommige plaatsen tot 16,5 m.

Kimberleys

Naast zoetwaterkrokodillen leven er in de rivier ook pijlstaartroggen en zaagvissen, oorspronkelijk zeevissen waarvan de voorouders achterbleven toen de zee zich terugtrok.

De beste manier om de Geikie Gorge te verkennen is tijdens een door rangers verzorgde boottocht (mei-nov. diverse keren per dag, A-$ 35, reserveren bij het Fitzroy Crossing Visitor Centre). Een goede indruk van het nationaal park krijg je ook op de informatieve Reef Walk Nature Trail (heen en terug 5 km/ 1,5 uur).

Informatie
Fitzroy Crossing Visitor Centre: Great Northern Hwy, Fitzroy Crossing, tel. 08-91 91 53 55, www.sdwk.wa.gov.au, apr.-sept. dag. 8-17, okt.-mrt. ma.-vr. 9-16.30 uur.

Overnachten
Hotel en camping – **Fitzroy River Lodge:** Great Northern Hwy, Fitzroy Crossing, tel. 08-91 91 51 41, www.fitzroyriverlodge.com.au. Keus uit een hotelkamer of een comfortabele tent; restaurant, zwembad en caravan park. 2 pk A-$ 180-460.

Staanplaatsen en motelunits – **Tarunda Caravan Park:** Forrest Rd., Fitzroy Crossing, tel. 08-91 91 53 30, tarunda@bigpond.com. Eenvoudig, met motelachtige accommodatie.

Actief
Jeeptrips met Aboriginal – **Bungoolee Tours:** c/o Fitzroy Crossing Visitor Centre, tel. 08-91 91 53 55, www.bungoolee.com.au. Door de Aboriginal Dillon Andrews met veel kennis begeleide terreinwagentochten van een dag naar Tunnel Creek National Park en Windjana Gorge National Park (apr.-okt. dag. 8 uur, vanaf A-$ 165).

Halls Creek 17
Bijna 300 km ten oosten van Fitzroy Crossing ligt **Halls Creek**, een bij reizigers geliefde rustplaats op de route naar de Kimberleys. In **Old Halls Creek**, 16 km oostelijker aan de Duncan Highway, getuigen enkel nog ruïnes en een door stuifzand half bedolven begraafplaats van een goudkoorts die tussen 1883 en 1885 voor veel opschudding zorgde.

De circa vijftigduizend jaar oude **Wolf Creek Meteorite Crater**, circa 130 km ten zuiden van Halls Creek, is met een doorsnee van 800 m de op een na grootste meteorietkrater ter wereld. De beste indruk krijg je vanuit een vliegtuig (je kunt een rondvlucht maken vanaf Halls Creek), maar je kunt de krater ook met de auto bereiken via de Tanami Road (neem hiertoe de afslag van de Great Northern Highway, 15 km ten zuidwesten van Halls Creek).

Informatie
Halls Creek Visitor Centre: 2 Hall St., tel. 08-91 68 62 62, www.hallscreektourism.com.au, ma.-vr. 9-17 uur, nov.-mrt. gesl.

Overnachten
Degelijk comfort – **Kimberley Hotel:** 9 Roberta Ave., tel. 08-91 68 61 01, 1800-35 52 28, www.kimberleyhotel.com.au. Het beste hotel in de plaats met royale kamers, goed restaurant, bar en zwembad. 2 pk vanaf A-$ 175.

Camping en cabins – **Halls Creek Caravan Park:** 4 Roberta Ave., tel. 08-91 68 61 69. Goed toegerust, met cabins en zwembad.

Actief
Rondvluchten – **Oasis Air:** tel. 08-91 68 64 62. Rondvluchten over bijvoorbeeld het Bungle-Bunglemassief (vanaf A-$ 275).

Evenement
Halls Creek Carnival (aug.): volksfeest met paardenrennen en rodeo.

Purnululu National Park 18
Achter de naam **Purnululu (Bungle Bungle) National Park** verschuilt zich een wondere wereld met steile rotsgewelven, merkwaardige zandsteenkoepels en sculpturen van zandsteen die op bijenkorven lijken. Als gevolg van de uiteenlopende hardheden van de sedimentsgesteenten ontstond door erosie deze verbazingwekkende veelheid aan vormen. Pas in 1987 werd deze vergeten regio, die vroeger als weidegrond werd gebruikt, onder natuurbescherming gesteld en **Bungle Bungle National Park** gedoopt.

De 'stenen bijenkorven' in Purnululu National Park zien er met hun oranje en zwarte dwarsstrepen ook vanuit de lucht indrukwekkend uit …

De enige toegangsweg naar het nationaal park is een in oostelijke richting voerende, zeer lastig begaanbare afslag van de Great Northern Highway, zo'n 107 km ten noorden van Halls Creek. Tot het Ranger Station aan de ingang van het park bij **Three Ways** is het nog eens 53 km, waarvoor je al naar gelang de staat van de weg tot drie uur nodig hebt. Tijdens de regentijd van begin januari tot eind maart is het Purnululu National Park gesloten. Drinkwater is zeldzaam in het park, dus neem genoeg voorraad mee.

Als vertrekpunt voor verkenningen van het park, waar je wandelend twee of drie dagen kunt doorbrengen, komen twee eenvoudige campings in aanmerking – het **Kurrajong Camp** en het **Walardi Camp**, waar je helikoptervluchten over het massief kunt boeken. Het

Kimberleys

honderden meters lang in de doolhof van rotsen. De oprijzende wanden komen op sommige plaatsen zo dicht bij elkaar dat de lucht enkel nog te zien is als een smalle strook. De wandeling eindigt bij een 300 m omlaag lopende rotswand, waarover in de regentijd een waterval naar beneden stort (heen en terug 3 km/1,5 uur). In de nabijgelegen ravijnen **Frog Hole Gorge** en **Mini Palm Gorge** groeien *Livistona*-palmen (heen en terug 3 km/1,5 uur resp. 5 km/3 uur).

Als het in landschappelijk opzicht mooiste wandelgebied geldt de regio van de 'stenen bijenkorven' met markante dwarsstrepen in allerlei kleuren. Het beginpunt voor twee wandelingen is het parkeerterrein bij de Piccaninny Creek, 30 km ten zuidoosten van de Three Ways Junction. Een eenvoudige weg voert van daar naar de **Cathedral Gorge** (heen en terug 2,5 km/2 uur). Een overnachting in de wildernis vereist een zware wandeling naar de **Piccaninny Gorge** (heen en terug 30 km/2 dagen).

Overnachten

Comfort in de wildernis – **Bungle Bungle Wilderness Lodge:** tel. 1800-88 93 89, www.kimberleywilderness.com.au. Comfortabel tentenkamp nabij het Walardi Camp. Tent voor twee personen A-$ 295-315 p.p. inclusief volpension.
Camping – **Kurrajong Camp** en **Walardi Camp:** wie hier wil overnachten moet reserveren via https://parks.dpaw.wa.gov.au/parkstay, of tel. 08-91 68 42 00.

Warmun Roadhouse 19

Als je opziet tegen de lastige reis naar het Purnululu National Park, kun je de ruige schoonheid ervan ook bewonderen tijdens een 45 minuten durende helikoptervlucht, die je bij het **Warmun Roadhouse** (vroeger het Turkey Creek Roadhouse) kunt boeken. Ten noorden van Turkey Creek voert de Great Northern Highway tussen de grillige bergketens van de Durack Range en de Carr Boyd Range.

Overnachten

Eenvoudig motel – **Warmun Roadhouse:** Great Northern Hwy, tel. 08-91 68 78 82, www.warmunroadhouse.com.au. Eenvoudig inge-

nationaal park is ontsloten door een netwerk van goede wandelwegen. De zandsteenformaties zijn broos, dus beklim ze in geen geval en loop alleen op de aangelegde paden.

Een belangrijke bezienswaardigheid in het park is de **Echidna Chasm**, 20 km ten noordoosten van de Three Ways Junction. Van de parkeerplaats voert een wandelpad naar de Echidna Chasm, een kloof van verscheidene richte kamers, camping, restaurant, zwembad en tankstation. 2 pk vanaf A-$ 125.

Actief
Rondvluchten – **Helispirit:** tel. 1800-18 00 25, www.helispirit.com.au (vanaf A-$ 399).

Wyndham [20]
Wyndham aan de Cambridge Gulf werd in de jaren 1880 gesticht als toeleveringsgebied en toegangspoort voor de goudvelden van Halls Creek. Sinds de sluiting van de slachthuizen en vleesverwerkende bedrijven in 1985 verliest de stad steeds meer aan betekenis.

Een prachtig uitzicht over de met mangroven begroeide Cambridge Gulf, waarin veel krokodillen zitten en vijf rivieren uitmonden, biedt de **Five Rivers Lookout**. Het schilderachtige rotsmeer **The Grotto**, 30 km ten westen van Wyndham, is omgeven door steile klippen.

Informatie
Wyndham Tourist Information Centre: c/o Kimberley Motors, Great Northern Hwy, tel. 08-91 61 12 81, ma.-vr. 9-17, za., zo. 10-16 uur.

Overnachten
Met couleur locale – **Wyndham Town Hotel:** O'Donnell St., tel. 08-91 61 12 02. Eenvoudig pubhotel met restaurant (probeer absoluut de Barra Burger!), bar, biergarten en zwembad. 2 pk A-$ 95-135.

Camping en cabins – **Wyndham Caravan Park:** Baker St., tel. 08-91 61 10 64, www.wyndhamcaravanpark.com. Goed toegerust, met cabins.

Kununurra en Lake Argyle
Aan de Victoria Highway ligt het sympathieke stadje **Kununurra** [21], waarvan de naam 'groot water' betekent. Het ontstond in 1963 als toeleverings- en bestuurscentrum voor het Ord River Irrigation Scheme (ORIS), een van de grootste irrigatiesystemen in Australië. Na de aanleg van het stuwmeer **Lake Kununurra** duurde het nog jaren voordat de Ord River werd opgestuwd tot het Lake Argyle, met 1000 km^2 het grootste kunstmatige meer van het vijfde continent. Inmiddels is er een irrigatiegebied geschapen van 6000 km^2, waar moderne plantagelandbouw wordt bedreven (zonnebloemen, pinda's, sojabonen en diverse soorten groenten en fruit).

In Kununurra kun je een bezoek brengen aan de **Waringarri Aboriginal Arts Gallery** met kunstvoorwerpen en kunstnijverheidsproducten van de Aboriginals (16 Speargrass Rd., tel. 08-91 68 22 12, www.waringarriarts.com.au, ma.-vr. 8.30-12, 13-16.30, za. 9-12 uur, toegang gratis). Je hebt een mooi uitzicht over het irrigatiegebied vanaf de **Kellys Knob Lookout**. Als je geen tijd hebt om het Purnululu National Park te bezoeken, kun je direct voor de poorten van de stad in het **Mirima (Hidden Valley) National Park**, de 'mini-Bungle Bungles', prachtige korte wandelingen maken (dag. 8-18 uur, A-$ 12 per auto).

Een uitstapje van Kununurra voert naar het **Lake Argyle** [22] met de **Durack Argyle Homestead**. Dit voormalige woonhuis van de pioniersfamilie Durack, tegenwoordig een museum, geeft een goede indruk van het leven van de eerste blanke inwoners in de Kimberleys (dag. 8.30-16.30 uur, A-$ 5). Op het meer, waaruit tientallen bergtoppen oprijzen als kleine eilanden, kun je watersporten bedrijven, vissen en boottochten maken om watervogels en krokodillen te bekijken. In het zuiden van Lake Argyle strekt zich de **Argyle Diamond Mine** uit, de grootste diamantmijn ter wereld, waar tweeduizend werklieden hoofdzakelijke industriële diamanten delven.

Informatie
Kununurra Visitor Centre: East Kimberley Tourism House, 75 Coolibah Dr., tel. 1800-58 68 68, www.visitkununurra.com, apr.-okt. ma.-vr. 8-17, za., zo. 9-16, nov.-mrt. ma.-vr. 9-16 uur.

Overnachten
Rustig en behaaglijk – **Ibis Styles Kununurra:** Victoria Hwy, hoek Messmate Way, tel. 08-91 68 40 00, www.accorhotels.com. Comfortabele accommodatie met restaurant en zwembad. 2 pk vanaf A-$ 145.

Goed en goedkoop – **Kimberley Croc Motel:** 20 Riverfig Ave., tel. 08-91 68 14 11, www.kimberleycrocmotel.com.au. Goed gerund, klein motel voor voornamelijk jonge gasten, centraal gelegen, met zwembad en groene binnenplaats. Manager Lisa helpt je graag bij het plannen van je dag. 2 pk vanaf A-$ 99, meerpersoonskamers vanaf A-$ 26 p.p.

Camping en cabins – **Discovery Holiday Parks Lake Kununurra:** Lakeview Dr., tel. 08-91 68 10 31, www.discoveryholidayparks.com.au. Prachtig gelegen camping aan Lake Kununurra met uitstekende faciliteiten en comfortabele cabins.

Eten en drinken

Culinaire oase – **The PumpHouse:** Lakeview Dr. Lot 3005, tel. 08-91 69 32 22, www.thepumphouserestaurant.com, di.-vr. 17.30-19.30, za. 12-13.45, 17.30-19.30, zo. 12-13.45, 17-19 uur. In een gerestaureerd oud gemaal wordt met uitzicht op Lake Kununurra heerlijk eten geserveerd, van pizza's tot fijnproeversmenu's. Hoofdgerechten A-$ 27-42.

Topadres voor gewone Aussiekost – **Kelly's Bar & Grill:** Country Club Hotel, 47 Coolibah Dr., tel. 08-91 68 10 24, dag. 11.30-15, 17.30-22.30 uur. Grillgerechten en andere typisch Australische burgermanspot. Hoofdgerechten A-$ 22-41.

Actief

Boottochten – **Lake Argyle Cruises:** tel. 08-91 68 76 87, www.lakeargylecruises.com. Boottocht op de Ord River en Lake Argyle met vogel- en krokodilobservatie (apr.-okt. dag. 12-18 uur, A-$ 160). **Triple J Tours:** tel. 08-91 68 26 82, www.triplejtours.net.au. Soortgelijk aanbod, echter uitgebreider, bijvoorbeeld ook naar de zonsondergang aan het meer (juni-aug. dag. 9-19 uur, A-$ 295).

Rondvluchten – **Kingfisher Tours:** tel. 08-91 48 26 30, www.kingfishertours.net. Rondvluchten met propellervliegtuigen over Purnululu National Park (A-$ 318). **Aviair:** tel. 1800-09 55 00, www.aviair.com.au. Rondvluchten met propellervliegtuigen over het oostelijke Kimberleyplateau (vanaf A-$ 379).

Evenement

Ord Valley Muster (mei): twee weken durend volksfeest met rodeo, bootrace enzovoort.

Naar het Northern Territory ▶ 3, E/F 2

Ongeveer 40 km ten oosten van Kununurra steekt Highway 1 de grens over tussen Western Australia en het Northern Territory. Over de grens wachten twee ongerepte nationale parken op ontdekkingreizigers: het **Keep River National Park** met rode zandsteengewelven, waarin ruim vijftigduizend jaar oude rotstekeningen van Aboriginals zijn ontdekt, en het **Gregory National Park**. Het laatstgenoemde park is een weinig bezocht beschermd natuurgebied met grillige bergketens, zandplateaus en kloven. De enige pleisterplaatsen voor bezoekers zijn het **Victoria River Roadhouse** en **Timber Creek**, waar boottochten op de Victoria River, het leefgebied van veel zeekrokodillen, beginnen. Als je het nauwelijks ontsloten Gregory National Park op eigen houtje wilt bezoeken, heb je niet alleen een betrouwbare terreinwagen en een goede uitrusting nodig, maar ook enige ervaring in de bush. Imposante panorama's van het ruige berggebied krijg je te zien op de **Escarpment Lookout Walk**, die 2 km ten westen van het Victoria River Roadhouse begint (heen en terug 3 km/1,5 uur).

Bij **Katherine** (zie blz. 395) komt de Victoria Highway uit bij de Stuart Highway. Vanhier is het nog ruim 300 km naar Darwin.

Overnachten

Motel en camping – **Wirib Store & Tourism Park:** Timber Creek, tel. 08-89 75 06 02, www.wirib.com.au. Caravan park met cabins en motel. Cabins vanaf A-$ 85, 2 pk vanaf A-$ 125.

Actief

Boottochten – **Victoria River Cruise:** tel. 0427-75 07 31, www.victoriarivercruise.com. Boottocht van drieënhalf uur op de Victoria River met vogel- en krokodilobservatie (apr.-sept. dag. 16-19.30 uur, A-$ 95).

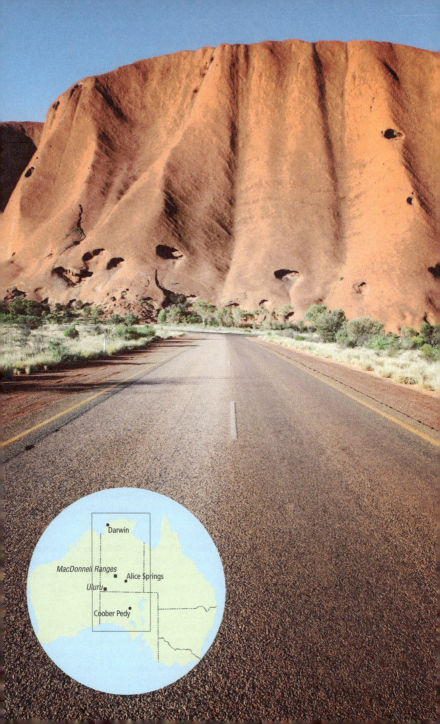

Hoofdstuk 3

Het centrum en Top End

Vlak buiten de poorten van Port Augusta begint aan de Spencergolf de outback. Door dit voor Europeanen zo fascinerende weidse landschap loopt de Stuart Highway, die ook wel Explorers Way wordt genoemd. De weg verbindt de zuidkust via het 'rode hart' van het continent met het ruige Top End in het noorden. De tocht heeft veel weg van een roadmovie, die urenlang toe kan met een paar cameraposities: uitgedroogde zoutmeren, spinifexsavannes en woestenij, de stenen ribben van afgesleten woestijngebergten, rode duinen met diepe dalen, zandgronden tot aan de horizon. Je ziet het droogste continent ter wereld van zijn onherbergzaamste kant, een woestenij die nogal overweldigend is. De enige buitenposten van de beschaving in dit landschap zijn roadhouses langs de weg met een tankstation, restaurant, motel en caravanpark.

Coober Pedy, waar meer dan driekwart van alle sieropaal ter wereld gedolven wordt – is de enige, grotere plaats tussen Port Augusta en Alice Springs, de onofficiële hoofdstad van Centraal-Australië. Een 'zijsprong' van de Stuart Highway leidt naar Uluru (Ayers Rock), de heilige berg van de Aboriginals, Kata Tjuta (The Olgas), een groep gigantische rotskoepels, en naar de Kings Canyon (Watarrka), het indrukwekkendste ravijn van het Red Centre.

Het noordelijke deel van de Stuart Highway verbindt het droge 'rode hart' met het benauwend warme Top End, het tropische 'boveneind' van het Australische continent. Met het klimaat en de vegetatie verandert ook de overheersende kleur. In het Red Centre is dat een krachtig roodbruin, maar hoe verder je naar het noorden gaat, hoe weelderiger de groentinten die je onder ogen krijgt. De onbetwiste topattractie van het Top End is de krokodillenrijkdom in het Kakadu National Park.

Australiës herkenningsteken nummer een – Uluru

In een oogopslag: het centrum en Top End

Hoogtepunten

Uluru-Kata Tjuta National Park: in het rode hart van Australië ligt Uluru, de heilige berg van de Aboriginals, en het rotskoepelmassief Kata Tjuta (zie blz. 371).

Kings Canyon: in het Watarrka National Park hebben de elementen het grootste en met zijn meer dan 200 m verticaal omlaagduikende rotswanden indrukwekkendste ravijn van het Red Centre uitgesleten in een zandsteenplateau (zie blz. 377).

Kakadu National Park: wereldwijd zijn er maar twee als nationaal park beschermde wildernissen die groter zijn. Hier kun je prehistorische schildhagedissen en de mooiste Aboriginalrotsschilderingen van Australië zien (zie blz. 410).

Fraaie routes

Stuart Highway: net als de legendarische Route 66 in Amerika symboliseert in Down Under de Stuart Highway de mythe van grenzeloze weidsheid. Veel Australiëreizigers beschouwen de rit over de asfaltstrip dwars door het hart van het vijfde continent als de ultieme road trip – ook al heeft de legendarische reputatie van het traject nogal geleden onder het asfalteren van de Highway in 1987 (zie blz. 364).

Mereenie Loop Road: met een terreinwagen kun je van de Kings Canyon via de Mereenie Loop Road, een stoffige grindweg door de prachtige natuur van de outback, rechtstreeks naar de westelijke MacDonnell Ranges rijden (zie blz. 379).

Tips

Noodling in Coober Pedy: hier is de zoektocht naar opalen bijna een sport (zie blz. 366).

Voor een booze-up naar Birdsville: de Birdsville Races zijn beroemd (zie blz. 370).

Een ballonvaart: vanuit een heteluchtballon genieten van unieke panorama's (zie blz. 387).

Authentieke bushkroegen: Australië is het land van de dorstigen. Maar maak je geen zorgen, zelfs ten noorden van Alice Springs verkopen ze bier (zie blz. 394).

Op pad met Aboriginals: spannende excursie naar het 'Land of the Lightning Brothers' met Aboriginalgidsen (zie blz. 398).

Naar de Aboriginals van Bathurst Island en Melville Island: maak de levendige Aboriginalcultuur van de Tiwistam mee (zie blz. 406).

In Darwin ben je eindelijk weer terug in de beschaafde wereld … Maar een drankje is gelukkig ook overal in de outback verkrijgbaar

Te voet rond Uluru: de Anangu-Aboriginals vinden het maar niets als hun heiligdom door toeristen bestormd wordt. Een wandeltocht rondom de monoliet is daarvoor een interessant alternatief (zie blz. 374).

Met een terreinwagen door Palm Valley: met een 4x4 terreinwagen door het met zeldzame Australische koolpalmen omzoomde rivierdal van de Finke River (zie blz. 390).

Van de zuidkust het binnenland in

Schitterend licht en moordende hitte, ontelbare vliegen en stof zo fijn als poedersuiker, verdorde spinifexsavannes en met stenen bezaaide woestenijen, opgedroogde rivierlopen en verkorste zoutmeren. Maar ook schilderachtige bergketens en vochtige kloven met overblijfselen van een vegetatie uit de tijd van de dinosauriërs – in het rode hart van Australië krijg je een goede indruk van de leegte en uitgestrektheid van het vijfde continent.

Stuart Highway

Wie geen plezier beleeft aan een reis over de ruige outbackwegen, moet het 'rode hart' benaderen via de **Stuart Highway**, die in Port Augusta (zie blz. 286) begint. De volledig geasfalteerde verkeersweg is genoemd naar de grote Australië-onderzoeker John McDouall Stuart, die er in 1861-1862 als eerste in slaagde het continent in noord-zuidrichting te doorkruisen.

Het zuidelijkste stuk van de Stuart Highway geldt als een van de mooiste en interessantste trajecten in Centraal-Australië. Door een blik op de landkaart krijg je de indruk dat de weg door een merenlandschap loopt. De blauwe vlakken zijn echter bijna permanent opgedroogde zoutmeren en zoutpannen, waardoor het landschap haast surrealistische trekken krijgt.

Woomera ▶ 1, N 13

Ter hoogte van **Pimba Roadhouse** buigt een asfaltweg naar **Woomera** af. Dit stadje ligt aan de zuidkant van een terrein waar raketten werden getest, maar waar in de jaren 50 en 60 door het Britse leger, met toestemming van de Australische regering, ook atoomwapentests werden uitgevoerd. Pas jaren later werd bekend dat daarbij ook oorspronkelijke, als nomaden levende bewoners radioactief besmet raakten. Binnen de aangegeven 'Woomera Prohibited Area' mag je de Stuart Highway niet verlaten. In het **Woomera Heritage Centre** kun je jezelf op de hoogte laten stellen van de geschiedenis van de raketproeven. Voor het museum staan raketten tentoongesteld (tel. 08-86 73 70 42, mrt.-nov. dag. 9-17, dec.-feb. dag. 10-14 uur, A-$ 9,50).

Uitstapje naar Roxby Downs en Andamooka ▶ 1, N/O 13

De 64 km noordelijk van Woomera gelegen, 4700 inwoners tellende nederzetting **Roxby Downs** werd in de late jaren 80 in de halfwoestijn uit de grond gestampt om de mijnwerkers van de **Olympic Dam Mine** onder te brengen. Zo ontstond in een van de meest afgelegen regio's van Australië een oase van beschaving met woningen, bioscopen, kunstgaleries, cafés en winkelcentra. Vandaag de dag delft BHP Billiton, een van 's werelds grootste mijnbouwbedrijven, in de grootste koper-uraniummijn ter wereld, die zich uitstrekt over een oppervlakte van 260 km^2, jaarlijks 70.000 ton koper, 1400 ton uraniumdioxide, de zogenoemde Yellowcake, alsmede 550 kg goud en 1400 kg zilver. Het is mogelijk na aanmelding vooraf het mijncomplex te bezichtigen (Olympic Dam Tours, tel. 08-86 71 20 01, www.roxbydowns.com).

Van Roxby Downs kom je via een goede, bij elke weersgesteldheid begaanbare weg in **Andamooka**, waar uitgestrekte opaalvelden liggen. Terwijl Coober Pedy overlopen is, heeft Andamooka zijn oorspronkelijke pionierskarakter in grote mate behouden.

Stuart Highway

Van Woomera naar Coober Pedy
▶ 1, N 13-M12

Reizigers die haast hebben, zullen zich niet in Roxby Downs en Andamooka laten ophouden, maar onmiddellijk naar Coober Pedy rijden. Tussen Woomera en Glendambo loopt Stuart Highway langs verschillende zoutmeren. Het loont de moeite om bij een van de aangegeven uitkijkplaatsen te stoppen. Tussen **Glendambo**, met een motel, een caravanpark en een benzinestation, en Coober Pedy is het landschap nogal monotoon. Let op: geen benzinestation over een afstand van 250 km!

Overnachten

Motel en camping – **Glendambo Outback Resort:** Stuart Hwy, tel. 08-86 72 10 30. Goed geoutilleerde kamers, restaurant, zwembad en eenvoudig caravan park met stacaravans. 2 pk vanaf A-$ 115.

Coober Pedy ▶ 1, M 12

Als je **Coober Pedy** nadert, zie je zover het oog reikt in de bijna boomloze vlakte alleen maar heuvels van aarde – alsof duizenden reusachtige mollen in de bodem hebben gewoeld. In 1915 werd ontdekt dat de woestenij rond Coober Pedy een ware schatkist vormt. Een *digger* ontdekte de eerste opaalader en vierde zijn triomf zo luidruchtig dat snel daarna massa's schatzoekers in het zand stonden te graven. Tegenwoordig is Coober Pedy, waar rond 80% van alle sieropaal ter wereld wordt gedolven, de grootste winplaats voor opalen (zie blz. 260). De zo typerende 'molshopen' zijn ontstaan door het uitgraven van ontelbare tunnels en gangen.

Door de extreme temperatuur – 's zomers oplopend tot 50°C – hebben veel edelsteenzoekers en hun families zich in ondergrondse schachten, zogenaamde *dugouts*, teruggetrokken. De altijd ruime ondergrondse woningen met verschillende, vaak zeer comfortabel ingerichte kamers bieden de bewoners ondanks een niet te ontkennen bunkersfeer voordelen: een het hele jaar door relatief constante binnentemperatuur van 20 tot 25°C alsmede bescherming tegen het zeer fijne stof, het felle licht en met een beetje geluk ook tegen de talloze vliegen. In Coober Pedy liggen niet alleen particuliere woningen onder de grond, maar ook winkels, restaurants, toeristenhotels en zelfs twee kerken.

Aangezien het verboden en vanwege de onbeveiligde schachten ook te gevaarlijk is om de omheinde opaalvelden rond Coober Pedy op eigen houtje te verkennen, dien je jezelf aan te sluiten bij een van de georganiseerde rondleidingen die in de plaats worden aangeboden. Voormalige edelsteenzoekers brengen de deelnemers naar particuliere *claims* en leggen hun de technieken van het opaaldelven uit. Meestal is daarbij ook een bezichtiging van een opaalslijperij en een holwoning inbegrepen.

Ook de **Umoona Opal Mine**, een verlaten opaalmijn met een opaalmuseum (Hutchison St., tel. 08-86 72 52 88, www.umoonaopalmine.com.au, rondleidingen dag. 10, 14, 16 uur, A-$ 10), en de als museum ingerichte **Old Timers Mine** (Crowders Gully Rd., tel. 08-86 72 55 55, www.oldtimersmine.com, dag. 9-17 uur, A-$ 15) verdienen een bezoek. Opalen en sieraden met opaal kun je kopen of alleen bewonderen in **The Big Winch**, waar zich ook een uitkijkpunt bevindt (tel. 08-86 72 52 64, dag. 9-18 uur, toegang gratis).

Een goede indruk van het ondergrondse leven krijg je tijdens een bezoek aan het **Dig-

Continentale afstanden

Als je op je gemak wilt rijden, dien je voor de ruim 1200 km lange afstand tussen Port Augusta en Alice Springs ongeveer een week uit te trekken, zeker als je ook uitstapjes naar Uluru en Kata Tjuta hebt gepland. Voor de bijna 1500 km lange rit van Alice Springs naar Darwin moet je vier dagen rekenen. Het bezichtigen van Alice Springs en Darwin met uitstapjes in de omgeving neemt nog eens vier dagen in beslag, een excursie naar het Kakadu National Park drie dagen. Ook als alles voorspoedig verloopt zal de reis om de waarlijk continentale afstand van 2600 km tussen Darwin en de oostkust te overbruggen vier dagen in beslag nemen. Met het vliegtuig is dat overigens minder dan drie uur.

Van de zuidkust het binnenland in

NOODLING IN COOBER PEDY

Voor weinig geld, maar alleen met een geldige exploitatievergunning, mag men in Coober Pedy graven. Het benodigde startkapitaal voor de technische uitrusting bij de opaalwinning is echter zeer hoog. Voor boormachines en de enorme 'stofzuigers' (de zogenaamde *blowers*), waarmee de gangen worden uitgegraven, moeten tienduizenden dollars worden betaald. De meeste bezoekers van Coober Pedy beperken zich daarom tot *noodling*, het gratis **zoeken naar restopalen** in de afgravingen. Voorwaarde daarbij is wel dat er met blote handen wordt gewerkt en geen werktuigen worden gebruikt.

Een ongeschreven wet luidt dat alle edelstenen die rond Coober Pedy niet in, maar op de grond worden gevonden, toevallen aan de vinder. De grootste kans om opalen te vinden die door professionele delvers over het hoofd zijn gezien, heb je in de omgeving van mijnen waar nog maar pas wordt gewerkt. Je kunt ook letten op Aboriginals die afgravingen doorzoeken – de lokale oorspronkelijke bewoners gelden als ervaren *noodlers*. Om geen kwaad bloed te zetten, en ook omdat het fatsoen dat gebiedt, dien je voor het 'schatzoeken' toestemming te vragen aan de betreffende claimeigenaar. Volgens de inheemse bevolking is de zogenaamde Jeweller Shop Area tussen de Old Water Tank Road en Harlequin Drive een goed *noodling*-gebied; in de jaren 60 werden er door professionele zoekers veel kwalitatief hoogwaardige opalen gevonden.

Het lukt reizigers steeds opnieuw om bij een tussenstop in Coober Pedy hun reisbudget aanzienlijk te verhogen door restopalen te verkopen die bij het *noodling* zijn ontdekt. Naar men beweert heeft een bezoekster hier ooit in een steenberg een opaal gevonden waarvoor ze meer dan A-$ 2000 kreeg. De meeste amateurzoekers keren echter niet met tassen vol edelstenen uit de roestrode woestijn terug, maar slechts met stoffige kleren en vieze handen.

Wie zijn geluk in de opaalvelden zoekt, moet bedenken dat de omgeving van Coober Pedy als een gatenkaas is, vergeven van verlaten schachten en tunnels. Menigeen is hier voor altijd verdwenen. De plaatsnaam Coober Pedy is overigens afgeleid van de Aboriginalwoorden Kupa Piti, wat zoveel als 'gat in de aarde van de witte man' betekent.

gers **Dream Underground Home** (Brewster St., tel. 08-86 72 54 42, dag. 11.30-18 uur, toegang gratis, vrijwillige bijdrage) of het **Fayes Underground Home**, dat ruim dertig jaar geleden door drie vrouwen uit de rots is gehouwen (vlak bij het Drive-In-Theatre, ma.-za. 8-17 uur, A-$ 5). Ook als je daar niet logeert, kun je even een blik werpen in het luxueuze **Desert Cave Hotel**, dat gedeeltelijk onder de grond ligt en waar een voor iedereen toegankelijke tentoonstelling over opalen is ingericht. Aangenaam koel is het ook in de beide ondergrondse kerken, de **St. Peter and Paul Catholic Underground Church** en de anglicaanse **Catacomb Church.**

Een authentiek outbackpersonage, de meest legendarische figuur van Coober Pedy, was de Duitse baron Arvid von Blumental, beter bekend als **Crocodile Harry**. Hij heeft zijn witgekalkte *dugout* aan 17 Mile Road met veel gips en nog meer fantasie in een vreemd totaalkunstwerk omgetoverd. Damesondergoed en talrijke foto's documenteren zijn leven (dag. 9-12, 14-18 uur, A-$ 7,50).

Informatie
Coober Pedy Tourist Centre: Hutchison St., tel. 08-86 72 46 00, 1800-63 70 76, www.cooberpedy.sa.gov.au, ma.-vr. 9-17, za., zo. 10-13 uur.

Overnachten
Onder de grond – **Desert Cave Hotel:** Hutchison St., tel. 08-86 72 56 88, www.desertcave.com.au. Luxueus, gedeeltelijk ondergronds hotel. Desgewenst krijg je een bovengrondse kamer. 2 pk vanaf A-$ 235.

In dugouts – **Comfort Inn Coober Pedy Experience Motel:** Crowders Gully Rd., tel. 08-86 72 57 77, www.cooberpedyexperience.com.au. Comfortabel ondergronds motel. 2 pk vanaf A-$ 185.

Gemaakt van leem – **Mud Hut Motel:** St. Nicholas Street, tel. 08-86 72 30 03, www.mudhutmotel.com.au. Grote kamers en vriendelijke service. 2 pk vanaf A-$ 150.

Camping en cabins – **Stuart Range Outback Resort:** Stuart Hwy, hoek Hutchison St., tel. 1800-06 77 87, www.stuartrangeoutbackresort.com.au. Goed toegerust, grote keus aan cabins, zwembad en pizzeria.

Eten en drinken
Lekkere pizza's – **John's Pizza Bar:** 24 Hutchison St., tel. 08-86 72 55 61, www.johnspizzabarandrestaurant.com.au, dag. 9-22 uur. De beste pizza's in de Zuid-Australische outback. Hoofdgerechten A-$ 12-25.

In een vroegere opaalmijn – **Barbecue Inn Underground:** 335 Trow St., tel. 08-86 72 31 00, dag. 12-15, 18-22.30 uur. Smakelijke Aussie-burgermanskost met een Grieks accent in een ondergronds restaurant. Vriendelijke bediening. Gerechten A-$ 18-34.

Winkelen
Sieraden met opaal – **Opalios:** 8 Hutchison St., tel. 08-86 72 56 90, www.opalios.com.au. Opaalslijperij met galerie.

Boeken – **Underground Bookstore:** Post Office Hill Rd., tel. 08-86 72 55 58, ma.-vr. 9-18, za., zo. 10-16 uur. Leesvoer onder de grond.

Actief
Opaaltours – **Desert Cave Tours:** c/o Desert Cave Hotel (zie onder Overnachten). Bezichtiging van een opaalmijn en bezoek aan een slijperij (dag. 14 uur, A-$ 95). **Tom's Working Opal Mine:** Stuart Hwy, tel. 08-86 72 39 66, www.tomsworkingopalmine.com. En ervaren opaaldelver toont bezoekers zijn mijn en demonstreert het gebruik van handboren en andere gereedschappen (dag. 10, 14, 16 uur, A-$ 28).

Outbacktours – **Mail Run Tour:** tel. 1800-06 99 11, www.mailruntour.com.au. Met de outbackpostbode rijd je in een terreinwagen naar afgelegen nederzettingen en farms aan de Oodnadatta Track (ma., do. 9 uur, A-$ 245). **Oasis Tours:** c/o Oasis Tourist Park, Hutchison St., tel. 1800-06 05 41, www.oasiscooberpedy.com.au. Deze organisator biedt een Town & Mine Tour (dag. 8.30 uur, A-$ 45) en een Sunset Breakaways Tour (dag. 2 uur voor zonsondergang, A-$ 50).

Evenement
Opal Festival (mrt.-apr., Pasen): volksfeest met optochten, sportwedstrijden en dansevenementen, www.opalfestival.com.au.

Vervoer
Bus: dag. met Greyhound Australia, tel. 1300-47 39 46, 08-86 72 51 51, naar Adelaide (10 uur) en Alice Springs (6 uur).

Breakaways Reserve ▶ 1, M 12
Ongeveer 19 km ten noorden van Coober Pedy buigt van de Stuart Highway een goed begaanbare steenslagweg in oostelijke richting af naar **Breakaways Reserve**. Grillig geërodeerde rotsformaties markeren hier de overgang van de Stuart Ranges naar het vlakke land. De kleuren van de Breakaways, die als decor dienden voor de film *Mad Max III*, met onder anderen Tina Turner, veranderen met de stand van de zon – voor foto's is het licht aan het eind van de middag het mooist.

Van de zuidkust het binnenland in

Cadney Park, Marla en Erldunda ▶ 1, M 10/11

Tussen Coober Pedy en de grens met het Northern Territory liggen langs Stuart Highway maar twee nederzettingen die het vermelden waard zijn: **Cadney Park Homestead**, dat beschikt over een wegrestaurant en een benzinestation, en **Marla** dat zelfs is voorzien een motel, een caravanpark, een wegrestaurant, een benzinestation en een politiebureau.

Bij het **Erldunda Motel** takt de geasfalteerde Lasseter Highway af, die naar het toeristendorp Yulara – ook Ayers Rock Resort genoemd – aan de rand van het Uluru-Kata Tjuta National Park (zie blz. 371) leidt.

Outbacktracks

De uitgestrekte steen- en zandwoestijnen ten oosten van de Stuart Highway behoren tot de ongereptste en landschappelijk bekoorlijkste gebieden van het zogenoemde rode hart van Australië. Wie beschikt over een goed uitgeruste terreinwagen en liefst ook wat ervaring met het rijden ermee, kan over meer of min-

Dit noemen ze in Midden-Australië een nederzetting: Innamincka – de dichtstbijzijnde wat grotere plaats ligt hier zo'n 200 km vandaan

der begaanbare onverharde wegen *(tracks)* de outback verkennen.

Strzelecki Track ▶ 1, O 12-P 11

In **Lyndhurst**, een plaatsje met een benzinestation aan de voet van de Flinders Ranges (zie blz. 286), splitst de beroemde **Strzelecki Track** zich in noordoostelijke richting af van Highway 83. De goed verharde gravelweg, die in tijden van droogte ook met een stevige personenauto berijdbaar is, voert over ongeveer 460 km door de woeste Strzelecki Desert met zijn talrijke zoutmeren naar de nederzetting **Innamincka**, dicht bij de grens met Queensland. De route en woestijn werden in het midden van de 19e eeuw door Charles Sturt naar zijn Poolse collega-onderzoeker vernoemd.

Birdsville Track ▶ 1, O 12-P 10

Marree is het vertrekpunt voor twee van de bekendste, maar minst bereden 'wegen' van Australië: de legendarische Oodnadatta Track (zie blz. 370), het ruige alternatief voor de Stuart Highway, en de niet minder met mythen omgeven **Birdsville Track**, die over een lengte van 520 km door halfwoestijnen en langs zoutlagunes naar Birdsville loopt (zie blz. 370). Ooit dreven *stockmen* over deze weg enorme kuddes runderen van Queensland naar Marree, waar ze per spoor verder vervoerd werden.

Marree, kort voor 1900 gesticht door ene Hergott uit Beieren als Hergott Springs, heeft zijn beste dagen gehad. Het einde kwam in 1980, toen zo'n 200 km naar het westen de nieuwe spoorlijn tussen Adelaide en Alice Springs werd geopend en men het tracé dat over Marree en Oodnadatta liep, stillegde. Tegenwoordig is Marree een plaats met voorzieningen voor de schapen- en runderfarms in de wijde omtrek en uiteraard een pelgrimsoord voor nostalgische outbackfans. Aan de bloeitijd herinneren het voormalige station, tegenwoordig een museum, enkele roestende locomotieven en de oude omheinde runderperken. De Birdsville Track loopt langs de **Sturt Stony Desert**, een onherbergzame grind- en keienwoestijn, en de **Simpson Desert**, een van de grote zandduinwoestijnen van de wereld, waar parallel aan elkaar over honderden kilometers tot 90 m hoge zandkammen liggen.

Overnachten

Outbacksfeer – **Marree Hotel:** Railway Terr., Maree, tel. 08-86 75 83 44, www.marreehotel.com.au. Legendarisch hotel annex kroeg met uitstekend restaurant en authentieke outbacksfeer. De behulpzame uitbaters geven graag tips voor uitstapjes in de omgeving. 2 pk A-$ 120.

Camping en cabins – **Oasis Caravan Park:** Maree, tel. 08-86 75 83 52. Staanplaatsen voor tenten en campers; ook cabins.

Van de zuidkust het binnenland in

VOOR EEN BOOZE-UP NAAR BIRDSVILLE

Het outbackdorpje **Birdsville** in Queensland, dat in de jaren 1880 als douanestation aan de grens met Zuid-Australië ontstond, telt honderd inwoners. Toen na de oprichting van de Commonwealth of Australia in 1901 alle douanebarrières geleidelijk werden opgeheven, verloor Birdsville tijdelijk aan betekenis. Al snel ontwikkelde het kleine plaatsje zich echter tot een belangrijk steunpunt voor veefokkers die hun enorme kuddes naar het zuiden dreven.
In de bloeitijd waren er in Birdsville drie hotels met cafés, één bank en verschillende winkels. Sinds de runderen hun laatste reis naar het slachthuis in comfortabele *road trains* aanvaarden, is Birdsville, dat nog maar één pub heeft behouden, nu niet meer dan een bijna vergeten verzameling huizen in *the middle of nowhere*. Maar eenmaal per jaar, in het eerste weekend van september, breekt de hel los. Dan arriveren duizenden Australiërs en bezoekers van overzee in vliegtuigjes en terreinwagens om de **Birdsville Races** mee te maken, vermoedelijk de beroemdste paardenrennen van Australië op de chique Melbourne Cup na. Voor velen is echter de *booze-up*, de grote zuippartij, de eigenlijke reden voor de vermoeiende reis. Urenlang giet men in dit 'krankzinnigste weekend in de wereld' bier naar binnen, vaak tot men erbij neervalt. In het recordjaar 2001 lieten rond zesduizend bezoekers een berg van bijna honderdduizend lege bierblikjes achter (www.birdsvilleraces.com).

Actief

Rondvluchten – **Lake Eyre Scenic Flights:** c/o Oasis Café, Maree, tel. 08-86 75 83 60, www.marreelakeeyreflights.com.au. Rondvluchten over Lake Eyre (vanaf A-$ 310 p.p.).

Oodnadatta Track
▶ 1, O 12-M 11

De 650 km lange **Oodnadatta Track** volgt de in de jaren 70 van de vorige eeuw stilgelegde 'Ghan'-spoorbaan tussen Marree en Marla aan de Stuart Highway. Bij droogte is deze outbackweg ook met normale voertuigen te doen, maar na hevige regenval is hij onbegaanbaar. Tussen Marree en William Creek komt de Oodnadatta Track uit bij de zuidoever van **Lake Eyre**, het grootste Australische zoutmeer, dat op zijn diepste punt 15 m onder zeeniveau ligt. Lake Eyre, dat door een hier en daar meer dan twee meter dikke zoutkorst wordt bedekt, raakte sinds de ontdekking door blanke Australiërs slechts vijfmaal na extreme neerslag met water gevuld – dit gebeurde voor het laatst in juli 2013. Elke keer slonk het meer dan weer tot een aantal ondiepe plassen te midden van reusachtige zoutpannen waarin geen leven meer mogelijk is.

Bij het **William Creek Roadhouse** (www.williamcreekhotel.net.au) buigt een goed berijdbare steenslagweg af naar Coober Pedy (zie blz. 365). **Oodnadatta**, de enige wat grotere plaats langs de route, is met gemiddeld 115 mm neerslag per jaar de droogste plek van Australië. Tussen 1891 en 1929, voordat de spoorbaan naar Alice Springs klaar was, bezat het een belangrijk kopstation. In die jaren vervoerden kameelkaravanen passagiers en vracht van hieraf naar Alice Springs. Het oude treinstation uit

1890 herbergt tegenwoordig een klein museum. Oodnadatta is ook het vertrekpunt voor tochten in het **Witjira National Park** met de warmwaterbronnen van Dalhousie en voor het doorkruisen van de **Simpson Desert**, allebei ondernemingen voor avonturiers met outbackervaring en een betrouwbare terreinwagen. Van Oodnadatta naar **Marla** (zie blz. 368) aan de Stuart Highway is het 214 km rijden door een verlaten halfwoestijn.

Informatie

Pink Roadhouse: Oodnadatta, tel. 1800-80 20 74, www.pinkroadhouse.com.au, dag. 8-20 uur. Informatie, tankstation, restaurant en caravan park.

Overnachten

Met outbackcharme – **Transcontinental Hotel:** Oodnadatta, tel. 08-86 70 78 04, www.transhoteloodnadatta.com.au. Eenvoudig pubhotel met restaurant. 2 pk vanaf A-$ 85.

Camping en cabins – **Oodnadatta Caravan Park:** Oodnadatta, tel. 08-86 70 78 04. Eenvoudige camping met cabins.

 Uluru-Kata Tjuta National Park ▶ 1, K 10

Lasseter Highway naar Yulara

Precies 250 km zijn het over de **Lasseter Highway** vanaf de Stuart Highway tot Uluru-Kata Tjuta National Park. Ongeveer halverwege duikt in de vlakte een enorme tafelberg op, die vaak ten onrechte voor Uluru wordt gehouden: **Mount Connor**, het een miljard jaar oude overblijfsel van een bergketen die zich hier ooit verhief. Ondanks zijn indrukwekkende verschijning met een lengte van 3 km, een breedte van 1,2 km en – van de grond af gemeten – een hoogte van 290 m geniet Mount Connor tot nu toe weinig toeristische belangstelling.

Yulara

Al op gezichtsafstand van de echte Uluru ligt het met veel gevoel voor architectuur opgezette vakantiecomplex **Yulara**, dat goed in de omgeving past. De in 1984 geopende, op de tekentafel ontworpen stad, die tussen april en oktober aanzwelt tot de vierde stad van het Northern Territory, werd gebouwd om de toeristische wildgroei in het Uluru-Kata Tjuta National Park met zijn kwetsbare fauna en flora in te dammen. In het Visitor Information Centre krijg je tips hoe je het in 1958 ingestelde nationaal park, met misschien wel de beroemdste twee natuurwonderen van Australië, kunt leren kennen. Displays en video's geven informatie over geografie, flora en fauna van het gebied.

Informatie

Yulara Visitor Information Centre: tel. 08-89 57 73 77, www.parksaustralia.gov.au/uluru, dag. 9-17 uur. De entree voor het Uluru-Kata Tjuta National Park, die A-$ 25 p.p. bedraagt, dien je te voldoen bij het kassahokje langs de toegangsweg. Het ticket is drie dagen geldig.

Overnachten

Voor alle accommodaties is van mei tot okt. tijdig reserveren dringend aangeraden. Reserveren via het centrale reserveringsbureau van het Ayers Rock Resort, tel. 02-82 96 80 10, www.voyages.com.au, www.ayersrockresort.com.au. Informatie via tel. 1300-13 40 44.

Luxetentenkamp – **Longitude 131°:** www.longitude131.com.au. Vijftien villatenten op een duin met een exclusief uitzicht op Uluru. Tent voor twee personen vanaf A-$ 2700 all-in.

Oase in de outback – **Sails in the Desert Hotel:** comfort in de woestijn; met restaurant, zwembad, fitnesscenter. 2 pk vanaf A-$ 410.

Ideaal voor gezinnen – **Emu Walk Apartments:** zeer verzorgde appartementen met een of twee slaapkamers en een complete keuken. Appartement vanaf A-$ 335.

Tophotel – **Desert Gardens Hotel:** tophotel met restaurant en zwembad. 2 pk vanaf A-$ 320.

Van de zuidkust het binnenland in

Eenvoudig, ook meerpersoonskamers – **Outback Pioneer Hotel:** Rustieke accommodatie met restaurant en zwembad (2 pk vanaf A-$ 270). Er is ook een Cabin Section (cabin met vier bedden vanaf A-$ 195) en een Bunkhouse Section met slaapzalen (vanaf A-$ 38 p.p.).
Camping en cabins – **Ayers Rock Campground:** tel. 08-89 57 70 01, campground@ayersrockresort.com.au. Goed toegerust.

Actief

Wandelen met Aboriginals – zie blz. 374
Kameelrijden – **Uluru Camel Tours:** tel. 08-89 56 33 33, www.ulurucameltours.com.au. Kameelritten (overdag A-$ 80, bij zonsopkomst of -ondergang A-$ 129).
Sterrenhemel – **Sounds of Silence:** c/o Uluru Experience, tel. 1300-13 40 44, www.ayersrockresort.com.au. Barbecue onder de blote hemel met als decor Uluru; onder het eten geeft een deskundige uitleg over de sterrenbeelden (vertrek bij het Ayers Rock Resort dag. 45 min. voor zonsondergang, vanaf A-$ 195).
Helikopterrondvluchten – **Ayers Rock Helicopters:** tel. 1300-13 40 44, www.ayersrockresort.com.au. Uluru (15 min., A-$ 150), Uluru en Kata Tjuta (30 min., A-$ 285).

Vervoer

Vliegtuig: tussen het 7 km noordelijker gelegen Connellan Airport en Yulara pendelt een gratis shuttlebus. Rechtstreekse vluchten met Qantas, tel. 13 13 13, naar Adelaide, Alice Springs, Cairns, Darwin, Melbourne, Perth, Sydney.
Bus: dag. met Greyhound Australia, tel. 1300-47 39 46, naar Alice Springs.

Uluru (Ayers Rock)

Vooral **Uluru**, dat bijna synoniem met Australië geworden is, heeft een magische aantrekkingskracht op alle bezoekers van het vijfde continent. De monoliet, die aan de ovale basis een omtrek heeft van 9,4 km, steekt 348 m boven de spinifexvlakte uit. Waarschijnlijk is Uluru een 600 miljoen jaar oud blok sediment, dat bloot kwam te liggen toen de zachtere omgeving wegerodeerde. Waar de rots oprijst, schoven tijdens een plooiingsperiode de horizontale sedimentlagen in de verticale. Wat je nu van de machtige rots ziet, is de door erosie rondgesleten top van een gigantisch, rechtop geplaatst blok zandsteen, dat onder de grond nog enige kilometers doorloopt.

Evenals Kata Tjuta bestaat Uluru uit arkose, een zandsteen waarin een hoog gehalte veldspaat en kwarts voorkomt. Uit de verte zien de oppervlakken van de monoliet en de rotskoepels van The Olgas er even glad en rond uit. Als je dichterbij komt, onderscheid je echter de op bladerdeeg lijkende erosievormen die zo kenmerkend voor het rotsmassief zijn en die door afschubbing of afschilfering zijn ontstaan. Hun opvallende roestrode kleur hebben de rotsen

Uluru-Kata Tjuta National Park

gekregen door oxidatie van het ijzer dat in het arkosezandsteen zit.

Tot de topervaringen in het **Uluru-Kata Tjuta National Park** behoort de verandering van het licht, dat de rotsen in de meest uiteenlopende kleuren doet uitkomen. Vooral Uluru verandert als een stenen kameleon voortdurend van kleur. De beste plaats om deze metamorfose gade te slaan, is de zogenaamde **Sunset Viewing Area** tussen Yulara en Uluru.

De eerste blanken die de berg zagen, waren de Britse ontdekkers William Gosse en Ernest Giles. Zij noemden hem in 1873 naar de toenmalige premier van Zuid-Australië, sir Henry Ayers. Van oudsher beschouwen de Anangu-Aboriginals die hier wonen de reusachtige rots als hun belangrijkste heiligdom. Daar komen de Droomtijdpaden van hun mythologische helden samen (zie blz. 52), de scheppers van de wereld en het leven, die zelf de aarde binnengingen en nu in Uluru rusten.

Ieder kenmerk van de heilige rots, elke spleet, grot, spelonk en put, heeft zijn plaats in de religie en de mythologie van de Aboriginals. In sommige grotten en op verschillende overhangende rotsen zijn rotsschilderingen aangebracht met taferelen uit de mythen en het scheppingsverhaal. Pas in het jaar 1985 erkende de federale regering in Canberra de betekenis van Uluru voor de oorspronkelijke bewoners en wees hun het eigendom van de

Als een gestrande walvis ligt Uluru in de Outback – de berg oefent een magische aantrekkingskracht uit op toeristen en is van grote mythologische betekenis voor de Aboriginals

Van de zuidkust het binnenland in

TE VOET ROND ULURU

Informatie

Begin: Uluru-Kata Tjuta Cultural Centre (circa 17 km ten zuiden van Yulara, zie blz. 377).
Lengte: 2-9,5 km
Duur: 2-4 uur
Moeilijkheidsgraad: makkelijk
Informatie: Uluru-Kata Tjuta Cultural Centre en Yulara Visitor Information Centre (zie blz. 371).
Rondleidingen: Indigenous Guided Tours, tel. 1300-13 40 44, www.ayersrockresort.au; Uluru Experience, tel. 1800-80 31 74, www.uluruexperience.com.

In de vijftien jaar tussen 1931 en 1946 beklommen maar 22 mensen Uluru, evenveel als nu elk kwartier omhoog gaan. In het hoogseizoen doet The Climb, het door een ketting gezekerde klimpad, denken aan een colonne mieren. De Anangu zien met lede ogen aan hoe hun heilige berg gewoonweg bestormd wordt door toeristen. Voor de oerbewoners is de beklimming van Uluru, waar hun goddelijke schepperwezen woont, taboe, en ze zouden het uit religieuze overwegingen zeer toejuichen als ook de toeristen dat niet zouden doen.

Als alternatief voor de beklimming is de **Uluru Base Walk** een aanrader, een wandeling rond de monoliet, net als de meestal door Aboriginalrangers geleide tochten, die je kunt combineren met

Uluru-Kata Tjuta National Park

de Base Walk en die je vertrouwd maken met de flora en fauna van het park en met de cultuur van de Aboriginals.

Vanuit het **Uluru-Kata Tjuta Cultural Centre** kun je met de auto naar de centrale parkeerplaats aan de voet van Uluru rijden, het beginpunt voor de rondwandeling. Wie de heilige berg van de Anangu rustig wil naderen, kan de 2 km lange **Liru Walk** lopen door het Mulga-bushland, dat gekenmerkt wordt door allerlei soorten tegen droogte bestendige acacia's. Vooral na regenval, die in de Australische zomer (dec.-feb.) helemaal niet zo ongebruikelijk is, vormt dit echt een prachtige wandeling. Dan wordt het anders zo dorre landschap bedekt door een bonte deken wilde bloemen. Wie zich aansluit bij de Liru Walk, een twee uur durende rondwandeling onder leiding van Aboriginals, leert Liru Tjukurpa, het scheppingsverhaal van de mythologische Liruslang, kennen en hoort allerlei spannende verhalen over de kennis en kunde die het de oerbewoners mogelijk maken om in deze onherbergzame omgeving te overleven (mrt.-sept. 8.30, okt./ feb. 8, nov.-jan. 7.30 uur, A-$ 75, reserveren in het Uluru-Kata Tjuta Cultural Centre, zie blz. 377).

Ook op de **Mala Walk**, de met de klok mee af te leggen 2 km lange eerste etappe van de wandeling rond Uluru, bieden oerbewoners zich als gids aan. De anderhalf uur durende rondleidingen van Aboriginalrangers zijn gratis (mei-sept. 10, okt.-apr. 8 uur, boeken vereist bij het parkbeheer of onder tel. 08-89 56 22 99). Aan de drie tot drieënhalf uur durende wandelingen met uitleg van Uluru Experience (mrt.-sept. 10.30, okt. en feb. 10, nov.-jan. 9.30 uur, A-$ 85, reserveren verplicht) hangt wel een prijskaartje. Bij beide tochten ga je naar grotten en overhangende rotsen, die lijken op stenen kunstgaleries. Droombeelden illustreren de Mala Tjukurpa, het scheppingswerk van de Rode Buidelhaas, een van de mythische voorvaderen van de Anangu. Wanneer de Aboriginals vertellen over hun scheppingsmythes en de Droomtijdomzwervingen van hun voorvaderen, verandert de wandeling in een boeiend uitstapje naar het normaal zo verre verleden van de mensheid, dat hier nog springlevend is. Het eindpunt van de Mala Walk is de **Kantju Gorge** met een diepe vijver waarin altijd water staat. Wandelaars die liever op eigen houtje gaan, kunnen in het Cultural Centre een brochure ophalen over de Mala Walk. Tijdens de rest van de wandeling kom je langs de **Warayuki**, **Ngaltawata**, **Tjukatjapi** en **Kuniya Piti**, heilige plaatsen van de Aboriginals, die niet betreden of gefotografeerd mogen worden. Hier gingen schepperwezens in het land op, nadat ze hun aardse werk hadden volbracht. Ook in **Taputji**, een heuveltje voor het Kuniya Pitiheiligdom, is volgens de oorspronkelijke bewoners scheppingskracht van de Droomtijd opgeslagen. Daarom mag ook deze heuvel, die vaak Little Uluru genoemd wordt, niet beklommen worden.

De **Mutitjulu Walk** splitst zich af van de rondweg naar een grot met rotstekeningen. In een waterpoel bij de grot leeft volgens de Aboriginals de heilige regenboogslang Wanampi (heen en terug 1 km/30 min.). Wie bij Uluru Experience heeft geboekt, leert tijdens de drie tot drieënhalf uur durende **Mutitjulu-Kuniya Piti Walk** meer over Kuniya Tjukurpa, het scheppingswerk van de Zandpython, en over de traditionele samenleving van de Aboriginals (mrt.-okt. 14.30, nov.-feb. 15.30 uur, A-$ 85, reserveren verplicht).

Langs het **Pulari**-heiligdom keer je terug naar de parkeerplaats, waar ook **The Climb** begint. Vanwege het indrukwekkende uitzicht vanaf het bergplateau is de beklimming van Uluru voor de meeste bezoekers nog steeds bijna een must. Maar wees gewaarschuwd, de klim ziet er van beneden af aanzienlijk makkelijker uit dan hij in werkelijkheid is. Mensen met hartklachten of die last van hoogtevrees hebben, moeten zich absoluut niet wagen aan deze extreem steile klim. Er zijn bij Uluru herhaaldelijk zware klimongevallen geweest – sinds 1965 zijn er al 24 mensen verongelukt. Gedenkstenen herinneren aan de slachtoffers.

Er zijn ook steeds meer toeristen die respect tonen voor de oerbewoners en hun religieuze taboes en afzien van de beklimming van de monoliet. Trots dragen velen een button met het opschrift 'I didn't climb Uluru'. Met ingang van oktober 2019 zal het beklimmen trouwens verboden zijn.

heilige berg officieel toe. Sindsdien zijn er ook vertegenwoordigers van de Anangu bij het beheer van het nationaal park betrokken.

Hoe groot de monoliet is, kun je het best ervaren door de rondwandeling **Uluru Base Walk** (zie blz. 374) te maken (9,5 km/4 uur). Wie daarvoor geen tijd heeft, kan ook over een asfaltweg om de berg heen rijden en vanaf diverse halteplaatsen een wandeling maken, bijvoorbeeld de **Mutitjulu Walk** (zie blz. 374), die naar een grot met rotstekeningen en naar een put voert waarin volgens de Aboriginals de heilige regenboogslang leeft (heen en terug 30 min.). Wandelaars moeten eraan denken dat plaatsen die voor de oorspronkelijke bewoners van zeer grote betekenis zijn en die met een bord *Aboriginal Sacred Site* zijn aangeduid, niet mogen worden betreden of gefotografeerd. De indrukken die je bij de wandeling opdoet, kunnen in het **Uluru-Kata Tjuta Cultural Centre** worden verdiept. Daarnaast kun je in het Maruku Arts and Craft Centre kunstnijverheidsproducten van de oorspronkelijke bewoners kopen (tel. 08-89 56 11 28, mei-aug. dag. 7.30-17.30, sept.-okt. 7-17.30, nov.-apr. 7-18 uur, toegang gratis).

Kata Tjuta (The Olgas)

Een ander fascinerend geologisch fenomeen ligt 35 km ten westen van Uluru. Daar rijst een sterk gekloofd bergmassief op uit de zeer vlakke spinifexvelden. De rotsen heten in de taal van de Anangu-Aboriginals **Kata Tjuta** ('veel hoofden'). De 'ontdekker' Ernest Giles doopte ze The Olgas – op voorstel van zijn mecenas, de Duitse botanicus baron Ferdinand von Müller – naar een koningin uit Württemberg. In tegenstelling tot de monolitische Uluru bestaat het massief uit 36 rotskoepels, die over 35 km^2 verspreid zijn. Wind en water, hitte en kou hebben de scherpe hoeken weggesleten en de rotsen omgevormd tot de huidige ronde bergtoppen.

Met 1072 m is **Mount Olga** de hoogste van deze bergkoepels, die zich als slapende sauri-

*Om de 'vele hoofden' echt te beleven,
moet je ze te voet verkennen ...*

ers tegen elkaar aan vlijen. Smalle, diepe kloven, waarin het vocht zich verzamelt en die daardoor een ideale omgeving voor planten en tal van dieren vormen, zijn de scheidingen in dit conglomeraat van bulten, dat ooit één geheel was. De Aboriginalstammen beschouwen ook Kata Tjuta, net als Uluru, als heilig land.

De aantrekkingskracht van de Olgas kun je alleen te voet werkelijk ervaren. De mooiste wandeling gaat vanaf een parkeerterrein ten westen van het rotsmassief via de Karingana Lookout naar de **Valley of the Winds** (rondwandeling 7,4 km/4 uur). In de diepe **Walpa Gorge** (heen en terug 2,6 km/1 uur) vinden wandelaars een verrassend weelderige vegetatie van palmen, varens en andere plantensoorten, die afstammen van gewassen uit een tijd in de geologische geschiedenis van de aarde dat het centrum van Australië nog niet uitgedroogd was. Vanwege het prachtige uitzicht, maar ook om op de borden de informatie over de ecologie van het gebied te lezen, is het de moeite waard op weg naar Kata Tjuta even te stoppen bij de **Kata Tjuta Dune Viewing Area**.

✤ Kings Canyon

▶ 1, L 9

Vanaf de Lasseter Highway takt de **Luritja Road** in noordelijke richting af naar Kings Canyon. Deze grandioze, ruim 200 m diepe zandsteenkloof, met ten dele steil aflopende wanden, vormt het centrum van het **Watarrka National Park**. Op de schaduwrijke diepe plekken in de kloof, waar water voorkomt, groeien palmen, boomvarens en varenpalmen. Als botanische overblijfselen uit een lang voorbij, vochtiger tijdperk zijn deze planten een indrukwekkend bewijs van de klimaatveranderingen waaraan het *Red Centre* in de jongste aardgeschiedenis was blootgesteld. Je kunt een goede indruk van deze unieke flora krijgen tijdens de **Kings Creek Walk** (heen en terug 2,5 km/1 uur).

Een gevaarlijk importproduct – de kameel

Australië staat niet bekend als een land van kamelen, maar toch trekken grote kuddes van deze dieren door het binnenland. De kamelen – of dromedarissen, want ze hebben maar één bult – zijn niet inheems; ze kwamen 150 jaar geleden als last- en rijdieren van het Arabisch Schiereiland via India naar Australië.

Tot in de jaren 30 bewezen de weinig eisende kamelen zich in Australië als onontbeerlijk transportmiddel. Van toenmalige eindstations van de spoorwegen, zoals Broken Hill in New South Wales of Marree en Oodnadatta in Zuid-Australië, waar ze hun vracht – levensmiddelen, gereedschap, prikkeldraad – oppikten, dreven Aziatische kameeldrijvers karavanen naar afgelegen pioniersnederzettingen en mijnplaatsen. Op de terugweg droegen de woestijndieren schapenwol en kopererts. Hoewel maar weinig van de kameeldrijvers uit Afghanistan kwamen, werden ze door de Australiërs kortweg Ghans genoemd. De meesten kwamen uit India en Pakistan.

De Ghans werden als eerlijke en betrouwbare 'expediteurs' alom gewaardeerd en hun 'woestijnschepen' waren gewoonweg voorbestemd om de vervoersproblemen in de Australische woestijngebieden op te lossen. De kameel wordt vaak als dom bestempeld, maar de Arabieren noemen hem wijs. Hoe het ook zij: voor de woestijn zijn ze ideaal. Ze lopen ongeveer 4-5 km per uur in een merkwaardige, schommelende gang. Dit tempo houden ze veertien uur lang vol, dag na dag, week na week. Ze dragen daarbij tot wel 200 kg op hun rug en worden alleen 's ochtends en 's avonds met een bos hooi gevoerd. Geen ander dier laat zoveel van zich vergen.

Hoe een kameel – kampioen in het sparen van water – ook langere perioden van ontberingen kan doorstaan, is nog niet helemaal duidelijk. Een hardnekkige mythe wil dat de bult een waterreservoir zou zijn. Het staat echter vast dat deze klomp op de rug, die tot wel 20 kg kan wegen, geen water maar vet opslaat. Het is ook waar dat een kameel in tien minuten tot honderd liter water kan opnemen en daarmee in extreme gevallen wel twintig dagen toe kan.

Zonder de in Australië ingevoerde woestijnlopers had men in de 19e eeuw het binnenland niet kunnen onderzoeken, zou men geen bodemschatten hebben ontdekt en had men geen telegraafverbinding en twee spoorlijnen door de wildernis kunnen aanleggen. Toen de dieren echter hun diensten aan pioniers, onderzoekers, landmeters en goudzoekers hadden bewezen, werden ze letterlijk de woestijn in gestuurd. Naar schatting enkele honderden van de 'ontslagen' dieren begonnen in het tijdperk van de auto en het spoor aan de terugtocht naar de woestijnen van het binnenland – met een onstuitbare vermenigvuldiging als gevolg. Australië is tegenwoordig nog altijd het enige land ter wereld met grote, vaak honderden dieren tellende, kuddes wilde kamelen. Hun aantal wordt inmiddels geschat op 500.000, een getal dat zich zonder natuurlijke vijanden ongeveer iedere acht jaar verdubbelt. Nu al vormen ze een bedreiging voor het gevoelige ecosysteem van de outback, want vooral in de droge tijd strijden ze met inheemse dieren om water en voedsel.

Vermoeiender is de **Kings Canyon Walk**, maar het landschap is dan ook spectaculairder. Na een steile klim leidt de rondwandeling, die steeds prachtige uitzichten op de verticale zuidwand van de canyon biedt, naar de **Lost City**, een conglomeraat van verweerde zandsteenkoepels, die op versteende bijenkorven lijken. Na een uitstapje naar twee uitkijkplaatsen hoog boven de bodem van de kloof bereik je de **Garden of Eden**, een weelderig-groene oase aan een kreek in een kloof naast de Kings Canyon. Een natuurlijk zwembad met glashelder water nodigt uit tot een duik. Langs de zuidrand van de kloof loopt het pad terug naar het vertrekpunt (6 km/4 uur).

Informatie

Parks and Wildlife Commission: Watarrka National Park Ranger Station, tel. 08-89 56 74 60, www.parksandwildlife.nt.gov.au, dag. 8.30-17 uur.

Overnachten

Comfort in de wildernis – **Kings Canyon Resort:** Luritja Rd., Watarrka National Park, tel. 08-89 56 74 42, 1800-83 71 68, www.kingscanyonresort.com.au, mei-okt. Absoluut tijdig reserveren. Met restaurant en groot zwembad. 2 pk A-$ 290-380.

Camping en cabins – **Kings Canyon Caravan Park:** Luritja Rd., Watarrka National Park, tel. 08-89 56 74 42, www.kingscanyonresort.com.au. Uitstekend toegerust.

Actief

Wandelen met Aboriginals – **Aboriginal Cultural Tour:** c/o Kings Canyon Resort (zie hierboven). Wandelingen (1 uur) die je een kijkje gunnen in de cultuur van de oerbewoners (jan.-nov. wo.-zo. 9, 10.30, 14, 16 uur, A-$ 60).

Verder naar Alice Springs ▶ 1, L/M 9

Over de Mereenie Loop Road

Van Kings Canyon kun je met een terreinwagen over de onverharde **Mereenie Loop Road** door halfwoestijnen en bizarre berggebieden rechtstreeks naar het **West MacDonnell National Park** (zie blz. 391) rijden, met zijn gespleten bergketen en spectaculaire kloven. Omdat de Mereenie Loop Road door Aboriginalland loopt, is hiervoor een vergunning vereist, die je in Alice Springs kunt krijgen bij het toeristenkantoor of in de Glen Helen Lodge, in Hermansburg en in de Kings Canyon Lodge (inlichtingen: tel. 08-89 52 58 00, A-$ 8,50/auto). Wie met een gewone auto of camper reist, kan over de Luritja Road en de Lasseter Highway via geasfalteerde woestijnwegen terug naar de Stuart Highway rijden.

Over de Stuart Highway

Bij Henbury passeer je de **Henbury Meteorite Craters**, een tiental over 20 ha verspreid liggende kraters, 4700 jaar geleden ontstaan door een meteorietenregen. De grootste heeft een doorsnede van 180 m en is 15 m diep, de kleinste is maar enkele centimeters diep en heeft een doorsnede van 6 m. Je kunt de omgeving verkennen op een rondwandeling (2 km/45 min.).

Maak ruim 90 km ten zuiden van Alice Springs een tussenstop bij de **Stuart's Well Camel Farm**. Van een kort ritje tot een safari van twee weken is hier alles mogelijk (tel. 08-89 56 09 25, www.camels-australia.com.au, dag. 9-18 uur, vanaf A-$ 45). Circa 75 km ten zuiden van Alice Springs voert vanaf de Stuart Highway een 22 km lange onverharde weg, waarvoor een terreinwagen aan te raden is, in zuidoostelijke richting naar **Rainbow Valley**. In dit dal van de **James Range** bevinden zich veelkleurige zandsteenkliffen die 's ochtends vroeg en laat in de namiddag zeer imposant zijn. Ook is er al veertigduizend jaar op tientallen rotswanden een permanente tentoonstelling van Aboriginalkunst te bewonderen.

Actief

Op pad met Aboriginals – **Rainbow Valley Cultural Tours:** tel. 08-89 56 06 61, www.rainbowvalleyculturaltours.com. Aboriginalgidsen vertellen interessante dingen over de rotsschilderingen en het landschap van Rainbow Valley (ma., wo., vr. 14 uur, A-$ 100).

Alice Springs en MacDonell Ranges

Bijna precies in het geografische centrum van het vijfde continent ligt Alice Springs. De meeste Australiërs spreken haast met tederheid van 'The Alice'. Voor hen staat de stad symbool voor de outback én voor de overwinning daarop en de beheersing daarvan.

Alice Springs ▶ 1, M 9

Plattegrond: zie blz. 385

Met de naam **Alice Springs** is ook de mythe van vroege 'ontdekkers' verbonden, onder wie John McDouall Stuart, die het land heeft geëxploreerd en ontsloten. De landmeters Gilbert McMinn en William Mills traden in 1871 in Stuarts sporen en kregen daarbij de opdracht, voor de bouw van de telegraafverbinding, tussen Adelaide en Darwin een geschikte route door de MacDonnell Ranges te vinden. De twee kozen de Heavitree Gap, een rotsopening in de bergketen enige kilometers ten zuiden van het huidige Alice Springs, vooral omdat hier een bron werd ontdekt – een zeldzaamheid in de droge savanne van het binnenland. De landmeters gaven de levengevende waterbron de naam Alice Springs, ter ere van de vrouw van de toenmalige directeur van de telegraafmaatschappij Charles Todd (naar hem is de Todd River, waaraan Alice Springs nu ligt, genoemd). Met de in 1872 voltooide telegraafdraad was de verbinding tussen Adelaide en Darwin én, via Indonesië en India, ook met Londen tot stand gebracht.

Oorspronkelijk fungeerde Alice Springs slechts als een van de noodzakelijke telegraafstations, omdat de morsetekens niet verder dan ongeveer 300 km konden worden verzonden. Tot 1929 bleef de plaats een geïsoleerde outbacknederzetting met nog geen honderd inwoners, die door middel van kameelkaravanen moesten worden bevoorraad. Het kwam pas tot volle ontwikkeling toen in dat jaar de spoorbaan vanuit het zuiden de stad bereikte en de Stuart Highway werd voltooid tussen Alice Springs en Darwin tijdens de Tweede Wereldoorlog. Geleidelijk ontwikkelde de op natuurlijke wijze rond de Todd River groeiende stad zich tot een overlaadplaats van de rundveesector van het Australische binnenland. Toen werd The Alice door het toerisme ontdekt en de bevolking vertwintigvoudigde tot in het begin van de jaren 70. In onze dagen wordt Alice Springs gezien als het ideale vertrekpunt voor verkenningen van de MacDonnell Ranges en van de 450 km zuidwestelijk gelegen Ayers Rock (Uluru). De stad is echter ook een sprekend voorbeeld van de kunst die de Australiërs verstaan om midden in een ogenschijnlijk onbewoonbare natuur, een door de zon verschroeide woestenij, een groene oase met bomen en tuinen te laten ontstaan.

Binnenstad

John Flynn Memorial Church en John Flynn Museum

Een twee tot drie uur durende rondwandeling door het centrum begint in de **Todd Mall**, een voetgangersgebied met souvenirwinkels, galeries en reisbureaus. Tussen Gregory Terrace en Parsons Street staat de **John Flynn Memorial Church** 1 , een sobere, naar de oprichter van de Royal Flying Doctor Service genoemde kerk.

In de jaren 20 werd daarnaast het door Reverend Flynn ontworpen **Adelaide House** voltooid, dat het eerste ziekenhuis in Centraal-Australië was. Tegenwoordig is hier het **John Flynn Museum** 2 gevestigd, dat infor-

De vliegende dokters in de outback

Zelfs doodgewone ziekten hadden vroeger in de Australische bush vaak een fatale afloop. Tegenwoordig staat de in 1928 door de presbyteriaanse geestelijke John Flynn in het leven geroepen Royal Flying Doctor Service (RFDS) garant voor medische (nood)hulp aan de mensen in de oneindig grote outback.

Als zieken niet meer naar de dokter kunnen, moet hij maar naar hen gaan,' meende de geestelijke John Flynn vele jaren geleden. Om hulpkreten snel te kunnen registreren, zette hij vanaf 1928 een radionetwerk op. Tegenwoordig opereert de RFDS als grootste vliegende reddingsdienst ter wereld vanaf veertien steunpunten in Australië en dekt daarmee de regio's buiten de dichtbevolkte centra – een gebied van ruim 5 miljoen km². In totaal worden er per jaar meer dan honderdduizend medische gevallen verzorgd, eerstehulpverlening via de radio meegeteld.

Over het algemeen biedt de RFDS gratis hulp, hoewel een spoedbehandeling soms wel duizenden euro's kan kosten. De organisatie wordt in eerste instantie gefinancierd door bijdragen en donaties van leden en door staatssubsidies. Dankzij een bekende televisieserie die op de vliegende doktersdienst was gebaseerd, hebben de grondstations zich ontwikkeld tot toeristische attracties. Tentoonstellingen en video's informeren de bezoekers over het werk van de vliegende dokters.

Al vroeg in de ochtend staat bij hoofdradiotelegrafist Gary in Broken Hill het zweet op zijn voorhoofd. Virtuoos bedient hij gelijktijdig zes telefoontoestellen en de radio. Telefoontjes of radioberichten die geen dringende gevallen betreffen, behandelt hij op vaste 'spreekuren' en verbindt ze door met het dichtstbijzijnde ziekenhuis, waar de dienstdoende arts op grond van de genoemde symptomen een diagnose stelt en de patiënt uitlegt hoe deze zichzelf kan helpen, of, indien nodig, vervoer van de zieke naar het ziekenhuis regelt. De op het RFDS-netwerk aangesloten farms beschikken over een goed bevoorrade huisapotheek, waarin elk van de circa honderd medicijnen van een nummer is voorzien. Via de telefoon of de radio vertelt de dokter aan de patiënt welk nummer het aanbevolen geneesmiddel heeft en hoe het moet worden toegediend.

Eén telefoonlijn en radiofrequentie wordt altijd vrijgehouden voor noodoproepen. Moet er worden uitgerukt, dan stijgt er binnen een paar minuten een ambulancevliegtuig op met een arts en een verpleegkundige aan boord. Al tijdens de vlucht geeft de arts via de radio aanwijzingen aan hulpverleners ter plaatse. Ieder RFDS-toestel is een soort vliegende mini-intensivecare. Met uitzondering van grote chirurgische ingrepen is een arts hier uitgerust voor bijna alle denkbare noodgevallen. Tijdens de terugvlucht staat hij voortdurend in telefonisch contact met het ziekenhuis in Broken Hill en geeft instructies voor een spoedopname. In de outback moet het vaakst worden uitgerukt voor motor- en auto-ongelukken, slangenbeten en alle soorten arbeidsongevallen. Als routinewerk gelden ziekenvervoer per vliegtuig naar de ziekenhuizen van Adelaide en geregelde visites – meestal een- of tweemaal in de maand – aan kleine klinieken in de bush.

Alice Springs en MacDonell Ranges

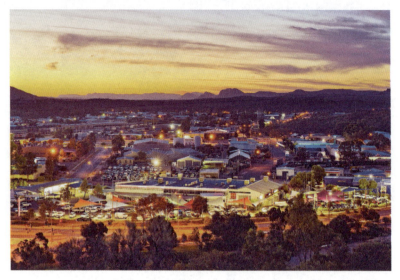

Leven in de woestijn – de geïsoleerde ligging van Alice Springs ervaar je het best op Anzac Hill Lookout

matie geeft over de geschiedenis van de Australische luchtreddingsdiensten (Todd Mall, tel. 08-89 52 18 56, ma.-za. 10-16 uur, toegang gratis, vrijwillige bijdrage).

Residency, Old Stuart Gaol en Old Hartley Street School

Op de hoek van Parsons Street en Hartley Street staat de in de jaren 20 opgerichte **Residency** 3, toentertijd de behuizing voor regeringsambtenaren, maar tegenwoordig een historisch museum (tel. 08-89 53 60 73, ma.-vr. 10-14 uur, dec-feb. gesloten, toegang gratis, vrijwillige bijdrage).

Hier dichtbij staat ook de oude gevangenis **Old Stuart Gaol** 4 uit het jaar 1908 (8 Parsons St., tel. 08-89 52 45 16, di.-do. 10.30-12 uur, A-$ 2).

Als je je rondwandeling voortzet over Hartley Street, komt je bij de **Old Hartley Street School** 5. Dit oudste schoolgebouw van de stad biedt tegenwoordig onderdak aan het kantoor van monumentenzorg (37-43 Hartley St., tel. 08-89 52 45 16, ma.-vr. 10.30-14.30 uur, A-$ 2).

Alice Springs Reptile Centre 6
Bath St., hoek Stuart Terr., tel. 08-89 52 89 00, www.reptilecentre.com.au, dag. 9.30-17 uur, A-$ 17

In het in de Australische reptielenwereld gespecialiseerde **Alice Springs Reptile Centre** zijn niet alleen tijgerslangen, doodsadders en taipans (die tot de gevaarlijkste slangen ter wereld behoren) te zien, maar ook andere giftige dieren. In grote terraria zijn bergduivels, kraaghagedissen en varanen te bekijken. De grote ster van het reptielenpark is Terry the Territorian, een grote zoutwaterkrokodil uit Kakadu National Park, die hier een nieuwe thuis heeft gevonden.

Pioneer Women's Hall of Fame en Royal Flying Doctor Service

Schuin tegenover het Reptile Centre is in Old Alice Springs Gaol de **National Pioneer Women's Hall of Fame** 7 ondergebracht. Tentoonstellingen eren hier de rol van de vrouw bij de ontsluiting van de outback (2 Stuart Terr., tel. 08-89 52 90 06, www.pioneerwomen.com.au, dag. 10-17 uur, A-$ 10).

Alice Springs

In het regionale hoofdkwartier van de **Royal Flying Doctor Service** 8 krijg je informatie over de activiteiten van deze reddingsdienst (8-10 Stuart Terr., tel. 08-89 52 11 29, www.rfdsalicesprings.com.au, ma.-za. 9-17, zon- en feestdagen 13-17 uur, A-$ 16).

Buitenwijken

Anzac Hill 9
Ten noorden van het centrum van Alice Springs verrijst **Anzac Hill**, te voet te bereiken over de Lions Walk, die bij Wills Terrace begint, en met een voertuig via een zijweg van de Stuart Highway. Op de heuvel, vanwaar je een mooi uitzicht over de stad hebt tot aan de schrale MacDonnell Ranges, verrijst een oorlogsmonument in de vorm van een witte obelisk.

Alice Springs Telegraph Station Historical Reserve 10
North Stuart Hwy, tel. 08-89 52 39 93, www. alicespringstelegraphstation.com.au, dag. 9-17, rondleidingen 9.30, 11.30, 13.30, 15.30 uur, A-$ 13,75
Ongeveer 3 km ten noorden van de City ligt de **Alice Springs Telegraph Station Historical Reserve**, met een wijk van stenen huizen die in 1872 om het oude telegraafstation ontstond om de eerste Europeanen in Centraal-Australië te huisvesten. Tentoonstellingen in deze gebouwen, die de oorspronkelijke kern van het huidige Alice Springs vormden, geven een beeld van de geschiedenis van de stad en de levenswijze van de eerste bewoners. Vanaf het Old Telegraph Station loopt de 150 km lange **Larapinta Trail** door de bergwereld van de westelijke MacDonnell Ranges.

School of the Air 11
80 Head St., tel. 08-89 51 68 34, www. assoa.nt.edu.au, ma.-za. 8.30-16.30, zon- en feestdagen 13.30-16.30 uur, A-$ 7,50
Voor bezoekers heeft de **School of the Air** van Alice Springs een Visitor Centre ingericht, waar je allerlei interessante zaken over het onderwijs via radio en internet aan de weet komt. De rondleidingen geven een indruk van hoe dit onderwijssysteem functioneert.

Araluen Cultural Precinct en Memorial Cemetery
Araluen Cultural Precinct: 61 Larapinta Dr., hoek Memorial Ave., tel. 08-89 51 11 20, dag. 10-16 uur, Precinct Pass voor alle bezienswaardigheden A-$ 15
Ongeveer 2 km ten westen van de City bevindt zich aan de Larapinta Drive het **Araluen Cultural Precinct** 12, dat uit verschillende gebouwen bestaat. Het centrum van dit complex vormt het **Araluen Centre of Arts** (www.araluenartscentre.gov.au), dat mensen die beweren dat Alice Springs een plaats zonder cultuur is in het ongelijk stelt. Dit bouwwerk biedt onderdak aan een theater, twee galeries, een restaurant en een multifunctionele ruimte. Het **Strehlow Research Centre**, dat is genoemd naar de van oorsprong Duitse volkenkundige Theodore Strehlow, die meer dan 45 jaar expedities ondernam om de zeden en gewoonten van Aranda-Aboriginals te bestuderen, geeft een uitgebreide inzage in het leven en de cultuur van de oorspronkelijke bewoners van Centraal-Australië. Het **Museum of Central Australia** beschikt over een zeer grote collectie fossielen, meteorieten en opgezette dieren. Het **Central Australian Aviation Museum**, op de plaats van de voormalige luchthaven, heeft een tentoonstelling van oude vliegtuigen en andere stukken uit de vroege dagen van de luchtvaart in Centraal-Australië te bieden.

Op de **Alice Springs Memorial Cemetery** 13 hebben talrijke pioniers en vooraanstaande personen van het Northern Territory hun laatste rustplaats gevonden.

Yipirinya School 14
Lovegrove Dr., tel. 08-89 52 56 33, www.yipirinya.com.au
Ten noorden van Larapinta Drive ligt de in 1979 in het kader van een zelfhulpproject door Aboriginals gestichte **Yipirinya School**. De school, die is genoemd naar de mythologische rups Yipirinya, wordt bezocht door tweehonderd Aboriginalkinderen in de leeftijd van 6 tot 14 jaar. De Aboriginalschool is opgericht als alternatief voor het op assimilatie gerichte

Alice Springs

Bezienswaardig
1. John Flynn Memorial Church
2. John Flynn Museum
3. Residency
4. Old Stuart Gaol
5. Old Hartley Street School
6. Alice Springs Reptile Centre
7. National Pioneer Women's Hall of Fame
8. Royal Flying Doctor Service
9. Anzac Hill
10. Alice Springs Telegraph Station Historical Reserve
11. School of the Air
12. Araluen Cultural Precinct
13. Alice Springs Memorial Cemetery
14. Yipirinya School
15. Alice Springs Desert Park
16. Olive Pink Botanic Garden
17. Old Ghan Heritage Railway
18. National Road Transport Hall of Fame

Overnachten
1. Chifley Alice Springs Resort
2. Ibis Styles Alice Springs Oasis Resort
3. Aurora Alice Springs
4. Elkira Court Motel
5. The Swagmans Rest Motel
6. Desert Rose Inn
7. Alice Lodge
8. Alice Springs Tourist Park
9. Wintersun Caravan Park

Eten en drinken
1. The Overlanders Steakhouse
2. Red Dog Café

Winkelen
1. Todd Mall Markets
2. Mbantua Gallery
3. Papunya Tula Artists
4. Winjeel Tours
5. Alice Plaza

Uitgaan
1. Sounds of Starlight Theatre
2. Todd Tavern
3. The Rock Bar

Actief
1. The Rock Tour

---

onderwijsmonopolie van de blanke Australiërs. In 1984 werd de particuliere school formeel erkend en kreeg daarmee ook de financiële middelen die voor haar bestaan noodzakelijk waren.

Het leerplan staat de Two Way Education voor, een soort tweeledig systeem van praktijk en theorie. Centraal staat het behoud van traditionele zeden en gebruiken en de taal van de oorspronkelijke bewoners. Rond deze basis zijn 'moderne' vakken als Engels en wis- en natuurkunde gegroepeerd. De directeur zegt hierover: 'Wij willen onze leerlingen het hele spectrum van de traditionele vaardigheden van ons volk bijbrengen, maar hun tegelijk ook moderne kennis verschaffen, waarmee ze zich in de blanke maatschappij kunnen redden.'

Woensdag is Culture Day op de Yipirinyaschool. Dan gaan de 'kleine rupsen' met oudere leden van hun clan de bush in. Daar krijgen ze les in de ontstaansgeschiedenis en de legenden van hun volk, en leren de Droompaden van hun mythologische helden kennen. Tijdens deze excursies leren de stamoudsten de jongens bovendien hoe ze een boemerang en speren moeten hanteren, terwijl de meisjes van de oudere vrouwen van hun volk leren hoe je bush food vindt en toebereidt. Bezoekers zijn, na aanmelding, welkom.

Alice Springs Desert Park 15
Larapinta Dr., tel. 08-89 51 87 88, www.alicespringsdesertpark.com.au, dag. 7.30-18 uur, A-$ 32

In het **Alice Springs Desert Park** krijg je op een 1,6 km lange wandelweg via borden informatie over de belangrijkste landschapsvormen van de Centraal-Australische outback: zand- en steenwoestijnen, savannes en de uitgedroogde beddingen van woestijnrivieren en zoutmeren. Bezoekers maken hier kennis met de fauna en flora in dit leefgebied. Nachtdieren kun je in hun 'natuurlijke' leefomgeving gadeslaan in het Nocturnal House.

Alice Springs en MacDonell Ranges

Olive Pink Botanic Garden 16
Tunks Rd., tel. 08-89 52 21 54, www.opbg.com.au, dag. 8-18 uur, toegang gratis, vrijwillige bijdrage
In het zuidoosten van de City, aan de andere kant van de meestal uitgedroogde bedding van de Todd River, ligt verspreid over een heuvelachtig terrein de botanische tuin **Olive Pink Botanic Garden**. De opgedroogde bedding van de Todd River is de plek waar de Henley-on-Todd Regatta plaatsvindt, waarbij de deelnemers om het hardst in boten zonder bodem sprinten (zie blz. 90).

Old Ghan Heritage Railway 17
18 Norris Bell Ave., tel. 08-89 55 50 47, dag. 10-6.30 uur, okt.-mrt. gesl., A-$ 7,50
Ten zuiden van de **Heavitree Gap**, de smalle doorgang in de MacDonell Ranges waar zich de Stuart Highway, de Ghanspoorlijn en de Todd River doorheen persen, ligt het uitgestrekte museumcomplex **Old Ghan Heritage Railway**, een mekka voor liefhebbers van historische spoorlijnen – je ziet hier onder andere oude wagons die vroeger over het legendarische traject van de Ghan reden.

National Road Transport Hall of Fame 18
22 Norris Bell Ave., tel. 08-89 52 71 61, www.roadtransporthall.com, dag. 9-17 uur, A-$ 15
Eаn ander paradijs voor fans van oude voertuigen ligt vlakbij, de **National Road Transport Hall of Fame**. Het middelpunt van deze van chroom blinkende collectie oldtimers zijn de tot 850 pk sterke trucks van Kenworth en Mack, de locomotieven van de *road trains*, de tot 50 m lange 120 zware vrachtwagencombinaties die hun vracht vervoeren over de Stuart Highway.

Informatie
Alice Springs Visitor Information Centre: Todd Mall, hoek Parsons St., tel. 1800-64 51 99, 08-89 52 58 00, www.discovercentralaustralia.com, www.tourism.thealice.com.au, ma.-vr. 8.30-17.30, za., zon- en feestdagen 9.30-16 uur. Informatie over Alice Springs en omgeving en over alle toeristische bezienswaardigheden in het rode hart. Reserveren van hotels, excursies, huurauto's enzovoort; afgifte van de Tour Pass voor de Mereenie Loop Road.
Central Land Council: 27 Stuart Hwy, P. O. Box 3321, Alice Springs, NT 0871, tel. 08-89 51 62 11, www.clc.org.au, ma.-vr. 8-12, 14-16 uur. Permits voor het rijden door grondgebied van de Aboriginals
Automobile Association of the Northern Territory (AANT): c/o Russ Driver & Co, 58 Sargent St., tel. 08-89 52 10 87, 13 11 11 (alarmnummer), www.outbackvehiclerecovery.com.au.

Overnachten
Comfortabel – **Chifley Alice Springs Resort** 1 : 34 Stott Terr., tel. 1800-30 31 86, 08-89 51 45 45, www.snhotels.com/chifley/alice-springs. Elegant hotel met verzorgde, behaaglijke kamers; op toplocatie in het centrum, restaurant met seafood, tuin met zwembad, behulpzaam management. 2 pk vanaf A-$ 165.
In een tropische tuin – **Ibis Styles Alice Springs Oasis Resort** 2 : 10 Gap Rd., tel. 08-89 52 14 44, www.accorhotels.com.au. Met restaurant en twee zwembaden. 2 pk vanaf A-$ 135.
Centraal gelegen – **Aurora Alice Springs** 3 : 11 Leichhardt Terr., tel. 08-89 50 66 66, www.alicespringsaurora.com.au. Modern hotel met comfortabele kamers, restaurant en zwembad, vlak bij de voetgangerszone. 2 pk A-$ 129-169.
Met goed restaurant – **Elkira Court Motel** 4 : 65 Bath St., tel. 08-89 52 12 22, www.elkiracourtmotel.com.au. Royale, behaaglijke kamers, centraal, restaurant en zwembad. 2 pk vanaf A-$ 125.
Voor selfcateraars – **The Swagmans Rest Motel** 5 : 67-69 Gap Rd., tel. 1800-08 96 12, www.theswagmansrest.com.au. Gezinsvriendelijke apppartementen met kitchenette, mooie tuin met zwembad. Appartement A-$ 115-145.
Budgethotel – **Desert Rose Inn** 6 : 15 Railway Terr., tel. 08-89 52 14 11, www.desertroseinn.com.au. In hartje stad met gemeenschappelijke keuken en zwembad. 2 pk A-$ 70-75 (met gedeelde badkamer), 2 pk

Alice Springs

A-$ 95-105 (met eigen badkamer), meerpersoonskamer A-$ 45 p.p.

Gewild hostel – **Alice Lodge** 7 : 4 Mueller St., tel. 1800-35 19 25, 08-89 53 19 75, www.alicelodge.com.au. Goed georganiseerd backpackershostel met behulpzaam personeel en uitnodigend zwembad; twee- en meerpersoonskamers met of zonder badkamer, gratis wifi, klein ontbijt bij de prijs inbegrepen. 2 pk A-$ 74-95, meerpersoonskamer A-$ 27-30 p.p.

Camping en cabins – **Alice Springs Tourist Park** 8 : Larapinta Dr., tel. 1300-82 34 04, www.alicespringstouristpark.com.au. Circa 2 km ten westen. **Wintersun Caravan Park** 9 : North Stuart Hwy, tel. 08-89 52 40 80, www.wintersun.com.au. 3 km ten noorden. Beide goed toegerust, met cabins en zwembad.

Eten en drinken

Steaks livemuziek – **The Overlanders Steakhouse** 1 : 72 Hartley St., tel. 08-89 52 21 59, www.overlanders.com.au, dag. 18-21 uur. Deze rustiek in de stijl van een *cattle station* ingerichte zaak serveert voedzame Aussie-burgermanskost; veel outbacksfeer en 's avonds geregeld livemuziek. Specialiteiten zijn onder andere buffel-, emoe-, kameel-, kangoeroe- en krokodilsteaks en gegrilde barramundi. Gerechten A-$ 30-42.

Culinaire oase – **Red Ochre Grill** 3 : in hotel Aurora Alice Springs (blz. 386), dag. 12-14.30, 17.30-21 uur. Lichte, creatieve streekgerechten en goede wijnen in een verzorgde ambiance. Gerechten A-$ 24-40.

Lekkere burgers – **Red Dog Café** 2 : 64 Todd Mall, tel. 08-89 53 13 53, dag. 7-20 uur. In dit drukbezochte bistrocafé in de voetgangerszone serveren ze een stevig ontbijt en misschien wel de beste burgers van het Red Centre. Binnen of buiten zitten. Gerechten A-$ 14-22.

Winkelen

Markt – **Todd Mall Markets** 1 : Todd Mall, tel. 08-89 52 92 99, www.toddmallmarkets.com.au, feb.-dec. tweede zo. van de maand 9-18 uur. Pittoreske markt met gevarieerd aanbod in de voetgangerszone.

Aboriginalkunst(nijverheid) – **Mbantua Gallery** 2 : 64 Todd Mall, tel. 08-89 52 55 71, www.mbantua.com.au, ma.-vr. 9-17, za. 9-15, mei-okt. ook zo. 10-14 uur. Schilderijen, houtsnijwerk en keramiek van kunstenaars uit de Aboriginal Community Utopia. **Papunya Tula Artists** 3 : 63 Todd Mall, tel. 08-89 52 47 31, www.papunyatula.com.au, ma.-vr. 9-17, za. 10-14, zo. 13-17 uur. Schilderijen van bekende kustenaars en hoogwaardige kunstnijverheid, gerund door Aboriginals. **Winjeel Tours** 4 : 76 Todd St., tel. 08-89 53 23 22, ma.-vr. 9-19, za. 9-18, zo. 10-16 uur. Schilderijen en kunstnijverheid, bovendien boeken van excursies en uitstekende informatie.

Shopping centre – **Alice Plaza** 5 : 36 Todd Mall, www.aliceplaza.com.au, ma.-vr. 8-21, za. 8-18, zo. 8-17 uur. Modern winkelcentrum met galeries, souvenirwinkels, cafés en bistro's.

Uitgaan

Didgeridooshow – **Sounds of Starlight Theatre** 1 : 40 Todd Mall, tel. 08-89 53 08 26, www.soundsofstarlight.com, apr.-nov. di., vr., za. 20-21.30 uur, vanaf A-$ 30. De fascinerende didgeridoomuziek begeleid door audiovisuele effecten.

Outbackpub – **Todd Tavern** 2 : Todd Mall, tel. 08-89 52 12 55, www.toddtavern.com.au, dag.

Tip

EEN BALLONVAART

's Ochtends vroeg stijgen in de buurt van Alice Springs de rode ballonnen van **Outback Ballooning** op. In de gondel onder een heteluchtballon is het spectaculaire panorama op het landschap van het 'rode hart' van Australië nog mooier dan vanuit een helikoptercockpit (tel. 1800-80 97 90, www.outbackballooning.com.au, 30 min. A-$ 295, 60 min. A-$ 390, inclusief verzekering).

Alice Springs en MacDonell Ranges

Niets te zien, denk je? Verkeerd gedacht: pas vanuit de lucht krijg je echt een indruk van de indrukwekkende weidsheid van de outback

12-15, 17-24 uur. Kroeg met veel outbacksfeer en overvloedige en goedkope counter meals.
Voor rock 'n' rollfans – **The Rock Bar** 2 : 78 Todd St., tel. 08-89 53 82 80, dag. 18-23 uur. Het rockinstituut van de Midden-Australische outback; maar ook actuele muzikale trends komen aan bod. Dj's en liveoptredens.

Actief

Aboriginaltours – **RT Tours Australia:** c/o Visitor Information Centre (blz. 386), tel. 08-89 52 03 27, www.rttoursaustralia.com.au. Aboriginalgids Bob Taylor biedt dagtochten in de West MacDonell Ranges aan, die spannende inkijkjes bieden in de denk- en leefwijze van de oerbewoners (dag. 8-15 uur, A-$ 150). **The Aboriginal Dreamtime & Bush Tucker Tour** (Central Australian Aboriginal Tour) 4 : c/o Winjeel Tours, 76 Todd St., tel. 08-89 53 23 22. In drie uur word je vertrouwd gemaakt met het leven, de voedingsgewoonten en de cultuur van de Aboriginals (dag. 8 uur, A-$ 95).
Wandelingen met gids – **Central Australia Bushwalkers Association:** c/o Visitor Information Centre (blz. 386), tel. 08-89 53 19 56, www.centralaustralianbushwalkers.com. Door inwoners geleide tochten in de MacDonnell Ranges; een vrijwillige bijdrage wordt verwacht.
Jeeptocht naar Uluru – **The Rock Tour** 1 : 78 Todd St., tel. 1800-24 63 45, www.therocktour.com.au. Twee-, drie-, vier- of vijfdaagse kampeertrips met een terreinwagen vanuit Alice Springs naar Uluru-Kata Tjuta National Park en Kings Canyon (drie dagen A-$ 350 inclusief verzorging).

Evenementen

Alice Springs Cup Carnival (apr.): paardenrennen en volksfeest.
Bangtail Muster (eerste ma. in mei): volksfeest met optochten en rodeo.
Camel Cup (juli): dromedarissenrace, www.camelcup.com.au.
Henley-on-Todd Regatta (derde za. in aug.): legendarische en hilarische 'bootrace' in de droge bedding van de Todd River, www.henleyontodd.com.au.
Alice Springs Rodeo (aug.-sept.): een van de belangrijkste rodeo's in Midden-Australië.

MacDonnell Ranges

Vervoer

Vliegtuig: tussen de 15 km ten zuidwesten van de City gelegen luchthaven en het centrum pendelt Alice Wanderer Airport Transfers, tel. 1800-72 21 11, www.alicewanderer.com.au (A-$ 16). Een taxi kost A-$ 45-55.

Trein: twee keer per week rijdt de Ghan van Alice Springs naar Adelaide en Darwin. Informatie en reservering: tel. 1800-70 33 57, www.greatsouthernrail.com.au.

Bus: dagelijks met Greyhound Australia, tel. 08-89 52 78 88, 1300-47 39 46, naar Adelaide, Yulara (Ayers Rock Resort), Darwin, Mount Isa, Townsville en Broome. Dagelijks met Red Centre Coach Transfers naar Yulara (Ayers Rock Resort) en Kings Canyon. Informatie: Austour, tel. 1300-13 40 44.

Huurauto: voertuigen van ieder type, ook terreinwagens en campers verhuren Apollo, tel. 1800-77 77 79, Budget, tel. 08-89 52 88 99, Hertz, tel. 1300-13 21 05, Thrifty, tel. 08-89 52 99 99. Absoluut tijdig reserveren!

Jezelf verplaatsen in de stad

Bus: de AS-bus rijdt ma.-za. overdag ieder uur een rondje rond de binnenstad. Dienstregeling en plattegrond bij het Visitor Information Centre; informatie ook via tel. 08-89 24 76 66.

Taxi: taxi's kunnen overal op straat worden aangehouden. Een taxi bellen: Alice Springs Taxis, tel. 08-89 52 18 77.

MacDonnell Ranges

Kaart: zie boven

Alice Springs ligt min of meer in het centrum van de **MacDonnell Ranges**, die zich over een afstand van rond 400 km van oost naar west in de Centraal-Australische vlakte uitstrekken. De MacDonnells, die uit steile bergreeksen bestaan, van elkaar gescheiden door parallel lopende kloven, hebben de vorm van golvende plooien. Deze gedaante is in een gecompliceerd erosieproces tot stand gekomen. De canyons zijn gevormd toen waterlopen de elkaar gestapelde afzettingen van zandsteen en leisteen wegspoelden, terwijl de hardere kwartsietkammen als overblijfselen van een ooit imposante bergketen bleven staan.

West MacDonnell National Park ▶ 1, L/M 9

Langs twee goed berijdbare wegen, de **Larapinta Drive** en de – al buiten het nationaal park beginnende – **Namatjira Drive,** rijgen zich de

MET EEN TERREINWAGEN DOOR PALM VALLEY

Informatie
Begin: Hermannsburg (zie blz. 392)
Lengte: 20 km
Duur: 1 dag
Kaart: zie blz. 389

Belangrijk: voor deze inspannende tocht is een terreinwagen met hoge bodemvrijheid vereist. De enige mogelijkheid om brandstof, proviand en water in te slaan, vind je in Hermannsburg.

Niet ver van de brede doorwaadbare plaats in de Finke River buigt enkele kilometers ten westen van Hermannsburg de 20 km lange, gedeeltelijk zeer hobbelige toegangsweg naar Palm Valley af. Het dal, dat de Aranda-Aboriginals Mpulungkinya noemen, dankt zijn naam aan een palmsoort die nergens anders op de wereld voorkomt. Als botanische relicten uit een lang vervlogen, vochtiger tijd in de geschiedenis van de aarde gedijen bij de permanent gevulde waterpoelen van de Palm Creek enkele duizenden van deze zeldzame palmen, de Australische koolpalm (ook wel Red Cabbage Palms genoemd). De palmen documenteren op indrukwekkende wijze de dramatische klimaatsveranderingen, waaraan het Red Centre sindsdien onderhevig was.

Het pad, dat tot de monding van **Palm Creek** de bedding van de **Finke River** volgt, passeert op weg naar Palm Valley de 910 m hoge **Mount Hermannsburg**. De ouverture voor het natuurschouwspel wordt verzorgd door het 'amfitheater', Kalarranga in de taal van de Aranda, kort voor de mooie bushcamping in het natuurreservaat.

De **Kalarranga Lookout Walk** leidt naar een uitkijkpunt met schitterend uitzicht op de door rode zandsteenrotsen omlijste rotskom, ooit een cultus- en verzamelplaats van de oerbewoners (rondweg 1,5 km/45 min.).

Uiterlijk na de afslag naar het bushcamp, circa 5 km voor Palm Valley, moet je omschakelen naar vierwielaandrijving. De terreinwagen ploegt zich een weg door diepe kuilen, gaat kreunend over hoge rotsblokken. Zonder bodemvrijheid red je het hier niet. De tropisch aandoende **Cycad Gorge**, met palmvarens, die op deze beschutte plek de uitdroging van het hart van Australië overleefden, geeft alvast een voorproefje op Palm Valley.

Palm Valley zelf kan alleen te voet worden verkend. Bij de parkeerplaats starten twee interessante wandelroutes: de **Arankaia Walk** loopt langs de Palm Creek door het oostelijk deel van het met palmen begroeide rotsdal. Via een trappenpad bereik je de bovenrand van de kloof en keer je over een plateau terug naar het beginpunt. Onderweg informeren borden over de geologie, flora en fauna van het natuurreservaat (rondweg 2 km/1 uur).

Dieper doordringen in Palm Valley kun je op de **Mpulungkinya Walk**, die door verspreid staande groepjes Australische koolpalmen kronkelt (rondweg 5 km/2 uur). Vroeger liep er een weg door de bergkloof Glen of Palms tussen Palm Valley en de weg door het Finke Gorge National Park. Die is inmiddels gesloten, zodat je naar de Larapinta Drive dezelfde weg terug moet nemen als waarover je gekomen bent.

MacDonnell Ranges

landschappelijke hoogtepunten als parels aan een ketting aaneen. Voorbij Alice Springs Desert Park (zie blz. 385) en de gedenkplaats Flynns Grave, voor de in 1951 overleden 'vader van de Royal Flying Doctor Service', bereik je het **West MacDonnell National Park**.

Simpsons Gap 1

Na een kleine twintig minuten rijden opent zich ten westen van Alice Springs in de MacDonnell Ranges de **Simpsons Gap**. Deze indrukwekkendste van een reeks kloven is door de Roe Creek en andere rivieren in een tijd van 60 miljoen jaar in de **Rungutjirba Ridge** uitgesleten. Vooral vroeg in de ochtend of laat in de middag, wanneer de kwartsietwanden afhankelijk van de lichtinval verschillende schakeringen rood weerspiegelen, loont het de moeite een uitstapje te maken naar de pittoreske rivierdoorbraak. Dit is ook de beste tijd om de zwartvoetrotswallaby's te bekijken, die met grote sprongen over de rotsblokken springen. Omdat het zulke goede klimmers zijn, dragen ze de bijnaam Australische gemzen (dag. 6-20 uur).

Standley Chasm 2

Dag. 8-18 uur, A-$ 10
De volgende halte is de **Standley Chasm**, waarvan de bijna 100 m hoge wanden soms zo dicht bij elkaar staan dat een 5 tot 9 m smalle spelonk ontstaat. Hier valt alleen tussen de middag ongeveer een uur lang zonlicht naar binnen, die dan het kwartsietsteen een sprookjesachtige rode gloed verleent. Het voetpad van de parkeerplaats naar de canyon (1,5 km/30 min.) loopt door een opgedroogde beekbedding, die door imposante eucalyptussen wordt omzoomd. Het **Standley Chasm Nature Park** is in bezit van de Iwupataka-Aboriginals, die een kleine toegangsprijs vragen.

Ellery Creek Big Hole, Serpentine Gorge en Ormiston Gorge

Ellery Creek Big Hole 3 verrast met een klein, maar diep meer waar altijd water in staat – op hete zomerdagen een betoverende zwemplek. **Serpentine Gorge** 4 is een smalle kloof, waar de Serpentine Creek zich doorheen kronkelt. Het belangrijkste onderdeel van de bij wandelaars geliefde **Ormiston Gorge** 5 is een brede kloof, die de Ormiston Creek in de MacDonnells heeft uitgesleten. Gemarkeerde wandelpaden, die beginnen bij het Visitor Information Centre bij de ingang van het park, ontsluiten dit beschermde natuurgebied. Aanbevelenswaardig is de **Ormiston Pound Walk** (rondwandeling 7 km/4 uur).

Glen Helen Gorge 6

In de **Glen Helen Gorge** verbreedt de Finke River zich tot een diepblauwe lagune, die een contrast vormt met de oranjerode en roestkleurige, ijzeroxidehoudende kwartsietklippen. Je kunt een wandeling maken van de parkeerplaats bij het Glen Helen Resort naar de oever van het meer, waar je vogels kunt observeren. Vooral bij zonsondergang is het uitzicht van Glen Helen op de 1379 m hoge Mount Sonder indrukwekkend.

Redbank Gorge 7

Tot de Glen Helen Gorge rijd je over asfalt, maar voor de stoffige gravelweg die verder naar **Redbank Gorge** voert, is een terreinwagen vereist. Je kunt wandelen door de meestal droge bedding van de Redbank Creek, waar eucalyptussen groeien, naar een zwemplek tussen de rotsen (heen en terug 2 km/1,5 uur).

In een wijde boog loopt de Namatjira Drive westelijk van de Redbank Gorge naar de 835 m hoge **Tylers Pass**, die een mooi panorama op het met spinifex begroeide heuvelland biedt. Ten zuiden van de pas komt de gravelweg, die af en toe ook zanderige stukken en stukken van harde ijzergolfjes vertoont, uit in de Larapinta Drive. Rechts ga je over de Mereenie Loop Road naar de spectaculaire Kings Canyon (zie blz. 377), links naar Hermannsburg en Palm Valley (zie blz. 390).

Overnachten

Rustieke lodge – **Glen Helen Homestead Lodge:** Namatjira Dr., Western MacDonnell Ranges, tel. 08-89 56 74 89, www.glenhelen.com.au. Deze rustieke lodge biedt gezellige tweepersoons- en eenvoudige meerpersoonskamers; bij het complex horen een

Alice Springs en MacDonell Ranges

restaurant, een pub, een tankstation en een camping. 2 pk vanaf A-$ 160, meerpersoonskamer vanaf A-$ 35 p.p.

Camping – in het nationaal park zijn diverse eenvoudige kampeerterreinen met toiletten bij Ellery Creek Big Hole, Serpentine Gorge en Ormiston Gorge alsmede in Palm Valley.

Hermannsburg en Palm Valley ▶ 1, L 9

In **Hermannsburg** 8, dat in 1877 door Duitse lutheranen werd gesticht als eerste zendingspost in het Northern Territory, wonen nu bijna alleen Aboriginals. Daar kun je de oude **zendingspost** bezichtigen (tel. 08-89 56 74 02, dag. 9-16 uur, A-$ 10). Van de schilder Albert Namatjira, de beroemdste leerling van de zendingspost, heeft men 12 km ten oosten van Hermannsburg een gedenkteken van natuursteen geplaatst.

Ten westen van Hermannsburg buigt een 20 km lange hobbelweg af naar **Palm Valley** 9 (zie blz. 390). In dit bij het **Finke Gorge National Park** horende dal gedijen rond drieduizend, verder nergens op de wereld voorkomende koolpalmen (*Livistona mariae*). Aangenomen wordt dat ze afstammen van bomen die hier miljoenen jaren geleden aan de oever van een tropische binnenzee groeiden. In de kloof van de Finke River liggen belangrijke heilige plaatsen van de oorspronkelijke bewoners.

Oostelijke MacDonell Ranges ▶ 1, M 9

Emily and Jessie Gaps Nature Park 10

Ook de oostelijke MacDonells bieden bezienswaardige kloven en ravijnen. De belangrijkste plaatsen van het **Emily and Jessie Gaps Nature Park** zijn twee rivierdoorbraken in het gebergte, die voor de Aranda's een grote mythologische betekenis hebben, maar voor Australiërs vooral als zwem- en picknickplaatsen dienen. Aan de oostzijde van de Emily Gap zijn rotsschilderingen van de Aboriginals te zien, die men bij hoog water alleen met een boot kan bereiken.

Corroboree Rock 11

Bij de **Corroboree Rock**, een ander heiligdom van de oorspronkelijke bewoners, vonden ooit belangrijke ceremonies, zoals initiatieriten plaats. In de grotten van het rotsmassief bewaarden de Aboriginals vroeger voorwerpen voor de eredienst. Er loopt een wandelpad rond de Corroboree Rock (1 km/20 min.).

Trephina Gorge 12

Trephina Gorge en John Hayes Rock Hole gelden als de hoogtepunten van de Eastern MacDonells. In de brede rotskloof **Trephina Gorge**, met meertjes waar af en toe water in staat, steken imposante riviereucalyptussen contrastrijk af bij de roestkleurige kwartsietklippen. In de droge tijd is de zanderige bodem van de canyon te verkennen. Van de camping bij Trephina Gorge loopt de Ridgetop Walk op een hoogte tot 350 m over de vlakte naar John Hayes Rock Hole, een aaneenschakeling van pittoreske rotspoelen in een woest en heel romantisch aandoend ravijn (10 km/5 uur).

Ross River Homestead 13

Een goed vertrekpunt voor de verkenning van de oostelijke MacDonnell Ranges is **Ross River Homestead**. Met een terreinwagen kom je, als je zuidwaarts rijdt, bij de **N'Dhala Gorge**, die bekendstaat om zijn ten dele al sterk verweerde rotsgravures van Aboriginals.

In de voormalige goudgraversnederzetting **Arltunga** leefden in 1887 wel drieduizend mensen. Enige oude gebouwen herinneren nog aan die voorbije tijden. Het afgelegen **Ruby Gap Nature Park** is alleen met terreinwagens te bereiken.

Overnachten

Lodge met outbacksfeer – **Ross River Homestead:** tel. 08-89 56 97 11, www.rossriverresort.com.au. Blokhutten met airco, restaurant, camping, zwembad en tankstation. Blokhut voor drie of vier personen vanaf A-$ 135.

Camping – het Trephina Gorge Nature Park beschikt over twee eenvoudige campgrounds met toiletten.

Van Alice Springs naar Darwin

Bijna 1500 km loopt de Stuart Highway grotendeels kaarsrecht door halfwoestijnen, savannes en wildernis van Alice Springs naar Darwin. Daarbij voltrekt zich de overgang van het droog-hete 'rode hart' naar het vochtig-hete, tropische Top End. Als je geen omwegen maakt, moet je voor de tocht ongeveer drie dagen uittrekken.

Tussen Alice Springs en Mataranka

Barrow Creek ▶ 3, F 4

Ongeveer 35 km ten noorden van Alice Springs kruist de Stuart Highway de Steenbokskeerkring. Een tijd later rijst in de steenwoestijn een berg op – de **Central Mount Stuart**, het geografisch centrum van het vijfde continent. Precies 283 km ten noorden van Alice Springs ligt het kleine **Barrow Creek**, dat in 1872 als een van de twaalf relaisstations van de Overland Telegraph Line tussen Adelaide en Darwin ontstond. Het gerestaureerde telegraafstation herinnert nog aan de pionierstijd. In het authentieke Barrow Creek Hotel kunnen reizigers van een koel drankje genieten. Een bushpub, waar je onder het genot van een biertje met *truckies* en *stockmen* aan de praat kunt raken, is te vinden in het **Wycliffe Well Roadhouse** (zie blz. 394).

Devils Marbles ▶ 3, F 4

Alsof ze door een cycloop zijn uitgestrooid, liggen ten noorden van **Wauchope** verspreid over een gebied van 18 km² de **Devils Marbles**, honderden deels reusachtige ovale en ronde rotsen. De roestrode 'knikkers van de duivel' zijn ontstaan door de kringloop van dag en nacht, de gloeiende hitte van de woestijn overdag en de ijzige kou 's nachts. De plotselinge temperatuurveranderingen zorgden ervoor dat de oppervlaktelagen van enorme granietblokken uitzetten en samengeperst werden en daarna als de rokken van een ui zijn afgepeld.

Veel van de Devils Marbles zijn vrijwel volmaakt ronde bollen, sommige onbeduidend klein, andere met een doorsnede van verschillende meters. De Aboriginals van het gebied beschouwen de granietrotsen als de eieren van de mythische regenboogslang Wanambi, die voor hen als belichaming van de vruchtbaarheid de oorsprong van alle leven is. Voor hen was de plek, die ze Karlwekarlwe noemen, ooit een belangrijke gewijde plaats.

Tussen de rotskogels, die bij zonsopkomst en zonsondergang een sprookjesachtige rode gloed vertonen, loopt een geologisch natuurleerpad met informatieborden. Aan de rand van de Devils Marbles Conservation Reserve ligt een eenvoudige, maar mooie camping.

Tennant Creek ▶ 3, F 3

In **Tennant Creek** brak in 1932 de voorlopig laatste grote goudkoorts van Australië uit en toen die afnam, dreigde de plaats een spookstad te worden. De ontdekking van grote kopervoorkomens veroorzaakte in de jaren 50 echter een nieuwe opleving. In het **National Trust Museum** (Schmidt St., mei-sept. dag. 14-16 uur, toegang gratis, vrijwillige bijdrage) zijn herinneringen aan het tijdperk van de goudkoorts te vinden. Deze tijd komt ook tot leven in het **Battery Hill Mining Centre**, een industrieel museum, waar nog een oude shredder in werking is, waarmee erts werd fijngemaakt (Peko Rd., tel. 08-89 62 12 81, dag. 9-17 uur, A-$ 20).

Een authentiek kijkje in de cultuur en traditionele leefwijze van de hier woonachtige Aboriginals biedt het **Nyinkka Nynuyu Art and**

Van Alice Springs naar Darwin

DE 'BIERDRINKERSBANK' EN ANDERE AUTHENTIEKE BUSHKROEGEN

Het outbackplaatsje Barrow Creek (zie blz. 393) heeft een grote attractie – de bank van de bierdrinkers in de pub van het **Barrow Creek Hotel** (tel. 08-89 56 97 53, www.gdaypubs.com.au). De wand achter de bar is bekleed met bankbiljetten met een totale waarde van niet minder dan A-$ 3000. Op elk bankbiljet staat de handtekening van de eigenaar. Steve Less, niet alleen de kroegbaas, maar ook bankdirecteur, legt het systeem van de bushbank uit. Het bankbiljet dat door de bezoeker van een naam en datum is voorzien, wordt met een punaise aan de wand geprikt. Bij het volgende cafébezoek kan de spaarinleg dan in 'liquide middelen' worden omgezet. Rente betaalt Steve zijn klanten echter niet. 'De meeste toeristen die bij ons geld inleggen komen toch nooit meer terug', legt hij uit. 'Voor hen is het allemaal niet meer dan een grap. Maar menigeen schept wel thuis in Europa op over zijn spaarrekening bij een bank in het verre Australië.'
Het Barrow Creek Hotel is maar een van de verschillende authentieke bushkroegen langs de noordelijke Stuart Highway, waarin het grootste meubel steevast een met bier gevulde koelkast is. Voor het **Wycliffe Well Roadhouse** (tel. 08-89 64 19 66) groeten kleine groene mannetjes de voorbijgangers. Volgens de caféhouder gebruiken buitenaardse wezens zijn grondgebied regelmatig als landingsplaats voor hun ufo's. Zijn gasten krijgen de bezoekers van andere melkwegstelsels hooguit te zien als ze te veel innemen van de meer dan honderd biersoorten uit de hele wereld die de kroegbaas op voorraad heeft.
Een *true blue Aussie Outback Pub* is de **Daly Waters Pub** (tel. 08-89 75 99 27, www.dalywaterspub.com), 3 km van Stuart Highway in het tropische Top End. Er zijn maar een paar reizigers die dit café, waar allerlei rommel aan de wanden en het plafond hangt, links laten liggen. Visitekaartjes en kentekenplaten uit de hele wereld getuigen van een kosmopolitische clientèle.

Culture Centre, dat een galerie met schilderijen en kunstnijverheid en een tentoonstelling van muziekinstrumenten en gebruiksvoorwerpen omvat. Er zijn ook geregeld muziek- en dansvoorstellingen (9 Paterson St., tel. 08-89 62 22 21, www.nyinkkanynuyu.com.au, okt.-apr. ma.-vr. 9-17, za., zo. 10-14, mei-sept. 8-18 uur, A-$ 15).

Informatie
Tennant Creek Visitor Information Centre: Battery Hill Regional Centre, Peko Rd., tel. 1800-50 08 79, www.barklytourism.com.au, dag. 9-17.30 uur.

Overnachten
Solide – **Eldorado Motor Inn:** 195 Paterson St. (Stuart Hwy), tel. 1800-88 80 10, www.eldoradomotorinn.com.au. Modern ingerichte kamers, restaurant en zwembad. 2 pk A-$ 125-145.
Camping en cabins – **Outback Caravan Park:** Peko Rd., tel. 08-89 62 24 59. Goed toegerust, comfortabele cabins en zwembad.

Evenementen

Tennant Creek Cup (mei): paardenrennen.
Tennant Creek Rodeo (juli-aug.) rodeo met randgebeuren.

Verder naar Mataranka
▶ 3, F 2/3

Ruim 20 km ten noorden van Tennant Creek ligt het **Three Ways Roadhouse**. Vandaar loopt Barkly Highway naar Mount Isa in Queensland (zie blz. 415). Op het drukke verkeersknooppunt herinnert het **John Flynn Memorial** aan de oprichter van de Royal Flying Doctor Service. De verdere tocht, waarop weinig spectaculairs te zien is, wordt enkele kilometers naar het noorden onderbroken door het **Stuart Memorial** aan Attack Creek, waar de 'ontdekkingsreiziger' John McDouall Stuart op 25 juni 1860, bij een van zijn pogingen om het continent te doorkruisen, door Aboriginals werd aangevallen en gedwongen om te keren.

Renner Springs, **Elliott**, **Newcastle Waters**, **Dunmarra** en **Larrimah** zijn kleine plaatsen aan de Stuart Highway, waar reizigers benzinestations, fastfoodrestaurants en onderdak vinden. De meeste reizigers zijn het er echter over eens: het beste wat deze outbackplaatsjes te bieden hebben, is de Highway naar het noorden. Menig reiziger last echter een lange pauze in bij **Daly Waters**, waar een van de origineelste kroegen van de Northern Territory is gevestigd (zie blz. 394).

Als je verder reist, gaan de savannes en rode halfwoestijnen van Centraal-Australië geleidelijk over in de groene, vochtige oerwoudzone van het tropische noorden. In **Mataranka** kun je bijkomen van de lange, eentonige reis. Uit warmwaterbronnen met een constante temperatuur van 34°C borrelt hier 16.500 liter kristalhelder water per minuut op, dat een natuurlijk bassin vormt, waarin je midden in een tropisch palmbos een verkwikkende duik kunt nemen. In de bomen rond het bassin hangen vaak duizenden vleerhonden.

Overnachten

Mooie ligging bij warmwaterbronnen – **Mataranka Homestead:** Mataranka, tel. 08-89 75 45 44, www.matarankahomestead.com.au. Vakantiecomplex met outbacksfeer – een voudig motel, caravan park met cabins; in het restaurant in het hoogseizoen iedere avond *country music live*. 2 pk A-$ 89, cabins A-$ 115.

Katherine ▶ 3, F 2

Ten noorden van Mataranka kent de Stuart Highway op de volgende circa 100 km maar één doel – **Katherine**. Amateurspeleologen en reizigers met genoeg tijd zullen ten zuiden van de stad een stop inlassen. Daar strekt zich onder een bizar karstlandschap het uitgebreide grottenstelsel van het **Cutta Cutta Caves Nature Park** uit, dat tijdens een rondleiding is te bezichtigen (Stuart Hwy, tel. 08-89 72 19 40, rondleidingen mrt.-nov. dag. 9, 10, 11, 13, 14, 15 uur, A-$ 20).

Katherine is het centrum van **Never Never Land**, een door veeteelt gekenmerkte, brede landstrook die zich in het Northern Territory uitstrekt van de Golf van Carpentaria tot aan de Joseph Bonapartegolf. Voor deze in de jaren 1844-1845 door Ludwig Leichhardt onderzochte regio schiep Jeannie Gunn, die rond 1900 als een van de eerste blanke vrouwen naar Katherine kwam, een literair monument met haar roman *We of the Never-Never* (*Wij van de Never-Never*, Uitgeverij De Fontein, 1997). Door een bezoek aan de tentoonstelling in het heemkundige **Katherine Museum** krijg je een levendige indruk van de pionierstijd (Gorge Rd., tel. 08-89 72 39 45, www.katherinemuseum.com, mrt.-okt. dag. 9-16 uur, nov.-feb. onregelmatig geopend, A-$ 10).

In het door Aboriginals gedreven **Godinymayin Yijard Rivers Arts and Cultural Centre** verschaffen wisselende schilderijen- en handwerktentoonstellingen en evenementen met muziek, dans en theater inzicht in de cultuur van de Aboriginals (Stuart Hwy, tel. 08-89 72 37 51, www.gyracc.org.au, di.-vr. 10-17, za. 10-15 uur, toegang gratis).

In de **School of the Air** leer je veel over traditionele onderwijsmethoden per radio, maar ook over technieken met de mogelijkheden die internet biedt (101 Giles St., tel.

Van Alice Springs naar Darwin

08-89 72 18 33, www.ksa.net.edu.au, mrt.-okt. ma.-vr. 9, 10, 11 uur, A-$ 12).

Informatie
Katherine Visitor Information Centre: Lindsay St. (Stuart Hwy), tel. 1800-65 31 42, 08-89 72 26 50, www.visitkatherine.com.au, mrt.-okt. dag. 8.30-17, nov.-feb. ma.-vr. 8.30-17, za., zon- en feestdagen 10-14 uur.

Overnachten
Topadres – **Pine Tree Motel:** 3 Third St., tel. 08-89 72 25 33, www.pinetreemotel.com.au. Comfortabel, rustig gelegen, met restaurant en zwembad. 2 pk vanaf A-$ 125.

Vriendelijk – **Palm Court Budget Motel:** Third St., hoek Giles St., tel. 08-89 72 27 22, www.palmcourtbudgetmotel.com. Bij jonge reizigers populaire accommodatie met klein zwembad; alle kamers met airco en eigen badkamer, gemeenschappelijke keuken, fietsverhuur. 2 pk vanaf A-$ 85, meerpersoonskamer vanaf A-$ 27 p.p.

Camping en cabins – **Big4 Katherine Holiday Park:** 20 Shadforth Rd., tel. 1800-50 19 84, www.big4.com.au. Circa 5 km ten westen van Katherine, goed toegerust en mooi gelegen; met vakantiehuisjes, zwembad en bistro.

Eten en drinken
Smullen – **RJ's Bar & Bistro:** Katherine Motel, Katherine Terr., hoek Giles St., tel. 08-89 72 16 22, www.katherinemotel.com, dag. 11.30-14.30, 17-23 uur. Gerechten uit de moderne Australische keuken. Tip: Barramundi, gebakken of gegrild. Hoofdgerechten A-$ 22-38.

Actief
Tours in Katherine Gorge – **Gecko Canoeing & Trekking:** tel. 1800-63 43 19, www.geckocanoeingandtrekking.com.au. Meerdaagse kano- en wandeltochten met kleine groepen in Katherine Gorge (blz. 397) onder leiding van deskundige gidsen, bijvoorbeeld driedaagse kampeertocht per kano (A-$ 1090).

Rondvluchten – **Gorge Scenic Flights:** tel. 1300-14 67 43, www.nitmiluktours.com.au. Helikoptervluchten boven Katherine Gorge (apr.-nov., vanaf A-$ 109).

Evenementen
Australia Day Bush Picnic (26 jan.): volksfeest met paardenrennen.
Katherine Cup (mei): paardenrennen.
Barunga Festival (juni): groot Aboriginalcultuurfeest, www.barungafestival.com.au.
Katherine Festival (aug.): groot volksfeest met rodeo.

Vervoer
Bue: dagelijks met Greyhound Australia, tel. 1300-47 39 46, naar Adelaide, Alice Springs, Darwin, Broome en Kununurra. Geen open-

Nitmiluk National Park

Na zoveel droge outback is het heerlijk om water te zien – dat bevat de Katherine River het hele jaar door, en ook nog eens zonder zoutwaterkrokodillen

baar vervoer tussen Katherine en Katherine Gorge, een taxi kost A-$ 80-100.

Nitmiluk National Park
▶ 3, F 2

In het noordoosten van Katherine ligt het **Nitmiluk National Park**. Kern van dit wilde beschermde natuurgebied is de 30 km lange **Katherine Gorge**, die zich tot 100 m diep in het zandsteenplateau van Arnhemland heeft ingegraven. Eigenlijk is dit een systeem van dertien afzonderlijke kloven, waar de Katherine River doorheen slingert – in het droge seizoen als een rivier die bijna niet stroomt en in de regentijd – bij een tot 10 m hogere waterstand – als een kolkende watermassa.

Omdat in de Katherine River het gehele jaar water staat, is de Katherine Gorge een ideale leefomgeving voor de plaatselijke flora en fauna, met name voor de vogelwereld, die met rond 160 soorten van een buitengewone verscheidenheid is. Tot de talrijke in de kloven levende reptielen behoren ook ongevaarlijke zoetwaterkrokodillen. Je moet beslist een boottochtje maken. In het droge seizoen varen er platbodems in de drie onderste kloven. De canyons van de bovenloop zijn tot de zevende kloof toegankelijk met kano's, die bij de ingang van het park te huur zijn. Tussen de kloven moet je zeker, voor zover de waterstand dat toelaat, een stukje te voet over de stenen afleggen.

Door het nationaal park loopt bovendien een dicht netwerk van wandelpaden van verschillende moeilijkheidsgraad. Het vertrekpunt van alle wandelroutes is het bezoekerscentrum. Hier vlakbij ligt een groot caravanpark, dat geschikt is als uitvalsbasis voor wandelaars.

Een uitkijkpunt boven de eerste kloof is te bereiken via de korte, maar steile **Barrawei Walk** (heen en terug 1 km/1 uur), die verlengd kan worden door de **Loop Walk** te lopen (rondwandeling 3,2 km/1,5 uur). Borden langs het wandelpad geven informatie over flora en fauna én over de Droomtijdmythen van de Aboriginals.

De **Butterfly Gorge Walk** loopt naar een kloof naast de Katherine Gorge, waar talloze vlinders rondfladderen (heen en terug 12 km/4,5 uur). Andere wandelpaden, die diep het nationaal park in gaan, zoals de **Katherine River Wilderness Walk** (36 km/2 dagen) en de **Edith Falls Wilderness Walk** (76 km/5 dagen), zijn meer geschikt voor avonturiers die over de nodige uitrusting beschikken.

Tip

OP PAD MET DE ABORIGINALS

Niet ver van Katherine ligt het land van de Manyallaluk-Aboriginals. In het kader van de **Manyallaluk Aboriginal Cultural Tours** naar het Land of the Lightning Brothers dragen Aboriginalgidsen de traditionele waarden van de oorspronkelijke bewoners over. Voor rotsgalerijen met tekeningen uit de oertijd vertellen ze de verhalen van de mythologische broeders van de bliksem en de donder, die in november, onweersbuien over het uitgedroogde bushland jagend, met veel machtsvertoon het einde van de droge periode aankondigen. De deelnemers horen ook van Kunapipi, de even wrede als zorgzame Moeder Aarde, die in de scheppingsmythologie van de Aboriginals een centrale rol speelt. Ze krijgen een indruk van de spiritualiteit van de oorspronkelijke bewoners, van hun vaste geloof in de mythische scheppers – deels mens, deels dier, deels plant – die met bovennatuurlijke krachten alles op de wereld hebben geschapen. De Manyallaluk-Aboriginals laten hun gasten echter ook wat 'tastbaars' zien. Voor Europeanen wordt het uitstapje naar de bush een les in de kunst van het overleven in een even onverbiddelijke als vrijgevige natuur. Onervaren blanken hebben er bijna geen overlevingskansen, maar de oorspronkelijke bewoners vinden in de waterloze savanne water en kunnen op een rotsige bodem onzichtbare diersporen lezen. Ze tonen de deelnemers hoe men op kangoeroes en andere dieren moet jagen, uit welke planten drinkwater te halen is, welke wortels en knollen eetbaar zijn en hoe men met speer en boemerang omgaat. Als klap op de vuurpijl mogen de bezoekers zelf de kunst van het boemerang werpen oefenen. (Manyallaluk Aboriginal Cultural Tours, tel. 08-89 71 20 36, 1300-14 67 43, apr.-nov. ma.-do. 8-18 uur, A-$ 195).

Via een 20 km lange doodlopende weg, die 42 km ten noordwesten van Katherine van Stuart Highway in oostelijke richting afbuigt, kun je op een gemakkelijke manier bij de **Edith Falls** komen. Trapsgewijs valt het water van de door de oorspronkelijke bewoners Leliyn genoemde watervallen over de steile klifwand van het Arnhemlandplateau, voordat het zich in een grote poel – zonder krokodillen – tussen de rotsen verzamelt. Het water in dit bassin biedt bezoekers verfrissing, vooral toeristen die bezweet terugkomen van de **Leliyn Walk** die naar een Lookout boven de waterval en een natuurlijk waterbekken aan de rand van het plateau voert (rondwandeling 2,6 km/1,5 uur). Wie hier langer wil verblijven, vindt in de buurt van het natuurlijke zwembad een mooie camping.

Informatie
Nitmiluk Visitor Centre: Nitmiluk National Park, tel. 08-89 72 12 53, 1300-14 67 43, www.dtc.nt.gov.au > Find a Park, dag. 8-17 uur. Hier kun je reserveren voor twee, vier of acht uur durende boottochten op de Katherine River (A-$ 89/129/199). In het hoogseizoen een dag van tevoren boeken!

Overnachten
Camping – **Nitmiluk Gorge Caravan Park:** Nitmiluk National Park, tel. 1300-14 67 43, www.nitmiluktours.com.au. Goed toegerust, veel handtamme kangoeroes.

Van Katherine naar Darwin

Pine Creek en omgeving
▶ 3, F 2

In de omgeving van de mijnbouwstad **Pine Creek** werd in 1877 een rijke goudader gevonden. Overblijfselen uit het verleden vind je in het **Pine Creek National Trust Museum** (Railway Terr., tel. 08-89 76 12 21, ma.-vr. 10-17, za., zo. 10-14 uur, A-$ 5) en in het **Pine Creek Miners Park**, een openluchtmuseum (dag. 9-17 uur, toegang gratis).

Ruim 20 km ten zuidwesten van de plaats ligt het **Umbrawarra Gorge Nature Park**, een natuurpark met een romantische kloof met permanent gevulde meertjes. Vanaf Pine Creek loopt de geasfalteerde Kakadu Highway naar het vakantiecentrum Cooinda in het Kakadu National Park (zie blz. 410). Een uitstapje naar de ongeveer 100 m hoge Gunlom Falls loont de moeite (zie blz. 413).

Overnachten
Gastvrijheid in een tropische tuin – **Pine Creek Railway Resort:** 1 Railway Terr., tel. 08-89 76 10 01, www.pinecreekrailwayresort.com.au. Smaakvol ingerichte kamers, restaurant en zwembad. 2 pk vanaf A-$ 90.
Camping – **Lazy Lizard Caravan Park:** 299 Millar Terr., tel. 08-89 76 10 19, www.lazylizardpinecreek.com.au. Mooi complex met restaurant, outbackpub en zwembad; goed informatiepunt.

Evenement
Pine Creek Gold Rush Festival (juni): volksfeest met wedstrijden in goud zoeken, paarddrijden, boksen enzovoort.

Hayes Creek, Adelaide River en Batchelor ▶ 3, E/F 2
Halverwege Pine Creek en Adelaide River ligt **Hayes Creek**. Vandaar loopt ten westen van de 'nieuwe' Stuart Highway de oude Stuart Highway, een weliswaar wat langer, maar ook aantrekkelijker alternatief. Zo'n 40 km ten zuiden van Hayes Creek ligt het **Tjuwalyin Nature Park** met de **Douglas Hot Springs**.

Bij de **Adelaide River**, waar ooit het hoofdkwartier van de Australisch-Amerikaanse strijdkrachten lag, stuit je op sporen uit de Tweede Wereldoorlog, zoals oude munitiebunkers. Zo'n 30 km ten noorden van de Adelaide River buigt een zijweg van de Stuart Highway zuidwestwaarts af naar **Batchelor**. In de jaren 50 en 60 maakte het nu ingedutte stadje een bloeitijd door. Destijds werden bij Rum Jungle koper en uranium geëxploiteerd. In het westen ligt het **Litchfield National Park**, een populaire bestemming voor een uitstapje vanuit Darwin (zie blz. 400).

Top End

Darwin is de hoofdstad van het Northern Territory en het belangrijkste centrum in het Top End, het 'bovenste stuk' van Australië. De stad was tot de Tweede Wereldoorlog een ingeslapen tropenplaatsje, maar heeft zich, na tweemaal bijna volledig verwoest te zijn, tot een belangrijk handelscentrum ontwikkeld. Vanuit Darwin zijn de natuurattracties Litchfield National Park en Kakadu National Park goed te bereiken.

Darwin ▶ 3, E 1

Plattegrond: zie blz. 403
In 1839 ontdekte J.C. Wickham, de kapitein van de Beagle, waarmee ook Charles Darwin eens over de Grote Oceaan was gezeild, de natuurlijke haven waaraan **Darwin** zijn bestaan te danken heeft. Ter ere van de onderzoeker noemde Wickham de baai Port Darwin. Pas dertig jaar later echter, nadat andere pogingen om nederzettingen te stichten waren mislukt, besloot de koloniale regering in Sydney aan deze baai een basis in te richten.

Geschiedenis

Deze aanvankelijk Palmerston genoemde nederzetting bloeide voor het eerst op toen in 1872 circa 200 km zuidelijker, bij Pine Creek, goud werd gevonden. Toen de goudkoorts was verflauwd, stagneerde de ontwikkeling. De belangrijkste oorzaken daarvoor waren het vochtig-hete tropische klimaat, de wervelstormen die met een onverbiddelijke regelmaat over de havenstad raasden en de geïsoleerde ligging van deze noordelijke buitenpost ten opzichte van de rest van het continent. De omwenteling kwam in de Tweede Wereldoorlog. Darwin was de eerste Australische stad die door een vijandelijke macht werd aangevallen. Op 19 februari 1942 vielen bijna tweehonderd Japanse bommenwerpers de haven aan, die voor het Britse leger van grote strategische betekenis was. Tot het einde van dat jaar vonden nog 63 andere luchtaanvallen plaats. In totaal stierven er bijna 250 mensen. Uit angst voor een Japanse invasie werden in de omgeving van Darwin grote steunpunten voor het leger ingericht. Om de bevoorrading veilig te stellen asfalteerden Australiërs en Amerikanen in een tijd van slechts drie maanden de natuurlijke weg tussen Darwin en Alice Springs, de enige verbinding over land naar het zuiden.

Darwin maakte nog een kritische fase door, toen in de kerstnacht van 1974 de orkaan Tracy boven de stad losbarstte en de grootste natuurramp in de overgeleverde geschiedenis van Australië veroorzaakte. Tracy zag kans om in vier uur tijd 90% van de huizen te verwoesten. Intussen is Darwin als een feniks uit zijn as herrezen. Er wonen nu tegen de 140.000 mensen. Dat zijn er meer dan ooit tevoren en de tendens is nog stijgend.

Bezienswaardig

Het compacte en overzichtelijke stadscentrum van Darwin kun je gemakkelijk in ongeveer drie uur te voet verkennen. Enkele van de bezienswaardigheden, die wijd verspreid in een groot gebied liggen, zijn echter alleen met een eigen vervoermiddel of de bus te bereiken.

Smith Street Mall

Een goed startpunt voor een rondwandeling door het centrum is de **Smith Street Mall**, waar ook het toeristenbureau zit. In de kleine, met palmen aangeklede voetgangerszone

Darwin

ligt de architectonische trots van Darwin: het in 1894 gebouwde **Victoria Hotel** 1, meestal liefdevol Old Vic genoemd. Het overleefde alle tropische cyclonen, Japanse bommen en diverse Australische rockbands, maar staat op het moment leeg.

Chinese Joss House 2
Dag. 8-16 uur
Op de hoek van Bennett Street en Woods Street staat het **Chinese Joss House.** Het weinige dat cycloon Tracy in 1974 van de Chinese tempel uit 1887 heel liet – de fundering, wat muurresten en een aantal stenen leeuwen –, is heel handig opgenomen in het moderne gebedshuis van de ongeveer duizendkoppige Chinese gemeenschap.

Zuidelijke Smith Street
Via het **Civic Centre** 3 aan Harry Chan Avenue, waar op de binnenplaats een meer dan honderd jaar oude banyanboom staat, en door het plantsoen van **Civic Square** bereik je Smith Street met enkele van de weinige bewaard gebleven 19e-eeuwse gebouwen.

Browns Mart 4 uit 1885 kan terugblikken op een turbulent verleden. Het stenen gebouw, dat tweemaal door wervelstormen is beschadigd, diende afwisselend als beurs, bordeel en politiebureau, terwijl het tegenwoordig plaats biedt aan een theater.

Van de in 1883 opgerichte **Old Town Hall** ertegenover, vroeger een van de imposantste gebouwen van de stad, liet Tracy slechts een ruïne over, net als van **Christ Church Cathedral**. De ingangsdeur is als enig overblijfsel van deze oude kerk in de in 1975 tot stand gebrachte nieuwbouw geïntegreerd.

Het complex van het **Old Court House and Police Station** 5 op de hoek van Smith Street en Esplanade is een reconstructie van het door Tracy verwoeste, oorspronkelijk in 1884 opgetrokken gerechtsgebouw, waar een politiebureau naast stond.

Met een sundowner genieten van de zonsondergang bij de pier van Darwin ...

Darwin

Bezienswaardig
1. Victoria Hotel
2. Chinese Joss House
3. Civic Centre
4. Browns Mart
5. Old Court House and Police Station
6. Recreation Lagoon
7. Wave Pool
8. Indo Pacific Marine
9. Government House
10. Old Admirality House
11. Lyons Cottage
12. Crocosaurus Cove
13. Aquascene
14. Burnett House
15. Darwin Botanic Gardens
16. Museum and Art Gallery of the Northern Territory
17. Fannie Bay Gaol Museum

Overnachten
1. Double Tree by Hilton
2. Travelodge Mirambeena Resort
3. Darwin Central Hotel
4. Palms City Resort
5. Value Inn
6. Melaleuca on Mitchell
7. Free Spirit Resort

Eten en drinken
1. Seafood on Cullen
2. Hanuman
3. Crustaceans on the Wharf
4. Nirvana Restaurant
5. The Magic Wok
6. Darwin City Eatery

Winkelen
1. Mindil Beach Sunset Market
2. Nightcliff Markets
3. Parap Market
4. Aboriginal Fine Arts Gallery

Uitgaan
1. Beachfront Hotel
2. Lizards Bar
3. Sunset Jazz Session
4. The Deckchair Cinema
5. The Discovery Nightclub

Actief
1. Spirit of Darwin

Darwin Waterfront Precinct
www.waterfront.nt.gov.au

Voor verkoeling zorgen aan Darwins Waterfront twee kunstmatige lagunes. Terwijl je in de natuurlijke wateren van de regio vanwege de zoutwaterkrokodillen maar beter niet kunt gaan zwemmen, kun je in de door een dam beschermde **Recreation Lagoon** 6 veilig het water in; er is ook een zandstrand. In de **Wave Pool** 7 deinen de badgasten op kunstmatige golven (tel. 08-89 41 72 60, dag. 10-18 uur, Recreation Lagoon toegang gratis, Wave Pool A-$ 7). Aan de Stokes Hill Wharf ligt het zeewateraquarium **Indo Pacific Marine** 8 met levende koraalbanken en een soortenrijke zeefauna (tel. 08-89 81 12 94, www.indopacificmarine.com.au, apr.-okt. dag. 10-16 uur, nov.-mrt. onregelmatig geopend, A-$ 24).

Over de Esplanade

Vanaf de **Survivors Lookout** aan de strandpromenade **Esplanade** heb je een prachtig uitzicht op de haven. Een stukje verderop staat het in 1883 gebouwde **Government House** 9 op een 70 m hoge rots. Helaas is het witte koloniale gebouw met zeven markante gevelpunten niet toegankelijk voor publiek. De twee moderne gebouwen ertegenover herbergen het parlement en het hoogste gerechtshof van het Northern Territory.

Als je het **Overland Telegraph Memorial Cairn**, dat herinnert aan de voltooiing van de 2750 km lange telegraafverbinding van Adelaide naar Darwin in 1872, bent gepasseerd, kom je bij het in 1937 opgetrokken op palen gebouwde **Old Admirality House** 10 met meubilair dat nog stamt uit de koloniale tijd (tel. 08-89 81 53 85, ma.-vr. 9-16.30 uur, toegang gratis, vrijwillige bijdrage).

Ertegenover, op de hoek van Esplanade en Knuckey Street, staat de in 1924/1925 gebouwde **Lyons Cottage** 11, een historisch museum over de geschiedenis van het exploreren en koloniseren van het Northern Territory (tel. 08-89 99 82 55, dag. 10-16.30 uur, toegang gratis).

Als je altijd al eens oog in oog hebt willen staan met een echte *saltie*, dan ben je in **Crocosaurus Cove** 12 aan het juiste adres. Dit dierenpark midden in Darwin bezit de groot-

Top End

ste verzameling indrukwekkende zeekrokodillen en dodelijke slangen van Australië. Beschermd door een kunststof cabine kunnen onverschrokken bezoekers in een van de vier krokodillenbassins afdalen en hun adrenalinespiegel een *boost* geven (Mitchell St., hoek Peel St., tel. 08-89 81 75 22, www.crocosauruscove.com.au, dag. 9-18 uur, A-$ 35).

In de baai Doctors Gully aan het noordelijke eind van de Esplanade ligt het stuk strand **Aquascene** 13, waar dag in dag uit honderden vissen naartoe zwemmen om zich te laten voeren. Bij eb zwemmen de brasems, meervallen, harders en roggen weer naar zee. Vooral voor kinderen is dit een geweldig spektakel (tel. 08-89 81 78 37, www.aquascene.com.au, voedertijd afhankelijk van de getijden, A-$ 15).

Mindil Beach en omgeving

Ten westen van het stadscentrum ligt **Mindil Beach**, ieder jaar half juli het toneel van de legendarische Beer Can Regatta (zie blz. 90). In het fraaie park aan het strand vindt in het droge seizoen de **Mindil Beach Sunset Market** 1 plaats, die op een Aziatische nachtmarkt lijkt (tel. 08-89 81 34 54, www.mindil.com.au, apr.-okt. do. 17-22, zo. 16-21 uur).

Een bezoek aan het **Burnett House** 14 aan **Myilly Point**, waar tegenwoordig de regionale National Trust (instantie voor monumentenzorg) zetelt, geeft een indruk van de tropische koloniale architectuur (tel. 08-89 81 01 65, ma.-za. 10-13, zo. 15-17 uur, A-$ 5). Je hebt hier een mooi uitzicht op het **Diamond Beach Casino**, een nogal triest blok beton, dat velen echter als het architectonisch juweel van Darwin beschouwen.

Ten oosten van Gilruth Avenue liggen de in 1891 aangelegde **Darwin Botanic Gardens** 15 met veel tropische planten (tel. 08-89 47 21 45, dag. 7-19 uur, toegang gratis). Het **Museum and Art Gallery of the Northern Territory** 16, aan het noordelijke uiteinde van het strand, beschikt naast een natuurhistorische sectie over een kunstcollectie van de Aboriginals en van Zuidoost-Aziatische en Melanesiche volken (19 Conacher St., Fannie Bay, tel. 08-89 99 82 64, www.magnt.nt.gov.au, ma.-vr. 9-17, za., zo. 10-17 uur, toegang gratis, entree bij bijzondere exposities en evenementen, bereikbaar met bus 4 of 6).

Vesteys Beach en Fannie Bay Gaol Museum

Vesteys Beach is een eldorado voor watersporters. Ten noorden ervan ligt het in 1883 gebouwde **Fannie Bay Gaol Museum** 17, dat tot 1979 dienstdeed als gevangenis. Het gebouw biedt nu onderdak aan een museum voor de stedelijke en regionale geschiedenis (East Point Rd., Fannie Bay, tel. 08-89 41 22 60, dag. 9.30-17 uur, toegang gratis).

Informatie

Tourism Top End: Bennett St., hoek Smith St., tel. 1300-13 88 86, www.tourismtopend.au, dag. 8.30-17 uur. Informatie over Darwin en omgeving en over alle toeristische bezienswaardigheden in het Top End. Reservering van hotels, excursies, huurauto's enzovoort.

Parks and Wildlife Commission of the Northern Territory: tel. 08-89 89 55 11, www.dtc.nt.gov.au > Find a Park. Informatie over nationale parken.

Northern Land Council: 45 Mitchell St., P.O. Box 1222, Darwin, NT 0801, tel. 08-89 20 51 00, www.nlc.org.au. Permits voor het betreden van grondgebied van de Aboriginals en voor excursies naar Bathurst Island Melville Island (tijdig aanvragen!).

Automobile Association of the Northern Territory: 2/14 Knuckey St., tel. 08-89 25 59 01, www.aant.com.au. Automobielclub.

Top End Road Information: tel. 1800-24 61 99, www.ntlis.nt.gov.au/roadreport. Informatie over wegen in de outback.

Overnachten

De prijzen voor accommodatie zijn onderhevig aan seizoensschommelingen. Vermeld zijn de tarieven in het hoogseizoen. In het laagseizoen liggen ze ongeveer 25-30% lager.

Elegant – **Double Tree by Hilton** 1 : 122 Esplanade, tel. 08-89 80 08 00, www.doubletree3.hilton.com. Rustig gelegen, comfortabele kamers, goede service, mooi zwembad. 2 pk vanaf A-$ 225.

Darwin

Behaaglijke oase in het centrum – **Travelodge Mirambeena Resort** 2 : 64 Cavenagh St., tel. 08-89 46 01 11, www.travelodge.com.au. Prettig hotel in de City met 225 comfortabele kamers, mooi zwembad en tropische tuin. In het bekroonde Tree Tops Restaurant worden steaks en seafood geserveerd. 2 pk vanaf A-$ 185.

Centraal – **Darwin Central Hotel** 3 : 21 Knuckey St., tel. 08-89 44 90 00, www.darwincentral.com.au. Hondertweeëndertig in aangename kleuren uitgevoerde kamers, deels met kitchenette. Restaurant, bar, café en klein zwembad; goedkoop online boeken. 2 pk vanaf A-$ 135.

Gezellig – **Palms City Resort** 4 : 64 Esplanade, tel. 08-89 82 92 00, 1800-82 92 11, www.palmscityresort.com. Gezellige kamers en bungalows in een tropische tuin; met restaurant en aantrekkelijk zwembad. 2 pk vanaf A-$ 125, bungalow vanaf A-$ 145.

Goed en goedkoop – **Value Inn** 5 : 50 Mitchell St., tel. 08-89 81 47 33, www.valueinn.com.au. Eenvoudige, wat krappe motelunits, maar qua locatie en prijs nauwelijks te overtreffen. Met restaurant en zwembad. 2 pk vanaf A-$ 105.

Moderne budgetaccommodatie – **Melaleuca on Mitchell** 6 : 52 Mitchell St., tel. 1300-72 34 37, www.momdarwin.com.au. Centraal, ideaal voor jongeren; klapstuk is het dakterras met bistro-café en zwembad. 2 pk (met badkamer) vanaf A-$ 85, meerpersoonskamer (met gedeelde badkamer) vanaf A-$ 25 p.p.

Camping en cabins – **Free Spirit Resort** 7 : 901 Stuart Hwy, Berrimah, tel. 08-89 35 08 88, www.freespiritresortdarwin.com.au. Zeventien kilometer ten zuiden van Darwin, goed toegerust, ruime keus aan gezellige cabins en motelkamers, goed restaurant, drie zwembaden. Cabins vanaf A-$ 105, 2 pk vanaf A-$ 125.

Eten en drinken

Verwennerij – **Seafood on Cullen** 1 : 51 Marina Blvd., Cullen Bay Marina, tel. 08-89 81 46 66, dag. 11.30-14.30, 17-22 uur. De heerlijkste schaal- en schelpdieren en wijnen met uitzicht op de jachthaven. Gerechten A-$ 28-52.

Creatieve fusionkeuken – **Hanuman** 2 : 93 Mitchell St., tel. 08-89 41 35 00, www.hanuman.com.au, dag. 12-15, 18-23 uur. Het kookteam combineert Thaise en tandoori-invloeden tot de erg trendy Pacific Rim Cuisine. Hoofdgerechten A-$ 26-40.

Versgevangen – **Crustaceans on the Wharf** 3 : Stokes Hill Wharf, tel. 08-89 81 86 58, www.crustaceans.net.au, dag. 17.30-23 uur. Bedevaartsoord voor seafoodfans. Hoofdgerechten A-$ 24-40.

Geraffineerd Aziatisch – **Nirvana Restaurant** 4 : 6 Dashwood Cresc., tel. 08-89 81 20 25, www.nirvanarestaurantdarwin.com, ma.-za. vanaf 18.30 uur. Thaise, Maleisische en Indiase gerechten; 's avonds live blues en jazz, za. buikdansen. Hoofdgerechten A-$ 18-38.

Asia meets Australia – **The Magic Wok** 5 : Shop 20, West Lane Arcade, tel. 08-89 81 33 32, ma.-vr. 11.30-14, 18-20.30, za. 18-20.30 uur. Aziatische gerechten met Australische ingrediënten. Hoofdgerechten A-$ 16-34.

Internationales potpourri – **Darwin City Eatery** 6 : Smith St., tel. 08-89 81 36 81, dag. 7.30-23 uur. Gerechten uit de hele wereld, overwegend Aziatisch. Gerechten vanaf A-$ 8.

Winkelen

Markt – **Mindil Beach Sunset Market** 1 : (zie blz. 404). Veruit Darwin's populairste (vlooien)markt, een goudmijn voor koopjesjagers; grote keus aan Aziatische levensmiddelen, sieraden, kleding enzovoort. **Nightcliff Markets** 2 : Pavonia Way, Nightcliff, tel. 0414-36 87 73, www.nightcliffmarkets.com.au, zo. 8-14 uur. De oudste rommelmarkt van de stad. **Parap Market** 3 : Parap Place, Parap, tel. 08-89 42 08 05, za. 8-14 uur. Vlooienmarkt met lekker Aziatisch fastfood.

Kunstnijverheid van de Aboriginals – **Aboriginal Fine Arts Gallery** 4 : Mitchell St., hoek Knuckey St., tel. 08-89 81 13 15, www.aaia.com.au, ma.-vr. 9-19, za., zo. 10-17 uur.

Uitgaan

Jong en hip publiek – **Beachfront Hotel** 1 : 342 Casuarina Dr., Rapid Creek, tel. 08-89 85 30 00, zo.-do. 12-23, vr., za. 12-1 uur. Populaire zaak; vr. en za. livemuziek.

Populaire locatie – **Lizards Bar** 2 : 105 Mitchell St., tel. 08-89 46 30 00, www.lizardsbar.com.au, dag. 10 uur tot laat. Authentieke biergarten onder palmbomen, populair trefpunt voor reizigers; soms livemuziek.

Voor jazzfans – **Sunset Jazz Session** 3 : Skycity Darwin Casino, Gilruth Ave., The Gardens, tel. 08-89 43 88 88, mei-sept. zo. 16.30-20.30 uur. Jazz in de openlucht.

Bioscoop – **The Deckchair Cinema** 4 : Jervois Rd., tel. 08-89 81 07 00, www.deckchaircinema.com, apr.-nov. dag. vanaf 18.30 uur. Genieten van films in een ligstoel in de openlucht (A-$ 16).

Hippe danceclub – **The Discovery Nightclub** 5 : 89 Mitchell St., tel. 08-89 42 33 00, www.discoverydarwin.com.au, zo.-do. 21-2, vr., za. tot 4 uur. Op het moment de populairste en grootste club van Darwin met dansvloer en diverse bars.

Actief

Stadswandelingen – **Walk Darwin:** c/o Tourism Top End (blz. 404), tel. 0428-18 34 44, www.walkdarwin.com.au. Twee uur durende thematische stadswandelingen onder deskundige leiding, bijvoorbeeld de Darwin Heritage Walk (ma.-za. 8.30 uur, A-$ 35). Vertrekpunt is Tourism Top End in de Smith Street Mall.

Havenrondvaart – **Spirit of Darwin** 1 : Stokes Hill Wharf, tel. 0417-38 19 77, www.spi-

NAAR DE ABORIGINALS VAN BATHURST ISLAND EN MELVILLE ISLAND

Zo'n 80 km ten noorden van Darwin liggen **Bathurst Island** en **Melville Island**, van elkaar gescheiden door de 1,5 km brede Apsley Strait. Op de eilanden leven ongeveer 2500 Tiwi (wat in de regionale Aboriginaltaal 'mensen' betekent), wier voorouders tot laat in de 18e eeuw nauwelijks contact hadden met stammen van het Australische vasteland. In hun geografische isolement, dat sporadisch werd onderbroken door bezoekers van afgelegen eilanden in de zuidelijke Grote Oceaan, ontwikkelden de Tiwi een autonome eilandcultuur. Deze komt vooral tot uiting in de vervaardiging van kunstvoorwerpen, bijvoorbeeld houtsnijwerk, pottenbakkersproducten en beschilderde stoffen. De Tiwi werden bekend als makers van de unieke, met kunstige ornamenten versierde Pukamanitotempalen, die wel 6 m hoog kunnen zijn. Een bezoek aan beide eilanden, die als *Aboriginal Land* door de oorspronkelijke bewoners zelf beheerd worden, is alleen mogelijk in georganiseerd verband. De meest gerenommeerde organisator is Tiwi Tours, een bureau in handen van de Aboriginals. Leden van de Tiwistam maken je vertrouwd met de traditionele levenswijze en cultuur van de eilandbewoners. Ook met de natuur verbonden activiteiten staan op het programma. Zo varen de Tiwi hun bezoekers, met veel oog voor schuilplaatsen van krokodillen en andere dieren, over rivieren en zeearmen. Ze trakteren hun gasten op stevige Australische kost maar laten wie durft ook graag lokale delicatessen als levende mangrovewormen of *witchetty grubs*, de eiwithoudende vingerdikke larven van een nachtvlinder, proeven. Je kunt overnachten in het direct aan zee gelegen Putjamirra Camp, dat over zeer goede voorzieningen beschikt (Tiwi Tours: 52 Mitchell St., Darwin, tel. 08-89 23 65 23, of via Tourism Top End, zie blz. 404, een- en tweedaagse excursies A-$ 545 respectievelijk A-$ 765 inclusief vlucht).

ritofdarwin.com.au, dag. 17.30 uur. Boottochten in de haven bij zonsondergang (A-$ 65), met diner (A-$ 95).
Excursies – **Adventure Tours Australia:** tel. 1300-65 46 04, www.adventuretours.com.au. Kampeertochten met een terreinwagen naar Kakadu National Park (twee dagen vanaf A-$ 520, drie dagen vanaf A-$ 680).
Bushwandelingen – **Willis's Walkabouts:** tel. 08-89 85 21 34, www.bushwalkingholidays.com.au. Bushwandelingen in Kakadu National Park en andere natuurreservaten (vanaf A-$ 140 per dag).

Evenementen

Beer Can Regatta (half juli): race met van bierblikjes gemaakte boten, www.beercanregatta.org.au.
Festival of Darwin (aug.): groot kunst- en cultuurfestival, www.darwinfestival.org.au.
World Solar Challenge (begin okt. in oneven jaren): race van 3000 km van Darwin naar Adelaide met auto's op zonne-energie, www.worldsolarchallenge.org.

Vervoer

Vliegtuig: tussen de 8 km ten noorden van Darwin gelegen luchthaven en het centrum pendelt de Darwin Airport Shuttle Service, tel. 08-89 47 39 79, www.darwincityairportshuttleservice.com.au (A-$ 18). Een taxi kost A-$ 35-40.
Trein: twee keer per week met de Ghan naar Adelaide en Alice Springs. Reservering: tel. 1800-70 33 57, www.greatsouthernrail.com.au.
Bus: dagelijks met Greyhound Australia, tel. 08-89 41 09 11, 1300-47 39 46, naar Adelaide, Alice Springs, Mount Isa, Townsville en Broome. Busterminal bij 67-69 Mitchell St.
Huurauto: voertuigen van ieder type verhuren Apollo, tel. 1800-77 77 79, Britz, tel. 1800-33 14 54, Budget, tel. 08-89 81 98 00 en Hertz, tel. 1800-89 11 12.

Jezelf verplaatsen in de stad

Bus: het busstation voor de stadsbussen ligt aan Harry Chan Avenue, tel. 08-89 24 76 66. De Darwin Explorer Bus, tel. 0416-14 09 03, www.theaustralianexplorer.com.au, rijdt een rondje over een 25 km lang traject; met een dagkaart kun je bij de elf haltes de rit zo vaak je wilt onderbreken, de tickets zijn verkrijgbaar bij de chauffeur (dag. 9-17 uur, iedere 30-60 min., vertrek bij Tourism Top End, A-$ 40). Voor de reguliere bussen is de Darwinbus Tourcard een aanrader, een dagkaart voor A-$ 7,50.
Taxi: Darwin Cabs, tel. 08-89 47 33 33.

De directe omgeving van Darwin ▶ 3, E/F 2

Kaart: zie blz. 409
Vanuit Darwin zijn veel interessante bestemmingen met een dagexcursie bereikbaar.

Crocodylus Park en Howard Springs Nature Park

Een voorproefje op het 'Crocodile Country' van het Kakadu National Park, dat vanuit Darwin gemakkelijk te bereiken is, krijg je in het in krokodillen gespecialiseerde **Crocodylus Park** 1 in **Berrimah** in de oostelijke periferie van Darwin (815 McMillans Rd., Berrimah, tel. 08-89 22 45 00, www.crocodyluspark.com.au, dag. 9-17, rondleiding 10, 12, 14, 15.30 uur, A-$ 40, bus 5 of 9 vanaf de City).

Ongeveer 30 km ten zuidoosten van Darwin ligt het weelderige tropische regenwoud van het **Howard Springs Nature Park** 2, waar je een verfrissende duik kunt nemen (dag. 8-20 uur, toegang gratis).

Berry Springs Nature Park en Territory Wildlife Park

Circa 40 km ten zuiden van Darwin buigt van de Stuart Highway de Cox Peninsula Road af naar het **Berry Springs Nature Park** 3, waar het prima zwemmen is in de Berry Creek (dag. 8-18.30 uur, toegang gratis). Vlakbij ligt het **Territory Wildlife Park** 4 waar bijna alle soorten van de dierenwereld van het Northern Territory zijn vertegenwoordigd. Bezienswaardig is vooral ook het Nocturnal House, waar je nachtdieren in hun 'natuurlijke' leefomgeving kunt observeren (Cox Peninsula Rd., tel. 08-89 88 72 00, www.territorywildlifepark.com.au, dag. 9-17 uur, A-$ 32).

Top End

Litchfield National Park [5]

Wat verder, maar nog binnen een dag bereikbaar, ligt **Litchfield National Park**. De belangrijkste toegangspoort tot dit in 1986 ingestelde nationaal park, waarvan vier grote en talrijke kleinere watervallen de voornaamste attracties vormen, is de plaats **Batchelor** (zie blz. 399), 14 km ten westen van de Stuart Highway. Vandaar leidt de geasfalteerde Litchfield Park Road naar de meeste bezienswaardigheden aan de zuidwestrand van het steile zandsteenplateau van de Tabletop Range.

Ongeveer 30 km voorbij de parkgrens rijzen als grafstenen op een kerkhof metershoge, zeer smalle termietenheuvels op, die allemaal precies in noord-zuidrichting staan. Deze bouwwijze voorkomt oververhitting van het binnenste van het nest, aangezien de zonnestralen op het heetst van de dag alleen de kruin bereiken. De bouwsels van de zogenaamde kompastermieten zijn alleen in de omgeving van Darwin te vinden en incidenteel in Arnhem Land en op het schiereiland Cape York.

Iets verder buigt een 5 km lange doodlopende weg af naar de **Florence Falls**. Ongeveer halverwege kun je in de **Buley Rockhole**, een diep bassin tussen de rotsen met helder water, genieten van een bad in het regenwoud. Ook aan de voet van de Florence Falls kun je in een waterbekken zwemmen, maar pas na eerst een kleine wandeling te hebben gemaakt (heen en terug 1,8 km/1 uur). Anders dan in de krokodillenrijke wateren van het Kakadu National Park 'verdwalen' *salties* vrijwel nooit in de altijd door rangers bewaakte natuurbassins van Litchfield National Park, waarin je veilig kunt zwemmen.

De verweerde koepels en zandsteenzuilen van **Lost City** zijn voor veel parkbezoekers onbereikbaar. Er leidt alleen een moeilijk begaanbare weg naartoe, waarvoor de meeste autoverhuurders geen vergunning verlenen. Terwijl de noordelijke toegangsweg vanaf Litchfield Park Road in droge perioden met veel rijvaardigheid nog wel begaanbaar is, wordt de reis via de weg die uit het zuidoosten over de ruïnes van de oude Blyth Homestead loopt beslist een avontuurlijke onderneming.

De Litchfield Park Road loopt slingerend van het plateau naar beneden het laagland in. Het volgende station zijn de in een rotskloof vallende **Tolmer Falls**, waarop je vanaf een uitkijkplateau goed zicht hebt. Even verderop kabbelt de Green Ant Creek door een kleine oase met picknickplaatsen in een moessonwoud. De **Wangi Falls** vormen het grootste 'zwembad' in het nationaal park en staan daarom bovenaan op het rondreisprogramma van de touroperators. Bij de watervallen ligt ook een mooie, maar vaak zeer drukke camping. Meer naar het noorden wordt het weer rustiger, vooral omdat de asfaltweg na de afsplitsing naar de Wangi Falls overgaat in een steenslagweg. Biologen en botanici met een zwak voor tropische regenwouden kunnen op verkenningstocht gaan in het **Pethericks Rainforest**. Met een beetje geluk zijn daar blauwvleugelkookaburra's te spotten. Wie langer wil blijven, kan hier terecht op een mooie bushcamping.

Ongeveer 40 km ten noorden van de grens van het nationale park komt de weg uit op Cox Peninsula Road, via welke je – langs Territory Wildlife Park en Berry Springs Nature Park – weer terugkomt bij de Stuart Highway.

Informatie
Internet: www.litchfieldnationalpark.com.

Overnachten, eten
Camping en cabins – in het nationaal park zijn eenvoudige **campgrounds** met toiletten bij de Buley Rockhole en de Florence en Wangi Falls. **Litchfield Tourist Park:** Litchfield Park Rd., hoek Windmill Rd., 13 km ten westen van Batchelor, tel. 08-89 76 0070, www.litchfieldtourist park.com.au. Staanplaatsen, comfortabele cabins (A-$ 145-195), bar, café en zwembad.

Arnhem Highway
▶ 3, F 1/2

Kaart: zie rechts
Een tocht vanuit Darwin waarvoor je minstens drie dagen moet uittrekken voert over de **Arnhem Highway** naar het Kakadu National Park (zie blz. 410) in **Arnhem Land**. De regio, die

Arnhem Highway

De omgeving van Darwin

genoemd is naar het Nederlandse zeilschip Arnhem, dat in 1623 bij deze kust belandde, geldt als oeroud stamland van de Aboriginals. Vermoedelijk was het 45.000 tot 50.000 jaar geleden zelfs de belangrijkste toegangspoort voor de kolonialisering van het vijfde continent. Het gebied is rijk aan archeologische vindplaatsen en uitstekend behouden historische rotsschilderingen. Tegenwoordig is Arnhemland, waar tal van meanderende rivieren doorheen stromen, een van de laatste gebieden waar de oorspronkelijke bewoners zich kunnen terugtrekken en waar ze nog zo veel mogelijk hun traditionele leven kunnen leiden.

Fogg Dam Conservation Reserve 6

Circa 60 km ten oosten van Darwin ligt het **Fogg Dam Conservation Reserve**. De Fogg Dam werd in de jaren 50 in het kader van een stuwdamproject voor irrigatie van rijstvelden langs de Adelaide River gebouwd. Na het mislukken van dit plan ontwikkelde zich er een waardevolle vochtige biotoop en een beschermd gebied voor vogels. Vooral in het droge seizoen vormt de Fogg Dam Reserve een belangrijk refugium voor duizenden watervogels, die vooral vroeg in de morgen goed kunnen worden geobserveerd.

Window on the Wetlands Visitor Centre 7

Een paar kilometer verder staat op Beatrice Hill het informatieve **Window on the Wetlands Visitor Centre**, dat een goed theoretisch overzicht van het natte gebied geeft (tel. 08-89 88 81 88, dag. 8-17.30 uur, toegang gratis). 'Springende krokodillen' vor-

Top End

men het hoogtepunt van een tocht met de excursieboot Adelaide River Queen over de nabijgelegen Adelaide River. De gidsen op de boot lokken 800 tot 900 kg zware en 5 tot 6 m lange *salties* met brokken vlees aan hengelstokken. Als olympische atleten springen de krokodillen omhoog uit het water, om het vlees met één grote hap te verzwelgen (tel. 08-89 88 81 44, 1800-88 85 42, www.jumpingcrocodilecruises.com.au, mrt.-okt. dag. 9, 10, 11, 13, 14, 15, nov-feb. dag. behalve zo. 9, 11, 13, 15 uur, A-$ 40).

Leaning Tree Lagoon Nature Park 8

Nog een vogelparadijs, waar eenden, ganzen, reigers, ibissen en vele andere vogels bijeenkomen, is het **Leaning Tree Lagoon Nature Park** aan de Marrakai Creek. Als je verder rijdt, zie je langs de Arnhem Highway steeds weer metershoge, opvallende termietenheuvels, die als grafstenen op een stil kerkhof uit de grassavanne omhoog steken.

Overnachten

In de natuur – **Mary River Wilderness Retreat:** circa 5 km ten oosten van de brug over de Mary River, tel. 08-89 78 88 77, www.maryriverretreat.com.au. Comfortabele bungalows met airco en badkamer aan het zwembad of in bushland; ook staanplaatsen voor campers en tenten; restaurant, bar, georganiseerde excursies. Bungalow A-$ 145-270.

 Kakadu National Park ▶ 3, F 1/2

Kaart: zie blz. 409
www.parksaustralia.gov.au/kakadu, A-$ 25, de entree kan worden betaald bij de kassahokjes langs de toegangswegen, in het Bowali Visitor Information Centre (zie blz. 411) of bij Tourism Top End in Darwin (zie blz. 404)

Rond 150 km ten oosten van Darwin passeer je de grens van het **Kakadu National Park**, dat ongeveer een vijfde deel van Arnhem Land beslaat en sinds 1987 op de Werelderfgoedlijst van de UNESCO staat. Een twintigtal Aboriginalvolken gaf het terrein aan de staat in bruikleen en stond daarmee aan de wieg van het grootste nationaal park van Australië. De naam van het park, dat elk jaar door ongeveer 350.000 natuurliefhebbers wordt bezocht, heeft niets te maken met kaketoes, maar komt van Gagudju, de naam van een van de hier woonachtige Aboriginalvolken.

Het nationaal park, dat door vier machtige stromen en hun zijrivieren wordt doorsneden, is fascinerend door het contrastrijke landschapsbeeld met mangrovebossen, overstromingsvlakten, op savannes lijkende laaglandgebieden, heuvelland met dun begroeide eucalyptusbossen en de 500 km lange, steile klifwand van het plateau. De flora en fauna van het nationaal park zijn al even afwisselend. Vooral de overstromingsgebieden zijn een eldorado voor vogelaars. Tijdens het droge seizoen verzamelen zich hier tienduizenden watervogels langs de met water volgelopen rivierbeddingen en ondiepe lagunes. Het brede spectrum van planten loopt van de zoutwaterbestendige mangroven van het getijdengebied via de moerasbossen van de overstromingsgebieden met de karakteristieke *paperbark trees* en schroefpalmen tot de verschillende eucalyptussoorten. Tijdens het regenseizoen stijgt het waterpeil van de rivieren door geweldige stortregens tot dramatische hoogte. Dan verandert rond een kwart van het nationaal park in een uitgestrekt merenlandschap, dat bedekt is met prachtig gekleurde tapijten gevormd door waterlelies en lotusbloemen.

Op ongeveer vijfduizend plaatsen in het Kakadu National Park hebben de voorouders van de tegenwoordig nog hier levende Gagudju-Aboriginals rotskunstwerken gecreëerd, waarvan de vroegste minstens twintigduizend jaar oud zijn. Helaas zullen vele van deze prehistorische beeldgalerijen in de loop der tijd wel verdwijnen, aangezien er steeds minder Aboriginals zijn die over de vaardigheden beschikken om ze volgens de oude tradities te herstellen (zie blz. 65).

Kakadu National Park

Zo is het goed: in Kakadu National Park moet je geen voeten of andere lichaamsdelen in het water laten bungelen – zoutwaterkrokodillen hebben (bijna) altijd trek

Mamukala Wetlands 9

Circa 50 km ten oosten van de parkgrens ligt aan de South Alligator River het vakantiedorp **Aurora Kakadu Resort**. Ten oosten van deze rivier, die zijn naam dankt aan een biologische vergissing van een vroege ontdekker, die de hier inheemse krokodillen voor alligators aanzag, strekken zich de **Mamukala Wetlands** uit. In het droge seizoen leven in deze vochtige biotoop tot wel 25.000 eksterganzen. Op een rondwandeling kun je de vogels uitstekend observeren (3 km/2 uur).

Jabiru en Bowali Visitor Information Centre

Jabiru 10 is een plaats van vijftienhonderd inwoners, op de tekentafel ontstaan en bestemd voor de medewerkers van de nabijgelegen Ranger Uranium Mine, waar men ondanks protesten van natuur- en milieubeschermers jaarlijks drieduizend ton uraniumoxide wint.

Ten zuidwesten van de plaats kun je in het **Bowali Visitor Information Centre** 11 alles te weten komen over fauna en flora van het park en over de geschiedenis en cultuur van de Aboriginals van deze streek. Rangers geven bovendien tips over wandelingen, begeleide tours en andere activiteiten in het nationaal park (tel. 08-89 38 11 20, dag. 8-17 uur, toegang gratis).

Ubirr Rock 12

Uitstapjes naar de bekendste 'schilderijenmusea' van het park, Ubirr Rock en Nourlangie Rock met prachtige voorbeelden van rotsschilderingen, deels in röntgenstijl, deels in

De speelkameraadjes van Crocodile Dundee

De archaïsche krokodillen, waarop tot nog niet zo heel lang geleden rond de evenaar hevig jacht werd gemaakt, worden tegenwoordig wereldwijd tot de bedreigde diersoorten gerekend. Sinds ze beschermd zijn, hebben ze zich in Australië echter sterk vermenigvuldigd, zodat het in veel rivieren van het Top End nu wemelt van de krokodillen.

Krokodillen worden altijd gezien als gulzig, vraatzuchtig en gevaarlijk, als wrattige vreetmachines die op hun zoektocht naar voedsel zo ongeveer alles doden wat op hun pad komt. Geen wonder dat op menige plaats het motto wordt gehanteerd: de enige goede krokodil is een dode krokodil. In Australië, vooral langs de noordkust van het Northern Territory en in het noorden van Queensland, werden ze bijna volledig uitgeroeid, tot er nog maar een paar over waren. Nadat de krokodil in 1971 in Australië tot beschermde diersoort werd verklaard, steeg hun aantal weer tot naar schatting honderdduizend dieren.

Van de 26 krokodillensoorten die er op aarde zijn, leven er twee op het vijfde continent: de zoetwater- of Johnstonekrokodil en de zoutwater- of zeekrokodil. Ze verschillen voornamelijk in uiterlijk, grootte en verspreidingsgebied. De in het tropische noorden van Australië inheemse, tot 3 m lange zoetwaterkrokodil leeft hoofdzakelijk in binnenwateren. Hij heeft een smalle, langgerekte bek en eet vooral kleine vissen en watervogels. Met uitzondering van de broedtijd geldt de zoetwaterkrokodil *(freshie)* als schuw en ongevaarlijk.

De tot meer dan 6 m lange zoutwaterkrokodil *(saltie)* is daarentegen een bijzonder gevaarlijk roofdier. Hij leeft weliswaar bij voorkeur in het brakke water van riviermondingen, maar dringt ook door tot zoetwatergebieden en is af en toe ook in open zee aan te treffen. Zijn bek is een stuk breder en stomper dan die van de zoetwaterkrokodil. *Salties* happen naar alles wat voor hun enorme bek loopt of zwemt, zelfs naar uit de kluiten gewassen waterbuffels. Overdag liggen ze vaak met wijd opengesperde muil op zand- of modderbanken. Omdat ze geen zweetklieren hebben, laten ze zo vocht uit hun slijmvliezen verdampen. Een wijfje legt jaarlijks vijftig tot zestig eieren, waar na drie tot vijf maanden de jongen uit kruipen. Een krokodillennest is een 1 m hoge heuvel van zand en planten, die het wijfje meestal hoog op een talud, beschermd door struikgewas, bij elkaar scharrelt.

Hoewel het natuurtoerisme in de Australische krokodillengebieden toeneemt, gebeuren er relatief weinig ongelukken – en áls er al ongelukken gebeuren, is het meestal door eigen schuld. Het risico van een aanval door een krokodil kan tot een minimum worden beperkt als je bepaalde gedragsregels in acht neemt. Ga in krokodillengebieden nooit in natuurlijk water zwemmen of peddelen. Begeef je nooit, noch in het water noch op het land, in de buurt van krokodillen of hun nesten. Maak geen vissen schoon in de buurt van krokodillenwater en laat geen etensresten achter op de oever of in het water. Zet een tent in de bush altijd op veilige afstand van krokodillenwater op. Houd tijdens boottochtjes armen en benen altijd binnenboord.

Kakadu National Park

mimistijl (zie blz. 65), mag je niet aan je voorbij laten gaan. Vanaf de parkeerplaats onder aan **Ubirr Rock**, 40 km ten noorden van het bezoekerscentrum, loopt een rondwandeling door de stenen 'kunstgalerie' (1 km/1 uur). Van een uitkijkpunt slechts een paar honderd meter verder heb je een mooi uitzicht op de overstromingsvlakten. In de buurt van de **Border Store** dicht bij Ubirr Rock, met winkel, benzinestation, camping en jeugdherberg, loopt langs de oever van de East Alligator River de **Manngarre Monsoon Forest Nature Trail** (1,5 km/1 uur). Het land aan de andere kant van de rivier is van de Aboriginals. Wie van de East Alligator River verder naar het oosten wil gaan, heeft een speciale vergunning en een goed uitgeruste terreinwagen nodig.

Nourlangie Rock 13

De belangrijkste publiekstrekker in het centrum van het Kakadu National Park is de **Nourlangie Rock**, 30 km ten zuiden van het Bowali Visitor Centre. Op dit rotsmassief, dat in de avondzon rood gloeit, zijn honderden afbeeldingen van krokodillen en vissen, schildpadden en kikkers, kangoeroes en slangen te zien – voorstellingen van de totemdieren van de scheppende vergoddelijkte voorouders. Ook zijn er afbeeldingen van mensen te zien – zittend, staand, jagend of vrijend. Dit zijn meest vruchtbaarheidstaferelen. Andere antropomorfe voorstellingen tonen de 'bliksemman' Namarrgon, die verantwoordelijk is voor de vele zware onweersbuien. Tijdens een met borden aangegeven rondwandeling kom je meer te weten over de fantastische rotsschilderingen (1,5 km/1 uur).

Van de **Gunwarrde Wardeh Lookout** boven de rotsbeelden heb je uitzicht op de steile helling van het Arnhemlandplateau. Het mooiste panorama op de Nourlangie Rock is misschien dat vanaf de **Nawurlandja Lookout** 2 km naar het noordwesten (heen en terug 1,2 km/40 min.). Slechts weinig toeristen brengen een bezoek aan de **Nanguluwur Gallery** aan de noordkant van de Nourlangie Rock, waar vanaf de parkeerplaats een wandeling naartoe voert (heen en terug 4 km/1,5 uur).

Cooinda 14

Ook de verdere tocht in zuidelijke richting naar het vakantiecentrum Cooinda kan af en toe voor een wandeling worden onderbroken. Op een boottocht over de ondiepe lagune **Yellow Water** dicht bij het toeristendorp **Cooinda** kunnen naast veel watervogels ook zeekrokodillen worden gadegeslagen. Deze tocht is vooral 's ochtends vroeg of aan het eind van de middag indrukwekkend, wanneer je de zonsopkomst of zonsondergang in betoverende kleuren kunt meemaken (zie blz. 414). Goede mogelijkheden om naar vogels te kijken biedt ook de **Yellow Water Walk**, die bij de aanlegsteiger voor de boot begint en enkele honderden meters over een vlonder langs de rand van de lagune loopt.

Voor je Cooinda verlaat, moet je nog een blik in het **Warradjan Aboriginal Cultural Centre** werpen, dat een goede inkijk geeft in leven en cultuur van de oorspronkelijke bewoners van deze streek (tel. 08-89 79 00 51, dag. 9-17 uur, toegang gratis).

Jim Jim Falls en Twin Falls

Ongeveer 6 km ten noordoosten van Cooinda buigt een 60 km lange, vooral over de laatste 10 km zeer ruige bushweg naar de **Jim Jim Falls** 15 af. Voor deze weg heb je een terreinwagen nodig en hij is alleen begaanbaar in het droge seizoen. De watervallen storten aan de rand van het Arnhemlandplateau spectaculair over een circa 200 m hoge, loodrecht naar beneden lopende klifwand. Om vanaf de parkeerplaats bij de watervallen te komen, moet je een vrij vermoeiende tocht over de rotsblokken maken.

Zeer de moeite waard, maar bij een ongunstige weersgesteldheid niet onproblematisch, is de verdere tocht naar de 10 km zuidelijker gelegen **Twin Falls** 16, die je vanaf de parkeerplaats slechts (met een luchtbed) zwemmend bereikt.

Gunlom Falls 17

Van Cooinda slingert de geasfalteerde Kakadu Highway naar Pine Creek (zie blz. 399), 140 km naar het zuiden aan de Stuart Highway. Enkele kilometers ten noordoosten van

Top End

het Southern Entrance Station van het Kakadu National Park, bij de kleine nederzetting **Mary River**, takt een zijweg af van de Kakadu Highway, een bijna 40 km lange bushweg, waarvoor een auto met een goede bodemvrijheid, maar niet per se een terreinwagen nodig is, naar de **Gunlom Falls**. Aan de voet van deze circa 100 m hoge waterval kun je in een heerlijk bassin tussen de rotsen zwemmen. Een korte, maar vermoeiende wandeling voert naar boven naar de rand waarover de waterval zich naar beneden stort. Ook daar kun je een frisse duik nemen in een klein natuurlijk waterbekken. De camping met goede voorzieningen aan de voet van de waterval is een ideale verblijfplaats voor een bezoek.

Informatie

Bowali Visitor Centre: tel. 08-8938 11 20, www.parksaustralia.gov.au/kakadu, dag. 8-17 uur.

Overnachten

De prijzen voor accommodatie zijn onderhevig aan seizoensschommelingen. Vermeld zijn de tarieven in het hoogseizoen. In het laagseizoen liggen ze ongeveer 25-30% lager. Voor accommodatie in het hoogseizoen dien je tijdig te reserveren.

Beste hotel in het park – **Mercure Kakadu Crocodile Hotel:** 1 Flinders St., Jabiru, tel. 08-89 79 90 00, 1300-65 65 65, www.accorhotels.com. Origineel gebouw in de vorm van een krokodil; met restaurant en zwembad op de groene binnenplaats. 2 pk vanaf A-$ 235.

Comfortabel – **Aurora Kakadu Lodge:** Arnhem Hwy, tel. 08-89 79 01 66, 1800-81 88 45, www.auroraresorts.com.au. Uitgestrekt, fraai gelegen resort aan de rand van het park nabij de South Alligator River met goed toegerust caravan park. 2 pk vanaf A-$ 195.

Ideaal voor het verkennen van Kakadu – **Cooinda Lodge Kakadu:** Kakadu Hwy, Cooinda, tel. 08-89 79 15 00, 1800-50 04 01, www.kakadutourism.com Uitgestrekt complex met restaurant en zwembad nabij de Yellow Water Lagoon; tevens goed toegerust caravan park met cabins. 2 pk vanaf A-$ 165.

Motelunits en camping – **Kakadu Lodge & Caravan Park:** Jabiru Dr., Jabiru, tel. 08-89 79 24 22, 1800-81 11 54, www.auroraresorts.com.au. Vakantiedorp met comfortabele, motelachtige accommodatie met restaurant en zwembad; ook hier uitstekend toegerust caravan park. 2 pk vanaf A-$ 160.

Goede prijs-kwaliteitverhouding – **Anbinik Kakadu Resort:** 27 Lakeside Dr., Jabiru, tel. 08-89 79 31 44, www.kakadu.net.au. Motelkamers en bungalows in bushland met ventilator of airco. Ook staanplaatsen voor campers en tenten. 2 pk vanaf A-$ 115, bungalow vanaf A-$ 135.

Camping – er zijn in het nationaal park ongeveer twintig eenvoudige kampeerterreinen, die meestal beschikken over toiletten en soms ook over douches.

Actief

Boottochten – **Guluyambi Aboriginal Cultural Cruise:** Djabulukgu Association, tel. 1800-52 52 38, www.kakaduculturaltours.com.au. Boottocht (twee uur) met krokodilobservatie op de East Alligator River, waarbij je ook vertrouwd wordt gemaakt met de traditionele leefwijze van de oerbewoners (mei-nov. dag. 9, 11, 13, 15 uur, A-$ 76). **Yellow Water Cruises:** tel. 08-89 79 01 45, 1800-50 04 01, www.kakadutourism.com. Boottocht op de Lagune Yellow Waters bij Cooinda (apr.-okt. dag. 6.45, 9, 11.30, 13.15, 14.45, 16.30, nov.-mrt. dag. 6.45, 11.30, 13.15, 16.30 uur, vanaf A-$ 78).

Terreinwagentochten – **Arnhemlander 4WD Cultural Tour:** Djabulukgu Association, tel. 1800-52 52 38, www.kakaducultural tours.com.au. Dagtocht met een terreinwagen door het noordelijke deel van National Park tot in het slechts beperkt toegankelijke Arnhem Land (mei-nov. dag. 7.45 uur, A-$ 269). **Kakadu Adventure Tours:** tel. 1800-50 04 01, www.kakadutourism.com. Met een terreinwagen naar Jim Jim Falls en Twin Falls (apr.-okt. dag. 7.30 uur, A-$ 245).

Bush tucker verzamelen en bereiden – **Animal Tracks Safari:** tel. 0429-67 61 94, www.animaltracks.com.au. Tijdens een zwerftocht door de bush met Aboriginal Patsy verzamel je vruchten, wortels en knollen. Na afloop wordt alles op traditionele wijze klaargemaakt en gezamenlijk opgegeten – authentiek *bush tucker* (mei-sept. dag. 13-20.30 uur, A-$ 220).

Rondvluchten – **Kakadu Air Services:** Jabiru Airport, tel. 1800-08 91 13, www.kakaduair.com.au. Rondvluchten met propellervliegtuigen of helikopters staan garant voor spectaculaire uitzichten (vanaf A-$ 150 resp. A-$ 230).

Van Top End naar de oostkust ▶ 3, E 1-K 3

Wie van Top End naar de oostkust (zie blz. 401) wil, heeft een lange weg te gaan. Het is ongeveer 950 km tot **Three Ways**, waar de Barkly Highway van de Stuart Highway afbuigt; dan nog ongeveer 650 km tot Mount Isa, de eerste grotere stad op de route, en ten slotte nog eens 1000 km tot Townsville aan de Grote Oceaan. Ruim 2600 grotendeels monotone kilometers, die *a lot of nothing*, weinig landschappelijke hoogtepunten bieden. In Mount Isa zijn de mijnbouwmusea echter wel een bezoek waard.

Mount Isa

Aan de rand van het Barkly Tableland ligt **Mount Isa**, in de buurt waarvan in 1923 een goudzoeker op een rijke lood- en zilverader stuitte. In 1931 is men met veel kapitaal begonnen de ertsvindplaatsen te ontsluiten. Tegenwoordig behoort Mount Isa tot de weinige plaatsen in de wereld waar vier belangrijke metalen (lood, koper, zilver en zink) in een enkele mijn worden gedolven. De Mount Isa Mines zijn wereldwijd de grootste mijnen op het gebied van lood en zilver en de op een na grootste op het gebied van zink; voor het koper staan ze op de achtste plaats. De stad, die ten behoeve van huisvesting voor de mijnwerkers en hun gezinnen is gesticht, is met circa 40.000 km² het grootste stedelijke bestuursgebied van de wereld. De 25.000 inwoners zijn uit meer dan vijftig verschillende landen afkomstig.

De belangrijkste bezienswaardigheden van Mount Isa liggen geconcentreerd in het museumpark **Outback at Isa**. Naast het bureau voor toerisme is daar een gedeeltelijk als mijngang nagemaakt museum te vinden, waar men informatie krijgt over geologische verbanden en over de winning en de verdere verwerking van de ertsen. Een andere afdeling maakt bezoekers bekend met de leef- en arbeidsomstandigheden in de outback.

Onder hetzelfde dak bevindt zich het **Riversleigh Fossils Museum**, dat met 30 miljoen jaar oude fossielen van dieren uit de oertijd een collectie van wereldbetekenis presenteert (19 Marian St., tel. 07-47 49 15 55, www.mietv.com.au, dag. 8.30-17 uur, A-$ 15).

Informatief is een rondleiding door de **Mount Isa Mines**, waarbij je open groeven, metaalsmelterijen en een deel van de ondergrondse mijnen kunt zien (Mount Isa Mines Tour: boeking en precieze tijden bij het toeristenbureau).

Vanaf de **City Lookout** aan de noordoostrand van het centrum heb je een weids uitzicht over de mijnstad.

Informatie

Mount Isa Tourist Information Centre: c/o Outback at Isa, 19 Marian St., tel. 07-47 49 15 55, www.mietv.com.au, dag. 8.30-17 uur.

Overnachten

Doordeweeks zitten de motels meestal vol met mijnwerkers, daarom moet je beslist tijdig reserveren!

Origineel – **Quality Inn Burke & Wills:** 36 Miles St., tel. 07-47 43 80 00, www.burkeandwillsmtisa.com.au. Comfortabel motel in de stijl van een oude goudzoekersnederzetting; met restaurant en zwembad in het centrum. 2 pk A-$ 160-180.

Aangenaam – **Inland Oasis:** 195 Barkly Hwy, tel. 07-47 43 34 33, www.inlandoasismotel.com.au. Kamers deels met kitchenette, goed restaurant en zwembad; circa 3 km ten westen van het centrum. 2 pk A-$ 115-135.

Camping en cabins – **Discovery Holiday Park Mount Isa:** 185 Little West St., tel. 07-47 43 46 76, www.discoveryholidayparks.com.au. Uitstekend toegerust, met zwembad.

Evenement

Mount Isa Rodeo (aug.): een van Australiës grootste en drukstbezochte rodeo's, www.isarodeo.com.au.

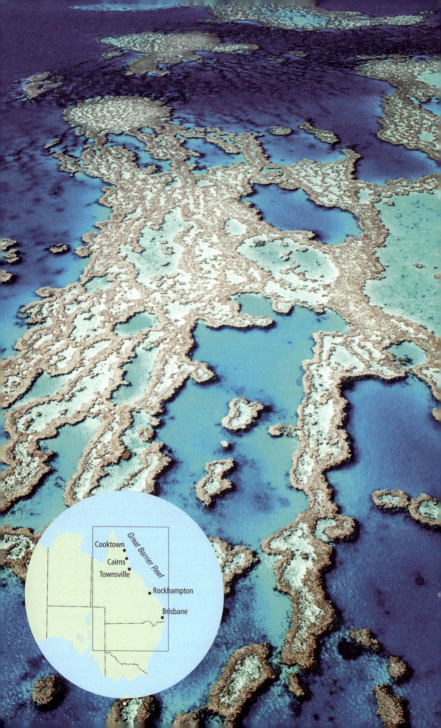

Hoofdstuk 4

Het oosten

Een groot deel van de oostkust hoort bij Queensland, qua oppervlakte de op een na grootste deelstaat. In deze reusachtige staat wonen ongeveer 4,7 miljoen mensen, waarvan 90% op de smalle kuststrook ten oosten van de Great Dividing Range. Omdat de zon hier over een heel jaar genomen gemiddeld acht uur per dag schijnt, mag Queensland zich met recht de 'Sunshine State' noemen.

Het landschap van Queensland kent vele gezichten. In het noorden gaan regenrijke oerwouden over in een palmenkust met witte en goudgele stranden. De ene keer zijn die genesteld in kleine baaien, de andere keer zetten ze zich breed schrap tegen de machtige golven van de Grote Oceaan. Voor de kust ligt het Great Barrier Reef, het grootste koraalrif ter wereld, met sprookjesachtige duikgebieden en een caleidoscoop aan eilanden – hier wordt de droom van het tropische paradijs werkelijkheid. Aan de andere kant van de Great Dividing Range strekt zich een heuvelachtige hoogvlakte uit, waarachter de eindeloos weidse vlakten van de outback volgen.

Queenslands hoofdstad Brisbane is weliswaar niet gezegend met veel bezienswaardigheden, het gooit hoge ogen met zijn aangename klimaat, dat volgens de inwoners het beste ter wereld is. Aan de voeten van de stad liggen de Sunshine Coast en de Gold Coast, de grootste 'vakantiefabrieken' van het land.

Voor vakantiegangers is het moeilijk kiezen in Queensland: zal ik me neervlijen op het zachte zand van een strand, of een boottocht maken naar een van de Pacifische droomeilanden voor de kust? Zal ik eens door het tropengroen van de regenwouden dwalen, of neerdalen in de bonte wereld van de koraaltuinen van het Great Barrier Reef? Zal ik eens door steden en badplaatsen flaneren of eenzame farms in de spinifexsavannes van de outback gaan bekijken?

Vanuit vogelperspectief lijken de eilanden van het Great
Barrier Reef wel op het kleurenspel van een opaal

In een oogopslag: het oosten

Hoogtepunten

 Cape Tribulation: ongerept regenwoud en prachtige baaien in het noorden van Queensland (zie blz. 438).

 Great Barrier Reef: voor de kust van Queensland ligt het Great Barrier Reef, het grootste koraalrif ter wereld (zie blz. 445).

Eungella National Park: in de gekloofde, vaak in wolken gehulde bergketen kun je met wat geluk en geduld zeldzame vogelbekdieren observeren (zie blz. 458).

Carnarvon National Park: een 'beloopbaar' deel van Australië met weelderig begroeide kloven (zie blz. 461).

 Fraser Island: het grootste schiereiland ter wereld ligt voor de kust van zuidelijk Queensland (zie blz. 467).

Fraaie routes

Captain Cook Highway: ten noorden van Cairns verandert de Captain Cook Highway in een panoramaweg die de golvende lijn van het kustlandschap volgt en prachtige vergezichten biedt – op groen overwoekerde berghellingen en gouden stranden (zie blz. 435).

Bloomfield Track: bij Cape Tribulation begint de in de richting van Cooktown voerende onverharde weg, waarvoor je een terreinwagen nodig hebt. Langs de kust rij je door het regenwoud, met keer op keer uitzichten op de Grote Oceaan (zie blz. 441).

Waterfall Way: deze weg, die van Armidale door het New England Tableland naar de kust kronkelt, leidt je langs enkele van de mooiste watervallen van het land (zie blz. 504).

Tips

Regenwoudlodges: luxueus logeren, gecombineerd met activiteiten in de natuur in het Daintree National Park, circa 150 km ten noorden van Cairns (zie blz. 439).

Snel leren duiken: wie het Great Barrier Reef bezoekt en niet kopje onder gaat, laat een van de grootste natuurwonderen ter wereld aan zijn neus voorbijgaan – dat wordt dus duiken, en dat is in Australië relatief makkelijk en goedkoop te leren (zie blz. 449).

Dreamtime Cultural Centre in Rockhampton: wie geïnteresseerd is in het leven en de cultuur van de Australische oerbewoners, moet hier zeker een kijkje nemen (zie blz. 460).

Per terreinwagen naar Cape York: door de van beschaving verstoken wildernis van Cape York Peninsula naar de noordelijkste punt van Australië (zie blz. 442).

Wandeling door de Carnarvon Gorge: watervallen, zwempoelen en rottsschilderingen van de Aboriginals zorgen tijdens deze tocht voor veel afwisseling (blz. 462).

Vakantie op een cattle station: nog één keer in je leven cowboytje spelen – deze droom wordt werkelijkheid op een gastenfarm in de outback (blz. 464)

Walvissen kijken in de Hervey Bay: van begin augustus tot half oktober is de beschutte Hervey Bay een kraamkamer voor bultruggen (zie blz. 467).

Rondritten in de Tweed Valley en het Border Ranges N.P.: een cultuurlandschap dat aan Zuid-Duitsland doet denken en een oorspronkelijk regenwoud (zie blz. 490).

Van Townsville naar Cape York

Op de 350 km lange route van Townsville in het noorden naar Cairns en verder door naar Cooktown aan de zuidrand van het Cape York Peninsula – nog eens 350 km – kan de natuur niet kiezen tussen de bergen en de zee. De Great Dividing Range, verstopt in het dichtbeboste regenwoud, reikt bijna tot aan de kust, die bestaat uit een schier eindeloze rij sprookjesachtige stranden.

Townsville en omgeving ▶ 3, K 3

Kaart: zie blz. 421

Townsville, het economisch en cultureel middelpunt van de **Magnetic Coast** en met meer dan 190.000 inwoners de op twee na grootste stad van Queensland, werd in 1864 door de zakenman Robert Towns gesticht. Al in de jaren 1870 en 1880 groeide de havenstad met grote sprongen door de mijnbouwkoorts en de snel uitbreidende veeteelt in het achterland. Ook vandaag de dag dient Port Townsville, een van de belangrijkste exporthavens van Australië, voornamelijk voor de verscheping van landbouw- en minerale producten. Een wezenlijke bijdrage aan het culturele leven in de stad levert de James Cook University met het Australian Institute of Marine Science, een van de wereldwijd meest gerenommeerde onderzoeksinstituten voor mariene biologie. Bovendien is Townsville, met zijn uitstekende toeristische infrastructuur, een goed uitgangspunt voor uitstapjes naar het ongeveer 60 km verderop gelegen Great Barrier Reef (zie blz. 445).

Flinders Street

Het beste vertrekpunt voor een wandeling door Townsville is **Flinders Street,** waar ook het toeristenbureau zit (zie blz. 421). Terwijl de voetgangerszone **Flinders Mall** wordt gedomineerd door een moderne hoteltoren, rijgen zich aan het noordelijke uiteinde van Flinders Street enkele bezienswaardige architectonische relicten uit de stadsgeschiedenis aaneen. In Flinders Mall worden op zondagochtend de **Cotters Markets** 1 gehouden, een markt met groente, fruit en eigen baksels, alsmede sieraden en kunstnijverheid.

Reef HQ Aquarium 1

Reef HQ: tel. 07-47 50 08 00, www.reefhq.com.au, dag. 9.30-17 uur, A-$ 28; museum: tel. 07-47 26 06 00, www.mtq.qm.qld.gov.au, dag. 9.30-17 uur, A-$ 15; Turtle Hospital: tel. 07-47 50 08 00, ma.-vr. 10-17 uur, toegang gratis, vrijwillige bijdrage

Aan de Ross River, in Flinders Street East, ligt de belangrijkste toeristische attractie van Townsville: het **Reef HQ Aquarium**, naar men beweert het grootste koraalrifaquarium ter wereld. Door een plexiglazen tunnel komen bezoekers terecht in een onderwaterwereld bevolkt door levende koralen, haaien, roggen en ontelbare bontgekleurde vissen – een unieke 'duikervaring' zonder snorkel of zuurstoffles, ideaal voor toeristen die geen tijd hebben voor een uitstapje naar het Great Barrier Reef, maar toch een herinnering aan de schilderachtige onderwaterwereld voor de oostkust van Australië mee naar huis willen nemen.

Bij het complex horen ook het **Museum of Tropical Queensland** met de focus op natuurwetenschap, geschiedenis en technologie, en het **Turtle Hospital**, waar zieke en gewonde zeeschildpadden worden verpleegd.

Townsville

Bezienswaardig
1. Reef HQ Aquarium
2. Castle Hill
3. Queens Garden
4. Town Common Environmental Park
5. Billabong Sanctuary
6. Mount Elliot National Park

Overnachten
1. Seagulls Resort
2. Summit Motel
3. The Strand Motel
4. Rowes Bay Beachfront Holiday Park

Eten en drinken
1. Yongala Restaurant
2. Seaview Hotel
3. Harold's Seafood on the Strand

Winkelen
1. Cotters Markets

Actief
1. Kookaburra Tours & Charters
2. Adrenalin Dive

Als ze zijn genezen, worden ze opnieuw in het Great Barrier Reef Marine Park uitgezet.

Castle Hill en Queens Garden
Als een middeleeuwse vesting torent de 285 m hoge **Castle Hill** 2 boven de stad uit. Een steil voetpad en een weg leiden naar de top, vanwaar het uitzicht over de haven tot het 13 km verder gelegen Magnetic Island (zie blz. 452) reikt. De **Queens Garden** 3, met zijn talrijke tropische planten aan de voet van Castle Hill, is een van de mooiste parken van Townsville.

Uitstapjes in de omgeving
Zo'n 5 km ten noordwesten van de stad ligt het **Town Common Environmental Park** 4, een toevluchtsoord voor talrijke vogelsoorten. Hier kun je ibissen, brolgakraanvogels en jabiroes bekijken. In het **Billabong Sanctuary** 5, 17 km naar het zuiden op de Bruce Highway, krijgen bezoekers de kans kangoeroes te voeren, koala's te aaien of zeekrokodillen van dichtbij te zien (tel. 07-47 78 83 44, www.billabongsanctuary.com.au, dag. 9-17 uur, A-$ 35). Ongeveer 35 km verder naar het zuidwesten ligt het **Mount Elliot National Park** 6 rond de top van de 1342 m hoge, gelijknamige berg. Tot de attracties behoren ondoordringbare regenwouden, enorme granietblokken en spectaculaire watervallen.

Informatie
Bruce Highway Visitor Information Centre: c/o Billabong Sanctuary, 17 km ten zuiden van

Van Townsville naar Cape York

Townsville, tel. 07-47 80 43 97, www.townsvilenorthqueensland.com.au, dag. 9-17 uur.
Townsville Bulletin Square Visitor Information Centre: Flinders Mall, tel. 07-47 21 36 60, ma.-vr. 9-17, za., zo. 9-13 uur.
The Great Barrier Reef Marine Park Authority: Reef HQ, Flinders St. East, tel. 07-47 50 07 00, www.gbrmpa.gov.au.

Overnachten

Mooi resort – **Seagulls Resort** [1] : 74 The Esplanade, Belgian Gardens, tel. 07-47 21 31 11, www.seagulls.com.au. Aangenaam, gezinsvriendelijk hotel in een weelderige tropische tuin; twee zwembaden en goed restaurant. 2 pk A-$ 120-165, appartement A-$ 190-225.
Smaakvolle motelunits – **Summit Motel** [2] : 6-8 Victoria St., Stanton Hill, tel. 07-47 21 21 22, 1800-50 09 07, www.summitmotel.com.au. Gezellige, moderne kamers, behulpzaam personeel, zoutwaterzwembad. Aan de voet van Castle Hill. 2 pk A-$ 110-150.
Optimale ligging – **The Strand Motel** [3] : 51 The Strand, tel. 07-47 72 19 77, www.strandmotel.com.au. Klein, sympathiek motel met zwembad op toplocatie: een paar passen van het strand en circa tien minuten lopen van het centrum. 2 pk A-$ 85-95, appartement A-$ 125-135.
Camping en cabins – **Rowes Bay Beachfront Holiday Park** [4] : 46 Heatley's Par., Belgian Gardens, tel. 1800-75 18 45, www.rowesbayholidaypark.com.au. Vlak bij het strand, met zwembad en comfortabele cabins.

Eten en drinken

Koloniale sfeer – **Yongala Restaurant** [1] : 11 Fryer St., tel. 07-47 72 46 33, www.historicyongala.com.au, ma.-vr. 11.30-14.30, 18-22.30, za., zo. 11.30-15, 18-23 uur. Gerechten uit de moderne Australischen keuken in een historische ambiance op een paar passen van de strandpromenade. Hoofdgerechten A-$ 26-48.
Pub en biergarten – **Seaview Hotel** [2] : 56 The Strand, tel. 07-47 71 50 05, www.seaviewhotel.com.au, dag. 11.30-15, 17-22.30 uur. Seafood en steaks *at their best,* zo. livemuziek in de biergarten. Hoofdgerechten A-$ 19-42.
Culinair instituut – **Harold's Seafood on the Strand** [3] : 57 The Strand, tel. 07-47 24 13 22,

Wat zou je nog gaan duiken: in het Reef HQ Aquarium in Townsville kun je de onderwaterwereld bekijken zonder zelfs maar natte voeten te krijgen

dag. 10-22.30 uur. Seafood en vis om mee te nemen. Gerechten A-$ 8-15.

Winkelen
Markt – **Cotters Markets** 1 : Flinders Mall, tel. 07-47 27 96 78, zo. 8.30-13 uur. Schilderachtige markt in de voetgangerszone.

Actief
Dagtochten – **Kookaburra Tours & Charters** 1 : 29 Leeds St., tel. 0448-79 47 98, www.kookaburratours.com.au. Excursies met een minibus, onder andere naar Wallaman Falls en Tropical Wetlands; bovendien op za. Aboriginal Cultural Experience Tour (vanaf A-$ 125).
Duiken – **Adrenalin Dive** 2 : 252 Walker St., tel. 1300-66 46 00, 07-47 24 06 00, www.adrenalindive.com.au. Duiken naar het wrak van de in 1911 gezonken Yongala (vanaf A-$ 245) en PADI-cursussen (vanaf A-$ 785).

Evenement
Pacific Festival (juni): straatfeest met carnavalachtige optochten.

Vervoer
Trein: dag. treinen naar Brisbane en Cairns, diverse keren per week naar Mount Isa. Informatie en reservering: tel. 07-47 72 83 58, station: 502 Flinders St.
Bus: dag. met Greyhound Australia, tel. 1300-47 39 46, naar Alice Springs, Brisbane, Cairns, Darwin en Mount Isa. Busterminal op de hoek van Plum St. en Palmer St., South Townsville.
Veerboten: zie Magnetic Island blz. 453.

Van Townsville naar Cairns ▶ 3, K 3

Paluma Range National Park en Jourama Falls National Park
Ruim 60 km ten noorden van Townsville buigt een bochtige, doodlopende weg af van de Bruce Highway naar het **Paluma Range National Park** rond de 990 m hoge Mount Spec, met watervallen en overweldigende uitzichten. Ook het **Jourama Falls National Park**, 15 km ten zuidwesten van Ingham, heeft spectaculaire watervallen te bieden, die zich in cascades over gladgeslepen granietrotsen storten.

Ingham en omgeving
In het mooie stadje **Ingham** is een groot deel van de inwoners van Italiaanse komaf. Hier staan de Macknade Mill, de oudste suikerfabriek van Australië, en de **Victoria Mill**, de grootste suikerraffinaderij op het zuidelijk halfrond. Vanuit het 28 km noordoostelijker gelegen **Lucinda**, met een 5,7 km lange transportinstallatie, wordt de ongeraffineerde suiker verscheept.

Slechts 500 m ten zuiden van Ingham liggen de **Tyto Wetlands**, een door wandelpaden doorsneden vochtige biotoop met 230 vogelsoorten. Voor wie meer wil weten over Queenslands Wet Tropics Region is er een expositie in het **Tyto Wetlands Centre** aan de Bruce Highway (tel. 07-47 76 47 92, www.tyto.com.au, ma.-vr. 9-17, za., zo. 9-16 uur).

Overnachten
Goedkope motelunits – **Herbert Valley Motel:** 37 Townsville Rd. (Bruce Hwy), Ingham, tel. 07-47 76 17 77, www.inghamhvmotel.com.au. Met restaurant en zwembad. 2 pk vanaf A-$ 113.
Camping en cabins – **Palm Tree Caravan Park:** Townsville Rd. (Bruce Hwy), Ingham, tel. 07-47 76 24 03.

Evenement
Australian-Italian Festival (mei): drie dagen eet- en leefcultuur in Ingham, www.australianitalianfestival.com.au.

Wallaman Falls
Over een op sommige punten stoffig en hobbelig parcours bereik je 48 km ten noordwesten van Ingham **Wallaman Falls**, die zich over een brede rotswand 278 m in de diepte storten. De hoeveelheid neerslag van gemiddeld 4000 mm per jaar zorgt ervoor dat dit bulderende spektakel nooit aan kracht inboet.

Van Townsville naar Cape York

Hinchinbrook Channel
Vanwege de overvloedige regenval is de tot Cairns reikende North Coast van Queensland jaar in, jaar uit gehuld in een weelderig groene tropische jas. Tussen de plaatsen Ingham en Cardwell loopt de Bruce Highway langs het pittoreske **Hinchinbrook Channel**, een smalle zeestraat tussen het vasteland en het ervoor gelegen Hinchinbrook Island (zie blz. 453). Zowel het eiland als de kust van het vasteland worden door mangrovebossen en -moerassen omzoomd, die doen denken aan de Everglades in Florida. Het is de ideale habitat voor zeekrokodillen.

Excursieboten naar Hinchinbrook Island leggen een paar kilometer ten zuiden van Cardwell aan in de vakantieplaats **Port Hinchinbrook**. Het eiland is een waar paradijs voor natuurliefhebbers, die er dagenlang door de wildernis kunnen trekken.

Actief
Boottochten – **Hinchinbrook Island Cruises:** Port Hinchinbrook, tel. 0499-33 53 83, www.hinchinbrookislandcruises.com.au. Trip naar Hinchinbrook Island (vanaf A-$ 140). Boeking ook in het Rainforest and Reef Centre in Cardwell (zie hierna).

Cardwell
Wie meer te weten wil komen over het tropische regen- en mangrovewoud, zou in **Cardwell** een bezoek kunnen brengen aan het **Rainforest and Reef Centre**. Je kunt daar ook informatie krijgen over Hinchinbrook Island en permits voor de Thorsborne Trail (Bruce Hwy, tel. 07-40 66 86 01, www.greatgreenwaytourism.com/rainforestreef, ma.-vr. 8.30-17, za., zo. 9-13 uur, toegang gratis).

Overnachten
Motelunits en camping – **Beachcomber Motel & Tourist Park:** 43A Marine Par., tel. 07-40 66 85 50, www.cardwellbeachcomber.com.au. Net vakantiecomplex aan het strand met motel en caravan park. 2 pk A-$ 98-200.
Camping en cabins – **Kookaburra Holiday Park:** 175 Bruce Highway, tel. 07-40 66 86 48, www.kookaburraholidaypark.com.au. Goed toegerust caravan park met zwembad en populair backpackershostel.

Edmund Kennedy National Park
Ten noorden van Cardwell begint het **Edmund Kennedy National Park**, dat uitgestrekte mangrovebossen omvat. Je krijgt een goed beeld van de flora in de getijdenzone als je de met houten wandelpaden en bruggen uitstekend aangelegde **Mangrove Boardwalk** neemt (heen en terug 3,5 km/1 uur). Je moet wel oppassen voor de in het troebele water op de loer liggende *salties*, zoals de zeekrokodillen genoemd worden.

Tully en omgeving
Hét symbool van **Tully**, de natste plaats in heel Australië, is de 'gouden rubberlaars' (Golden Gumboot). De hoogte daarvan is gelijk aan de in 1950 bereikte recordhoogte van 7900 mm neerslag. In Tully staat de in 1925 opgerichte **Tully Sugar Mill**, die je tijdens een rondleiding kunt bezichtigen (www.tullysugar.com.au, juni-nov. ma.-vr. 10, 11, 13, za., zo. 11 uur, A-$ 20, boeken bij het toeristenbureau).

Vanuit Tully kun je een uitstapje maken langs de Tully River naar **Cardstone** in het achterland. Langs de bovenloop van de rivier vind je talrijke woeste stroomversnellingen – ideaal voor wildwatervaren in kano's of op vlotten.

Informatie
Tully Information Centre: Bruce Hwy, Tully, tel. 07-40 68 22 88, www.cassowarycoast.com.au.

Actief
Wildwatertrips – **Raging Thunder Adventures:** tel. 07-40 30 79 90, www.ragingthunder.com.au. Kanotochten of raften op de Tully River (vanaf A-$ 189).

Mission Beach, Wongaling Beach en South Mission Beach
Ten noordoosten van Tully buigt van de Bruce Highway een weg af richting Grote Oceaan. Deze slingert door het **Tam O'Shanter State Forest**, waar talrijke kasuarissen –

struisvogelachtige loopvogels – hun broedplaatsen hebben. Aan de kust vind je meer dan 15 km aan zandstranden vol palmen op **South Mission Beach, Wongaling Beach** en **Mission Beach**. Daar zijn een paar rustige vakantiekolonies met motels en caravanparken ontstaan.

Tussen de pier bij **Clump Point** aan de noordkant van Mission Beach en Dunk Island 5 km verderop (zie blz. 454) varen motorboten. Maak ter afwisseling van het strandleven een boottocht naar de mangrovebossen en -moerassen vol krokodillen van het Edmund Kennedy National Park (zie blz. 424).

Bij het **Wet Tropics Centre** in Mission Beach zijn exposities over de flora en fauna van het tropische noorden te zien en wordt toeristische informatie verstrekt (53 Porter Promenade, tel. 07-40 68 70 99, www.missionbeachtourism.com, ma.-za. 9-16.45, zo. 10-16 uur, toegang gratis).

Overnachten

Comfortabele hideaway – **Sejala on the Beach:** 26 Pacific Par., Mission Beach, tel. 0455-89 86 99, www.sejala.com.au. Drie comfortabele strandbungalows in een tropisch tuinencomplex; erg rustig, met zwembad. Bungalow vanaf A-$ 275.

Mooie accommodatie in het regenwoud – **Mission Beach Ecovillage:** Clump Point Rd., Mission Beach, tel. 07-40 68 75 34, www.ecovillage.com.au. Stijlvol bungalowhotel met tropische tuin, zwembad en restaurant, vijf minuten van het strand. 2 pk A-$ 120-135, bungalow A-$ 130-180.

Camping en cabins – **Mission Beach Hideaway Holiday Village:** 58-60 Porter Promenade, Mission Beach, tel. 1800-68 71 04, 07-40 68 71 04, www.missionbeachhideaway.com.au. Dicht bij het strand, uitstekend toegerust, grote keus aan cabins, zwembad.

Eten en drinken

Met zeezicht – **Millers Beach Bar & Grill:** 1 Banfield Par., Wongaling Beach, tel. 07-40 68 81 77, www.millersbeachbar.com.au, wo.-vr. 15 uur tot laat, za., zo. 12 uur tot laat. Versgevangen seafood, sappige steaks en lekkere burgers; uitgebreide wijnkaart, vlotte en vriendelijke bediening. Gerechten A-$ 18-39.

Sympathiek familiebedrijf – **Caffe Rustica:** 24 Wongaling Beach Rd., Wongaling Beach, tel. 07-40 68 91 11, www.caffe-rustica.com.au, wo.-za. 17 uur tot laat, zo. 10 uur tot laat. Verse huisgemaakte pasta en pizza's, die haast net zo goed smaken als in Florence of Rome. Gerechten A-$ 15-25.

Actief

Boottochten – **Mission Beach Dunk Island Water Taxi:** 71 Banfield Par., Wongaling Beach, tel. 07-40 68 83 10, www.missionbeachwatertaxi.com. Boottochten naar onder andere Dunk Island (heen dag. 9, 10, 11, terug 12, 15.30 uur, A-$ 35). **Mission Beach Croc and Wildlife Tours:** c/o Wet Tropics Centre (zie links) of tel. 07-40 68 91 61. Drie uur durende tocht door de mangrovejungle van het Edmund Kennedy National Park onder andere met krokodilobservatie (di., do., zo. 16.30 uur, A-$ 60).

Innisfail en omgeving

Verder op weg naar **Innisfail** passeert de Bruce Highway uitgestrekte suikerrietplantages en in het leuke stadje wordt jaarlijks in september-oktober een meerdaags Sugar Festival georganiseerd. De enige andere attractie in deze plaats is de kleine taoïstische tempel **Lit Sing Gung**, een nalatenschap van de Chinese gastarbeiders die ooit in Noord-Queensland naar goud zochten (Owen St., tel. 07-40 61 15 27, dag. 7-17.30 uur, vrijwillige bijdrage).

Zo'n 7 km ten zuiden van Innisfail, in **Mourilyan**, wordt in het **Australian Sugar Heritage Centre** Queenslands suikerindustrie gedocumenteerd (Bruce Hwy, tel. 07-40 63 24 77, www.sugarmuseum.com.au, ma.-vr. 9-16, za., zo. 9-13.30 uur, A-$ 12).

De moeite waard is een uitstapje vanuit Innisfail naar **Paronella Park**, 14 km westelijk, waar zich een met mos overwoekerd sprookjeskasteel uit de jaren 30 van de 20e eeuw verstopt (Japoonvale Rd., Old Bruce Hwy, Mena Creek, tel. 07-40 65 00 00, www.paronellapark.com.au, dag. 9-19.30 uur, A-$ 44).

Ongeveer 30 km ten westen van Innisfail kun je op duizelingwekkende hoogte

Van Townsville naar Cape York

door het groene bladerdak van het regenwoud wandelen op de **Mamu Tropical Skywalk** aan de Pamerston Highway. Hoog in de bomen heb je een oogverblindend mooi uitzicht op de majesteuze woudreuzen en de Johnstone River in het ravijn (tel. 07-40 64 52 94, www.mamutropicalskywalk.com.au, dag. 9.30-17.30 uur, A-$ 23).

Informatie
Innisfail Visitor Information I-Van: Bruce Hwy, Innisfall, tel. 0428-22 89 62, www.tropicalcoasttourism.com.au, ma.-vr. 9-15, za. 9-13 uur.

Overnachten
Eenvoudig maar schoon – **Moondarra Motel:** 21 Ernest St. (Bruce Hwy), Innisfall, tel. 07-40 61 70 77, www.moondarramotel.com.au. Eenvoudige motel voor mensen op doorreis; vriendelijke service. 2 pk vanaf A-$ 105.

Camping en cabins – **August Moon Caravan Park:** Bruce Hwy, Innisfall, tel. 07-40 63 22 11, 1800-68 22 86, www.augustmoon.com.au. Goed toegerust; met gezellige cabins en mooi zwembad, 2 km ten zuiden van Innisfall.

Wooroonooran National Park
Tussen Innisfail en Cairns ligt langs de kustweg het met regenwoud bedekte, sterk gekloofde gebergte van het **Wooroonooran National Park**, waarin het imposante bergmassief Mount Bartle Frere en de 1561 m hoge Mount Bellenden Ker staan. Aan de voet van Mount Bartle Frere, met 1657 m de hoogste berg van Queensland, liggen de cascades van de **Josephine Falls**. Vanaf een picknickplaats leidt een voetpad hierheen door een dichtbegroeid regenwoud (heen en terug 1,5 km/45 min.). De picknickplaats is ook het uitgangspunt voor de inspannende wandeling naar de top van **Mount Bartle Frere** (heen en terug 15 km/12 uur).

De omgeving van Babinda
Nog geen 10 km ten zuiden van **Babinda** leidt een zijweg naar het heerlijke zandstrand **Bramston Beach** met een kleine vakantiekolonie. Ten zuiden van de doodlopende weg ligt het **Eubenangee Swamp National Park**, het laatste beschermde natuurlijke moerasgebied tussen Townsville en Cairns. Daar heb je goede mogelijkheden om watervogels te observeren, en met wat geluk zie je er zelfs zoutwaterkrokodillen.

Een andere doodlopende weg leidt van Babinda naar het westen, naar de indrukwekkende granietblokken **The Boulders** in de Babinda Creek, die hier vernauwt tot een razende stroomversnelling. In natuurlijke rotspoelen midden in het grandioze regenwoudlandschap kun je heerlijk zwemmen.

Verder naar Cairns
Een paar kilometer ten zuiden van Gordonvale doemt de 922 m hoge **Walshs Pyramid** op, een berg met een bijna perfecte kegelvorm. Van de suikerstad **Gordonvale** slingert de zeer fraaie Gilles Highway in een groot aantal bochten langs de uitlopers van de Great Dividing Range omhoog naar het Atherton Tableland (zie blz. 431).

Cairns en omgeving
▶ 3, K 3

Plattegrond: zie blz. 429

Nog niet zo heel erg lang geleden was het nog een slaperige provinciestad, maar in korte tijd is **Cairns** veranderd in een toeristische trekpleister van formaat, die van het toerisme leeft. Cairns Airport staat op de ranglijst van internationale luchthavens in Australië qua passagiersaantallen tegenwoordig zelfs op de vijfde plaats, nog boven de miljoenenstad Adelaide. De tropische stad aan de schilderachtige Trinity Bay is een ideaal uitgangspunt voor cruises naar het Great Barrier Reef, dat even ten noorden van de stad heel dicht bij het vasteland komt, voor dagtochtjes naar het Atherton Tableland, voor wildwatertochten in de Great Dividing Range en voor avontuurlijke safari's per terreinwagen op het Cape York Peninsula. Van september tot december is Cairns tijdelijk een ontmoetingsplaats voor sportvissers uit de hele wereld.

Cairns en omgeving

Hoewel in Cairns het toerisme regeert is het toch heerlijk provinciaals gebleven

Ook al is Cairns een eersterangs toeristisch knooppunt, met veel bezienswaardigheden is de stad niet gezegend. Al heel lang bepalen hotel- en appartementenblokken het straatbeeld. Lang geleden werden de oude paalwoningen met de karakteristieke, brede tropische veranda's vervangen door een bouwstijl van 'moderne willekeur'.

Aan zee

Een van de belangrijkste pleisterplaatsen voor de meeste bezoekers is de **Marlin Marina** 1, de grote jachthaven van Cairns, die aan mediterrane vakantieoorden doet denken. Erachter rijst **The Pier** 2 op, een modern complex dat een luxehotel, verscheidene restaurants, boetiekjes en kantoren van reisorganisaties herbergt. Excursieboten naar het Great Barrier Reef varen af van de Reef Fleet Terminal aan de zuidelijk gelegen **Trinity Wharf** 3.

Op de **Esplanade** met haar vele winkels, restaurants en cafés is het heel bedrijvig. Een wandeling langs deze strandpromenade is vooral 's avonds de moeite waard, wanneer daar de bij toeristen en ingezetenen zeer geliefde avondmarkt gehouden wordt. Een mooi openluchtzwembad zorgt voor verkoeling en het is zelfs gratis toegankelijk.

In het centrum

Aan de **City Place** in het centrum is vooral het **Cairns Historical Museum** 4 interessant; de collectie toont de geschiedenis van Noord-Queensland (tel. 07-40 51 55 82, www.cairnsmuseum.org.au, ma.-za. 10-16 uur, A-$ 5).

In de nabijgelegen **Cairns Regional Gallery** 5 (Abbott St., hoek Shields St., tel. 07-40 46 48 00, www.cairnsregionalgallery.com.au, ma.-vr. 9-17, za. 10-17, zo. 10-14 uur, A-$ 5) is het werk van bekende Australische kunstenaars te bekijken.

Edge Hill

Heerlijk ontspannen kun je jezelf in de noordelijke voorstad **Edge Hill** tijdens een wandeling door de tropische vegetatie van de **Flecker Botanic Gardens** 6, met veel inheemse bloemen en planten (Collins Ave., hoek Greenslopes St., Edge Hill, tel. 07-40 50 24 54,

ma.-vr. 7-17.30, za., zo. 8.30-17.30 uur, toegang gratis).

In het **Tanks Arts Centre** 7, pal naast de tuin, zijn wisselende tentoonstellingen en optredens van lokale kunstenaars te zien (46 Collins Ave., tel. 07-40 32 66 00, www.tanksartscentre.com, dag. 14-22 uur, toegang gratis).

Kort maar vermoeiend is de wandeling naar **Mount Whitfield** 8, ten noorden van de botanische tuin.

Tjapukai Aboriginal Cultural Park 9

Captain Cook Hwy, tel. 07-40 42 99 99, www. tjapukai.com.au, dag. 9-17 uur, A-$ 62, Nightshow met buffet dag. 19-21.30 uur, A-$ 123

Wie geïnteresseerd is in het rijke culturele leven van de oerbewoners van noordelijk Queensland, moet in het 15 km ten noorden van Cairns gelegen **Smithfield** beslist het **Tjapukai Aboriginal Cultural Park** bezoeken.

Cairns

Bezienswaardig
1. Marlin Marina
2. The Pier
3. Trinity Wharf
4. Cairns Historical Museum
5. Cairns Regional Gallery
6. Flecker Botanic Gardens
7. Tanks Arts Centre
8. Mount Whitfield
9. Tjapukai Aboriginal Cultural Park
10. Trinity Inlet

Overnachten
1. Bay Village Tropical Retreat
2. Sunshine Tower Hotel
3. Floriana Guest House
4. The Balinese
5. Caravella 149
6. Crystal Cascades Holiday Park

Eten en drinken
1. Barnacle Bill's Seafood Inn
2. Ochre

3. Nightmarkets & Foodcourt

Winkelen
1. Rusty's Markets

Uitgaan
1. Gilligans
2. Rattle'n' Hum

Actief
1. Reef Teach
2. Daintree Air Services

Hoewel de nadruk er ligt op entertainment, krijg je hier een echt authentieke inkijk in de leefwijze en de traditionele normen en waarden van de Aboriginals. Tentoonstellingen en audiovisuele presentaties geven inzicht in hun geloofswereld en scheppingsmythologie. Tijdens een rondgang door het bushland laten gidsen zien welke knollen en wortels eetbaar zijn. Daarna mag je proberen jezelf de vaardigheden van het boemerang- en speerwerpen of het didgeridoospelen eigen te maken. Bij het demonstreren van de traditionele *corroborees* (dansceremonies) worden diverse keren per dag in het Dance Theatre met elementen van moderne musicals vermengde Aboriginaldansen opgevoerd.

Trinity Inlet 10
Ten zuidoosten van Cairns strekt zich de wijdvertakte, met mangroven begroeide **Trinity Inlet** uit. De beste manier om de talrijke vogelsoorten en de krokodillen van de zogenaamde Everglades te leren kennen, is door een boottocht te maken (zie blz. 430).

Informatie
Cairns & Tropical North Visitor Information Centre: 51 The Esplanade, tel. 07-40 51 35 88, 1800-09 33 00, www.cairnsgreatbarrierreef.org.au, www.cairns.qld.gov.au, ma.-vr. 8.30-18, za., zon- en feestdagen 10-18 uur. Informatie over Cairns en over alle toeristische bezienswaardigheden in Noord-Queensland. Reserveren van hotels, excursies enzovoort.
Queensland Parks & Wildlife Service: William McCormack Place, 5B Sheridan St., tel. 07-42 22 53 03, www.nprsr.qld.gov.au. Informatie over de nationale parken in Queensland.
Royal Automobile Club of Queensland: 537 Mulgrave Rd., Earlville, tel. 07-40 33 64 33, 13 19 05, www.racv.com.au. Onder andere informatie over de toestand van de wegen op Cape York Peninsula; kaartmateriaal.

Overnachten
Goed gerund en rustig – **Bay Village Tropical Retreat** 1 **:** Lake St., hoek Gatton St., tel. 07-40 51 46 22, www.bayvillage.com.au. Comfortabele kamers, bekroond Bayleaf Restaurant, bar en zwembad. 2 pk A-$ 150-165.
Gezinsvriendelijk – **Sunshine Tower Hotel** 2 **:** 136-140 Sheridan St., tel. 07-40 41 11 33, www.sunshinetowerhotel.com.au. Royale appartementen vlak bij het centrum; restaurant, zwembad. Appartement A-$ 129-169.
Sfeervol – **Floriana Guest House** 3 **:** 183 The Esplanade, tel. 07-40 51 78 86, www.florianaguesthouse.com. Tien individueel ingerichte kamers met plafondventilator; aanraders zijn de ruime kamers 4 en 7 met kitchenette en veranda. Klein zwembad. 2 pk A-$ 109-149.
Groene oase in de City – **The Balinese** 4 **:** 215 Lake St., tel. 07-40 51 99 22, 1800-02 33 31, www.balinese.com.au. Verzorgd klein ho-

Van Townsville naar Cape York

tel met achttien in warme kleuren uitgevoerde en prettig gemeubileerde kamers met airco. Mooie tuin en uitnodigend zwembad. 2 pk A-$ 90-100.

Backpackershostel – **Caravella 149** [5] : 149 The Esplanade, tel. 07-40 51 24 31, www.caravella.com.au. Leuk backpackershostel op toplocatie: een paar stappen van het strand en op maar tien minuten lopen van het centrum. Alle kamers met airco; gemeenschappelijke badkamers; met zwembad. 2 pk vanaf A-$ 75, meerpersoonskamer vanaf A-$ 25 p.p.

Camping en cabins – **Crystal Cascades Holiday Park** [6] : Rocks Rd., Redlynch, tel. 07-40 39 10 36, 1800-35 13 76, www.crystalcascades.com.au. Prachtig gelegen 10 km ten noordwesten van Cairns; met cabins en zwembad.

Eten en drinken

Seafoodrestaurant – **Barnacle Bill's Seafood Inn** [1] : 103 The Esplanade, tel. 07-40 51 22 41, www.barnaclebills.com.au, dag. 11.30-15, 17-23 uur. Vis, schaal- en schelpdieren. Hoofdgerechten A-$ 26-48.

Bushkeuken – **Ochre** [2] : 6/1 Marlin Par., tel. 07-40 51 01 00, www.ochrerestaurant.com.au, ma.-vr. 11.30-14.30, 17.30-21.30, za., zon- en feestdagen vanaf 11 uur. Kangoeroelende of krokodilsteak? Als je geen vegetariër bent kun je hier aparte dingen eten. Hoofdgerechten A-$ 24-44.

Australisch-mediterraan – **Perrottas at the Gallery** [5] : Cairns Regional Gallery, 38 Abbott St., hoek Shields St., tel. 07-40 31 58 99, www.perrottasatg.com, dag. 6.30-22 uur. *Australia meets Italy*. Hoofdgerechten A-$ 18-39.

Internationale verscheidenheid – **Nightmarkets & Foodcourt** [3] : The Esplanade, dag. 18-23 uur. *Food counters* met kleine gerechten uit de hele wereld. Gerechten vanaf A-$ 7,50.

Winkelen

Shopping Mall – **The Pier Marketplace** [2] : Marlin Marina, dag. 9-21 uur.

Markt – **Rusty's Markets** [1] : 57-89 Grafton St., tel. 07-40 40 23 05, www.rustysmarkets.com.au, vr., za. 5-18, zo. 5-15 uur. Populaire groente-, fruit- en levensmiddelenmarkt; ook enkele kramen met kleding en kunstnijverheid.

Uitgaan

Backpackersinstituut – **Gilligans** [1] : 57-89 Grafton St., tel. 07-40 41 65 66, www.gilligans.com.au, dag. 17-3 uur. Zeer populair trefpunt met dj's en livebands, altijd stampvol.

Met tafels buiten – **Rattle'n' Hum** [2] : 67-69 The Esplanade, tel. 07-40 31 30 11, www.rattlenhumbar.com.au, dag. 11.30 uur tot laat. Populaire pub; leuk buiten zitten; in het weekend geregeld livebands.

Actief

Stadstours – **City Sights Plus:** tel. 07-40 28 35 67, www.cairnsdiscoverytours.com. Stadsrondrit van een halve dag (ma.-za. 11 uur, A-$ 75).

Snorkelen en duiken – **Reeftrip:** tel. 07-40 37 27 00, www.reeftrip.com. Snorkel- en duiktrips naar het Outer Reef (vanaf A-$ 195). **Sunlover Cruises:** tel. 07-40 50 13 33, www.sunlover.com.au. Snorkelen bij het Moore Reef (A-$ 199). **Wavelength:** tel. 07-40 99 50 31, www.wavelength.com.au. Snorkeltrips naar het Agincourt Reef (A-$ 240).

Krokodillen observeren – **Mangrove Wilderness Cruise** [1] : tel. 07-40 31 40 07, www.cairnsharbourcruises.com.au. Dag. vanuit Cairns Harbour boottochten naar de Everglades van Trinity Inlet en bezoek aan de Cairns Crocodile Farm (13.30 uur, A-$ 46).

Bungee jumping – **A. J. Hackett Bungee** [2] : The Pier, tel. 07-40 31 11 19, www.ajhackett.com/cairns. In Smithfield, circa 15 km ten noorden van Cairns (vanaf A-$ 170).

Nachtdieren spotten – **Wait-a-while:** tel. 0429-08 33 38, www.waitawhile.com.au. Door experts geleide avondexcursies op zoek naar nachtdieren in het regenwoud van het Atherton Tableland of in het Daintreegebied; kleine groepen (dag. 14-22.30 uur, A-$ 199).

Les over het rif – **Reef Teach** [1] : 2nd Floor, Mainstreet Arcade, hoek Lake St., tel. 07-40 31 77 94, www.reefteach.com.au. Onderhoudende presentatie over de onderwaterwereld van het Great Barrier Reef (di.-za. 18.30-20.30 uur, A-$ 23).

Jeeptours – **Billy Tea Bush Safaris:** tel. 07-40 32 00 77, www.billytea.com.au. Jeepexcursies van een dag met gids naar Cape Tribulation en de Bloomfield Track (dag. 7 uur, A-$ 220).

Atherton Tableland

Rondvluchten – **Daintree Air Services** 2 : Cairns Airport, tel. 07-40 34 93 00, www.daintreeair.com.au. Vluchten met kleine propellervliegtuigen boven het regenwoud en het rif (30 min. vanaf A-$ 185, 60 min. vanaf A-$ 265). **West Wing Aviation Mail Runs** 2 : Cairns Airport, tel. 1300-75 98 72, www.skytrans.com.au. Mee met de vliegende postbode vanuit Cairns naar nederzettingen op het Cape York Peninsula.

Vervoer

Vliegtuig: tussen de 8 km ten noorden van Cairns gelegen luchthaven en de City pendelt de Airport Shuttlebus, tel. 0432-48 87 83, www.cairnsairportshuttle.com.au (A-$ 15). De rit per taxi kost A-$ 35-40.
Trein: van het station aan McLeod Street, tel. 1300-13 17 22, www.queenslandrailtravel.com.au, vertrekken dag. treinen naar Brisbane en Townsville; bovendien rijdt de Kuranda Scenic Railway (zie hierna) naar het Atherton Tableland.
Bus: vanaf de busterminal bij Trinity Wharf dag. met Greyhound Australia, tel. 07-40 51 33 88, 1300-47 39 46, naar Brisbane en Townsville, en met Coral Reef Coaches, tel. 07-40 98 28 00, naar Port Douglas, Mossman, Daintree, Cape Tribulation en Cooktown.
Huurauto: voertuigen van ieder type, ook terreinwagens en campers verhuren Avis, tel. 1800-22 55 33, Britz, tel. 1800-33 14 54, Budget, tel. 13 27 27, en Hertz, tel. 13 30 39.

Jezelf verplaatsen in de stad

Bus: in het centrum en naar de voorsteden en de stranden aan de Marlin Coast rijdt de Sunbus vanaf City Place. Informatie: tel. 07-40 57 74 11, www.sunbus.com.au.
Taxi: Black & White Taxis, tel. 13 10 08.

Atherton Tableland

▶ 3, J/K 3

Een bijna verplicht nummer bij een bezoek aan Cairns is een trip naar het **Atherton Tableland** al was het maar vanwege de indrukwekkende treinreis erheen met de **Kuranda Scenic Railway**, volgens velen een van de mooiste treinreizen ter wereld. Bij de aanleg van de 34 km lange, avontuurlijke bergspoorlijn met vijftien tunnels en veertig bruggen moesten de ingenieurs diep in de technische trukendoos duiken. De spoorlijn werd tussen 1884 en 1891 aangelegd om timmerhout uit het regenwoud van het Atherton Tableland naar de nederzettingen beneden aan de kust te transporteren. De spectaculaire treinreis is niet alleen voor spoorwegliefhebbers een attractie, ook op alle andere passagiers maken de spectaculaire panorama's indruk – vooral het uitzicht op de 260 m hoge Barron Falls, die in glinsterende sluiers over een steile wand storten.

Een niet minder spannend alternatief voor de terugreis van Kuranda naar Cairns is de **Skyrail Rainforest Cableway**, met 7,5 km de langste kabelbaan ter wereld. In de van een glazen vloer voorziene Diamond View Gondola zweef je boven het tropische regenwoud, waarbij het uitzicht reikt van de jungle tot de eilanden van het Great Barrier Reef. Tegelijkertijd krijg je een voorproefje van het Atherton Tableland, deels een zachtgroen heuvelland en deels een hoogvlakte vol kloven en spleten. De topografie van de 600-1000 m hoge regio wordt bepaald door hevige vulkaanuitbarstingen, die tot ongeveer tienduizend jaar geleden voortduurden. De vruchtbare lössgronden en het regenachtige klimaat droegen bij tot intensieve landbouw. De overvloedige neerslag heeft op de hoogvlakte bovendien een aantal bulderende watervallen geschapen.

Vervoer

Voor de trein en de kabelbaan is een combiticket verkrijgbaar voor A-$ 109,50.
Trein: Kuranda Scenic Railway, tel. 07-40 36 93 33, 1800-57 72 45, www.ksr.com.au, vertrek in Cairns, McLeod Street, dag. 8.30, 9.30, in Kuranda 14, 15.30 uur, A-$ 52 enkele reis, A-$ 76 retour.
Kabelbaan: Skyrail Rainforest Cableway, tel. 07-40 38 55 55, www.skyrail.com.au, diverse keren per dag Kuranda-Smithfield (circa 15 km ten noorden van Cairns), A-$ 50 enkele reis, A-$ 75 retour.

Kuranda

Aan de rand van het Atherton Tableland ligt in een schitterend regenwoudgebied **Kuranda**, dat zich van een hippie- en dropoutparadijs heeft ontwikkeld tot een respectabel toeristenoord. Tussen de kleurige kraampjes van de dagelijkse **Kuranda Original Rainforest Markets** zijn allerhande exotische levensmiddelen en kunstnijverheid te koop (7/13 Therwine St., tel. 07-40 93 94 40, www.kurandaoriginalrainforestmarket.com.au, dag. 9.30-15 uur). De winkels van de naburige **Kuranda Heritage Markets** (2 Rob Veivers Dr., tel. 07-40 93 80 60, www.kurandamarkets.com.au, dag. 9.30-15.30 uur) komen wat steriel over.

Op een steenworp van de Heritage Markets lokken drie dierenparken (combiticket Kuranda Wildlife Experience A-$ 48,50). In de **Australian Butterfly Sanctuary** fladderen duizenden kleurige vlinders rond (8 Rob Veivers Dr., tel. 07-40 93 75 75, www.australianbutterflies.com, dag. 9.45-16 uur, A-$ 19,50), terwijl **Birdworld Kuranda** je een blik op de Australische vogelwereld gunt (12 Rob Veivers Dr., tel. 07-40 93 91 88, www.birdworldkuranda.com, dag. 9-16 uur, A-$ 18). Ook gaan veel mensen naar de **Kuranda Koala Gardens**, waar naast die pluizige knuffeldieren ook halftamme kangoeroes en wallaby's op een aaibeurt wachten (14 Rob Veivers Dr., tel. 07-40 93 99 53, www.koalagardens.com, dag. 10-16 uur, A-$ 18).

Ook als je niet met de Kuranda Scenic Railway bent gekomen, verdient het aanbeveling een bezoek te brengen aan het **station**. Zoals het is versierd met bloemen en overwoekerd door varens, lijkt het wel een gebouw uit een sprookje. En als je de Barron Falls niet vanuit de trein hebt kunnen bewonderen, kun je dat inhalen door naar de **Wrights Lookout** te gaan op circa 5 km ten zuidoosten van Kuranda.

Ruim 5 km ten oosten van Kuranda ligt aan de Kennedy Highway het **Rainforestation Nature Park**, een dieren- en attractiepark. Hier kun je met het amfibievoertuig Army Duck op ontdekkingstocht in het regenwoud, deelnemen aan wandelingen met een gids, dansvoorstellingen bijwonen of jezelf bekwamen in het boemerang- en speerwerpen of het didgeridoospelen (tel. 07-40 85 50 08, www.rainforest.com.au, dag. 9-16 uur, A-$ 47).

Informatie
Kuranda Visitor Information Centre: 12 Therwine St., tel. 07-40 93 93 11, www.kuranda.org, dag. 10-16 uur.

Overnachten
Camping en cabins – **Kuranda Rainforest Accommodation Park:** 88 Kuranda Heights Rd., tel. 07-40 93 73 16, www.kurandarainforestpark.com.au. Sympathiek complex aan de rand van het regenwoud met staanplaatsen, rustieke blokhutten en een mooi zwembad.

Eten en drinken
Duitse burgermanspot – **German Tucker Wursthaus:** Therwine St., tel. 07-40 93 73 98, www.germantucker.com, dag. 9-21 uur. Bratwurst en Sauerkraut, Duits bier erbij en *tolle Stimmung*. Gerechten A-$ 6-16.

Mareeba en omgeving

Vanuit Kuranda kun je het Atherton Tableland het best verkennen met een huurauto. De eerste stop op een rondrit is dan **Mareeba**, de grootste plaats in het gebied en het centrum van de Australische koffieteelt. Diverse plantages zijn te bezichtigen, bijvoorbeeld **Jaques Coffee Plantation** (8 km ten zuidoosten, 137 Leotta Rd., tel. 07-40 93 32 84, www.jaquescoffee.com.au, enkele malen per dag rondleidingen 9-17 uur, A-$ 15). Bezoek ook koffiebranderij **The Coffee Works Mareeba** ten noordwesten van de stad (136 Mason St., tel. 07-40 92 41 01, www.coffeeworks.com.au, rondleidingen met proeverij ma.-vr. 10, 12, 14 uur, A-$ 19).

Het **Mareeba Tropical Savannah and Wetland Reserve**, 7 km ten noorden van Mareeba is een toevluchtsoord voor ontelbare vogels als de zeldzame brolgakraanvogel, zoogdieren en reptielen, waaronder ook zoetwaterkrokodillen. Verkennen kun je dit natuurreservaat, dat bestaat uit een keten van lagunes, met een gehuurde kano (A-$ 15 per uur) of tijdens een tocht met de elektrisch aangedreven boot Buralga (dag. 11.30, 13.30, 15.30 uur,

Atherton Tableland

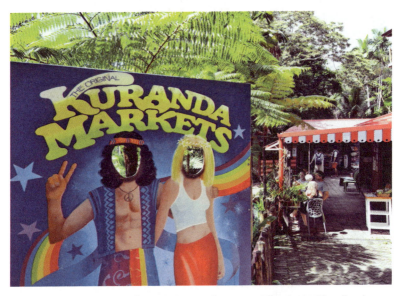

Wat ooit superalternatief was, is tegenwoordig een op toeristen ingesteld stadje vol kramen, maar daarom nog niet minder aantrekkelijk om te shoppen voor souvenirs

A-$ 15). Door de savanne voeren vier natuurleerpaden van verschillende lengte, waaronder de Lagoon Walk (3,7 km/1,5 uur). Gedurende de regentijd van half december tot eind maart is het park gesloten (www.mareebawetlands.org, apr.-dec. dag. 8.30-16.30 uur, A-$ 10). Een stijlvolle accommodatie vormt de Jabiru Safari Lodge (tel. 07-40 93 25 14, www.jabirusafarilodge.com.au).

Vooral voor kinderen is een uitstapje naar de 12 km ten westen van Mareeba gelegen **Granite Gorge** fantastisch. Daar hoppen kleine rotswallaby's met grote sprongen over rotsblokken heen en eten uit de hand van de bezoekers. Rotspoeltjes met helder water beloven zwemplezier in het bushland. Wie er wil overnachten, vindt bij de ingang van de kloof een eenvoudige camping (tel. 07-40 93 22 59, www.granite gorge.com.au, A-$ 10).

Overnachten

Sympathiek – **Jackaroo Motel:** 340 Byrnes St., tel. 07-40 92 26 77, www.jackaroomotel.com. centraal; met zwembad. 2 pk A-$ 105-125.

Camping en cabins – **Mareeba Country Caravan Park:** Emerald End Rd., tel. 07-40 92 32 81. Met gemeenschappelijke keuken.

Chillagoe-Mungana Caves National Park

Een interessant uitstapje vanuit Mareeba voert over een stoffig grindpad 145 km in zuidwestelijke richting naar het **Chillagoe-Mungana Caves National Park** met een uitgebreid grottenstelsel en uit de karstvlakte omhoogrijzende, grillige rotsnaalden en -piramiden. Drie van de grotten, waarin belangrijke fossielvondsten zijn gedaan, zijn voor bezoekers toegankelijk (tel. 07-40 94 71 63, www.nprsr.qld.gov.au, rondleidingen dag. 9, 11, 13.30 uur, A-$ 26).

Overnachten

Leerzaam – **Chillagoe Observatory & Eco Lodge:** 1 Hospital Rd., tel. 07-40 94 71 55, www.coel.com.au. Gezellige twee- en meerpersoonskamers, tentplaatsen en restaurant. Leerzame en onderhoudende presentaties

over de zuidelijke sterrenhemel in het eigen observatorium. 2 pk A-$ 95-135, meerpersoonskamer vanaf A-$ 20 p.p.
Camping en cabins – **Chillagoe Tourist Village:** Queen St., tel. 07-40 94 71 77, www.chillagoeaccommodationvillage.com.au. Aangenaam complex met cabins en zwembad.

Atherton

Atherton, ten zuiden van Mareeba, werd in 1885 gesticht als houthakkersnederzetting. Het is een goede uitvalsbasis om de omgeving te verkennen. Al zijn ze wat kitscherig, toch is een bezoek aan de **Crystal Caves**, kunstmatige grotten vol glinsterende kristallen (69 Main St., tel. 07-40 91 23 65, www.crystalcaves.com.au, ma.-vr. 9-17, za., zon- en feestdagen 9-16 uur, A-$ 22,50) de moeite waard.

Chinese immigranten lieten aan de rand van de plaats een klein, bijna museumachtig Chinatown achter, met in het centrum de taoïstische **Hou Wang Temple** (86 Herberton Rd., tel. 07-40 91 69 45, www.houwang.org.au, wo.-zo. 11-16 uur, A-$ 10).

Informatie

Atherton Tableland Visitor Information Centre: Silo Rd., hoek Main Rd., Atherton, tel. 07-40 91 42 22, www.athertontablelands.com.au, dag. 9-16.30 uur.

Overnachten

Behulpzame eigenaar – **Atherton Motel:** 102 Maunds Rd., tel. 07-40 91 15 00, www.athertonmotel.com.au. Goed gerund, met Chinees restaurant en zwembad. 2 pk vanaf A-$ 115.

Camping en cabins – **Atherton Woodlands Tourist Park:** 141 Herberton Rd., tel. 1800-04 14 41, www.woodlandscp.com.au. Met barbecueplek, zwembad, speeltuin enzovoort.

Yungaburra en omgeving

Over de Gillies Highway is het 12 km in oostelijke richting naar het vakantieoord **Yungaburra**, aan de oever van het in 1958 voor de irrigatie van tabaksplantages gecreëerde **Lake Tinaroo**. Ten zuiden van Yungaburra staat de **Curtain Fig Tree**, een machtige wurgvijg. Deze in het Atherton Tableland vaak voorkomende bomen zijn parasiterende planten, waarvan de luchtwortels zich om de stam van de 'gastboom' winden, waardoor de watertoevoerende vaten afgeklemd worden en de boom afsterft. Ten oosten van Yungaburra liggen de kleine kratermeren **Lake Eacham** en **Lake Barrine**, ongeveer 65 m diep, die naar schatting 95.000 jaar geleden als ventiel zijn ontstaan na de sterke verhitting van het grondwater door magma. Om de twee meren lopen aantrekkelijke, niet al te lange wandelpaden door het dichte hooglandregenwoud. Tijdens een boottocht op Lake Barrine kun je nader kennis maken met pelikanen, schildpadden en andere inheemse dieren. In de buurt van de aanlegplaats staan de meer dan duizend jaar oude boomreuzen **Twin Kauri Pines**.

Overnachten

Oase – **Birds 'n' Bloom Cottages:** 3 Elm St., tel. 07-40 95 22 18, www.bnbcottages.com. Comfortabele en smaakvol ingerichte vakantiehuizen, mooi tegen een helling gelegen achter Nick's restaurant (zie hierna). 2 pk A-$ 210-250.

Goed en goedkoop – **Curtain Fig Motel:** 28 Gillies Hwy, tel. 07-40 95 31 68, www.curtainfig.com. Aangenaam motel met zwembad. 2 pk A-$ 120-135.

Eten en drinken

Alpensfeer – **Nick's:** 33 Gillies Hwy, tel. 07-40 95 33 30, www.nicksrestaurant.com.au, di.-vr. 17.30 tot laat, za., zo. 11.30-15, 17.30 uur tot laat. Zwitserse en Italiaanse specialiteiten naast lekkere Australische gerechten. Hoofdgerechten A-$ 12-44.

Actief

Boottochten – **Lake Barrine Cruises:** tel. 07-40 95 38 47, www.lakebarrine.com.au. Cruises op Lake Barrine; in het hoogseizoen is reserveren aanbevolen (diverse keren per dag vanaf 9.30 uur, A-$ 18).

Malanda en Mount Hypipamee National Park

Malanda is het middelpunt van de zuivelindustrie van het Atherton Tableland. Een deel van de producten wordt op de zogeheten

Milk Run per vliegtuig duizenden kilometers getransporteerd naar Darwin en Alice Springs in het Northern Territory en naar Wyndham en Derby in de West-Australische Kimberley Region. Over de zuivelindustrie kom je meer te weten in het **Malanda Dairy Centre** (8 James St., tel. 07-40 95 12 34, www.malandadairy centre.com, wo.-zo. 9-15 uur, A-$ 8,50).

Ten zuidwesten van Malanda ligt het **Mount Hypipamee National Park**. Een korte wandelroute voert naar de **Dinner Falls** en naar een enorme krater, vermoedelijk 95.000 jaar geleden ontstaan door een gasexplosie.

Millaa Millaa en omgeving

Een van de hoogtepunten van een uitstapje naar het Atherton Tableland is het panoramische **Waterfall Circuit**. Deze weg takt oostelijk van het stadje **Millaa Millaa** af van de Palmerston Highway naar de schilderachtige watervallen Millaa Millaa Falls, Zillie Falls en Ellinjaa Falls.

Ten zuidoosten van Millaa Millaa begint het dichtbegroeide regenwoud van het **Wooroonooran National Park** (zie blz. 426). De vaak in wolken gehulde bergwereld, ook wel de 'Misty Mountains' genoemd, bereik je via een netwerk van goede wandelpaden.

Vanaf de 1100 m hoge **Millaa Millaa Lookout** op Mount Hugh Road, 8 km westelijk van Millaa Millaa heb je een geweldig uitzicht over het Atherton Tableland.

Ravenshoe en omgeving

Aan de zuidkant van het Atherton Tableland ligt op 915 m **Ravenshoe** (spreek uit: Revenshoo), de hoogstgelegen plaats van Queensland. Westelijk daarvan begint het **Millstream Falls National Park** met de Little Millstream Falls, waar je goed vogelbekdieren kunt observeren, en de Millstream Falls, die als de breedste watervallen van Australië de bijnaam 'Mini-Niagara' hebben.

Een mooie, circa 20 km lange tocht door het weelderige hooglandregenwoud brengt je van Ravenshoe in zuidelijke richting naar het **Tully Gorge National Park**, een schitterende canyon met de 293 m diepe kloof van de Tully River. Van de Tully Gorge Lookout loopt een kort voetpad naar beneden naar de bodem van de kloof (heen en terug 1,5 km/45 min.).

Neem om terug te keren naar de kust de Palmerston Highway, die bij Innisfail (zie blz. 425) aansluit op de Bruce Highway. Stop onderweg bij de **Crawford Lookout**, waar je een prachtig uitzicht hebt op de Johnstone River, en bij de **Mamu Tropical Skywalk** (zie blz. 426).

Overnachten

Solide – **Kool Moon Motel:** 6 Moore St., tel. 07-40 97 64 07. Eenvoudig ingerichte standaardkamers. 2 pk vanaf A-$ 85.

Camping en motel – **Tall Timbers Motel & Caravan Park:** Kennedy Hwy, tel. 07-40 97 63 25. Met restaurant en zwembad. 2 pk vanaf A-$ 75.

Marlin Coast ▶ 3, K 2/3

Ten noorden van Cairns strekt zich tot aan Cooktown de **Marlin Coast** uit met enkele van de mooiste zandstranden van Australië – ze zijn tegenwoordig een publiek geheim, zeker in het hoogseizoen, maar echt overvol zijn ze nooit. De kustweg, de **Captain Cook Highway**, vertakt in zijweggetjes. Het zuideinde van de Marlin Coast wordt gemarkeerd door **Machans Beach**, en het noordeinde door **Holloways Beach**, **Yorkeys Knob Beach**, **Kewarra Beach** en **Clifton Beach**.

Palm Cove en omgeving

De badplaats **Palm Cove** lijkt met zijn hotel- en appartementenblokken op een bescheiden surfparadijs aan de Gold Coast in zuidelijk Queensland. Vanwege de *box jellyfish*, de zeer gevaarlijke kubuskwal, kun je hier van november tot april alleen aan met netten afgezette stranden zwemmen.

Zo'n 15 km ten noorden van Palm Cove ligt aan de Captain Cook Highway het in reptielen gespecialiseerde dieren- en attractiepark **Hartley's Crocodile Adventures,** dat een voorproefje biedt op de wildernis van Cape York Peninsula (tel. 07-40 55 35 76, www.cro codileadventures.com, dag. 8.30-17 uur, slangenshow 14 uur, krokodillenshow 11, 15 uur, A-$ 37).

Overnachten

Aan zee – **Ellis Beach Oceanfront Bungalows:** Captain Cook Hwy, tel. 1800-63 70 36, www.ellisbeach.com. Bungalows, staanplaatsen voor tenten en campers, zwembad, fraai gelegen. Bungalows (2 pers.) A-$ 115-210.

Port Douglas en omgeving

Het fraai op een landtong gelegen **Port Douglas**, ooit alleen bekend bij kenners, heeft wel iets weg van het Zuid-Franse Saint-Tropez. Tegenwoordig is het stadje, dat in 1877 als bevoorradingshaven voor de goudvelden aan de Palmer River werd gesticht, vooral als uitvalsbasis bij duikers en zeevissers in trek. Dagelijks varen vanuit de mondaine jachthaven Marina Mirage excursieboten af naar het Outer Reef. Vanaf een in het rif verankerd platform starten duik- en snorkelexcursies en zelfs helikopterrondvluchten. Ook de beide koraaleilanden Low Isles (zie blz. 455), waar je kunt duiken en snorkelen, zijn geliefde cruisebestemmingen. In de tegenovergestelde richting vaart de nagebouwde raderboot *P.S. Lady Douglas*, met als bestemming de met mangroven begroeide **Dickson Inlet** (Marina Mirage, tel. 0408-98 61 27, www.ladydouglas.com.au, dag. 10.30, 12.30, 14.30, 16.30 uur, A-$ 35).

Je kunt diep in het tropisch regenwoud doordringen zonder alle moeite van een lange trektocht in het **Wildlife Habitat** aan de Cook Highway, ongeveer 5 km ten zuiden van Port Douglas. Onder een doorzichtig tentdak woekert hier een wildernis van orchideeën, varens en andere regenwoudvegetatie. Ook leven hier veel voor deze biotoop karakteristieke dieren zoals vlinders, vogels, pythons en zoetwaterkrokodillen. Overdag worden thematische rondleidingen aangeboden. Populair is het *Breakfast with the Birds* (Port Douglas Rd., tel. 07-40 99 32 35, www.wildlifehabitat.com.au, dag. 8-17 uur, A-$ 34).

Direct aan de oostelijke stadsrand ligt het **Four Mile Beach**, een breed, in een grote boog lopend zandstrand zoals ze altijd in de brochures van Zuidzee-eilanden staan. In de zomermaanden worden sommige stukken strand met netten afgeschermd tegen de ge-

Een van de belangrijkste poorten naar het Great Barrier Reef: de haven van Port Douglas

Marlin Coast

vaarlijke *box jellyfish*. Vanaf **Flaggstaff Hill Lookout** kijk je fraai uit op het strand.

Een leuke manier om tussen rietsuikerplantages door van Port Douglas naar Mossman (zie hierna) te reizen, is de nostalgische, door een stoomlocomotiefje getrokken trein **Bally Hooley** (Marina Mirage, tel. 07-40 99 50 51, juli-okt. zo. 11, 13, 14.30 uur, A-$ 12).

Informatie
Port Douglas Tourist Information Centre: 23 Macrossan St., tel. 07-40 99 55 99, www.infoportdouglas.com.au, www.visitportdouglasdaintree.com.au, dag. 8.30-19 uur.

Overnachten
Oase – **Hibiscus Gardens:** 22 Owens St., tel. 07-40 99 53 15, www.hibiscusresortandspa.com.au. *Hideaway* in Balinese stijl; goed restaurant, wellnesscenter, zwembad; 300 m van Four Mile Beach. 2 pk A-$ 185-360.
Comfortabel – **Lazy Lizard Motor Inn:** 121 Davidson St., tel. 07-40 99 59 00, 1800-99 59 50, www.lazylizardinn.com.au. Comfortabel ingerichte units, restaurant, zoutwaterzwembad. 2 pk A-$ 125-175.
Centraal, rustig, goedkoop – **Port Douglas Motel:** 9 Davidson St., tel. 07-40 99 52 48, www.portdouglasmotel.com.au. Sympathiek klein motel in het centrum met eenvoudige maar stijlvol ingerichte kamers en een zoutwaterzwembad. 2 pk A-$ 100-135.
Mooie lodge – **Coral Beach Lodge:** 7 Craven Close, tel. 07-40 99 54 22, www.coralbeachlodge.com. Kamers in diverse luxecategorieën, bar, bistro en zwembad. 2 pk A-$ 85-125, meerpersoonskamer vanaf A-$ 25 p.p.
Camping en cabins – **Tropic Breeze Caravan Park:** 24 Davidson St., tel. 07-40 99 52 99, www.tropicbreeze.com.au. Vijf minuten van het centrum, drie minuten van Four Mile Beach.

Eten en drinken
Vers uit zee – **On the Inlet:** 3 Inlet St., tel. 07-40 99 52 55, www.ontheinlet.com, dag. 12-15, 17-23 uur. Verrukkelijk seafood. Hoofdgerechten A-$ 25-42.
Authentiek – **Iron Bar:** 5 Macrossan St., tel. 07-40 99 47 76, www.ironbarportdouglas.com.

au, dag. 11 uur tot laat. Met golfplaat gedecoreerd, veel soorten steaks, mooi buiten zitten, in het hoogseizoen vanaf 22 uur livemuziek. Hoofdgerechten A-$ 19-38.

Winkelen
Markt – **Cotters Markets:** Anzac Park, zo. 8-13.30 uur. Kunstnijverheid.

Actief
Tours – **Quicksilver Cruises:** Marina Mirage, tel. 07-40 87 21 00, www.quicksilver-cruises.com. Met een catamaran naar een in Agincourt Reef verankerd platform; daar snorkelen, varen met een glasbodemboot, helikopterrondvlucht (dag. 8 uur, A-$ 246). **Poseidon Cruises:** Wharf St., tel. 07-40 99 21 00, www.poseidon-cruises.com.au. Duik- en snorkeltrips naar Agincourt Reef (dag. 8 uur, vanaf A-$ 238).

Evenement
Port Douglas Carnivale (mei): met cultureel programma, www.carnivale.com.au.

Mossman en Daintree
Mossman markeert het einde van de Captain Cook Highway en is de springplank naar de **Mossman Gorge**. De romantische kloof ligt aan de zuidkant van Daintree National Park en is een van de grootste aaneengesloten regenwoudgebieden in Noord-Australië. Al is de overwegend ongerepte wildernis alleen toegankelijk voor ervaren trekkers, toch kan iedereen de met weelderige tropische vegetatie begroeide kloof aan de benedenloop van de Mossman River probleemloos verkennen op een korte rondwandeling (vanaf de picknickplaats aan de ingang van het park, 2 km/1 uur).

Wie wil weten hoe een suikerfabriek werkt, kan tijdens de oogsttijd (juni-nov.) een rondleiding volgen door de **Mossman Sugar Mill** (tel. 07-40 30 41 90, www.mossag.com.au, ma.-vr. 11.30, 13.30 uur, A-$ 20).

Bezoek in **Daintree**, circa 35 km noordelijker, het **Timber Museum** (tel. 07-40 98 62 24, www.daintreetimbergallery.com, dag. 10-16 uur, toegang gratis). De kleine plaats is echter vooral bekend als vertrekpunt voor riviertrips om krokodillen te observeren (zie hierna).

Van Townsville naar Cape York

Overnachten

Wellnesscenter in het regenwoud – **Silky Oaks Wilderness Lodge:** Mossman River Gorge, Mossman, tel. 02-40 98 16 66, www.silkyoakslodge.com.au. Topcomfort in de wildernis, fijnproeversrestaurant, wellnesscenter (algenpakking, bloemenbad enzovoort, vanaf A-$ 105). 2 pk A-$ 385-765.

Romantische schuilplaats – **Mossman Gorge B & B:** Lot 15 Gorge View Cres., Mossman, tel. 07-40 98 24 97, www.bnbnq.com.au/mossgorge. Twee behaaglijk ingerichte kamers in een houten huis, ontbijtterras met uitzicht op het regenwoud, zoutwaterzwembad. Chris en Mandy helpen je graag bij het plannen van je dag. 2 pk A-$ 115-170 inclusief ontbijt.

Camping en cabins – **Pinnacle Village Holiday Park:** Wonga Beach (24 km ten noorden van Mossman), tel. 07-40 98 75 66, 1800-22 27 28, www.pinnaclevillage.com. Onder andere twee zwembaden en een winkel; aan een heerlijk strand.

Actief

Wandelen met Aboriginals – **Kuku Yalanji Dreamtime Walks:** 58 Pringle St., Mossman, tel. 07-40 98 25 95, www.yalanji.com.au. Door Aboriginals begeleide wandelingen van twee uur door het regenwoud, waarbij je inzicht krijgt in het leven en de cultuur van de oerbewoners (dag. 10, 11, 12, 13, 15 uur, A-$ 62, te boeken in het Mossman Gorge Centre, tel. 07-40 99 70 00, www.mossmangorge.com.au).

Krokodillen spotten – Ongeveer tien bedrijven bieden tours aan om krokodillen te spotten op de Daintree River; qua prijs en inhoud verschillen ze nauwelijks van elkaar, onder andere **Bruce Belcher's Daintree River Cruises:** Daintree, tel. 07-40 98 77 17, www.daintreerivercruise. com, dag. 8.15, 9.30, 11, 12, 13.30, 14.30, 16 uur, A-$ 27.

Cape Tribulation

Aan de andere kant van de brede Daintree River, die je met een autoveer kunt oversteken, kronkelt een smal, bochtig weggetje door het Cape Tribulationgedeelte van het **Daintree National Park**. Met jungleplanten begroeide bergen grenzen hier direct aan bountybaaien met heerlijke zandstranden en ervoor in zee gelegen koraaltuinen – *Where the reef meets the rainforest*, zoals het in de slogan van een reclamefolder van het toeristenbureau staat.

In het **Daintree Discovery Centre**, circa 10 km ten noorden van de veerboot, hoor je bij multimedialezingen meer over de flora en fauna van het nationaal park, dat door de UNESCO op de Werelderfgoedlijst is geplaatst. Meer dan elfhonderd plantensoorten zijn er in de kustregenwouden geteld. Je krijgt hier inzicht in de 'lagen' van het regenwoud in een 23 m hoge toren met vijf uitkijkplatforms (tel. 07-40 98 91 71, www.discoverthedaintree.com, dag. 8.30-17 uur, A-$ 32).

Circa 18 km ten noorden van de veerboot ligt aan de Cape Tribulation Road het **Daintree Entomological Museum**, waar bezoekers kunnen kennismaken met de veelzijdige insectenwereld van deze streek (tel. 07-40 98 90 45, www.daintreemuseum.com. au, dag. 9-17 uur, A-$ 14). Een goede indruk van de kustregenwouden en de mangrovebossen krijg je op de **Marrdja Board Walk**, een natuurleerpad aangelegd op plankieren, 28 km ten noorden van de veerboot (heen en terug 540 m/45 min.).

Door een tunnel van dichte tropische vegetatie kom je langs de markante Thornton Peak bij de Alexandra Bay met zijn langgerekte **Thornton Beach**. Op **Noah Beach**, een vijfsterrenstrand van glinsterend wit zand, mag je kamperen. De topper onder de regionale stranden is Cape Tribulation Beach, waarachter de door regenwoud overwoekerde bergen oprijzen. Maar denk niet dat je heerlijk kunt zwemmen, want in het water loeren krokodillen en van november tot april ook giftige kwallen. **Cape Tribulation Beach** kreeg zijn naam – 'kaap van ellende' – van kapitein James Cook, wiens schip hier op een koraalrif lek sloeg. Door het kustregenwoud en de mangroven leidt de Kulki Walk naar de **Cape Tribulation Lookout** met schitterende kustpanorama's (heen en terug 800 m/40 min.).

Informatie

Internet: www.capetribulation.com.au.

Marlin Coast

EEN BED IN DE BUSH – REGENWOUDLODGES IN HET DAINTREE NATIONAL PARK

Enkele idyllisch in het regenwoud van het Daintree National Park gelegen resorts en lodges combineren een luxueus verblijf en eersteklas gastronomie met activiteiten in de natuur. De rustieke hotels, die niet alleen goed toegeruste kamers aanbieden, maar ook gezellige bungalows en cabins met een kleine veranda, zijn met inachtneming van strenge ecologische richtlijnen vrijwel uitsluitend opgetrokken van hout. Aangezien ze in een nationaal park liggen dat op de Werelderfgoedlijst staat, gelden er strenge normen met betrekking tot de afvoer van water en afvalverwerking.

Op het programma van de resorts staan wandelingen door het regenwoud onder de deskundige leiding van botanici, vogelobservatie, safari's per terreinwagen, vissen in oerwoudrivieren of op zee en paardrijden in de bossen. Een echte must is een cruise over het Great Barrier Reef, dat pal voor de deur ligt. Avonturiers kunnen meedoen aan een excursie per kajak waarbij Cape Tribulation wordt gerond. Met wat geluk kom je daarbij dolfijnen en zeeschildpadden tegen. Sommige lodges hebben hun gasten ook zwembaden, fitnesscentra en tennisbanen te bieden. Op airconditioning, televisie en telefoon moet je echter niet rekenen – niets mag de rust in het regenwoud verstoren. De onderstaande drie adressen zijn buitengewoon aan te raden:

Daintree Wilderness Lodge: 14 km ten noorden van de veerboot, tel. 07-40 98 91 05, www.daintreewildernesslodge.com.au. Zeven, door plankiers met elkaar verbonden modern ingerichte bungalows midden in het regenwoud. In het half overdekte restaurant worden lichte, regionale kost en uitgelezen wijnen geserveerd. Mooi zwembad. Bungalow A-$ 270-310.

Daintree-Cape Tribulation Heritage Lodge: Thornton Beach, 18 km ten noorden van de veerboot, tel. 07-40 98 93 21, www.heritage lodge.net.au. Comfortabel ingerichte houten bungalows aan de rand van het regenwoud; tevens bar en restaurant. Niet ver van de natuurlijke baden van de Cooper Creek. Bungalow A-$ 200-260.

Ferntree Rainforest Resort: 33 km ten noorden van de veerboot, tel. 18 00-98 70 77 en 07-40 98 00 00, www.ferntreerainforestlodge.com.au. Stijlvolle, met bamboe en rotan gemeubileerde bungalows in een 100 ha groot stuk regenwoud, restaurant met terras aan het strand met *new Australian cuisine* (voornamelijk vis en zeebanket). Bungalow A-$ 175-240.

Overnachten

Rechts en links van de weg naar Cape Tribulation verbergen zich in het regenwoud comfortabele lodges (zie boven), gemoedelijke pensions en goedkope backpackershostels – gemaakt voor een paar dagen ontspanning ver van het toeristengewoel.

Boetiekresort – **Daintree Rainforest Retreat Motel:** Cape Tribulation Rd., Cow Bay, tel. 07-40 98 91 01, www.daintreeretreat.com.au. Elf kilometer ten noorden van de veerbootaanlegsteiger; gezinsvriendelijk, met zoutwaterzwembad, zeer behulpzame eigenaar. 2 pk A-$ 135-170, appartement A-$ 225.

Logeren in het regenwoud – in het Daintree National Park kan dat van eenvoudig tot luxueus

Goedkoop en in de natuur – **Crocodylus Village:** Buchanan Creek Rd., Cow Bay, tel. 07-40 98 91 66, www.daintreecrocodylus.com.au. 15 km ten noorden van de veerbootaanlegsteiger; eenvoudige cabins en meerpersoonskamers; zwembad. 2 pk A-$ 79-99, meerpersoonskamer A-$ 28 p.p.

Voor budgetreizigers – **PK's Jungle Village:** tel. 07-40 98 00 40, www.pksjunglevillage.com.au. 2 km ten zuiden van Cape Tribulation. Populair bij backpackers; met restaurant, biergarten en zwembad. 2 pk A-$ 95-125, meerpersoonskamer vanaf A-$ 25-28 p.p.

Camping – **Rainforest Village:** Cape Tribulation Rd., tel. 07-40 98 90 15, www.rainforestvillage.com.au. Zestien kilometer ten noorden van de veerbootaanlegsteiger. Eenvoudig maar erg fraai gelegen.

Eten en drinken

Aan het strand – **Café on Sea:** Cape Tribulation Rd., Thornton Beach, tel. 07-40 98 91 18, dag. 9.30-18 uur. Drieëntwintig kilometer ten noorden van de veerbootaanlegsteiger. Mediterrane gerechten en seafood. Gerechten A-$ 16-31.

Eenvoudig – **Cassowary Café:** 2 km ten zuiden van Cape Tribulation, tel. 07-40 98 00 94, dag. 9-22 uur. Pizza en pasta, steaks en seafood. Hoofdgerechten A-$ 15-36.

Actief

Krokodillen spotten – **Cape Tribulation Wilderness Cruises:** tel. 0457-73 10 00, www.capetribcruises.com. Boottochten (1 uur) door mangrovewoud (A-$ 30).

Wandelen – **Cooper Creek Wilderness Experience:** tel. 07-40 98 91 26, www.coopercreek.com.au. Begeleide dag- en nachtwandelingen (2 uur) in kleine groepen (vanaf A-$ 90). **Mason's Tours:** tel. 07-40 98 00 70, www.masonstours.com.au. Begeleide tochten in het regenwoud (vanaf A-$ 75).

Kajaktochten – **Tropical Seakayaks:** tel. 07-40 98 91 66, www.daintreecrocodylus.com.au.

Marlin Coast

Tweedaagse kajaktochten met overnachting op Snapper Island (vanaf A-$ 225).

Bloomfield Track

Mensen met een gewone auto moeten bij Cape Tribulation omdraaien en terugkeren naar de Mulligan Highway, want de naar Cooktown (zie hierna) leidende **Bloomfield Track** kan vanwege extreme hellingen alleen met vierwielaandrijving afgelegd worden. Dankzij een betontracé door de rivierbedding is het oversteken van de Bloomfield River ten zuiden van de Aboriginalnederzetting Wujal Wujal niet meer afhankelijk van het tij. Om de zenuwen weer tot rust te brengen bestel je daarna in de onvervalste outbackpub Lion's Den Hotel in **Helenvale** een koud biertje. In het mysterieuze granietmassief van het **Black Mountain National Park**, dat een rol speelt in vele mythen van de Aboriginals, komt de Bloomfield Track weer uit op de Mulligan Highway, vanwaar het nog 28 km is naar Cooktown.

Cooktown

Wie met een gewone auto of camper naar Cooktown wil rijden, moet de door het binnenland voerende, overal geasfalteerde **Mulligan Highway** nemen. Terreinwagens kunnen vanaf Cape Tribulation over de Bloomfield Track (zie links) rijden.

De naam van deze aan de Endeavour River gelegen havenstad verwijst naar James Cook, die er op 17 juni 1770 landde, om tijdens een gedwongen verblijf van 48 dagen in de beschutte riviermonding zijn lek geslagen schip de Endeavour te repareren. Iets meer dan honderd jaar later vond de Ier Mulligan aan de oever van de maar 200 km naar het westen gelegen Palmer River een klompje puur goud en daarop barstte een heuse goudkoorts los. **Cooktown** ontwikkelde zich als de bevoorradingsbasis voor de goudmijnen tot een bruisende stad, waarvan het inwonertal binnen een paar jaar groeide tot 35.000 mensen. Rond 1880 had het ratjetoe van tenten en hutten plaatsgemaakt voor meer duurzame stenen en houten huizen. Verspreid over Charlotte Street, de hoofdstraat van de stad, stonden 65 kroegen en tientallen hotels, restaurants en winkels. Bovendien had elke wereldmacht er wel een consul zitten. De pijlsnelle groei van Cooktown werd gevolgd door een diepe val, toen het goud opraakte. Steeds meer inwoners verlieten de havenstad en rond 1900 woonden er nog maar tweeduizend mensen. De geografische isolatie en de wervelstormen en bosbranden deden de rest – het eens zo bruisende Cooktown viel in een lange slaap, waaruit het pas nu langzamerhand weer wakker wordt.

Het **James Cook Museum** in Helen Street documenteert de stadsgeschiedenis en Cook's ontdekkingsreizen (tel. 07-40 69 53 86, dag. 9-16 uur, A-$ 10). Ook het **Cooktown History Centre** in Charlotte Street met zijn maritieme tentoonstelling (tel. 07-40 69 66 40, www.cooktownhistory.org.au, mrt.-okt. ma.-za. 9-15 uur, A-$ 8) is een bezoek waard.

Veel architectonische overblijfselen van het grootse verleden liggen naast elkaar aan Charlotte Street. Aan de oever van de Endeavour River markeert een gedenkteken de plaats waar ooit Cook aan land ging. Vanaf de **Grassy Hill**,

Van Townsville naar Cape York

PER TERREINWAGEN NAAR CAPE YORK

Informatie
Begin: Cooktown (zie blz. 441)
Eindpunt: Bamaga
Lengte: heen en terug circa 1600 km
Duur: 10-12 dagen
Moeilijkheidsgraad: matig tot extreem
Informatie op internet: www.capeyorkinfo.org

Door de wildernis van Cape York slingert de **Peninsula Development Road**, een circa 800 km lange weg door de natuur, deels onverhard, deels verhard met steenslag, die in de buurt meestal de **Cape York Track** wordt genoemd en ondanks alle pogingen tot verbetering zowel chauffeur als auto nog altijd zwaar op de proef stelt. Ondanks alle oversteken dwars door de een of andere rivier geldt de Cape York Track als een avontuur dat goed te doen is met gedegen voorbereiding en outbackervaring, en een terreinwagen met vierwielaandrijving. Reken voor dit avontuur op tien tot twaalf dagen. De kleine gehuchten en roadhouses die je met tussenpozen van maximaal 400 km tegenkomt, staan garant voor de benodigde brandstof en levensmiddelen. Denk eraan: in de regentijd van de maanden november/december tot maart/april is de Cape York Track onbegaanbaar.

De laatste stad voor de wildernis van het Cape York Peninsula is **Cooktown** (zie blz. 441). Daar moet je nog even van de gelegenheid gebruikmaken om proviand in te slaan. Een hoogtepunt op het zuidelijke deel van de route is de **Quinkan Reserve** nabij het outbackgehucht **Laura**. Je vindt daar een groot aantal rotsgalerijen met honderden tot 25.000 jaar oude Aboriginal-rotsschilderingen en -petroglieven. Het gemakkelijkst toegankelijk zijn de rotsschilderingen bij **Split Rock**, **Guguyelangi Rock** en **Turtle Rock**, 13 km ten zuiden Laura. Wetenswaardigheden over de Quinkan Rock Art en over het leven en de cultuur van de Ang-Gnarra-Aboriginals biedt het **Quinkan**

Cape York

& Regional Cultural Centre in Laura (tel. 07-40 60 34 57, www.quinkancc.com.au, apr.-nov. dag. 8.30-16 uur, toegang gratis, vrijwillige bijdrage). Een bezoek aan Laura is vooral tijdens het Cape York Aboriginal Dance Festival (juni-juli in oneven jaren, www.lauradancefestival.com) de moeite waard: een zeldzame kans om de authentieke dansen van de Aboriginals te zien. Ook komen in juni-juli, maar wel jaarlijks, door de wol geverfde cowboys hierheen voor de Laura Races and Rodeo. Ten noorden van Laura gaat een onverharde afslag naar het **Rinyirru (Lakefield) National Park**. Drie grote rivieren doorkruisen dit op een na grootste natuurreservaat van Queensland, het leefgebied van veel soorten vogels en reptielen. In het park ligt ook de **Old Laura Homestead**, een historische ranch die je inzicht geeft in de zware leefomstandigheden van de eerste kolonisten.

Ten noordwesten van **Coen**, de ongekroonde hoofdstad van het schiereiland, ligt het deels moeilijk toegankelijke **Oyala Thumotang National Park**, met de uitgestrekte overstromingsgebieden van het Archer-Coen-stroomgebied en de met dicht regenwoud bedekte McIllwraith Range.

Een krappe 70 km ten noorden van Coen ligt het **Archer River Roadhouse**. Ongeveer 20 km verder buigt een zeer hobbelige weg af in noordoostelijke richting naar het grotendeels ongerepte **Kutini-Payamu (Iron Range) National Park** (circa 108 km naar de ingang van het park), waarin het grootste loofbomenregenwoud van Australië ligt. Je kunt in het park doordringen over de Old Coen Track, een circa 10 km lang wandelpad, waarop je zeldzame vogels kunt bekijken. Van de **Mt. Tozer Lookout** heb je een schitterend uitzicht rondom over dit unieke landschap.

Nog een stukje verder noordelijk volgt de afslag naar de florerende mijnstad **Weipa** aan de westkust (145 km over een goede steenslagweg). In deze omgeving liggen de rijkste bauxietvindplaatsen ter wereld. Deze grondstof voor de productie van aluminium wordt hier in dagbouw gewonnen.

In de droge tijd, van mei tot oktober, kun je, als je voorzichtig rijdt, ook met een robuuste auto of camper naar Weipa rijden, maar ten noorden van de afslag naar deze mijnstad is vierwielaandrijving het hele jaar noodzakelijk. Vooral als je de **Old Telegraph Road** wilt nemen, die 40 km ten noorden van de – door een gecementeerd spoor 'gebruiksvriendelijk' gemaakte – **Wenlock River Crossing** begint, ben je verzekerd van een onvergelijkbare achtbaan over ongebaande wegen. Heftige regenval in de zomer zorgt hier regelmatig voor diepe plassen en kuilen. Wie zijn auto en zijn zenuwen wil sparen, kan beter de **Southern Bypass Road** nemen.

Een paar kilometer noordelijk van de plek waar de beide wegen weer bij elkaar komen, beloven de in natuurlijke rotspoelen stortende **Fruit Bat Falls** en **Eliot Falls** veel badderplezier midden in het schrale bushland. Ooit was het grootste obstakel op weg naar Cape York de oversteek van de machtige **Jardine River**; tegenwoordig vaart er een autoveer.

Bamaga is een grotere plaats, waar hoofdzakelijk Aboriginals en Torres Strait Islanders wonen, met een ziekenhuis, een school en allerlei voorzieningen. Ongeveer 30 km ten noordoosten steekt Cape York uit in de 150 km brede, met eilanden bezaaide zeestraat **Torres Strait**, die Australië scheidt van Azië. Op de eilandengroep wonen voornamelijk circa tienduizend Torres Strait Islanders, die verwant zijn met de Melanesische volksstammen van Nieuw-Guinea. Het kleine, 32 km noordwestelijk van Cape York gelegen **Thursday Island**, ooit de thuishaven van talrijke parelvissers, en tegenwoordig een belangrijke vissershaven, dient als bestuurlijk centrum van de eilandengroep. In de kustwateren voor Cape York ligt **Possession Island**, de locatie waar James Cook op 22 augustus 1770 de Britse vlag liet hijsen en daarmee Australië voor het Britse Rijk opeiste.

Van Bamaga is het niet ver meer rijden naar **Cape York**, het noordelijkste punt van het vijfde continent. Papoea-Nieuw-Guinea ligt hier in vogelvlucht maar 140 km vandaan. De Aboriginals noemen de kaap Pajinka, wat zoveel als 'trefpunt' betekent. Een passende naam, gezien het feit dat de wateren van de Indische Oceaan en de Stille Oceaan samenvloeien voor deze noordelijke kaap. Westelijk van The Tip, zoals Cape York ook wel genoemd wordt, ligt **Frangipani Beach**, het noordelijkste strand van het Australische vasteland.

waar een oude vuurtoren staat, is het uitzicht over Cooktown en de delta van de Endeavour River schitterend. Van de Botanic Gardens aan de oostrand van de stad leidt een voetpad naar de schilderachtige **Finch Bay** met een breed zandstrand. De beste manier om de door mangroven geflankeerde Endeavour River vol krokodillen te verkennen, is per boot.

Informatie
Cooktown's Visitor Information Centre: Nature's Powerhouse, Botanic Gardens, Walker St., tel. 07-40 69 60 04, www.cooktownandcapeyork.com, mrt.-okt. dag. 9-17 uur.

Overnachten
Historische sfeer – **The Sovereign:** Charlotte St., hoek Green St., tel. 07-40 43 05 00, www.sovereignresort.com.au. Koloniaal hotel met modern interieur, restaurant, zwembad. 2 pk A-$ 165-225.

Functioneel comfort – **Cooktown River of Gold Motel:** Hope St., hoek Walker St., tel. 1800-00 52 03, www.riverofgoldmotel.com.au. Met restaurant, zwembad. 2 pk A-$ 117-142.

Camping en cabins – **Cooktown Holiday Park:** 31-41 Charlotte St., tel. 1800-25 51 62, www.cooktownholidaypark.com.au. Met zwembad.

Actief
Krokodillen observeren – **Endeavour River Cruises:** Cooks Landing Kiosk, Charlotte St., tel. 07-40 69 57 12, www.cooktowncruises.com.au. Tocht op de Endeavour River met krokodilobservatie (di.-zo. 13 uur, A-$ 28,50).

Cape York Peninsula
▶ 3, J/K 1/2

Kaart: zie blz. 442

'Wie door dit land reist, gaat door de hel', noteerde de ontdekkingsreiziger Edmund Kennedy kort voor zijn dood in zijn dagboek. In 1848 had hij geprobeerd vanuit Cairns het **Cape York Peninsula** te doorkruisen. Zondvloedachtige regens, moerassen vol krokodillen, kolkende rivieren en aanvallen van Aboriginals maakten de expeditie tot een ware nachtmerrie. De compromisloze natuur bezorgt het ruim 200.000 km² grote gebied, waarin zich slechts tienduizend mensen permanent ophouden, afwisselend droogte en overstromingen. Dunbevolkt, nauwelijks onderzocht en ontsloten en dus moeilijk toegankelijk: Cape York Peninsula, dat als een pijlpunt recht naar het noorden in de richting van Papoea-Nieuw-Guinea wijst, wordt beschouwd als een van de laatste grote wildernissen op aarde. Op ongeveer een zevende van de oppervlakte liggen verschillende nationale parken, die tezamen een unieke planten- en dierenwereld beschermen: een mix tussen de flora en fauna van Australië en Nieuw-Guinea. Hoewel op Cape York Peninsula de nabijheid van tropisch Azië te bespeuren valt, kom je bedrogen uit als je denkt dat deze driehoek met een weelderige jungle van varens, lianen, slingerplanten en oerwoudreuzen is begroeid. Soortenrijke regenwouden groeien enkel op Cape Tribulation en rond Cooktown, en in een paar nationale parken aan de oostkust van het schiereiland. In het binnenland vind je tropische savannes vol reusachtige termietenheuvels, lichte, kleine eucalyptusbossen en brede moerasvlakten. Dwars door deze wildernis slingert de Cape York Track (zie blz. 442).

Overnachten
... in Laura:
Pubhotel – **Quinkan Hotel:** tel. 07-40 60 33 93, www.quinkanhotel.com.au. Eenvoudige kamers en camping. 2 pk vanaf A-$ 95.

... in Coen:
Outbacksfeer – **Homestead Guest House:** tel. 07-40 60 11 57, www.coenguesthouse.com.au. Gezellige B&B. 2 pk A-$ 105-115.

Camping – **Armbrust Caravan Park:** tel. 07-40 60 11 34. Eenvoudig, met stacaravans.

... bij Cape York:
Camping en cabins – **Cape York Camping Punsand Bay:** tel. 07-40 69 17 22, www.capeyorkcamping.com.au. 5 km ten zuidwesten van Cape York; met zoudwaterzwembad en uitstekend restaurant; cabins met airco (A-$ 185). Alleen bereikbaar per 4WD.

 Great Barrier Reef

▶ 3, J/K 1-4

Het wordt als het achtste wereldwonder gezien: het Great Barrier Reef. Over meer dan 2000 km strekt zich het grootste koraalrifstelsel ter wereld uit langs de Australische oostkust. Als groene en goudgele stipjes zijn er meer dan zevenhonderd eilandjes in de Koraalzee gestrooid. Voor velen wordt hier de droom van het tropische paradijs werkelijkheid.

Droomwereld onder water

De naam Great Barrier Reef voor dit fascinerende natuurfenomeen is eigenlijk niet helemaal juist, want het rif is niet een aaneengesloten barrière, maar een verzameling van bijna drieduizend kleine riffen, die over ongeveer 350.000 km² verstrooid zijn. De buitenste gordel van de rifketen, het zogenaamde Outer Reef, breekt abrupt en steil af tot een diepte van bijna 2000 m. In het noorden bij Cairns ligt deze buitenste rifzoom maar ongeveer 30 km uit de kust, in het zuiden bij Mackay is dat wel 260 km. Tussen het vasteland en het Outer Reef ligt een lagune, die op sommige plaatsen 50 tot 100 m diep is en vaak het Barrier Reef Channel genoemd wordt. In dit 'lagunekanaal' liggen behalve nog meer riffen en koraalbanken ook eilandjes van verschillende grootte.

Koraal- en schiereilanden

Van de meer dan zevenhonderd eilanden van het Great Barrier Reef zijn er maar een handvol echte koraaleilanden, die uitsluitend uit afgebroken koralen en aangespoeld zand bestaan. Deze koraaleilanden hebben meestal maar een doorsnee van enkele honderden meters en hun hoogste punt ligt zelden meer dan een meter boven de zeespiegel. Een deel van de koraaleilanden is volledig kaal, een deel is begroeid met zee- en windbestendige planten. Echt ontsloten voor het toerisme, met de luxeresorts die daarbij horen, zijn er slechts drie: Lady Elliot Island (zie blz. 447), Heron Island (zie blz. 448) en Green Island (zie blz. 454).

De meeste eilanden die in de buurt van het vasteland uit zee oprijzen, zijn overblijfselen van verzonken kustgebergten. Opgebouwd uit vast gesteente, maken ze deel uit van het continent, waarvan ze door verzakking en stijging van de zeespiegel na de laatste ijstijd gescheiden werden. De meestal zeer hoge en met een dichte vegetatie begroeide schiereilanden worden vaak omringd door smalle franjeriffen met koraaltuinen.

Koraalpoliepen

Als het grootste bouwwerk ter wereld dat ooit door levende organismen geschapen is, bestaat het Great Barrier Reef voornamelijk uit kalkstenen omhulsels en skeletten van miljarden en miljarden piepkleine zeediertjes, de zogenaamde koraalpoliepen. De meestal hooguit 10 mm lange wezentjes zijn ongewervelde organismen. In hun levenscyclus scheiden ze constant de met hun voedsel binnengekregen kalk af. Daarvan maken de poliepen, die alleen maar uit een zakvormig lichaam met een door een tentakelkrans omgeven mondopening bestaan, bekervormige omhulsels. Overdag verbergen de nachtactieve diertjes zich in deze beschermende kokers. In het donker worden de vangarmen, voorzien van netelorganen, uitgestrekt om het in het water zwevende plankton op te nemen.

Onder gunstige omstandigheden vermenigvuldigen de poliepen zich snel en vormen dan algauw een kolonie van vele miljoenen koraaldiertjes. De kalkskeletten van de individuele poliepen vergroeien in de loop der tijd tot vaak bizar gevormde koraalkolonies.

Great Barrier Reef

Als duiker waan je jezelf bij het Great Barrier Reef in een andere wereld

Die kunnen dan weer tot riffen aangroeien, doordat afgestorven kolonies over duizenden jaren laag op laag stapelen. Een koraalrif bestaat dus voor het grootste deel uit een dode kern. Op het oppervlak van die kern hebben zich grote kolonies levende koraalpoliepen genesteld.

In het Great Barrier Reef zijn tegen de zeshonderd verschillende koraalsoorten met een fantastische verscheidenheid aan vormen en kleuren geteld. Het meest wijdverbreid zijn boomkoralen *(Acropora)*, zogenaamde hersenkoralen (een bolvormig bouwsel met een doorsnee tot 1 m en met een heel kronkelig oppervlak) en de gewei-, paddenstoel- en tafelkoralen. Naast kalkafscheidende koralen zijn er ook zogenaamde zachte koralen, op planten lijkende bouwsels met een leerachtig zacht skelet.

Rifbewoners

Koralen zijn bij lange na niet de enige organismen in het Great Barrier Reef. In de Koraalzee om het rif zijn alleen al meer dan vijftienhonderd vis- en ongeveer vierduizend weekdiersoorten geteld. Uit de adembenemende verscheidenheid van tropische vissen springen vooral de driebandanemoonvis – ook clownvis of harlekijnvisje genoemd – en de papegaaivis eruit. De laatste heeft zich in zijn voedselpatroon gespecialiseerd in koraalpoliepen; met zijn krachtige kaken weet hij de kalkskeletten stuk te bijten.

De koraalduivel, met zijn vleugelachtige vinnen, is enerzijds een van de mooiste, anderzijds ook een van de gevaarlijkste soorten in de vissenwereld in het rif. Zijn gif heeft net zo'n erge uitwerking als dat van een cobra. Eveneens extreem giftig en bovendien ook nog heel erg lelijk is de steenvis, die met zijn grijsbruine kleur en zijn stekelige rug nauwelijks te onderscheiden is van afgestorven koraalkolonies. De meer dan 1 m lange en verscheidene honderden kilo's zware reuzenmossel of reuzenoester zit aangegroeid tussen de koraalkoloniën. Tot de onderwaterwereld behoren ook bonte sponzen, zeesterren en kreeftachtigen. De zandstranden van veel van de eilanden worden in de zomermaanden opgezocht door zeeschildpadden om eieren te leggen.

Wereldwonder in gevaar

Sinds 1983 is het riffencomplex als Marine Park onder natuurbehoud gesteld. Ondanks alle beschermende maatregelen echter dreigt het ecologische evenwicht van het Great Barrier Reef door toedoen van de mens verstoord te raken. Voor de toeristenindustrie is het rif 'big business'. Jaarlijks stromen ongeveer drie miljoen vakantiegangers uit de hele wereld toe, en hun aantal groeit. Binnen het park zijn een kleine twintig eilanden opengesteld voor het toerisme. Ook al is voor de uitbreiding van grote vakantiecentra intussen een stokje gestoken, toch vrezen natuurbeschermers dat het Great Barrier Reef onder de druk van de bezoekersschare niet kan standhouden en zij eisen daarom dat de toegankelijkheid voor toeristen niet verder uitgebreid mag worden.

Ook de landbouw heeft zijn weerslag op de onderwaterwereld, in het bijzonder het in monocultuur verbouwen van rietsuiker. Tijdens de jaarlijkse moessonregens belanden via rivierstelsels naast sedimenten vooral ook fosfaatmeststoffen en bestrijdingsmiddelen in zee, waar ze leiden tot afsterven van de koraalkolonies. En de draagwijdte van het gevaar dat voortkomt uit de goud- en kopermijnen in Papoea-Nieuw-Guinea is nog niet te overzien. Het chemisch afval daarvan vormt vooral een bedreiging voor de noordelijke rifwand. Verdere gevaren liggen in de plannen van de olie-industrie, die de vermoede olievoorraden in het rif wil uitbaten.

Een andere dreiging gaat uit van de natuur zelf, en wel van de beruchte doornenkroon *(crown of thorns starfish)*. Deze met gifstekels gewapende zeester met een doorsnee tot wel 60 cm kan de piepkleine, rifbouwende koraalpoliepen uit hun kalkomhulsels zuigen, om ze dan te eten. Alle genomen maatregelen tegen de doornenkroon hebben tot dusver weinig uitgehaald. Het is zelfs nog niet helemaal duidelijk waardoor de steeds weer optredende massale vermeerdering van de doornenkronen wordt veroorzaakt. Naar schatting van experts hebben de doornenkronen de laatste jaren al een kwart van de koraalriffen in Noordoost-Australië vernietigd.

Het natuurwonder wordt ook aangetast door de stijgende watertemperatuur, die leidt tot de zogenaamde verbleking van het koraal. De komende eeuw zal de gemiddelde temperatuur ongeveer twee graden stijgen. Nu al, zo zeggen de mariene biologen van de University of Queensland, hebben de koralen de bovengrens van hun temperatuurtolerantie van 31°C bereikt. Of ze zich aan de verwachte snelle opwarming kunnen aanpassen, blijft afwachten.

De belangrijkste eilanden van zuid naar noord

Lady Elliot Island

Het direct aan het rif gelegen koraaleiland markeert de zuidpunt van het Great Barrier Reef. **Lady Elliot Island** bevindt zich circa 93 km ten noordoosten van Bundaberg en wordt omgeven door prachtige franjeriffen, die erg geliefd zijn bij duikers en snorkelaars. Tussen november en februari leggen zeeschildpadden op de stranden van het eiland hun eieren. Tegelijkertijd nestelen er zo'n 200.000 zeevogels.

Overnachten

Eilandresort om te relaxen – **Lady Elliot Island Eco Resort:** tel. 1800-07 22 00, 07-55 36 36 44, www.ladyelliot.com.au. Complex met bungalows en safaritenten, restaurant en zwembad. 2 pk vanaf A-$ 175 p.p. inclusief HP.

Vervoer

Vliegtuig: dag. kleine propellervliegtuigen van Seair, tel. 1800-07 22 00, vanaf Bundaberg (30 min.) en Hervey Bay (40 min.). Let op: slechts 10 kg gratis bagage!

Lady Musgrave Island

Dit door spectaculaire riffen omringde, onbewoonde koraaleiland, 100 km ten noordoosten van Bundaberg, is een topduik- en snorkelgebied. In de zomermaanden zoeken duizenden watervogels hun nestplaatsen op **Lady Musgrave Island**.

Great Barrier Reef

Overnachten

Camping – Wie hier wil overnachten, moet een eigen tent en voldoende drinkwater meebrengen en in het bezit zijn van een door het parkbeheer uitgegeven permit (tel. 13 74 68, www.npsr.qld.gov.au).

Vervoer

Veerboten: in het hoogseizoen dag., daarbuiten diverse keren per week. Excursies met een catamaran vanuit Port Bundaberg (2,5 uur) en Town of 1770 (1,5 uur) naar Lady Musgrave Island (A-$ 190). Informatie: Lady Musgrave Cruises, tel. 1800-63 17 70, www.lmcruises.com.au.

Heron Island

Witte droomstranden, glashelder water en fantastische koraaltuinen kenmerken het 80 km ten noordoosten van Gladstone, direct aan het Great Barrier Reef gelegen **Heron Island**, dat vanwege zijn prachtige dierenwereld tot nationaal park uitgeroepen is. Kenners rekenen de duikgronden tot de beste ter wereld.

Het eiland, genoemd naar de zilverreiger *(heron)*, geldt als vogelparadijs met grote broedkolonies van sterns als de witkapnoddy en stormvogels. Tussen oktober-november en januari-februari bezoeken honderden zeeschildpadden de zandstranden om hun eieren te leggen. Vanwege de buitengewone eilandfauna is op Heron Island een zeebiologisch onderzoeksstation van de University of Queensland ingericht, waar bezoekers welkom zijn. Een aanrader is een uitstapje, dat op het eiland aangeboden wordt, naar het **Wistari Reef**.

Overnachten

Exclusief en dicht bij de natuur – **Heron Island Resort:** tel. 1800-83 71 68, www.heronisland.com. Luxueus bungalowcomplex met fijnproeversrestaurant, zwembad en wellnesscenter. 2 pk A-$ 330-788.

Vervoer

Veerboten: de dagelijks varende catamaran vanuit Gladstone (2 uur) is alleen bestemd voor gasten van het Heron Island Resort en wordt gelijktijdig met de accommodatie geboekt.

Great Keppel Island

De zestien eilanden tellende Keppelarchipel dankt zijn naam aan James Cook, die de eilanden op een van zijn ontdekkingsreizen naar admiraal Augustus Keppel noemde. Het dichtbeboste, circa 1450 ha grote **Great Keppel Island**, ongeveer 50 km ten noorden van Rockhampton op het continentaal plat, wordt omzoomd door rustige baaien met beeldschone stranden als **Butterfly Beach**, **Monkey Beach**, **Long Beach** en **Putney Beach**. Veel van de zeventien stranden zijn alleen per boot of te voet bereikbaar. Een wandelroute leidt van het mooie **Fisherman's Beach** naar de vuurtoren bij **Bald Rock Point**.

Informatie

Internet: www.greatkeppel.com.au.

Overnachten

Voor elk budget – **Great Keppel Island Holiday Village:** tel. 1800-53 77 35, www.gkiholidayvillage.com.au. Breed scala aan accommodaties – van safaritenten en meerpersoonskamers tot hotelkamers en bungalows. Meerpersoonskamer vanaf A-$ 40 p.p., 2 pk vanaf A-$ 100, bungalow vanaf A-$ 190.

Vervoer

Veerboten: diverse keren per dag varen catamarans vanuit Rosslyn Bay (40 min.) naar Great Keppel Island, bijvoorbeeld Freedom Fast Cats, tel. 07-49 33 68 88, www.freedomfastcats.com (vanaf A-$ 55). Bij de service inbegrepen is een shuttlebus vanuit Rockhampton.

Brampton Island

Dit eiland, 35 km ten noorden van Mackay, ligt weliswaar op 60 km van het Great Barrier Reef, maar is vanwege de rijke zeeflora en -fauna van de omringende franjeriffen een eldorado voor duikers, snorkelaars en onderwaterfotografen.

Van **Brampton Island** starten boottochten naar de Whitsunday Islands en het Outer Reef. Een netwerk van wandelpaden leidt naar spectaculaire panorama's en schilderachtige zwembaaien. Bij eb kun je te voet oversteken naar het naburige **Carlisle Island**.

De belangrijkste eilanden van zuid naar noord

Overnachten

Tropische hideaway – **Brampton Island Resort:** tel. 1800-18 02 09, www.bramptonisland-australia.com. Luxueus vakantiecomplex dat harmonieus opgaat in de omgeving. Restaurant, zwembad, groot sport- en vrijetijdsaanbod. 2 pk vanaf A-$ 720 all-inclusive.

Vervoer

Vliegtuig: dagelijks helikoptervluchten vanuit Mackay (15 min.) met Marine Helicopter Charter, tel. 07-49 51 08 88, www.ausheli.com.

Whitsunday Islands

De 35 tot 70 km van het Outer Reef gelegen **Whitsunday Islands** worden door veel franjeriffen omringd, maar het zijn geen koraaleilanden. Het zijn de toppen van een onderwatergebergte, dat van het vasteland gescheiden is door diepe kloven. De veelzijdige zeefauna om de koraalbanken wordt boven water geëvenaard door een afwisselend landschap, waar sprookjesachtige zandstranden contrasteren met dichtbeboste, deels nauwelijks toegankelijke bergen. De ooit echt geïsoleerde Whitsundays vormen nu een mengeling van grote vakantieoorden en afgelegen natuurreservaten. Vooral voor zeilers is het een ideaal vaargebied, want in de beschutte wateren van de Whitsunday Passage is het idyllisch varen. De eilanden kregen hun naam van kapitein James Cook, die er op Pinksteren *(Whitsunday)* in 1770 langs zeilde. Van de 74 eilanden in de archipel zijn er trouwens maar zeven bewoond.

Halverwege de 20e eeuw was **Hamilton Island** nog volledig afgesneden van de wereld, nu lijkt het 18 km ten zuidoosten van Shute Harbour gelegen eiland met zijn hoteltorens, appartementencomplexen en internationale luchthaven een soort Miami Beach dat neergeplant is op het Great Barrier Reef. Het nabijgelegen **Heart Reef**, een hartvormige koraalformatie, is alleen te zien op een rondvlucht.

Het door een koraallagune omgeven **Hayman Island**, 27 km ten noorden van Shute Harbour, is met zijn weelderige regenwoud en knusse palmbossen de passende omgeving voor een luxevakantie in een eilandresort dat wereldwijd tot een van de beste in zijn soort wordt gerekend.

Lindeman Island, 33 km ten zuidoosten van Shute Harbour, is een perfect vakantie-eiland voor het hele gezin. Zeven zwemstranden wachten op het tot nationaal park verklaarde eiland op grote en kleine vakantiegangers. Lange voetpaden maken ook het door regenwoud bedekte, bergachtige binnenland toegankelijk. Vergelijkbare mogelijkheden heb je op het voor het vasteland gelegen **South Molle Island**, 6 km ten noordoosten van Shu-

SNEL LEREN DUIKEN

Het Great Barrier Reef is een van de meest geliefde onderwaterbestemmingen ter wereld. Niet alleen ervaren duikers, maar ook beginners komen hier prima aan hun trekken. Speciaal voor de laatsten worden door bedrijven in Cairns, Airlie Beach en andere vakantieplaatsen zogeheten snuffelduiklessen aangeboden. Al na een inleidende theorieles van een uur gaan de deelnemers het water in. Onder het toeziend oog van uitstekend geschoolde *dive masters* leren ook bang uitgevallen mensen, mensen met een lichamelijke beperking en ouderen, de betoverende onderwaterwereld kennen. Als je de smaak te pakken hebt, kun je ook een cursus boeken waarbij je een officieel duikcertificaat behaalt. De enige voorwaarde is dat je redelijk fit bent en dat je een doktersverklaring hebt waarin vermeld staat dat je geen hart- en vaatziekten of oorkwalen hebt. Een basiscursus naar internationale richtlijnen, die je afrondt met het *Open Water Certificate*, duurt vijf tot zeven dagen en kost € 450-500, inclusief huur van duikuitrusting en lesmateriaal. Ook de vervolgcursussen zijn relatief voordelig.

te Harbour, een van de populairste eilanden van de streek. Langs voetpaden kun je het bergachtige binnenland van het nationale parkeiland verkennen. De 198 m hoge Mount Joffrey markeert het hoogste punt van het eiland. Vandaar heb je een prachtig uitzicht over de Whitsunday Passage.

Het tot nationaal park verklaarde **Long Island**, 8 km ten zuidoosten van Shute Harbour, is in trek bij jongeren. De stranden zijn er fantastisch. Bovendien doorkruist een netwerk van wandelpaden het door regenwoud bedekte eiland. Zo'n 4 km ten noordoosten van Shute Harbour ligt het kleine **Daydream Island**, met zijn combinatie van wit koraalstrand, idyllische palmbossen en met regenwoud begroeide berghellingen een klassiek Zuidzee-eiland. Het rustige vakantieresort gaat harmonisch op in de tropische wildernis en is al vaker bekroond met de Australische ecotoerismeprijs.

Op **Hook Island**, 22 km ten noordoosten van Shute Harbour, het op een na grootste eiland van de Whitsundaygroep, vind je een betaalbaar, vooral bij jonge toeristen geliefd vakantiepark. De natuur van de twee baaien Nara Inlet en Macona Inlet is schitterend. Ze lijken op fjorden, diep ingesneden in het zuidelijke deel van het eiland. Fantastische duik- en snorkelmogelijkheden vind je in de Manta Ray Bay in het noorden van Hook Island.

Ook een groot aantal van de andere eilanden van de Whitsundays voldoen aan het cliché van tropische sprookjeseilanden. Het 6 km lange **Whitehaven Beach** is het mooiste strand op het grootste eiland van de regio, **Whitsunday Island**, 16 km ten oosten van Shute Harbour. Andere geliefde oorden voor mensen die er even uit willen, zijn **Pentecost Island**, **Thomas Island**, **Haslewood Island** en **Border Island**.

Whitehaven Beach op Whitsunday Island vervult alle dromen over tropische stranden

De belangrijkste eilanden van zuid naar noord

Overnachten

Luxe-hideaway – **Qualia Great Barrier Reef:** Hamilton Island, tel. 1300-78 09 59, www.qualia.com.au. Luxeresort met zestig paviljoens op exclusieve locatie op de noordpunt van Hamilton Island; fijnproeversrestaurants, wellnesscenter. 2 pk vanaf A-$ 1400 inclusief HP.

Exclusief eilandparadijs – **Hayman Island Resort:** tel. 07-49 40 18 38, 1800-12 23 39, www.hayman.com.au. Tropische hideaway met elegante kamers, fijnproeversrestaurants, spectaculaire zwembaden, wellnesscenter en een uitgebreid sport- en excursieaanbod. 2 pk A-$ 705-1665.

Rustig en klein resort – **Palm Bay Resort Long Island:** Long Island, tel. 1300-65 51 26, www.palmbayresort.com.au. Aan een prachtig zandstrand gelegen complex met gezellige bungalows in Polynesische stijl, restaurant en zwembad. Bungalow A-$ 230-500.

Gezinsvriendelijk en ecologisch – **Daydream Island Resort:** tel. 1800-07 50 40, 07-49 48 84 88, www.daydreamisland.com. Op ecologisch verantwoorde wijze ontworpen, gezinsvriendelijk complex met diverse restaurants en zwembaden en een uitgebreid sport- en vrijetijdsaanbod. 2 pk vanaf A-$ 345.

Uitzicht op het rif – **Hamilton Island Resort:** tel. 07-49 46 99 99, 13 73 33, www.hamiltonisland.com.au. Modern resort met wooneenheden van verschillende grootte en kwaliteit; uitgebreid vrijetijdsaanbod. 2 pk vanaf A-$ 225.

Actief

Boottochten, snorkelen enzovoort – **Cruise Whitsundays:** tel. 07-49 46 46 62, 1800-42 64 03, www.cruisewhitsundays.com. Dagtochten met een catamaran van Shute Harbour en Hamilton Island naar het 26 zeemijlen oostelijker

Great Barrier Reef

gelegen Hardy Reef, waar het grote platform Reefworld verankerd ligt. Je kunt hier op veel manieren de sprookjesachtige onderwaterwereld van het Great Barrier Reef verkennen; ook niet-zwemmers en gezinnen met kleine kinderen komen hier aan hun trekken – of het nu is bij het snorkelen, het varen in een glasbodemboot, een bezoek aan het onderwaterobservatorium of een helikoptervlucht (dag. 8 uur vanuit Shute Harbour, dag. 9 uur vanaf Hamilton Island, A-$ 240). Wie dat wil kan op het platform ook overnachten (2 pk A-$ 419 p.p., meerpersoonskamer A-$ 319 p.p.). **Explore Whitsundays Sailing Adventure:** tel. 07-49 46 59 32, www.explorewhitsundays.com. Een- en meerdaagse zeiltochten in het eilandenrijk, met bezoek aan Whitehaven Beach en snorkelstops (dagtocht A-$ 159-179, meerdaagse tocht vanaf A-$ 389).

Vervoer

Vliegtuig: dagelijks rechtstreekse vluchten naar Hamilton Island met Jetstar en Virgin Australia vanuit Sydney, Brisbane, Townsville, Mackay, Cairns en andere steden aan de oostkust en ook vanuit Melbourne.

Veerboten: Cruise Whitsundays, Shute Harbour, tel. 07-49 46 46 62, 1800-42 64 03. Dagelijks excursies en transfers per catamaranen van Airlie Beach en Shute Harbour naar Hamilton Island en South Molle Island. Vanaf Hamilton Island Airport zijn er transfers per motorjacht naar alle andere bewoonde eilanden. Watertaxi's varen ook van Shute Harbour naar Hayman Island.

Magnetic Island

Toen kapitein James Cook in 1770 langs dit eiland voer en daarbij allerlei afwijkingen op zijn kompas constateerde, weet hij dit aan het vermeende ertshoudende en daarom magnetische gesteente van het schiereiland en noemde het **Magnetic Island**. In werkelijkheid bestaat het door de mensen uit de streek liefdevol Maggie genoemde eiland echter voornamelijk uit niet-magnetisch graniet. Tegenwoordig is het de aantrekkingskracht van alle sport- en vrijetijdsactiviteiten die mensen hierheen lokt. Een door de imposante graniet-

massieven gevormd binnenland en de meer dan twintig baaien met droomstranden maken het eiland tot een ideale – en gelukkig ook relatief betaalbare – vakantiebestemming. De circa 2500 permanente inwoners leven vooral in de kustplaatsen Picnic Bay, Nelly Bay, Horseshoe Bay en Arcadia. Dat zijn al bijna voorsteden van Townsville. Het met voetpaden doorspekte **Magnetic Island National Park** neemt de helft van het eiland in beslag. In de **Picnic Bay** in het zuiden en de **Horseshoe Bay** in het noorden kun je dankzij *stinger nets*, die de gevaarlijke kubuskwallen (zie blz. 108) op afstand houden, in zee zwemmen. Snorkelen gaat prima in de **Alma Bay**, **Arthur Bay** en **Florence Bay** aan de oostkust. In de **Nelly Bay** en **Geoffrey Bay**, eveneens aan de oostkust, leiden twee met boeien gemarkeerde 'snorkelpaden' tot 400 m uit de kust.

Informatie

The Island Travel Centre: The Esplanade, Picnic Bay, tel. 1800-67 84 78, 07-47 78 51 55, www.magneticislandtourism.com, ma.-vr. 8-18, za., zo. 9-16 uur.

Overnachten

Comfortabel gezinsresort – **Amaroo On Mandalay:** 61-79 Mandalay Ave., Nelly Bay, tel. 1300-65 65 65, 07-47 78 52 00, www.amaroonmandalay.com.au. Gezinsvriendelijk vakantiehotel in een weelderige tropische tuin. Met restaurant en zwembad, circa 800 m van het strand. 2 pk A-$ 145-285.

Voor budgetreizigers – **Base Backpackers Magnetic Island:** 1 Nelly Bay Rd., Nelly Bay, tel. 07-47 78 57 77, 1800-24 22 73, www.stayatbase.com. Vooral bij jonge reizigers populair; met originele houten hutten direct aan het strand. Een keer per maand wordt er een Full Moon Party gehouden. 2 pk vanaf A-$ 115, meerpersoonskamer vanaf A-$ 30 p.p.

Vervoer

Veerboten: tussen Townsville (Breakwater Ferry Terminal of The Strand Terminal) en Magnetic Island pendelen diverse keren per dag tussen 6 en 19 uur veerboten. Informatie: Sealink, tel. 07-47 26 08 00, www.sealinkqld.com.au;

De belangrijkste eilanden van zuid naar noord

Fantasea Cruising Magnetic, tel. 07-47 96 93 00, www.fantaseacruisingmagnetic.com.au.

Vervoer op het eiland: doordat het op de veerboot meenemen van de auto erg duur is (vanaf A-$ 120) loont het voor dagtoeristen niet de moeite hun eigen voertuig mee te brengen. Temeer omdat je in Picnic Bay auto's (Mini Mokes, bijvoorbeeld bij Moke Magnetic, tel. 07-47 78 53 77), brommers en fietsen kunt huren. Bovendien rijden er op het eiland ook lijnbussen van Sunbus, tel. 07-47 78 51 30, www.sunbus.com.au (dag. 5.30-19 uur).

Orpheus Island

Orpheus Island, het op een na grootste eiland van de **Palm Islands,** is gezegend met sneeuwwitte stranden, kolossale granietrotsen en prachtige koraalriffen en staat sinds 1960 onder natuurbescherming. Op het 38 km ten oosten van Ingham gelegen eiland ligt een klein vakantiepark voor maximaal vijftig gasten en een marien biologisch onderzoeksstation van de James Cook University in Townsville, waar bezoekers welkom zijn.

Overnachten

Exclusief hotelparadijs – **Orpheus Island Resort:** tel. 07-47 77 73 77, www.orpheus.com.au. Tropische luxe-hideaway met alle denkbare comfort; kinderen jonger dan 15 jaar zijn hier niet welkom. 2 pk A-$ 1500-3000 all-inclusive.

Vervoer

Vliegtuig: diverse malen per dag watervliegtuigen vanuit Townsville (30 min.) en Cairns (60 min.) met Seair Pacific, tel. 07-47 71 27 24. Geen rondvluchten.

Hinchinbrook Island

Het 49 km ten noorden van Ingham gelegen grootste eiland van Queensland is van het vasteland gescheiden door het nauwe, diepe Hinchinbrook Channel; om die reden kon zich op **Hinchinbrook Island** een unieke fauna ontwikkelen. Bezoekers van het eiland met zijn spectaculaire watervallen vinden er een bijna compleet ongerepte natuur, met regenwoud overwoekerde bergtoppen van vulkanische origine, die tot 1142 m hoog oprijzen. In het ondoordringbare mangrovestruikgewas leven talrijke vogel- en reptielensoorten. Bovendien beschikt het eiland over bijna geheel verlaten zandstranden en schitterende koraalriffen. Hinchinbrook Island wordt vooral bezocht door ervaren wildernistrekkers, die de 32 km lange **Thorsborne Trail** (van Ramsey Bay in het noorden naar George Point in het zuiden) willen volgen. Als je het van tevoren afspreekt, kun je jezelf aan het eindpunt van de trail laten afhalen met een boot.

Actief

Wandelen – Voor de Thorsborne Trail heb je een permit nodig van het beheer van het nationaal park in Cardwell, tel. 07-40 66 86 01, www.nprsr.qld.gov.au, die tijdig moet worden aangevraagd.

Vervoer

Veerboten: dagelijks excursieboten van Cardwell naar Cape Richards en door smalle, door mangroven geflankeerde kanalen verder tot vlak bij Ramsey Bay. Informatie: Hinchinbrook Island Cruises, Port Hinchinbrook, tel. 0499-33 53 83, www.hinchinbrookislandcruises.com.au. De firma verzorgt ook de transfers van bushwandelaars.

Bedarra Island

Het dichtbeboste en heuvelachtige eiland op 6 km ten zuidoosten van Mission Beach is een toevluchtsoord voor welgestelde rustzoekers, die hun droom van het tropische paradijs werkelijkheid willen laten worden. Maximaal 32 gasten mogen van de faciliteiten van het enige hotelcomplex op **Bedarra Island** genieten, een van 's werelds exlusiefste in zijn soort, waar dagjesmensen ongewenst zijn, evenals kinderen onder de 15 jaar.

Overnachten

Ultieme luxe – **East Bedarra Island Retreat:** tel. 07-40 67 53 11, www.eastbedarra.com.au. Zestien luxueuze strandvilla's, fijnproeversrestaurant, uitgebreide sport- en vrijetijdsmogelijkheden. Villa vanaf A-$ 1650 all-inclusive.

Great Barrier Reef

Vervoer
Veerboten: naar behoefte motorboten van Dunk Island (zie hierna) en vanaf Clump Point bij Mission Beach.

Dunk Island
De Aboriginals noemden **Dunk Island**, 5 km ten zuidoosten van Mission Beach, ooit 'eiland van vrede en overvloed'. Ook vandaag nog oogt het eiland als een echte tropenidylle, bergachtig, in het binnenland doorsneden door kloven en ravijnen en overwoekerd door regenwoud, en omringd door sprookjesachtige zandstranden. Dit nationaal park is het leefgebied van meer dan honderd vogelsoorten en talloze bonte vlinders – de *Papilio ulysses*, de op een na grootste vlinder van Australië, is het symbool van het eiland.

Dunk Island is een wandelparadijs: over het eiland lopen tal van wandelroutes. Bijzonder de moeite waard is de route tegen **Mount Kootaloo** op, met zijn 271 m het hoogste punt van het eiland (heen en terug 2 uur). Je kunt de tour uitbreiden tot een trektocht van Mount Kootaloo via Palm Valley naar Coconut Beach en terug naar de aanlegsteiger (5 uur).

In de zuidwesthoek van het eiland ligt, ingebed tussen tropische tuinen, een groot vakantiecomplex, dat echter in 2011 zware schade opliep door de cycloon Yasi en nog steeds gesloten is. Wie rust en eenzaamheid zoekt, trekt graag naar het nabijgelegen, kleine **Purtaboi Island**.

Vervoer
Veerboten: dagelijks watertaxi's vanaf Mission Beach, bijvoorbeeld Mission Beach Dunk Island Water Taxi, tel. 07-40 68 83 10, www.missionbeachwatertaxi.com (heen 9, 10, 11, terug 12, 15.30 uur, A-$ 35).

Fitzroy Island
Het eiland, een paradijs voor duikers en snorkelaars, is erg in trek bij dagtoeristen uit het 26 km verderop gelegen Cairns. Talrijke koraalriffen omringen het in het binnenland tot maximaal 266 m oprijzende, met ondoordringbaar regenwoud begroeide **Fitzroy Island**. De rondwandeling **Lighthouse Circuit Walk** slingert naar de vuurtoren in de noordoosthoek van het eiland (2 uur). Bezoekers zijn welkom in het **Turtle Rehabilitation Centre**, waar gewonde en zieke schildpadden worden verpleegd. Je kunt de dierverzorgers aan het werk zien en zelf meehelpen (www.saveourseaturtles.com.au). Boottrips voeren naar het nabijgelegen Moore Reef waar zich een prachtige onderwaterwereld uitstrekt.

Overnachten
Voor elk budget – **Fitzroy Island Resort:** tel. 07-40 44 67 00, www.fitzroyisland.com. Comfortabel complex met kamers en appartementen, diverse zwembaden en wellness- en fitnesscenter. Bij het resort hoort een *camp site* met safaritenten. 2 pk A-$ 165-345, camp site vanaf A-$ 32 p.p.

Vervoer
Veerboten: in het hoogseizoen dagelijks catamarans en andere boten vanuit Cairns, onder andere met Sunlover Cruises, tel. 1800-81 05 12, www.sunlover.com.au (60 min., vanaf A-$ 79).

Green Island
Het maximaal 3 m boven de zeespiegel, direct aan het Great Barrier Reef liggende **Green Island**, op 27 km ten noordoosten van Cairns, is vanaf het vasteland gemakkelijk bereikbaar. Green Island is maar 660 m lang en 260 m breed en laat zich dan ook als een 'dwergeiland' bestempelen, dat zijn bezoekers – vooral dagtoeristen – verwent met sprookjesstranden en uitstekende duik- en snorkelgebieden. Het eiland en de omringende koraalbanken vormen een nationaal park. Bij de aanlegsteiger bevindt zich het oudste onderwaterobservatorium van het Great Barrier Reef. Mensen met watervrees kunnen bovendien met een boot met glazen bodem een droge 'duik' nemen. Vlak bij de pier kun je in het Barrier Reef Theatre een film over de onderwaterwereld bekijken. Verder is het aan te bevelen een kijkje te nemen bij Marineland Melanesia, een krokodillenfarm met meer dan tachtig reuzenhagedissen, en de ongeveer 1,5 km lange wandeling om het eiland te maken.

De belangrijkste eilanden van zuid naar noord

Overnachten

Ecologie en luxe – **Green Island Resort:** tel. 07-40 31 33 00, 1800-67 33 66, www.greenislandresort.com.au. Op ecologisch verantwoorde wijze ontworpen vakantiecomplex met luxueuze suites, fijnproeversrestaurant, zwembad en uitgebreid vrijetijdsaanbod. Suite vanaf A-$ 495 inclusief transfer.

Vervoer

Veerboten: in het hoogseizoen dagelijks talloze excursieboten vanuit Cairns (1 uur). Informatie: Big Cat Cruises, tel. 07-40 51 04 44, www.greenisland.com.au (vanaf A-$ 90); Great Adventure Cruises, tel. 07-40 44 99 44, www.greatadventures.com.au (A-$ 118).

Michaelmas Cay

Samen met het naburige Upolu Cay behoort **Michaelmas Cay**, 40 km ten noordoosten van Cairns, tot de belangrijkste nestelplaatsen voor watervogels in het Great Barrier Reef. In de Australische zomer verdringen er zich soms meer dan dertigduizend vogels, vooral verschillende soorten sterns en stormvogels. Noordoostelijk van Michaelmas Cay strekt zich het Hastings Reef uit, een smal, ongeveer 10 km lang koraalrif – een paradijs voor elke duiker en snorkelaar.

Vervoer

Veerboten: in het hoogseizoen dagelijks diverse boten vanuit Cairns (2 uur), bijvoorbeeld met de zeilcatamaran van Ocean Spirit Cruises, tel. 07-40 44 99 44, www.oceanspirit.com.au (A-$ 202).

Low Isles

De **Low Isles**, 18 km noordoostelijk van Port Douglas, zijn twee kleine eilandjes die vaak bezocht worden door dagjesmensen. Op **Low Island** zijn er uitstekende duik- en snorkelmogelijkheden, omdat het eiland wordt omringd door koraalbanken. Het ongeveer 700 m lange **Woody Island** daarentegen wordt voor het grootste gedeelte omzoomd door mangroven.

Vervoer

Veerboten: in het hoogseizoen dagelijks excursieboten vanuit Port Douglas (30-60 min.) naar de Low Isles, bijvoorbeeld met de zeilcatamaran van Sail Away Cruises, tel. 07-40 99 42 00, 1800-08 56 74, www.sailawayportdouglas.com (A-$ 175).

Lizard Island

Lizard Island, 97 km ten noordoosten van Cooktown, geldt als het juweel van het Great Barrier Reef. Het bergachtige, 15 km van het Outer Reef verwijderde eiland wordt omringd door franjeriffen met spectaculaire koraaltuinen. Ongeveer 25 door reusachtige granietblokken afgeschermde baaien met sprookjesachtige, idyllische zandstranden vervolmaken de perfecte Zuidzeedroom. Met uitzondering van een klein, door een luxeresort in beslag genomen gebied, is het hele eiland aangewezen als nationaal park. Een prachtig uitzicht heb je van de 368 m hoge **Cook's Lookout** (heen en terug 5 km/2 uur).

In september en oktober is Lizard Island dé bestemming voor vermogende sportvissers, die jacht maken op de blauwe marlijn. Op het eiland bevinden zich zowel een oceanologisch instituut als een exclusief strandhotel, waar prominenten uit de hele wereld elkaar ontmoeten. De eerste beroemde eilandgast was kapitein James Cook, die hier op zijn zoektocht naar een passage door het rif op 12 augustus 1770 aanmeerde. Hij noemde het eiland naar de schuwe *monitor lizard* (Goulds varaan), die er veel voorkomt.

Overnachten

Voor de happy few – **Lizard Island Resort:** tel. 1800-83 71 68, www.lizardisland.com.au. Exclusieve accommodatie, geliefd bij prominenten; geen kinderen jonger dan 10 jaar. Bungalow vanaf A-$ 1899 all-inclusive.

Camping – Met een permit van de National Parks & Wildlife Service, tel. 07-40 69 57 77, www.npsr.qld.gov.au, mag je op de eenvoudige **Watsons Bay Campground** in Lizard Island National Park je tent opzetten.

Vervoer

Vliegtuig: dag. vluchten vanuit Cairns (1 uur) met Hinterland Aviation, tel. 07-40 40 13 33, www.hinterlandaviation.com.au.

Van Townsville naar Brisbane

Op de ongeveer 1400 km lange weg van Townsville naar Brisbane, de hoofdstad van Queensland, toont de 'Sunshine State' zich van zijn spreekwoordelijke kant: zwembaaien met zandstrand, vlak voor de kust gelegen eilanden, kristalheldere wateren, weelderig groene bergen en heuvels onder een meestal stralend blauwe hemel. Maar ook het achterland met zijn prachtige nationale parken heeft veel te bieden.

Whitsunday Coast

Van Townsville naar Proserpine
▶ 1, T/U 7

Dit deel van de reis hoeft niet lang te duren, want tussen Townsville en Proserpine is een langer verblijf weinig interessant. De naam 'Twin Sugar Towns' van de aan de machtige Burdekin River gelegen tweelingsteden **Ayr** en **Home Hill** verwijst naar de economische hoeksteen van de streek: rietsuikerteelt.

Ongeveer 50 km ten zuidoosten van Home Hill ligt **Cape Upstart National Park**, een granieten kaap met brede baaien met zandstranden. Goede stranden zijn te vinden bij **Bowen**, een bij Australiërs geliefd vakantieoord.

Ook voor **Proserpine** en omgeving is suiker van belang. Maar de plaats dient vooral als toegangspoort tot de **Whitsunday Coast**, een van de populairste vakantiegebieden aan de Australische oostkust.

Informatie
Whitsunday Region Information Centre: 192 Main St. (Bruce Hwy), Proserpine, tel. 07-49 45 39 67, www.tourismwhitsundays.com.au, dag. 9-16 uur.

Whitsunday ▶ 1, U 7
Het is nog niet zo lang geleden dat de drie kustplaatsen **Cannonvale**, **Airlie Beach** en **Shute Harbour**, die samengevoegd zijn tot de fusiegemeente **Whitsunday**, in een diepe Doornroosjesslaap waren. Ze werden wakker gekust door investeerders uit de toeristenindustrie. Voor echt strandplezier is de Whitsunday Coast echter weinig geschikt, met zijn vaak steenachtige en soms bij eb weinig uitnodigende stranden, die bovendien tussen september en maart bezocht worden door de gevaarlijke kubuskwallen, *box jellyfish*. Het echte belang van de plaatsen ligt in hun functie als springplank naar de Whitsunday Islands (zie blz. 449). Naast het overzetten van het vasteland naar de eilanden worden ook daguitstapjes aangeboden en meerdaagse zeiltrips.

Over de flora en fauna van de regio kom je meer te weten in het **Whitsunday Visitor Centre**, het bezoekerscentrum van het Queensland Department of National Parks, 2 km ten oosten van Airlie Beach (Shute Harbour Rd., hoek Mandalay Rd., tel. 07-49 46 70 22, www.nprsr.qld.gov.au, ma.-vr. 9-17, za. 9-12 uur, toegang gratis).

De weg van Airlie Beach naar Shute Harbour doorkruist het noorden van het **Conway Range National Park**. Aan te bevelen is de wandeling omhoog op Mount Rooper, vanwaar je een grandioos uitzicht hebt over de Whitsunday Passage met zijn labyrint van eilanden (heen en terug 4 km/1,5 uur).

Overnachten
Ideaal voor gezinnen – **Club Croc Hotel Airlie Beach:** 240 Shute Harbour Rd., Airlie Beach, tel. 07-49 46 60 07, 1800-07 51 51, www.clubcroc.com.au. Gezinsvriendelijk resort in tropisch tuinenlandschap met restaurant, twee zwembaden, tennisbanen en basketbalvelden; ex-

Whitsunday Coast

cursieservice en gratis wifi. Goedkoop online boeken. 2 pk A-$ 175-195.

Fraai gelegen – **Colonial Palms Motor Inn:** 2 Hermitage Dr., hoek Shute Harbour Rd., Airlie Beach, tel. 07-49 46 71 66, www.colonialpalmsmotorinn.com.au. Aangenaam en rustig motel nabij het centrum; twee zwembaden, restaurant met mooi uitzicht op zee. 2 pk A-$ 130.

Rustig en goedkoop – **The Islands Inn:** 2672 Shute Harbour Rd., Airlie Beach, tel. 07-49 46 67 55, www.airliebeachislandinnmotel.com. Klein motel 2 km ten oosten van de plaats; met zwembad. 2 pk A-$ 95-120.

Camping en cabins – **Airlie Cove Resort & Van Park:** 2634 Shute Harbour Rd., Airlie Beach, tel. 07-49 46 67 27, 1800-65 34 45, www.airliecove.com.au. Staanplaatsen voor tenten en campers, gezellige cabins en comfortabele villa's in Balinese stijl (vanaf A-$ 180), fijn zwembad, 2 km ten oosten van Airlie Beach.

Eten en drinken

Aussie style barbecue – **Capers on the Esplanade:** 16 The Esplanade, Airlie Beach, tel. 07-49 64 17 77, dag. 12-15, 17-23 uur. Grillgerechten, met name steaks en seafood; mooi buiten zitten. Hoofdgerechten A-$ 18-42.

Seafood at its best – **Fish D'vine:** 303 Shute Harbour Rd., tel. 07-49 48 00 88, www.fishdvine.com.au, dag. 17 uur tot laat. Dit vooral door *locals* bezochte visrestaurant met een geweldige wijnkaart geldt als een van de beste van Queensland. Gerechten A-$ 24-33.

Actief

Boottochten – **Cruise Whitsundays:** Shute Harbour, tel. 07-49 46 46 62, 1800-42 64 03, www.cruisewhitsundays.com. Dagexcursie met een catamaran naar Reefworld, een aan het Outer Reef verankerd platform (blz. 452, dag. 8 uur, A-$ 240). **Red Cat Adventures:** tel. 1300-65 31 00, www.redcatadventures.com.au. Gezinsvriendelijke en plezierige dagtrip met een catamaran naar Whitehaven Beach met twee snorkelstops (dag. 9 uur, vanaf A-$ 169).

Duiken – **Whitsunday Dive Adventures:** 303 Shute Harbour Rd., Airlie Beach, tel. 07-49 48 12 39, www.whitsundaydivecentre.com. Duikcursussen en -trips.

Hoe mooi Airlie Beach ook ligt, niemand blijft er lang: het is de belangrijkste vertrekhaven voor een trip naar de Whitsunday Islands

Van Townsville naar Brisbane

Rondvluchten – **Air Whitsunday:** Whitsunday Airport, Shute Harbour Rd., Airlie Beach, tel. 0617-49 46 91 11, www.airwhitsunday.com.au. De Whitsundays en het Outer Reef van bovenaf (60 min. A-$ 330).

Cape Hillsborough National Park
▶ 1, U 8

Ruim 100 km ten zuiden van Proserpine ligt het kleine **Cape Hillsborough National Park** met langgerekte zandstranden, bizarre klifformaties en met regenwoud bedekte heuvels. De **Wedge Island Track** leidt naar goed geplaatste uitkijkplaatsen (rondwandeling 4 km/1,5 uur). Vroege vogels kunnen in de ochtenduren een ongewoon natuurschouwspel beleven: kangoeroes die over het strand hoppen, om met een paar slokken zeewater in hun zoutbehoefte te voorzien.

Mackay en omgeving
▶ 1, U 8

Midden in een door rietsuikerteelt gekenmerkte streek ligt **Mackay**, de onofficiële 'suikerhoofdstad' van Australië. Acht grote raffinaderijen produceren hier ongeveer een derde van de Australische suiker, die vanaf de Mackay Bulk Sugar Terminal, de grootste suikerhaven ter wereld, met name naar Japan en Europa verscheept wordt. Diverse rietsuikerplantages kunnen tijdens een rondleiding bezichtigd worden, evenals de suikerraffinaderijen **Farleigh Mill** en **Marian Mill** (juni-nov., actuele tijden en boeking bij het toeristenbureau).

Een andere economische pijler van de stad is het verschepen van kolen, die vanuit de mijnen in Centraal-Queensland met kilometerslange treinen naar Port of Hay Point, 35 km ten zuiden van Mackay, worden getransporteerd. Vanaf de **Port of Hay Point Lookout** krijg je een goede indruk van de gigantische afmetingen van deze grootste kolenhaven van het zuidelijk halfrond.

Naast een aantal historische huizen in 19e-eeuwse koloniale stijl is in Mackay ook de botanische tuin **Queens Park** met een orchideeënhuis (Lagoon St., tel. 07-49 52 73 00, dag. 8-19 uur, toegang gratis).

Uitstapjes in de omgeving leiden naar de geliefde stranden **Town Beach**, **Blacks Beach**, **Illawong Beach** en **Eimeo Beach**. Bovendien is Mackay een goed vertrekpunt voor een bezoek aan de Cumberlandeilanden, met name aan Brampton Island (zie blz. 448).

Informatie
Mackay Visitor Information Centre: The Mill, 320 Nebo Rd., tel. 07-49 44 58 88, 1300-13 00 01, www.mackayregion.com, ma.-vr. 9-17, za. 9-15, zo. 9-13 uur.

Overnachten
Vakantiecomplex – **Dolphin Heads Resort:** 10 Beach Rd., Dolphin Heads, tel. 07-49 44 47 77, www.dolphinheadsresort.com.au. Negen kilometer ten noorden van Mackay, fraai gelegen, royaal opgezet, met restaurant en zwembad. 2 pk A-$ 130-190.
Goed en goedkoop – **Paradise Lodge Motel:** 19 Peel St., tel. 07-49 53 31 17, www.paradiselodge.com.au. Klein, centraal gelegen, vriendelijke service. 2 pk A-$ 98-118.
Camping en cabins – **Mackay Blacks Beach Holiday Park:** 16 Bourke St., Blacks Beach, tel. 07-49 54 93 34, www.mackayblacksbeachholidaypark.com.au. Aan het strand, met zwembad.

Eten en drinken
Authentiek Thais – **Ban-Na:** 220 Victoria St., tel. 07-49 51 39 39, www.bannamenu.com, dag. 11.30-14.30, 17-22 uur. Uitstekende Thai met omvangrijke menukaart en attente bediening, ook afhalen. Gerechten A-$ 15-19.

Vervoer
Trein: vanaf het station, Conners Rd., Paget, dag. naar Brisbane en Cairns. Informatie en reservering: tel. 07-49 51 72 11, 1300-13 17 22.
Bus: vanaf de busterminal, Milton St., dag. met Greyhound Australia, tel. 07-49 51 30 88, 1300-47 39 46, naar Brisbane, Rockhampton, Townsville, Cairns.

Eungella National Park ▶ 1, U 8
Gelegenheid tot wildernistrektochten krijg je in het **Eungella National Park**, circa 85 km

ten westen van Mackay. De naam van dit park, dat dient ter bescherming van een in een wolkendek gehulde, gekloofde bergketen, stamt uit een Aboriginaltaal en betekent 'land van wolken'. Met zijn weelderige regenwouden, diep ingesleten ravijnen en spectaculaire watervallen is het voor bezoekers nog maar deels opengestelde park een van de meest ongerepte natuurreservaten van Queensland. Hier is de kans groot dat je vogelbekdieren en slangenhalsschildpadden in de vrije natuur te zien krijgt, bijvoorbeeld vanaf het **Platypus Viewing Platform** vlak bij het Ranger Station in **Broken River**. Het beste moment daarvoor is de ochtend- of avondschemering.

Informatie
Melba House Visitor Information Centre: Eungella Rd., Marian, tel. 07-49 54 42 99, www.mackayregion.com/pioneervalley, ma.-vr. 9-17, za., zo. 10-16 uur.

Overnachten
Rustieke lodge – **Broken River Mountain Resort:** bij het Ranger Station, tel. 07-49 58 40 00, www.brokenrivermr.com.au. Gezellige blokhuttenlodge met restaurant en zwembad. Gratis begeleide wandelingen om vogelbekdieren te spotten. 2 pk A-$ 140-210.

Camping – **Fern Flat Campground:** bij het Ranger Station, tel. 07-49 58 45 52. Eenvoudig, mooi gelegen bushcamp met toiletten en douches.

Capricorn Coast

Rockhampton en omgeving ▶ 1, V 9

Op weg naar Rockhampton voert de Bruce Highway door een gebied dat geleidelijk overgaat van een tropisch in een subtropisch landschap. 'Rocky' ligt direct aan de Steenbokskeerkring, die de grens tussen tropen en subtropen markeert. Op het intense groen van de rietsuikerplantages volgt het verbleekte geel van een droge, savanneachtige en slechts spaarzaam met eucalyptusbossen begroeide landstreek, die voornamelijk voor veeteelt gebruikt wordt. Meer dan twee miljoen runderen grazen in het gebied rond Rockhampton. Meerdere malen per week worden er bezienswaardige veeveilingen gehouden in de *Saleyards* van **Gracemere**, 9 km zuidoostelijk aan de Capricorn Highway (tijden op te vragen bij het toeristenbureau of op www.cqlx.com.au).

Rockhampton bezit weliswaar talrijke historische gebouwen – vooral bij de Fitzroy River aan Victoria Parade en Quay Street – en met de **Rockhampton Art Gallery** (62 Victoria Par., tel. 07-49 31 12 48, www.rockhamptonartgallery.com.au, dag. 10-16 uur, toegang gratis) een museum van landelijke betekenis, verder is het weinig spectaculair. Een uitzondering zijn de **Rockhampton Botanic Gardens**, die naast een schitterende collectie tropische planten ook een vogelhuis en een kleine dierentuin met inheemse dieren herbergt (Spencer St., South Rockhampton, tel. 07-49 22 16 54, botanische tuinen dag. 6-18, dierentuin dag. 8-16.30 uur, toegang gratis; voedertijd van de regenbooglori's 15 uur, van de koala's 15.15 uur).

Voor hobbyspeleologen is het kleine **The Caves**, 21 km ten noorden van Rockhampton, een aanrader, want daar strekt zich onder het karstlandschap het grottenstelsel van de **Capricorn Caves** uit (tel. 07-49 34 28 83, www.capricorncaves.com.au, rondleidingen dag. 9-16 uur op het hele uur, A-$ 30).

Van het in het oosten gelegen **Rosslyn Bay** zetten excursieboten koers naar Great Keppel Island (zie blz. 448) en Middle Island, met daar in de buurt een groot onderwaterobservatorium. Circa 45 km zuidelijk ligt bij **Keppel Sands** de **Koorana Crocodile Farm**. Daar zijn krokodillen in alle levensstadia te zien (tel. 07-49 34 47 49, www.koorana.com.au, dag. 10-15, rondleidingen 10.30, 13 uur, A-$ 30).

Informatie
Tropic of Capricorn Tourist Information Centre: Gladstone Rd. (Bruce Hwy), tel. 1800-67 67 01, www.capricornholidays.com.au, dag. 9-17 uur.

Rockhampton Tourist Information Centre: Customs House, 208 Quay St., tel. 1800-80 58 65,

Van Townsville naar Brisbane

HET DREAMTIME CULTURAL CENTRE

Rauwe klanken schallen dof door de ruimte waar Kevin de didgeridoo bespeelt, het blaasinstrument van de oorspronkelijke bewoners van Australië. De magische geluiden nemen de toehoorders mee naar een andere wereld. Ze bespeuren iets van de spiritualiteit van de Aboriginals, van hun verwantschap met de Droomtijd, waarin mythische schepperwezens – deels mens, deels dier, deels plant – met hun bovennatuurlijke energie en kracht alles hebben geschapen wat er op de wereld is. Je leert dat de helden uit de oertijd na voltooiing van hun werk opgingen in het land en dat ze nog altijd voortleven in rivieren, rotsen, grotten en plassen. Daarom kun je jezelf voorstellen dat het land voor Aboriginals heilig is – hun cultuur kan niet bestaan zonder hun stamland. Tijdens de rondgang door de kruidentuin laat Robert zien dat van de oeroude kennis van de Aboriginals over de heilzame werking van veel planten nog niets verloren is gegaan. Hij demonstreert hoe met een houtkrul en wat droge plukjes mos in een paar seconden een vuur kan worden gemaakt, waarboven hij niet veel later *witchetty grubs* roostert, de vingerdikke larven van een nachtvlinder.

Als je geïnteresseerd bent in de cultuur van Australiës oerbewoners, zou je op weg van Brisbane naar Cairns absoluut het **Dreamtime Cultural Centre**, 8 km ten noorden van **Rockhampton**, moeten bezoeken. Terwijl de Aboriginalcultuur in veel andere Australische plaatsen slechts een toeristische attractie vormt, geeft een bezoek aan dit centrum, dat wordt geleid door Aboriginals, een authentieke kijk op hun levenswijze. Er wordt maar weinig verteld over het onrecht dat de Aboriginals hebben moeten ondergaan. Geen enkele video of vitrine bericht over de tienduizenden die gedurende de blanke kolonisatie van het vijfde continent om het leven kwamen: door moord en doodslag, door ziekten en epidemieën, of door alcohol en drugs (Bruce Hwy, North Rockhampton, tel. 07-49 36 16 55, www.dreamtimecentre.com.au, ma.-vr. 9-15.30, rondleidingen 10.30, 13 uur, A-$ 15,50).

www.rockhamptonregion.qld.gov.au, ma.-vr. 8.30-16.30, za., zon- en feestdagen 9-16 uur.

Overnachten

Driesterrenketenhotel – **Cattle City Motor Inn:** 139 Gladstone Rd. (Bruce Hwy), tel. 07-49 27 78 11, www.cattlecityrockhampton.com.au. Comfortabel; met restaurant en zwembad. 2 pk vanaf A-$ 135.

Gezellig en goedkoop – **Wintersun Motel:** Bruce Hwy, North Rockhampton, tel. 07-49 28 87 22, www.wintersunrockhampton.com.au. Met restaurant, zwembad. 2 pk vanaf A-$ 115.

Camping – **Discovery Holiday Park:** 398 Yaamba Rd. (Bruce Hwy), North Rockhampton, tel. 1800-81 55 63, www.big4.com.au.

Eten en drinken

Steaks en veel couleur locale – **Great Western Hotel:** Stanley St., hoek Denison St., tel. 07-49 22 38 88, www.greatwesternhotel.com.au, di.-do. 11-24, vr., za. tot 3 uur. Sappige steaks in alle varianten – niet-vegetariërs wanen zich hier in het paradijs. Bij de in 1862 geopende pub hoort ook een zaal waar geregeld country & western- en rockbands optreden en een ro-

Capricorn Coast

deohal, waar iedere woensdag en vrijdag wedstrijden in het berijden van stieren worden gehouden. Gerechten A-$ 22-38.

Vervoer
Trein: dag. naar Brisbane en Cairns. Informatie en reservering: tel. 1300-13 17 22.
Bus: vanaf de George Street Terminal dag. met Greyhound Australia, tel. 07-49 21 18 90, 1300-47 39 46, naar Brisbane, Emerald, Mackay, Townsville, Cairns.
Veerboten: zie Great Keppel Island blz. 448.

Gemfields

Je hebt minstens drie dagen en een robuuste auto nodig, al dan niet met vierwielaandrijving, voor een uitstapje naar de **Central Highlands** van Queensland. Dat gebied omvat verscheidene bergketens en hoogvlakten van de Great Dividing Range ten westen van Rockhampton.

Anakie en omgeving ▶ 1, tel. 9
Het is ruim 300 km van Rockhampton via **Emerald** naar **Anakie**, waar de edelsteenvelden *(gemfields)* van Centraal-Queensland beginnen. Uit dit gebied komt een groot deel van de wereldproductie in saffieren, maar ook robijnen, topazen, amethisten en diamanten worden er gewonnen. In de hoofdwingebieden rond Anakie, **Rubyvale, The Willows** en **Sapphire** vind je winkels met edelsteensieraden. Op sommige plaatsen worden ook rondleidingen door de mijnen georganiseerd, zoals in de **Bobby Dazzler Underground Sapphire Mine** in Rubyvale (tel. 07-49 81 00 00, www.bobbydazzlerminetours.com.au, mrt.-nov. dag. 9-17, dec.-feb. za., zo. 9-15 uur, A-$ 20).

Informatie
Central Highlands Visitor Information Centre: 3 Clermont St., Emerald, tel. 07-49 82 41 42, www.centralhighlands.com.au, ma.-vr. 9-16, za., zon- en feestdagen 10-14 uur.

Carnarvon National Park
▶ 1, T 10
Ten zuiden van Emerald strekt zich het **Carnarvon National Park** uit, een 'beloopbaar' stuk Australië vol natuurschoon dat uit vier sectoren bestaat. Salvator Rosa, Ka Ka Mundi en Mount Moffatt zijn zeer moeilijk toegankelijk, maar de **Carnarvon Gorge** is in de droge tijd ook met conventionele auto's te bereiken. In miljoenen jaren tijd hebben de Carnarvon Creek en zijn zijrivieren het tot 200 m diepe klovenstelsel met fantastische klippenformatie uitgeslepen in de zachte zandsteenvlakte van het **Consuelo Tableland**. De vegetatie op het plateau bestaat vooral uit dungezaaide eucalyptusbossen, maar in de kloven groeien palmen en palmvarens naast verschillende soorten mossen en orchideeën. Met varens en mos begroeide kloven, bulderende watervallen, schilderachtige ravijnen, een door steil oplopende rotswanden omgeven natuurlijk amfitheater en rotsschilderingen van de Aboriginals maken een trektocht door **Carnarvon Creek** tot een onvergetelijke ervaring (zie blz. 462).

Informatie
Queensland Parks & Wildlife Service: Ranger Station am Parkeingang, tel. 07-49 84 45 05, www.npsr.qld.gov.au/parks/carnarvon-gorge, ma.-vr. 9-17, za., zo. 10-16 uur.

Overnachten
Comfort in de wildernis – **Carnarvon Gorge Wilderness Lodge:** 3 km ten oosten van het Ranger Station nabij Carnarvon Gorge, tel. 07-49 84 45 03, www.carnarvon-gorge.com. Dertig gezellige houten huisjes, restaurant en zoutwaterzwembad, begeleide wandelingen in Carnarvon Gorge. 2 pk A-$ 220-260.
Camping en cabins – **Takarakka Bush Resort:** nabij de Wilderness Lodge, tel. 07-49 84 45 35, www.takarakka.com.au. Goed toegerust, cabins vanaf A-$ 165. **Queensland Parks & Wildlife Service Camping Area:** nabij het Ranger Station, tel. 07-49 84 45 05. Eenvoudig, maar mooi gelegen; van mei tot oktober tijdig reserveren.

Gladstone ▶ 1, V 9

Deze stad, op 20 km van de Bruce Highway, kan zich niet beroepen op boeiende toeristische bezienswaardigheden, maar wel op eco-

Van Townsville naar Brisbane

WANDELTOCHT DOOR DE CARNARVON GORGE

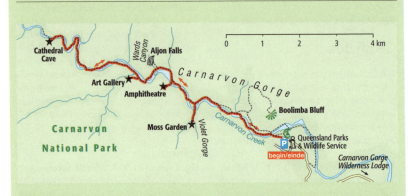

Informatie
Begin: Queensland Parks & Wildlife Service Camping Area nabij het rangerstation
Lengte: tussen 6,4 km en 19 km
Duur: tussen 2,5 en 6 uur

Moeilijkheidsgraad: van middelzwaar tot zwaar
Informatie: Queensland Parks & Wildlife Service (zie blz. 461)
Kaart: ▶ 1, T 10

De Carnarvon Gorge, die rijk is aan natuurfenomenen, wordt ontsloten door een dicht netwerk van wandelpaden. Een heel bijzondere ervaring is de wandeling door de rivier-oase van de **Carnarvon Creek**, waarbij je tot 2 m lange bonte varanen (Engels: *lace monitor*), Lesueurs wateragamen (een hagedissensoort) en rotswallaby's kunt zien en met wat geluk zelfs vogelbekdieren – tip: let op opstijgende luchtbellen in het water.

Als je de loop van de bergbeek volgt, kom je na 3,6 km bij de **Moss Garden**, een weelderig groene oase in de **Violet Gorge**, een schilderachtig zijravijn van de Carnarvon Gorge. Schaduw en vochtigheid hebben hier een paradijsje van mossen en varens gecreëerd, een wereld waarin de tijd lijkt stil te staan. Een natuurlijke, door een kleine waterval gevoede poel met glashelder water nodigt uit tot baderen. Een andere, leuke zijsprong van het hoofdpad lonkt 500 m verderop: een **amfitheater** dat door steil oprijzende, wild overwoekerde rotswanden wordt omlijst, en dat je langs een stalen ladder kunt betreden. Na 4,8 km bereik je de **Aljon Falls**, waarachter de betoverende **Wards Canyon** zich opent, een ware Hof van Eden, en de groeiplaats van de reuzenvaren *(Angiopteris evecta)* met zijn tot 6 m lange bladeren.

In de **Art Gallery**, een heilige rotsschildering van de oerbewoners bij km 5,6, maar ook in de **Cathedral Cave** bij km 9,3 aan het eindpunt van de wandeling, getuigen droombeelden van een oeroude Aboriginalcultuur. Op de voormalige heilige plaatsen van de oerbewoners zijn vele duizenden jaren oude sjabloontekeningen te zien. De kunstenaars hielden voorwerpen als boemerangs, bijlen of handen en armen tegen de wand en sproeiden er met de mond okerverf over, waarbij alleen de omtrekken zichtbaar bleven (heen en terug 19 km/6 uur). Wie nog genoeg energie heeft, kan op de terugweg een omweg maken naar de 200 m hoge **Boolimba Bluff**, maar daar kun je beter een extra dag voor inplannen. De wandeling is echt de moeite waard, alleen al vanwege het grandioze uitzicht over de diep ingesneden kloof, maar hij vereist wel wat eenvoudig klim- en klauterwerk over rotsen (vanaf de camping heen en terug 6,4 km/2,5 uur).

nomische superlatieven: Port Gladstone is wat betreft tonnage de belangrijkste exporthaven van Queensland, het Gladstone Power Station is de grootste kolencentrale van de staat en de Boyne Smelters zijn de productiefste aluminiumhoogovens in Australië. Bovendien kan **Gladstone** ook nog bogen op de grootste jachthaven ten zuiden van de evenaar en is het een geliefde uitvalsbasis voor boottochten en vluchten naar Heron Island (zie blz. 448).

Bundaberg en omgeving ▶ 1, W 10

In **Bundaberg**, ongeveer 50 km ten oosten van de Bruce Highway aan de kust, wordt de donkere, krachtige Bundyrum gestookt. De in 1888 opgerichte **Bundaberg Distillery** in Hills Street kan worden bezichtigd (tel. 07-41 31 29 99, www.bundabergrum.com.au, rondleidingen ma.-vr. 10, 11, 13, 14, 15, za., zon- en feestdagen 10, 11, 12, 13, 14 uur, A-$ 19).

Langs Bourbong Street in het centrum staan historische gebouwen in 19e-eeuwse koloniale stijl; de bezienswaardigheden concentreren zich in het zogenaamde **Bundaberg Tourist Centre** aan de noordwestelijke periferie van de stad aan de overkant van de Burnett River. Tot dit complex behoren de **Bundaberg Botanic Gardens**, waar je tussen oude bomen en netjes aangelegde bloembedden kunt slenteren en daarbij ook nog exotische plantensoorten uit de hele wereld kunt ontdekken (Young St., tel. 07-41 52 29 66, ma.-vr. 7-16.30, za., zo. 10-16.30 uur, toegang gratis).

Het **Bundaberg and District Historical Museum** (6 Mt. Perry Rd., tel. 07-41 52 01 01, www.bundaberghistoricmuseum.info, dag. 9-16 uur, A-$ 7,50), aan de rand van de botanische tuinen, is gewijd aan de geschiedenis van de stad en de regio. Vlakbij wordt in de **Hinkler Hall of Aviation** de herinnering hoog gehouden aan de vliegpionier Bert Hinkler, van Duitse afkomst, die in 1928 als eerste in zijn eentje van Engeland naar Australië vloog (Mt. Perry Rd., hoek Young St., tel. 07-41 30 44 00, www.hinklerhallofaviation.com, dag. 9-16 uur, A-$ 18).

Uitstapjes in de buurt van Bundaberg leiden naar de kleine vakantieplaats **Moore Park** met kilometerslange zandstranden en bovendien de 35 vermoedelijk 25 miljoen jaar oude **Mystery Craters**, waarvan het ontstaan zelfs voor experts een raadsel is (Lines Rd., South Kolan, 27 km ten zuidwesten van Bundaberg, tel. 07-41 57 72 91, www.mysterycraters.com.au, dag. 9-17 uur, A-$ 10).

Aan het strand van het **Mon Repos Environmental Park**, 14 km ten noordoosten van de stad, kun je van november tot maart – onder toezicht van rangers – kijken hoe karetschildpadden zich het strand op slepen om eieren te leggen. Acht weken later komen de eieren uit en begeven de jonge dieren zich naar de zee. In het **Mon Repos Turtle Centre** kom je via een tentoonstelling en video's van alles te weten over de dieren (www.npsr.qld.gov.au/parks/mon-repos/turtle-centre.html; Mon Repos Turtle Centre, nov.-mrt. dag. 8-17, apr.-okt. 8-15.30 uur, toegang gratis; Mon Repos Turtle Encounters, nov.-mrt. dag. 19 uur, A-$ 12, boeken bij het Bundaberg Visitor Information Centre vereist; in het hoogseizoen rijden er shuttlebussen tussen Bundaberg en Mon Repos).

Bundaberg is ook een ideale springplank voor een bezoek aan Lady Elliot Island en Lady Musgrave Island (zie blz. 447). Ten zui-

VAKANTIE OP EEN CATTLE STATION

Informatie

Begin: wie tijd wil doorbrengen op een *cattle station* (veeboerderij), kan adressen en informatie krijgen bij Outback Beds, tel. 18 00-00 52 98, www.outbackbeds.com.au. Een goede reputatie hebben Myella Station van de familie Eather, 120 km ten zuidwesten van Rockhampton (tel. 07-49 98 12 90, www.myella.weebly.com), en de Henderson Park Farm Retreat, 35 km ten noorden van Rockhampton (tel. 07-49 34 27 94, www.hendersonpark.com.au).
Kaart: ▶ 1, U/V 10

Nonchalant achteroverleunen in het zadel en met een wervelende lasso naast een kudde runderen over het weidse land galopperen – wie droomt van het **cowboyleven** kan die droom op vakantiefarms in de outback in vervulling laten gaan. Ook in Australië kun je op vakantie bij de boer. Alleen heet de boerderij daar een *station* en hij is zo groot als een kwart van Nederland. Talloze Australische farmers hebben naast veeteelt het **outbacktoerisme** ontdekt als een lucratieve inkomstenbron. Ze hebben een deel van hun bedrijven omgezet in vakantiefarms, waar bezoekers het ware Australië kunnen leren kennen, zonder daarbij comfort te moeten inleveren. Steeds meer Australiërs en toeristen van overzee bezoeken in hun terreinwagens *stations*, waar hartelijke gastvrijheid wacht midden in de wildernis. Aan de keukentafel komen ze veel te weten over de mensen in de outback; niet alleen over hun zorgen en noden, maar ook over de zegeningen van het leven ver van de grote steden.

Op een working station kunnen de bezoekers een stuk Australië 'aanraken' en het leven in de outback meemaken zonder dat de gasten het gevoel hebben dat ze in een levend museum staan. Veel farmers passen de bezoekers in hun normale dagindeling in. Wie wil, mag mee aanpakken, want op een station is altijd wel wat te doen.

Gasten gebruiken het ontbijt samen met de *stockmen*, de Australische cowboys, vaak in een eetkamer, maar soms ook ergens buiten in de bush, met thee, geserveerd uit een *billy*, een blikken ketel, en met *damper*, het brood van de outback. Daarna mogen zadelvaste outbackvakantiegangers met lasso's zwaaien en helpen bij de *mustering*. Daarbij worden runderen van verafgelegen weiden samengedreven, gesorteerd en gebrandmerkt. Tot de werkzaamheden op een *cattle station*, waarbij gasten kunnen meehelpen, behoort ook de controle en het onderhoud van drinkplaatsen voor het vee en de omheiningen. Ondanks talloze vernieuwingen, zoals de inzet van helikopters bij het samendrijven van het vee, is op veel farms de cowboyromantiek van vervlogen tijden nog behouden gebleven.

Om te zorgen dat de vakantie niet ontaardt in werken alleen, hebben veel vakantieboerderijen zwembaden en beschikken sommige zelfs over tennisbanen of een fitnesscenter. Hoewel het dagelijks leven op een *station* centraal staat, organiseert menige farm extra activiteiten. Op het programma staan dan bijvoorbeeld lessen in zweepknallen, boemerangwerpen, vogel- en wildobservatie, wilderniswandelingen, ritten te paard of per kameel en terreinwagentochten of helikoptervluchten naar natuurfenomenen in de omgeving. 's Avonds geven barbecues en countrymuziek aan het kampvuur het geheel een echt outbacktintje. Soms slapen de gasten in spartaanse onderkomens, waarin gewoonlijk de seizoensarbeiders overnachten, maar vaak bieden de farms comfortabel ingerichte kamers met airconditioning in motelachtige gastenverblijven of in gerestaureerde oude farmgebouwen.

den van de stad begint de ongeveer 100 km lange kuststrook van de Fraser Coast met brede stranden van fijn zand.

Informatie

Bundaberg Visitor Information Centre: 271 Bourbong St., tel. 07-41 53 88 88, 1300-72 20 99, www.bundabergregion.org, dag. 9-17 uur.

Overnachten

In de City – **Sugar Country Motor Inn:** 220 Bourbong St., tel. 07-41 11 16 22, www.sugarcountry.com. Centraal gelegen, met restaurant en zoutwaterzwembad. 2 pk vanaf A-$ 115.

Camping en cabins – **Bundaberg East Cabin and Tourist Park:** 83 Princess St., tel. 07-41 52 88 99, www.bundabergtouristpark.com.au. Tweeënhalve kilometer ten oosten van Bundaberg; verzorgd, met zwembad.

Vervoer

Trein: dag. naar Brisbane en Cairns. Informatie en reservering: tel. 1300-13 17 22.

Bus: dag. met Greyhound Australia naar Brisbane, Hervey Bay, Rockhampton, Mackay, Townsville en Cairns. Informatie: tel. 1300-47 39 46.

Fraser Coast

Maryborough ▶ 1, W 10

Als een van de oudste steden van Queensland kan het aan de Mary River gelegen Maryborough imponeren met talrijke, stijlvol gerestaureerde voorbeelden van 19e-eeuwse bouwkunst. In de hoofdstraat zijn veel koloniale gebouwen te vinden, bijvoorbeeld het **Customs House Hotel** uit 1860 met smeedijzeren balkons, of het in de stijl van de Italiaanse renaissance gebouwde **Post Office**

Van Townsville naar Brisbane

Building uit 1869. De vroegere welvaart van de stad wordt ook weerspiegeld in talrijke privéwoningen.

Hervey Bay ▶ 1, W 10

Ruim 30 km noordoostelijk van Maryborough ligt het vakantiecentrum **Hervey Bay**, dat de kustplaatsen **Point Vernon**, **Pialba**, **Scarness**, **Torquay** en **Urangan** omvat. In het **Reefworld Aquarium** kun je een 'wandeling' door kleurige koraaltuinen maken (Dayman Point, Urangan, tel. 07-41 28 98 28, dag. 9.30-16 uur, A-$ 21,50). De **Great Sandy Region Botanic Gardens** in Urangan tonen een bonte doorsnede van de regionale plantenwereld (Elizabeth St., tel. 07-41 25 97 00, dag. 8-18 uur, toegang gratis). Hervey Bay is ook een geliefde uitvalsbasis voor boottochten om bultruggen *(humpback whales)* te zien, die tussen half juli en begin november aan de beschutte stranden van de Fraser Coast opduiken om hun jongen te werpen. Bovendien fungeert Hervey Bay ook als beginpunt voor uitstapjes naar het voor de kust gelegen Fraser Island.

Informatie

Hervey Bay Visitor Information Centre: 227 Maryborough-Hervey Bay Rd., tel. 1800-81 17 28, www.visitfrasercoast.com, dag. 9-18 uur. Ook voor het reserveren van excursies naar Fraser Island en *Whale Watching Tours*. **Internet:** www.discoverherveybay.com, www.fraserisland.net.

Overnachten

Relaxen bij het strand – **Boat Harbour Resort:** 651-654 Charlton St., Urangan, tel. 07-41 25 50 79, www.boatharbourresort.com.au. Lichte, aangenaam ingerichte kamers en bungalows met kitchenette en terras; vlakbij enkele goede restaurants. 2 pk vanaf A-$ 115, bungalow vanaf A-$ 165.

Omringd door tropisch groen – **Kondari Resort:** 49/63 Elizabeth St., Urangan, tel. 07-41 25 54 77, www.kondari.com.au. Rustige accommodatie in een 20 ha grote tuin; breed scala aan kamers, van de Standard Motel Room tot de Lakeside Studio met uitzicht op een meer met veel vogels; met bistro, bar en mooi zwembad. 2 pk A-$ 95-155.

Camping en cabins – **Fraser Lodge Holiday Park:** 20 Fraser St., Torquay, tel. 07-41 24 99 99, www.fraserlodgeholidaypark.com.au. Goed toegerust, staanplaatsen voor tenten en campers, comfortabele cabins en villa's, twee zwembaden, tennisbaan, internetcafé, boeken van excursies; fraai strand op slechts 250 m.

Eten en drinken

Populair visrestaurant – **The Boat Club:** Hervey Bay Marina, Buccaneer Ave., Urangan Boat Harbour, tel. 07-41 28 96 43, www.boatclub.com.au, zo.-do. 12-14, 18-20.30, vr., za. 12-14, 17.30-21 uur. Visspecialiteiten en ook enkele vleesgerechten met uitzicht op de jachthaven. Gerechten A-$ 15-30.

Actief

Walvissen spotten – zie Actief hiernaast
Trips naar Fraser Island – **Fraser Explorer Tours:** tel. 1800-67 84 31, www.fraserexplorertours.com.au. Dagtrip (dag. 6.30 uur vanaf Urangan Boat Harbour en Rainbow Beach, vanaf A-$ 199). **Kingfisher Bay Eco Tour:** tel. 1800-07 25 55, www.kingfisherbay.com. Dagexcursie onder deskundige leiding (dag. 6.45 uur vanaf Urangan Boat Harbour, vanaf A-$ 185).

Rondvluchten – **Air Fraser Island:** tel. 1300-17 27 06, www.airfraserisland.com.au. Met kleine propellervliegtuigen naar Fraser Island of walvissen spotten (vanaf A-$ 80).

Vervoer

Veerboten: autoveerboten naar Fraser Island dag. vanaf Urangan Boat Harbour, tel. 07-41 25 44 44, Mary River Heads bij Hervey Bay, tel. 07-41 25 55 11, en Inskip Point bij Rainbow Beach, tel. 07-41 27 91 22, www.fraserislandbarges.com.au.
Bus: met Hervey Bay Bus Services, tel. 07-41 21 37 19, geregeld naar Maryborough.
Huurauto: jeeps zijn te huur bij bijvoorbeeld Safari 4WD Hire, 120 Boat Harbour Dr., tel. 07-41 24 42 44, www.safari4wdhire.com.au. De verhuurder regelt ook de Vehicle Entry Permit (A-$ 47,50), die bestuurders voor Fraser Is-

Fraser Coast

WALVISSEN KIJKEN IN DE HERVEY BAY

Informatie
Begin: Urangan Boat Harbour
Duur: 4-4,5 uur
Tours: Whalesong Cruises, Urangan Boat Harbour, tel. 07-41 25 62 22, 1800-68 96 10, www.whalesong.com.au. Observatie van bultruggen vanuit een grote katamaran (juli-nov. dag. 8, 13 uur, vanaf A-$ 100).
Overige info: www.whalewatchingherveybay.com.au

De zachtaardige reus verraadt zich als eerste door zijn 'fontein', een loodrecht omhoog spuitende wolk gecondenseerde waterdamp. Dan breekt een machtig lijf door het wateroppervlak, een zwart-grijs-witte kolos met het gewicht van ruim een dozijn olifanten schiet als een katapult omhoog, lijkt een fractie van een seconde in de lucht te blijven hangen, om meteen daarna, na een bruisende landing weer diep in zee onder te duiken. Alleen de staartvin, waarlangs een waterval van een meter breed omlaag stort, is nog een ogenblik te zien. Dan is het spektakel alweer voorbij, en de zee ligt er weer rustig en onpeilbaar bij.

Dit schouwspel is te danken aan een bultrug *(humpback whale)*, makkelijk te herkennen aan de 'wratten' op zijn vinnen. Maar je moet er wel geduld voor hebben, want het zeezoogdier kan wel anderhalf uur onder water blijven. Jaarlijks trekken tussen half juli en begin november ongeveer duizend van deze enorme kolossen, die tot 15 m lang en meer dan veertig ton zwaar kunnen worden, na een voederperiode van zes maanden uit hun Antarctische voedingsgronden naar warmere wateren, om hun jongen te werpen. Een van de beste plaatsen in Australië om de reuzen in hun natuurlijke omgeving te observeren is de beschutte, voedselrijke **Hervey Bay**, circa 200 km ten noorden van Brisbane, waar de bultruggen grote scholen piepkleine visjes kunnen vinden. Oceanologen vermoeden dat er ooit regelmatig meer dan tienduizend bultruggen opdoken voor de zuid- en oostkust van Australië, maar walvisjagers hebben tot het verbod op de walvisjacht van kracht werd, begin jaren 60 van de vorige eeuw, hun aantallen ernstig gedecimeerd. Sinds de zeezoogdieren worden beschermd, heeft de populatie zich weer verbazingwekkend snel uitgebreid.

land nodig hebben, en verzorgt ook de reservering voor de veerboot (vanuit Hervey Bay retour inclusief vier passagiers A-$ 165, vanaf Rainbow Beach retour inclusief vier passagiers A-$ 105).

 Fraser Island ▶ 1, W 10

Afgezien van een aantal rotsformaties van vulkanische oorsprong bestaat het 123 km lange en maximaal 25 km brede **Fraser Island** volledig uit zand. Dit zand, een door verwering ontstaan product uit de Great Dividing Range, belandde door rivieren in het zuidoosten van Queensland in de oceaan, waar het door stromen langs de kust noordwaarts werd gevoerd en afgezet op uitstekende gedeelten van het continentaal plat. Naast eindeloos lange stranden en enorme duinen zijn op het eiland bonte zandsteenformaties *(coloured sands)* te vinden, zoals **The Cathedrals** en **The Pinnacles** halverwege de oostkust. Het van geel tot rood verlopende kleurenspectrum van de kliffen ontstond door oxidatie van het ijzer en de andere mineralen in het zandsteen. Van de meer dan veertig zoetwatermeren zijn de mooiste te vinden op het zuidelijke deel van het eiland.

Het brede spectrum aan vegetatievormen loopt uiteen van mangrovebossen in het getijdengebied via open heidevelden (in het voorjaar een paradijs van wilde bloemen) tot subtropische regenwouden. Tussen de diverse boomsoorten steekt de *satinay* overal met kop en schouders bovenuit, een tot 70 m hoge gigant met een kaarsrechte stam. Tot de fauna van Fraser Island, dat als **Great Sandy National Park** onder bescherming van de UNESCO werd gesteld, behoren talloze vogel- en reptielsoorten, maar ook ingevoerde dieren als wilde paarden *(brumbies)* en dingo's.

Voor het natuurtoerisme wordt Fraser Island doorkruist door een netwerk van zandpaden, waarover alleen met een jeep gereden mag worden. Bij het bezoekerscentrum van het Central Station begint het 30 km lange Northern Circuit, dat via Lake McKenzie naar Lake Wabby leidt (rode pijlen), en het eveneens 30 km lange Southern Circuit, dat langs Lake Jennings, Lake Birrabeen, Lake Benaroon en Lake Boomanjin gaat en aan de oostkust bij Dilli Village eindigt (groene pijlen). De natuurattracties van de oostkust kun je bereiken op een tocht langs 75 Mile Beach, dat bij eb net zo strak en glad is als een asfaltweg. Fraser Island is niet alleen een speelplaats voor terreinwagenchauffeurs, maar ook een ideaal terrein voor wandelaars. Bij het Central Station

Stranden zijn er op het grootste zandeiland ter wereld – Fraser Island – meer dan genoeg

begint het 600 m lange natuurleerpad Wanggoolba Creek Boardwalk door het centrale regenwoudgebied. Een langere trektocht leidt van het Central Station naar Lake McKenzie, misschien wel het meest idyllische meer van het eiland (heen en terug 12 km/3 uur). Eveneens zeer de moeite waard is het korte natuurleerpad Eli Creek Boardwalk aan de monding van de Eli Creek, de grootste rivier op Fraser Island. Omdat grote aantallen zandvliegen op het eiland het altijd op bezoekers hebben gemunt, is het aan te raden een goedwerkend insectenwerend middel mee te nemen.

Overnachten

Comfortabel ecoresort – **Kingfisher Bay Resort:** North White Cliffs, tel. 1800-07 25 55, 07-41 20 33 33, www.kingfisherbay.com. Op ecologische verantwoorde wijze gebouwd; topcomfort in de wildernis, diverse restaurants en zwembaden. 2 pk vanaf A-$ 265.

Aan het strand – **Eurong Beach Resort:** Eurong, tel. 1800-11 18 08, www.eurong.com.au. Stijlvol hotel met restaurant en zwembad. 2 pk vanaf A-$ 135, appartement vanaf A-$ 215.

Camping en cabins – **Cathedrals on Fraser:** Cathedral Beach, tel. 07-41 27 91 77, www.cathedralsonfraser.com.au. Staanplaatsen voor tenten en 4WD-campers en ruime cabins; 400 m van het strand. **National Parks & Wildlife Service Camping Areas:** eenvoudige kampeerterreinen bij het Central Station. Zie voor informatie www.npsr.qld.gov.au/parks/fraser/camping.html.

Sunshine Coast

De stranden van de ongeveer 150 km lange kuststrook tussen Noosa en Brisbane worden gezamenlijk de **Sunshine Coast** genoemd. Na de Gold Coast ten zuiden van Brisbane neemt de 'zonneschijnkust' op de ranglijst van populaire vakantiegebieden in Australië de tweede plaats in. Het gaat in deze badplaatsen echter wel wat rustiger en ingetogener toe dan in de te ver doorgeslagen glamoureuze badplaatsen van de Gold Coast. De Sunshine Coast is erg in trek bij vermogende gepensioneerden uit de koele zuidelijke staten, wat de streek de bijnaam 'de wachtkamer van God' heeft opgeleverd.

Noosa ▶ 1, W 11

Via **Gympie,** ooit het toneel van een turbulente *goldrush* waaraan het informatieve **Gold Mining Museum** (215 Brisbane Rd., tel. 07-54 82 39 95, www.museum.gympiegoldmuseum.com.au, dag. 9-16 uur, A-$ 9,50) is gewijd, bereik je **Noosa.** Dit is de overkoepelende benaming voor de inmiddels sowieso aan elkaar vastgegroeide plaatsen en gemeenten **Noosa Heads, Noosaville, Tewantin, Coolum, Sunshine Beach, Marcus Beach** en **Peregian Beach.** Dit aan de brede trechtermonding van de Noosa River gelegen stedelijke conglomeraat markeert het noordelijke einde van de Sunshine Coast en is tevens de elegantste en duurste badplaats aan die kust. Vooral de parallel aan Main Beach lopende Hastings Street met zijn chique boetieks, designerwinkels, hippe cafés en extravagante restaurants doet denken aan jet-set-oorden aan de Côte d'Azur. Noosa heeft naam gemaakt als culinair centrum. In deze Australische fijnproevermetropool creëerden koks de *modern Australian cuisine* en brachten daarmee een culinaire revolutie teweeg, die langzamerhand het hele land in zijn greep heeft.

Informatie
Tourism Noosa: 61 Hastings Street, Noosa Heads, tel. 07-54 30 50 00, www.visitnoosa.com.au, dag. 9-17 uur.

Overnachten
Luxe aan het strand – **Netanya Noosa Hotel:** 75 Hastings St., Noosa Heads, tel. 07-54 47 47 22, 1800-07 20 72, www.netanyanoosa.com.au. Elegant hotel aan het strand met restaurant, zwembad en fitnesscenter. 2 pk vanaf A-$ 295.

Gemoedelijk middenklassehotel – **Chez Noosa Resort Motel:** 263 Edwards St., Sunshine Beach, tel. 07-54 47 20 27, www.cheznoosa.com.au. Rustig, met royale kamers en zwembad; vlak bij het strand. 2 pk vanaf A-$ 125.

Van Townsville naar Brisbane

Camping en cabins – **Noosa River Holiday Park:** Russel St., Noosaville, tel. 07-54 49 70 50, www.noosaholidayparks.com.au/noosa-river.

Eten en drinken

Pionier – **Rickys:** Noosa Wharf, 2 Quamby Place, tel. 07-54 47 24 55, www.rickys.com.au, dag. 12-24 uur. Met haar kookkunst trekt Leonie Palmer, het creatieve brein achter deze meermaals bekroonde fijnproeverstempel, lekkerbekken uit heel Australië aan. Op de kaart staan deels Frans, deels Aziatisch geïnspireerde gerechten uit de new Australian cuisine; duizelingwekkende wijnkaart. Zesgangenfijnproeversmenu A-$ 105, met wijnarrangement A-$ 165.

Voor lekkerbekken – **Boardwalk Bistro on Hastings:** 49 Hastings St., Noosa Heads, tel. 07-54 48 08 88, www.boardwalkbistro.com.au, dag. 6.30-11.30, 12-15, 17 uur tot laat. Lichte gerechten uit de moderne Australische keuken met uitzicht op Main Beach. Gerechten A-$ 25-42.

Actief

Naar het nationaal park – **Noosa Everglades Discovery:** tel. 07-54 49 03 93, www.thediscoverygroup.com.au. Combinatie van terreinwagen- en boottocht naar het Great Sandy National Park (dag. 9-16.30 uur, A-$ 115).

Dolfijnen spotten – **Wild Dolphin Feeding Tour:** tel. 07-54 49 82 52, www.noosa4wdecotours.com.au. Terreinwagen- en boottocht met spotten en voeren van dolfijnen (dag. 6-12 uur, A-$ 109).

Evenementen

Noosa International Food & Wine Festival (half mei): mega-event voor fijnproevers aan de strandpromenade, www.noosafoodandwine.com.au.

Gold Rush Festival (okt.): volksfeest met cultureel programma in Gympie, www.rushfestival.com.au.

Noosa National Park ▶ 1, W 11

Ten oosten van Noosa vormt het **Noosa National Park** het begin van het rotsachtige voorland. Voor een trektocht is de Coastal Track via Dolphin Point en Granite Bay naar de imposante klippenformatie **Hells Gates** aan te bevelen. Vandaar kun je een uitstapje maken naar de Alexandria Bay met een breed zandstrand en naar de bizarre klippen bij Oyster Rocks en Lion Rock. Of loop over de **Tanglewood Track** dwars over de met regenwoud begroeide landtong naar de ingang van het park terug (rondweg zonder uitstapjes naar de Alexandria Bay 7 km/3 uur). Met wat geluk zie je in de kruinen van in de wind zwaaiende, hoge eucalyptusbomen nog koala's.

Great Sandy National Park
▶ 1, W 10/11

Tussen Noosa en de noordelijke **Tin Can Bay** strekt zich het **Great Sandy National Park** uit, met zijn talrijke zoetwaterlagunes. De beste manier om dit natuurgebied te bezoeken is op een boottocht, die in Noosa worden aangeboden. Als je in het bezit bent van een terreinwagen, kun je vanuit Tewantin met de veerboot de Noosa River oversteken en bij eb langs Cooloola Beach van het zuid- naar het noordeinde van het nationaal park rijden (35 km). De zandsteenkliffen van Teewah Coloured Sands, die je daarbij passeert, schitteren door de mineralen die erin zitten in alle kleuren van de regenboog en betoveren vooral in avondlicht. Aan de noordrand van het nationaal park ligt de rustige vakantieplaats **Rainbow Beach**, die als uitvalshaven naar Fraser Island steeds meer in trek begint te raken.

Mooloolaba ▶ 1, W 11

Afgezien van een goede toeristische infrastructuur hebben de andere hoofdplaatsen van deze kuststreek – **Maroochydore**, **Alexandra Headland**, **Mooloolaba** en **Caloundra** – niet veel te bieden. Een uitzondering is het bezienswaardige **Sealife Sunshine Coast** in Mooloolaba, waar je er kunt onderdompelen in de onderwaterwereld van Australië zonder nat te worden. Een reusachtige zeewatertank herbergt honderden vissoorten. De bezoekers lopen door een perspextunnel en kunnen murenen, duivelsroggen en haaien van dichtbij bewonderen. Een aantal keren per dag vertonen zeehonden tijdens

Sunshine Coast

spectaculaire dressuuracts hun kunsten. Interactieve displays en video's over de zeefauna ronden het programma af (Parkyn Par., tel. 07-54 44 22 55, www.underwaterworld.com.au, dag. 9-17 uur, A-$ 39).

Informatie
Mooloolaba Visitor Information Centre: First Ave., hoek Brisbane Rd., tel. 07-54 58 88 44, 1300-84 74 81, www.visitsunshinecoast.com, dag. 9-15 uur.

Overnachten
Goedkope motelunits – **Twin Pines Motel:** 36 Brisbane Rd., tel. 07-54 44 25 22, www.twinpines.com.au. Klein, rustig motel met zwembad, vlak bij het strand. 2 pk A-$ 110-135.

Camping en cabins – **Maroochydore Beach Holiday Park:** Melrose Pl., tel. 07-54 43 11 67, www.sunshinecoastholidayparks.com.au. Goed toegerust, aan het strand.

Actief
Zwemmen met walvissen – **Sunreef:** 123 Parkyn Par., tel. 07-54 44 56 56, www.sunreef.com.au. Boottochten (3 uur), waarbij de deelnemers kunnen zwemmen met bultruggen (aug.-okt. dag. 8, 13 uur, vanaf A-$ 185).

Naar het achterland van de Sunshine Coast ▶ 1, V/W 11

Toeristen die niet zo houden van het strandleven kunnen in de richting van het zuiden een alternatieve route nemen door het achterland. Het beginpunt is het aan de Bruce Highway gelegen **Nambour**, waar in de omgeving ananas en andere tropische vruchten worden verbouwd. Een paar kilometer naar het zuiden ligt de **Big Pineapple Plantation**, die duidelijk herkenbaar is aan de als uitkijktoren dienende reuzenananas van glasvezel. Bezoekers worden over een smalspoor door de plantage gereden (Bruce Hwy, tel. 07-54 42 13 33, dag. 9-16 uur, A-$ 5).

Ten westen van Nambour kronkelt een weg omhoog de bergwereld in van de Blackall Range. In het **Mapleton Falls National Park**, 4 km ten noordwesten van Mapleton, stort een waterval over een rotswand 120 adembenemende meters in de diepte. Ook in het nabijgelegen **Kondalilla National Park** kun je spectaculaire watervallen zien, zoals de 100 m hoge, door regenwoud omlijste Kondalilla Falls. Zo'n 5 km verder naar het zuiden zijn in de bergplaats **Montville** talrijke kunsthandwerkslieden neergestreken, die hun producten langs de hoofdstraat verkopen. Over de kam van de Blackall Range loopt een panoramische route, waar je steeds weer prachtig uitzicht hebt op de 30 km verderop gelegen Sunshine Coast. En vanaf het **Mary Cairncross Park** ten zuiden van **Maleny** krijg je een grandioze blik op de keten van bizarre, kale rotspunten van de **Glass House Mountains**, die onverwacht uit het vlakke kustland oprijzen. De rotskegels en -zuilen van trachiet, een eruptiegesteente, zijn overblijfselen van uitgedoofde vulkanen, die de krachten van erosie weerstaan hebben. Kapitein Cook gaf de tussen 200 en 556 m hoge rotsformaties hun naam, omdat het uiterlijk ervan hem aan de glassmelterijen van zijn geboortestreek Yorkshire in Engeland deden denken. Vier van de tien vulkaantoppen zijn tot nationaal park uitgeroepen. Alle bergen zijn gezochte klimdoelen, waaraan – met uitzondering van de 253 m hoge **Mount Ngungun** (heen en terug 1,4 km/2 uur) – alleen ervaren bergbeklimmers zouden moeten beginnen. Een ander uitkijkpunt met een fantastisch zicht over het rotsenensemble bereik je als je in het plaatsje Glass House Mountains of in **Beerburrum** de bordjes 'Lookout' volgt.

De grootste bezoekersmagneet van de regio is de **Australia Zoo** bij **Beerwah**, waar je je de stuipen op het lijf kunt laten jagen door taipans, tijgerslangen en doodsadders. In de dierentuin leven ook zoet- en zoutwaterkrokodillen en nog meer vertegenwoordigers van de Australische fauna. Door middel van de *Wildlife Talks* (in het Engels) kun je veel interessants te weten komen over de Australische dierenwereld. Eigenaar van de dierentuin was trouwens de bekende *Crocodile Hunter* Steve Irwin, die in september 2006 op tragische wijze overleed (1638 Steve Irwin Way, tel. 07-54 36 20 00, www.australia zoo.com.au, dag. 9-17, krokodillenvoedertijd dag. 14.30 uur, A-$ 59).

Brisbane

▶ 1, W 11/12

Vraag een inwoner van Sydney of Melbourne naar zijn mening over Brisbane en hij zegt: 'Lijkt een beetje op Dallas!' Waarmee men maar wil zeggen dat de hoofdstad van Queensland, die in 1824 werd gesticht als vergaarbak voor de recalcitrantste gevangenen in de kolonie New South Wales, naar gangbare criteria geen bijzonder aantrekkelijke metropool zou zijn. Een metropool is het in ieder geval wel: bijna de helft van de Queenslanders woont in Brisbane.

Plattegrond: zie blz. 475
Geruime tijd leefde **Brisbane** in de schaduw van de metropolen Sydney en Melbourne. In de jaren 80 maakte de hoofdstad van Queensland echter een verbluffende ontwikkelingssprong door. 'Brissie', dat vroeger de weinig vleiende reputatie had van de meest provinciale metropool van Australië, werd binnen zeer korte tijd een hectisch centrum van handel, bestuur en financiën met 2,1 miljoen inwoners. De basis voor deze ongelooflijke opbloei werd gevormd door de immense natuurlijke hulpbronnen van Queensland, de minerale bodemschatten en de landbouwproducten. Een andere katalysator was de wereldtentoonstelling Expo 88. De metamorfose ging gepaard met een hausse in de bouw die zijn gelijke niet kende. In die jaren van economische opleving verwierf de miljoenenstad aan de Brisbane River een uiterst slechte naam vanwege de meedogenloze manier waarop oude gebouwen moesten wijken voor nieuwbouwprojecten. Tegenwoordig contrasteren doelmatige paleizen van beton en glas met enkele eerbiedwaardige 19e-eeuwse gebouwen, die als indringers in het stadsbeeld lijken te staan.

Door zijn wat fragiele charme en de relatief dun gezaaide bezienswaardigheden is Brisbane niet echt een toeristentrekker. Toch heeft de grote stad in Queensland ook positieve kanten, zoals het zonovergoten subtropische klimaat, volgens de plaatselijke bevolking het beste ter wereld, en de multiculturele uitstraling van een open, tolerante samenleving. Voor veel bezoekers is Brisbane de toegangspoort naar de vakantiegebieden van de Gold Coast en de Sunshine Coast, die buiten de stadspoorten beginnen.

Geschiedenis van de stad

De Sunshine State van Australië kende een uiterst ongunstig begin. In 1824 liet sir Thomas Brisbane, de toenmalige gouverneur van New South Wales, een strafkolonie oprichten aan de Moreton Bay bij het huidige Brisbane. Al in 1825 moest de Moreton Bay Colony, waarnaar de meest hardnekkige recidivisten van New South Wales werden gedeporteerd, na bloedige conflicten met de daar wonende oorspronkelijke bewoners, verhuizen naar een nieuwe locatie, verder landinwaarts. In 1834 werd de strafkolonie, die intussen de naam van haar oprichter droeg, verheven tot stad. Maar Brisbane bleef een gevangenis, want al het land in een straal van 80 km om de stad heen was tot verboden terrein verklaard voor vrije kolonisten.

Na de ontdekking van vruchtbare weidegronden in de Darling Downs aan de andere kant van de Great Dividing Range ten westen van Brisbane barstte tegen 1840 vanuit Sydney een hevig landjepik los. Onder druk daarvan werd de strafkolonie uiteindelijk opgeheven. In 1842 werd de streek officieel opengesteld voor vrije kolonisten. Veeboeren dreven reusachtige kuddes runderen naar de weidse savannevlakten en de plateaus ten westen van de Great Dividing Range en legden daarmee de grondslag voor de lucratieve runderfokkerij die decennialang de ruggengraat was van de Queenslandse economie. Brisbane en omgeving waren daarmee 35 jaar lang een vanuit Sydney geregeerde buitenpost, tot het in 1859 onder druk van de invloedrijke kolonisten brak met New South Wales. Ter ere van koningin Victoria kreeg de nieuw gestichte kolonie de naam Queensland en Brisbane werd de hoofdstad.

Het centrum

Central Railway Station en Anzac Square

Een goed beginpunt voor een stadswandeling, waarvoor je ongeveer een halve dag moet uittrekken, is het **Central Railway Station** , een prachtig victoriaans bouwwerk uit 1901. In het tegenoverliggende kleine plantsoen **Anzac Square** herdenkt de classicistische Shrine of Remembrance de in de Eerste Wereldoorlog gesneuvelde Australische soldaten.

City Hall

Uurwerktoren: gratis rondleidingen dag. 10.15-16.45 uur ieder kwartier; museum: tel. 07-33 39 08 00, www.museumofbrisbane.com, dag. 10-17 uur, toegang gratis

Aan de westkant van King George Square, een groene stadsoase met een fontein, doemt de architectonische trots van de stad op: de **City Hall**. Hét herkenningsteken van Brisbane staat tegenwoordig een beetje verloren in de moderne skyline. Boven het tussen 1920 en 1930 neergezette gebouw torent een 85 m hoge klokkentoren in Italiaanse renaissancestijl uit; vanaf het uitkijkplatform van die toren heb je een prachtig uitzicht. De 90 m lange zandstenen voorgevel wordt geaccentueerd door een kolossale galerij met een rij Korinthische zuilen. De blikvanger van de façade

Brisbanes skyline weerspiegelt zijn status als handels- en bestuurlijk centrum

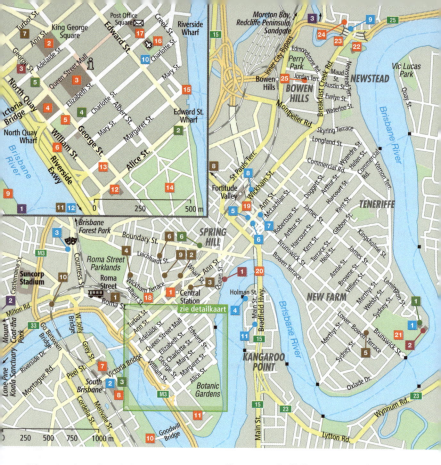

is het 18 m lange basreliëf in de gevel boven de hoofdingang, een allegorische voorstelling van de staat als beschermer van zijn burgers. Naast de kantoren van het gemeentebestuur herbergt het stadhuis ook het **Museum of Brisbane,** dat de sociale geschiedenis van de stad documenteert.

Queen Street Mall

Brisbanes voetgangerszone, de **Queen Street Mall,** strekt zich uit tussen George Street en Edward Street. Bijzondere aandacht verdient in dit winkelcentrum het grote warenhuis **Myer Centre** 3, dat zich bevindt in een complex van vier rond 1880 gebouwde koloniale panden. In het centrum van de Mall staat een infokiosk van het toeristenbureau.

Treasury Building en Land Administration Building

Parallel aan de Brisbane River loopt **George Street,** Brisbanes pronkboulevard, die synoniem is voor stijl en elegantie. Dat manifesteert zich vooral in het tussen 1885 en 1928 gebouwde **Treasury Building** 4, dat gezien wordt als het mooiste voorbeeld van Italiaanse renaissancestijl ten zuiden van de evenaar. Tegenwoordig gaat achter de voorgevel van het eerbiedwaardige gebouw het Conrad Treasury Casino schuil.

Het **Land Administration Building** 5 ertegenover, een schitterend, tussen 1901 en 1905 eveneens in renaissancestijl gebouwd pand, vormt tegenwoordig de stijlvolle omlijsting voor een luxehotel.

Brisbane

Bezienswaardig
1. Central Railway Station
2. City Hall
3. Myer Centre
4. Treasury Building
5. Land Administration Building
6. Old Commissariat Stores
7. Queensland Cultural Centre
8. Wheel of Brisbane
9. Nepalese Pagoda
10. Queensland Maritime Museum
11. Old Government House
12. Parliament House
13. The Mansions
14. City Botanic Gardens
15. Eagle Street Pier
16. St. Stephen's Cathedral
17. GPO Museum
18. Old Observatory
19. Chinatown
20. Story Bridge
21. New Farm Park
22. Newstead House
23. Breakfast Creek Wharf
24. Joss House
25. Miegunyah Folk Museum

Overnachten
1. Hotel Jen Brisbane
2. Inchcolm Hotel
3. ULTIQA Rothbury Hotel
4. Urban Brisbane
5. Edward Lodge
6. Metropolitan Motor Inn
7. City Edge Explorers Brisbane Hotel
8. Spring Hill Terraces Motel
9. Annies Shandon Inn
10. Brisbane City YHA
11. Brisbane Gateway Resort

Eten en drinken
1. Customs House
2. Watt
3. Govinda's

Winkelen
1. Jan Power's Farmers' Markets
2. Riverside Garden Markets
3. The Collective Markets
4. Save the Koala Shop
5. Quilpie Opals
6. Bents Bookshop

Uitgaan
1. Brisbane Powerhouse
2. Performing Arts Complex
3. Brisbane Arts Theatre
4. Brisbane Jazz Club
5. Ric's Café Bar
6. Cloudland
7. The Beat Mega Club
8. The Wickham Hotel
9. Breakfast Creek Hotel
10. Stock Exchange Hotel
11. Story Bridge Hotel
12. The Brewhouse

Actief
1. River City Cruises
2. XXXX Ale House
3. Mr. Day Tours

Old Commissariat Stores 6
Tel. 07-32 21 41 98, www.commissariatstore.org.au, di.-vr. 10-16 uur, A-$ 7

Aan William Street staan de **Old Commissariat Stores,** Brisbanes eerste, in 1829 opgetrokken gebouwencomplex in steen en een van de belangrijkste gebouwen van de stad. Het koloniale bestuur liet het bouwen door gedetineerden en bevoorraadde vanuit dit magazijn de nieuwe nederzettingen en de strafkolonie in Moreton Bay met levensmiddelen en andere goederen. Vandaag de dag resideert hier de **Royal Historical Society of Queensland,** die ook het hier ondergebrachte **Commissariat Store Museum** beheert, waar je vertrouwd wordt gemaakt met de geschiedenis van Brisbane.

Queensland Cultural Centre 7
Over de Victoria Bridge, met in de nabijheid een pier voor excursieboten, aan de Hayles Wharf en de North Quay, kom je bij het architectonisch aantrekkelijke complex van het **Queensland Cultural Centre**, dat tegen de zuidoever van de Brisbane River is gebouwd.

Bij het moderne cultuurcentrum hoort ook de **Queensland Art Gallery** met een ruime collectie werken van Australische en Europese kunstenaars (tel. 07-38 40 73 03, www.qagoma.qld.gov.au, dag. 10-17 uur, toegang gratis, speciale exposities en evenementen niet gratis).

Onder hetzelfde dak bevindt zich ook het **Queensland Museum** met een goed uitgeruste technische en natuurhistorische afde-

Brisbane

ling, evenals een grote etnologische collectie over de geschiedenis, kunst en cultuur van de Aboriginals.

Wetenschap en techniek om aan te raken en uit te proberen zijn te vinden in het bij het Queensland Museum aangesloten **Sciencentre** (tel. 07-32 24 48 96, www.qm.qld.gov.au, dag. 9.30-17 uur; museum: toegang gratis; Sciencentre: A-$ 14,50).

Verder herbergt het grote cultuurcomplex de in 2006 als grootste kunstmuseum van het continent geopende **Gallery of Modern Art (GoMA)**, die naast hedendaagse Australische en Aboriginalkunst ook moderne internationale kunst toont, bijvoorbeeld werken van Baselitz, Degas en Picasso (tel. 07-38 40 73 03, www.qagoma.qld.gov.au, dag. 10-17 uur, toegang gratis), en de **State Library of Queensland** (tel. 07-38 40 76 66 96, www.slq.qld.gov.au, ma.-do. 10-20, vr.-zo. 10-17 uur, toegang gratis).

South Bank Parklands

Als je even wilt pauzeren na een bezoek aan de musea, zijn de zuidoostelijk van het cultuurcentrum gelegen **South Bank Parklands** een goede plaats om naar uit te wijken. Dit is een stijlvol vormgegeven vrijetijds- en recreatiepark op het terrein waar de World Expo 88 werd gehouden. Daar kun je zwemmen in een op een echt meer gebaseerd zwembad, of op een zandstrand zonnebaden.

Nog behorend tot het Queensland Cultural Centre, maar reeds gesitueerd op het terrein van de South Bank Parklands is het **Performing Arts Complex** 2 met een theater en een concertzaal. Je hebt een mooi uitzicht vanuit de glazen cabines van het 60 m hoge reuzenrad **Wheel of Brisbane** 8 in de directe omgeving (tel. 07-38 44 34 64, www.thewheelofbrisbane.com.au, zo.-do. 10-22, vr., za. 10-23 uur, A-$ 20).

De boeddhistische **Nepalese Pagoda** 9, die ter gelegenheid van de Wereldtentoonstelling van 1988 werd gebouwd, is een oase van rust. Direct daarnaast kun je een korte wandeling over een houten pad maken door een subtropisch miniatuurregenwoud, dat welig tiert midden in de grote stad.

Queensland Maritime Museum 10

Stanley St., hoek Sidon St., tel. 07-38 44 53 61, www.maritimemuseum.com.au, dag. 9.30-16.30 uur, A-$ 16

Met een grote collectie tentoonstellingsstukken en multimediale hulpmiddelen documenteert het **Queensland Maritime Museum** aan het zuideinde van de South Bank Parklands de geschiedenis van de scheepvaart in de Australische wateren van de prekoloniale tijd tot het heden. Van het scheepvaartmuseum leidt de voetgangersbrug **Goodwill Bridge** terug naar de noordelijke oever van de Brisbane River.

Zuidelijke George Street

Het zijn maar een paar stappen van de Goodwill Bridge naar het **Old Government House** 11 uit 1860, waarin tegenwoordig een historisch museum en een kunstmuseum zijn gehuisvest (tel. 07-38 64 80 05, www.ogh.qut.edu.au, zo.-vr. 10-16 uur, toegang gratis).

In het tussen 1865 en 1868 naar Frans renaissancevoorbeeld gebouwde **Parliament House** 12 worden op dagen dat er niet wordt vergaderd gratis rondleidingen aangeboden (George St., hoek Alice St., tel. 07-32 26 75 62, www.parliament.qld.gov.au, rondleidingen ma.-vr. 13, 14, 15, 16 uur).

Aan het zuidelijke uiteinde van George Street vormen **The Mansions** 13 nog een architectonisch juweel. Tegenwoordig biedt het bakstenen complex met neoklassieke stijlelementen onderdak aan boetieks en restaurants.

City Botanic Gardens 14

Bijna de hele zuidpunt van het door de Brisbane River ingesloten schiereiland met het Central Business District wordt ingenomen door de **City Botanic Gardens**, ooit de moestuin van de strafkolonie, tegenwoordig een oase van rust met wandel- en fietspaden. De kunstmatige vijvers en meren van de botanische tuinen zijn een toevluchtsoord voor watervogels als reigers en ibissen. Tijdens een korte wandeling over een houten steiger langs de oever van de Brisbane River kun je een kijkje nemen in een mangrovebos.

Eagle Street

Op een wandeling langs de rivier kom je langs **Eagle Street**, waar moderne glas-en-betonpaleizen voor architectonische accenten zorgen, zoals **Waterfront Place** en **Riverside Centre**, twee complexen met winkels en restaurants. Ook vind je daar de **Eagle Street Pier** 15, een aanlegsteiger voor luxe nagebouwde raderstoomboten.

St. Stephen's Cathedral en GPO Museum

De wijk ten oosten van Elizabeth Street wordt gedomineerd door de **St. Stephen's Cathedral** 16 uit 1863, die met neogotische sierelementen helemaal voldoet aan de historiserende stijl van de 19e eeuw. Schuin tegenover de kathedraal staat het reusachtige **General Post Office**. Het aangesloten **GPO Museum** 17 toont een collectie over de geschiedenis van de posterijen en de telefonie (261 Queen St., tel. 07-34 05 12 02, di.-vr. 9.30-13, 14-15.30 uur, A-$ 7).

Via **Post Office Square**, alweer een groen rustpunt, met imposante baobabbomen, loop je terug naar het beginpunt van de rondwandeling, het Central Railway Station.

Voorsteden

Spring Hill

Een interessant uitstapje voert naar **Spring Hill**, naar het **Old Observatory** 18, ook Old Mill genoemd, aan Wickham Terrace. Het in 1828 door gevangenen oorspronkelijk als windmolen neergezette gebouw werd na enkele jaren verbouwd tot tredmolen, waarin de gedeporteerde gevangenen de molenstenen moesten aandrijven. Later diende het als seinen weerstation (226 Wickham Terr., Spring Hill, tel. 07-33 06 88 88, ma.-za. 10-15 uur, toegang gratis).

Fortitude Valley

In **Fortitude Valley**, circa 1,5 km ten noorden van het centrum, lokt **Chinatown** 19 met uitstekende restaurants en goed gesorteerde delicatessenwinkels. Vanaf de stalen, 782 m lange **Story Bridge** 20, die de beide stadsdelen Fortitude Valley en Kangaroo Point met elkaar verbindt, heb je een schitterend uitzicht over Brisbane.

New Farm

Cafés en restaurants in elke prijsklasse, tweedehandswinkels en boekwinkels kenmerken de zuidoostelijk van Fortitude Valley gelegen voorstad **New Farm**. In een lus van de Brisbane River ligt het uitgestrekte **New Farm Park** 21, dat tussen september en november in een bijzonder kleurige bloemenzee verandert.

Newstead

Ongeveer 4 km ten noorden van het stadshart ligt de wijk **Newstead**. Omgeven door een mooi parkje staat daar op een heuvel aan de Brisbane River het stijlvolle **Newstead House** 22 uit 1846, dat tegenwoordig als museum in gebruik is (Breakfast Creek Rd., hoek Newstead Ave., tel. 07-32 16 18 46, www.newsteadhouse.com.au, vr., zo. 9-16, za. 9-13 uur, A-$ 12).

Schuin hiertegenover herbergt het quasihistorische gebouwencomplex Breakfast Creek Wharf talrijke winkels en een handvol restaurants. Aan de andere kant van de **Breakfast Creek Wharf** 23 staan het in 1889 in Franse renaissancestijl opgetrokken **Breakfast Creek Hotel** 9, een van de oudste kroegen van de stad, en in Higgs Street het **Joss House** 24 uit 1885, Brisbanes enige Chinese tempel.

Herinneringen aan de goede oude tijd worden opgeroepen door de collectie uit het nabijgelegen heemkundige **Miegunyah Folk Museum** 25, dat in een houten paalwoning uit 1884 is ondergebracht (35 Jordan Terr., tel. 07-32 52 29 79, www.miegunyah.org, wo. 10.30-15, za., zo. 10.30-16 uur, A-$ 8).

Informatie

Brisbane Visitor Information Centre: Queen Street Mall, City, tel. 07-30 06 62 90, ma.-do. 9-17.30, vr. 9-19, za. 9-17, zo. 10-17 uur. Informatie over Brisbane en omgeving en over alle toeristisch belangrijke bezienswaardigheden in Zuid-Queensland.

Brisbane

Ontbijt aan de rivier – de cafés aan de Brisbane River zijn al open, maar de sfeer is nog aangenaam rustig, bijna onwerkelijk voor een metropool

Queensland Parks & Wildlife Service: 60 Mount Nebo Rd., The Gap, tel. 07-35 12 23 00, www.npsr.qld.gov.au. Informatie over nationale parken, *camping permits* enzovoort.
Royal Automobile Club of Queensland (RACQ): 103 Adelaide St., City, tel. 07-32 23 78 75, www.racq.com.au. Automobielclub.
Internet: www.visitbrisbane.com.au.

Overnachten

Betrouwbaar – **Hotel Jen Brisbane** 1 : 159 Roma St., City, tel. 07-32 38 22 22, www.hoteljen.com. Viersterrenhotel met ruime kamers in postmoderne stijl. Restaurant, bar, dakterras met whirlpool. 2 pk vanaf A-$ 235.

Apart boetiekhotel – **Inchcolm Hotel** 2 : 73 Wickham Terr., Spring Hill, tel. 07-32 26 88 88, www.theinchcolm.com.au. Elegant hotel in een historisch pand met individueel ingerichte suites, het bekroonde restaurant *Thomson's Reserve* en een zwembad. Suite vanaf A-$ 215.

Goede locatie in de City – **ULTIQA Rothbury Hotel** 3 : 301 Ann St., City, tel. 07-32 39 88 88, 1800-10 28 22, www.rothburyhotel.com.au. De fraaie façade verbergt een al even mooi interieur – comfortabele kamers en appartementen met elegante meubels en uitgelezen woonaccessoires. 2 pk vanaf A-$ 165.

Stijlvol modern – **Urban Brisbane** 4 : 345 Wickham Terr., Spring Hill, tel. 07-38 31 61 77, 1800-77 77 89, www.hotelurban.com.au/brisbane. Mooi uitzicht op de City, elegant-sober ingerichte kamers, restaurant, bar en zwembad. 2 pk vanaf A-$ 145.

Rustig en wat buitenaf – **Edward Lodge** 5 : 75 Sydney Rd., New Farm, tel. 07-33 58 26 80, www.edwardlodge.com.au. Goed gerund, stijlvol guesthouse met tien prettig gemeubileerde kamers en leuke tuin. Gemeenschappelijke keuken en gratis wifi. Goede verbindingen met de City. 2 pk vanaf A-$ 135 inclusief ontbijt.

Gemoedelijk en gezellig – **Metropolitan Motor Inn** 6 : 106 Leichhardt St., Spring Hill, tel. 07-38 31 60 00, www.metropolitanmotorinn.com. Rustig maar toch vlak bij het centrum gelegen motel met bijbehorend restaurant. 2 pk A-$ 109-179.

Goede prijs-kwaliteitverhouding – **City Edge Explorers Brisbane Hotel** 7 : 63 Turbot St., hoek George St., City, tel. 07-32 11 34 37, 1300-24 89 33, www.cityedgebrisbane.com.au. Centraal gelegen motel met aangename mix van koloniale traditie en hedendaags comfort. 2 pk vanaf A-$ 99.

Gemoedelijk – **Spring Hill Terraces Motel** 8 : 260 Water St., Spring Hill, tel. 07-38 54 10 48, www.springhillterraces.com. Gemoedelijke accommodatie aan de rand van de City, met zwembad. 2 pk A-$ 95-135.

Prettige B&B – **Annies Shandon Inn** 9 : 405 Upper Edward St., City, tel. 07-38 31 86 84, www.anniesbrisbane.com. Gezellige B&B in victoriaanse stadswoning; de goedkope kamers hebben een gemeenschappelijke badkamer. 2 pk A-$ 89 of A-$ 99 inclusief ontbijt.

Jeugherberg – **Brisbane City YHA** 10 : 392 Upper Roma St., City, tel. 07-32 36 10 04, www.yha.org.au. Centraal gelegen en modern, met restaurant en zwembad op het dakterras. 2 pk vanaf A-$ 88, meerpersoonskamer vanaf A-$ 30 p.p.

Camping en cabins – **Brisbane Gateway Resort** 11 : 200 School Rd., Rochedale, tel. 07-33 41 63 33, 1800-44 24 44, www.brisbanegateway.com.au. 19 km ten zuiden van de City, moderne voorzieningen; staanplaatsen, cabins met airco en zoutwaterzwembad.

Eten en drinken

Topkeuken met uitzicht – **Customs House** 1 : 399 Queen St., City, tel. 07-33 65 89 21, www.customshouse.com.au, di.-za. 12-16, 18 tot laat, zo., ma. 12-16 uur. Modern Australian cuisine met uitzicht op de Brisbane River. Hoofdgerechten A-$ 37-45.

Voor steakfans – **Cha Cha Char** 15 : Shop 5, Eagle Street Pier, Eagle St., City, tel. 07-32 11 99 44, www.chachachar.com.au, ma.-vr. 12-23, za., zo. 18-23 uur. In deze luchtige zaak aan de Brisbane River komen vooral sappige steaks op tafel. Hoofdgerechten A-$ 30-72.

Australisch-Aziatisch – **Jade Buddha** 15 : Eagle Street Pier, City, tel. 07-32 21 28 88, www.jadebuddha.com.au, dag. 11.30-23 uur. Hedendaagse Australische keuken met Aziatische invloeden. Hoofdgerechten A-$ 21-30.

Relaxt – **Watt** 2 : Brisbane Powerhouse, 119 Lamington St., New Farm, tel. 07-33 58 54 64, www.brisbanepowerhouse.org, di.-zo. 11.30-15, 17-23 uur. Creatieve Australisch-Aziatische fusionkeuken, prachtig uitzicht op de rivier. Hoofdgerechten A-$ 14-29.

All you can eat – **Govinda's** 3 : 358 George St., City, tel. 07-32 10 02 35, www.brisbanegovindas.com.au, ma.-vr. 7-20, za. 11-20 uur. Authentiek Indiaas vegetarisch-veganistisch buffet voor A-$ 12,90.

Ongecompliceerd en goedkoop – **Myers Food Mall** 3 : Myer Centre, Queen Street Mall, City, tel. 07-32 21 41 99, ma.-vr. 9-19, za. 9-16 uur. *Food counters* met internationale gerechten. Gerechten vanaf A-$ 9,50.

Winkelen

De opwindendste winkelstraat van dit moment is **Boundary Street** in West End met een groot aantal trendy boetieks.

Warenhuis – **Myer Centre** 3 : Queen Street Mall, City, tel. 07-32 21 41 99, www.myercentreshopping.com.au, ma.-do. 9-17.30, vr. 9-21, za. 9-17, zon- en feestdagen 10-17 uur. Architectonisch interessant winkelcentrum met internationaal aanbod.

Markt – **Jan Power's Farmers' Markets** 1 : Brisbane Powerhouse, New Farm, www.janpowersfarmersmarkets.com.au, za. 6-12 uur. Vlees en vis, groente en fruit en veel couleur locale. **Riverside Garden Markets** 2 : City Botanic Gardens, 157 Alice St., City, tel. 07-38 70 28 07, www.riversidemarkets.com.au, zo. 7-15 uur. Grote kunstnijverheidsmarkt. **The Collective Markets** 3 : South Bank Parklands, South Brisbane, www.collectivemarkets.com.au/southbank, vr. 17-21, za. 10-21, zo. 9-16 uur. Kunstnijverheid, design, mode, biologische snacks enzovoort.

Shoppen voor een goed doel – **Save the Koala Shop** 4 : 40 Charlotte St., City, tel. 07-32 29 72 33, www.savethekoalashop.com, ma.-vr. 9-19, za. 10-16 uur. Wie in deze souvenirshop pluchen beesten, sieraden, accessoires of boeken koopt, neemt niet alleen een leuk souvenir mee, maar steunt ook het werk van de Australian Koala Foundation. Deze organisatie zonder winstoogmerk wijdt zich sinds

Brisbane

1986 aan de bescherming van koala's en hun leefomgeving.
Opalen en sieraden – **Quilpie Opals** 5 : 126 George St., City, tel. 07-32 21 73 69, www.quilpieopals.com.au, ma.-do. 9-18, vr. 9-20, za. 9-16 uur. Belastingvrij kopen op vertoon van paspoort en internationaal vliegticket.
Boeken en meer – **Bent Bookshop** 6 : 205A Boundary St., www.bentbooks.com.au, ma.-vr. 9-18, za., zo. 9-17 uur. Een ware goudmijn voor bibliofielen.

Uitgaan

Clubs en lounges, discotheken en livepodia concentreren zich aan **Brunswick Street** in de voorstad Fortitude Valley. Meer uitgaansstraten zijn te vinden in de wijken **Petrie Terrace** en **Paddington.** Goede uitgaanstips bevat de rubriek 'What's On In Town' in de donderdageditie van de *Courier Mail*.
Cultuurcentra – **Brisbane Powerhouse** 1 : 119 Lamington St., New Farm, tel. 07-33 58 86 00, www.brisbanepowerhouse.org, dag. 17-1 uur. Experimenteel theater, dans, muziek, exposities, workshops enzovoort. **Performing Arts Complex** 2 : Melbourne St., South Brisbane, tel. 13 62 46, www.qpac.com.au. Allerlei soorten evenementen (tickets vanaf A-$ 50).
Theater – **Brisbane Arts Theatre** 3 : 210 Petrie Terr., Paddington, tel. 07-33 69 23 44, www.artstheatre.com.au. Theaterstukken en musicals (tickets A-$ 50-100).
Jazz – **Brisbane Jazz Club** 4 : 1 Annie St., Kangaroo Point, tel. 07-33 91 20 06, www.brisbanejazzclub.com.au, zo.-do. 19-23, vr., za. 19-2 uur. In het weekend livebands.
Livemuziek – **Ric's Café Bar** 5 : 321 Brunswick St., Fortitude Valley, tel. 07-33 21 45 11, www.ricsbar.com.au, zo.-do. 19-2, vr., za. 19-3 uur. Door kenners voorzien van het predikaat *grooviest live music spot* van Brisbane; veel getalenteerde jonge muzikanten.
Clubs – **Cloudland** 6 : 641 Ann St., Fortitude Valley, tel. 07-38 72 66 00, www.cloudland.tv, ma., di. vanaf 17, wo.-zo. vanaf 11.30 uur. Overdag rustige bistro met loungebar, 's avonds luider en za. en zo. altijd vol; vooral populair bij het jongere partyvolk; livebands. **The Beat Mega Club** 7 : 677 Ann St., Fortitude Valley, tel. 07-38 52 26 61, www.thebeatmegaclub.com.au, dag. 20-5 uur. Brisbanes oudste club met internationale dj's, populair bij homo's, maar geen echte homotent; geregeld hilarische *drag shows*. **The Wickham Hotel** 8 : 308 Wickham St., Fortitude Valley, tel. 07-38 52 13 01, www.thewickham.com.au, zo.-do. 21-3, vr., za. 21-4 uur. Bij nachtbrakers die erbij willen horen populaire pub met biergarten en livebands.
Kroegen – **Breakfast Creek Hotel** 9 : 2 Kingsford Smith Dr., Newstead, tel. 07-32 62 59 88, www.breakfastcreekhotel.com.au, dag. 10-2 uur. Een van Brisbanes oudste eetcafés; reusachtige steaks en livemuziek. **Stock Exchange Hotel** 10 : Edward St., hoek Charlotte St., City, tel. 07-32 29 35 22, www.stockexchangehotel.com.au, ma.-do. 11 tot laat, vr. 11-3, za., zo. 12-3 uur. *Watering hole*, niet alleen voor bankiers en brokers, met lekkere en lichte nouvelle-cuisinegerechten. **Story Bridge Hotel** 11 : 200 Main St., Kangaroo Point, tel. 07-33 91 22 66, www.storybridgehotel.com.au, dag. 11 uur tot laat. In deze sinds 1886 bestaande pub vinden jaarlijks op 26 januari de Australia Day Cockroach Races ('Kakkerlakkenraces') plaats. Vanaf het terras heb je een prachtig uitzicht op de skyline, in de biergarten spelen geregeld bands. **The Brewhouse** 12 : 601 Stanley St., Woolloongabba, tel. 07-38 91 10 11, www.brewhouse.com.au, zo.-do. 10-24, vr., za. 10-1 uur. In dit authentieke brouwerijcafé stromen lekkere, al vaak bekroonde biertjes uit de tapkranen.

Actief

Stadswandelingen – **Brisbane Greeters:** c/o Brisbane Visitor Information Centre, Queen Street Mall, City, tel. 07-30 06 62 90, www.brisbanegreeters.com.au. Gratis twee tot vier uur durende stadswandelingen rond thema's als kunst en cultuur, geschiedenis en architectuur; ook wandelingen speciaal voor gezinnen. Vertrekpunt is het Visitor Information Centre.
Boottochten – **River City Cruises** 1 : tel. 0428-27 84 73, www.rivercitycruises.com.au. Boottochten van anderhalf uur op de Brisbane River vanaf South Bank Parklands Jetty A (dag. 10.30, 12.30 uur, A-$ 29). **Kookaburra River**

Adressen

Queens 15: Eagle Street Pier, City, tel. 07-32 21 13 00, www.kookaburrariverqueens.com. Met een nagebouwde raderboot de Brisbane River op, bijvoorbeeld Weekdays River Sights Lunch Cruise (do., vr. 12 uur, A-$ 49), Weekend Jazz Lunch Cruise (za., zo. 12 uur, A-$ 62).

Wandeling door de botanische tuinen – **City Botanic Gardens Free Guided Walks 14:** tel. 07-34 03 25 35. Gratis deskundig geleide wandelingen, verzamelpunt voor het bezoekerspaviljoen (dag. beh. zon- en feestdagen 11, 13 uur).

Walvissen observeren – **Brisbane Whale Watching:** tel. 07-38 80 04 77, www.brisbanewhalewatching.com.au. Boottocht met grote catamaran (juli-okt. dag. 10 uur, vanaf A-$ 145).

Brouwerijbezichtiging – **XXXX Ale House 2:** Black St., hoek Paten St., Milton, tel. 07-33 61 75 97, www.xxxx.com.au. Queenslands grootste brouwerij XXXX (spreek uit: *Four Ex*), vooraf boeken verplicht, diverse rondleidingen per dag, ma.-za. 11-17 uur (A-$ 32).

Uitstapjes in het achterland – **Mr. Day Tours 3:** 6 Griffith St., Sandgate, tel. 0419-78 80 26, www.mrdaytours.com.au. Met kleine groepen naar kunstenaarsateliers en schapenfarms (vanaf A-$ 95).

Evenementen

Chinese New Year (jan.): drakenoptochten, vuurwerk enzovoort in Chinatown.
Queensland Music Festival (juli): twee weken durend muziekfestival, www.qmf.org.au.
Brisbane Festival (aug.-sept.): drie weken durend kunst- en cultuurspektakel, www.brisbanefestival.com.au.
Riverfestival (sept.): straatfeest met optochten, vuurwerk en veel cultuur.

Vervoer

Vliegtuig: tussen de 16 km ten noordoosten van de City gelegen luchthaven en het Brisbane Transit Centre, Roma St., City, pendelt de luchthavenbus Con-x-ion Airport Transfer, tel. 1300-26 69 46, www.coachtransonline.com.au (dag. 5.30-23.30 uur iedere 15-30 min., reistijd 30-35 min., A-$ 15). Iets sneller is de Air Train, tel. 13 12 30 (dag. 5.30-23.30 uur iedere 15 min., reistijd 20-25 min., A-$ 17,50). De taxirit kost A-$ 45-55.

Trein: treinen in alle richtingen vertrekken van het Brisbane Transit Centre, Roma St., City. Informatie en reservering bij Queensland Rail, tel. 1300-13 17 22, www.queenslandrailtravel.com.au.

Bus: bussen van alle maatschappijen en in alle richtingen vertrekken van het Brisbane Transit Centre, Roma St., City, www.brisbanetransitcentre.com.au. Informatie: Greyhound Australia, tel. 1300-47 39 46, Coachtrans, tel. 1300-36 17 88 (streekbussen naar de Gold Coast).

Huurauto: Avis, tel. 13 63 33, Budget, tel. 13 27 27, Europcar, tel. 13 13 90, Hertz, tel. 13 30 39. Alle verhuurders hebben filialen op of vlak bij de luchthaven.

Jezelf verplaatsen in de stad

Informatie geeft de Public Transport Information, tel. 13 12 30, www.translink.com.au.
Bus: de gratis rode bussen van **The Loop** rijden ma.-vr. 7-18 uur iedere vijf minuten over twee cirkelvormoge trajecten in de City. Aangevuld wordt het busnet door de sightseeingbus **Brisbane Explorer**, tel. 02-95 67 84 00, www.theaustralianexplorer.com.au. Deze toeristenbus rijdt dag. 9-17.15 uur iedere veertig minuten over een cirkelvormig traject door de City, Fortitude Valley en South Brisbane. Met een dagkaart, die ook geldig is voor de City-Cat-veerboot, kun je bij de negentien haltes, onder andere City Hall en Post Office Square, de rit zo vaak onderbreken als je wilt. Tickets zijn verkrijgbaar in de bus (A-$ 40).

Trein: treinen naar de voorsteden vertrekken vanaf het Central Railway Station, Ann St., City.

Veerboten: op de Brisbane River pendelt dag. 6-22.30 uur ieder halfuur de City-Cat-veerboot (zestien aanlegsteigers). Ticket- en informatieloket op de Eagle Street Pier.

Met de eigen auto: behalve voor campers zijn er voldoende parkeermogelijkheden in parkeergarages, bijvoorbeeld onder de South Bank Parklands. Sowieso heb je in de compacte City geen auto nodig.

Taxi: Black & White Cabs, tel. 13 32 22, Yellow Cabs, tel. 13 19 24.

Rond Brisbane

Sandgate en Redcliffe Peninsula

Met schone zandstranden en goede waterkwaliteit lokt **Sandgate**, aan de Bramble Bay 20 km ten noorden van de City, vele bezoekers. Ook de stranden die zich uitstrekken op het **Redcliffe Peninsula** bij Redcliffe, Margate en Scarborough, 30 km ten noorden van het stadscentrum, zijn op warme dagen erg in trek bij de inwoners van Brisbane.

Mount Coot-tha Park

Ongeveer 5 km ten westen van Brisbane ligt het **Mount Coot-tha Park**; op het uitgestrekte grondgebied daarvan liggen ook de **Mount Coot-tha Botanic Gardens** met veel inheemse en geïmporteerde planten. Mensenhanden hebben de grote broeikas met koepeldak Tropical Display Dome een tropische uitstraling gegeven. Andere attracties zijn de Fragrant Garden ('geurtuin') en de Japanese Garden (tel. 07-34 03 25 33, sept.-mrt. dag. 8-17.30, apr.-aug. dag. 8-17 uur, toegang gratis, bus 37A).

Door telescopen kun je in het **Sir Thomas Brisbane Planetarium** aan de vaak prachtige sterrenhemel de constellaties boven het zuidelijk halfrond bewonderen (tel. 07-34 03 88 88, di.-vr. 10-16, za. 11-20.15, zo. 11-16 uur, 's avonds op aanvraag, A-$ 16).

Een panoramische weg kronkelt de 285 m hoge **Mount Coot-tha** op; vandaar heb je een weids uitzicht over Brisbane en omgeving.

Eten en drinken

Met uitzicht rondom – **Summit Restaurant & Bar:** Mount Coot-tha, tel. 07-33 69 99 22, www.brisbanelookout.com/summit-restaurant-and-bar, dag. 11.30 uur tot laat, voor het diner absoluut reserveren. Hier eet je met het mooiste uitzicht; geserveerd worden creatieve gerechten uit de moderne Australische keuken met een Aziatische touch. Driegangenmenu vanaf A-$ 40.

Brisbane Forest Park

Mount Nebo Rd., tel. 07-33 00 25 58, www.walkaboutcreek.com.au, dag. 9-16.30 uur, A-$ 8
Ben je met je eigen auto onderweg, dan kun je aan het bezoek van Mount Coot-tha Park een ander uitstapje vastknopen: in de voorstad **The Gap** begint het **Brisbane Forest Park,** waar het **Walkabout Creek Wildlife Centre** je informeert over de flora en fauna van een subtropisch rivierengebied.

Vandaar kronkelt de weg door een dichtbegroeid eucalyptuswoud naar de kleine bergplaatsjes **Mount Nebo** en **Mount Glorious**: vooral in de hete zomermaanden zijn deze erg in trek bij de stedelingen voor een weekendje weg.

Lone Pine Koala Sanctuary

708 Jesmond Rd., Fig Tree Pocket, tel. 07-33 78 13 66, www.koala.net, dag. 9-17 uur, A-$ 36, bus 430 vanaf Queen Street Bus Station, bus 445 vanaf Adelaide St. of boten vanaf Hayles Wharf/North Quay en South Bank Cultural Centre Pontoon tegenover de State Library, bijvoorbeeld Mirimar Cruises, www.mirimar.com, dag. 10 uur, A-$ 73
Bijzonder schilderachtig ligt aan de Brisbane River het **Lone Pine Koala Sanctuary**, Australiës oudste en grootste koalaverblijf. Het behoort tot de hoofdattracties van Brisbane en ligt 11 km zuidwestelijk van het centrum. Naast de ongeveer 130 koddige klimbuideldieren vind je in het dierenpark ook verscheidene kangoeroesoorten, emoes, wombats, kleine koeskoezen, dingo's en varanen. Vooral kinderen zullen enthousiast zijn over deze dierentuin, want veel van de dieren zijn niet schuw en eten zo uit de hand.

Moreton Bay

In de **Moreton Bay** vlak voor Brisbane liggen 365 eilanden, waarvan de meeste geheel uit zand bestaan. De drie hoofdeilanden – Moreton Island, North Stradbroke Island en South Stradbroke Island – liggen als een soort verdedigingslinie tussen de zuidelijke Grote Oceaan

Kalmpjes aan – zo zijn de koala's

Ze zijn voor luiaards gehouden, Australische apen of zelfs voor beren – allemaal fout: koala's behoren tot de buideldieren. Ook al stonden de pluizige dieren met hun knoopogen en mopsneus model voor generaties teddyberen, toch hebben 'koalaberen' biologisch gezien niets met echte beren gemeen.

Gewoon een beetje de hele dag rondhangen, veel slapen en je zo weinig mogelijk drukmaken – wie wil dat nou niet? De koala's hebben het probleem opgelost. Het grootste deel van hun vijftien tot achttien jaar durende leven brengen ze hoog in de kruin van eucalyptusbomen door. De meeste tijd, toch gauw achttien uur per dag, slapen de buideldieren. Pas tegen de avondschemering worden ze wakker en actief. De reden voor hun zorgeloze leefwijze ligt in hun voedingspatroon. Ze eten uitsluitend eucalyptusbladeren en beperken zich daarbij tot een stuk of zes van de ongeveer zeshonderd soorten. Maar van die soorten knabbelt een volwassen koala toch dagelijks een à anderhalve kilo naar binnen.

Omdat ze zoveel eucalyptusolie binnenkrijgen, ruiken koala's naar hoestpastilles. En zo fris en schoon als ze ruiken, zijn ze ook. Niet omdat de knuffeldieren overdreven veel tijd besteden aan lichaamsverzorging, maar omdat de etherische eucalyptusolie bij koala's uit alle poriën komt. En daar houden parasieten weer niet van, want pure eucalyptusolie is zuiver vergif. Het gifgehalte van het voedsel dat een koala dagelijks tot zich neemt, zou menig ander wezen de das omdoen, maar een koala wordt er alleen een beetje slaperig van. Drinken hoeven de boombuideldieren trouwens niet, ze halen al het vocht dat ze nodig hebben uit de bladeren. Daaraan hebben ze ook hun naam te danken, want in een van de Aboriginaldialecten betekent koala 'dier dat niets drinkt'.

Een vrouwtjeskoala brengt elke twee jaar een jong ter wereld. Bijna een jaar lang sleept de moeder haar kroost door de bomen, waarvan de eerste zes maanden in haar beschermende buidel, daarna klampt het jong zich aan de pels van de moeder vast. In het tweede levensjaar waagt de koala de eerste 'stapjes' hoog in de bomen. Hij mist de voor de meeste klimbuideldieren karakteristieke grijpstaart, maar daar staat tegenover dat hij zich met zijn lange scherpe klauwen overal aan kan vastklampen.

Er is in de natuur bijna geen vreedzamer wezen te vinden dan de koala. Maar door de vernietiging van de eucalyptusbossen wordt hun leefgebied steeds kleiner. Dat is des te tragischer omdat de darmflora van de koala enkel in staat is om uit specifieke eucalyptussoorten voedingsstoffen te halen. Duizenden koala's worden bovendien jaarlijks overreden of komen om bij bosbranden. Op het moment is echter het grootste gevaar voor de ongeveer 200.000 uitsluitend aan de oostkust van Australië voorkomende koala's, de zogenaamde papegaaienziekte. Deze infectie, voor het eerst ontdekt bij papegaaien, tast vooral de voortplantingsorganen van de vrouwtjes aan en leidt tot onvruchtbaarheid. Ongeveer de helft van de koala's zou intussen al aan deze ziekte lijden.

Brisbane

en de Moreton Bay. Vanwege de beschutte ligging heeft deze reusachtige zeebaai zich ontwikkeld tot een ideaal gebied voor vissers, zeilers en andere watersporters.

Moreton Island

Zand zo fijn als sneeuw en duinen zo hoog als bergen zijn de kenmerken van **Moreton Island**. De hoogste top van het eiland wordt gevormd door de **Mount Tempest**, met 279 m tevens de hoogste zandberg ter wereld. Deze onvervalste wildernis, die onder natuurbescherming valt, bestaat uit heldere zoetwaterlagunes en bushland vol kustheide. Vooral in het weekend trekken de mooie stranden recreanten uit het nabijgelegen Brisbane.

Een uitstapje naar Moreton Island is vooral voor kinderen een bijzondere ervaring. Halftamme dolfijnen buitelen bij het invallen van de avond rond in het ondiepe water aan het strand van **Tangalooma** aan de westkust, om zich te laten voeren. Als je dat spektakel een keer wilt meemaken, kun je een overnachting in het Tangalooma Wild Dolphin Resort inplannen. Met een beetje geluk zie je tussen juli en oktober ook bultruggen langs de kust trekken.

Informatie

Internet: www.moretonisland.com.au, www.npsr.qld.gov.au/parks/moreton-island.

Overnachten

Ideaal voor gezinnen – **Tangalooma Island Resort:** tel. 07-36 37 20 00, 1300-65 22 50, www.tangalooma.com. Strandresort in mediterrane stijl; restaurant, zwembad, groot sportaanbod. 2 pk vanaf A-$ 225.

Actief

Dolfijnen spotten – **Dolphin Wild Island Cruises:** tel. 07-38 80 44 44, www.dolphinwild.com.au. Dagtrip naar Moreton Island (dag. 8.30 uur vanuit Scarborough, A-$ 135, oppikken bij het hotel mogelijk). **Moreton Bay Escapes:** tel. 1300-55 93 55, www.moretonbayescapes.com.au. Een- en meerdaagse trips naar Moreton Island met snorkelen (dag. vanaf Brisbane Transit Centre, Roma St., City, vanaf A-$ 169). **Tangalooma Wild Dolphin Tours:** tel. 07-36 37 20 00, www.tangalooma.com. Observeren en voeren van dolfijnen (dag. vanaf Tangalooma Island Resort, tijden op aanvraag, vanaf A-$ 95).

Vervoer

Veerboten: autoveerboten (alleen 4WD) dag. van Whyte Island in de monding van de Brisbane River naar Bulwer. Informatie: Moreton Island Adventures, tel. 07-39 09 33 33, www.moretonislandadventures.com.au. Dag. 10 uur passagiersveer naar Tangalooma Island Resort vanaf Holt Street Wharf in Pinkenba aan de Brisbane River. Informatie: Tangalooma Reservations, tel. 1300-65 22 50.

North Stradbroke Island

Met een lengte van 37 km en een maximale breedte van 11 km is **North Stradbroke Island** het grootste eiland in de Moreton Bay. Kilometerslange stranden en visrijke kustwateren maken het tot een paradijs voor zwemmers, surfers en sportvissers. Op *Straddie* leven permanent ongeveer drieduizend mensen, maar in het hoogseizoen groeit de eilandbevolking tijdelijk tot veertigduizend. Ondanks de vele toeristen beschikt North Stradbroke over een ongerepte en gevarieerde dieren- en plantenwereld. Het bekendste natuurreservaat strekt zich uit rond het door zandduinen geflankeerde zoetwatermeer **Blue Lake**. De belangrijkste plaats is het in 1827 gestichte **Dunwich** aan de westkust. Circa 3 km noordelijker liggen de door zoetwaterbronnen gevoede **Myora Springs** met picknickplaatsen en 5 km oostelijker het watersportgebied **Brown Lake**. Bij **Point Lookout** worden surfers gelokt door de branding van Cylinder Beach, Deadmans Beach en Frenchmans Beach. Ten zuiden van North Stradbroke Island ligt, aan de andere kant van de smalle Jumpinpin Passage, het vrijwel onbewoonde zustereiland **South Stradbroke Island.**

Informatie

Stradbroke Island Tourism Information Centre: Junner St., Dunwich, tel. 07-34 15 30 44, ma.-vr. 8.30-17, za., zo. 8.30-15 uur.
Internet: www.stradbrokeisland.com, www.discoverstradbroke.com.au.

Rond Brisbane

Overnachten

Strandresort – **Whalewatch Ocean Beach Resort:** 7 Samarinda Dr., Point Lookout, tel. 07-34 09 85 55, www.whalewatchresort.com.au. Complex met restaurant, zwembad en veel sportmogelijkheden. 2 pk vanaf A-$ 229.

B&B met uitzicht – **Straddie Views Bed & Breakfast:** 26 Cumming Pde., Point Lookout, tel. 07-34 09 88 75, www.babs.com.au/straddieviews. Gemoedelijke B&B vlak bij het strand met mooi uitzicht op zee. 2 pk vanaf A-$ 150.

Camping en cabins – **Amity Point Camping Ground:** Basin Dr., Amity Point, tel. 07-34 09 96 68, www.straddiecamping.com.au/amity_point. Staanplaatsen voor campers en tenten en comfortabele cabins.

Vervoer

Veerboten: auto- en passagiersveren tussen Cleveland (Toondah Harbour) en Dunwich, zoals Stradbroke Ferries, tel. 1300-78 72 32, www.stradbrokeferries.com.au, Stradbroke Flyer, tel. 07-38 21 38 21, www.flyer.com.au.

St. Helena Island

De veerboot van Brisbane naar Moreton Island passeert bij de mondingsdelta van de Brisbane River het kleine **St. Helena Island** met de overblijfselen van een donkere gevangenis, waarin vroeger misdadigers met de grootste kans op recidive van de strafkolonie Brisbane op een hongerrantsoen werden gezet. Het eiland kan als 'historisch nationaal park' alleen in het kader van een georganiseerde tocht worden bezichtigd.

Bribie Island

Bribie Island, met kilometerslange zandstranden en visrijke kustwateren, is door een brug met het vasteland verbonden en daardoor gemakkelijk met een personenauto te bereiken. Zwemstranden strekken zich uit in de buurt van de twee hoofdplaatsen **Bongaree** en **Bellara** aan het Pumicestone Channel. Surfers verzamelen zich op de brandingstranden bij het door de wind geteisterde **Skirmish Point** aan de zuidkust.

Dromerig naar het kleurenspel van de golven kijken of ze op een surfplank berijden – North Stradbroke Island kun je op verschillende manieren beleven

De kust tussen Brisbane en Sydney

Nu eens levendige vakantieoorden, dan weer eenzame zandstranden, schitterende kustmeren of heuvelachtig achterland – de 1000 km lange Pacific Highway garandeert een afwisselende reis tussen de hoofdsteden van Queensland en New South Wales. Daarnaast komt deze route ook langs enige historisch interessante plaatsen.

Gold Coast ▶ 1, W 12

Ongeveer 60 km ten zuiden van Brisbane begint de meest geliefde vakantiestreek van Australië: de **Gold Coast**. De 40 km lange kuststrook met meer dan twintig stranden strekt zich uit van Southport tot Coolangatta. Om bestuurlijke redenen zijn de intussen toch al samengegroeide plaatsen en gemeenten samengevoegd tot de **City of Gold Coast**, met bijna 600.000 inwoners de jongste metropool van Australië.

Nog maar halverwege de 20e eeuw lagen hier uitsluitend rustige vissersdorpen. Toen ontdekten de verkenners van de toeristenindustrie de prachtige zandstranden en veroorzaakten een weergaloze opleving in de bouw. Binnen drie decennia vertienvoudigde het inwonertal. Tegenwoordig stromen jaarlijks 3,5 miljoen vakantiegangers, vooral Australiers, toe om te genieten van het subtropische klimaat met gemiddeld driehonderd dagen zon per jaar. Op bezoekers komt de Gold Coast over als een mengeling van Miami Beach en de Costa Brava, een kunstmatig vakantieparadijs waar alles is afgestemd op ontspanning en vermaak. Hier wordt het straatbeeld bepaald door naar de hemel reikende vakantiebunkers en appartemententorens, die vanaf de vroege middag lange schaduwen over het strand werpen, en brede kustwegen, jachthavens, discotheken, restaurants en winkelgalerijen.

Vervoer

Bus: vanuit de plaatsen aan de Gold Coast dag. met Greyhound Australia, tel. 1300-47 39 46, naar Sydney, Port Macquarie, Coffs Harbour, Byron Bay en Brisbane. Bovendien dag. 7-22 uur ieder uur met Coachtrans, tel. 1300-26 69 46, www.coachtrans.com.au, naar Brisbane. Vanaf Brisbane Airport rijdt overdag ieder halfuur een lightrail naar de Gold Coast; er is ook een *airport shuttle* van Coachtrans direct naar je accommodatie. In de City rijden bussen van Translink, www.translink.com.au, ieder halfuur op vijftien vaste routes. Voor wie vaak de bus neemt is er de oplaadbare GoCard, verkrijgbaar bij bijvoorbeeld 7-Elevenwinkels (A-$ 12,50).

Coomera

Coomera's bezoekersmagneten zijn drie in Disney-Worldstijl aangelegde themaparken, die enkele kilometers noordelijk aan de Pacific Highway liggen. In **Dreamworld** word je getrakteerd op een achtbaan, een koalaver-

---

Super Pass

Met deze pas heb je gedurende drie dagen toegang tot de themaparken **Movie World, White Water World** en **Sea World** (zie blz. 487). Hij is voor A-$ 109,99 verkrijgbaar bij automobielclubs en reisbureaus of online via www.themeparks.com.au. Er gaan bussen naar alle parken vanaf Brisbane en Surfers Paradise, inlichtingen en boeken: tel. 07-55 92 34 88.

Gold Coast

De naam zegt het al: Surfers Paradise

blijf en een nagebouwd goudzoekersstadje (tel. 1800-07 33 00, www.dreamworld.com.au, dag. 10-17 uur, A-$ 99,99). In **Movie World**, de Australische versie van Hollywood, kun je een blik werpen achter de schermen van film en televisie (tel. 07-55 73 39 99, www.movieworld.com.au, dag. 10-17 uur, A-$ 89,99). Met een enorm golfslagbad, spannende waterglijbanen en verschillende zwembaden lokt **White Water World** (tel. 1800-07 33 00, www.whitewaterworld.com.au, dag. 10-17 uur, A-$ 59,99).

Overnachten

Voor rustzoekers – **Runaway Bay Motor Inn:** 429 Oxley Dr., Runaway Bay (circa 20 km ten zuiden van Coomera), tel. 07-55 37 55 55, www.runawaybaymotorinn.com.au. Goed gerund hotel wat afzijdig van de drukke vakantieoorden. Restaurant en zwembad. 2 pk A-$ 145-185.

Southport

Southport beschikt met **Sea World** over een bijzondere attractie. Tot dit 'water-Disneyland' behoren een groot oceanarium, waar je haaien, roggen en andere vissen van dichtbij kunt zien, een pretpark met zwembad en waterglijbanen, een kermis met achtbaan, een waterskishow en zeehonden-, dolfijnen- en orkadressuurshows (tel. 07-55 19 62 00, www.seaworld.com.au, dag. 9.30-17.30 uur, A-$ 79,99).

Overnachten

Camping en cabins – **Southport Tourist Park:** 6 Frank St. (Gold Coast Hwy), tel. 07-55 31 22 81, www.southporttouristpark.com.au. Goed toegerust, centraal, met cabins en zwembad, 100 m van het strand.

Eten en drinken

Steaks – **Outback Jacks:** Brighton Par., hoek Barney St., tel. 07-55 32 32 71, www.outbackjacks.com.au. Prijst zichzelf aan met *The largest selection of steaks in the world*. Gerechten A-$ 24,95-49,95.

Met havenzicht – **Omeros Bros Restaurant:** Marina Mirage, 55/74 Sea World Dr., tel. 07-55 91 72 22, www.omerosbros.com, dag. 11.30-15, 17.30-22.30 uur. Versgevangen seafood en sappige steaks. Gerechten A-$ 24-48.

De kust tussen Brisbane en Sydney

Surfers Paradise

Het hart van de Gold Coast is **Surfers Paradise**, hét toeristenparadijs van Australië met een skyline die van verre te zien is. Overdag ligt het kilometerslange strand in het middelpunt van ieders belangstelling, 's avonds verplaatsen de activiteiten zich naar de clubs en discotheken.

Een waanzinnig uitzicht heb je vanaf het van glas voorziene uitzichtterras op de 77e verdieping van **SkyPoint,** de hoogste wolkenkrabber aan de Gold Coast. Voor mensen zonder hoogtevrees is er de SkyPoint Climb. Tijdens deze drie kwartier durende klimpartij aan een zekeringskabel kun je langs de staalconstructie aan de buitenkant naar de top van het gebouw klimmen en daarbij de Gold Coast vanuit vogelperspectief bekijken (tel. 1300-79 20 08, www.skypoint.com.au, ma.-vr. 7.30-21, za., zo. 7.30 uur tot laat, vanaf A-$ 24, SkyPoint Climb vanaf A-$ 74).

In de wirwar van het **Grundy's Paradise Centre** zijn meer dan honderd winkels en 25 restaurants ondergebracht. Het **Ripley's Believe It or Not Museum** in de Cavill Mall vertoont een bonte verzameling objecten, van het zonderlinge tot het macabere (Raptis Plaza, tel. 07-55 92 00 40, www.ripleys.com/surfers paradise, dag. 9-22.30 uur, A-$ 25,90).

Barack Obama, Kylie Minogue en andere beroemdheden kom je tegen in het **Wax Museum**, het grootste wassenbeeldenmuseum van het zuidelijk halfrond (Elkhorn St., hoek Ferny Ave., tel. 07-55 38 39 75, www.waxmuseum.com.au, dag. 10-22 uur, A-$ 19,95).

Informatie

Gold Coast Visitor Information Centre: Cavill Mall, tel. 1300-30 94 40, www.visitgoldcoast.com, ma.-vr. 8.30-17.30, za. 9-17, zon- en feestdagen 9-15.30 uur.

Overnachten

... in Surfers Paradise:
Ideaal voor gezinnen – **Paradise Resort Gold Coast:** 122 Ferny Ave., tel. 1800-07 41 11, 07-55 79 44 44, www.paradiseresort.com.au. Met restaurant, zwembad, fitnesscenter, kindercrèche en uitgebreid vrijetijdsaanbod. 2 pk en gezinskamer vanaf A-$ 189.

... in Broadbeach (circa 7 km ten zuiden van Surfers Paradise):
Weg van de hotelkolossen – **Browns at Broadbeach:** 2591 Gold Coast Hwy, tel. 1800-06 77 88, www.brownsatbroadbeach.com.au. Klein en verzorgd resort vlak bij het strand; met zwembad. 2 pk A-$ 110-150, appartement A-$ 180-210.

Burleigh Heads

Bijkomen van de drukte van de vakantieoorden en themaparken kan in natuurreservaten en dierenparken ten zuiden van Surfers Paradise. Op een rotsachtige landtong bij Burleigh Heads ligt het **Burleigh Heads National Park**. In West Burleigh vind je het **David Fleay Wildlife Park**, met kangoeroes, koala's en andere inheemse dieren (tel. 07-55 76 24 11, www.fleayswildlife.com.au, dag. 9-17 uur, A-$ 21,50).

Overnachten

Ruime studio's – **Outrigger Burleigh Heads Resort:** 2007 Gold Coast Hwy, North Burleigh Heads, tel. 07-55 35 11 11, www.outriggerresort.com.au. Prettig motel in mediterrane stijl met restaurant en zwembad; strand gemakkelijk bereikbaar. 2 pk A-$ 130-190.

Eten en drinken

Heerlijk seafood – **Oskars on Burleigh:** Burleigh Beach Pavilion, 43 Goodwin Terr., Burleigh Heads, tel. 07-55 76 37 22, www.oskars.com.au, dag. 12-15, 17.30- 22.30 uur. New Australian cuisine met de nadruk op seafood; schitterend Gold-Coastpanorama. Hoofdgerechten A-$ 36-49.

Currumbin

Voor hobbyornithologen is het **Currumbin Wildlife Sanctuary** aan te raden, dat dicht bij de stad Currumbin een groot gebied beheert met natuurlijk bushland. Daar kun je in de grootste toegankelijke volière van het zuidelijk halfrond deels zeldzame Australische vogels observeren en halftamme papegaaien voeren. Ook zijn er buitenverblijven met koala's en boomkangoeroes (Gold Coast Hwy, tel. 07-55 34 12 66, www.cws.org.au, dag. 8-17 uur, A-$ 49,95).

Ertegenover documenteert **Surf World Gold Coast** de ontwikkeling van de Australische volkssport (Honeyworld, 35 Tomewin St., tel. 07-55 25 63 80, www.surfworldgoldcoast.com, dag. 10-17 uur, A-$ 10).

Coolangatta en Tweed Heads

Als je van Currumbin verder naar het zuiden rijdt, kom je via **Tugun** in het grote vakantiecentrum **Coolangatta**, de zuidelijke tegenhanger van Surfers Paradise. Coolangatta wordt van zijn zusterstad **Tweed Heads** in New South Wales gescheiden door een schiereiland, waar op Point Danger het bezienswaardige **Captain Cook Memorial Lighthouse** staat.

Canungra

Als al die vrijetijdsattracties aan de Gold Coast niets voor jou zijn, vind je in de tot 1000 m oprijzende bergen van het binnenland een alternatief. Grote delen van het bergachtige achterland zijn dichtbegroeid met regenwoud. Het is er net zo vredig en rustig als de kust hectisch en dolgedraaid is. Een goede uitvalsbasis voor het verkennen van het berggebied is **Canungra**. Ten noorden daarvan ligt de Mount Tamborinehoogvlakte, waar je van spectaculaire panorama's over de kust kunt genieten. Er liggen negen kleine nationale parken, met goede wandelmogelijkheden door subtropische bossen en naar talrijke watervallen.

Tamborine Mountain National Park

In het **Tamborine Mountain National Park**, circa 30 km ten noordwesten van Southport, kun je het regenwoud beleven vanuit een ongewoon perspectief – op een looppad dat tot een hoogte van maximaal 30 m door de boomkruinen leidt. De staalconstructie is zo gebouwd dat ze zich harmonisch in het natuurlandschap voegt en de kwetsbare ecologische balans van het woud geen geweld aandoet (Tamborine Mountain Rd., tel. 07-55 54 23 33, www.rainforest skywalk.com.au, dag. 9.30-16 uur, A-$ 19,50).

Lamington National Park

www.npsr.qld.gov.au/parks/lamington
Het **Lamington National Park** omvat twee vulkanische bergketens. In de weelderige subtropische regenwouden vind je her en der oeroude beuken, resten van de vegetatie van een allang voorbije, beduidend koelere periode in het bestaan van de aarde. Trektochten van verschillende lengte in de oostelijke regio van het natuurreservaat beginnen bij de **Binna Burra Mountain Lodge** (zie blz. 492), die ook een bezoekerscentrum van de National Parks and Wildlife Service herbergt.

Van de halfdaagse trektochten is de behoorlijk veeleisende rondwandeling **Daves Creek Circuit** aan te bevelen. Die leidt door dichtbegroeide regenwouden, dunbegroeide eucalyptusbossen en open heideland, en telkens weer heb je een grandioos uitzicht (13 km/4 uur).

Alle wandelroutes in het westen van het park beginnen bij het **O'Reilly's Rainforest Retreat** (zie hierna), waar ook een ranger station is gevestigd. De korte **Moran Falls Track** voert naar donderende watervallen (heen en terug 6 km/1,30 uur) en de **Python Rock Track** eindigt op een uitkijkrots (heen en terug 5 km/1,30 uur). Ten zeerste aan te bevelen is het korte natuurleerpad **Tree Top Walk**, dat deels over hangbruggen hoog in de boomtoppen voert.

Informatie

Queensland Parks & Wildlife Service: Binna Burra, tel. 07-55 33 35 84, ma.-vr. 13-15.30 uur; Green Mountains, tel. 07-55 44 06 34, ma.-vr. 13-15.30 uur.

Overnachten

Comfort in het regenwoud – **O'Reilly's Rainforest Retreat:** tel. 07-55 44 06 44, 1800-68 87 22, www.oreillys.com.au. Deze rustieke lodge aan de rand van het nationaal park biedt individueel ingerichte kamers en appartementen. Het restaurant met terras serveert op de seizoenen gebaseerde streekgerechten met verse ingrediënten. Tot het voorbeeldige ecotoerismeconcept van dit al in 1926 geopende familiebedrijf behoren door botanici gelei-

De kust tussen Brisbane en Sydney

RONDRITTEN IN DE TWEED VALLEY EN HET BORDER RANGES NATIONAL PARK

Informatie

Begin: World Heritage Rainforest Centre in Murwillumbah (▶ 1, W 12).
Lengte: 206,5 km
Duur: 5-6 uur zonder wandelingen, met korte wandelingen 8-9 uur.
Informatie: World Heritage Rainforest Centre, Alma Street (Tweed Valley Way), tel. 02-66 72 13 40, 1800-11 82 95, www.destinationtweed.com.au, ma.-za. 9-16.30, zo. 9.30-16 uur, toegang gratis.
Overnachten: Hillcrest Mountain View Retreat, 167 Upper Crystal Creek Rd., Crystal Creek, tel. 02-66 79 10 23, www.hillcrestbb.com. Gezellige B&B op een heuvel met schitterend uitzicht op de bergen. Met zwembad (2 pk A-$ 185-230); Tweed River Motel, 55 Tweed Valley Way, tel. 02-66 72 39 33, www.tweedrivermotel.com.au. Aangenaam hotel met restaurant en zwembad (2 pk A-$ 95-120); Mount Warning Rainforest Park, 153 Mount Warning Rd., tel. 02-66 79 51 20, www.mtwarningrainforest park.com. Aan de toegangsweg naar het Mount Warning National Park, goede camping met cabins en zwembad.

Het schitterende dal van de Tweed River ligt ver van de grote, platgetreden toeristenpaden, ook al heeft het aardig wat te bieden. Smalle weggetjes kronkelen door een 'on-Australisch' kleinschalig

Gold Coast

landschap, dat met bergen en veeweiden een beetje doet denken aan de uitlopers van de Alpen. Aan het dal grenzen in het noorden twee nationale parken, die op de UNESCO-Werelderfgoedlijst staan: het Mount Warning National Park en het Border Ranges National Park. In het hart van het Mount Warning National Park rijst de 1157 m hoge Mount Warning op, die ooit de kraterpijp vormde van een 10 miljoen jaar geleden actieve schildvulkaan. In het aan de noordkant aangrenzende Border Ranges National Park ligt het grootste aaneengesloten subtropische regenwoud van Australië, dat met boomvarens, wurgvijgen en oeroude Antarctische schijnbeuken onder natuurbescherming valt.

De verkenningstocht begint en eindigt in het vriendelijke, negenduizend zielen tellende stadje **Murwillumbah**, dat met een suikerraffinaderij en fruitplantages het economische hart van de Tweed Valley vormt. Om in de stemming te komen, is een bezoek aan het zeer informatieve **World Heritage Rainforest Centre**, dat over de geologische en botanische bijzonderheden van de regio informeert, zeer aan te bevelen. Ongeveer 10 km zuidwestelijk van Murwillumbah buigt van Highway 40 een weg af naar het **Mount Warning National Park**. Wie de berg wil beklimmen, moet daarvoor rekenen op een dag extra. De inspannende klim wordt beloond met een adembenemend panorama (heen en terug 9 km/4 uur). De ideale uitvalsbasis voor een bezoek is het Mount Warning Rainforest Park.

Bij **Lilian Rock** (km 43,5) buigt de **Tweed Range Scenic Drive** af door het **Border Ranges National Park**. De rit over de ruim 60 km lange, bij droog weer ook met gewone personenwagens berijdbare steenslagweg geeft in combinatie met korte wandelingen over gemarkeerde paden een goede indruk van de flora van het nationaal park. Bij de zuidelijke parkingang (km 52,5) moet een entree van A-$ 12 per auto worden betaald. Vanaf hier slingert de weg zich door het subtropische regenwoud.

Bij de **Bar Mountain Picnic Area** (km 60,5) beginnen verschillende wandelingen. Het instructieve natuurpad **Falcorostrum Loop** is overal voorzien van informatieve borden (rondwandeling 750 m/20 min.). Op het gemarkeerde **Bar Mountain Circuit** krijg je een goede indruk van het subtropische regenwoud (rondweg 3,5 km/1,5-2 uur).

Vanaf de **Blackbutts Lookout** (km 63,5) heb je een schitterend uitzicht op Mount Warning en de machtige caldera van de schildvulkaan uit de oertijd. Van een parkeerterrein aan de weg (km 70,0) loop je 200 m naar de **Pinnacle Lookout** met misschien wel het mooiste uitzicht op Mount Warning.

Bij km 78,5 buigt de **Brindle Creek Loop** af naar de **Brindle Creek Picnic Area** (km 80,5). Daar beginnen wandelwegen door het regenwoud langs de idyllische Brindle Creek. Ook op de korte **Hermholtzia Loop** zijn al dwergkangoeroes en pennantrosella's te zien (rondweg 1 km/25 min.). Op de **Red Cedar Loop** loop je naar een duizend jaar oude, 48 m hoge oerwoudreus (rondwandeling 750 m/20 min.). De **Brindle Creek Walk** vereist enige conditie (heen en terug 9 km/4-5 uur), en met wat geluk zul je op deze wandeling de schuwe liervogel onder ogen krijgen.

Met mos en korstmos begroeide, tot tweeduizend jaar oude beuken kun je bewonderen bij de **Antarctic Beech Picnic Area** (km 85,5). Vanaf de **Tweed Valley Lookout** (km 87,5) krijg je een fantastisch cinemascope-uitzicht (km 87,5). Bij km 88,5 eindigt de Brindle Creek Loop en rijd je weer verder over de Tweed Range Scenic Drive.

Een mooie, maar wel wat afgelegen camping op een open plek in het regenwoud vind je bij de **Forest Tops Picnic Area** (km 93,0). Na nog 5 km passeer je de westelijke parkingang. In de buurt ligt de **Sheepstation Creek Camping Area** (km 99,0), ideaal voor bezoekers die wat langer willen blijven. Bij km 110,0 rijden je wielen weer het asfalt op. Daarna kun je de bekoorlijke **Lions Tourist Road** door de McPherson Range naar Queensland nemen of over de **Summerland Way** via Kyogle naar Murwillumbah terugrijden.

de wandelingen en tochten in een 4WD-bus. In de nabijheid van de lodge ligt een eenvoudig kampeerterrein van het parkbeheer. 2 pk A-$ 185-245, appartement A-$ 395-505.
Fantastisch bergdecor – **Binna Burra Mountain Lodge:** tel. 07-55 33 36 22, 1300-24 66 22, www.binnaburralodge.com.au. Leuke houten bungalows in een prachtig berglandschap; rustiek restaurant; bij de lodge hoort ook een camping. 2 pk A-$ 190-350 inclusief ontbijt.

Springbrook National Park

Op het Springbrook Plateau ten oosten van het Lamington National Park ligt het uit een lappendeken van natuurreservaten bestaande **Springbrook National Park**, met imposante watervallen als de 109 m hoge **Purling Brook Falls**. Geniet bij de **Best of All Lookout** aan de rand van de hoogvlakte van het tot diep in de Tweed Valley en tot aan de Gold Coast reikende uitzicht. Een natuurwonder is de **Natural Bridge**: midden in het regenwoud stort zich een water in een grot, waar het wemelt van de glimwormen. Informatie over wandelingen in het gebied krijg je bij het Springbrook Information Centre in het bergdorp **Springbrook** (dag. 8-17 uur).

Summerland Coast

▶ 1, W 12

Tweed Heads en Hastings Point

Het vakantieoord **Tweed Heads** ligt al in New South Wales, in de vertakte delta van de Tweed River. Als je geïnteresseerd bent in de cultuur van de Aboriginals, is het **Minjungbal Aboriginal Cultural Centre** een aanrader. Ingebed in het bushland strekt zich rond het houten gebouw een *Bora ring* uit, die de hier woonachtige Aboriginals ooit gebruikten voor ceremonies (Kirkwood Rd., South Tweed Heads, tel. 07-55 24 21 09, ma.-vr. 10-16 uur, A-$ 17). Bij het museum begint een natuurleerpad, dat langs de met mangroven begroeide oever van de Tweed River loopt (1 km/30 min.).

Verder in de richting van het zuiden loont het de moeite om de Pacific Highway te verlaten en de smalle kustweg via **Hastings Point** te volgen. De spectaculaire klippen en kilometerslange zandstranden vormen een prachtig decor. Bovendien zie je vanaf de rotsachtige landpunt vaak dolfijnen.

Byron Bay

In de jaren 60 was het nog een slaperig vissersstadje, tegenwoordig is **Byron Bay** hét toeristencentrum van de Summerland Coast en bovendien een levendige cultuurstad, die met zijn festivals in het hele land faam heeft verworven. Naar men zegt, kruisen krachtvelden en energiebanen elkaar hier, daarom ontwikkelde Byron Bay zich ook tot een ontmoetingsplaats voor esoterici.

De nabijgelegen **Cape Byron** is het oostelijkste punt van het Australische vasteland. Kapitein Cook vernoemde de landpunt, met daarbovenop een in 1901 gebouwde vuurtoren, naar zijn collega-ontdekker John Byron. Vanaf de rondlopende **Cape Byron Walking Track** (3,6 km/1,30 uur) kun je genieten van een mooi uitzicht. **Watego Beach**, onder aan de kaap, is een populair trefpunt voor surfers.

Informatie

Byron Bay Visitor Centre: 80 Jonson St., tel. 02-66 80 85 58, www.visitbyronbay.com, dag. 9-17 uur.

Overnachten

Gunstige ligging – **Byron Motor Lodge:** Lawson St., hoek Butler St., tel. 02-66 85 65 22, www.by ronmotorlodge.com. Behaaglijke kamers, zwembad, vlak bij het strand, horeca en winkels. 2 pk vanaf A-$ 170.

In resortstijl – **Byron Sunseeker Motel:** 100 Bangalow Rd., tel. 02-66 85 73 69, www.byronsun.com.au. Vlak bij het strand, in een tropische tuin, met mooi zwembad. 2 pk A-$ 125-145, bungalow A-$ 160-215.

Camping en cabins – **North Coast Holiday Parks Clarkes Beach:** 1 Lighthouse Rd., tel. 02-66 85 64 96, www.northcoastholidayparks.com.au. Goed toegerust, met cabins, direct aan het strand.

Summerland Coast

Eten en drinken

Thaise eetcultuur – **Traditional Thai:** 5/2 Fletcher St., tel. 02-66 85 51 51, dag. 17-21.30 uur. Dit populaire restaurant wordt evenzeer geprezen om zijn traditionele Thaise gerechten als om zijn opwindende eigen creaties. Gerechten A-$ 18-34.

Cultstatus – **Fishmongers:** 1/9 Bay Ln., tel. 0412-05 97 71, www.fishmongersbyron.com.au, dag. 10.30-22.30 uur. Laat je niet afschrikken door de zeer bescheiden ogende ambiance, want hier worden de heerlijkste visgerechten geserveerd tegen zeer schappelijke prijzen. Gerechten A-$ 16-22.

Winkelen

Markt – **Byron Community Markets:** iedere eerste zo. van de maand 8-15 uur, www.byronmarkets.com.au. Kunstnijverheid, kleding, sieraden enzovoort.

Aboriginal art – **Dreamtime Journey:** 4/11 Banksia Dr., tel. 02-66 80 85 05, dag. 10-17 uur. Kunst(nijverheid) van de oerbewoners.

Evenement

Byron Bay Bluesfest (Pasen): meerdaags festival met bluesmusici uit de hele wereld, www.bluesfest.com.au.

Vervoer

Bus: dag. met Greyhound Australia, tel. 1300-47 39 46, en Premier Motor Services, tel. 13 14 99, naar Sydney, Port Macquarie, Coffs Harbour, Gold Coast en Brisbane.

Ballina

De zuidkant van de Summerland Coast wordt gemarkeerd door **Ballina**, dat je vanuit Byron Bay het best kunt bereiken langs de kust via **Lennox Head** – bekend om zijn uitstekende surfstrand. In dit vakantieoord aan de Shaws Bay is een bezoek aan de **Ballina Naval & Maritime Museum** zeker de moeite waard. Daar kun je het 17 m lange balsahouten vlot Atzlan bezichtigen, waarmee in 1973 vier avonturiers de Grote Oceaan overstaken van Ecuador naar Australië (Las Balsas Plaza, tel. 02-66 81 10 02, www.ballinamaritimemuseum.org.au, dag. 9-16 uur, A-$ 5).

Informatie

Ballina Visitor Information Centre: Las Balsas Plaza, tel. 1800-77 76 66, www.discoverballina.com.au, dag. 9-17 uur.

Overnachten

Klein en met individuele charme – **Ballina Palms Boutique Motel:** Bentinck St., hoek Owen St., tel. 02-66 86 44 77, 1800-22 18 12, www.ballinapalms.info. Prettig gemeubileerde kamers met een persoonlijke noot en aantrekkelijk zoutwaterzwembad. 2 pk vanaf A-$ 135.

Camping en cabins – **Ballina Waterfront Village & Tourist Park:** 586 River St. (Pacific Hwy), tel. 02-66 86 29 84. Modern aangelegd.

Lismore en omgeving

In het achterland van de Summerland Coast liggen verleidelijke, vredige dalen en met regenwoud begroeide heuvels. De Bruxner Highway voert van Ballina naar **Lismore**, dat over een bezienswaardig natuurhistorisch museum beschikt, het **Wilson River Heritage Centre** (Molesworth St./Bruxner Hwy, tel. 02-66 26 01 00, www.visit lismore.com.au, ma.-vr. 9.30-16, za., zon- en feestdagen 10-15 uur, A-$ 10). In het wild levende koala's zie je in het circa 15 km naar het zuidoosten gelegen **Tucki Tucki Nature Reserve**.

Nimbin en omgeving

In **Nimbin**, zo'n 30 km ten noorden van Lismore, richtten begin jaren 1970 talrijke alternatievelingen communes op, waar zij hun ideeën van een eenvoudig bestaan wilden realiseren. Ten noordoosten van Nimbin ligt het **Nightcap National Park** met de Tuntable Falls en andere indrukwekkende watervallen.

Evans Head en omgeving

Ten zuiden van Ballina kronkelt de Pacific Highway een stuk uit de kust door een vruchtbare landbouwstreek. Een zijweg leidt naar **Evans Head**, een paradijs voor zeevissers. De plaats ligt aan de noordrand van het **Bundjalung National Park**, met, net als het aangrenzende **Yuraygir National Park** in het zuiden, een schitterend kustlandschap met eenzame stranden en rotsachtige landpunten.

De kust tussen Brisbane en Sydney

North Coast

Grafton ▶ 1, W 13

Het stadje **Grafton** ligt in een bocht van de Clarence River. Vanwege de mooie parken en de vele jacarandabomen, die de plaats in de lente in een blauwviolette bloesemzee veranderen, draagt Grafton de bijnaam 'Garden City'.

Wisselende tentoonstellingen van hedendaagse kunst kun je gaan zien in de **Grafton Regional Gallery** (158 Fitzroy St., tel. 02-66 42 31 77, www.graftongallery.nsw. gov.au, di.-zo. 10-16 uur, toegang gratis). Het **Schaeffer House** is gewijd aan de streekgeschiedenis (190 Fitzroy St., tel. 02-66 42 52 12, di.-do., zo. 13-16 uur, A-$ 5).

Informatie

Clarence River Visitor Information: Pacific Hwy, tel. 02-66 42 46 77, www.clarencetourism.com, dag. 9-17 uur.

Overnachten

Gemoedelijke sfeer – **Jacaranda Motor Lodge:** 246-288 Pacific Hwy, tel. 02-66 42 28 33, www.jacarandamotorlodge.com.au. Ongeveer 3 km ten noorden van Grafton, rustig gelegen, met restaurant en zwembad. 2 pk A-$ 105-140.

's Avonds keren de jachten en hun bemanning weer terug in de haven van Coffs Harbour

North Coast

Camping en cabins – **Grafton Sunset Caravan Park:** 302 Gwydir Hwy, tel. 02-66 42 38 24, www.graftoncaravanpark.com. Met zwembad.

Evenement

Jacaranda Festival (okt.-nov.): Australiës oudste bloemenfestival met cultureel randgebeuren, www.jacarandafestival.org.au.

Coffs Harbour ▶ 1, W 13

Via **Woolgoolga**, waar talrijke sikhs wonen, kom je over de Pacific Highway bij **Coffs Harbour**. Rond deze geliefde vakantiemetropool strekt zich het gebied uit waar de meeste bananen van Australië verbouwd worden. Daarom wordt deze strook van de kust in de volksmond ook wel de Banana Coast genoemd.

Een paar kilometer ten noorden van 'Coffs' zie je aan de Pacific Highway een reusachtige banaan staan, de **Big Banana**, die de ingang van een voor bezoekers geopende bananenplantage markeert. Binnen in de reuzenvrucht kom je echt alles te weten wat er te weten valt over bananen. Je kunt een tochtje maken over een smalspoorlijn door de bananenplantage. Er is ook een attractiepark met waterglijbanen en een rodel-, schaats- en minigolfbaan (tel. 02-66 52 43 55, www.bigbanana.com, dag. 9-16.30 uur, bananententoonstelling gratis, attractiepark vanaf A-$ 16).

In de **botanische tuin** aan de Coffs Harbour Creek kun je mooi wandelen in de schaduw van oude bomen (Hardacre St., tel. 02-66 48 41 88, www.ncrbg.com.au, dag. 9-17 uur, toegang gratis).

Vooral kinderen zijn dol op de **Dolphin Marine Magic,** een bassin waar ze dolfijnen en zeehonden kunnen aaien (65 Orlando St., tel. 1300-54 77 37, www.dolphinmarinemagic.com.au, dag. 9-16 uur, Seal and Dolphin Kisses dag. 9.30, 12.30 uur, Marine Magic Show dag. 10, 13 uur, A-$ 36).

Informatie

Coffs Coast Visitor Information Centre: 351 Pacific Hwy, vlak bij de Big Banana, tel. 02-66 48 49 90, 1300-36 90 70, www.coffscoast.com.au, dag. 9-17 uur.

Overnachten

Aan het strand – **Nautilus Beachfront Villas & Spa:** 8 Solitary Islands Way, Sapphire Beach, tel. 02-66 53 66 99, www.nautilusresort.com.au. Circa 7 km ten noorden van Coffs Harbour; weelderige tropische tuin, restaurant en zwembad. 2 pk vanaf A-$ 145, bungalow vanaf A-$ 245.

In mediterrane stijl – **Toreador Motel:** 31 Grafton St. (Pacific Hwy), tel. 02-66 52 38 87, www.toreadormotel.com. Prettig motel voor mensen op doorreis, ondanks de ligging aan de Highway rustig en gezellig; met zwembad, op loopafstand van restaurants en winkels. 2 pk A-$ 100-150.

De kust tussen Brisbane en Sydney

Camping en cabins – Bananacoast Caravan Park: 429 Pacific Hwy, tel. 02-66 52 28 68, www.bananacoastcaravanpark.com.au. Goed toegeruste camping circa 4 km ten noorden van Coffs Harbour.

Eten en drinken

Zuidoost-Aziatische mengelmoes – CreAsian: SR Shop 47, 35-61 Harbour Dr., tel. 02-66 52 43 68, www.creasian.com.au, ma.-za. 11.30-14.30, 17.30 uur tot laat. Deze modern ingerichte zaak, waar je binnen of buiten kunt zitten, biedt een spannende mix van diverse Zuidoost-Aziatische keukens – de basis is Thais, de accenten zijn Maleisisch en Vietnamees. Gerechten A-$ 18-28.

Visrestaurant – Mangrove Jack's: The Promenade, 321 Harbour Dr., tel. 02-66 52 55 17, www.mangrovejackscafe.com.au, zo.-do. 11-15, vr., za. 11-15, 17.30-22.30 uur. Seafood en streekspecialiteiten. Gerechten A-$ 24-35.

Actief

Walvissen spotten – Whale Watch on Pacific Explorer: Pier 1, International Marina, tel. 0422-21 03 38, www.pacificexplorer.com.au. Boottocht met een grote catamaran om bultruggen (*humpback whales*) te spotten (juni-nov. dag. 8.30 uur, A-$ 115).

Vervoehr

Trein: dag. naar Brisbane en Sydney met NSW TrainLink, tel. 13 22 32.
Bus: dag. met Greyhound Australia, tel. 1300-47 39 46, en Premier Motor Services, tel. 13 14 99, naar Sydney, Port Macquarie, Byron Bay, Gold Coast en Brisbane.

Van Coffs Harbour naar Port Macquarie ▶ 1, W 13-V 14

Van **Urunga**, ten zuiden van Coffs Harbour, slingert de **Waterfall Way** (zie blz. 504) in de richting van Armidale in het New England Tableland. De Pacific Highway loopt verder landinwaarts ook evenwijdig aan de kust. Zijwegen buigen van de highway af naar **Nambucca Heads**, **Scotts Head** en **Crescent Head**, favoriete vakantieoorden met sprookjesachtige stranden.

Een wat langer uitstapje gaat van **Kempsey** aan de Pacific Highway naar **South West Rocks**. Ongeveer 5 km ten oosten van de badplaats staat aan de Trial Bay de **Trial Bay Gaol**. Deze duistere, in de jaren 1880 door gedeporteerden gebouwde gevangenis deed tijdens de Eerste Wereldoorlog dienst als interneringskamp voor Duitse burgers. Het voormalige tuchthuis, tegenwoordig een historisch museum, ligt ingebed tussen uitgestrekte zandstranden.

Port Macquarie ▶ 1, V 14

Port Macquarie, dat kan terugkijken op een bewogen geschiedenis, is een bezoek waard. De stad aan de monding van de Hastings River werd al in 1821 gesticht en diende lange tijd als verbanningsoord voor recidivisten. Tegenwoordig heeft het toerisme de havenstad in een stevige greep, en de weinige nog bewaarde overblijfselen uit de koloniale tijd gaan verloren tussen moderne hoteltorens en winkelstraten. Vooral de door de veroordeelde architect Francis Greenway ontworpen en tussen 1824 en 1828 door gevangenen gebouwde anglicaanse **St. Thomas Church** is bezienswaardig. Er waren exact 365.000 handgemaakte bakstenen nodig voor de tot een meter dikke muren van de kerk (Hay St., hoek William St., tel. 02-65 84 10 33, dag. 9.30-12, 14-16 uur).

Het pioniersverleden wordt geïllustreerd in het **Hastings Historical Museum** (22 Clarence St., tel. 02-65 83 11 08, ma.-za. 9.30-16.30 uur, A-$ 5). Het toeristenbureau en een kunstmuseum van meer dan regionale betekenis zijn gevestigd in het architectonisch interessante **The Glasshouse** (Hay St., hoek Clarence St., tel. 02-65 81 88 88, www.glasshouse.org.au, ma.-vr. 9-17.30, za., zo. 9- 16 uur, toegang gratis).

In het **Sea Acres Rainforest Centre** ten zuiden van Port Macquarie kun je via een 1,3 km lang houten pad, dat ook geschikt is voor rolstoelers, het subtropische regenwoud verkennen. In het 72 ha grote natuurpark komen een kleine driehonderd planten- en meer dan 150 diersoorten voor, vooral papegaaien en andere vogels (159 Pacific Dr., tel. 02-65 82 33 55, www.nationalparks.nsw.gov.au, dag. 9-16.30 uur, A-$ 12,50).

Koala's en andere vertegenwoordigers van de Australische fauna zijn te zien in het **Billabong Koala & Wildlife Park** 10 km ten westen van Port Macquarie (Billabong Dr., hoek Pacific Hwy, tel. 02-65 85 10 60, www.billabongzoo.com.au, dag. 9-17 uur, voeren van koala's dag. 10.30, 13.30, 15.30 uur, A-$ 28,50).

Zieke en gewonde koala's worden in het **Koala Hospital** in het centrum verzorgd (Roto House, Lord St., tel. 02-65 84 15 22, www.koalahospital.org, dag. 8-16 uur, voeren 8 en 15 uur, toegang gratis, vrijwillige bijdrage). Goede stranden zijn te vinden ten zuiden van Port Macquarie, bijvoorbeeld **Rocky Beach**, **Flynns Beach**, **Nobbys Beach** of **Shelly Beach**.

Informatie
Port Macquarie Visitor Information Centre: Hay St., hoek Clarence St., tel. 1300-30 31 55, www.portmacquarieinfo.com.au, ma.-vr. 9-17.30, za., zo. 9-16 uur.

Overnachten
Royale kamers – **Mid Pacific Motel:** Short St., hoek Clarence St., tel. 02-65 83 21 66, www.motelmidpacific.com.au. Comfortabel motel aan de Hastings River met tropische tuin en zwembad. 2 pk A-$ 150-170.

Booetiekhotel op mooie locatie – **HW Boutique Hotel:** 1 Stewart St., tel. 02-65 83 12 00, www.hwboutique.com.au. Rustig gelegen vlak bij het strand, met zwembad en prachtig uitzicht over de delta van de Hastings River. 2 pk A-$ 135-165 inclusief ontbijt.

Camping en cabins – **Port Macquarie Breakwall Holiday Park:** 1 Munster St., tel. 1800-63 64 52, www.portmacquariebreakwall.com.au. Uitstekend toegeruste camping nabij het strand met cabins in diverse luxecategorieën en zwembad.

Eten en drinken
Seafood – **Scampi's Seafood Bar & Grill:** The Observatory Hotel, 40 William St., tel. 02-65 83 72 00, www.scampis.com.au, dag. 12-14.30, 17.30 uur tot laat. Vis, schaal- en schelpdieren met mooi uitzicht op de jachthavens. Hoofdgerechten A-$ 29-43.

Vervoer
Trein: van het station in Wauchope (zie hierna) dag. naar Brisbane en Sydney met NSW TrainLink, tel. 13 22 32.
Bus: dag. met Greyhound Australia, tel. 1300-47 39 46, en Premier Motor Services, tel. 13 14 99, naar Sydney, Coffs Harbour, Byron Bay en Brisbane.

Wauchope ▶ 1, V 14
Wauchope ligt 11 km ten zuidwesten van Port Macquarie en staat bekend om zijn ruim opgezette openluchtmuseum **Timbertown**. In het gereconstrueerde houthakkersdorp van rond 1900 kun je jezelf onderdompelen in het leven van de pioniers (Oxley Hwy, tel. 02-65 86 19 40, www.timbertown.com.au, dag. 9.30-16 uur, A-$ 25,50).

Central Coast

Van Port Macquarie naar Newcastle ▶ 1, V 14
Tussen Port Macquarie en Newcastle strekt zich een van de mooiste kustgebieden van het continent uit, een langgerekt merengebied, dat van de open zee gescheiden wordt door een deels maar enkele honderden meters brede strook land met soms imposante duinen. Daar zijn allerlei 'zijsprongen' van de Pacific Highway naar kleine kustplaatsen als **North Haven**, **Laurieton** en **Harrington** erg de moeite waard.

Enkele kilometers ten zuiden van **Taree** kun je de Pacific Highway tijdelijk verlaten en de kustweg volgen naar de populaire vakantieplaatsen **Tuncurry** en **Forster** aan het schilderachtige **Wallis Lake**. Nog verder naar het zuiden komt de weg uit bij het **Myall Lake**, een paradijs voor vissers en watersporters. Deze binnenzee neemt het westelijke deel van het **Myall Lakes National Park** in beslag met visrijke lagunes en reusachtige zandduinen.

Een andere favoriete vakantiestreek ligt rond de baai **Port Stephens**, die met kilometerslange stranden uitpakt. Populair zijn de boottochten om dolfijnen te spotten, want de havenbaai wordt bewoond door een groep van ongeveer 150 grote tuimelaars. In juni-juli en in oktober-november kun je hier bovendien vrijwel zeker walvissen zien, die hier dicht langs de kust voorbijtrekken.

De toeristische bolwerken van de regio zijn de samengegroeide vakantieplaatsen **Tea Gardens** en **Hawks Nest** en het aan de andere kant van de schilderachtige baai gelegen **Nelson Bay**. Gedurende de zomermaanden verveelvoudigt het bevolkingsaantal van de drie plaatsen, als de vakantiegangers uit het maar ongeveer 150 km verderop gelegen Sydney massaal hierheen trekken.

Newcastle ▶ 1, V 14/15

Met bijna 550.000 inwoners is Newcastle de op een na grootste stad van New South Wales. Gebouwd in 1804 als verbanningsoord voor de gevaarlijkste gevangenen van de kolonie, droeg de nederzetting al snel de bijnaam 'hel van New South Wales'. Dankzij de reusachtige steenkoolreserves in de nabijgelegen Hunter Valley kon **Newcastle** zich ontwikkelen tot een industrie- en handelscentrum met staal- en ijzerindustrie.

Tot de belangrijkste gebouwen uit vroeger tijden behoren de in 1902 gewijde **Christ Church Cathedral**, de in 1929 voltooide victoriaanse **City Hall** met zijn imposante klokkentoren en het **Post Office Building** uit 1898, gebouwd in Italiaanse renaissancestijl. Van meer dan regionale betekenis is de **Newcastle Region Art Gallery**, die werken van belangrijke Australische schilders uit de 19e en 20e eeuw toont (Laman St., tel. 02-49 74 51 00, www.nag.org.au, di.-zo. 10-17 uur, toegang gratis).

Aan het eind van de 19e eeuw werd op de landtong **Nobbys Head Fort Scratchley** gebouwd, waarin nu het **Newcastle Regional Maritime Museum** is gevestigd met een tentoonstelling over de scheepvaartgeschiedenis (tel. 02-49 74 50 33, www.fortscratchley.com.au, dag. behalve di. 10- 16 uur, toegang gratis). Daar heb je een mooi uitzicht over de stad en de industriegebieden. In de buurt van de stad ligt het **Blackbutt Reserve**, met aantrekkelijke wandelpaden, picknickplaatsen en wildparken.

Informatie

Newcastle Visitor Information Centre: 3 Honeysuckle Dr., tel. 02-49 29 25 88, www.visitnewcastle.com.au, di.-zo. 10-16 uur.

Overnachten

Met uitzicht – **Noah's on the Beach Motel:** Shortland Esplanade St., hoek Zaara St., tel. 02-49 29 51 81, www.noahsonthebeach.com.au. Functioneel gebouw, mooi uitzicht op de haven, seafoodrestaurant. 2 pk A-$ 175-235.

Heel rustig – **Newcastle Beach Hotel:** 21 Parnell Pl., tel. 02-49 26 36 88, www.newcastlebeachhotel.com.au. Boven de City gelegen, kamers in diverse luxecategorieën, goed restaurant. 2 pk A-$ 135-170.

Camping en cabins – **Redhead Beach Holiday Park:** 1A Kalaroo Rd., tel. 02-49 44 89 44, www.redheadbeach.com.au. 15 km ten zuiden van de City bij het fraaie Nine Mile Beach; met zwembad.

Vervoer

Trein: diverse keren per dag met Sydney CityRail naar Sydney. Informatie: tel. 13 15 00.
Bus: dag. met Greyhound Australia, tel. 1300-47 39 46, en Premier Motor Services, tel. 13 14 99, naar Sydney en Port Macquarie.

De kust tot Sydney
▶ 1, U/V 15

Verder richting Sydney kun je in plaats van de Pacific Highway opnieuw een fraaie alternatieve route nemen: de kustweg die over een smalle strook land tussen de oceaan en de binnenmeren **Lake Macquarie** en **Tuggerah Lake** loopt. Op deze route is een stop in de vakantieplaats **The Entrance** het overwegen waard, omdat hier, bij de opening tussen Tuggerah Lake en de Grote Oceaan, een grote kolonie pelikanen leeft (voeren dag. 15.30 uur). Langs de kilometerslange zandstranden ten noorden van de plaats zul je misschien nog voetsporen van joggers herkennen. In de buurt van **Gosford** ligt het in inheemse reptielen gespecialiseerde Australian Reptile Park (zie blz. 162).

Zelfs de industriestad Newcastle heeft een mooi strand aan een kristalheldere zee

Het binnenland tussen Brisbane en Sydney

De rit over de New England Highway door het achterland van Queensland en New South Wales gaat over de grootste hoogvlakte van Australië. Hier liggen niet alleen een paar van de mooiste nationale parken van het land, maar ook verschillende plaatsen van historisch belang, zoals Tamworth, de Australian Country Music Capital.

Darling Downs
▶ 1, V 11/12

Van Brisbane voert de **Warrego Highway** over de Great Dividing Range. Aan de andere kant daarvan ligt het golvende, tussen 400 en 700 m hoge plateau van de **Darling Downs**. Dankzij de vruchtbare, zwarte vulkaangronden en veel regen behoort de streek tot de belangrijkste landbouwgebieden van Australië.

Toowoomba en omgeving
Het economische en culturele centrum van de Darling Downs is de stad **Toowoomba**, die vanwege zijn prachtige tuinen en uitgestrekte parken de bijnaam 'Garden City' draagt. Bijzonder bezienswaardig zijn het **Queens Park** met de Botanical Gardens, het **Laurel Bank Park** met zeldzame bomen en het park bij de **Picnic Point Lookout**, vanwaar je een magnifiek uitzicht hebt. De hoogtepunten van het culturele jaar in Toowoomba zijn het kleurige bloemenfestival in september en het tuinfestival in mei.

Tot de natuurlijke attracties in de omgeving behoren het om zijn veelsoortige vogelwereld bekende **Ravensbourne National Park** en de zich in een diep granietravijn stortende **Crows Nest Falls**.

Informatie
Toowoomba Visitor Information Centre: James St., hoek Kitchener St., tel. 1800-33 11 55, www.southernqueenslandcountry.com.au, ma.-vr. 9-17, za., zo. 10-15 uur.

Overnachten
Gemoedelijk – **Bridge Street Motor Inn:** 291 Bridge St., tel. 07-46 34 32 99, www.bridgestreetmotorinn.com.au. Rustig, klein motel met zwembad in fraaie tuin; ook goed geoutilleerde studio's met kitchenette. 2 pk A-$ 105-141.
Camping en cabins – **Toowoomba Motor Village:** 821 Ruthven St., tel. 1800-67 51 05, www.toowoombamotorvillage.com.au. Met comfortabele cabins.

Evenement
Gardenfest (mei): alles dat met tuinieren te maken heeft.
Carnival of Flowers (sept.): bloemenfestival met cultureel programma, www.tcof.com.au.

Vervoer
Zie kader op blz. 501.

Warwick en omgeving
Warwick is een van de oudste steden van Queensland. In het laatste weekeinde van oktober wordt hier jaarlijks het **Rose and Rodeo Festival** (www.warwickrodeo.com.au) gehouden, waarvoor ongeveer eenhonderd cowboys en meer dan dertigduizend toeschouwers toestromen. Veel couleur locale valt ook te beleven bij de op dinsdag en woensdag gehouden runder- en schapenmarkten.

Je kunt vanhier een uitstapje maken naar de **Queen Mary Falls**, die langs een 42 m hoge, loodrechte rotswand omlaag storten in een kloof in het regenwoud, en naar het **Main Range National Park** met de Cunningham Gap tussen Mount Cordeaux (1135 m) en Mount Mitchell (1168 m). Door deze kloof loopt de Cunningham Highway, waaraan het hoofdkwartier van het nationaal park ligt. Daar starten allerlei wandelroutes, waarvan vooral de door verschillende vegetatiezones lopende Mount Cordeaux Lookout Walk een aanrader is (heen en terug 7 km/3 uur).

Informatie

Warwick Visitor Information Centre: 72 Palmerin St., tel. 07-46 61 31 22, www.southern downsandgranitbelt.com.au, ma.-vr. 9-17, za., zo. 10-15 uur.

Overnachten

Solide – **Buckaroo Motor Inn:** 86 Wood St., tel. 07-46 61 37 55, www.buckaroomotorinn.com. Eenvoudig en gemoedelijk; met zwembad. 2 pk A-$ 105-140.

Camping en cabins – **Kahlers Oasis Caravan Park:** New England Hwy, South Warwick, tel. 07-46 61 28 74, www.big4.com.au.

Stanthorpe en omgeving

Stanthorpe ligt in de zogeheten *Granite Belt*, een circa 15 km brede en 60 km lange hoogvlakte, waaruit kolossale, tot 1270 m hoge granietmassieven oprijzen. Vooral tijdens de lentebloei in september en oktober trekt het 25 km zuidelijker gelegen **Girraween National Park** veel natuurliefhebbers.

Informatie

Stanthorpe Information Centre: 28 Leslie Par., tel. 07-46 81 20 57, www.granitebeltwi necountry.com.au, ma.-vr. 9-17, za., zo. 10-16 uur.

Overnachten

Huttenromantiek – **Happy Valley Retreat:** 146 Glenlyon Dr., tel. 07-46 81 13 70, www.hap pyvalleyretreat.com.au. Vier kilometer ten westen van Stanthorpe; rustiek, comfortabele hutten met drie tot vijf bedden. Hut A-$ 135-185 voor twee personen.

Camping en cabins – **Top of the Town Tourist Park:** 10 High St., tel. 07-46 81 48 88, www.top oftown.com.au. Uitstekend toegerust.

Bald Rock National Park

Ruim 50 km ten zuiden van Stanthorpe rijst bij het stadje **Tenterfield** de **Bald Rock** op; het is met een lengte van 750 m en een breedte van 500 m de grootste granietmonoliet van Australië. Een steil pad leidt over de noordoostflank naar de top van de kale rots, die nog 200 m boven de hoogvlakte uitsteekt. De inspannende klim wordt beloond met een schitterend uitzicht (heen en terug 2,5 km/1,5 uur). Op de weg naar het Bald Rock National Park is het aan te raden een tussenstop te maken bij de **Boonoo Boonoo Falls**, die zich in verscheidene etappes naar het dal storten.

New England Tableland

Aan de andere kant van de deelstaatsgrens begint het **New England Tableland**, met bijna 33.000 km^2 de uitgestrektste hoogvlakte in Australië, met een gemiddelde hoogte van circa 900 m. In het noorden van het plateau liggen enkele van de mooiste nationale parken van het land. De vochtige luchtstromen die door de oostenwind vanaf de Grote Oceaan worden aangevoerd, zorgen voor sneeuwval in de wintermaanden en veel onweer en hagelbuien in de zomer. Het landschap en het klimaat herinnerden de eerste kolonisten aan

Vervoer in het achterland

Alle grotere plaatsen aan de New England Highway zijn probleemloos met het openbaar vervoer bereikbaar. Van Toowoomba, Warwick, Glen Innes, Armidale, Tamworth en Scone rijden dagelijks treinen naar Brisbane en Sydney. Informatie: NSW TrainLink, tel. 13 22 32. Naar dezelfde plaatsen rijden ook bussen van Greyhound Australia, tel. 1300-47 39 46, en regionale buslijnen.

Glen Innes en omgeving
▶ 1, V 13

Ruim 1000 m boven de zeespiegel ligt in een pittoresk berglandschap het stadje **Glen Innes**, met goed bewaard gebleven koloniale gebouwen. Overblijfselen uit de pionierstijd zie je in streekmuseum **Land of the Beardies History Museum** (West Ave., hoek Ferguson St., tel. 02-67 32 10 35, www.beardies historyhouse.info, ma.-vr. 10-12, 13-16, za., zo. 13-16 uur, A-$ 7,50).

In de midden 19e eeuw door immigranten uit Schotland, Ierland en Wales gestichte stad wordt tot op heden de Keltische traditie in ere gehouden. Op een heuvel in het oosten zijn ter nagedachtenis aan de Keltische kolonisten op menhirs lijkende steenformaties neergezet. Bij Glen Innes en rond de westelijke buurstad **Inverell** worden op commerciële schaal saffieren en andere edelstenen gewonnen. Naar verluidt is zelfs een derde van alle in de hele wereld gedolven saffieren afkomstig uit dit gebied.

Een indruk van de zware arbeidsverhoudingen in een 19e-eeuwse mijn word je geboden door het **Mining Museum** in het 40 km naar het noorden gelegen **Emmaville** (86 Moore St., tel. 02-67 34 70 25, www.miningmuseum.emmaville.net, vr.-wo. 10-16 uur, A-$ 5).

Informatie
Glen Innes Tourist Office: 152 Church St., tel. 02-67 30 24 00, www.glenninnestourism.com, ma.-vr. 9-17, za., zo. 9-15 uur.

Overnachten
... in Glen Innes:
Goed en goedkoop – **Central Motel:** 131 Meade St., tel. 02-67 32 22 00, www.centralmotel.net.au. Eenvoudig maar schoon en rustig; met zwembad. 2 pk A-$ 75-105.
Camping en cabins – **Poplar Caravan Park:** 15 Church St., tel. 02-67 32 15 14, www.poplarcaravanpark.com.au. Aangename camping met staanplaatsen en cabins.
... in Inverell:
Sfeer van voorbije tijden – **Blair Athol Estate:** Warialda Rd., tel. 02-67 22 42 88, www.babs.

In Glen Innes kun je nog goed bewaarde koloniale gebouwen zien, waaronder de Town Hall

com.au/blairathol. Kim Kellehr heeft haar vijfkamerwoning met origineel 19e-eeuws meubilair met behulp van moderne techniek veranderd in een van de mooiste B&B's van New South Wales. 2 pk A-$ 130-180 inclusief ontbijt.

Evenement
Australian Celtic Festival (eerste weekend in mei): traditioneel Keltisch feest met muziek en dans, www.australiancelticfestival.com.

Gibraltar Range N. P. en Washpool N. P. ▶ 1, V 12/13
Glen Innes is een uitstekende basis om twee parels onder de nationale parken van New South Wales te verkennen: het Gibraltar Range National Park en het Washpool National Park, beide vanwege hun unieke flora en fauna tot UNESCO-Wereldnatuurerfgoed verklaard. Het ten zuiden van de Gwydir Highway gelegen Gibraltar Range National Park kreeg zijn karakter van talloze granietrotsen en open, met grassavannes bezaaide eucalyptusbossen. Het Washpool National Park ten noorden van de Gwydir Highway wordt gedomineerd door gematigd regenwoud en vulkanische rotsformaties. Vooral het Gibraltar Range National Park verandert in de voorjaarsmaanden in een schitterende wildebloemenpracht. De waratah komt hier zeer veel voor; deze bloem is het symbool van de staat New South Wales.

Van het Visitors Centre aan de Gwydir Highway slingert de 10 km lange steenslagweg Mulligans Drive naar Mulligans Hut met een picknickplaats en een camping, het beginpunt voor verschillende wandeltochten in het **Gibraltar Range National Park**. Heel mooi is de Needles Track, die naar een bizar granietmassief leidt (heen en terug 6 km/2 uur).

De toegangsweg naar het **Washpool National Park** ligt 3 km ten oosten van het Visitors Centre aan de Gwydir Highway. Een goede steenslagweg leidt naar de 1 km verderop gelegen Granite Picnic Area. Daar begint de korte Granite Loop Walk, die twee uitkijkpunten met elkaar verbindt. Je krijgt een goede indruk van de regenwoudflora tijdens de **Washpool Walk** (rondwandeling 8,5 km/ 3,5 uur); het beginpunt is de picknickplaats Coombadjha, bereikbaar over een 3 km lange steenslagweg.

Armidale ▶ 1, V 13
In **Armidale**, hoofdstad en cultureel centrum van New England, is de University of New England gevestigd, naast andere hogere onderwijsinstellingen. Met mooie tuinen en verzorgde plantsoenen doet de universiteitsstad denken aan Cambridge en Oxford in Engeland. De Britse sfeer wordt onderstreept door de katholieke St. Mary's Cathedral en de anglicaanse Cathedral of St. Peter en door verscheidene goed onderhouden 19e-eeuwse koloniale gebouwen.

Een bezoek aan het **New England Regional Art Museum** loont de moeite. Het museum bezit met de Howard Hinton Collection werken van Arthur Streeton, Tom Roberts, Hans Heysen en andere Australische kunstenaars (106-114 Kentucky St., tel. 02-67 72 52 55, www.neram.com.au, di.-zo. 10-16 uur, toegang gratis).

In de buurt ligt ook het **Aboriginal Cultural Centre and Keeping Place**, een etnologisch museum gewijd aan de interessante cultuur van de oorspronkelijke bewoners (96-104 Kentucky St., tel. 02-67 71 36 06, www.acckp.com.au, ma.-vr. 9-16, za. 10-14 uur, toegang gratis, vrijwillige bijdrage).

Informatie
Armidale Visitor Information Centre: 82 Marsh St., tel. 02-67 70 38 88, www.armidaletourism.com.au, dag. 9-17 uur.

Overnachten
Engelse countrycharme – **Moore Park Inn:** Uralla Rd., tel. 02-67 72 23 58, www.moorepark inn.com.au. Elegant, met koloniale sfeer, restaurant en zwembad. 2 pk A-$ 159-199.
Rustig en gemoedelijk – **Alluna Motel:** 180 Dangar St., tel. 02-67 72 62 26, www.allunamo tel.com.au. Onberispelijke kamers, zeer vriendelijke service en klein zwembad; centraal gelegen. 2 pk vanaf A-$ 105.
Camping en cabins – **Armidale Tourist Park:** 39 Waterfall Way, tel. 1800-35 55 78, www.ar midaletouristpark.com.au. Met zwembad.

Eten en drinken

Meervoudig bekroond – **Archie's on the Park:** Uralla Rd., tel. 02-67 72 23 58, ma.-za. 18.30-23 uur. Creatieve gerechten uit de new Australian cuisine. Hoofdgerechten A-$ 28-43.

Winkelen

Markt – **Armidale Markets:** The Mall, laatste zo. van de maand 9-13 uur, www.armidalemarket.com. Veel kunstnijverheid.

Wollomombi Falls ▶ 1, V 13

Vanuit Armidale slingert de panoramaweg **Waterfall Way** zich door het New England Tableland omlaag naar de kustvlakte, en passeert daarbij enkele van de mooiste watervallen van het land. Dat begint al bij de spectaculaire **Wollomombi Falls**, die 40 km ten oosten van Armidale in bulderende stromen over een rotswand naar beneden storten in een schitterende kloof. Op de uitzichtpunten **Wollomombi Falls Lookout**, **Checks Lookout** en **Gorge Lookout** kun je genieten van het overweldigende uitzicht op de 260 m hoge watervallen.

New England National Park ▶ 1, V 13

Ruim 80 km ten oosten van Armidale komt de Waterfall Way langs het **New England National Park** met regenwouden in de lager gelegen regionen en eucalyptusbossen hoger op de bergen. Een 15 km lange zijweg van grind, de laatste twee zeer steile kilometers zijn geasfalteerd, kronkelt omhoog naar het 1563 m hoge **Point Lookout**. Vanaf het hoogste uitkijkpunt van het New England Tableland reikt het uitzicht bij mooi weer over beboste bergketens naar de 60 km in de verte gelegen kust aan de Grote Oceaan. Bij **Banksia Point** beginnen wandeltochten, waarop je een goede indruk krijgt van de weelderige vegetatie van het gematigde regenwoud. Bijvoorbeeld de **Banksia Point Circular Walk** (rondwandeling 2 km/1 uur), de **Lyrebird Walk** (rondwandeling 7 km/3 uur) en een korte tocht (heen en terug 1 km) naar de **Weeping Rock**, een brede, steil afhellende rotswand met kleine watervallen.

Cathedral Rock en Guy Fawkes River National Parks ▶ 1, V 13

Ten noorden van de Waterfall Way strekt zich het **Cathedral Rock National Park** uit met bizarre granietrotsen. De Barokee Area met camping en picknickplaats is het beginpunt van de **Cathedral Rock Circuit Walk** (rondwandeling 6 km/3 uur).

Wil je de bewoonde wereld de rug toekeren, dan ben je in het **Guy Fawkes River National Park** aan het goede adres. Dit brongebied van verschillende rivieren is een ongetemd, dramatisch landschap.

Ebor Falls ▶ 1, V 13

Nabij het stadje **Ebor** aan de Waterfall Way storten de door de Guy Fawkes River gevormde **Ebor Falls**, die tot de hoogste van heel Australië behoren, in twee cascades over steile zandsteenrotsen 300 m in de diepte. Je hebt op de korte wandeling tussen Lower Falls Lookout en Upper Falls Lookout een mooi uitzicht langs de klifwand.

Dorrigo National Park ▶ 1, V 13

Enkele kilometers voorbij Ebor buigt de Waterfall Way af naar het oosten. Het laatste hoogtepunt langs de route is **Dorrigo National Park** met gematigde regenwouden. Van het spectaculair in een berghelling ingebouwde uitkijkplatform **Skywalk**, hoog boven de kruinen van de oerwoudreuzen, geniet je van een grandioos uitzicht. Je komt nog meer te weten in het **Dorrigo Rainforest Centre** (Dome Rd., tel. 02-66 57 23 09, dag. 9-17 uur, toegang gratis).

Zo'n 2 km ten noorden van Dorrigo storten de kleine **Dangar Falls** in een ravijn; 8 km ten oosten van het stadje ligt de **Griffith Mountain** Top Lookout, alweer een mooi uitkijkpunt.

Bellingen ▶ 1, V 13

Van het hoogland slingert de bergweg naar beneden naar het dal van de Bellinger River, waar hij voorbij het fraaie stadje **Bellingen** ten zuiden van Coffs Harbour aansluit op de Pacific Highway. Tijdens het jaarlijks plaatsvindende Bellingen Jazz Festival (derde weekend van augustus) komen topjazzmusici uit

New England Tableland

de hele wereld samen (www.bellingenjazz festival.com.au).

Informatie
Dorrigo Visitor Information Centre: 36 Hickory St., tel. 02-66 57 24 86, www.visitwaterfall way.com.au, ma.-vr. 9-17, za., zo. 10-16 uur.

Overnachten
Fraai gelegen – **The Lookout Mountain Retreat:** 15 Maynards Plains Rd., tel. 02-66 57 25 11, www.lookoutmountainretreat.com.au. Vier kilometer ten oosten van Dorrigo; gezellige kamers, goed restaurant en authentieke pub; bovendien speeltuin en klein dierenpaviljoen. 2 pk A-$ 140-170.

Camping en cabins – **Dorrigo Mountain Resort Caravan Park:** Waterfall Way, aan de oostelijke rand van Dorrigo, tel. 02-66 57 25 64, www.dorrigomountainresort.com.au.

Tamworth ▶ 1, U 13
Al is **Tamworth** gezegend met weinig visuele hoogtepunten, toch is de plaats ook voor toeristen om doorreis interessant. Deze zelfverklaarde hoofdstad van de countrymuziek wordt gezien als de Australische versie van het Amerikaanse Nashville. Als een van de topgebeurtenissen Down Under lokt jaarlijks in januari het tiendaagse Country Music Festival tienduizenden muziekvrienden uit alle delen van het continent. Op het festivalprogramma staan zo'n drieduizend optredens van ruim zevenhonderd muzikanten (www.tcmf.com.au).

Niet over het hoofd te zien is de 12 m hoge gouden gitaar van fiberglas, het symbool van Tamworth, voor het **Big Golden Guitar Tourist Centre** aan de rand van de plaats. Hier kun je in het **Gallery of Stars Wax Museum** enkele grootheden van de Australische country bewonderen, vereeuwigd in was (New England Hwy, tel. 02-67 65 26 88, www.biggol den guitar.com.au, dag. 9-17 uur, A-$ 11,50).

Een vrij uitzicht over Tamworth en het New England Tableland heb je vanaf de **Oxley Lookout** in het noorden van de stad. Ook al staat er een aantal historische gebouwen in Tamworth, toch is de sfeer van vroeger tijden beter voelbaar in **Nundle**, een oud goudzoekersdorp met talrijke ruïnes en stilgelegde mijnschachten, 65 km naar het zuidoosten.

Informatie
Tamworth Visitor Information Centre: Big Golden Guitar Tourist Centre, New England Hwy, tel. 02-67 67 53 00, www.destination tamworth.com.au, dag. 9-17 uur.

Overnachten
Familiebedrijf – **Town and Country Motor Inn:** 217 Goonoo Goonoo Rd., South Tamworth, tel. 02-67 65 32 44, 1800-02 85 06, www. townandcountrymotorinn.com.au. Motel met zwembad en tuin. 2 pk A-$ 120-136.

Voor countryfans – **Sundance Park:** New England Hwy, tel. 02-67 65 79 22, www.sun dancepark.com.au. Omringd door een uitgestrekte tuin, met restaurant en zwembad in de vorm van een gitaar. 2 pk vanaf A-$ 105-125.

Camping en cabins – **Paradise Tourist Park:** 575 Peel St., tel. 02-67 66 31 20. www.paradi setouristpark.com.au. Goed toegerust, met cabins en zwembad; mooie ligging aan de rivier.

Eten en drinken
Steaks at their best – **Stetsons Steakhouse Saloon:** Craigends Ln., hoek New England Hwy, tel. 02-67 62 22 38, dag. 18-23 uur. Wildwestsfeer, steaks van de grill. Hoofdgerechten A-$ 24-46.

Scone en omgeving
▶ 1, U 14

Scone staat bekend als een walhalla voor paardenliefhebbers en noemt zich daarom ook *Horse Capital of Australia*. In de omgeving liggen verscheidene stoeterijen, waar bezoekers welkom zijn, bijvoorbeeld **Pine Lodge Thoroughbreds** (Moobi Rd., tel. 02-65 45 31 02, afspreken gewenst). Het hele jaar door vinden hier paardensportevenementen en vossenjachten plaats.

Ongeveer 20 km ten noorden van Scone ligt de **Burning Mountain**, een steenkoolberg die twee- tot zesduizend jaar geleden vermoedelijk door blikseminslag vlam vatte en ook vandaag de dag nog gloeit. Naar de top van de 'brandende berg', waar zwavelige rook uit rotsspleten omhoog kringelt, loopt het natuurleerpad **Burning Mountain Walking Track** (heen en terug 3,5 km/1,5 uur).

Ten oosten van Scone rijst op een hoogte van 400 tot 1590 m het bergmassief van de **Barrington Tops** op. Het daar gecreëerde nationale park spreekt iedereen aan met zijn oorspronkelijke berglandschap; op de dalbodem vind je een gematigd regenwoud en op de hoogvlakte subalpien hoogveen en sneeuweucalyptussen. Je krijgt van dit alles een goede indruk tijdens de rit over de 145 km lange **Barrington Tops Forest Drive** tussen Scone en Gloucester.

Informatie

Scone Visitor Information & Horse Centre: Kelly St., hoek Susan St., tel. 02-65 40 13 00, www.upperhunter.nsw.gov.au, ma.-vr. 9-17, za., zo. 10-15 uur.

Overnachten

Sfeer van voorbije tijden – **Colonial Motor Lodge:** Guernsey St., hoek Parker St., tel. 02-65 45 17 00, www.colonialmotorlodge.com.au. Verzorgd motel met restaurant. 2 pk A-$ 130-145.

Camping en cabins – **Scone Caravan Park:** New England Hwy, tel. 02-65 45 20 24, www.sconecaravanpark.com.au.

Actief

Paardrijden – **Scone Stud Tours:** tel. 02-65 45 33 37. Excursies naar diverse stoeterijen (vanaf A-$ 105).

Hunter Valley ▶ 1, U 14

In zuidelijke richting kun je vanuit Scone op de New England Highway vlot doorrijden, want langere tussenstops lonen niet de moeite. Twee bedrijfstakken, die nauwelijks meer van elkaar zouden kunnen verschillen, kenmerken het dal van de Hunter River: wijnbouw en kolenwinning – enerzijds wordt in de **Hunter River Valley** ongeveer 10% van alle Australische wijn geproduceerd, anderzijds wordt er ongeveer 30% van alle Australische steenkool gewonnen. Wijngaarden en idyllische wijndorpen met oude landhuizen staan in dit landschap in schril contrast met krachtcentrales en enorme steenkoolgroeven.

Als wijnhoofdstad van de Hunter Valley gelden de inmiddels aan elkaar vastgegroeide plaatsen **Cessnock** en **Pokolbin.** Tussen de twee stadjes en de zich naar het noordwesten uitstrekkende Broken Back Range liggen tientallen wijngaarden, die uitstekende, deels bekroonde rode en witte wijnen produceren. Bij talrijke wijnboeren zijn bezoekers welkom voor bezichtigingen en wijnproeverijen. Ook de uitstekende restaurants en gezellige herbergen doen alles om toeristen te weerhouden van een snelle doortocht naar het nabijgelegen Sydney. Vooral tijdens de druivenpluk, die hier in februari en maart valt, is een bezoek zeer de moeite waard.

Informatie

Hunter Valley Visitor Centre: 455 Wine Country Dr., Pokolbin, tel. 02-49 93 67 00, www.winecountry.com.au, ma.-vr. 9-17, za., zon- en feestdagen 9-16 uur.

Overnachten

… in Cessnock:

Comfortabel motel – **Hunter Valley Travellers Rest:** 35 Colliery St., tel. 02-49 91 23 55, www.hvtr.com.au. Gezellig, vriendelijke service, goed restaurant. 2 pk A-$ 85-145.

Camping en cabins – **Wine Country Tourist Park:** Wine Country Dr., hoek O'Connors Rd., Nulkaba, tel. 02-49 90 58 19, www.winecountrytouristpark.com.au. Moderne camping met staanplaatsen, cabins en zwembad.

… in Pokolbin:

Charmant koloniaal pand – **The Guest House:** Ekerts Rd., tel. 1300-59 00 75. Herberg met veel traditie, waar men topcomfort weet te combineren met de sfeer van een hotel uit vervlogen tijden. 2 pk vanaf A-$ 350.

Camping en cabins – **Ingenia Holidays Hunter Valley:** 137 Mount View Rd., tel. 1800-64 91 56, www.ingeniaholidays.com.au/huntervalley. Goed toegerust, wijngoederen op loopafstand.

Hunter Valley

Eten en drinken

Voor fijnproevers – **Circa 1876:** 64 Halls Rd., Pokolbin, tel. 02-49 98 49 98, www.theconventhuntersvalley.com.au, vr.-di. 12-14.30, 17.30-21 uur. Sfeervol restaurant in een 19e-eeuws koloniaal pand. Door de seizoenen geïnspireerde gerechten in de stijl van de new Australian cuisine met biologische ingrediënten uit de streek. Vijfgangenfijnproeversmenu A-$ 120, met wijnarrangement A-$ 180.

East meets west – **Cellar Restaurant:** Broke Rd., Pokolbin, tel. 02-49 98 75 84, www.the-cellar-restaurant.com.au, ma.-za. 12-15, 18-21.30 uur. Aziatisch geïnspireerde new Australian cuisine. Hoofdgerechten A-$ 32-39.

Actief

Wijntours – **Hunter Valley Day Tours:** c/o Hunter Valley Visitor Centre, 455 Wine Country Dr., Pokolbin, tel. 02-49 51 45 74, www.huntervalleydaytours.com.au. Dag. diverse tours naar de bezienswaardigheden in de Hunter Valley (vanaf A-$ 105 inclusief wijn- en kaas proeven en lunch), deels ook met overnachting.

Wijngoederen – **Hungerford Hill Wines:** 2450 Broke Rd., Pokolbin, tel. 02-49 98 76 66, www.hungerfordhill.com.au, ma.-vr. 9-16.30, za., zon- en feestdagen 10-16.30 uur. **Lindemans:** McDonalds Rd., Pokolbin, tel. 02-49 98 76 84, www.lindemans.com, ma.-vr. 9-16.30, za., zon- en feestdagen 10-16.30 uur. **Pepper Tree Wines:** Halls Rd., Pokolbin, tel. 02-49 98 75 39, www.peppertreewines.com.au, ma.-vr. 9-17, za., zon- en feestdagen 9.30-17 uur. **Rosemount Estate:** McDonalds Rd., Pokolbin, tel. 02-49 98 66 70, www.rosemountestate.com.au, dag. 10-17 uur.

Evenementen

Hunter Valley Harvest Festival (mrt.-apr.): wijnfeest met culinair randgebeuren en veel cultuur.

Jazz in the Vines (okt.): gerenommeerd jazzfestival met wijnproeven, www.jazzinthevines.com.au.

De idyllische kant van de mijnstreek Hunter Valley: zachtglooiende heuvels met uitgestrekte wijngaarden, die uitstekende wijnen opleveren

Hoofdstuk 5

Tasmanië

Het eiland Tasmanië ligt voor de kust van Victoria, door de 240 km brede Bass Strait gescheiden van het Australische vasteland. Ook al behoort het relatief kleine aanhangsel van het vijfde continent geologisch gezien tot het reusachtige Australië, de natuur op dit eiland is verre van Australisch. Op Tasmanië zijn geen weidse savannevlaktes te vinden of zich tot aan de horizon uitstrekkende rode halfwoestijnen. Maar op dit eiland, dat een bijna even grote oppervlakte heeft als de Benelux, concentreert zich wel een enorme verscheidenheid aan landschappen.

De dichtstbevolkte Tasmaanse regio's, het zuidoosten en de noordkust, worden door velden en weilanden gekenmerkt en doen – net als de licht beboste Midlands tussen Hobart en Launceston – enigszins denken aan het platteland van Engeland. De kust in het oosten met zijn imposante klippen lijkt op de Ierse kust, en het centrale hoogland, met gletsjermeren en heidelandschappen, heeft nog het meest weg van de natuur in Scandinavië. Alleen het zuidwestelijke deel van het eiland, een bijna ongerepte wildernis van bergen, overwoekerd met regenwouden, valt niet te vergelijken met Europa. En de ongeveer 500.000 'Tassies' zijn anders dan de Aussies van het vasteland. Ze zijn grotendeels van Britse origine en hechten nog altijd veel waarde aan de tradities van hun voormalige moederland.

Door het regenachtige klimaat zonder extreme temperatuurverschillen is Tasmanië een weelderig groen eiland. Geografisch en biologisch lijken grote delen van de natuur van het Wilde Westen van Tasmanië uit een sprookjesboek te zijn weggelopen. Grote stukken van de oerwouden zijn waarschijnlijk nog nooit door mensenvoeten betreden, en wetenschappers vinden hier tot op de dag van vandaag dieren en planten die in geen enkel biologieboek voorkomen.

Hij ziet eruit als een palm, maar het is een heideplant, en wel de grootste ter wereld: de pandani – deze op Tasmanië inheemse plant krijg je te zien in het Mount Field National Park

In een oogopslag: Tasmanië

Hoogtepunten

 Hobart: de rustige hoofdstad van het eiland bekoort door zijn schitterende ligging en een indrukwekkende verzameling 18e-eeuwse architectuur (zie blz. 512).

Port Arthur: de voormalige strafkolonie is een van de belangrijkste historische bezienswaardigheden van Australië (zie blz. 525).

Launceston: historische huizen en kerken in 18e-eeuwse stijl en mooie parken maken de stad aan de Derwent River meteen sympathiek (zie blz. 531).

Cradle Mountain-Lake St. Clair National Park: Het nationaal park in het centrale hoogland wordt gezien als een van de beste trekkinggebieden van het continent (zie blz. 538).

Fraaie routes

Tasman Highway: van Hobart loopt de Tasman Highway, grotendeels de oostkust volgend, naar Launceston. Bijna alle variaties in het landschap van Tasmanië zie je op deze 435 mooiste asfaltkilometers van het eiland voorbijtrekken (zie blz. 526).

Lyell Highway: de rit over de Lyell Highway tussen Queenstown en Derwent Bridge laat een blijvende indruk achter van de ongetemde wildernis van het Franklin-Gordon Wild Rivers National Park en Cradle Mountain-Lake St. Clair National Park (zie blz. 544).

Tips

Seafoodrestaurants aan het Victoria Dock in Hobart: nergens krijg je versere vis dan waar dagelijks de vangst wordt binnengehaald (zie blz. 512).

Tahune Forest Air Walk: een wandeling over een plankier op een hoogte van 40 m tussen de kruinen van machtige oerwoudreuzen (zie blz. 522).

West Coast Wilderness Railway: nostalgische treinreis van Strahan naar Queenstown door een schitterend landschap (zie blz. 541).

Boottocht door Macquarie Harbour: via een fjordachtige natuurlijke haven dring je door tot diep in het regenwoud met zijn unieke en oeroude huondennen (zie blz. 543).

Binnen deze muren huisden ooit gedetineerden: Port Arthur

Wandeling op de Overland Track: dit 65 km lange bushpad wordt gezien als de absolute topper van de mogelijke routes door het Cradle Mountain-Lake St. Clair National Park. Het pad loopt van noord naar zuid dwars door het nationaal park en passeert onderweg alle vegetatiezones van de regio (zie blz. 536).

Hobart en omgeving

Veel Australiërs noemen de zuidelijkste grote stad van het vijfde continent spottend 'gevangenis van verveling'. Dankzij de schitterende ligging aan de voet van steile bergen is de 220.000 inwoners tellende hoofdstad van het eiland echter een van de mooiste steden van het land.

✪ Hobart  ▶ 2, D 5

Plattegrond: zie blz. 515

Hobart, aangevlijd tegen de brede monding van de River Derwent en onderbroken door talrijke watervlakten, herinnert aan Noorse kuststeden. De imposante achtergrond wordt gevormd door de 1270 m hoge Mount Wellington, waarvan de top vaak in de wolken steekt en met sneeuw is bedekt.

Afgezien van zijn fantastische ligging weet de hoofdstad van Tasmanië te bekoren door zijn sfeer en zijn charme. Van alle Australische steden zijn in Hobart de geschiedenis en het erfgoed van het verleden het best bewaard gebleven, ook al verstoren enkele fantasieloze flats de harmonie van de ooit onberispelijk geproportioneerde havenstad. Met zo'n honderd gebouwen onder monumentenzorg beschikt Hobart over het grootste ensemble georgiaanse bouwwerken van Australië.

Het compacte en overzichtelijke centrum van Hobart ligt op de westoever van de River Derwent. Je kunt dit deel van de stad met zijn historische kern gemakkelijk in enkele uren doorkruisen. Het is echter aan te bevelen, voor de verkenning van deze interessante stad minstens een dag uit te trekken.

Sullivans Cove

Het uitgangspunt voor de wandeling is de schilderachtige haven aan de **Sullivans Cove**. Het **Victoria Dock** 1 dient als aanlegplaats voor viskotters. De aan land gebrachte vangst wordt ter plaatse verkocht. Een monument herinnert aan de Tasmaanse Antarcticakenner Louis Bernacchi (1876-1942). In het **Constitution Dock** 2 ernaast wiegen jachten en cruiseschepen op en neer. Aan het einde van het jaar is dit de plaats waar rumoerig wordt feestgevierd, als men 's nachts wacht op de deelnemers aan de jaarlijkse Sydney-Hobart-race, een van de meest prestigieuze zeilwedstrijden van de wereld.

In **Hunter Street** ten noorden van het Victoria Dock staan enkele goed bewaarde pakhuizen naast elkaar, die tegenwoordig onder andere het **Centre for the Arts** herbergen, de Hogeschool voor de Kunsten van de Universiteit van Tasmanië. Op de begane grond exposeert de **Plimsoll Gallery** 3 hedendaagse kunst (tel. 03-62 26 43 00, www.utas.edu.au/plimsoll, wo.-ma. 12-17 uur, toegang gratis).

Boven de goederenhaven en het goederenstation aan de Macquarie Wharf steekt de **Cenotaph** 4 uit, het voor elke grotere Australische stad verplichte oorlogsmonument, dat hier de vorm van een obelisk heeft.

Maritime Museum en Tasmanian Museum

Het op een steenworp van het Constitution Dock gelegen **Maritime Museum of Tasmania** 5 documenteert de geschiedenis van de Tasmaanse zee- en walvisvaart (16 Argyle St., tel. 03-62 34 14 27, www.maritimetas.org, dag. 9-17 uur, A-$ 10).

In het grote gebouw van de **Tasmanian Museum and Art Gallery** 6 is naast de kunstgalerie, met een belangrijke collectie Australische schilderkunst, en de natuurhistorische afdeling vooral de aan de

Hobart

cultuur van Tasmaniës oerbewoners gewijde volkenkundige sectie het bekijken waard (40 Macquarie St., tel. 03-62 11 41 34, www.tmag.tas.gov.au, 26 dec.-31 mrt. dag. 10-16, 1 apr.-24 dec. di.-zo. 10-16 uur, toegang gratis, wel entree voor speciale exposities en evenementen).

Macquarie Street

Ten westen van de havenwijk loopt Macquarie Street, waarlangs vele mooie georgiaanse huizen staan. Tegenover de in 1864 in de stijl van de Italiaanse renaissance gebouwde **Town Hall** [7] ligt het **General Post Office** [8]. Als je Macquarie Street in zuidwestelijk richting volgt, kom je op **Franklin Square** [9]. Het met platanen begroeide plein is het hart van de historische kern. Admiraal sir John Franklin, gouverneur van Tasmanië van 1837 tot 1843, staat hier met een zeekaart in de hand op zijn sokkel stoïcijns naar het nijvere gedoe onder hem te kijken. De **St. David's Cathedral** [10], ten zuidwesten van het groen, is een indrukwekkend voorbeeld van koloniale sacrale bouwkunst.

Shopping District en State Library Building

Ten westen van Macquarie Street ligt Hobarts voetgangerszone, de **Elizabeth Mall.** In de **Cat and Fiddle Arcade** [11], een winkelstraat vol souvenirwinkels en met veel boetieks, slaan bonte figuren uit oude kinderliedjes de winkelende voorbijgangers gade.

Wie geïnteresseerd is in kunst, loopt even door naar het **State Library Building** [12]. Afgezien van de stadsbibliotheek en het staatsarchief zijn hier ook de **Allport Library** en het **Museum of Fine Arts** ondergebracht. Je vindt hier Tasmaniës uitgebreidste collectie historische meubels, tafelzilver, glas, keramiek, boeken, schilderijen en andere antiquiteiten (91 Murray St., tel. 03-61 65 55 84, www.linc.tas.gov.au/allport, ma.-vr. 9.30-17, za. 9.30-14 uur, toegang gratis).

Salamanca Place

Het omvangrijke, classicistische **Parliament House** [13] uit 1840 straalt een koloniale grandeur uit (Murray St., tel. 03-62 12 22 00, www.parliament.tas.gov.au, gratis rondleidingen

Niet het werk van hedendaagse architecten, maar van gedetineerden uit de late 19e eeuw – nu herbergen de pakhuizen aan Salamanca Place galeries, cafés en boetieks

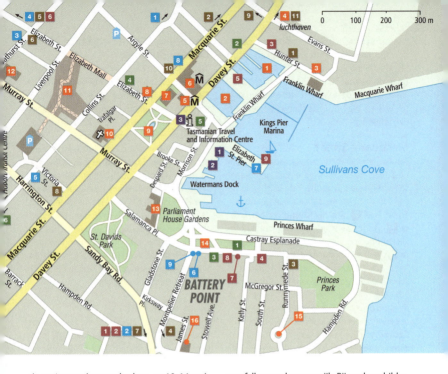

als er niet wordt vergaderd ma.-vr. 10, 14 uur). Na het passeren van dit gebouw kom je bij **Salamanca Place** 14. De rij eenvoudige, rond 1830 door gevangenen gebouwde huizen van zandsteen aan de kade is nog altijd een van de mooiste voorbeelden van koloniale bouwkunst van alle Australische havensteden. De kroegjes en kitten, de factorijen en de pakhuizen uit de tijd van de walvisvaarders herbergen nu kunstnijverheidszaakjes en galeries, cafés en restaurants. Vooral in de zomermaanden verandert Salamanca Place op zaterdagmiddag in een feest van kleuren, geuren en geluiden, als er een zeer populaire grote (vlooien)markt wordt gehouden.

Battery Point

De wijk **Battery Point**, die in de oude stad op een heuvel boven Salamanca Place ligt, was in het verleden het terrein van de 'kleine luiden', de matrozen en de havenarbeiders. De smaakvol gerestaureerde buurt dankt zijn naam aan een batterij kanonnen die daar in 1818 werd geïnstalleerd en is met zijn soms piepkleine stulpjes een felbegeerde woonwijk. Bijzonder schilderachtig is het uit een tiental georgiaanse huizen bestaande ensemble dat op **Arthur Circus** 15 rondom de Village Green is te bewonderen. In het Narryna House uit 1836, op geringe afstand van Arthur Circus, illustreert het met zorg ingerichte **Narryna Heritage Museum** 16 de pioniersgeschiedenis van Hobart (103 Hampden Rd., tel. 03-62 34 27 91, www.narryna.com.au, di.-za. 10-16.30, zo. 12-16.30 uur, A-$ 10).

Informatie

Tasmanian Travel and Information Centre: 20 Davey St., City, tel. 03-62 38 42 22, bookings@hobarttravelcentre.com.au, dag. 9-17, feestdagen tot 14 uur. Informatie over Hobart en omgeving en over alle toeristische bezienswaardigheden op Tasmanië. Reserveren van hotels, excursies, huurauto's enzovoort.
Department of Parks, Wildlife and Heritage: 134 Macquarie St., City, tel. 1300-13 55 13, www.parks.tas.gov.au. Informatie over de nationale parken, de Holiday Park Pass (zie blz. 525) enzovoort.

Hobart

Bezienswaardig
1. Victoria Dock
2. Constitution Dock
3. Plimsoll Gallery
4. Cenotaph
5. Maritime Museum of Tasmania
6. Tasmanian Museum and Art Gallery
7. Town Hall
8. General Post Office
9. Franklin Square
10. St. David's Cathedral
11. Cat and Fiddle Arcade
12. State Library Building
13. Parliament House
14. Salamanca Place
15. Arthur Circus
16. Narryna Heritage Museum

Overnachten
1. The Henry Jones Art Hotel
2. Corinda's Cottages
3. Lenna of Hobart
4. Battery Point Heritage Bed & Breakfast
5. The Lodge on Elizabeth
6. Quality Hobart Midcity Hotel
7. Motel 429
8. The Astor (Private) Hotel
9. Hobart Tower Motel
10. Hobart Central YHA
11. Discovery Holiday Parks Hobart

Eten en drinken
1. The Point Revolving Restaurant
2. Prosser's on the Beach
3. Drunken Admiral
4. Ball & Chain
5. Mure's Fish Centre
6. Mit Zitrone
7. Strudels
8. Cargo Bar Pizza Lounge
9. Fish Frenzy

Winkelen
1. Salamanca Market
2. Nautilus Gifts
3. Salamanca Arts Centre
4. Paddy Pallin
5. Naturally Tasmanian
6. The Tasmanian Wine Centre

Uitgaan
1. Theatre Royal
2. Wrest Point Casino
3. New Sydney Hotel
4. Republic Bar & Café
5. Ivory
6. Round Midnight
7. Tavern 42 Degrees South
8. Hope & Anchor Tavern
9. Irish Murphy's

Actief
1. Navigators Cruises
2. Peppermint Bay Cruises
3. Hobart Historic Tours

Royal Automobile Club of Tasmania (RACT): Patrick St., hoek Murray St., City, tel. 03-62 32 63 00, 13 11 11 (alarmnummer), www.ract.com.au. Automobielclub.
Internet: www.hobarttravelcentre.com.au, www.tourism.tas.gov.au, www.australia.com/en/places/tasmania.html.

Overnachten

Luxedesignhotel – **The Henry Jones Art Hotel** 1 : 25 Hunter St., City, tel. 03-62 10 77 00, 1800-70 30 06, www.thehenryjones.com. Hoogwaardige natuurlijke materialen, kunst en kunstnijverheid – dit stijlvolle hotel in een voormalige jamfabriek aan de haven is het juiste adres voor iedereen die houdt van stijl en design. 2 pk A-$ 350-560.

In koloniale stijl – **Corinda's Cottages** 2 : 17 Glebe St., Glebe, tel. 03-62 34 15 90, www.corindacollection.com.au. Ensemble van historische, stijlvol gemeubileerde cottages, elk met open haard en havenzicht. Rustig, attente service, veel privacy. Cottage voor twee personen A-$ 275-350.

Oude Wereldcharme – **Lenna of Hobart** 3 : 20 Runnymede St., Battery Point, tel. 03-62 32 39 00, 1800-03 06 33, www.lenna.com.au. Traditierijk luxehotel, waar je nog de glans van voorbije tijden kunt bespeuren. Met restaurant. 2 pk A-$ 245-360.

Kwaliteits-B&B – **Battery Point Heritage Bed & Breakfast** 4 : 74 Hampden Rd., Battery Point, tel. 03-62 23 31 24. Gezellige B&B voor nostalgici in het hart van de oude stad. 2 pk A-$ 165-195 inclusief ontbijt.

In historisch pand – **The Lodge on Elizabeth** 5 : 249 Elizabeth St., City, tel. 03-62 31 38 30, www.thelodge.com.au. Stijlvol hotelpension in een georgiaanse stadswoning. 2 pk A-$ 155-195 inclusief ontbijt.

Modern – **Quality Hobart Midcity Hotel** 6 : Elizabeth St., hoek Bathurst St., City, tel. 03-62

Hobart en omgeving

34 63 33, 1800-03 09 66, www.hobartmidcity.com.au. Vanbuiten niet echt een juweel, maar met 164 verzorgde kamers en gezien de locatie nauwelijks te overtreffen qua prijs-kwaliteitverhouding. 2 pk A-$ 135-170.

Rustig, klein, gezellig – **Motel 429 7 :** 429 Sandy Bay Rd., Sandy Bay, tel. 03-62 25 25 11, www.motel429.com.au. De aangename, moderne kamers van dit tegenover het Wrest Point Hotel Casino gelegen motel zijn van alle gemakken voorzien. Goede verbindingen met de City, gratis wifi. 2 pk A-$ 115-185.

Persoonlijk – **The Astor (Private) Hotel 8 :** 157 Macquarie St., City, tel. 03-62 34 66 11, www.astorprivatehotel.com.au. Centraal gelegen, knusse B&B in de stijl van vervlogen dagen met uitstekend grillrestaurant. De eigenaar kent iedereen en is behulpzaam bij alle problemen. 2 pk vanaf A-$ 94 (met gemeenschappelijke badkamer), 2 pk vanaf A-$ 140 (met eigen badkamer).

Mooi gelegen tegen een heuvel – **Hobart Tower Motel 9 :** 300 Park St., New Town, tel. 03-62 28 01 66, www.hobarttower.com.au. Accommodatie in koloniale stijl in rustige omgeving 2 km ten noorden van de City met ruime, eenvoudig ingerichte kamers. 2 pk A-$ 78-100.

Jeugdherberg – **Hobart Central YHA 10 :** 9 Argyle St., City, tel. 03-62 31 26 60, www.yha.com.au. Uitstekend geoutilleerde jeugdherberg op uitstekende locatie in de City; ook een- en tweepersoonskamers. 2 pk vanaf A-$ 84, meerpersoonskamer vanaf A-$ 29 p.p.

Camping en cabins – **Discovery Holiday Parks Hobart 11 :** 673 Derwent Hwy, Risdon, tel. 1800-35 22 49, www.discoveryholidayparks.com.au/tas/hobart. Mooie camping met comfortabele cabins en cottages 8 km ten noorden van de City.

Eten en drinken

Dinner with a view – **The Point Revolving restaurant 1 :** Wrest Point Casino, 410 Sandy Bay Rd., Sandy Bay, tel. 03-62 21 18 88, www.wrestpoint.com.au, di.-za. 18.30-23 uur. Ronddraaiend restaurant op de bovenste verdieping van het Wrest Point Casino met internationale gerechten en grandioos panorama. 's Avonds absoluut reserveren. Viergangenmenu A-$ 110.

Creatief en hedendaags – **Prosser's on the Beach 2 :** 19 Beach Rd., Sandy Bay, tel. 03-62 25 22 76, www.prossersonthebeach.com, wo. 18-22.30, do.-za. 12-15, 18-22.30, zo. 12-15 uur. Populair nouvelle-cuisinerestaurant met Aziatisch geïnspireerde kaart met vooral visgerechten. Mooi uitzicht op de rivier, reserveren aanbevolen. Hoofdgerechten A-$ 38-44.

Nautische sfeer – **Drunken Admiral 3 :** 17-19 Hunter St., Old Wharf, tel. 03-62 34 19 03, www.drunkenadmiral.com.au, dag. 18-22.30 uur. Verrukkelijk seafood. Hoofdgerechten A-$ 30-45.

Grillspecialiteiten – **Ball & Chain 4 :** 87 Salamanca Pl., City, tel. 03-62 23 26 55, www.ballandchain.com.au, dag. 12-15, 17.30-22 uur. Een van de beste adressen voor sappige steaks en seafood van de grill. Hoofdgerechten A-$ 28-38.

Seafood – **Mure's Fish Centre 5 :** Victoria Dock, City, tel. 03-62 31 19 99, www.mures.com.au, dag. 11-23 uur. Vis in alle varianten; tip: *trevalla* (Antarctische botervis) van de houtskoolgrill. Erg lekker en erg populair. Hoofdgerechten A-$ 26-42.

Moderne Aussiekeuken – **Mit Zitrone 6 :** 333 Elizabeth St., North Hobart, tel. 03-62 34 81 13, di.-zo. 12-15, 17.30-22.30 uur. Meervoudig voor zijn lichte, creatieve gerechten uit de new Australian cuisine bekroond restaurant. Hoofdgerechten A-$ 22-38.

Strudelhaus – **Strudels 7 :** 67 Salamanca Pl., City, tel. 03-62 24 04 00, dag. 11-23 uur. Fantasierijke strudelvarianten, van de klassieke *Austrian Apple Strudel* tot de innovatieve *Spicy Salami Strudel*. Za., zo. 12-14 uur brunch met livejazz. Hoofdgerechten A-$ 19-32.

Ongewone pizza's – **Cargo Bar Pizza Lounge 8 :** 47-51 Salamanca Pl., City, tel. 03-62 23 77 88, dag. 11-23 uur. Exotische pizza's, belegd op zijn Chinees met eend met hoisinsaus of op zijn Indiaas met *tandoori chicken*. De hit zijn *sweet pizzas* met chocolade of ijs. Gerechten A-$ 18-32.

Seafood at its best – **Fish Frenzy 9 :** Elizabeth St. Pier, City, tel. 03-62 31 21 34, www.fishfrenzy.com.au, dag. 11-21 uur. In deze *fish and chippery* wordt versgevangen seafood geserveerd tegen schappelijke prijzen. Mooi buiten zitten met zicht op de haven. Geen reserverin-

De geschiedenis van Tasmanië

De Nederlander Abel Tasman 'ontdekte' in 1642 als eerste Europeaan het later naar hem vernoemde eiland. Tasman veronderstelde dat dit een deel van het gezochte 'Terra Australis' (Zuidland) was. Hij noemde het gebied Van Diemensland, naar de toenmalige gouverneur van de VOC in Batavia, Anthonie van Diemen. In 1777 nam James Cook het gebied in bezit voor de Britten.

De komst van twee Franse schepen in 1802 wekte bij de Britten de vrees dat de koloniale aartsrivaal het eiland zou willen annexeren. De regering in Sydney handelde daarop voortvarend om de Britse aanspraken te onderstrepen. Net vijftien jaar na de aankomst in Sydney van de First Fleet begon kapitein-luitenant John Bowen aan de Risdon Cove, aan de delta van de River Derwent, met de bouw van de eerste nederzetting. De standplaats bleek echter slecht gekozen, zodat de Britten hun nederzetting al in 1804 verplaatsten naar de Sullivans Cove aan de andere oever van de River Derwent. Ter ere van de toenmalige minister van Koloniën, Lord Hobart, gaf men de nieuwe stad de naam Hobart Town.

Tasmanië, zoals het eiland officieel werd genoemd nadat het in 1825 de status van zelfstandige kolonie had verkregen, neemt vanwege de daar bedreven totale uitmoording van de Aboriginals een trieste plaats in in de Australische geschiedenis. Voor de komst van de eerste blanken leefden er op het eiland zo'n zeventig verschillende stammen met ongeveer vier- tot vijfduizend leden. De Britten hadden slechts enkele decennia nodig om de inheemse bevolking van Tasmanië tot de laatste man uit te roeien. Truganini, de laatste Tasmaan, stierf in 1876.

De Britse koloniale beambten behandelden in Tasmanië een groot deel van hun eigen landgenoten niet veel beter. Onmiddellijk na de stichting van Hobart werd het eiland een verbanningsoord voor de weerbarstigsten onder de gedeporteerde strafgevangenen. In 1830 zette de toenmalige gouverneur van het eiland, George Arthur, alle gedetineerden van de kolonie bij elkaar in Port Arthur (zie blz. 507). Tussen 1830 en 1877, toen er een einde kwam aan de deportaties, verbleven er ongeveer 12.500 bannelingen in deze gevangenisstad, die de bijnaam 'Hel op Aarde' kreeg.

Terwijl er aanvankelijk uitsluitend gevangenen en bewakers op Tasmanië woonden, streken er vanaf 1827 ook vrijgevestigde kolonisten neer. Op basis van de gunstige vooruitzichten voor akkerbouw en veeteelt ontwikkelde Hobart, inmiddels de zetel van het Tasmaanse koloniale bestuur, zich tot een belangrijke Australische havenstad. Tasmanië leverde niet alleen levensmiddelen aan Sydney, maar ook wol en graan aan het moederland. Bovendien was Hobart tot de jaren 40 van de 20e eeuw een belangrijk steunpunt voor walvisvaarders en zeehondenjagers, die hun expedities naar de zuidelijke zeeën begonnen in deze stad. Hoewel zich na de Tweede Wereldoorlog grote industriebedrijven op het eiland vestigden en het inwonertal van Hobart sterk steeg, verplaatste het economische en politieke zwaartepunt zich in toenemende mate naar het vasteland.

gen, alle gerechten kunnen ook worden meegenomen. Hoofdgerechten A-$ 16-30.

Winkelen

Markt – **Salamanca Market** [1] : Salamanca Pl., City, www.salamanca.com.au, okt.-mei za. 8-16, juni-sept. za. 8-15 uur. Kunst en kunstnijverheid, textiel en rommel, groente en fruit – nergens vind je zo'n grote keus aan Tasmaanse producten als hier.

Souvenirs – **Nautilus Gifts** [2] : Hotel Grand Chancellor, 1 Davey St., City, tel. 03-62 34 33 51, dag. 9-19 uur. Exclusieve souvenirs.

Kunstnijverheid – **Salamanca Arts Centre** [3] : 37 Salamanca Pl., City, tel. 03-62 34 84 14, www.salarts.org.au, dag. 9-19 uur. 'Supermarkt' met goed overzicht van de Tasmaanse kunstnijverheid.

Outdoorkleding – **Paddy Pallin** [4] : 119 Elizabeth St., City, tel. 03-62 31 07 77, www.paddypallin.com.au, ma.-vr. 9-19, za. 10-16 uur. Alles voor de actieve vakantie en voor nat weer – van de beste kwaliteit.

Wol – **Naturally Tasmanian** [5] : 35 Elizabeth St., City, tel. 03-62 31 14 88, ma.-vr. 9-19, za. 10-16 uur. Alles van wol made in Tasmania; uitstekend materiaal en uitstekende handenarbeid met prijzen die daarbij horen.

Wijn – **The Tasmanian Wine Centre** [6] : 201 Collins St., City, tel. 03-62 34 99 95, www.tasmanianwinecentre.com.au, ma.-vr. 8-18, za. 9.30-17 uur. Grote keus aan Tasmaanse wijnen; wereldwijde verzending.

Uitgaan

Theater – **Theatre Royal** [1] : 29 Campbell St., City, tel. 03-62 33 22 99, www.theatreroyal.com.au. In een elegant georgiaans gebouw; ballet, musical en theater (tickets A-$ 50-200).

Casino – **Wrest Point Casino** [2] : 410 Sandy Bay Rd., Sandy Bay, tel. 1800-13 40 90, www.wrestpoint.com.au, zo.-do. 13-3, vr., za. 13-4 uur. Speelcasino, luxehotel, restaurants, bars en twee discotheken.

Livemuziek – **New Sydney Hotel** [3] : 87 Bathurst St., City, tel. 03-62 34 45 16, www.new sydneyhotel.com.au, zo.-do. 12-23, vr., za. 12-1 uur. Livemuziek met jazz, folk en rock.

Republic Bar & Café [4] : 299 Elizabeth St., City, tel. 03-62 34 69 54, www.republic.com, zo.-do. 12-1, vr., za. 12-3 uur. Hier spelen jazz- en bluesbands.

Nachtclubs – **Ivory** [5] : 121 Collins St., City, tel. 0433-84 09 79, zo.-do. 10-1, vr., za. 10-3 uur. In deze stijlvolle club verdringen zich de *young and beautiful* naast de lokale vips. Minimalistische inrichting. Indie, alternative en electro.

Round Midnight [6] : 39 Salamanca Pl., City, tel. 03-62 24 82 49, zo.-do. 11-1, vr., za. 11-4 uur. Zeer populaire danstempel in een voormalig bordeel. Hier draaien Australische en internationale dj's; af en toe livebands.

Cocktailbar – **Tavern 42 Degrees South** [7] : Elizabeth St. Pier, City, tel. 03-62 24 77 42, www.tav42.com.au, dag. 7.30 uur tot laat. 's Middags en 's avonds kun je gerechten uit de moderne Australische keuken bestellen, daarna verandert deze zaak in een trendy cocktailbar.

Kroegen – **Hope and Anchor Tavern** [8] : 65 Macquarie St., City, tel. 03-62 36 99 82, zo.-do. 12-23, vr., za. 12-1 uur. Historische pub, waar al sinds 1807 bier wordt getapt. **Irish Murphy's** [9] : 21 Salamanca Pl., City, tel. 03-62 23 11 19, www.irishmurphys.com.au, zo.-do. 12-23, vr., za. 12-1 uur. Guinness en Kilkenny van het vat; in het weekend spelen livebands aanstekelijke Ierse folkrock.

Actief

Boottochten en meer – **Navigators Cruises** [1] : Brooke St. Pier, City, tel. 03-62 23 19 14, www.navigators.net.au. Spannende tocht in een catamaran langs de gekloofde kliffenkust van Tasman Peninsula naar Port Arthur met bezichtiging van de voormalige strafkolonie, terug met de bus (dag. 8.15-17 uur, A-$ 189-229).

Peppermint Bay Cruises [2] : Brooke St. Pier, City, tel. 1300-13 79 19, www.peppermintbay.com.au. Catamarancruise op de Derwent River en het D'Entrecasteaux Channel naar restaurant Peppermint Bay, dat op een landtong van het Huonschiereiland ligt (dag. 10.30-16 uur, A-$ 118 inclusief fijnproeverslunch).

Stadswandelingen – **Hobart Historic Tours** [3] : c/o Tasmanian Travel and Information Centre of tel. 03-62 31 42 14, www.hobarthistorictours.com.au. Onderhoudende wandelingen (1,5 uur) door de historische wijk, bijvoorbeeld Hobart Historic Walk (do.-za. 14, zo. 9.30 uur), Old Hobart Pub Tour (do.-za. 17 uur), Battery Point Walk (wo. 17, za. 13 uur, elk A-$ 30).

Evenementen
Royal Hobart Regatta (feb.): groot watersportfeest op de River Derwent, www.royalhobartregatta.com.
Sydney to Hobart Yacht Race (eind dec.): prestigieuze zeilregatta.
Hobart Summer Festival (dec.-jan.): volksfeest met sport- en culturele evenementen.

Vervoer
Vliegtuig: tussen de 26 km ten oosten van de City gelegen luchthaven en het centrum pendelt de Airporter, tel. 1300-38 55 11, www.tasredline.com.au (6.30-21 uur iedere 30-60 min., reistijd circa 30-40 min., A-$ 19). Een taxi kost A-$ 50-60.
Bus: bussen van alle maatschappijen vertrekken vanaf het Hobart Transit Centre, 199 Collins St., City. Informatie: Tasmanian Redline Coaches, tel. 1300-36 00 00, 03-62 31 32 33, www.tasredline.com.au, TassieLink Coaches, tel. 1300-30 05 20, 03-62 35 73 00, www.tassielink.com.au.
Huurauto: Avis, tel. 03-62 48 54 24, Budget, tel. 1300-36 28 48, Europcar, tel. 1800-03 01 18, Thrifty, tel. 03-62 34 13 41.

Jezelf verplaatsen in de stad
Bus: het openbare busnet (informatie: tel. 13 22 01, www.metrotas.com.au) wordt aangevuld door een sightseeinglijn. De dubbeldeksbus Explore Hobart by Red Decker, tel. 03-62 36 91 16, www.reddecker.com.au, rijdt dag. 10-16.30 uur door de City. Met een dagkaart kun je bij de twintig haltes de rit zo vaak als je wilt onderbreken. Vertrek vanaf het Tasmanian Travel and Information Centre, 20 Davey St., City, tickets (A-$ 35) bij de chauffeur.
Veerboten: ma.-vr. diverse keren per dag passagiersveren van Brooke Street Pier nabij Constitution Dock en Bellerive aan de oostoever van de River Derwent. Informatie: tel. 03-62 23 58 93.

Met eigen vervoer: behalve voor campers zijn er voldoende parkeermogelijkheden; sowieso heb je in de compacte City geen auto nodig.
Taxi: City Cabs, tel. 13 10 08, Taxi Combined, tel. 13 22 27.

Rond Hobart
▶ 2, D 5

Sandy Bay en Mount Nelson
Het moderne **Wrest Point Hotel Casino** in Las Vegasstijl op de westoever van de River Derwent in het voorstadje **Sandy Bay** vormt een krasse tegenstelling tot het historische Hobart. Lange tijd was het in 1972 geopende casino het enige speellokaal van het land en oefende een magische aantrekkingskracht uit op gelukzoekers uit heel Australië.

De zuidelijke voorsteden van Hobart worden gedomineerd door de 340 m hoge **Mount Nelson**, waar je op de top een fraai uitzicht hebt op de stad en de River Derwent (bus 57, 58 en 156 vanaf Franklin Square).

Taroona
Zo'n 10 km ten zuiden van het centrum staat aan de Channel Highway bij **Taroona** de 58 m hoge **Shot Tower**, vanwaar je mooi op de delta van de River Derwent uitkijkt. De in 1870 gebouwde toren werd tot 1904 gebruikt voor de vervaardiging van loden kogels. Men liet gesmolten lood van de top naar beneden vallen, dat tijdens de vrije val verhardde en een perfecte kogelvorm kreeg (Channel Hwy, tel. 03-62 27 88 85, www.taroona.tas.au > History > Shot Tower, dag. 9-17 uur, A-$ 8).

Kingston
Ten zuiden van Taroona liggen enkele stranden, waarvan **Kingston Beach** en de zandstranden van **Blackmans Bay** het meest geliefd zijn bij de lokale bevolking.

In het **Australian Antarctic Research Headquarter** ten zuiden van Kingston informeren foto's, video's en panelen over het continent van het eeuwige ijs (203 Channel

Hobart en omgeving

Van de gerafelde kust waaraan Hobart ligt kun je eigenlijk alleen vanuit de hoogte een goede indruk krijgen – perfect geschikt daarvoor is Mount Wellington

Hwy, tel. 03-62 32 32 09, www.antarctica.gov.au, ma.-vr. 8.30-17 uur, toegang gratis, buslijn 17 vanaf Elizabeth St.).

North Hobart

Aan de noordrand van de stad ligt midden in een prachtig park het niet voor het publiek toegankelijke **Government House**, een aantrekkelijk georgiaans gebouw uit 1853. Noordwestelijk daarvan sluiten de **Royal Tasmanian Botanical Gardens** op het park aan. Pronkstukken van de botanische tuinen uit 1818 zijn de kas voor tropische gewassen, het cactushuis en de betoverende Japanese Garden (Queens Domain, tel. 03-61 66 04 51, www.rtbg.tas.gov.au, dag. 8-17, in de zomer tot 18.30 uur, toegang gratis, bus 17 vanaf Elizabeth St.).

New Town

De feodale leefwijze van een welvarend pioniersgezin is te zien in het **Runnymede House** in de voorstad **New Town**, een indrukwekkend koloniaal huis uit 1836 waar je de originele inventaris kunt bekijken (61 Bay Rd., tel. 03-62 78 12 69, di.-vr. 10-16, zo. 12-16 uur, A-$ 12, buslijnen 15, 16, 20 vanaf Elizabeth St.).

Berriedale

Op het terrein van de **Moorilla Winery**, het oudste wijgoed van Tasmanië in de buitenwijk **Berriedale**, toont het **Museum of Old and NewArt (MONA)** kunst van de oudheid tot het heden, waaronder werk van enkele grote namen uit de moderne kunst. Sinds de opening in 2011 werd furore gemaakt met provocerende wisseltentoonstellingen en performances van binnen- en buitenlandse kunstenaars (655 Main Rd., tel. 03-62 77 99 00, www.mona.net.au, okt.-apr. dag. behalve di. 10-18, mei-sept. dag. behalve di. 10-17 uur, vanaf A-$ 20, ernaartoe met de MONA ROMA Ferry of de MONA ROMA bus vanaf Brooke St. Ferry Terminal in Hobart, diverse keren per dag 9.30-16.30 uur, retour A-$ 22).

Mount Wellington

www.wellingtonpark.org.au
De fraaie ligging van Hobart komt tot zijn recht tijdens een uitstapje naar de 1270 m hoge Mount Wellington. Onderweg is het de moeite waard even te stoppen bij de **Cascade Brewery**, de oudste nog functionerende brouwerij van Australië, die in 1827 werd geopend en bezoekers verwelkomt (140 Cascade Rd., South Hobart, tel. 03-62 12 78 00, www.cascadebrewery.com.au, rondleidingen diverse keren per dag 10-16 uur, A-$ 30, reserveren verplicht, bus 43, 44, 46, 49 vanaf Franklin Sq., of de Red Decker, tel. 03-62 36 91 16, www.reddecker.com.au, zo.-vr. 10, 11.30 uur, A-$ 65, vanaf het Tasmanian Travel and Information Centre).

Een 21 km lange, prachtige weg vol haarspeldbochten slingert zich naar het uitkijkpunt op de top van **Mount Wellington**, waar je op heldere dagen een weids panorama hebt. Over de hellingen loopt een dicht netwerk van wandelpaden. Op de bergkam wandel je van de Pinnacle Observation Shelter bij het uitkijkpunt naar de grillige rotsen die Organ Pipes worden genoemd (heen en terug 3 km/1 uur).

Vervoer
Bus: tussen Hobart en Mount Wellington rijden de Mount Wellington Shuttle Bus Service, tel. 0408-34 18 04, www.hobartshuttlebus.com.au (dag. 10.15, 13.30 uur, retour A-$ 30) en de Red Decker (blz. 519).

Risdon Cove

Van **Bellrive** op de oostoever van de River Derwent kom je via de East Derwent Highway in een kleine, 10 km naar het iets noordelijker gelegen **Risdon Cove**. Hier strandde in 1803 de eerste poging van de Engelsen een kolonie in Tasmanië te vestigen. Afgezien van de grondvesten en de replica's van twee oude hutten is er niet veel te zien. De tentoonstelling in het bezoekerscentrum verschaft wetenswaardigheden over de Europese koloniale geschiedenis van Tasmanië (tel. 03-62 33 83 99, dag. 9.30-16.30 uur, toegang gratis).

Richmond

Tot de bestemmingen in het oostelijke randgebied van Hobart moet je ook het plaatsje **Richmond** rekenen. In het koloniale dorp met zijn vele goed onderhouden georgiaanse gebouwen is een stuk van het oude Europa bewaard gebleven. Voor de traditiebewuste bevolking is het in 1815 gestichte Richmond al bijna een deel van de Tasmaanse prehistorie. Het oord kan zich erop beroemen behalve de in 1823 gebouwde **Richmond Bridge**, de oudste stenen brug van Australië, met de **St. Johns Church** uit 1836-1837 ook over de eerste katholieke kerk van het vijfde continent te beschikken. Tot de bezienswaardigheden van het plaatsje behoren daarnaast Richmond Gaol uit 1825, de gevangenis met metersdikke muren, en St. Lukes Church, gebouwd tussen 1834 en 1836. Verschillende koloniale huizen herbergen nu galeries, waarin Tasmaanse kunstnijverheid wordt verkocht.

In de **Zoodoo Zoo**, enkele kilometers ten noorden van Richmond, leven Tasmaanse duivels en andere inheemse diersoorten (620 Middle Tea Tree Rd., tel. 03-62 60 24 44, www.zoodoo.com.au, dag. 9-17 uur, A-$ 28).

Vervoer
Bus: twee keer per dag tussen Hobart en Richmond met Richmond Tourist Bus, tel. 0408-34 18 04, www.hobartshuttlebus.com.au, dag. 9, 12.30 uur (retour A-$ 35).

Huon River Valley en Bruny Island ▶ 2, D 5/6

Het prachtige **Huon River Valley** en het **Huon Peninsula** ten zuiden van Hobart behoren tot de bekendste appelgebieden van Australië. Halverwege de 19e eeuw legde men hier de eerste boomgaarden aan, waarop in 1865 de eerste export van appels naar het Australische vasteland volgde. Later voerde men ook appels uit naar Europa, vooral naar Groot-Brittannië. Hier begon de groene granny smith aan zijn zegetocht over de wereld. De Tasmaanse appelindustrie is inmiddels

Hobart en omgeving

WANDELING TUSSEN DE BOOMKRUINEN

Wie geen hoogtevrees heeft kan op de **Tahune Forest Air Walk** het regenwoud vanuit ongebruikelijk perspectief bekijken. Op bruggen lijkende metaalconstructies vormen een 600 m lang pad dat op duizelingwekkende hoogte door het loofdak van de majestueuze oerwoudreuzen naar een spectaculair terras boven de Huon River leidt. De stalen constructie gaat harmonieus op in het landschap en verstoort het gevoelige ecologische evenwicht van het bos niet. Bovendien kan de route door het bladerdak ook door rolstoelers worden afgelegd (tel. 13 00-72 05 07, 07, www.tahuneairwalk.com.au, okt.-mrt. dag. 9-17, apr.-sept. dag. 10-16 uur, A-$ 29).

over haar top heen. De concurrentie van andere producenten en de toegenomen vrachtprijzen leidden de laatste jaren tot een spectaculaire daling van de winst. Een bezoek aan deze streek is vooral in de bloesemtijd (okt. en nov.) zeer indrukwekkend.

Grove

In het stadje **Grove** aan de Huon Highway kom je in **The Apple Shed** alles te weten over de Tasmaanse appelindustrie en de in de Huon Valley verbouwde appelrassen. Er hoort een rustiek proeflokaal bij, waar je bij *apfelstrudel* diverse soorten cider kunt proeven (2062 Huon Hwy, tel. 03-62 66 43 45, www.williesmiths.com.au, dag. vanaf 10 uur, toegang gratis, vrijwillige bijdrage). Een deel van de appeloogst wordt uitgevoerd via de haven van **Huonville**.

Geeveston

Via het mooie georgiaanse stadje **Franklin** rijd je over de westoever van de brede en schilderachtige Huon River naar **Geeveston**. Waar nu uitgestrekte appelboomgaarden op de zacht glooiende heuvels staan, groeiden ooit *Huon pines*, die zeer geliefd waren vanwege hun waardevolle hout. De historie van de houtbouw in de Huon River Valley wordt gedocumenteerd in het **Forest and Heritage Centre** van Geeveston (15 Church St., tel. 03-62 97 18 36, dag. 9-17 uur, toegang gratis, hier zijn ook kaartjes voor de Tahune Forest Air Walk te krijgen, zie Tip links).

Overnachten

Met zicht op de rivier – **Kermandie Lodge:** 4512 Huon Hwy, Port Huon, tel. 03-62 97 11 10, www.kermandielodge.com.au. 5 km ten oosten aan de Huon River; gezellige, ruime kamers met kitchenette, verwarmd zwembad. 2 pk A-$ 110.

Eten en drinken

Goede bistrokeuken – **Kermandie Hotel:** 4518 Huon Hwy, Port Huon, tel. 03-62 97 10 52, dag. 12-15, 17-21.30 uur. Creatieve gerechten. Hoofdgerechten A-$ 18-38.

Tahune Forest Reserve en Hartz Mountains National Park

Vanaf Geeveston leidt de amper 30 km lange, geasfalteerde Arve Road naar de **Tahune Forest Reserve**, een 350 ha groot beschermd natuurgebied op de plaats waar de Picton River in de Huon River uitmondt. Na 13 km is er een afslag naar een steile, deels behoorlijk ruige steensslagweg naar het **Hartz Mountains National Park**. Het plateau op de 1255 m hoge Hartz Peak werd tijdens de laatste ijstijd gevormd door machtige gletsjers en is met hoogveenmoerassen en meertjes bedekt. Je kunt in dit nationaal park uitstekend wandelen, bijvoorbeeld naar de **Waratah Lookout**, waar je fraai uitkijkt op de wijdvertakte delta van de Huon River.

Langs de Arve Road is het de moeite waard even te stoppen bij de **Big Tree Lookout**, waar je de zwaarste boom van Australië kunt

Huon River Valley en Bruny Island

zien (405 ton), en bij de **West Creek Lookout**, aan de rand van een kloof die met machtige boomvarens is begroeid. De weg eindigt bij de **Tahune Forest Air Walk**, de grootste toeristische trekpleister van de regio.

Van Geeveston naar Southport

Ten zuidwesten van **Dover**, bij het voormalige houtvestersdorp **Hastings**, verleiden 27,5°C warme bronnen en druipsteengrotten van dolomiet, zoals de **Newdegate Cave**, tot een omweg (tel. 03-62 98 32 09, www.parks.tas.com.au, rondleidingen dag. 11.15-15.15 uur ieder uur, A-$ 24). **Southport** aan de gelijknamige baai is een populaire badplaats.

Bruny Island

Voor de terugreis naar Hobart kun je als alternatief voor de Huon Highway de **Channel Highway** nemen, die parallel aan het schilderachtige **D'Entrecasteaux Channel** loopt. Dit kanaal werd net als Bruny Island naar de Franse admiraal Bruni d'Entrecasteaux genoemd, die in 1792 het kustgebied ten zuiden van Tasmanië in kaart bracht. Wanneer je deze route neemt, kun je ook een omweg naar Bruny Island maken. Een paar keer per dag vaart er een veerboot tussen de kustplaats **Kettering** en **Roberts Point** op North Bruny Island.

Bruny Island is een dubbeleiland, waarvan het noordelijke en het zuidelijke deel alleen door een landengte met elkaar zijn verbonden. Waar het tamelijk vlakke noorden als weidegrond dient, presenteert het bergachtige en in het midden met weelderig regenwoud begroeide South Bruny Island zich ten minste deels als ongerepte wildernis. De landengte tussen de beide eilanddelen, **Bruny Island Neck Game Reserve**, is een beschermd natuurgebied, waar duizenden watervogels nestelen. 's Avonds kun je regelmatig dwergpinguïns zien.

Aan de schilderachtige **Adventure Bay** ligt een gelijknamig, klein vakantieoord. Hier in de buurt zette kapitein Cook op 25 februari 1777 voet aan wal. Een kijkje in het historische **Bligh Museum**, dat informeert over de oude ontdekkingsreizigers in de wateren van Tasmanië, is leerzaam (tel. 03-62 93 11 17, dec.-apr. dag. 10-17, mei-nov. 10-16 uur, A-$ 5). Van Adventure Bay kronkelt een weggetje dwars over het eiland naar **Lunawanna** en verder naar **Cape Bruny**, waar je bij het in 1836 door gedeporteerden gebouwde **Cape Bruny Lighthouse** een waanzinnig uitzicht hebt (tel. 0437-49 97 95, www.brunyisland.net.au/lighthouse.php, rondleidingen dag. 10-15 uur ieder halfuur, A-$ 15).

Informatie

Bruny D'Entrecasteaux Visitor Centre: Ferry Terminal, Kettering, tel. 03-62 67 44 94, www.brunyisland.org.au, dag. 9-17 uur.

Overnachten

Met zeezicht – **The Tree House:** 54 Matthew Flinders Dr., Alonnah, tel. 0405-19 28 92, www.thetreehouse.com.au. Kleine lodge met prettig ingerichte kamers. 2 pk A-$ 225.

Pubhotel – **Bruny Island Hotel:** 3559 Main Rd., Alonnah, tel. 03-62 93 11 48, www.brunyislandhotel.com.au. Eenvoudige maar gezellige kamers, deels met mooi uitzicht op het D'Entrecasteaux Channel; in de pub uitstekende *counter meals* in overvloedige porties. 2 pk vanaf A-$ 115.

Camping en cabins – **Captain Cook Holiday Park:** 786 Adventure Bay Rd., Adventure Bay, tel. 03-62 93 11 28, www.captaincookpark.com. Vlak bij het strand en goed toegerust.

Actief

Dolfijnen en zeehonden spotten – **Bruny Island Cruises:** Adventure Bay, tel. 03-62 93 14 65, www.brunycruises.com.au. Drie uur durende boottocht van Adventure Bay naar Cape Bruny en de Friar Rocks, waar zich een zeehondenkolonie ophoudt. Onderweg kun je dolfijnen en zeevogels zien en soms vertonen zich ook walvissen (dag. 11, 14 uur, A-$ 135; ook te boeken als dagtocht vanuit Hobart, A-$ 180).

Vervoer

Veerboten: diverse keren per dag 6.30-18.30 uur autoveren tussen Kettering en Roberts Point op North Bruny Island (20 min., vanaf A-$ 30). Informatie: tel. 03-62 72 32 77.

Rondreis Tasmanië

Met Hobart als begin- en eindpunt voert deze route eerst langs de oostkust naar Launceston, de tweede stad van Tasmanië. Vanuit Devonport, de veerhaven vanwaar de schepen naar het vasteland vertrekken, kun je een uitstapje maken naar het Cradle Mountain-Lake St. Clair National Park, een van de mooiste nationale parken van Australië. Het laatste deel van de tocht voert naar het 'Wilde Westen' van Tasmanië.

Forestier en Tasman Peninsula ▶ 2, E 5

Het doel van de eerste etappe zijn de overblijfselen van de beruchte strafkolonie Port Arthur op het Tasman Peninsula. In **Sorell** vertakt de Tasman Highway zich. De **Arthur Highway** gaat naar het zuiden en loopt dood in Port Arthur. Via **Copping** kom je in **Dunalley**, waar het **Tasman Memorial** herinnert aan de landing van de eerste Europeanen op het eiland op 2 februari 1642.

Pirates Bay Lookout en Tessellated Pavement

De weg voert eerst over het **Forestier Peninsula**. De **Pirates Bay Lookout** naast de Arthur Highway openbaart een geweldig panorama over de 'piratenbaai'. Enkele kilometers zuidwaarts ligt het vlakke, rotsige strand **Tessellated Pavement**, dat met zijn door de getijden afgesleten plaveisel doet denken aan de Romeinse Via Appia.

Eaglehawk Neck

Vlak ten zuiden daarvan ligt de slechts 400 m brede landengte **Eaglehawk Neck**, de enige verbinding tussen het Forestier en het Tasman Peninsula. Enkele kilometers ten zuiden van de smalste plaats vormde de onophoudelijk aanrollende zee de 63 m hoge triomfboog **Tasmans Arch**, de ingestorte rotsboog **Devils Kitchen**, tegenwoordig een 60 m diep, kolkend gat in de zeebodem, en de **Blowhole**, waar het zeewater onder grote druk door een gat uit een grot in de branding wordt gespoten.

Overnachten

Mooi uitzicht op de baai – **The Eagles View:** 100 Pirates Bay Dr., tel. 03-62 50 32 46, jovian@southcom.com.au. Prettige B&B met twee niet heel grote maar wel gezellige slaapkamers en een woonkamer met open haard. Tijdens het ontbijt op het terras kun je genieten van het uitzicht op Pirates Bay. De behulpzame eigenaresse geeft graag tips over wat je in de omgeving kunt doen. Te reserveren via www.booking.com. 2 pk A-$ 135 inclusief ontbijt.

Met traditie – **Lufra Country Hotel:** 380 Pirates Bay Dr., tel. 1800-63 95 32, 03-62 50 32 62, www.lufrahotel.com. Gerestaureerd traditierijk hotel uit 1870 met kleine maar gezellige kamers en goed restaurant. 2 pk vanaf A-$ 120.

Taranna en omgeving

In het **Tasmanian Devil Conservation Park** van **Taranna** houdt men zich bezig met onderzoek naar een geheimzinnige ziekte die het voortbestaan van de in het wild levende Tasmaanse duivel bedreigt. Veel van de vrij levende roofdiertjes hebben last van een infectieziekte, die tumoren aan de kop veroorzaakt. Er is nog geen behandeling tegen deze ziekte en de oorzaak heeft men tot op heden niet kunnen vinden. Het **Devil Survival Visitor Centre** geeft informatie over de laatste stand van zaken. In het bijbehorende dierenpark

Forestier en Tasman Peninsula

zijn gezonde 'duivels' te bekijken (Arthur Hwy, tel. 1800-64 16 41, www.tasmaniandevilpark.com, www.tassiedevil.com.au, dag. 9-17 uur, voederen 10, 11, 12.15, 13.30, 15, 17 uur, Devil Survival Visitor Centre: toegang gratis, dierenpark: A-$ 33).

Overnachten

In het voormalige station – **Norfolk Bay Convict Station:** 5862 Arthur Hwy, tel. 03-62 50 34 87, www.convictstation.com. Gezellige B&B in het in 1838 gebouwde eerste station van Australië aan het strand van de Little Norfolk Bay. 2 pk A-$ 125-195 inclusief ontbijt.

Port Arthur

Arthur Hwy, tel. 1800-65 91 01, www.portarthur.org.au, dag. 9-17 uur, rondleidingen dag. 9.30-15.30 uur ieder uur, A-$ 37; boottochten naar het Isle of the Dead dag. 10.30-15.30 uur ieder uur, bij de entree inbegrepen; Ghost Tour dag. 21 uur, A-$ 25

De restanten van de in 1830 ingestelde strafkolonie **Port Arthur** vormen de voornaamste bezienswaardigheid van het **Tasman Peninsula**. Destijds onderkende George Arthur, de vierde gouverneur van Tasmanië, de voordelen van het Tasman Peninsula als ideale natuurlijke gevangenis. De ruige rotskust vormde een natuurlijke muur aan de kant van de zee en met een meute goed getrainde bloedhonden was de smalle landengte bij Eaglehawk Neck moeiteloos te bewaken. En zo werden vanaf 1840 de gedeporteerden, die voorheen in verschillende gevangenissen op Tasmanië hadden gezeten, samengebracht in Port Arthur. Op het hoogtepunt leefden er ruim twaalfhonderd gevangenen en ongeveer duizend bewakers-soldaten plus de gevangenisleiding. Hoewel het complex in 1895 veel schade opliep bij een bosbrand, is nog altijd een groot deel van de strafkolonie te bekijken.

Het eerste waar je tijdens de twee tot drie uur durende rondgang door Port Arthur naartoe gaat, is de **Penitentiary**, de voormalige graanschuur, waar de gevangenen ooit zwaar werk moesten doen in een tredmolen.

Een goede indruk van de feodale levenswijze van de kampcommandant krijg je als je een kijkje neemt in het **Commandants House**. Bepaald comfortabel leefde ooit de verbannen Ierse aristocraat en opstandeling William Smith O'Brien in het naar hem vernoemde gebouwtje van zandsteen op een heuvel boven de Penitentiary. Oude en gebrekkige gevangenen en delinquenten met psychische aandoeningen werden ondergebracht in het **Lunatic Asylum**. Nu zit hier een bezoekerscentrum met een historisch museum. Op recidiverende gevangenen werd in de **Modell Prison** een des-

KORTINGSKAARTEN

Voor de nationale parken in Tasmanië gelden de volgende toegangsprijzen: A-$ 24 voor een personenauto en A-$ 12 per persoon. Als je van plan bent meerdere nationale parken te bezoeken, is de aanschaf van de acht weken geldige **Holiday Park Pass** (A-$ 60 per personenauto en A-$ 30 p.p.) een aanrader. Hij is verkrijgbaar in alle bezoekerscentra en ranger stations van de Parks and Wildlife Service Tasmania, en via www.parks.tas.gov.au.

Wie in een korte tijd op Tamanië zo veel mogelijk wil zien en beleven, kan met de **iVenture Card** geld besparen. Na het betalen van een all-inprijs geeft deze kortingskaart gedurende drie (A-$ 235), vijf (A-$ 265) of zeven dagen (A-$ 295) gratis toegang of korting op rondleidingen en cruises, in totaal bij dertig attracties. Met de **Tasmania Flexi Attractions Pass** kun je binnen drie maanden drie, vijf of zeven attracties gratis bezoeken (A-$ 115, A-$ 170 of A-$ 210). De kaarten zijn verkrijgbaar bij het Tasmanian Travel and Information Centre in Hobart (blz. 514), bij het Devonport Visitor Centre (blz. 539) of online via www.iventurecard.com.au/tasmania.

tijds nieuwe vorm van straf uitgeprobeerd: de isoleercel. Bezienswaardig is ook **The Church**, de ruïne van een in 1836-1837 door gevangenen gebouwde neogotische kerk. Een zeer goed overzicht over het historische terrein krijg je bij de **Scorpion Rock Lookout** boven de kerk. In de Baai van Port Arthur ligt het **Isle of the Dead**, het eiland dat van 1831 tot 1877 werd gebruikt als begraafplaats.

Overnachten
Countrycharme – **Fox & Hounds Inn:** 6789 Arthur Hwy, tel. 03-62 50 22 17, www.foxandhounds.com.au. Gezellig hotel in tudorstijl met erg goed restaurant en tennisbaan. 2 pk vanaf A-$ 145.

Camping en cabins – **Port Arthur Holiday Park:** Garden Point, tel. 1800-60 70 57, www.portarthurhp.com.au.

Actief
Boottochten – **Tasman Island Cruises:** tel. 03-62 50 22 00, www.tasmancruises.com.au. Tocht van drie uur naar Cape Raoul met observatie van dolfijnen, zeehonden, zeevogels en soms walvissen (dec.-apr. dag. 10, 14, mei-nov. dag. 10 uur, A-$ 135; ook te boeken als dagtocht vanuit Hobart, A-$ 200, inclusief bezichtiging van Port Arthur A-$ 230).

Palmers Lookout en Remarkable Cave
Ongeveer 2 km ten zuidwesten van Port Arthur kun je in **Palmers Lookout** genieten van een fraai uitzicht op de Port Arthur Bay. Een luttele 5 km naar het zuiden heeft de zee in miljoenen jaren tijd de **Remarkable Cave** uit de kliffen weten te boetseren. De 100 m diepe grot is slechts bij eb te betreden.

Tasman Highway naar Launceston

Buckland en Orford ▶ 2, E 4/5
Van **Sorell**, dat in de 19e eeuw de graanschuur van het eiland was, voert de **Tasman Highway** naar het gehucht **Buckland** met de **St. John the Baptist Church**. In de kerk uit 1846 zie je

Overdag maakt Port Arthur echt een vredige indruk – om je een beetje te kunnen inleven in wat de ingezetenen van de strafkolonie hier moesten doormaken, zou je eens aan de nachtelijke Ghost Tour moeten meedoen

Tasman Highway naar Launceston

aan de oostzijde van het schip een gebrandschilderd raam dat uit de 14e eeuw stamt en het leven van Johannes de Doper uitbeeldt. Tussen Buckland en Orford slingert de Tasman Highway door de schilderachtige kloof van de Prosser River. **Orford** heeft zich met zijn heerlijke stranden en vissteksen in de afgelopen jaren ontwikkeld tot een geliefd vakantieoord.

Overnachten

Aan de rivier – **Island View Motel:** 46 Tasman Hwy, Orford, tel. 03-62 57 11 14, islandviewmotel@bigpond.com. Gezinsvriendelijke accommodatie. 2 pk A-$ 125-140.

Maria Island ▶ 2, E 5

De kleine vakantiekolonie **Louisville** is de springplank naar het bergachtige, tot 707 m hoge **Maria Island**, dat van 1825 tot 1832 heeft dienstgedaan als ballingsoord voor Britse veroordeelden. De kleine nederzetting **Darlington**, met enkele goed onderhouden gebouwen op de noordpunt van het eiland, herinnert aan die tijd. Hedendaagse bezoekers komen echter voor de fantastische belevenissen in de natuur die het tot nationaal park uitgeroepen eiland met zijn vele diersoorten belooft.

Overnachten

Gezinsvriendelijk – **Eastcoaster Resort:** Louisville, tel. 03-62 57 11 22, www.eastcoasterresort.com.au. Fraai gelegen resort met royale suites en bungalows, restaurant en zwembad. Suite vanaf A-$ 160, bungalow vanaf A-$ 175.

Vervoer

Veerboten: Maria Island Ferry Service, tel. 0419-74 66 68, www.mariaislandferry.com.au. Passagiersveer naar Maria Island vanaf Eastcoaster Resort dec.-apr. dag. 9, 15.30, terug 10, 16.30 uur (retour A-$ 37).

Swansea ▶ 2, E 4

Tussen de vissershaven **Triabunna** en het vakantiecentrum Swansea passeert de Tasman Highway de in 1843 door gevangenen gebouwde **Spiky Bridge**, die is uitgerust met scherpe puntige stenen als beveiliging. Al in 1820 gesticht en vroeger een belangrijk steunpunt voor walvisvaarders is **Swansea** aan de Great Oyster Bay. Enkele historische gebouwen bleven behouden. In de **Swansea Bark Mill** werd tussen 1880 en 1960 de schors van de *black wattle*, een acaciasoort, gemalen om daarvan de grondstof voor het looien van leer te winnen. Ernaast staat het **East Coast Museum**, dat de pioniersgeschiedenis van deze regio belicht (22 Franklin St., tel. 03-62 56 50 66, www.eastcoastheritage.org.au, dag. 10-16 uur, toegang gratis, vrijwillige bijdrage). Ten noordoosten van het plaatsje ligt het heerlijke **Nine Mile Beach**.

Overnachten

Historische B&B – **Meredith House:** 15 Noyes St., tel. 03-62 57 81 19, www.meredithhouse.com.au. Stijlvolle B&B in georgiaanse stijl. 2 pk A-$ 180-275 inclusief ontbijt.

Camping en cabins – **Swansea Holiday Park:** 2 Bridge St., tel. 03-62 57 81 48, www.swansea-holiday.com.au. Fraai gelegen aan het strand, goed toegerust, verwarmd zwembad.

Eten en drinken

Bekroond – **Schouten House:** 1 Waterloo Rd., tel. 03-62 57 85 64, www.schoutenhouse.com.au, ma.-do. 18-22, vr.-zo. 12-15, 18-22.30 uur. Verse streekgerechten in koloniale sfeer, reserveren noodzakelijk. Hoofdgerechten A-$ 22-38.

Freycinet National Park ▶ 2, E 4

Ongeveer 10 km ten zuidwesten van Bicheno leidt een doodlopende weg naar het kustplaatsje **Coles Bay**. Ten zuiden daarvan ligt het **Freycinet National Park**, een van de hoogtepunten onder de Tasmaanse natuurgebieden. Het grandioze natuurschouwspel van rotsen en oceaan wordt versterkt door het imponerende roze granieten Hazardsmassief, dat een effectief contrast vormt met het witte zandstrand van de Great Oyster Bay en het groen van de eucalyptus- en acaciabossen. In het noordelijke deel van het park kun je met de auto de door rotsen omzoomde baaien **Sleepy Bay** en **Honeymoon Bay** bereiken, evenals **Cape Tourville**, waar je de vuurtoren kunt beklimmen voor een grandioos uitzicht op de Hazards. Een van de mooiste tochten door het nationaal park is de **Wineglass Bay Lookout Walk**, een wandeling naar een uitkijkpunt op de 422 m hoge Mount Amos. Hier heb je uitzicht op misschien wel de mooiste baai die Tasmanië rijk is (rondweg vanaf het parkeerterrein bij Parsons Cove 12 km/5 uur). Bij de ingang van het park, niet ver van het Visitor Centre, ligt een kampeerterrein.

Informatie
Visitor Centre: tel. 03-62 57 01 01, www.freycinetcolesbay.com, dag. 9-17 uur.

Overnachten
Luxelodge op droomlocatie – **Freycinet Lodge:** tel. 03-62 56 72 22, www.freycinetlodge.com.au. Comfortabele houten bungalows aan de rand van het nationaal park; absoluut een kamer met zeezicht reserveren, uitstekend restaurant. 2 pk vanaf A-$ 315.
Camping en cabins – **Big4 Iluka on Freycinet Holiday Park:** Reserve Rd., Coles Bay, tel. 1800-78 65 12, www.big4.com.au.

Vervoer
Bus: tussen Bicheno en Coles Bay rijden bussen van Calows Coaches, tel. 03-63 76 21 61, www.calowscoaches.com.

Bicheno ▶ 2, E 4
Voor de grote vissershaven en vakantieplaats **Bicheno**, een vroeger steunpunt voor walvisvaarders en zeehondenjagers, ligt het kleine rotsige **Diamond Island**, een broedplaats van dwergpinguïns. Bij eb en kalme zee kun je vanuit Bichino over het wad naar het eiland lopen.

Tasmaanse duivels en andere inheemse diersoorten zie je in de **East Coast Natureworld**, ten noorden van Bicheno (Tasman Hwy, tel. 03-63 75 13 11, www.natureworld.com.au, dag. 9-17 uur, A-$ 25).

Informatie
East Coast Visitor Information Centre: 41B Foster St., tel. 03-63 75 15 00, www.eastcoasttasmania.com, in de zomer dag. 9-17, in de winter dag. 10-16 uur.

Overnachten
Voor gezinnen – **Beachfront at Bicheno:** 232 Tasman Hwy, tel. 03-63 75 11 11, www.beachfrontbicheno.com.au. Verwarmd zwembad, speeltuin, restaurant. 2 pk A-$ 145-170.
Goede prijs-kwaliteitverhouding – **Wintersun Garden Motel:** 35 Gordon St., tel. 03-63 75 12 25, www.wintersunbicheno.com.au. Lichte, prettig ingerichte kamers en appartementen, leuke tuin met zwembad, op een steenworp van het strand; ook boeken van excursies. 2 pk A-$ 75-95, appartement A-$ 135.
Camping en cabins – **Big4 Bicheno Cabin Park:** 30 Tasman Hwy, tel. 03-63 75 11 17, www.big4.com.au. Cabins in diverse luxecategorieën; vlak bij het strand.

Actief
Pinguïns observeren – **Bicheno Penguin Tours:** tel. 03-63 75 13 33, www.bichenopenguintours.com.au. Een één uur durende excursie, dag. vanaf 17.30 uur (A-$ 35).

St. Helens ▶ 2, E 3
Via de populaire badplaatsen **Scamander** en **Beaumaris** kom je bij **St. Helens**, de grootste plaats aan de oostkust. Het ooit zo belangrijke walvisvaardersdorp is nu een gewild vakantiecentrum, dat er dromerig bij ligt zonder grote hotelcomplexen.

Een kort uitstapje naar **St. Helens Point** leidt naar het indrukwekkende duinlandschap van **Peron Sand Dunes**. Langgerekte zandstranden vind je aan de **Bay of Fires** in het noorden van het stadje.

Overnachten
Exclusieve hideaway – **Bed in the Tree Tops:** 701 Binalong Bay Rd., tel. 03-63 76 13 18, www.bedinthetreetops.com.au. Als een adelaarsnest torent deze luxe-B&B met minimalistische kamers uit boven bijna onwerkelijk witte stranden. 2 pk A-$ 300-320 inclusief ontbijt.
Klein en sfeervol – **Warrawee:** Tasman Hwy, tel. 03-63 76 19 87, www.vision.net.au/warrawee. Knus pension in een prachtig houten huis; mooie inrichting, alle kamers zijn verschillend; uitzicht op Georges Bay. 2 pk vanaf A-$ 110.

Tasman Highway naar Launceston

Tijdens je Tasmaniërondreis zou je een 'lila pauze' kunnen inlassen bij Nabowla, waar de Bridestowe Lavender Farm je vast aan de Provence zal doen denken

Ruime motelunits – **Bayside Inn:** 2 Cecilia St., tel. 03-63 76 14 66, www.baysideinn.com.au. Moderne kamers, restaurant en overdekt zwembad. 2 pk vanaf A-$ 95.

Camping en cabins – **Big4 St. Helens Holiday Park:** 2 Penelope St., tel. 1300-55 97 45, www.big4.com.au. Staanplaatsen (deels met eigen douche en wc) en cabins.

Eten en drinken

Eten aan boord – **Skippers Floating Eatery:** Tasman Hwy, tel. 03-63 76 11 48, ma.-vr. 18-22.30, za., zo. 12-15, 18-22.30 uur. Genieten van vis en schaal- en schelpdieren op een raderboot. Hoofdgerechten A-$ 22-36.

Tussen St. Helens en Launceston ▶ 2, D/E 3

Ten noordwesten van St. Helens buigt de Tasman Highway af naar het binnenland. Bij **Pyengana** gaat een 11 km lange, doodlopende weg in zuidwestelijke richting naar de circa 90 m hoge **St. Columba Falls** in de George River. Van **Herrick** aan de Tasman Highway gaat een weg naar **Gladstone**. Dit plaatsje is het uitgangspunt voor een verkenning van het nauwelijks ontsloten **Mount William National Park** en de fantastische, vrijwel verlaten zandstranden aan de **Ringarooma Bay.**

De volgende halte aan de Tasman Highway is het oude mijnwerkersstadje **Derby**, waar in de omgeving eens rijke tinaders werden geëxploiteerd. De hoogtijdagen van de mijnbouw worden geïllustreerd in het **Derby Tin Centre**. Bij het complex hoort het nagebouwde pioniersdorp **Tin Miners Village** (tel. 03-63 54 10 62, sept.-mei dag. 9-17, juni-aug. dag. 10-16 uur, A-$ 14).

Aan de westkant van **Scottsdale** informeert het architectonisch interessante **Forest Eco Centre** over het samenspel tussen bosbouw en ecologie (96 King St., tel. 03-63 52 64 66,

www.forestrytas.com.au, dag. 9-17 uur, toegang gratis).

Vooral in de bloeitijd van de lavendel in januari is het interessant een uitstapje te maken naar de **Bridestowe Lavender Farm** bij **Nabowla**, een van de grootste fabrikanten van geurige lavendelolie ter wereld (13 km westelijk, tel. 03-63 52 81 82, www.bridestowelavender.com.au, mei-aug. dag. 10-16, sept.-apr. dag. 9-17 uur, A-$ 10).

De zandstranden rond de gewilde badplaats **Bridport** aan de halvemaanvormige Anderson Bay trekken op warme weekenddagen scharen dagjesmensen aan.

Overnachten

Victoriaans-elegante ambiance – **Anabel's:** 46 King St., Scottsdale, tel. 03-63 52 32 77, www.anabelsofscottsdale.com.au. Stijlvolle B&B met historische uitstraling en uitstekend nouvel-

Launceston

Bezienswaardig
1. Queen Victoria Museum
2. John Hart Conservatory
3. Monkey Island
4. Albert Hall
5. Design Centre of Tasmania
6. Boag's Centre for Beer Lovers
7. Batman Fawkner Inn
8. Post Office Building
9. Town Hall
10. St. Andrews Church
11. St. Johns Church
12. Macquarie House
13. Queen Victoria Art Gallery
14. Kings Bridge
15. First Basin

Overnachten
1. Alice's Spa Hideaways
2. City Park Grand Hotel
3. Colonial Motor Inn
4. Big4 Launceston Holiday Park

Eten en drinken
1. Stillwater River Café
2. Hallam's Waterfront
3. Black Cow Bistro
4. Pierre's
5. Indian Empire

Winkelen
1. Tamar Knitting Mills
2. The Sheeps Back

Uitgaan
1. Alchemy Bar & Restaurant

---

le-cuisinerestaurant. 2 pk vanaf A-$ 130 inclusief ontbijt.

Launceston ▶ 2, D 3

Plattegrond: zie hiernaast
Ongeveer 60 km het binnenland in, aan de bron van de Tamar River waar de South Esk en de North Esk River samenkomen, ligt **Launceston**, met rond 110.000 inwoners de tweede stad van Tasmanië. Het werd gesticht in 1805 en ontwikkelde zich al snel tot scholings-, handels- en dienstencentrum van het overwegend agrarische noorden. Launceston speelde niet alleen een grote rol in de Tasmaanse geschiedenis, maar wordt ook gezien als de geboorteplaats van Melbourne. Hier werd namelijk in 1835 de beslissing genomen aan de Yarra River de tegenwoordig op een na grootste metropool van Australië te stichten. Ruim opgezette parken en vele historische huizen en kerken in georgiaanse stijl geven Launceston een sympathieke uitstraling.

Queen Victoria Museum 1

2 Invermay Rd., tel. 03-63 23 37 77, www.qvmag.tas.gov.au, dag. 10-16 uur, toegang gratis
Een goed vertrekpunt voor een korte historische wandeling door Launceston is het **Queen Victoria Museum** aan de noordoever van de Tamar River in de wijk Inveresk. Het is gewijd aan de geschiedenis van Tasmanië en de collectie reikt van dodenmaskers tot een vliegtuig.

City Park
Je steekt nu de North Esk River over naar het **City Park.** Daar vind je de **John Hart Conservatory** 2, met veel exotische planten, en het dierenverblijf **Monkey Island** 3, waar zo'n dertig Japanse makaken leven (apr.-sept. dag. 8-16, okt.-mrt. 8-16.30 uur, toegang gratis).

Aan de rand van het park liggen de victoriaanse **Albert Hall** 4 uit 1891-1892, die tegenwoordig als congrescentrum dient, en het **Design Centre of Tasmania** 5, waar je een overzicht kunt krijgen van Tasmaanse ontwerpen (Tamar St., hoek Brisbane St., tel. 03-63 31 55 06, www.designtasmania.com.au, ma.-vr. 9.30-17.30, za., zo. 10-16 uur, toegang gratis).

Boag's Centre for Beer Lovers en Batman Fawkner Inn
Liefhebbers van het goudgele gerstenat worden gelokt door het **Boag's Centre for Beer Lovers** 6 in William Street, waar rondleidingen van een uur door de Boag's Brewery beginnen (tel. 03-63 32 63 00, www.jamesboag.com.au, ma.-vr. 8.45-16.30 uur, toegang gratis, rondleidingen ma.-vr. 9-14 uur ieder uur, A-$ 30).

Op slechts een steenworp van de brouwerij ligt de niet minder traditierijke **Batman**

Fawkner Inn 7 , waar de historische bijeenkomst plaatsvond die leidde tot de stichting van Melbourne.

St. John Street en Civic Square

Langs St. John Street rijgen zich architectonische pronkstukken aaneen, zoals het **Post Office Building** 8 met de markante klokkentoren, de neoclassicistische **Town Hall** 9 met een portiek met veel zuilen en de neogotische godshuizen **St. Andrews Church** 10 uit 1849 en **St. Johns Church** 11 uit 1825. Op Civic Square stuit je op een van de georgiaanse pareltjes van Launceston: het **Macquarie House** 12 uit 1830.

Queen Victoria Art Gallery 13

2 Wellington St., tel. 03-63 23 37 77, www.qv mag.tas.gov.au, dag. 10-16 uur, toegang gratis
De **Queen Victoria Art Gallery** bij het Royal Park presenteert een overzicht van de Australische schilderkunst van de koloniale tijd tot het heden, met werk van onder anderen John Glover, Tom Roberts, Fred Williams en Bea Maddock. Er is ook een leuk museumcafé.

Cataract Gorge

Met de pittoreske, door de watermassa's van de South Esk River gevormde **Cataract Gorge** ligt een klein natuurwonder voor de deur van Launceston. Bij de **Kings Bridge** 14 beginnen twee wandelpaden door de wilde, romantische canyon.

Aan de noordoever van de South Esk River loopt de **Cataract Walk**, die steeds weer grandioze uitzichten oplevert op de diepten van de kloof. Zwaarder is de **Zig Zag Walk** langs de zuidrand van de kloof. Beide paden komen samen bij het **First Basin** 15 , het zuidwestelijke eindpunt van de kloof, waar een 308 m lange stoeltjeslift een adembenemende rit boven het kolkende water biedt. Een comfortabelere manier om de kloof te bekijken is tijdens een tochtje op een rondvaartboot (Tamar River Cruises, tel. 03-63 34 99 00, www.tamarri vercruises.com.au, sept.-mei dag. 9.30, 10.30, 11.30, 12.30, 13.30, 14.30, 15.30, 16.30, juni-aug. dag. 11.30, 12.30, 13.30 uur, A-$ 29, vertrek van de Home Point Cruise Terminal).

Informatie

Launceston Travel and Information Centre: St. John St., hoek Cameron St., tel. 1800-65 18 27, www.destinationlaunceston. com.au, ma.-vr. 9-17, za., zon- en feestdagen 9-15 uur.

Overnachten

Voor romantici – **Alice's Spa Hideaways** 1 : 121 Balfour St., tel. 03-63 34 22 31, www.ali cescottages.com.au. Stijlvolle accommodatie voor romantici; tot het behaaglijke interieur van iedere cottage behoren een hemelbed, een whirlpool en een open haard. 2 pk A-$ 170-250 inclusief ontbijt.

Koloniaal pand – **City Park Grand Hotel** 2 : William St., hoek Tamar St., tel. 03-63 31 76 33, www.cityparkgrand.com.au. Achtentwintig royale, in victoriaanse stijl ingerichte kamers in een koloniale herberg uit 1855. Met fijnproeversrestaurant. 2 pk vanaf A-$ 155.

Degelijk en traditioneel – **Colonial Motor Inn** 3 : 31 Elizabeth St., tel. 03-63 31 65 88, www. coloniallaunceston.com.au. Charmant hotel voor mensen met een hang naar nostalgie; traditioneel elegant ingerichte kamers. 2 pk A-$ 135-180.

Centraal en goedkoop – **Batman Fawkner Inn** 7 : 35-39 Cameron St., tel. 03-63 31 99 51, www.batmanfawknerinn.com. Eenvoudige maar stijlvolle accommodatie in een historisch pand; strikt rookverbod, bar op de benedenverdieping. 2 pk A-$ 80-105, meerpersoonskamer vanaf A-$ 25 p.p.

Camping en cabins – **Big4 Launceston Holiday Park** 4 : 94 Glen Dhu St., tel. 03-63 44 26 00, www.big4launceston.com.au. Uitstekend toegerust; veel cabins.

Eten en drinken

Bistro en fijnproeversrestaurant – **Stillwater River Café** 1 : Ritchies Mill, 2 Bridge St., tel. 03-63 31 41 53, www.stillwater.com.au, zo., ma. 8.30-15, di.-za. 8.30 uur tot laat. Deze rustieke zaak in een oude molen is overdag een bistro met goedkope gerechten, maar verandert 's avonds in en fijnproeversrestaurant met creatieve, modern-Australische gerechten en uitgelezen wijnen. Zesgangenmenu A-$ 125.